2021年第1辑

（总第14辑）

法大研究生

Journal of Postgraduate.CUPL

李曙光 / 主编

中国政法大学出版社

2021 · 北京

图书在版编目（ＣＩＰ）数据

法大研究生.2021年.第1辑/李曙光主编.—北京：中国政法大学出版社，2021.12
ISBN 978-7-5764-0283-4

Ⅰ.①法⋯　Ⅱ.①李⋯　Ⅲ.①社会科学－文集　Ⅳ.①C53

中国版本图书馆CIP数据核字(2021)第281032号

出　版　者　　中国政法大学出版社

地　　　址　　北京市海淀区西土城路 25 号

邮寄地址　　北京 100088 信箱 8034 分箱　邮编 100088

网　　　址　　http://www.cuplpress.com (网络实名：中国政法大学出版社)

电　　　话　　010-58908289(编辑部) 58908334(邮购部)

承　　　印　　北京九州迅驰传媒文化有限公司

开　　　本　　720mm×960mm　1/16

印　　　张　　39.25

字　　　数　　670 千字

版　　　次　　2021 年 12 月第 1 版

印　　　次　　2021 年 12 月第 1 次印刷

定　　　价　　150.00 元

解放思想
质量第一
根除劉窃

邓

公正为人类之共
同价值追求；
法治为当代之共
同生活方式。

陈光中

业精于勤

积学待用

张晋藩

法治是法大人的"中国梦"。

李去顺

宝剑锋从磨砺出，
梅花香自苦寒来！

博观而约取，
厚积而薄发！

启杞年

主编寄语

　　时至今日，《法大研究生》已经伴我们走过了七个年头。闲坐书案，再睹莘莘学子米盐博辩，研品青年英才谈古论今，无疑是一件令人欣慰的事。

　　近年来，《法大研究生》以习近平总书记关于繁荣发展中国特色哲学社会科学的重要指示精神为总纲，以中国政法大学研究生培养方针为指引，以我校优质学科资源和人才资源为依托，不断强化"开放、交流、思考、进步"的创办宗旨，着力开拓青年学人激扬文字、指点江山、交流学识、碰撞思想的学术阵地。在广大作者、读者的鼎力支持和丛书编辑部全体同仁的不懈努力下，《法大研究生》2021年第1辑共发表博士研究生、硕士研究生和青年学者学术论文37篇，内容涵盖马克思主义研究、法哲学研究、理论法学、刑法与诉讼法学、私法与经济、司法与社会等多个面向，不仅充分透显了各研究领域的前沿业态，也直观反映了青年学人笃实好学、扎实耕拓和矜持不苟的学术素养。

　　青山屋上下流水，悠然开卷现乾坤。汇聚学识的片笺片玉，承载着力透纸背的真知灼见，嵌刻着剖幽析微的至道嘉猷，也书写着跬步寸累的丛书发展历程。毫无疑问，《法大研究生》能够走到今天，是四方抱薪送炭、八方鼎力支持的结果。在此，由衷感谢中国政法大学及研究生院，正是校院的大力投入为丛书提供了成长的摇篮；感谢向本丛书惠赐稿件的每一位作者，正是一篇篇优质的研究成果凝汇成丛书的肌理和血肉；感谢长期垂顾本丛书的学界同仁和匿名评审专家，正是他们的悉心指正提升了丛书的质量层次；感谢编辑部老师同学和中国政法大学出版社的辛苦付出，正是他们的倾心策划、编审、校对使丛书的顺利出版成为可能。

潮平两岸阔，风正一帆悬。本年第 1 辑《法大研究生》已经画上了圆满的出版句号，但在学术研究的康庄大道上镞砺括羽，依旧是我们的初心和使命。至此，我们勉励各位青年学人再接再厉，以正确的站位、饱满的热情和崇高的理想，做出更多兼具理论价值和实践价值的有益研究：

第一，要高举旗帜，守正创新。2021 年是中国共产党成立一百周年。百年以来，中国共产党团结带领中国人民披荆斩棘、发奋图强、锐意进取，先后完成了革命、建设、改革的伟大历史征程。党的十八大以来，以习近平同志为核心的党中央领导全国人民自信自强、扬帆起航，朝着实现中华民族伟大复兴的宏伟目标不断迈进。中国共产党的一百年，是解放思想、实事求是、与时俱进的一百年，也是马克思主义中国化取得显著进展、中国特色社会主义事业取得长足发展的一百年。青年学子要秉持以往鉴来、踵事增华的态度，凭借自身专业所长和兴趣所向，深入研习百年来社会主义法治、政治、经济、文化、社会发展的光辉历程，深刻阐释习近平新时代法治思想和依法治国理念，深度考究中国政治文明新形态，新兴政党制度优势与制度效能，政党引领的国家、社会治理现代化，全过程人民民主等重要议题，为党和国家事业发展谱写富有青春活力的学术乐章。

第二，要持续关注重大理论和现实问题。2021 年亦是我国"十四五"规划的开局之年。社会主义现代化建设的许多新机遇、新问题、新挑战，已被清晰写入时代的考卷。宏观防疫政策的顺利推行，为健康与法的深度融合提供了契机；脱贫攻坚的伟大胜利，接续出乡村振兴、县域治理和"三农"制度化建设的使命任务；人口结构的变化，敦促我们进一步织密社会保障安全网，进一步完善社会保障的法治框架和施政规范；日新月异的媒体技术，要求我们重估政法知识的生产方式、传播模态及其社会化路径；云计算、大数据、人工智能的广泛运用，使得网络安全法治建设、数据与个人信息法律保护制度、社会信用体系搭建以及数字弱势群体权利保障等成为时代显题；世界百年未有之大变局，正在呼唤外交理念和实践、对外话语体系和文明互鉴模式的创新与革新……凡此议题，无不要求我们紧密围绕各个领域的前沿业态和关键方向，不断用新视野、新路径、新范式、新方法分析问题、寻找答案，为国家社会的发展、建设、进步建言献策。

第三，要秉持人文理念，弘扬人文情怀。维护、关切人的命运、价值和意义，是我们与生俱来的禀赋。在工具理性和价值理性相互分立的时代，许多世界性的人文难题正在接踵而至，且不断表现出新的向度。社会加速与内爆的并轨，让内卷和躺平的矛盾意识隐嵌人的心灵；现实生活和虚拟世界的巨大反差，引发了自我认知、自我呈现和人际交往的异变。算法推荐和信息茧房，正在不断压缩交往理性、重叠共识的空间、场域，"人肉"曝光、"社死"狂欢和媒介审判，正在不断敲击被遗忘权的壁垒、边界。复杂 AI 和高端机器人的出现，已经和人类生存权利形成潜在对冲；数字换脸、拟真仿声的运用，也带来了前所未有的伦理隐患和法律风险。在某种程度上，一切法律、政治、经济、文化和社会问题，归根到底都是人的问题。这要求我们为主导各领域发展的工具、技术理性及其外化逻辑注入人性、人本的价值意涵，确保我们所处的世界具备物质和精神双重升维的条件。为此，青年学子要秉持马克思主义人文精神，不断提升自己的现象观察力、本质辨析力、诗性想象力和实践应对力，尽己所长、尽己所能地绘就社会主义精神文明建设的新蓝图、新画卷，再全力以赴地促进它的物质现实。

2021 年 5 月 9 日，习近平总书记在给全国知名期刊《文史哲》编辑部的回信中指出，高品质的学术期刊就是要坚守初心、引领创新，展示高水平研究成果，支持优秀学术人才成长，促进中外学术交流。一本好的学术期刊，要致力成为阐述真理真相、激发思想争鸣、剖析重大问题、提出现实对策的高端阵地。《法大研究生》虽是"小而精"的创办规模，却从未放弃"大而远"发展目标，这一"反差萌"恰与少年壮志、后浪逐前的青年学术氛围形成了共鸣。未来，《法大研究生》将始终以高标准、高要求砥砺自身，甄选具有理论深度、视野宽度和学科跨度的优秀作品以供刊发，继续为培育学术新人、推动学术进步做出应有的贡献。在此，亦期冀四方英才、八方力量与我们携手共勉，共同开创《法大研究生》的美好明天。

祖 昊
《法大研究生》执行主编
2021 年 5 月

目 录

法哲学研究

理论法学

刑法与诉讼法学

私法与经济

法律评注专栏

司法与社会

马克思主义研究

马克思主义民主理论探析

—— 以马克思主义国家学说为视角

郑　阳[*]

摘　要：马克思主义民主理论是在马克思主义国家学说的辨析过程中逐渐建立的。马克思从历史和人类发展的客观规律出发，阐明了人组成社会并在社会的基础上构建国家的过程。国家作为日益独立的第三种力量，需要民主来保障人民当家作主和自我统治，保障国家始终是为实现人的自由而存在的。因此，民主是国家的根本属性，不论民主的形式如何，其本质都在于人民是国家权力的拥有者。近代国家通过资产阶级革命实现了政治民主，却并未消除人们在社会上的不平等，要实现真正的自由就必须将民主扩展到市民社会领域，完成社会解放。

关键词：民主　市民社会　国家

2018 年 5 月 4 日，习近平总书记在纪念马克思诞辰 200 周年大会上的讲话中指出："马克思主义的命运早已同中国共产党的命运、中国人民的命运、中华民族的命运紧紧连在一起"，"马克思主义为中国革命、建设、改革提供了强大思想武器"，"学习马克思，就要学习和实

---

* 　郑阳，中国政法大学法学院 2019 级博士研究生（100088）。

践马克思主义关于人民民主的思想"。[1] 民主理论作为马克思主义的重要组成部分，为中国特色社会主义民主的建设与发展提供了源源不断的思想养分。在过去的几十年中，中国始终面对着西方强烈的"民主输出"，但实践证明中国特色社会主义民主是符合中国国情的正确道路，在这个过程中我们也逐渐建立起了真正的道路自信、理论自信、制度自信、文化自信。十九届四中全会提出要"坚持和完善人民当家作主制度体系，发展社会主义民主政治"，十九届五中全会提出到二○三五年基本实现社会主义现代化远景目标，其中就包括"基本实现国家治理体系和治理能力现代化，人民平等参与、平等发展权利得到充分保障"。当前，准确把握马克思主义民主思想的内涵不仅为进一步树立"四个自信"、讲好中国故事提供了理论本源，也对中国特色社会主义民主未来的发展具有重大的理论意义和实践意义。

一、以国家学说为视角的必要性

民主理论是马克思主义的重要内容之一，虽然马克思、恩格斯等人并没有专门的针对民主理论的著作，但是其经典文本中包含了大量关于民主的论述。国内外学者已经针对马克思主义民主理论进行了多角度的深入研究。通常认为，马克思主义民主理论的基本内涵主要包括以下几个方面：民主是一种国家制度，民主的阶级性，民主与专政不可分离，对资本主义民主的批判，民主具有历史性。[2] 以上内容较为全面地把握了马克思主义民主理论的内涵与特征。笔者想要进一步追问的是其民主观念的来源，也就是试图以一种更加系统的视角去探究马克思主义民主观背后的理论。从方法论来看，马克思主义强调整体性和系统性思维，主张对事物各个方面的联系进行综合分析。从理论本身来看，虽然列宁将马克思主义分为马克思主义哲学、马克思主义政治经济学和马克思主义科学社会主义三个组成部分，但实际上这三个组成部分是一脉相承的：马克思主义哲学提供认识的工具和方法论，政治经济学提供理论基石，科学社会主义研究社会主义的本质和发展规律，提供最终的价值目标。梳理马克思、恩格斯等人涉及民主论述的文章，例如《黑格尔法哲学批判》《德意志意识形态》《论犹太人问题》《法兰西内战》等，就会发

---

〔1〕 习近平：《在纪念马克思诞辰 200 周年大会上的讲话》，载中国政府网，http://www.gov.cn/gongbao/content/2018/content_5294767.htm，最后访问日期：2020 年 10 月 29 日。

〔2〕 参见俞可平：《马克思论民主的一般概念、普遍价值和共同形式》，载《马克思主义与现实》2007 年第 3 期，第 4~13 页。

现其民主的基础理论是在国家学说的辨析过程中逐渐明晰的。

马克思在其《政治经济学批判序言》中谈到了他对黑格尔法哲学进行批判性分析后得出的结论:"法的关系正像国家的形式一样,既不能从它们本身来理解,也不能从所谓人类精神的一般发展来理解,相反,它们根源于物质的生活关系,这种物质的生活关系的总和,黑格尔按照十八世纪的英国人和法国人的先例,称之为'市民社会',而对市民社会的解剖应该到政治经济学中去寻求。"[1] 黑格尔指出了市民社会与国家的二分,并进一步论述道:"国家是伦理理念的现实——是作为显示出来的、自知的实体性意志的伦理精神,这种伦理精神思考自身和知道自身,并完成一切它所知道的,而只是完成它所知道的。"[2] 马克思在《黑格尔法哲学批判》中对黑格尔从概念范畴推理理性国家的论证进行了批判,转而立足于现实世界,积极地以唯物主义的世界观颠倒了黑格尔的逻辑,通过分析国家产生于市民社会并服务于市民社会的过程阐述了其民主理念。《德意志意识形态》论述了唯物主义历史观的基本原理及共产主义实现的必然性,为民主理论的阐述提供了基本的理论与方法论。在《论犹太人的问题》中,马克思分析了从政治解放到人类解放的过程,指出资产阶级的民主是政治解放的结果,而人类解放才是国家的最终归属,是民主的终极目标。《法兰西内战》总结了巴黎公社的经验,提出打破资产阶级国家机器,建立无产阶级专政的思想,并在这之中论证了廉洁政府等民主问题。总而言之,马克思主义民主理论丰富多彩,具有理性与实践性统一、历史性的特点,碎片化地研究不利于我们准确地把握其本质和根本特征,笔者认为从国家学说入手是系统地研究马克思主义民主理论的有益尝试。

二、国家与社会的分离与互动:民主的产生

民主的理论是人类文明史上最经久不衰的话题,从古希腊到今天,无数的思想家对民主问题进行了各种各样的探讨。在众多的理论之中,马克思从对人类社会规律的科学认识和对民主实践的总结出发,以国家和社会的分离与互动的过程清晰地展示了民主产生的逻辑,为民主理论的发展带来了一次重大的变革。

在马克思主义看来,国家和社会的分离是历史过程中的现实存在。马克

---

[1] 《马克思恩格斯选集》(第2卷),中共中央马克思恩格斯列宁斯大林著作编译局编,人民出版社1972年版,第82页。

[2] [德]黑格尔:《法哲学原理》,张企泰、范扬译,商务印书馆1961年版,第457页。

思指出，"这些个人使自己和动物区别开来的第一个历史行动并不是在于他们有思想，而是在于他们开始生产自己所必需的生活资料"，"而生产本身是以个人之间的交往为前提的，这种交往的形式又是由生产决定的"。[1] 这也就是说，人之所以为人的关键在于生产劳动，而生产劳动使人们形成了社会。在国家产生以前的氏族社会，存在着以公共利益为基础的"特殊的公共权力"。就此，恩格斯指出，"一开始就存在着一定的共同利益，维护这种利益的工作，虽然是在全社会的监督之下，却不能不由个别成员来担当……这些职位被赋予了某种全权，这是国家权力的萌芽"。[2] 直到社会生产的发展导致分工和私有制的出现，分工和私有制又进一步导致了私人利益的出现，才真正地产生了国家权力。对于国家产生的基础，恩格斯从历史的角度进行了分析：第一，财富的集聚。一方面，由于氏族社会实行子女继承财产的父权制导致财产在家庭中的不断积累；另一方面，古代部落之间的战争逐渐转变为对财宝和奴隶的抢夺，而世袭贵族和王权的萌芽使得财富不断积累在个别人的手中，财产的差别逐渐扩大。第二，社会分裂。财产的聚集是社会分裂为阶级的最主要原因，伴随着财产差异的是氏族和部落内部中的个人不再平等，奴隶制的对象不再限于奴隶本身，而是逐渐扩展到了同部落甚至是同氏族的人。传统的氏族社会讲求同氏族的人们共同生产、共同生活的群体生活，对私有财产采取轻视的态度，而以上两个方面的变化对氏族社会产生了极大的冲击。[3]

财富的聚集与社会的分化导致了个人利益的出现与个人利益之间的冲突，随着生产力的发展和不平等的分配，个人利益之间的冲突逐渐发展为阶级之间的冲突。不同的阶级对于社会来说是"不可调和"而又"无力摆脱的对立面"，人类出于理性和对自身的保全，建构出了国家这个居于社会之上的力量来抑制冲突，使其始终处在秩序的范围之内。[4] 因此，恩格斯说国家是"从

---

〔1〕 《马克思恩格斯选集》（第1卷），中共中央马克思恩格斯列宁斯大林著作编译局编，人民出版社1972年版，第48页。

〔2〕 《马克思恩格斯选集》（第3卷），中共中央马克思恩格斯列宁斯大林著作编译局编，人民出版社1972年版，第218页。

〔3〕 参见《马克思恩格斯选集》（第4卷），中共中央马克思恩格斯列宁斯大林著作编译局编，人民出版社1972年版，第104页。

〔4〕 参见《马克思恩格斯选集》（第4卷），中共中央马克思恩格斯列宁斯大林著作编译局编，人民出版社1972年版，第165页。

社会中产生但又自居于社会之上并且日益同社会脱离的力量"。由此可见，市民社会产生于人们之间的生产与交往，国家产生于社会，是人类为了追求生命的存续和自由的发展，在社会之上建立起来的维系社会生产生活的共同体。为了实现抑制冲突的职能，国家必须拥有驾驭社会的权力和能力，那么就产生了一个难题：如何控制国家权力？为了解决这个问题，民主应运而生。民主意为"人民当家作主""人民的统治"。这也就是说，人民创造国家的同时要通过民主保障人民实现自我统治，保障国家始终是为实现人的自由而存在。从民主产生的过程来看，马克思认为民主是国家本质属性的体现，"民主是作为类概念的国家制度"，"一切国家形式在民主制中都有自己的真理，正因为这样，所以它们有几分不同于民主制，就有几分不是真理，这是一目了然的"。[1]

此外，国家与社会的分离进一步导致了私人利益与公共利益的冲突，而"正是由于私人利益和公共利益之间的这种矛盾，公共利益才以国家的姿态而采取一种和实际利益（不论是单个的还是共同的）脱离的独立形式，也就是说采取一种虚幻的共同体的形式"。[2] 所谓"虚幻"不是指国家这个存在本身是不真实的、虚构的，而是指对于个人来说，尤其对于处于被支配的阶级来说，共同体具有异己性，这种异己性的一大体现就在于国家所代表的公共利益是否以现实存在的人的利益为出发点。恩格斯在分析国家产生的基础时指出，国家的产生是阶级自身统治的正当化、固定化。在氏族社会受到冲击的那个时代，财富拥有者们不仅亟须一个机关保障个人的财富不受氏族共有制的侵犯，并宣称私有财产神圣不可侵犯，还需要这个机关把新兴的财产积累方式合法化。这个机关就是国家。当某个阶级取得政权之后，首要的任务之一就是将自身的利益上升为公共利益以体现其正当性。既然社会的有序发展依赖于国家，在现阶段与今后很长的一段时间中我们不能消灭国家的存在，那么唯一的途径就是让国家权力掌握在广大的人民手中，人民的意志成为国家的意志，公共利益在最大程度上与人们的利益相一致。这既对民主产生了需求，也是民主最本质的含义。

---

〔1〕 《马克思恩格斯全集》（第1卷），中共中央马克思恩格斯列宁斯大林著作编译局编，人民出版社1956年版，第280页。

〔2〕 《马克思恩格斯选集》（第4卷），中共中央马克思恩格斯列宁斯大林著作编译局编，人民出版社1972年版，第104页。

综上所述，国家与社会的二分诞生了民主，民主是国家本质属性的体现；民主也只有在社会与国家的互动之中才能够存在与运行，而这种互动的出发点与目的最终需要回到现实的人之上。

三、国家权力归属：民主的实质

"在这里，国家制度不仅就其本质说来是自在的，而且就其存在，就其现实性来说也日益趋向于自己的现实的基础、现实的人、现实的人民，并确定为人民自己的事情，国家制度在这里表现出它的本来面目，即人的自由的产物。"[1] 马克思已经表明民主是为了实现人民自由的国家本质属性的体现。为了保障人民自由的实现，民主的建构需要考虑以下几个问题：第一，国家权力归属的主体；第二，民主制度的设计，即如何控制国家权力保证其能够维护人民的自由和利益；第三，人民的自治，即人民如何通过民主制来表达和实现利益。[2] 其中，第一个问题涉及的是民主的实质，也就是国家权力真正掌握在谁在手中。

马克思主义的国家学说已经表明人组成社会，社会是国家产生的基础，而国家成为日益独立于社会的第三种力量的关键因素在于私有制。在私有制下，生产者与生产资料逐渐分离，生产者总是需要"在维持自身生活所必需的劳动时间外，追加超额的劳动时间来为生产资料的所有者生产生活资料"。[3] 对于生产资料的所有者来说，"所缺少的只是这样一个机关，它不仅可以使正在开始的社会划分为阶级的现象永久化，而且可以使有产阶级剥削无产阶级的权利以及前者对后者的统治永久化。而这样的机关就出现了。国家被发明出来了"。[4] 由此可见，国家从诞生开始就是被统治阶级所掌控的，国家权力自然也始终是为统治阶级的利益服务的。从私有制在国家产生过程中的作用来看，我们可以认为近代国家从诞生开始就是资产阶级国家，国家权力掌握在少数资本家的手中，不论民主以何种形式、结构和规则表现出来，都只不过是为了保证资产阶级的利益而存在的。

资产阶级用看似华丽的民主形式掩盖了其民主的实质，正如列宁所说，

---

[1] 《马克思恩格斯全集》（第 1 卷），中共中央马克思恩格斯列宁斯大林著作编译局编，人民出版社 1956 年版，第 281 页。

[2] 参见林尚立：《论人民民主》，上海人民出版社 2016 年版，第 54 页。

[3] 《马克思恩格斯全集》（第 23 卷），人民出版社 1956 年版，第 263 页。

[4] 《马克思恩格斯选集》（第 4 卷），中共中央马克思恩格斯列宁斯大林著作编译局编，人民出版社 1972 年版，第 104 页。

"不管一个共和国用什么形式掩盖起来，就算它是最民主的共和国吧，如果它是资产阶级共和国，如果它那里保存着土地和工厂的私有制，私人资本把社会置于雇佣奴隶的地位，……那么这个国家还是一部分人压迫另一部分人的机器"。[1] 在这种情况下，资产阶级所谓的自由、平等是什么？是贸易自由、买卖自由，而不是"每个人在对待别人的关系上的自由"[2]；是平等交易、商品等值交换，而不是人与人之间真正的关系平等。资产阶级为实现自由竞争、等价交换的经济利益，就必须在国家制度上用民主和自由予以保证。

当国家成为资产阶级维护自身利益的工具，所谓的选举只是各利益集团对于统治权力的争夺，那么只有打碎资产阶级的国家机器，以无产阶级国家取而代之。马克思和恩格斯在《共产党宣言》中指出无产阶级国家是"使无产阶级上升为统治阶级，争得民主"[3] 的国家，即真正民主的统治。无产阶级国家是暴力革命之后的产物，它仍然需要国家机器来镇压敌人的反抗，但与资产阶级国家不同的是，它镇压的"不是大多数的居民，而是少数居民（剥削者）……所有这一切都已经不是原来意义上的国家了"。[4] 马克思主义认为无产阶级国家是具有"过渡性质"的"半国家"，那么无产阶级民主也是具有过渡性质的民主制。因此，在这一时期民主与专政是相辅相成的，民主是绝大多数人的民主，专政是针对剥削阶级的专政。当阶级的对立已经消灭，无产阶级国家就完成了其过渡的使命，从而形成了社会主义国家。[5] 社会主义国家的民主不再需要镇压敌对阶级，因为"阶级已经没有了"，其主要的任务就是不断扩大人民的民主权利，发展民主制度。从无产阶级国家到社会主义国家是马克思恩格斯对于共产主义实现过程的预判，不论二者存在何种区别，但其民主都是真正意义上的实质民主。这不仅在于人民拥有了民主的各种权利，更重要的是他们成为生产资料的共同占有者的同时，也成为国

[1] 《列宁选集》（第4卷），中共中央马克思恩格斯列宁斯大林著作编译局编，人民出版社1972年版，第56页。

[2] 《马克思恩格斯选集》（第1卷），中共中央马克思恩格斯列宁斯大林著作编译局编，人民出版社1972年版，第207~208页。

[3] 《马克思恩格斯选集》（第1卷），中共中央马克思恩格斯列宁斯大林著作编译局编，人民出版社1972年版，第30页。

[4] 《列宁选集》（第3卷），中共中央马克思恩格斯列宁斯大林著作编译局编，人民出版社1972年版，第227页。

[5] 这里的社会主义国家指的是马克思主义所设想的"理论上的社会主义国家"，与当今现实中存在的社会主义国家不同。

家政治生活舞台上的主人，直接参与国家管理，实现民主权利。[1]

虽然马克思主义强调从社会经济的角度出发探索实质上的民主，但并不代表马克思主义要否定程序民主的重要性。实质民主也需要通过程序民主，也就是民主制度的设计和构建来实现。正如列宁所说，"一切'民主制'就在于宣布和实现现在资本主义制度下只能实现得很少和附带条件很多的'权利'。不宣布这种权利，不为立即实现这些权利而斗争，不用这种斗争精神教育群众，社会主义是不可能实现的"。[2]

四、人民的自我规定：民主的形式

人是构成社会的基础，也是建构国家的基础。马克思主义强调人是现实的、真实存在的人，那么以人为出发点的国家制度——民主制也必须是现实的、具体的。马克思在《黑格尔法哲学批判》中指出："在民主制中，国家法律制度、法律、国家本身，就国家是政治制度来说，都只是人民的自我规定和人民的特定内容。"[3] 前文的论证已经说明，民主的实质在于人民掌握国家权力，这是民主的共同价值和目标，是民主唯一的抽象原则。在这个原则的指导下，民主制度的形式是历史的、具体的，反映的是不同社会的人民对于国家的"自我规定"。

马克思和恩格斯并没有直接描述应当实行什么样的民主制度形式，而是通过对1871年成立的巴黎公社的总结和反思，深化了对于民主具体运行形式的思考，主要包括以下几个方面：第一，代表制。为了实现人民的统治，由人民聚在一起开会是最直接的形式，但由于现实原因，在地域辽阔、人口众多的国家实行直接民主是不可能的，因此需要选举出代表来代表人民行使权力。马克思高度赞扬了代表制，称由代表组成的工人议会"标志着世界历史上的一个新时代"。[4] 第二，普选制。通过代表制实行民主的关键在于代表是否能够真正地代表民意。为了保障代表不脱离人民，马克思提出了代表制与普选制结合的思想。在巴黎公社的实践中，全体人民都可以参与选举，选举的对象是所有的社会公职人员，选举出来的公职人员对选民负责，受到监督并随时可以罢免。马克思认为，巴黎公社的普选制在最大程度上尊重了人

---

〔1〕 参见王沪宁主编：《政治的逻辑》，上海人民出版社2016年版，第310页。

〔2〕 《列宁全集》（第23卷），人民出版社1958年，第69页。

〔3〕 《马克思恩格斯全集》（第1卷），人民出版社1956年版，第41页。

〔4〕 《马克思恩格斯选集》（第2卷），中共中央马克思恩格斯列宁斯大林著作编译局，人民出版社1972年版，第335页。

民的意愿，为社会主义共和国奠定了真正民主制度的基础。第三，议行合一。与资产阶级三权分立的议会制模式不同，巴黎公社实施的议行合一的民主组织形式，作为公社最高权力机关的"市政委员会"兼有立法权与行政权。马克思评价这种议行合一的权力机构是真正的实干型机构。第四，人民监督与人民参与。国家权力来源于人民，应当受到人民的监督。人民监督除了对公社公职人员进行监督和罢免之外，公社的一切工作应当向选民报告，公社的支出开销也要受到人民的监督。人民选举或是被选举，监督公职人员与公社机构实际上都是增强人民政治参与的形式。通过对巴黎公社民主形式的分析，马克思更加深刻地意识到社会主义国家的民主制度建设应当强调人民的广泛参与与全面监督，增强人民的主体性。第五，"廉价政府"与廉洁政府。所谓"廉价政府"就是以最小的行政成本获取最高的行政效率，巴黎公社通过取消常备军与国家官吏的开支，以及使公职人员获取与工人一致的薪酬，在最大程度上减少了行政开支给人民带来的压力。此外，巴黎公社还规定任何国家公职人员都不得享有特权，并颁布法律严惩贪污腐败，使得公职人员能够真正地成为人民的公仆。

马克思指出，建立真正的民主需要打破资产阶级旧的国家机器，即废除一切阶级压迫的工具，代替以人民的统治。巴黎公社的实践为马克思提供了实现人民统治的思路，从上述观点来看，马克思与恩格斯并没有全盘否定资产阶级民主制度形式本身，而是反对资产阶级以民主的外壳实行阶级压迫。事实上，马克思主义的民主是历史性、继承性的民主。马克思恩格斯在论证社会历史发展的时候，对原始社会、奴隶社会、封建社会、资本主义社会的民主都进行了全面而准确的分析，每一个阶段的民主制度都是在前一社会形态下的民主制度的基础上发展而来的。正是资产阶级民主的出现，才进一步导致了无产阶级民主的出现和发展。因此，马克思并没有否认代表制等制度的民主性，其思想的重心在于如何能够使形式服务于本质，使民主制度能够在最大程度上防止权力的异化。此外，在分析巴黎公社的民主形式的时候，马克思也清楚地指出了不能将其视为绝对的"乌托邦"。他认为巴黎公社的工人阶级"并没有想靠人民的法令来实现现成的乌托邦。他们知道，为了谋得自己的解放，同时达到现代社会由于本身经济发展而不可遏制地趋向着更高形式，他们必须经过长期的斗争，必须经过一系列将把环境和人都完全改变的历史过程"。[1] 由此可见，不能将民主的制度形式等同于民主本身，民主的实现是经济、文化、社会和现实中的人民等各种因素的结果，马克思主义民主理论是实质与形式的辩证统一。

五、从政治解放到社会解放：民主的目标

现实存在的人是国家和民主的基础和核心，由于生产力的发展，人也处在不断的变化与发展之中。对此，马克思有一段深刻的论述："我们越往前追溯历史，个人，从而也是进行生产的个人，就越表现为不独立，从属于一个较大的整体：最初还是十分自然地在家庭和扩大成为氏族的家庭中；后来是在氏族间的冲突和融合中而产生的各种形式的公社中。只有对十八世纪，在'市民社会'中，社会联系的各种形式，对个人来说，才只是表现为达到他私人目的的手段，才表现为外在的必然性。但是，产生这种孤立个人观点的时代，正是具有迄今为止最发达的社会关系（从这种观念看来是一般关系）的时代。人是最名副其实的政治动物，不仅是一群合群的动物，而且是只有在社会中才能独立的动物。"[2]

马克思的这种判断是从历史中得出的。在 18 世纪以前，人们共同生活、共同生产，"每一个单个的人，只有作为这个共同体的一个肢体，作为共同体的成员，才能把自己看成所有者或占有者"。[3] 以原始社会为例，低下的生产力决定了人们必须在氏族或部落的共同体中生产生活，在这个共同体中，成员之间平等并且共同管理社会事务。这种原始社会的民主不需要国家机器的维持，却是井然有序的。民主实现程度的本质就是人类取得自由的程度，随着社会生产力的发展，阶级对立使得 18 世纪以前的这种民主不复存在，取而代之的是国家形态的政治民主。从原始民主到政治民主的发展过程实际上就是人类摆脱对人的依赖关系，取得以对物的依赖关系为基础的独立性的过程，也是政治解放的过程。

18 世纪之前的民主是不自由的民主，因为社会与国家还未分离，"人民的生活和国家的生活是同一的"，这也就意味着经济上的不自由必定会导致政治上的不自由。资产阶级革命实现了政治解放，"政治解放一方面把人变成市

---

〔1〕 《马克思恩格斯选集》（第 2 卷），中共中央马克思恩格斯列宁斯大林著作编译局编，人民出版社 1972 年版，第 379 页。

〔2〕 《马克思恩格斯选集》（第 2 卷），中共中央马克思恩格斯列宁斯大林著作编译局编，人民出版社 1972 年版，第 87 页。

〔3〕 《马克思恩格斯全集》（第 30 卷），人民出版社 1956 年版，第 466 页。

民社会的成员，并成利己的、独立的个人，另一方面把人变成公民、法人"〔1〕，"市民社会的等级差别完全变成了社会差别，即没有政治意义的私人生活的差别"。〔2〕

马克思充分肯定了资产阶级政治解放的历史积极意义，但民主的历程就此终结了吗？并没有。因为，政治解放虽然实现了政治领域内的自由和民主，但是这种政治解放依然是在私有制的形态下实现的，人们也依然没有摆脱对物的依赖，也就是没有实现经济解放。马克思指出，"历史的发展使政治等级变成社会等级，所以正如基督教徒在天国一律平等，而在人世不平等一样，人民的单个成员在他们的政治世界的天国是平等的，而在人世的存在中，在他们的社会生活中却不平等"〔3〕，"当国家宣布出身、等级、文化程度、职业等非政治的差别的时候，当国家不管这些差别而宣布每个人都是人民主权的平等参加者的时候，当它从国家的观点来观察人民现实生活的一切因素的时候，国家就是按照自己的方式废除了出身、等级、文化程度、职业的差别。尽管如此，国家还是任凭私有财产、文化程度、职业按其固有的方式发挥作用，作为私有财产、文化程度、职业来表现其特殊的本质"。〔4〕 因此，人类想要达到真正的、彻底的民主，也就是社会民主，必须在政治解放的基础上实现社会解放，实现市民领域中的平等与自由。社会解放的前提是废除私有制和生产的高度发展，这也就意味着社会民主的实现与国家的消亡是同步进行的。因此，列宁指出我们不能忘记"国家的消灭也就是民主消灭，国家的消亡也就是民主的消亡"。〔5〕

伴随着生产力的发展，人类的解放经过了一个这样的过程：从原始社会、奴隶社会、封建社会对人的依赖的状态下，人类通过政治解放，在近代国家（资产阶级国家）实现了政治民主，但政治民主建立在社会与国家二分的基础上，政治民主下还存在着社会不平等，因此必须通过社会解放实现社会民主。马克思主义认为，由政治民主走向社会民主是人类社会发展规律的必然结果，在这个过程中无产阶级和社会主义的民主发挥了关键性的作用。"无产阶级将

〔1〕 《马克思恩格斯全集》（第1卷），人民出版社1956年版，第284~285页。

〔2〕 《马克思恩格斯全集》（第1卷），人民出版社1956年版，第443页。

〔3〕 《马克思恩格斯全集》（第1卷），人民出版社1956年版，第344页。

〔4〕 《马克思恩格斯全集》（第1卷），人民出版社1956年版，第427页。

〔5〕 《列宁选集》（第3卷），中共中央马克思恩格斯列宁斯大林著作编译局编，人民出版社1972年版，第241页。

取得社会权力，并且利用这个权力把脱离资产阶级掌握的社会化生产资料变成公共财产。通过这个行动，无产阶级使生产资料摆脱了他们迄今具有的资本属性，给它们的社会性以充分发展的自由。从此按照预定计划进行的社会生产就成为可能的了。生产的发展使不同社会阶级的继续存在成为时代的错误。随着社会生产的无政府状态的消失，国家的政治权威也将消失。人终于成为自己的社会结合的主人，从而也就成为自然界的主人，成为自己本身的主人。"[1]

结　语

"经验的观察在任何情况下都应当根据经验来揭示社会结构和政治结构同生产的联系，而不应当带有任何神秘和思辨的色彩。"[2] 在当今世界，民主可谓是最时兴、最"政治正确"的话语，但对于民主是什么这个问题却是百家争鸣。马克思主义将民主观建立在对人类历史的客观分析之上，采取了"类自然科学"的方法，以唯物政治观和政治辩证法为方法论客观地剖析了民主的产生、内容、形式和最终目标。马克思主义的民主理论不是独立存在的"纯粹思辨"，而是与国家的产生、发展与消亡同步的辩证发展过程。

在理论上，马克思主义的民主理论回答了民主是什么、民主的实质、民主的形式以及民主的最终目的这四个最为关键的问题，通过颠倒黑格尔市民社会与政治国家的逻辑，解决了人民主权与政治国家控制市民社会之间的矛盾。同时，马克思主义民主理论也为我们回应西方国家的"民主质疑"提供了最好的武器。首先，西方资本主义国家将"民主输出"作为他们的"伟大使命"，但民主绝不是单纯的形式民主，民主不等于议会制、三权分立，民主形式外壳下的民主实质才是最为根本的。西方资本主义民主纵使具有最华丽的外衣，但由于其服务于资本的本质属性，这样的民主注定是属于少数人的民主。其次，西方的民主也绝对不是"历史的终结"，马克思主义已经告诉我们政治民主不是最终的目的，甚至于说民主的存在本身就是为了民主（政治民主）的消亡，人类最终的发展理想是实现社会解放、实现人的全面的自由发展。最后，社会解放和社会民主的实现需要作为主体的人付诸积极的行动，这个伟大目标的实现需要无产阶级的不懈努力和社会主义的不断发展完善。

---

〔1〕　《马克思恩格斯选集》（第 3 卷），中共中央马克思恩格斯列宁斯大林著作编译局编，人民出版社 1972 年版，第 443 页。

〔2〕　《马克思恩格斯选集》（第 1 卷），中共中央马克思恩格斯列宁斯大林著作编译局编，人民出版社 1972 年版，第 151 页。

论党内法规的道德性

杨明宇*

摘　要：党内法规的道德性源于党自身的道德性和党的领导的道德性，其理论基础是马克思主义和中国特色社会主义理论中有关共产党的性质和宗旨的观点。党内法规从三个方面体现出道德的特征：党内法规对于党员和党组织提出较高的道德标准，并将一些高道德标准转化成了具体的行为要求；党内法规既作用于党员和党组织的行为和活动，同时规范党员的内心和思想；党内法规的实施不但依靠外在强制，还依靠内心强制和学习教育等方式。党内法规将这些道德特征融入自身的规范体系之内，使其制度化、规范化、体系化。党内法规的道德性是全面从严治党的应有之义，也是全面依法治国的重要保障。

关键词：党内法规　道德性　依规治党　依法治国

党的十八届四中全会提出全面依法治国应当坚持依法治国和以德治国相结合。在 2016 年年底召开的全国党内法规工作会议前夕，习近平总书记作出重要指示强调，必须坚持依法治国与制度治党、依规治党统筹推进、一体建设。党的十九大报告中再次强调，建设社会主义法

---

* 　杨明宇，中国政法大学法学院 2016 级博士研究生（100088）。

治国家应当坚持依法治国和以德治国相结合、依法治国和依规治党有机统一两大原则。无论是坚持全面依法治国还是坚持全面从严治党，都需要法治与德治相配合，是一项艰巨而复杂的系统性工程。关于国家法律道德性已经有较多研究。党内法规的道德性对于探究中国特色社会主义法治的独特性、认识依法治国与以德治国的关系、推进依法治国与依规治党相结合有着重要的理论价值。本文重点关注内在于党内法规道德属性及其表现方式，并且分析党内法规的道德性对于推进全面从严治党和全面依法治国的重要意义。

一、党内法规道德性的内在逻辑

当代西方法律思想史上关于国家法律道德性问题的探索是通过自然法学派和分析实证法学派的理论交锋展开的：支持"分离命题"的实证主义法学派认为国家法律与道德之间不存在概念上的必然联系，主张"恶法亦法"；反对该观点的自然法学派主张国家法律必然具备一定的道德性，否则就丧失了成为法律的资格。关于党内法规的道德性的理解则不存在类似的争论。中国共产党是以马克思主义为指导的社会主义政党，是中国人民和中华民族的先锋队，以实现共产主义为最高理想和最终目标。中国共产党的先进性决定了党内法规的制定和实施追求共产主义价值目标、遵循共产主义的道德理念。因此，党内法规与道德之间的紧密联系是不言而喻的，党内法规的道德性和制度性是共存的。

（一）党内法规道德性的含义

"道德是一种人类社会所特有的规范，是由生产关系所决定的，依靠人的内心信念和社会舆论维持的，以一定的善恶原则为评价标准的行为和规范的总和。"[1] 党内法规的道德性指的是党内法规与共产主义道德有着内在联系，并且将这些道德特征以规范化、制度化的方式表现出来。

党内法规必然具有道德性，不符合特定道德观念的党内法规无法成立。党内法规是一种带有明确价值取向、体现强烈理想信念的规范。党内法规的制定应当严格遵照和落实这些价值取向和理想信念。《中国共产党章程》（以下简称《党章》）明确规定，中国共产党是中国工人阶级的先锋队，同时是中国人民和中华民族的先锋队，是中国特色社会主义事业的领导核心，党员和党的各级领导干部都应当遵守共产主义道德、发扬中华民族传统美德，提

---

〔1〕 罗国杰主编：《马克思主义伦理学》，人民出版社 1982 年版，第 4 页。

升自身道德修养。[1] 《党章》是党的根本法，其他党内法规的制定应当以《党章》为根本，贯彻党的基本理论、基本路线、基本方略，将《党章》中对全党和党员的道德要求贯彻到具体的规范当中。党内法规中体现的道德不同于社会道德：党内法规的道德具有稳定的内容和明确的原则；社会道德是特定群体在长时间的社会实践活动中形成的思想和行动准则，其内容由不同的社会环境决定，并且随着社会的发展而变化。党内法规的道德性是共产党宗旨和信仰在具体规范中的体现。共产党人为了无产者摆脱剥削和压迫，提升人类社会到共产主义高度而奋斗。《中国共产党党内法规制定条例》明确要求党内法规的制定必须以马克思列宁主义、毛泽东思想、邓小平理论、"三个代表"重要思想、科学发展观、习近平新时代中国特色社会主义思想为指导，[2] 贯彻落实其中价值信仰和道德要求。

党内法规具有道德性，但这并不表示党内法规本身是一种道德。党内法规是有权党组织制定的，体现党的统一意志、规范党的领导和党的建设活动、依靠党的纪律保证实施的专门规章制度。党内法规是以成文规范的形式出现的，是对党的道德内容的明确化、实施的制度化、监督的常态化，与道德有着本质的区别。党内法规与道德的不同之处有以下几个方面：第一，与国家关系的不同。中国共产党是中国特色社会主义的领导力量，党内法规体现党的意志、规范党的领导，党内法规中的道德要求是具有特定内容的共产主义道德，与社会主义国家的本质和发展目标紧密相关。道德是在漫长的社会发展过程中形成的，虽然在国家和社会中起到积极的作用，但不是决定性的。第二，表现形式不同。党内法规的制定和修改遵守严格的权限和程序规定，具有形式性特征；道德是在社会生活中通过长期演化而形成的，往往是无形的，通过人们的认同和习惯维持。第三，保障方式不同。党内法规以党内处分等外在强制和批评教育等内心强制性手段保证实施；道德要求只能以内心认同和社会舆论保障。第四，体系结构不同。党内法规是具有一定的内部逻辑的规范体系；道德规范相对零散，没有完整的体系。由此可见，党内法规体现共产主义的道德观念和道德追求，有着与道德相似的特征，并且将这些特征以成文化、制度化、体系化、规范化的方式表现出来，但是本身不是

---

〔1〕 《中国共产党章程》，人民出版社 2017 年版，第 1~10 页。

〔2〕 《中国共产党党内法规制定条例 中国共产党党内法规和规范性文件备案审查规定 中国共产党党内法规执行责任制规定（试行）》，人民出版社 2019 年版，第 3 页。

道德。

（二）党内法规道德性的理论基础

"党内法规的道德性渊源于党的崇高理想和崇高道德的转化。"〔1〕党内法规是规范党的建设和党的领导的一系列规章制度，党内法规的道德性来源于中国共产党的道德性。中国共产党以马克思主义为指导建立起来，是中国特色社会主义的领导核心，是实现共产主义理想的推动力量。因此，中国共产党必然具有道德上的先进性。

首先，中国共产党是以马克思主义为指导建立起的政党，是道德上先进的政党。马克思认为道德作为上层建筑的一种，是由一定的生产力发展水平决定的，从而驳斥了资产阶级思想家建构起的一切永恒、普遍的道德真理。但是马克思并没有抛弃道德理想，而是建构起了共产主义的价值追求：一个消除了剥削和压迫的联合体，"每个人的自由发展是一切人的自由发展的条件"〔2〕，人类从异化状态回归人性自身。马克思在《共产党宣言》中指出，在实现共产主义理想的进程中，共产党始终是领导者和推动者。共产党将无产者的运动引领至原则性的高度，"他们了解无产阶级运动的条件、进程和一般结果"，"是各国工人阶级政党中最坚决、始终起推动作用的部分"。〔3〕列宁认为无产阶级的道德是从无产阶级为了实现共产主义的斗争和运动中引申出来的，"为巩固和完成共产主义事业而斗争，这就是共产主义道德的基础"。〔4〕同时，列宁将共产党视为无产阶级运动的领导者和组织者，是整个运动过程及其根本性质和主要目的的代表。在这个意义上，共产党是共产主义道德的代表，是道德上先进的政党。中国共产党以马克思列宁主义为指导思想建立，从建党之时起就肩负着为中国人民谋幸福、为中华民族谋复兴的历史使命；又在社会主义革命和建设的实践中不断自我净化、自我提升、自我革命，以保持自身的道德性。对于全党来说，中国共产党自身的道德性来

〔1〕 郭忠：《论党内法规法性质之独特性——从党内法规的道德性角度分析》，载《甘肃社会科学》2020 年第 3 期，第 139 页。

〔2〕 《马克思恩格斯选集》（第 1 卷），中共中央马克思恩格斯列宁斯大林著作编译局编译，人民出版社 2012 年版，第 422 页。

〔3〕 《马克思恩格斯选集》（第 1 卷），中共中央马克思恩格斯列宁斯大林著作编译局编译，人民出版社 2012 年版，第 445 页。

〔4〕 《列宁选集》（第 4 卷），中共中央马克思恩格斯列宁斯大林著作编译局编译，人民出版社 1995 年版，第 292 页。

源于对马克思主义信仰和共产主义的追求。这种道德为发展中国特色社会主义，并且最终实现人的全面解放和全面发展而服务，是人类对于更高层次生活的追求。具体到党员和领导干部，道德上的先进性能够抵御经济上的贪婪和生活上的腐化，坚定党员和领导干部的政治立场和共产主义信仰。习近平总书记强调，党性修养、思想觉悟、道德水平的提高是党员和领导干部的必修课，需要付出终身的努力。[1] 思想是行为的先导，中国共产党自身是道德性的政党，将共产主义远大理想和中国特色社会主义共同理想融入自身道德体系，又将这一道德体系表达为党内法规体系，最终落实到每一个党员的思想和行动中。

其次，中国共产党是中国特色社会主义的领导核心，也要求中国共产党是道德性的政党。《共产党宣言》中明确指出共产党始终代表无产阶级的利益，"没有同整个无产阶级的利益不同的利益"；共产党始终坚持共产主义的目标和原则，"不提出任何特殊的原则，用以塑造无产阶级的运动"。[2] 共产党始终把消灭私有制，消除人对人的剥削作为目标，既领导无产阶级争取眼前的利益，又代表着无产阶级长远的利益。中国特色社会主义理论与马克思主义理论一脉相承。中国共产党自成立以来，就以全心全意为人民服务为宗旨，并在《党章》中郑重明确"党除了工人阶级和最广大人民群众的利益，没有自己特殊的利益"。[3] 李海青用"生死伦理"刻画共产党人的这种价值观：共产党人将人民的利益视为自身存在的最大意义与应然价值追求。[4] 党的十九大报告在强调"坚持党对一切工作的领导"同时强调"坚持以人民为中心"，把人民对美好生活的向往作为奋斗目标，依靠人民创造历史伟业，体现了领导者与追随者的结合关系。党的道德性，一方面体现在党完全与人民利益相统一，没有自身特殊利益。"不谋私利才能谋根本、谋大利，才能从党

---

〔1〕 中共中央党史和文献研究院、中央"不忘初心、牢记使命"主题教育领导小组办公室编：《习近平关于"不忘初心、牢记使命"论述摘编》，党建读物出版社、中央文献出版社 2019 年版，第177 页。

〔2〕 《马克思恩格斯选集》（第 1 卷），中共中央马克思恩格斯列宁斯大林著作编译局编译，人民出版社 2012 年版，第 413 页。

〔3〕 《中国共产党章程》，人民出版社 2017 年版，第 10 页。

〔4〕 参见李海青：《使命型政党的"生死伦理"——基于"老三篇"的文本阐释》，载李海青等：《砥砺前行：引领民族复兴的马克思主义使命型政党》，中国人民大学出版社 2019 年版，第 228 页。

的性质和根本宗旨出发，从人民的根本利益出发，全心全意为人民服务。"[1]
另一方面，党的道德性也体现在党必须能在不同群体的利益交织中提炼出人民的共同利益、长远利益，引导确立共同价值追求。想要始终做到代表中国最广大人民的根本利益，并且引领中国特色社会主义向共产主义理想发展，就必然要求中国共产党具有道德上的先进性。

综上所述，党内法规的道德性源于党自身的道德性和党的领导的道德性，其理论基础是马克思主义和中国特色社会主义理论中有关共产党的性质和宗旨的学说。中国共产党是道德上先进的政党，是建立和发展中国特色社会主义、实现共产主义远大理想的推动者，是中国人民和中华民族的领导核心。以马克思主义为指导思想建立的中国共产党将共产主义的价值观写进章程，融入党内法规体系，以共产主义道德要求全党。党内法规以党的规章制度形式出现，虽然党内法规本质上不是道德，但其内容必然体现共产主义道德，并且在一定程度上体现出与道德相同的特征。

二、党内法规道德性的表现形式

深入认识党内法规的道德性，还需要进一步分析党内法规的道德性在具体规范中和实施中的表现形态。党内法规在三个方面体现出道德的特征：党内法规对于党员和党组织提出较高的道德标准，并将一些高道德标准转化成了具体的行为要求；党内法规既对党员和党组织的行为和活动提出规范性要求，还作用于党员的内心世界和思想活动；党内法规的实施不但依靠外在强制，还依靠内心强制和学习教育等方式。党内法规将这些道德特征融入自身的规范体系之内，使其制度化、规范化、体系化。

（一）行为要求的道德性

为了探讨国家法律与道德的关系，富勒将道德分为"义务的道德"和"愿望的道德"两类。富勒认为，国家法律并不对人提出过高的道德要求，而仅仅是将"义务的道德"作为规范的对象。"义务的道德"是保持社会秩序所需的较低的道德原则，它划定何种行为应由国家法律令行禁止。"愿望的道德"更多强调一种对于美德的追求，是对于美好和善的追求，体现个人信仰。[2] 如果我们从"义务的道德"与"愿望的道德"的相对性角度来理解

---

〔1〕　中共中央宣传部编：《习近平新时代中国特色社会主义思想学习纲要》，学习出版社、人民出版社 2019 年版，第 40 页。

〔2〕　参见［美］富勒：《法律的道德性》，郑戈译，商务印书馆 2005 年版，第 8 页。

党内法规与国家法律的关系。我们就会发现，党员和党组织的道德准则属于"愿望的道德"，具体来说是以共产主义信仰为基础的一系列共产主义道德。

党内法规将共产主义的道德标准以成文的方式表现出来，对党员和党组织的行为和活动提出较高的道德要求。党内法规在行为要求方面的道德性体现为两种：第一，以原则的方式申明对党员和党组织的道德要求，提出抽象的行为准则。《党章》规定"中国共产党党员必须全心全意为人民服务，不惜牺牲个人的一切，为实现共产主义奋斗终身"，"为了保护国家和人民的利益，在一切困难和危险的时刻挺身而出，英勇斗争，不怕牺牲"。[1] 这些规范表述了共产主义的道德观，对于党员和党组织的行为和活动提出了较高的道德要求，但是偏向原则化，不含有具体的行为模式和行为后果，提倡党员和党组织的内心认同和自觉遵守。柯华庆将党内法规中的这类规范称为"党德"，指的是党的成文道德，不以纪律处分的方式保障实施，具有道德宣誓和倡导的作用。[2] 第二，将抽象的行为要求具体化，以规则的方式细化对党员和党组织的道德要求，提出具体的行为规范。这种具体的行为要求又分为肯定性和否定性两种形式：例如，《中国共产党廉洁自律准则》中"党员廉洁自律规范"规定"坚持尚俭戒奢，艰苦朴素，勤俭节约"[3]，是从肯定的方面对党员提出行为要求。《中国共产党纪律处分条例》中规定的对于"生活奢靡、贪图享乐、追求低级趣味"行为的处罚，则是以否定的方式重申了党内法规的道德要求，并且规定了相应的党纪处分作为否定性的行为后果。[4] 除此之外，党内法规对党员和党组织提出的行为要求有差序性的特点，这个方面也与道德的特点类似。差序性指的是在共产党的内部，道德要求有一定的相对性：随着政治身份的增多和职务的提升，党内法规对于领导干部提出了高于一般党员的要求。例如，《中国共产党廉洁自律准则》对党员领导干部作出了要求高于一般党员的专门规定，包括廉洁从政、廉洁用权、廉洁修身、廉洁齐家四项内容。《中国共产党党内监督条例》对中央政治局委员作出了更加严格的规定，如自觉参加双重组织生活、带头约束亲属和身边工作人员、严格执行中央八项规定等。

---

〔1〕 《中国共产党章程》，人民出版社 2017 年版，第 12~13 页。

〔2〕 参见柯华庆主编：《党规学》，上海三联书店 2018 年版，第 41 页。

〔3〕 国家行政学院政治学部编：《中国共产党党内重要法规》，人民出版社 2016 年版，第 64 页。

〔4〕 《中国共产党纪律处分条例》，人民出版社 2018 年版，第 55 页。

从行为要求的高度上来说，党内法规是介于国家法律要求与伦理道德要求之间的一种规范。[1] 共产主义道德作为一种"愿望的道德"被融入党内法规的原则性规范和规则性规范之中，体现了党内法规在行为要求方面的道德性。当有立规权的党组织依据党内法规制定的程序将共产主义的道德融入党内法规，提出规范的行为要求并最终以成文的方式表达出来，党内法规和纯粹的道德之间的界限也就被划定了。可见，党内法规本身虽然不是道德，却以行为要求方面的道德性为主要特征。

（二）调整范围的道德性

在调整范围上，国家法律规范行为而不调整和约束公民的思想，党内法规既调整党员和党组织的行为又对党员的思想提出要求，与道德有相似的特征。思想建设法规是党内法规特有的部分。对于马克思主义政党来说，思想的纯洁性和先进性是其立身的根本。离开思想的先进性，仅仅局限于行为的机械执行，这样的政党是缺乏灵魂、缺乏凝聚力的。中国共产党特别强调思想建设的重要性，并以党内法规的形式规范思想建设工作的内容和方式。约束党员思想的党内法规可以称为思想规范，内容可以概括为以下几类：

第一，党内法规要求党员在思想上坚守共产主义信仰。共产主义信念是每一个共产党员必须坚守的信念，加入共产党即是对共产主义信仰的认可与坚守。《关于新形势下党内政治生活的若干准则》要求党员坚定理想信念，强调共产主义远大理想和中国特色社会主义共同理想，是中国共产党人的精神支柱和政治灵魂，也是保持党的团结统一的思想基础。[2] 党内法规中不乏类似的具有道德宣誓和道德引领作用的信条型语句，用以表达党的世界观和价值追求。例如，《党章》总纲中规定的"党的最高理想和最终目标是实现共产主义"。[3] "这些信条语句能够肯定和呼吁人们产生某种共同的情感和信仰。"[4] 这些规范对党员和领导干部提出理想信念上的要求，是中国共产党立党之本在规范上的体现，具有道德宣誓和道德引领的作用。第二，党内法规要求党员和党组织开展中国特色社会主义理论学习，加深对中国特色社会主义的思想认同、情感认同和理论认同。深入学习贯彻中国特色社会主义理

---

〔1〕　参见刘长秋：《论党内法规的含义及其制度建设的要求》，载《探索》2019 年第 3 期，第 82 页。

〔2〕　《关于新形势下党内政治生活的若干准则》，人民出版社 2016 年版，第 5 页。

〔3〕　《中国共产党章程》，人民出版社 2017 年版，第 1 页。

〔4〕　柯华庆主编：《党规学》，上海三联书店 2018 年版，第 150 页。

论体系是党委（党组）中心组学习的首要任务。党员和领导干部要做到运用马克思主义立场、观点、方法，深入学习贯彻中国特色社会主义理论体系，做到改造主观思想以指导外在行为。第三，党内法规要求党员在思想上坚持马克思主义方法观点的基础上进行开拓创新。《中国共产党党员教育管理工作条例》明确提出了，"组织党员读原著、学原文、悟原理"[1]的要求。要求党员将马克思主义思想方法与工作实际相结合，将思想从不合时宜的观念、思维定式中解放出来，从陈旧做法和体制的束缚中解放出来。第四，党内法规要求党员自觉提高道德素养。《中国共产党廉洁自律准则》明确要求："中国共产党全体党员和各级党员领导干部必须自觉培养高尚道德情操，努力弘扬中华民族传统美德，廉洁自律，接受监督，永葆党的先进性和纯洁性。"[2]

道德作用于人的内心，并以内心的思想观念去指导和影响行为。党内法规的调整范围与道德类似，也作用于党员的内心世界。党内法规往往通过成文的方式，明确提出对党员的思想要求，比道德更具有明确性和体系性。其内容可以概括为坚守共产主义信仰、学习中国特色社会主义理论、在坚持马克思主义的基础上进行开拓创新、自觉提高道德素养四个方面。

（三）实施机制的道德性

在实施机制上，党内法规有着与道德相似的特征。道德依靠的是内心强制力、舆论的压力和自律保证实施。党内法规以党内处分等外在强制的方式保障实施，也要依靠党员的自律、党内舆论等内心强制力保障实施。并且，党内法规将这些实施方式常态化、制度化，直接以规范的方式保证党内法规对于党员内心的强制力，依靠道德自律、"以上率下"和学习教育等与道德教化类似的方式保障实施。

第一，党内法规的实施既包括党内处理、组织处理等外在强制手段，也要依靠党员和领导干部道德自律的内心强制。《中国共产党廉洁自律准则》作为重要性仅次于《党章》的党内法规，直接将"自律"的要求写进了标题。准则只规定了党员和领导干部的行为模式，没有规定违反的惩罚措施，而是要求党员和领导干部自觉遵守，自觉培养道德情操。

第二，党内法规中明确规定上级党员领导干部起到模范带头作用，通过"以身作则""以上率下"的方式保障党内法规在本单位、本部门的实施。在

---

〔1〕 《中国共产党党员教育管理工作条例》，人民出版社 2019 年版，第 5 页。
〔2〕 国家行政学院政治学部编：《中国共产党党内重要法规》，人民出版社 2016 年版，第 64 页。

实施方式上，党内法规体现出了"身份越多则实施越严"的差序性特征。习近平总书记要求"凡是党章规定党员必须做到的，领导干部要首先做到；凡是党章规定党员不能做的，领导干部要带头不做"。[1] 这种"以上率下"的实施方式在具体的党内法规规范中多有体现。例如，《党政领导干部考核工作条例》规定"中央和国家机关领导班子和领导干部应当在思想上政治上行动上发挥表率作用，带头接受高标准严格考核"。[2] 与此类似，党内法规还规定党员领导干部带头接受教育管理，理论学习中心组成员应当发挥"关键少数"的示范和表率作用。除此之外，《中国共产党党内监督条例》规定对于党员领导干部的监督力度也大于普通党员，"党内监督的重点对象是党的领导机关和领导干部特别是主要领导干部"，"加强对主要负责人和关键岗位领导干部的监督"。[3] 以此，党内法规将榜样的作用融入自身的规范体系当中，体现出实施机制上的道德性。

第三，与道德教化的方式类似，党内法规以一系列学习教育活动保障实施。党内民主生活会、"两学一做"等多种教育活动将道德教化的方式融入相应的制度之中，是党内法规中有关提高党性修养内容的重要实施方式。例如，党员的教育培训制度是党的思想建设有序进行的保障，是党的建设的基础性、经常性工作。教育培训制度的功能是使党员和干部学习培训科学化、制度化、规范化，以培养造就高素质党员干部队伍。党员不论职务类型和职级高低，都必须接受党组织的教育管理，按照《党章》和《中国共产党党员教育管理工作条例》的规定参加教育培训活动。党员接受的日常教育培训包括"三会一课"制度、主题党日活动、组织生活会、民主评议党员和谈话谈心等。党员领导干部的培训应当坚持德才兼备、以德为先的原则，突出对党员领导干部的理想信念教育和党性党规党纪教育。《中国共产党支部工作条例》《中国共产党农村基层组织工作条例》《中国共产党党和国家机关基层组织工作条例》《中国共产党国有企业基层组织工作条例（试行）》对党员教育培训制度有更详细具体的规定。

---

[1] 中共中央党史和文献研究院、中央"不忘初心、牢记使命"主题教育领导小组办公室编：《习近平关于"不忘初心、牢记使命"论述摘编》，党建读物出版社、中央文献出版社 2019 年版，第 93 页。

[2] 《党政领导干部考核工作条例》，人民出版社 2019 年版，第 5 页。

[3] 中国法制出版社编：《十八大以来新党规党纪学习手册》，中国法制出版社 2018 年版，第 304~306 页。

三、党内法规道德性的功能定位

党内法规的道德性是中国特色社会主义法治体系的制度优势和独特理念的一个表现方面。全面依法治国必须坚持和加强党的领导，坚持和加强党的领导必须全面从严治党。党内法规的道德性规范和约束党的领导，是思想建党和制度治党的结合点，也是依法治国和以德治国的重要保障。

（一）党内法规的道德性是全面从严治党的应有之义

党内法规的道德性是全面从严治党的应有之义，能够推进全面从严治党向纵深发展。习近平总书记强调，全面从严治党"基础在全面，关键在严，要害在治"。[1]党内法规的道德属性能够保证治党管党的"全面"和"从严"：将党的性质和宗旨融入规范体系，调整党员的行为和内心，以外在强制力和内在强制力为保障，将党的道德性以规范的方式体现出来。

首先，以党内法规的道德性指导党内法规的解释和适用，是推进全面从严治党的应有之义。每一种规范的产生都是为了维护一定的价值，党内法规也是如此。党内法规将共产主义的道德要求融入自身的规范体系，就是为了维护党的价值和宗旨。所以，在解释和适用党内法规的时候，如果出现立规空白，或者具体的规则无法适用于当前案件的情况，可以结合党内法规制定的精神，结合具体案件，将具体规则和党内法规中的原则性规定结合起来进行解释适用。例如，对于《中国共产党纪律处分条例》明文禁止的生活奢靡、贪图享乐的行为，应当结合党内法规中树立的艰苦奋斗的道德原则来解读，而不是结合国家法律中的要求或者以约束一般群众的社会道德来解释。党内法规的适用中，应当使用目的解释和体系解释的方法，在解读党内法规中具体的规则时体现党内法规的道德性。

其次，党内法规在调整范围和实施机制上的道德性能够保证制度治党与思想建党同向发力，是推进全面从严治党的应有之义。制度治党，指的是用体系化的规则思维和法治方式治党管党，构建以《党章》为党的根本大法，若干党内法规为制度支撑的党内法规体系，确保党的建设和党的领导在规则的框架内进行。思想建党，指的是通过思想政治工作对党员的内心世界进行改造，补足精神之"钙"，使党员保持对中国特色社会主义共同理想和共产主

---

[1] 中共中央党史和文献研究院、中央"不忘初心、牢记使命"主题教育领导小组办公室编：《习近平关于"不忘初心、牢记使命"论述摘编》，党建读物出版社、中央文献出版社2019年版，第155页。

义远大理想的执着追求，自觉做马克思主义的坚定信仰者和忠实实践者。党内法规的道德性是对党员日常思想教育的制度化、规范化、体系化，将党的宗旨和信念融入党内法规制度体系，是制度治党和思想建党的结合点。党内法规的调整范围包括党员的内心活动，并且以情感上感召和理论上说服的方式保障党员的理解和认同，保障党的先进性和纯洁性。依照党内法规制度治党管党，不仅仅包括对党员外在行为的刚性约束和外在强制手段，也包括对党员的道德教化和内心强制。例如，党内监督工作应当健全"防微杜渐、抓早抓小"的工作机制，及时了解党员的思想动态，在违纪行为发生之前及时发现苗头和倾向。利用谈心谈话、提醒谈话、批评与自我批评、民主生活会等具体方式，促进党员自律、引导党内舆论，防止思想问题发展成行为问题，防止小错酿成大错。

最后，党内法规在行为要求和实施机制上的道德性能够保证推进全面从严治党需要重点抓住"关键少数"。党内法规的治理与国家法律的治理的一个不同之处在于，党内法规与道德规范类似，在行为要求和实施机制上具有差序性。习近平总书记指出，所谓"子帅以正，孰敢不正"，从严管理的要求能不能落到实处，领导机关和领导干部带头非常重要。尤其是中央机关和中央国家机关、高级领导干部要强化带头意识，时时处处严要求、作表率。[1] 党内法规要求党员领导干部以身作则、起到表率作用体现了党内法规的道德性，能够防止个别领导干部身居高位、脱离群众，甚至违法乱纪、以权谋私、腐化堕落。领导干部做好全面从严治党的践行者、示范者，就能一级带动一级，引导广大党员干部见贤思齐，营造全面从严治党的良好文化和风气，发挥正本清源、祛邪扶正、鞭策激励的作用。

（二）党内法规的道德性是全面依法治国的重要保证

习近平总书记在《加快建设社会主义法治国家》一文中指出，党提出全面依法治国的基本方略，而且党一直带领人民在实践中推进依法治国。[2] 建设中国特色社会主义法治体系，建设社会主义法治国家离不开中国共产党的领导。社会主义法治国家应当坚持依法治国和以德治国相结合、依法治国和依规治党有机统一两大原则。党内法规的道德性是这两大原则的结合点，是

---

[1] 中共中央文献研究室编：《十八大以来重要文献选编（上）》，中央文献出版社2014年版，第351页。

[2] 参见习近平：《加快建设社会主义法治国家》，载《人民日报》2015年1月1日，第1版。

党领导人民推进全面依法治国、建设社会主义法治国家的重要保障。

党的领导是中国特色社会主义最本质的特征，是社会主义法治最根本的保证。无论是引领中国特色社会主义向共产主义理想过渡，还是引领社会主义法治国家建设，党内法规的道德性都是重要保障。党的道德性决定了党内法规的道德性，反过来，党内法规的道德性也起到保障党的领导的道德性，推进全面依法治国的重要作用。全面依法治国，必须坚持中国共产党的领导和人民主体地位的统一。党内法规的道德性能够保证党自身的先进性和纯洁性，进而保证党的领导与广大人民群众的紧密结合。《党章》规定，党的建设必须坚持全心全意为人民服务。"我们党的最大政治优势是密切联系群众，党执政后的最大危险是脱离群众。"〔1〕党内法规要求党员和领导干部必须做到权为民所用、情为民所系、利为民所谋，不允许脱离群众，凌驾于群众之上。党内法规将党的道德观和群众观落实到具体的行为规则上、调整内容上、实施机制上，保证党在领导建设法治国家的过程中始终坚持共产主义信仰，保持自身先进性，时刻做到虚心向人民群众学习、为最广大人民谋利益、对人民群众负责任、引领人民群众前进。党内法规以制度的形式保证党的道德性，更有利于加强和改善党的领导，有利于巩固党的执政地位和领导使命，是推进全面依法治国的重要保障。

建设社会主义法治国家、推进全面依法治国，必须坚持依法治国和以德治国相结合。习近平总书记指出，"在推进依法治国过程中，必须大力弘扬社会主义核心价值观，弘扬中华传统美德，培育社会公德、职业道德、家庭美德、个人品德，提高全民族思想道德水平，为依法治国创造良好人文环境"。〔2〕在人民群众中培养道德观念以滋养法治精神，必须发挥好党员和领导干部带头垂范的作用，以党的道德性引领人民群众道德发展，为依法治国营造良好的道德基础。官德引导民德，党风决定民风，党员领导干部的作风对于党的作风和社会风气有着直接的影响。如果党的"关键少数"的思想和行为脱离党内法规的道德性要求，往往会影响一整个领导班子，进而带坏党员队伍，最终败坏社会风气。相反，如果党员和领导干部能够遵守党内法规的道德性规定，以身作则、身先士卒，就能够更好地影响和团结人民群众，增强党的组织力和号召力，在全社会营造良好风气。党内法规的道德性是以

---

〔1〕 《中国共产党章程》，人民出版社 2017 年版，第 10 页。

〔2〕 习近平：《加快建设社会主义法治国家》（2014 年 10 月 23 日），载《求是》2015 年第 1 期。

德治国的重要保证，只有党员自身的思想品德过硬、党内风清气正，才能营造良好政治风气和社会风气，赢得广大人民群众的尊重和信任，做到依法治国与以德治国相结合，推进全面依法治国。

结　语

党内法规的道德性源自中国共产党的道德性，源自马克思主义理论与中国特色社会主义实践的结合。本文聚焦于党内法规的实质合法性问题，提出党内法规是共产主义的理想信仰和道德原则在规范中的体现。在行为要求、调整范围和实施机制上，党内法规都体现出与道德类似的特征，并且将这些特征融入自身的制度体系。

对于党内法规的道德性研究属于党规哲学研究的一部分。党内法规哲学主要研究党内法规的本质，探讨党内法规在中国特色社会主义法治体系中的特殊地位，明确党内法规与国家法律的重要区别。党内法规的道德性是其在实质上区别于国家法律的关键特征，是全面从严治党的应有之义，是全面依法治国的重要保证。党内法规的道德性研究，还需要马克思主义理论、伦理学、政治学等多个学科的共同努力。

《1844 年经济学哲学手稿》中的反贫困思想初探

薛美芳　张文婷*

摘　要：《1844 年经济学哲学手稿》蕴含着丰富的反贫困思想。在该书中，马克思认为，贫困的表现主要是工人阶级工资水平低和生存处境困难，贫困的原因有资本对劳动的统治、异化劳动和私有财产制，反贫困的现实路径包括摆脱资本逻辑的束缚、扬弃异化劳动、建立真正的共产主义，反贫困的目标指向是实现美好生活和促进人的自由全面发展。《1844 年经济学哲学手稿》中的反贫困思想，对于我们认识和理解中国和世界贫困问题，推进中国反贫困进程以及世界减贫事业，具有重要的指导意义。

关键词：马克思　《1844 年经济学哲学手稿》　贫困　反贫困

贫困问题是马克思批判现代社会的重要维度，对马克思的实践理论、阶级理论和历史观的发展起了巨大的推动作用。《1844 年经济学哲学手稿》（以下简称《手稿》），

* 薛美芳，中国政法大学政治与公共管理学院国际政治专业 2017 级博士研究生。张文婷，中国政法大学马克思主义学院马克思主义中国化专业 2017 级博士研究生（100088）。

是青年马克思在巴黎居住时所写，1932 年第一次以德文全文公开发表，同时也是青年马克思思考和探索贫困问题的一本重要著作，蕴含着丰富的反贫困思想。在《手稿》中，马克思站在工人阶级立场上，立足于对资本和私有制的批判，深刻剖析资本主义社会工人阶级贫困的表现及原因，科学阐述工人阶级反贫困的现实进路，系统提出反贫困的目标指向，为我们认识和理解中国和世界贫困问题提供了独特视角，对于推进中国反贫困以及世界减贫，具有重要的指导意义。

一、贫困的表现及原因

（一）贫困的表现

第一，工人的工资水平低。这是资本主义社会贫困最直观的表现。工资是工人阶级劳动成果的呈现，本质上是工人阶级劳动力的价值或价格，是工人阶级收入的主要形式，也是工人阶级维持生存的唯一来源。在资本主义社会，资本家给工人阶级的工资十分微薄，仅是工人所创造价值的极少部分。对此，马克思在《手稿》中作出了明确阐述："最低的和唯一必要的工资额就是工人在劳动期间的生活费用，再加上使工人能够养家糊口并使工人种族不致死绝的费用。按照斯密的意见，通常的工资就是同'普通人'即牲畜般的存在状态相适应的最低工资。"[1] 这就是说，在资本主义社会，工人阶级的劳动低廉，仅能获取工人最必需的、最悲惨的肉体生活的基本工资。资本家给工人工资，目的是繁衍工人，而不是繁衍人类。

为什么资本主义社会工人的工资水平低？马克思在《手稿》中作了深入分析。一是从工人阶级所处的地位进行分析，马克思认为："工资决定于资本家和工人之间的敌对的斗争。胜利必定属于资本家。资本家没有工人能比工人没有资本家获得长久。资本家的联合是常见的和有效的，工人的联合则遭到禁止并会给他们招来恶果。"[2] 简言之，工人在与资本家斗争的过程中，始终处于弱势地位，所以资本家给工人的工资，总是维持在满足或稍微超过劳动者基本需求的程度，即维持工人"牲畜般"的生存状态。二是从工人作为"商品"的角度进行分析，马克思指出，与其他任何商品生产的情况一样，

〔1〕 《1844 年经济学哲学手稿》，载《马克思恩格斯文集》（第 1 卷），中共中央马克思恩格斯列宁斯大林著作编译局编译，人民出版社 2009 年版，第 115 页。

〔2〕 《1844 年经济学哲学手稿》，载《马克思恩格斯文集》（第 1 卷），中共中央马克思恩格斯列宁斯大林著作编译局编译，人民出版社 2009 年版，第 115 页。

对工人的需求必然调节工人的生产。如果工人的供给大大超过需求，那么必然会有一部分工人沦为乞丐或者饿死。在资本主义社会，工人在某种意义上就是市场上可供交换的"商品"。既然是"商品"，就必然受供求关系的影响。供大于求，价格下降；供小于求，价格上涨。然而，由于资本主义社会存在大量产业后备军，这使市场对工人的需求远大于工人的供给，所以工人的工资水平低。

第二，工人的处境艰难。这是资本主义社会贫困的深层表现。在《手稿》中，马克思考察了三种社会状态中工人阶级的处境。第一种是社会财富处于衰落状态。马克思认为，如果社会财富处于衰落状态，那么工人遭受的痛苦是最大的。因为即使在社会的幸福状态中，工人阶级也不可能得到像所有者阶级得到的那么多好处。可以说，没有一个阶级像工人阶级那样，因为社会财富的衰落而遭受如此深重的苦难。第二种是财富正在增长的社会。马克思认为，这种社会状态对工人是有利的。因为资本家为了获得更多财富，就会展开激烈的竞争，而这种激烈竞争的后果是，资本家对工人的需求超过了工人的供给。马克思指出，由于工资的提高引起工人的过度劳动，由于资本积累使得"工人日益完全依赖于劳动，依赖于一定的、极其片面的、机器般的劳动"，由于"工人在精神上和肉体上被贬低为机器"使得"工人越来越依赖于市场价格的一切波动，依赖于资本的使用和富人的兴致"，由于工人的人数增加、竞争加强，工人的结局也必然是劳动过度和早死，沦为机器和资本的奴隶。第三种是社会财富增加到顶点的状态。马克思认为，在这种状态下，工人为了就业，就会进行非常激烈的竞争，从而导致工资缩减到仅够维持现有工人人数的程度。这就意味着，超过现有工人人数的那部分工人"注定会死亡"。在考察完三种社会状态中工人阶级的处境后，马克思总结说："在社会的衰落状态中，工人的贫困日益加剧；在增长中，贫困具有错综复杂的形式；在社会财富增加到顶点的状态中，贫困持续不变。"[1] 这就是说，无论工人阶级处在何种社会状态，他们始终处于贫困境地。

(二) 贫困的原因

马克思在《手稿》中不仅分析了工人贫困的表现，而且还深入剖析了工人贫困的原因，既科学阐释了工人阶级贫困的重要原因和直接原因，又深刻

---

[1] 《1844 年经济学哲学手稿》，载《马克思恩格斯文集》（第 1 卷），中共中央马克思恩格斯列宁斯大林著作编译局编译，人民出版社 2009 年版，第 122 页。

揭示了工人阶级贫困的社会制度根源。

第一，资本对劳动的统治是工人阶级贫困的重要原因。在资本主义社会，资本与劳动始终处于对立关系。由于工人只能向资本家出卖劳动来维持生活，资本家在这种对立关系中占有绝对的统治地位。资本对劳动的统治，就是"资本是对劳动及其产品的支配权力"[1]，具体表现为工人的商品化、资本化。工人商品化就是工人成了商品，工人资本化就是工人成为一种活的、贫困的资本。工人资本化、商品化的结果是，工人成为资本追求利润的一种手段，完全依附于资本和资本家，屈服于资本家的一切要求。工人的商品化、资本化表明，资本已经完全掌控劳动和工人，操控工人的全部生活。这不仅导致工人现实劳动的不自由、劳动缺乏创造性，也使工人丧失尊严和幸福。正如马克思在《手稿》中所说的那样，工人在劳动中"不是肯定自己，而是否定自己，不是感到幸福，而是感到不幸，不是自由地发挥自己的体力和智力，而是使自己的肉体受折磨、精神遭摧残"[2]。工人的这种"否定自己""不幸"和"精神遭摧残"，就是一种贫困，因为"贫穷现象不能仅仅简单化为物质的剥夺和身体的灾难，它还是一种境况和心理境况。……贫穷意味着被排斥在正常生活之外，这必然导致穷人的耻辱感、内疚感以及自尊的沦落"[3]。

第二，异化劳动是工人阶级贫困的直接原因。《手稿》探讨的一个核心问题就是异化劳动。在《手稿》中，马克思通过深入研究异化劳动，揭示出了工人阶级贫困的原因。马克思指出："贫困从现代劳动本身的本质中产生出来。"[4]"现代劳动"是什么呢？就是资本主义制度下的劳动。这就是说，工人阶级的贫困是从资本主义制度下的劳动产生出来。那么资本主义制度下的劳动又是怎样产生贫困呢？为了回答这个问题，马克思借用"异化劳动"概念。异化劳动是相对于一般劳动而言的，是一般劳动的特殊形式，是资本主

---

〔1〕 《1844 年经济学哲学手稿》，载《马克思恩格斯文集》（第 1 卷），中共中央马克思恩格斯列宁斯大林著作编译局编译，人民出版社 2009 年版，第 130 页。

〔2〕 《1844 年经济学哲学手稿》，载《马克思恩格斯文集》（第 1 卷），中共中央马克思恩格斯列宁斯大林著作编译局编译，人民出版社 2009 年版，第 159 页。

〔3〕 ［英］齐格蒙特·鲍曼：《工作、消费、新穷人》，仇子明、李兰译，吉林出版集团有限责任公司 2010 年版，第 13 页。

〔4〕 《马克思恩格斯全集》（第 42 卷），中共中央马克思恩格斯列宁斯大林著作编译局译，人民出版社 1979 年版，第 55~56 页。

义制度下劳动过程变异的表现，是"片面的、抽象的"，"有害的、招致灾难的"，"自我牺牲、自我折磨的"劳动，主要表现为四种形式，即劳动产品与劳动者相异化，劳动活动与劳动者相异化，劳动者与自己的类本质相异化，劳动者与自己相异化。异化劳动导致的结果就是，工人遭受了物质与精神的双重贫困。物质方面，工人与自己生产的产品相异化，导致工人生产的财富越多，生产的影响和规模越大，就越贫穷。精神方面，劳动活动与劳动者相异化、劳动者与自己的类本质相异化、劳动者与自己相异化，摧残了工人的精神，扭曲了工人的本质。正如马克思所指出："劳动为富人生产了奇迹般的东西，但是为工人生产了赤贫。……劳动生产了智慧，但是给工人生产了愚钝和痴呆。"[1] 劳动所创造的"物的世界"越富饶，工人自身的世界就越贫乏。也正因为劳动使工人遭受双重贫困，所以只要外界强制一停止，工人立即像躲避瘟疫那样躲避劳动。但迫于生存压力，工人阶级又不得不把自己出卖给资本家，成为资本家创造财富的劳动工具，不可避免地陷入贫困怪圈。所以，马克思在《手稿》中指出："工人的毁灭和贫困化是他的劳动的产物和他生产的财富的产物。"[2] 也就是说，异化劳动造成了工人阶级的贫困。

第三，私有财产制是工人阶级贫困的根源。异化劳动是工人阶级贫困的直接原因，那么工人阶级贫困的根源是什么呢？对此，唯心主义哲学家和旧唯物主义哲学家均未触及，而国民经济学家不仅没有触及，反而认为，工人阶级的贫困是自然秩序，是社会"公正"的体现，易言之是合理的。与他们不同的是，马克思认为，工人阶级贫困的根源应当到资本主义制度中去寻找。"贫穷是现代社会制度的必然结果，离开这一点，只能找到贫穷的某种表现形式的原因，但是找不到贫穷本身的原因。"[3] 在《手稿》中，马克思对工人阶级贫困的根源进行了深入分析，最终得出资本主义私有财产制是工人阶级贫困的根源的结论。在资本主义私有财产制下，工人自身的劳动力和生产商品所需的生产资料是分开的，资本家掌握着生产资料的所有权，而工人一无所有，因此只能向资本家出卖自己的劳动力。由此，资本家迫使工人"通过那种伤害身体、使道德和智力畸形发展的紧张劳动"，来获取更多的剩余价

---

〔1〕 《1844 年经济学哲学手稿》，载《马克思恩格斯文集》（第 1 卷），中共中央马克思恩格斯列宁斯大林著作编译局编译，人民出版社 2009 年版，第 158~159 页。

〔2〕 《1844 年经济学哲学手稿》，载《马克思恩格斯文集》（第 1 卷），中共中央马克思恩格斯列宁斯大林著作编译局编译，人民出版社 2009 年版，第 124 页。

〔3〕 《马克思恩格斯全集》（第 2 卷），人民出版社 1957 年版，第 561 页。

值，而工人只能勉强养活自己，"而且他们甚至不得不把找到这样一种工作的不幸看作是一种幸运"。[1] 不仅如此，在私有财产制条件下，为了攫取更多的剩余价值，资本家会把剥削得到的剩余价值中的一部分转化为资本，扩大再生产，这使得资本的有机构成不断提高。而随着资本有机构成的提高，资本家用于购买劳动力的可变资本相对减少，这就导致劳动者就业困难，产生了大量的相对过剩人口。这些相对过剩人口，无法通过劳动谋取生活资料，变得一无所有，所以被迫沦为赤贫者。可见，资本主义私有财产制，一方面为资本家生产财富，另一方面为工人制造贫困。工人阶级要摆脱贫困，就必须扬弃资本主义私有财产制。

二、反贫困的现实进路

哲学家们只是用不同的方式解释世界，问题在于改变世界。在《手稿》中，马克思不仅阐明了贫困的表现和原因，还深刻指明了工人阶级反贫困的现实进路，即摆脱资本逻辑的束缚，扬弃异化劳动，最终建立真正的共产主义。

（一）摆脱资本逻辑的束缚

什么是资本逻辑？简而言之，就是资本主宰一切。具体到资本主义社会，就是资本主宰资本主义社会的运行，使其服务于资本家无偿占有剩余价值，并且无止境地追求剩余价值最大化。在资本逻辑支配下的资本主义社会中，资本家是作为人格化的资本存在，而工人仅仅是资本追求利润的一种手段，甚至是"一种活的资本"，整个社会生产都是以资本增殖为目的。显然，在资本主义社会中，工人受到资本逻辑的支配，只能陷入无穷无尽的贫困。所以，在马克思看来，工人阶级要摆脱贫困，就必须摆脱资本逻辑的束缚。那么，工人阶级如何摆脱资本逻辑的束缚呢？关键是要摆正人与资本的关系，使资本为人服务。要做到这一点，马克思认为，必须扬弃私有财产。这不仅是要扬弃以物的形式存在的私有财产，扬弃以生产关系的方式存在的私有财产制即资本主义私有制，最根本的是，要扬弃以观念形态存在的私有财产。在《手稿》中，马克思之所以批判粗陋的共产主义是毫无思想的、尚未完成的，根本原因就在于这种共产主义受私有财产观念的制约，从而使它们不管是对人与人关系的理解，还是对人本身的理解，都是以私有财产的观念来理解。

---

〔1〕 《1844年经济学哲学手稿》，载《马克思恩格斯文集》（第1卷），中共中央马克思恩格斯列宁斯大林著作编译局编译，人民出版社2009年版，第126页。

"物质的直接的占有是生活和存在的唯一目的；工人这个规定并没有被取消，而是被推广到一切人身上。"〔1〕所以，马克思得出结论：粗陋的共产主义，主张的不是真正地扬弃私有财产，而是要把私有财产关系普遍化。工人阶级要摆脱资本逻辑的束缚，为什么要扬弃私有财产呢？马克思指出："对私有财产的积极的扬弃，作为对人的生命的占有，是对一切异化的积极的扬弃，从而是人从宗教、家庭、国家等等向自己的合乎人性的存在即社会的存在的复归。"〔2〕也就是说，只有积极扬弃私有财产，才能实现人的本质的复归。进言之，当实现了人的本质的复归，就能摆脱资本逻辑的束缚，也就可以摆脱贫困。

（二）扬弃异化劳动

如上所述，资本主义生产关系下的异化劳动，是工人阶级陷入贫困的直接原因，那么扬弃异化劳动，就成为工人阶级摆脱贫困的必由之路。工人阶级摆脱贫困为什么要扬弃异化劳动？对此，马克思作了深入的分析。在他看来，一旦扬弃了异化劳动，那么"我们每个人在自己的生产过程中就双重地肯定了自己和另一个人"〔3〕。换言之，人不仅确证了自己的个人本质，同时也确证了自己的社会本质。那么，扬弃异化劳动为什么能确证人的个人本质和社会本质呢？一方面，通过扬弃异化劳动，人能够占有自己的劳动产品，能享有表现自己个性和生命的权力，因而也就是能确证自己的个人本质；另一方面，通过扬弃异化劳动，人在劳动中积极肯定自己，感到幸福，与他人建立良好的关系，从而生产出真正的"人的关系"。这种关系，是人与人之间相互关联、相互确证的"社会"关系，表现为一种和谐共生的状态。概言之，扬弃异化劳动，就能使人在劳动中不断肯定自己和他人，从而肯定整个社会生活。

如何扬弃异化劳动？马克思虽然在《手稿》中没有明确回答，但是在《德意志意识形态》中讲到，"自发分工"造成异化劳动。这意味着，扬弃异化劳动，必须扬弃"自发分工"。"自发分工"实际上是工人阶级不自愿的分工。而这种不自愿的分工是由资本主义社会不合理的分工形式造成的。具体

〔1〕 《1844 年经济学哲学手稿》，载《马克思恩格斯文集》（第 1 卷），中共中央马克思恩格斯列宁斯大林著作编译局编译，人民出版社 2009 年版，第 183 页。

〔2〕 《1844 年经济学哲学手稿》，载《马克思恩格斯文集》（第 1 卷），中共中央马克思恩格斯列宁斯大林著作编译局编译，人民出版社 2009 年版，第 186 页。

〔3〕 《马克思恩格斯全集》（第 42 卷），人民出版社 1979 年版，第 37 页。

而言，在资本主义分工体系中，由于机器的广泛使用，工人长期从事同一生产环节的工作，只专注某一技能，很难有机会发展自己的其他技能。这样的分工，阻断了工人阶级发展其他的谋生方式，从而加深了工人阶级的贫困。因此，扬弃"自发分工"，必须扬弃不合理的分工形式。马克思进一步指出，扬弃不合理的分工形式，必须建立新的社会分工体系。马克思还构想出新的社会分工体系，那就是每个人能够根据自己的兴趣爱好进行劳动，并且每个人都有充分的自主学习时间，工人阶级可以利用这些时间来发展自己的兴趣爱好。显然，这样合理的分工体系，使工人阶级避免了只有一种谋生技能，从而避免了工人阶级只依附于资本家的原有状态。

（三）建立真正的共产主义

马克思发现，私有财产制是工人阶级贫困的根源，要改变工人阶级的贫困现状，就必须消灭资本主义私有财产制，建立真正的共产主义。那么什么是真正的共产主义？在《手稿》中，马克思批判了粗陋的共产主义和政治性质的共产主义。

粗陋的共产主义是共产主义的最初形式，在人与人的关系上，表现为用公妻制来反对婚姻，将人非人化；在人与物的关系上，表现为对物质财产的直接占有。粗陋的共产主义，主张用私有财产的普遍性取代私有财产的少数人占有，实质上是一种平均主义。也就是说，粗陋的共产主义，不是要消灭私有财产，而是通过均分私有财产来反对个别的私有财产，转移财产所有权，以达到私有财产的平均化。很显然，粗陋的共产主义，既没有看到私有财产在人类历史发展过程中的作用，也没有认识到资本主义社会的发展会为共产主义创造物质前提。所以，马克思指出，粗陋的共产主义，"不仅没有超越私有财产的水平，甚至从来没有达到私有财产的水平"，不是一种进步，而是一种倒退，是向简陋的原始生活倒退。

马克思指出："共产主义（α）还具有政治性质，是民主的或专制的；（β）是废除国家的，但同时是还未完成的，总还是处于私有财产即人的异化的影响下。"[1] 这就是说，政治性质的共产主义包括废除国家的和不废除国家的两种形式。马克思接着指出，这两种形式的共产主义虽然都已经认识到，自己是人向自身的还原或复归，是对人的自我异化的扬弃，但由于既没有认

---

[1] 《1844 年经济学哲学手稿》，载《马克思恩格斯文集》（第 1 卷），中共中央马克思恩格斯列宁斯大林著作编译局编译，人民出版社 2009 年版，第 185 页。

识到私有财产的积极本质，也没有认识到人的本性，因此仍然无法摆脱私有财产的束缚。

在批判粗陋的共产主义和政治性质的共产主义的基础上，马克思阐明了真正的共产主义。他指出："共产主义是对私有财产即人的自我异化的积极的扬弃，因而是通过人并且为了人而对人的本质的真正占有；因此，它是人向自身，也就是向社会的即合乎人性的人的复归，这种复归是完全的复归，是自觉实现并在以往发展的全部财富的范围内实现的复归。这种共产主义……是人和自然界之间、人和人之间的矛盾的真正解决。"[1] 在真正的共产主义中，由于扬弃了私有财产和异化劳动，劳动者的劳动就会向"一般的人类劳动""复归"，从而真正成为劳动者自己的劳动。当工人的劳动真正成为自己的劳动时，工人就能够全部地、彻底地占有自己的劳动产品，就能够建立和谐的人际关系，就能够真正体会到劳动的幸福和快乐。换言之，工人阶级就会彻底地摆脱贫困。在这种真正的共产主义中，人实现了真正意义上的解放，实现了人的本质的真正占有，那么工人阶级也就会从贫困的感觉中彻底解放出来。总之，真正的共产主义能彻底消灭工人阶级贫困的根源。

三、反贫困的目标指向

马克思在《手稿》中不仅论述了贫困的表现及原因，而且阐明了反贫困的现实进路，更重要的是，还确立了反贫困的目标指向，这就是实现美好生活，促进人的自由全面发展。

（一）实现美好生活

在《手稿》中，马克思在批判与反思工人阶级贫困的过程中，揭示了资本主义私有财产制是工人阶级贫困的根源，构建了人类美好生活的理想图景。在马克思看来，人类美好生活包括丰裕的物质生活条件，人与自然、社会和自我的和解，精神生活多样化且不断被满足三个方面的内容。一是丰裕的物质生活条件。这是实现人类美好生活的基础。毫无疑问，美好生活首先要建立在丰裕的物质生活条件基础之上，如果连这个条件都得不到满足，那么精神和情感的需要就更加难以满足，这样的生活不可能是美好生活。虽然马克思在《手稿》中指出，物质条件是实现美好生活的基础，但在资本主义私有制条件下，工人阶级一直处于无穷无尽的贫困之中，所以不可能实现美好生

---

〔1〕 《1844 年经济学哲学手稿》，载《马克思恩格斯文集》（第 1 卷），中共中央马克思恩格斯列宁斯大林著作编译局编译，人民出版社 2009 年版，第 185 页。

活。那么，已经占有大量财富、拥有丰裕物质生活条件的资本家，能否实现美好生活呢？马克思的回答是否定的。因为资本家所拥有的财富来自对工人阶级劳动的剥削，而这种财富又只用于资本家自身的挥霍。资本家还认为，工人阶级是随时可为资本增殖牺牲的无价值的存在物，所以资本家在占有财富、挥霍财富的同时，失去了自我，也丧失了追求美好生活的可能性。那么什么样的社会才能实现美好生活呢？马克思认为是共产主义社会。因为共产主义"是自觉实现并在以往发展的全部财富的范围内实现的复归"〔1〕。二是实现了人与自然、社会、自我的和解。这是实现美好生活的重要条件。美好生活，不仅包括丰裕的物质生活，还包括良好的社会关系，而良好的社会关系则表现为人与自然、社会、自我的和解。在《手稿》中，马克思批判了私有制条件下人与自然、人与社会、人与自我的对立，指出要实现美好生活，必须实现人与自然、人与社会以及人与自我的和解。实现人与自然的和解，就要在科学把握人与自然本质联系的基础上，做到人与自然和谐共生。那么，人与自然的本质联系是什么？马克思认为，人是自然存在物。作为自然的存在物，人把自然界看作是自己的对象性存在，一方面自然界为人提供生活资料，另一方面人在对象化活动中把自然界变成自己无机的身体。实现人与社会的和解，就是通过对象性活动实现个人与社会的统一。马克思认为，个人具有社会性，而个人的这种社会性"直接体现他的个性的对象如何是他自己为别人的存在，同时是这个别人的存在，而且也是这个别人为他的存在"〔2〕。换言之，人的社会性表现为人与人之间的对象性关系。这种对象性关系，不是单向的，而是通过与其他社会成员紧密相连的"社会"存在，而"社会"又为个体发展提供条件。实现人与自我的和解，就是指人在对象性关系中，不断确证自身的类本质。马克思认为，人是类存在物。作为有意识的类存在物，人通过实践创造对象世界，也通过自己所创造的世界直观自身、发展自身。正是在改造对象世界的活动中，人不断确证自身的类本质，并自觉、能动、积极地创造自己的生活。三是满足精神生活多样化的需要。当物质生活条件得到较为充分保障的时候，不断满足精神生活多样化的需要，就成为实

---

〔1〕 《1844 年经济学哲学手稿》，载《马克思恩格斯文集》（第 1 卷），中共中央马克思恩格斯列宁斯大林著作编译局编译，人民出版社 2009 年版，第 185 页。

〔2〕 《1844 年经济学哲学手稿》，载《马克思恩格斯文集》（第 1 卷），中共中央马克思恩格斯列宁斯大林著作编译局编译，人民出版社 2009 年版，第 187 页。

现美好生活的关键所在。在《手稿》中，马克思把人的需要分为物质需要和精神需要。物质需要是较低层次的，而精神需要是较高层次的。以此为基础，马克思从人的本质、社会交往和文化活动等方面揭示了精神生活的多样化，并进一步指出，仅满足人的吃、喝、穿、住等较低层次的生存需要，是片面的和单向度的需要。只有满足人的多样化的精神需要，人的需要才是全面的、多样的。人的需要的多样性对应的是人的本质的丰富性。美好生活的特征之一就是使人作为人而具有完整的人的需要，全面占有自己的本质。

（二）促进人的自由全面发展

促进人的自由全面发展，是《手稿》反贫困思想的落脚点。无论是分析贫困的原因，还是提出反贫困的现实进路，最终目的都是通过消除贫困来为人的发展创造条件。不仅如此，马克思还强调，只有共产主义才能促进人的自由全面发展。这是因为，其一，共产主义扬弃了异化劳动。如前所述，异化劳动是工人阶级贫困的直接原因。而共产主义就是对自我异化的积极的扬弃。共产主义扬弃了异化劳动，也就意味着，劳动产品真正归劳动者所有，劳动真正成为劳动者自主的、有意识的感性活动。进言之，在共产主义社会，无产阶级也就真正摆脱贫困，从而实现了自我发展。其二，共产主义实现了对"人的本质"的真正占有。这种占有是指人"作为一个完整的人，占有自己的全面的本质"。[1] 换言之，通过人自身的能动的视觉、嗅觉、听觉等个体器官，人对物质世界的任何一种对象性关系，包括人的自我价值，都能得到实现。总之，共产主义，既能够使人摆脱异化劳动和私有财产的压榨，又能够使人占有"人的本质"，从而使人真正成为智力与体力、物质与精神全面协调发展的人。

总之，《手稿》作为马克思反贫困理论的重要文本，蕴含着丰富的反贫困思想。一是贫困的表现，主要表现为工人工资水平低和生存处境困难。二是贫困的原因，主要有资本对劳动的统治、异化劳动和私有财产制。三是反贫困的现实路径，即摆脱资本逻辑的束缚，扬弃异化劳动，建立真正的共产主义。四是反贫困的目标指向，就是实现美好生活和人的自由全面发展。《手稿》中的反贫困思想在《神圣家族》《共产党宣言》和《资本论》中也得到了进一步丰富和发展。

---

〔1〕《1844年经济学哲学手稿》，载《马克思恩格斯文集》（第1卷），中共中央马克思恩格斯列宁斯大林著作编译局编译，人民出版社2009年版，第189页。

　　需要指出的是，尽管《手稿》诞生于一百多年前，但其蕴含的反贫困思想仍具有深刻的现实意义。其一，《手稿》从工人阶级的工资水平和生存处境分析贫困的表现，从资本对劳动的统治、异化劳动和私有财产制三个方面，深入探讨贫困的原因，为我们认识现代社会中的贫富分化问题，理解全球化中的贫困问题提供了理论武器。其二，《手稿》从摆脱资本逻辑束缚、扬弃异化劳动、建立真正的共产主义阐释反贫困的路径，从实现美好生活和促进人的自由全面发展阐释反贫困的目标，为我们推动巩固拓展脱贫攻坚成果与乡村振兴有效衔接、治理相对贫困、实现共同富裕提供了理论指导。

以"一带一路"推动构建"人类命运共同体"

——新时代马克思世界历史理论新实践

张晓庆*

　　摘　要：马克思在科学分析人类社会发展一般规律的基础上，创立了科学的世界历史理论。他认为，人类社会历史发展是一个相互影响、相互作用的整体，随着社会生产力的不断提高和人类普遍交往的发展，各个民族和国家定会进入世界历史阶段。当今的世界处于马克思世界历史理论所预见的世界，处于资本主义、社会主义并存的世界。在处于百年未有之大变局的新的世界历史条件下，习近平总书记审时度势地提出"一带一路"建设和"构建人类命运共同体"的主张。"一带一路"建设顺应了生产力发展更高水平的要求，强调各参与国家主体之间的平等性，注重各参与国家"共商共建共享"，以共建"一带一路"为实践平台推动构建"人类命运共同体"是世界历史理论创新实践。

　　关键词：马克思　世界历史　"一带一路"　"人类命运共同体"

　　*　张晓庆，中国政法大学马克思主义学院博士研究生（100088），中共北京市委干部理论教育讲师团干部。

众所周知，马克思的研究视野立足于人类社会历史发展的整体，他晚年把研究世界历史的关注点从西欧资本主义转向了东方社会，其原因在于：一方面，随着资本不断向世界扩张，形成了国际贸易和世界市场，实现了"历史向世界历史转变"[1]；另一方面，由于资本的无序扩张，也带来很多世界性问题，如经济危机、收入分配两极分化、生态危机等全球性问题。在世界历史的大背景下，经济全球化的进程究竟是应当由国际资本主导，服从于资本扩张的目的，还是应当由全世界人民来主导，服从于造福全人类的目的，这一直是社会主义与资本主义斗争的一个焦点。在处于百年未有之大变局的新的世界历史条件下，习近平总书记审时度势，提出"一带一路"建设和构建"人类命运共同体"的主张，是对马克思世界历史理论的创造性实践和发展。

一、马克思世界历史理论的基本思想

马克思主义是科学性和革命性的统一。辩证唯物主义和历史唯物主义是科学的世界观和方法论，也是马克思世界历史理论的哲学基础。马克思运用唯物史观深入剖析了资本主义社会，揭示了其经济发展的规律，创立了科学的剩余价值学说，揭露了资本主义剥削的本质，论证了社会化大生产与资本主义私有制之间的矛盾，得出了资本主义必然灭亡、社会主义必然胜利的结论，提出了无产阶级的历史使命，创立了科学社会主义理论。马克思在科学分析人类社会发展一般规律的基础上，创立了科学的世界历史理论。他认为，随着社会生产力的不断提高和人类普遍交往的发展，各个民族和国家定会进入世界历史阶段。

（一）世界历史的形成是社会生产力发展的客观要求

马克思发现了人类社会发展的规律，科学地解决了社会存在与社会意识的关系问题，创立了唯物史观。"人们在自己生活的社会生产中发生一定的、必然的、不以他们的意志为转移的关系，即同他们的物质生产力的一定发展阶段相适应的生产关系。这些生产关系的总和构成社会的经济结构，即有法律的和政治的上层建筑竖立其上并有一定的社会意识形式与之相适应的现实基础。物质生产的生产方式制约着整个社会生活、政治生活和精神生活的过程。不是人们的意识决定人们的存在，相反，是人们的社会存在决定人们的

---

〔1〕 《马克思恩格斯文集》（第 1 卷），中共中央马克思恩格斯列宁斯大林著作编译局编译，人民出版社 2009 年版，第 541 页，"历史也就越是成为世界历史"。

意识。"[1] 马克思没有停留在 "精神动力" 的表面，而是透过社会历史的表象，揭示了其发展 "动力的动力"。他指出生产力和生产关系、经济基础和上层建筑的矛盾是社会基本矛盾，而社会基本矛盾是社会发展的根本动力。生产力又是社会基本矛盾运动中最基本的动力因素，是人类社会发展和进步的最终决定力量。生产力的发展推动着世界历史的形成，生产力是人类社会发展 "全部历史的基础"[2]。随着生产力的发展，人们改变了自己的生产方式，建立了与新的生产力相适应的新的生产关系。资产阶级适应了新的生产力的发展，"在它的不到一百年的阶级统治中所创造的生产力，比过去一切世代创造的全部生产力还要多，还要大"[3]，给生产力的发展开辟了道路，不断扩大产品的销路，驱使着他们奔走于全球各地，建立世界市场，进行国际交换，促进国际分工。资本主义大工业 "首次开创了世界历史，因为它使每个文明国家以及这些国家中的每一个人的需要的满足都依赖于整个世界，因为它消灭了各国以往自然形成的闭关自守的状态"[4]。它 "把世界各国人民互相联系起来，把所有地方性的小市场联合成为一个世界市场，到处为文明和进步做好了准备，使各文明国家里发生的一切必然影响到其余各国"[5]，"历史也就越是成为世界历史"[6]。

（二）资产阶级在世界历史形成过程 "起过非常革命的作用"

阶级既是一个经济范畴，又是一个历史范畴。它的产生、存在和发展是同经济发展相联系的。"至今一切社会的历史都是阶级斗争的历史"[7]，阶级斗争是社会基本矛盾在阶级社会的集中表现，是社会发展的直接动力。大工

---

〔1〕 《马克思恩格斯文集》（第 2 卷），中共中央马克思恩格斯列宁斯大林著作编译局编译，人民出版社 2009 年版，第 591 页。

〔2〕 《马克思恩格斯文集》（第 10 卷），中共中央马克思恩格斯列宁斯大林著作编译局编译，人民出版社 2009 年版，第 43 页。

〔3〕 《马克思恩格斯文集》（第 2 卷），中共中央马克思恩格斯列宁斯大林著作编译局编译，人民出版社 2009 年版，第 36 页。

〔4〕 《马克思恩格斯文集》（第 1 卷），中共中央马克思恩格斯列宁斯大林著作编译局编译，人民出版社 2009 年版，第 566 页。

〔5〕 《马克思恩格斯文集》（第 1 卷），中共中央马克思恩格斯列宁斯大林著作编译局编译，人民出版社 2009 年版，第 680 页。

〔6〕 《马克思恩格斯文集》（第 1 卷），中共中央马克思恩格斯列宁斯大林著作编译局编译，人民出版社 2009 年版，第 541 页。

〔7〕 《马克思恩格斯文集》（第 2 卷），中共中央马克思恩格斯列宁斯大林著作编译局编译，人民出版社 2009 年版，第 31 页。

业的快速发展，美洲的发现，新航道的开辟，市场的扩大，需求的增加，世界市场的逐步形成，使得资产阶级同等程度地发展起来。马克思和恩格斯非常客观地说，"资产阶级在历史上曾经起过非常革命的作用"[1]，它创造了"资产阶级时代"[2]，主要表现在：一是创造了巨大的生产力，"资产阶级在它的不到一百年的阶级统治中所创造的生产力，比过去一切时代创造的全部生产力还要多，还要大"[3]，资产阶级将科学技术转变为强大的生产力，同时资本无限地追求剩余价值的内在动力和资本家之间激烈竞争的外在压力，又推动了资本主义社会生产力的迅速发展。二是开拓了世界市场，打破了各民族封闭的状态。"资产阶级，由于开拓了世界市场，使一切国家的生产和消费都成为世界性的了"[4]。资本无止境地追求剩余价值的本性，迫使资本家不断扩大生产规模、改进生产技术、改善经营管理、提高劳动生产率，不断扩大产品销路，驱使资产阶级奔走于世界各地，使其"必须到处落户，到处开发，到处建立联系"[5]。三是促进了政治集中和文化融合。资产阶级逐渐地消灭了生产资料、财产和人口的分散状态，使其日益集中起来，结果就形成了政治集中和文化融合。"各自独立的、几乎只有同盟关系的、各有不同利益、不同法律、不同政府、不同关税的各个地区，现在已经结合为一个拥有统一的政府、统一的法律、统一的民族阶级利益和统一的关税的统一的民族"[6]，并且使"一切民族甚至是最野蛮的民族都卷到文明中来了"[7]，可以说资产阶级是推动世界历史发展的主导作用，其根本动力是资本，资本以增殖为目的、以交换为手段、以市场为中介，决定了它的生产不是简单再生

---

〔1〕　《马克思恩格斯文集》（第2卷），中共中央马克思恩格斯列宁斯大林著作编译局编译，人民出版社2009年版，第33页。

〔2〕　《马克思恩格斯文集》（第2卷），中共中央马克思恩格斯列宁斯大林著作编译局编译，人民出版社2009年版，第32页。

〔3〕　《马克思恩格斯文集》（第2卷），中共中央马克思恩格斯列宁斯大林著作编译局编译，人民出版社2009年版，第36页。

〔4〕　《马克思恩格斯文集》（第2卷），中共中央马克思恩格斯列宁斯大林著作编译局编译，人民出版社2009年版，第35页。

〔5〕　《马克思恩格斯文集》（第2卷），中共中央马克思恩格斯列宁斯大林著作编译局编译，人民出版社2009年版，第31页。

〔6〕　《马克思恩格斯文集》（第2卷），中共中央马克思恩格斯列宁斯大林著作编译局编译，人民出版社2009年版，第36页。

〔7〕　《马克思恩格斯文集》（第2卷），中共中央马克思恩格斯列宁斯大林著作编译局编译，人民出版社2009年版，第35页。

产，而是扩大再生产，这就需要不断扩大市场，进而开拓世界市场，形成世界历史。

（三）东西方不平等性交往使"历史向世界历史转变"

随着工业革命的发展、"地理大发现"以及新航道的开辟，资本向全球扩张，打破了各大洲之间隔绝的状态，打通了东西方之间的交往，各民族、各国家之间主动或被动发生交往。"各个相互影响的活动范围在这个发展进程中越是扩大，各民族的原始封闭状态由于日益完善的生产方式、交往以及因交往而自然形成的不同民族之间的分工消灭得越是彻底，历史也就越是成为世界历史。"〔1〕西方资本主义通过殖民贸易和殖民战争等手段将世界上一切野蛮的和半野蛮的国家都强行纳入到了资本主义世界体系中，在殖民扩张中形成了世界历史。一是殖民贸易的发展有助于世界市场的形成，加快了世界历史进程。欧洲资本主义经济的迅速发展，要求开辟新的市场，以推销其大量商品，欧洲列强开始不断开辟殖民地，开展全球掠夺，使东方被迫卷入世界市场。"资产阶级社会的真正任务是建立世界市场（至少是一个轮廓）和确立以这种市场为基础的生产。因为地球是圆的，所以随着加利福尼和澳大利亚的殖民地化，随着中国和日本的门户开放，这个过程看来已经完成了。"〔2〕历史转向世界历史的过程，是殖民与被殖民的过程，是东西方民族国家之间不平等交往的过程，是充满着血腥的侵略过程。二是殖民战争挟持东方社会进入世界历史。战争是流血的政治，是政策的另一种手段。争夺殖民地、半殖民地和维护殖民利益的战争是资本主义殖民侵略政策必然产物。"欧洲各民族对殖民地亿万居民的统治完全是靠连绵不断的战争来实现的。"〔3〕资产阶级的发家史就是一部罪恶的掠夺史，"当我们把目光从资产阶级文明的故乡转向殖民地的时候，资产阶级文明的极端伪善和它的野蛮本性就赤裸裸地呈现在我们面前，它在故乡还装出一副体面的样子，而在殖民地它就丝毫不加掩

---

〔1〕 《马克思恩格斯文集》（第1卷），中共中央马克思恩格斯列宁斯大林著作编译局编译，人民出版社2009年版，第540～541页。

〔2〕 《马克思恩格斯文集》（第10卷），中共中央马克思恩格斯列宁斯大林著作编译局编译，人民出版社2009年版，第166页。

〔3〕 ［苏］列宁：《列宁全集》（第30卷），中共中央马克思恩格斯列宁斯大林著作编译局编译，人民出版社2017年版，第79～80页。

饰了"[1]。西欧资本主义就是这样凭借刀与火的优势强行把东方社会拉入世界历史当中，资本主义在全球的殖民扩张给殖民地带来痛苦和灾难，与此同时也为全人类的解放和共产主义的实现创造了条件。

（四）世界历史发展的趋势是建立人类社会"真正的共同体"

世界历史是一个不断发展的过程，是一个资本主义形成和发展并且从资本主义走向共产主义的过程。它的必然趋势是实现"人的自由而全面发展"[2]，建立共产主义社会。随着资本主义生产力的发展和普遍交往，资本主义社会所固有、自身无法克服的矛盾，即资本主义基本矛盾，它"包含着现代的一切冲突的萌芽"[3]，表现为无产阶级和资产阶级的对立，个别企业中生产的有组织性和整个社会生产的无政府状态之间的矛盾，导致了资本主义周期性的世界经济危机。这表明资本主义生产方式已经阻碍了生产力的发展，"一方面，资本主义生产方式暴露出它没有能力继续驾驭这种生产力。另一方面，这种生产力本身以日益增长的威力要求消除这种矛盾，要求摆脱它作为资本的那种属性，要求在事实上承认它作为社会生产力的那种性质"[4]。当旧的生产关系成为生产力发展的桎梏时，生产力就必然要求改变或者变更生产关系，呼唤新的生产关系。同时，资本主义所创造的财富为共产主义的实现准备了物质基础。随着资产阶级的发展，无产阶级也在同一程度上得到发展，它是资产阶级的"掘墓人"，是"真正的革命的阶级"，"资产阶级的灭亡和无产阶级的胜利是同样不可避免的"[5]，通过无产阶级革命推翻资本主义社会，建立社会主义社会，进入共产主义社会。共产主义作为资本主义的替代物和更高的制度形态，是对资本主义的扬弃，它实现了人的全面自由发展，实现了"物的尺度"和"人的尺度"的结合，是人与自然、人与社

---

〔1〕《马克思恩格斯文集》（第 2 卷），中共中央马克思恩格斯列宁斯大林著作编译局编译，人民出版社 2009 年版，第 690 页。

〔2〕《马克思恩格斯文集》（第 2 卷），中共中央马克思恩格斯列宁斯大林著作编译局编译，人民出版社 2009 年版，第 53 页，"代替那存在着阶级和阶级对立的资产阶级旧社会的，将是这样一个联合体，在那里，每个人的自由发展是一切人的自由发展的条件"。

〔3〕《马克思恩格斯文集》（第 2 卷），中共中央马克思恩格斯列宁斯大林著作编译局编译，人民出版社 2009 年版，第 557 页。

〔4〕《马克思恩格斯文集》（第 3 卷），中共中央马克思恩格斯列宁斯大林著作编译局编译，人民出版社 2009 年版，第 557 页。

〔5〕《马克思恩格斯文集》（第 2 卷），中共中央马克思恩格斯列宁斯大林著作编译局编译，人民出版社 2009 年版，第 43 页。

会、人与人之间和谐的状态。"各个人在自己的联合中并通过这种联合获得自己的自由"[1],这种联合是"全世界无产者的联合"[2],是人类"真正的共同体"[3]。

二、"一带一路"建设是马克思世界历史理论的新实践

当今的世界处于马克思世界历史理论所预见的世界,处于资本主义、社会主义并存的世界,"没有哪个国家能够独自应对人类面临的各种挑战,也没有哪个国家能退回到自我封闭的孤岛"[4]。面对复杂的国际环境,习近平总书记站在世界市场和全球的高度,着眼于世界历史发展规律,根据现实情况,总结经验、展望未来,在2013年9月和10月出访哈萨克斯坦和印度尼西亚期间,分别提出了"丝绸之路经济带"和"21世纪海上丝绸之路"的倡议,"一带一路"建设是实现各国合作共赢的有效途径,是马克思世界历史理论的创新实践。

(一)"一带一路"建设顺应了生产力发展更高水平的要求

解放和发展生产力是社会主义的本质要求。马克思在《共产党宣言》中指出,无产阶级夺取政权后就要"尽可能快地增加生产力的总量"[5]。党的十一届三中全会提出我国改革开放的首要任务就是解放和发展生产力。党的十八大以来,以习近平同志为核心的党中央提出了创新、协调、绿色、开放、共享的新发展理念,继续扩大对外开放,以"一带一路"建设为重点,主动参与和推动经济全球化进程,促进国际合作,实现互利共赢。中国倡导的"一带一路"建设,是顺应科学技术发展、生产力发展的要求,推动了沿线国家和地区互联网、物联网的发展,形成了万物互联互通的网络化状态。在全球形成跨国界发展的新经济形态,各个国家之间的依赖程度越来越强,共同

---

〔1〕 《马克思恩格斯文集》(第1卷),中共中央马克思恩格斯列宁斯大林著作编译局编译,人民出版社2009年版,第571页。

〔2〕 《马克思恩格斯文集》(第2卷),中共中央马克思恩格斯列宁斯大林著作编译局编译,人民出版社2009年版,第66页,"全世界无产者,联合起来!"。

〔3〕 《马克思恩格斯文集》(第8卷),中共中央马克思恩格斯列宁斯大林著作编译局编译,人民出版社2009年版,第148页。

〔4〕 习近平:《决胜全面建成小康社会 夺取新时代中国特色社会主义伟大胜利——在中国共产党第十九次全国代表大会上的报告》(2017年10月18日),载《党的十九大报告学习辅导百问》编写组编著:《党的十九大报告学习辅导百问》,学习出版社、党建读物出版社2017年版,第46页。

〔5〕 《马克思恩格斯文集》(第2卷),中共中央马克思恩格斯列宁斯大林著作编译局编译,人民出版社2009年版,第52页。

利益和全球利益日益增多。"一带一路"建设推动了沿线国家参与分工，整合优势资源，扩大了交往范围，加快培育了国际经济合作和竞争新优势，使沿线国家生产力得到了空前的发展。"一带一路"倡议已经得到了联合国和一些区域、次区域国际组织的积极参与和响应，以新技术、新产业、新模式不断推进，顺应了经济全球化的大趋势，是挖掘经济全球化发展的不竭动力。

（二）"一带一路"建设强调各参与国家主体之间的平等性

马克思辩证唯物主义认识论指出，实践是认识的基础，认识是主体在实践基础上对客体的能动反映。当今世界正经历百年未有之大变局，新一轮科技和产业革命能量不断释放，全球经济格局和治理体系酝酿新的变革。同时，经济全球化遭遇波折，世界经济增长依然乏力，国际局势不稳定因素突出。习近平总书记洞察国际大势，结合中国发展和国际合作大局提出共建"一带一路"倡议。该倡议立足于我国新时代改革开放，着眼于当今世界各国共享发展的需要，是积极应对各国共同挑战、完善全球经济治理的中国方案，目的是推动各国加强发展战略对接，聚焦互联互通，深化务实合作，实现共同发展。"大家都好，世界才能更美好。"[1] 习近平总书记指出："国家不论大小、强弱、贫富，都应该平等相待，既把自己发展好，也帮助其他国家发展好。"[2] 为此，中国提出"求同存异、聚同化异"[3]，共同构建全球互联互通伙伴关系，推动各国携手发展。各参与方充分肯定和支持这一提法，同意在伙伴关系引领下，本着多边主义精神，合力推进全方位互联互通。7年来，150多个国家和国际组织同中国签署共建"一带一路"合作协议，实现了联动发展，推动全球经济朝着更加开放、包容、普惠、平衡、共赢的方向发展。

（三）"一带一路"建设注重各参与国家"共商共建共享"

社会主义从空想到科学，从理论到实践，由一国到多国，是人类历史上的巨大飞跃。社会主义在当代继续引导着世界人民，在推动世界和平与发展中影响着世界历史的进程。当今世界正处于大发展大变革大调整时期，各国相互联系和依存日益加深，人类面临许多共同挑战。每一个参与世界市场的

---

〔1〕 习近平：《中国发展新起点 全球增长新蓝图——在二十国集团工商峰会开幕式上的主旨演讲》，载《人民日报》2016年9月4日，第3版。

〔2〕 习近平：《中国发展新起点 全球增长新蓝图——在二十国集团工商峰会开幕式上的主旨演讲》，载《人民日报》2016年9月4日，第3版。

〔3〕 习近平：《中国发展新起点 全球增长新蓝图——在二十国集团工商峰会开幕式上的主旨演讲》，载《人民日报》2016年9月4日，第3版。

国家都应该慎重思考危机的应对方案，中国作为一个负责任的大国适时提出了"一带一路"倡议。这一倡议是根据现阶段的国际发展新形势和我国所处的新时代，为了加强与各沿线国家的交流合作，促进区域经济共同发展，引领世界走向合作共赢而提出来的。马克思在研究亚洲问题的时候曾提出使世界市场服从于各民族、各参与国的"共同监督"，习近平总书记强调"一带一路"建设注重各参与国家"共商共建共享"。党的十九大报告指出，"中国秉持共商共建共享的全球治理观"[1]。习近平总书记在多个场合强调："我们要秉持共商共建共享原则，倡导多边主义，大家的事大家商量着办，推动各方各施所长、各尽所能，通过双边合作、三方合作、多边合作等各种方式，把大家的优势和潜能充分发挥出来，聚沙成塔、积水成渊。"[2] 这是对马克思世界历史理论的创新实践，也是对马克思主义理论的丰富和发展。

三、以共建"一带一路"为实践平台推动构建"人类命运共同体"

人类社会是一个从低级到高级发展的过程，实现共产主义是人类历史发展的必然趋势。马克思着眼于人类社会历史发展的整体，在对资本主义私有制和国家进行批判的同时，提出了"自由人的联合体""真正的共同体"。"一带一路"建设的主旨是要世界各国建立合作共赢的关系，使各个国家、各个民族的利益成为全人类共同的利益的组成部分，从而形成"你中有我，我中有你"的"人类命运共同体"。这种"命运共同体"不仅强调经济上的合作共赢、利益休戚与共，在政治上倡导相互尊重、平等相待，在文化上提倡兼容并蓄、交流互鉴，在安全上加强沟通、增进互信，在国际秩序上坚持和平共存、和谐相处，从而实现"自由人的联合体"。习近平总书记强调"提出'一带一路'倡议，就是要实践人类命运共同体理念"[3]，"一带一路"建设正在成为中国走向世界的和平之路、繁荣之路、开放之路、创新之路、文明之路，坚持以"一带一路"高质量发展为实践平台，共同推动构建"人类命运共同体"。

---

〔1〕 习近平：《决胜全面建成小康社会 夺取新时代中国特色社会主义伟大胜利——在中国共产党第十九次全国代表大会上的报告》（2017年10月18日），载《党的十九大报告学习辅导百问》编写组编著：《党的十九大报告学习辅导百问》，学习出版社、党建读物出版社2017年版，第49页。

〔2〕 习近平：《习近平谈治国理政》（第3卷），外文出版社2020年版，第491页。

〔3〕 习近平：《携手建设更加美好的世界——在中国共产党与世界政党高层对话会上的主旨讲话》，载《人民日报》2017年12月2日，第2版。

（一）"一带一路"建设在一定程度上夯实了构建"人类命运共同体"的基础

面对世界历史进程中的复杂形势和全球性问题，任何国家都不能独善其身。马克思指出："只有在共同体中，个人才能获得全面发展其才能的手段，也就是说，只有在共同体中才可能有个人自由。"[1] 在世界一体化、经济全球化逐步加深的趋势下，国与国之间、民族与民族之间以及区域之间的界限被打破，构建一个能够共同解决问题、共享发展成果、共同应对挑战的人类共同体，已经是一个不可阻挡的趋势。构建"人类命运共同体"实现了不同民族、不同信仰、不同文化、不同地域人民的最大公约数。"一带一路"建设是我国新时代对外开放的重大举措，是顺应经济全球化历史潮流的国际合作平台，是顺应全球治理体系变革时代要求的国际公共产品，是顺应各国人民过上好日子强烈愿望的伟大实践。"一带一路"建设为"人类命运共同体"的构建夯实了理论基础、物质基础和制度基础。一是理论基础。"一带一路"与"人类命运共同体"的思想理念是高度契合的，秉持共商共建共享的原则，坚持开放、绿色、廉洁的理念，以及实现高标准、惠民生、可持续目标都是内在一致的。二是物质基础。"一带一路"建设高质量、可持续、抗风险、价格合理、包容可及的基础设施，为商品、资金、技术、人员流通等搭建广阔平台，建立了多领域常态化合作机制，充分带动沿线国家经济发展，实现了全球经济互联互通。三是制度基础。"一带一路"建设不仅是地域之间的经济合作，也为完善全球发展模式和治理体系提供了中国智慧、中国方案。坚持共商共建共享原则，构建"以合作共赢为核心的新型国际关系，打造对话不对抗、结伴不结盟的伙伴关系"[2]，为建立公平、正义、均衡、普惠的国际新秩序提供了制度支撑，各国逐渐形成了"利益共同体、责任共同体、命运共同体"[3]。

（二）"一带一路"建设体现了构建"人类命运共同体"的精神实质

当今世界处于资本主义与社会主义共存时期，各国之间的联系日益紧密，依赖程度日益增强，资本主义国家的优势在慢慢衰弱，而新兴的社会主义国

---

[1]　《马克思恩格斯文集》（第 1 卷），中共中央马克思恩格斯列宁斯大林著作编译局编译，人民出版社 2009 年版，第 571 页。

[2]　习近平：《习近平谈治国理政》（第 2 卷），外文出版社 2017 年版，第 511 页。

[3]　习近平：《登高望远，牢牢把握世界经济正确方向——在二十国集团领导人峰会第一阶段会议上的发言》，载《人民日报》2018 年 12 月 1 日，第 2 版。

家正在逐渐崛起，并积极参与世界秩序的制定。"一带一路"建设是应对各国共同挑战的中国举措，目的是推动各国互联互通、共同发展。"各国相互协作、优势互补是生产力发展的客观要求，也代表着生产关系演变的前进方向。在这一进程中，各国逐渐形成利益共同体、责任共同体、命运共同体"[1]。为此，习近平总书记特别强调"提出'一带一路'倡议，就是要实践人类命运共同体理念"[2]。"一带一路"建设的目标是构建"人类命运共同体"，这是新时代对马克思世界历史理论的继承与发展。构建"一带一路"实践平台，推动世界各国相互尊重、民主协商、共同决策，沿线国家实现了战略对接、优势互补，符合各国共同利益，体现了"人类命运共同体"的精神实质。坚持以"一带一路"高质量发展推动构建"人类命运共同体"。面对突如其来的新冠肺炎疫情，各国人民生命安全和身体健康受到严重威胁，对世界经济造成严重冲击，习近平总书记强调："无论是应对疫情，还是恢复经济，都要走团结合作之路，都应坚持多边主义。促进互联互通、坚持开放包容，是应对全球性危机和实现长远发展的必由之路，共建'一带一路'国际合作可以发挥重要作用。"[3] 他还强调："中国始终坚持和平发展、坚持互利共赢。我们愿同合作伙伴一道，把'一带一路'打造成团结应对挑战的合作之路、维护人民健康安全的健康之路、促进经济社会恢复的复苏之路、释放发展潜力的增长之路。通过高质量共建'一带一路'，携手推动构建人类命运共同体。"[4]

（三）"一带一路"建设有利于"人类命运共同体"的构建

在当前资本主义主导的全球化背景下，各民族国家发展具有严重的不平衡性并且日益分化，发达资本主义国家占领着全球现代化的"高地"，而广大发展中国家和不发达国家因其起步晚、底子薄、速度慢而处在边缘地带。习近平总书记指出，"中国共产党人和中国人民完全有信心为人类对更好社会制

---

〔1〕 习近平:《登高望远，牢牢把握世界经济正确方向——在二十国集休领导人峰会第一阶段会议上的发言》，载《人民日报》2018 年 12 月 1 日，第 2 版。

〔2〕 习近平:《携手建设更加美好的世界——在中国共产党与世界政党高层对话会上的主旨讲话》，载《人民日报》2017 年 12 月 2 日，第 2 版。

〔3〕 习近平:《习近平向"一带一路"国际合作高级别视频会议发表书面致辞》，载《人民日报》2020 年 6 月 19 日，第 1 版。

〔4〕 习近平:《习近平向"一带一路"国际合作高级别视频会议发表书面致辞》，载《人民日报》2020 年 6 月 19 日，第 1 版。

度的探索提供中国方案"〔1〕，这个"中国的方案是：构建人类命运共同体，实现共赢共享"〔2〕。所谓"人类命运共同体"就是"每个民族、每个国家的前途命运都紧紧联系在一起，应该风雨同舟，荣辱与共，努力把我们生于斯、长于斯的这个星球建成一个和睦的大家庭，把世界各国人民对美好生活的向往变成现实"〔3〕。构建"人类命运共同体"是以马克思主义为指导，以中国优秀传统文化为依托，以中国道路的实践经验为基础，建立的一个新的现代全球发展体系。它是应对世界范围内的金融危机、两极分化、气候变化和生态危机、恐怖主义等全球性问题和挑战，为变革全球治理体系、构建新型国际关系、国际和平事业和国际新秩序提供中国智慧和中国方案。它顺应了当今世界和平、发展、合作、共赢的时代潮流，契合了各国求和平、谋发展、促合作的共同愿望。"通过高质量共建'一带一路'，携手推动构建人类命运共同体"〔4〕，顺应了世界历史发展趋势，为世界各国发展提供了新机遇，为中国开放发展开辟了新天地。

当年，马克思在对资本主义私有制和国家进行批判的时候，发现了"真正的共同体"。构建"人类命运共同体"思想，正是对马克思共同体思想的创造性继承和发展。人类命运共同体的最高目标是共产主义，创造"天下为公"的美好世界。这是马克思世界历史理论的当代表现形式，是应对全球化问题的理性选择，是解决人类问题的中国方案，代表了先进生产力发展的要求，代表了世界上最大多数人的意志和愿望，因而一经提出，不仅得到广大发展中国家的热烈拥护，也为多数发达国家所认同，真正成为一种全球性的共识。而"一带一路"建设的主旨正是要世界各国建立合作共赢的关系，使各个国家、各个民族的利益成为全人类共同利益的组成部分，从而形成"你中有我、我中有你"，"各美其美、美美与共"的和谐局面。由此可见，"一带一路"建设正是在新时代构建人类命运共同体的根本途径，是创造新的世界历史的最为强大的动力，是通向全人类幸福美好未来的光明大道。

---

〔1〕 习近平：《在庆祝中国共产党成立 95 周年大会上的讲话》，载《人民日报》2016 年 7 月 2 日，第 1 版。

〔2〕 习近平：《习近平谈治国理政》（第 2 卷），外文出版社 2017 年版，第 539 页。

〔3〕 习近平：《习近平谈治国理政》（第 3 卷），外文出版社 2020 年版，第 433 页。

〔4〕 习近平：《习近平向"一带一路"国际合作高级别视频会议发表书面致辞》，载《人民日报》2020 年 6 月 19 日，第 1 版。

从软实力来源问题看中国软实力崛起及其路径*

李浩源**

　　摘　要：约瑟夫·奈将软实力定义为观念的吸引力。有学者提出，经济和军事等物质性力量也可以产生吸引力，约瑟夫·奈也接受了这一点。但该理论因此出现了软实力来源不清的问题。本文认为，无论物质性还是观念的力量，只要有助于解决国际矛盾就能带来软实力的增长，对问题解决的效用越大，软实力就越强。从解决问题的效用角度来看，软实力可以分为三个层次：国内层次、国际层次和创造新文明的层次。国内层次上，每个国家都是国际社会的一员，解决好国内问题本身就是在帮助解决国际社会的问题。国际层次上，由各国自身的发展带动国际社会的发展则会极大提升软实力。而创造更加先进的文明模式，则会拥有最强的软实力。中国的软实力已经从"内省"走向对外扩展，若中国特色社会主义能够创造出超越资本主义文明的新型文明模式，则软实力会得到质的飞跃。

　　* 本文系国家社科基金重点项目"习近平总书记全球治理与国际法治思想研究"（18AKS024）阶段成果。北京高校中国特色社会主义理论研究协同创新中心（中国政法大学）阶段性成果。
　　** 李浩源，中国政法大学马克思主义学院博士研究生（100088）。

关键词：软实力　国际社会　国际矛盾　文明模式

为反对美国衰败论，约瑟夫·奈提出了软实力概念。其在 2004 年出版的著作《软实力》中，以软实力理论批评了小布什政府的单边主义外交政策，认为小布什政府的做法损害了美国的软实力。美国衰败论的观点认为，美国在政治、军事和经济方面的实力相对有所下降，但约瑟夫·奈提出，尽管如此，美国在文化和政治价值观方面仍具有最强大的吸引力。约瑟夫·奈正是在此基础上提出软实力概念的。与衰败论注重物质性力量相反，约瑟夫·奈的软实力理论注重的是观念和道义的力量。因此，约瑟夫·奈最初的关注是美国的文化、政治价值观以及外交政策的正当性，并将软实力定义为此三者所能产生的吸引力以及"实现这些价值所需要的正义感和责任感"〔1〕。软实力理论的核心要点是以自身的吸引力去塑造其他国际行为体的观念、偏好和利益，以此增强其他国际行为体对自己的认同进而达到自己的目的。既然软实力要塑造认同感，那么国际行为体对某个观念的接受就必须是自愿的。因此，软实力发挥作用的过程，实际上是国际行为体之间双向选择的过程。如此，在塑造对方的偏好之前，必须清楚对方需要什么。总体而言，约瑟夫·奈的软实力理论实际上是认为，美国应该大力扩散自由和民主的价值观，并在外交政策上贯彻这一原则，以此来吸引盟友、对抗敌人，用观念的力量来维护美国的霸权。

一、观念性力量还是物质性力量

软实力概念一经提出便引起了诸多争论，焦点之一是软实力的来源问题。有的学者认为，软实力理论的缺陷之一就是软实力的来源难以明确界定。既然约瑟夫·奈将软实力定义为吸引力，那么就可以认为，所有能产生吸引力的东西就都能成为软实力的来源。这种观点认为，军事和经济力量同样会产生软实力，因为人们会羡慕和崇拜军事和经济力量强大的国家，并希望通过效仿来达到相同的水平，就此而言，军事和经济力量同样可以起到塑造观念和利益的作用。约瑟夫·奈在后来的论述中也承认了这一点，认为"经济实力既可以转化为硬实力也可以转化为软实力"。〔2〕这一质疑的提出给软实力理论带来了发展，使其将物质性力量也囊括进来，但这也给软实力理论带来

〔1〕　［美］约瑟夫·奈：《软实力》，马娟娟译，中信出版社 2013 年版，第 11 页。
〔2〕　［美］约瑟夫·奈：《"软权力"再思索》，载《国外社会科学》2006 年第 4 期。

了一定的混乱。

从学理上来讲，美国衰败论认为美国的经济和军事力量相对下降了，如果将此说法放到软实力理论当中，就意味着美国在这两方面的吸引力也下降了。实际上，正是由于要反对美国衰败论，约瑟夫·奈一开始并没有将军事和经济力量纳入软实力资源的范畴，因此，上述变化对于软实力理论来说，其反对美国衰败论的效用就会在一定程度上打折扣。因为约瑟夫·奈最初的目的是想从美国文化和政治价值观具有强大吸引力的角度来说明美国并没有衰败。而当该理论把军事和经济力量也囊括进来之后，反而从另一个角度证明了美国的衰败。从这一点来讲，约瑟夫·奈以软实力理论反对美国衰败论的努力是不成功的。

软实力理论发展至此，已经无法将军事和经济因素剔除。其结果就是，尽管该理论由此发生了重大转变，但却在分析软实力来源的问题上变得更加模糊不清。然而关于软实力来源问题的争论并不是无足轻重的，它关系到整个理论的建构基础。软实力理论必须将物质性力量包括进来这一点说明，软实力之所以"软"并不在于它是由物质性力量还是观念性力量产生的。经济和军事力量是强迫性手段，但成功的经济模式可以使人敬佩，产生吸引力。保卫和平的军事力量给人以安全感，同样会得到人们自发的支持。而观念性力量尽管是无形的，但如果强行灌输也就变为了强迫性的手段，就像近代西方在殖民地所做的一样，同样会被批评为文化帝国主义，这不仅不能增强软实力，反而会损害软实力。因此，观念性的力量并不等同于软实力。这样一来，问题就变成了这些力量要如何运用才会产生软实力，才会使人们自愿地去改变观念和偏好。

引入"国际社会"的概念可以很好地解决这一问题。尽管约瑟夫·奈的著作中没有出现国际社会的概念，但他提到，自二战结束以来，世界各国的相互依存度大大增强，信息的传递也非常迅速，世界已经形成了一个"三维棋盘"。各国日益紧密的联系推动了国际社会的出现和发展，并为软实力概念的提出创造了历史条件。国际社会的发展增强了道义力量的重要性，无论是物质性力量还是观念性力量，只有在具有道义性的时候才会产生吸引力。

在这样一个国际社会中，主权国家实际上会面临双重风险。除国家的威胁之外，还有作为整体的国际社会的压迫，这是一种道义和舆论的力量。但并不像自由主义学派认为的那样，军事力量的重要性下降了。相反，军事力量在这种环境下反而更重要了，因为在这种双重压迫下，如果一个国家的军事力量弱小，就有可能被彻底摧垮：首先在道义上被污名化，其次就是在军事上被打败，就像 2003 年的伊拉克一样。同样，在中国走上崛起之路后，西方再一次祭出了"中国威胁论"，想要在道义上污名化中国。而中国则通过自身的实践行动证明，崛起的中国是一支和平的力量。

软实力的产生，是国际关系从霍布斯文化进化到洛克文化过程中的必然现象。在霍布斯文化中，国与国之间的关系更多是原子化的关系，有交往但不足以形成社会，也就没有公告舆论的出现，因此，道义的力量相对弱小。而在洛克文化中，由于交往密切，舆论发达，道义的力量就会逐渐上升。从国际关系学说的发展也能看出此种趋势。近代早期的外交文献中的论述多是赤裸裸的权力关系，道德分量较小。二战之后，道义的力量开始发挥极大作用。比如，二战的胜利宣言中，不是宣称打败了哪个国家，而宣称是反法西斯战争的胜利。软实力强大的国家可以设置国际议程，提供道德标准。尽管约瑟夫·奈认为，"软实力也可以用来作恶"[1]，但作恶的结果一定是损失软实力，就像美国在世界上到处强行推广其所谓自由民主的观念和制度，发起颜色革命以及干涉他国内政，给世界带了损害，反而使其所谓的自由民主观念的吸引力下降。所以，软实力必然是一种由道义所产生的力量。那么如何才能使力量具有道义性？

二、促进国际社会的进步是提升软实力的根本

国际社会是一个矛盾重重的社会，有助于解决国际矛盾的力量才能具有道义性。这正是约瑟夫·奈提出的对外政策的道义性。而对外政策的道义性则会直接影响其文化和政治价值观的吸引力。这里需要简单探讨一下文化、政治价值观和对外政策的相互关系。三者关系的核心要点是：对外政策作为实践行为反映了一个国家的文化和政治价值观。这种实践行为并不指某项单一的政策，而是一种整体的战略行为。文化是以政治价值观为内核的，并为相应的政治体系提供合法性意识信息。政策尽管具有很强的变动性，但必须能够在既有的意识形态框架内被解释，否则就会被认为是虚伪的。约瑟夫·奈批评美国的单边主义政策，认为"美国的对外吸引力在很大程度上取决于

---

〔1〕　［美］约瑟夫·奈：《"软权力"再思索》，载《国外社会科学》2006 年第 4 期。约瑟夫·奈在《软实力》中所引用的本·拉登的例子并不十分恰当。尽管恐怖主义是人类的公敌，但对于被本·拉登吸引的信徒来讲，本·拉登的观念是具有道义力量的。他的观念使信徒们相信美国是邪恶的。就像美国把朝鲜、伊朗等国家定义为流氓国家一样。

外交政策的实质与风格中传递的价值观"[1]。约瑟夫·奈注意到了美国的对外政策与其自由民主价值观之间的矛盾，但却没有深入探究为什么美国的政策难以反映其价值观。

约瑟夫·奈从美国当前强大的软实力出发，去提醒美国政府注意运用软实力，但却没有深入探究美国软实力强大的根源是什么，也没有根据当前的国际环境来分析美国的力量是在解决矛盾还是在制造更多的矛盾，而主要是论述如何运用软实力的策略和技术性问题，并在论著中经常提到公共外交和媒体传播，并认为此两者可以作为增强美国软实力的手段。然而这并不能直接涉及软实力建设的根本。约瑟夫·奈发现了美国软实力的强大，但约瑟夫·奈可能没有注意到的是，美国的软实力并不是因为公共外交和媒体传播而强大的。在网络全球化的时代，对于任何一个国家尤其是主要大国来讲，开展公共外交以及通过媒体传播本国价值观并不是什么难事，然而很明显的是，尽管世界主要大国的公共外交和传媒手段都很发达，但软实力却远不及美国，这种落差在中美之间尤其明显。软实力是吸引力，在同样的传媒手段下，吸引力却有强有弱，这说明吸引人的不是传媒手段本身，而是其背后所承载的故事。因此，软实力建设的关键并不在于进行更多的公共外交活动，或者设立更多数量的媒体，而是如何创造出吸引人的故事。但故事并不能凭空编造，而要以一个国家的历史和现实的实践活动为背景。

现代传媒手段，比如电影、网络自媒体等，会以艺术创作的形式对本国历史和现实的实践活动进行再现，并传播到全球从而产生影响力。因此，一个国家的历史背景决定了它能够讲述怎样的故事，而故事本身的吸引力则可以比较直观地反映出一个国家软实力的强弱。各国在软实力方面是参差不齐的，因此，不是每个国家的故事都具有同样强大的吸引力，而这种情况反映的正是各国在历史实践活动中的差距。这种差距归根结底是生产力方面的差距，反应在国际关系上，则是拥有最先进生产力的国家会在国际上占据主导地位。而生产力，也即物质性力量，则可以归结为硬实力。因此，硬实力最强人的国家——美国软实力也最强大，在国际上拥有最强的话语权。

但硬实力与软实力之间并不能自动地画等号，并不是硬实力强大软实力就自然而然地强大，而是看如何运用硬实力。若用来解决国际社会的矛盾，带来秩序和安宁，则会提升软实力；若是用来制造问题，给国际社会带来动

---

[1] [美]约瑟夫·奈:《软实力》，马娟娟译，中信出版社2013年版，第82页。

荡和混乱则会损害软实力。因此，能否产生软实力不是看某种力量是有形还是无形的，而是要看它是否有助于推进世界的和平与发展。不只是文化或政治价值观这类无形的资源才能产生软实力，只要是有助于增强国际社会治理能力的资源就可以产生软实力。因此，软实力本身是无形的，但产生软实力的资源既可以是无形的也可以是有形的，关键在于其产生何种作用。中国经济的发展为世界经济的发展提供了重要动力，其经济模式同时也具有非常重要的参考价值，因此，中国的经济发展必然为中国带来软实力的提升。美国尽管是世界第一大经济体，但其如果利用美元的金融地位在全世界薅羊毛，给别国带来经济困难，即便再强大也不利于提升其软实力。同时，美国在全世界推广其民主价值观和政治模式，造成了许多国家的政治动荡，制造了更多的矛盾和危机，这种做法也不利于软实力的提升。

当然，一个国家的硬实力到底是给国际社会造成威胁和麻烦，还是有利于解决问题，也需要辩证地看待，这是一个动态的过程。苏联在成立之初，欧洲的资本主义国家对其感到极其恐慌，并进行了武装干涉。但在二战时期，苏联却成了反法西斯战争的主力军，为世界和平做出了巨大贡献。对于当时的西方国家来讲，成立之初的苏联必然是带来麻烦的因素。而随着国际格局的发展，苏联却成为抑制世界战争的主要力量之一。今天的中国也经历了类似的过程。20 世纪 90 年代末及 21 世纪初，面对正在崛起的中国，西方再次提出了"中国威胁论"，从舆论上打压中国。在"中国威胁论"甚嚣尘上的时期，很难说中国拥有多少软实力，但中国用实际行动证明了自身和平崛起的可能性和现实性，努力将自身的力量打造成维护和平的力量，并通过"一带一路"倡议以及人类命运共同体的理念，使世界认识到了中国力量的和平性质。中国的软实力在这一过程中得到了相当大的提升。

追溯到第一次世界大战时期，尽管美国还奉行门罗主义，但其硬实力也是非常雄厚的，而由于较少参与主流国际社会的事务，美国在此时并没有发展出同等的软实力。一战以后的美国，其软实力就表现为先升后降。美国参加了第二次世界大战，成为消灭日本和德国法西斯政权的主力军，成为维护世界和平的力量，并在战后以美国自身的理念为指导，在西方世界建立了自由资本主义国际秩序，其文化和政治价值观由此具有了吸引力。美国软实力的强大并不是由于在世界上进行宣传和强行推广，而是在推动和平与繁荣的事业中的确做出了贡献。解决国际矛盾既要依靠美国自身的实力，也要有国际问题现实造成的机会。并且，美国自身发展起来的观念恰恰适用于解决欧洲的问题。现代科技的发展使欧洲延续了千百年的战争的残酷性变得令人恐惧和绝望，正是这种绝望迫使西方人去思考转变观念的问题。但观念的转变是需要物质基础作保障的，并且不是哪个国家随便就能提出新观念的。美国的观念德国和法国就无法提出，英国更是只看重欧陆的均势。1991年的海湾战争，美国运用硬实力对伊拉克入侵科威特的行径进行了惩罚，维护了国际社会的准则，也同样提升了美国的软实力。相比之下，美国在2003年发动的伊拉克战争非但没有使中东局势稳定下来，反而制造了更大的问题。这场战争不仅导致伊拉克长期处于社会动荡的状态，还导致伊斯兰国恐怖组织势力做大。社会存在决定社会意识，美国文化和价值观影响力的强大并不在于公共外交和宣传，而是因为在一定历史阶段内，美国的理念所指导的实践不仅使自身硬实力强大，而且用其硬实力解决了国际社会的复杂矛盾，推动了国际社会的发展和繁荣。但是，美国如果在实践行动上不能继续发挥完善国际制度的作用，而是奉行美国例外论，推行霸权主义，破坏自由贸易制度，逆全球化的历史大势而动，那么其对外政策必定不会符合其所宣称的文化和政治价值观，从而也会失去吸引力。特朗普当选美国总统后，在对外政策上更是与自由民主的价值观背道而驰，无法调和对外政策与价值观之间的矛盾。这证明美国需要的是从物质性力量到观念性力量的整体更新，而不是对现有的意识形态抱残守缺。因此可以说，软实力是随着政治社会的变化而变化的。

软实力由解决国际社会主要矛盾和现实问题而产生，但由于历史条件不一样，软实力的性质也会不一样。美国的软实力是带有霸权性质的，利用其所谓的自由民主价值观"攻城略地"，在别国制造混乱，如2010年的阿拉伯之春和2014年的乌克兰危机。约瑟夫·奈尽管看到美国软实力的强大，成为自由民主的标杆，但约瑟夫·奈并没有深入剖析美国软实力的性质，也没有探讨美国软实力会如何转型。美国是以霸权主义的方式建立二战后的国际政治和经济秩序的，这也是当时的历史条件造成的。新事物孕育于旧事物之中，美国在解决旧矛盾的同时，也在慢慢造成新的矛盾，这是事物运动的客观规律。随着美国霸权的式微，其霸权主义性质的软实力也不可避免地下降。这一判断并不能说明美国本身在衰落，而是美国在完成了历史赋予它的任务之后，需要在一个即将到来的新世界中重新找到自己的位置。同时，尽管西方国家目前还是拥有最强的软实力，但其他文明国家要效仿西方增强软实力，并变得越来越强大。当它们超越西方之后，便会修正或摒弃西方的价值观。从现实情况来看，约瑟夫·奈提出软实力理论后，美国在软实力方面并没有增长，反而在逐渐衰落。这证明观念的力量只有通过实践行动的不断创新才能产生吸引力。

三、关于中国软实力崛起的路径分析

当前的世界正在面临冷战结束以来前所未有的大变局，国际社会中的权力格局正在经历着深刻变化，美国的软实力在逐步下降，新兴国家的软实力在逐步上升，但由于当前的变化在未来较长时期内并不能彻底突破冷战结束以来的国际秩序，因此，美国软实力衰落是缓慢的，其所留下的空白也并不能被马上填补，就像周王室衰微后的春秋战国时代一样，当前各国在软实力方面的较量会长期呈现出百家争鸣的状态。而软实力方面的竞争，表面上看是对话语权的争夺，但根本上还是生产力的竞争，并在此基础上创造出一个更先进的文明体，这是产生软实力的真正基础。

软实力大概可以分为三个层次：国内层次、国际层次以及创造新文明体的层次。一个国家经济飞速发展，科技水平迅速提高，人民生活水平上升会赢得他国的敬佩，会使一些国家想要吸取经验，从而产生一定的吸引力。而由自身的发展带动全球的发展，则会使软实力得到极大提升，进入国际层次。中国提出"一带一路"倡议和"人类命运共同体"的理念，说明中国的软实力已经从"内省"[1]走向了扩散和传播。但中国的软实力与霸权主义性质的软实力是不同的，中国作为国际上的一支新兴力量，愿意用自己的实力来帮助解决更多国际社会的现实问题。中国积极参与全球治理，并以"一带一路"的形式与世界各国进行广泛的经济合作，促进世界经济的发展，尤其使得广大发展中国家受益，推动世界经济秩序向更加公平的方向迈进。在这一过程中，中国在国际上的话语权将会逐渐增长。其中第三个层次是创造出更先进的文明体。国际层次的软实力增长还是具有很大局限性的。当前的国际体系是由西方国家所塑造的，尽管中国认为，当前的国际体系各方面制度规则都存在不公平，但是自改革开放以来，中国一直在积极融入国际社会，而融入国际社会首先要接受其规则，在这个体系中有了一定的成长之后，才能在一定程度上改变或影响其规则。在这一过程中，中国的软实力经历了一个不断上升的过程，但还远远不能称为强大，这是体系参与者的角色所决定的。

---

〔1〕 2007年的《中国软实力评估报告（上）》中提出，中国软实力的性质是内省的，而不像美国一样到处进行价值观的扩张。门洪华：《中国软实力评估报告（上）》，载《国际观察》2007年第2期。

中国融入当前国际社会的过程是从另外一个体系转移到这个体系中的。在世界社会主义体系中，中国拥有强大的软实力，在意识形态上甚至可以跟二战后体系的创立者苏联一较高下。然而在西方主导的国际体系下，中国在话语权上不占优势。国际体系迄今已经发生了重大变化，尤其是特朗普当选美国总统后，美国主导的国际社会已经出现了巨大裂痕，需要多方位的转变，这是中国提升软实力的重要契机。但中国的软实力会以一种怎样的形式表现出来，这取决于中国在国际力量对比的重新调整中如何发挥作用。要想获得近代以来西方那种影响力程度的软实力，恐怕还有较长的路要走。西方国家的软实力是通过创造资本主义文明而得来的，是近代崛起后强大实力的延续。

从国际社会的整体来看，未来很长一段时间内，国际社会中主流国家的软实力会趋于平衡。而要想获得比美国更强的软实力，则必须将自身打造成一个更加先进的文明体。这一历史时期也正在到来。从生产体系的角度看，当前各国都属于当代世界生产体系的一个单位，各国也都围绕着如何在现有体系下为发展生产力而展开竞争。但近几年来，全球经济增长乏力，西方右翼保守民粹主义盛行，产生了一股强劲的去全球化和逆全球化趋势。全球化进程有可能出现某种停滞，但绝对不会停止，这是历史大势。这些现象说明，在过去经济较快增长时还能掩盖起来的资本主义体系之下的各种矛盾，目前都在逐渐暴露，但西方国家的政客们却拿不出真正解决问题的方案。要想拥有在全球占据引领地位的软实力，必须对生产力进行革命性的创新，以及在此基础上的文明模式创新。

生产力的发展不仅仅是一个贫穷与富有的问题。从历史的角度来看，每一次生产力的大发展，都是人类对世界的认识和改造更加深刻的结果。历史上，每次生产力的大变革都会带来知识的增长，以及社会结构的变革，一个政治共同体便由此获得代际碾压的优势，比如古代农业文明时期的中国和现代工业文明时期的西方国家。因此，判断一个国家在未来能拥有多强的软实力，需要看其能在多大程度上解放和发展生产力。生产力发展的过程，本质上就是人类认识世界和改造世界的过程，人类文明在生产力发展的推动下诞生并不断更新迭代。西方资本主义文明的诞生为人类的生产力发展带来了几个世纪的强劲动力，西方正是因为站在了资本主义文明的领导地位之上，才使其有了今天的软实力。因此，若想在软实力上超越西方，就要发展出能够超越西方资本主义的文明模式。

苏联的解体似乎宣告了资本主义的胜利，世界社会主义事业陷入低谷。

但自冷战结束以来，发展中国家与发达国家的贫富差距越来越大，还发生了1997 年的亚洲金融风暴和 2008 年美国的次贷危机。这表明资本主义体系还是无法克服自身的危机，并不能解决马克思所说的生产社会化与生产资料私人占有之间的矛盾。当然，相对于马克思的时代，当今的资本主义体系已经发生了巨大的变化，中国作为坚持走社会主义道路的大国，必然是要超越资本主义水平的。美国霸权的式微也是资本主义体系的式微，这就给中国特色社会主义在世界上创造一个更加先进的范例提供了机会。这正是中国需要努力的方向，只有在超越资本主义文明的道路上做一个引领者，才能在未来拥有强大的软实力。

法哲学研究

黑尔对道德判断的构建

韩亚峰*

摘　要：理查德·麦尔文·黑尔是英国牛津大学哲学系教授，《道德语言》是其重要的伦理学著作，在现代西方伦理学，尤其是在现代元伦理学的发展进程中，具有关键的学术地位。作为黑尔规范主义伦理学建构基础的道德语言理论，是在反对模糊的传统伦理学基础上展开的。本文以道德判断的建构为切入点，阐释其如何借助祈使句的逻辑结构揭示道德判断的规定性，建立新的推论规则，进而借助价值词阐释道德原则的形成和演变，并着力分析其中所使用的逻辑分析和实践方法。但在价值词的功能阐释中，道德语言理论一以贯之的方法遇到了困难：在本体的意义说明上，缺少信服力，甚至可能令道德理论陷入新的危机。

关键词：黑尔　道德语言　道德判断　推论规则
价值语词

一个规范在何时可以被称为是公正的呢？逻辑规则是否最终能够在公正与不公正的规范之间作出区分？本文无意于也不可能对这一宏大问题作出探究，而是试图

---

*　韩亚峰，中国政法大学法学院 2017 级博士研究生（100088）。

从其中的"逻辑—分析性进路"[1] 入手，关注一个更为基础的问题：语言能为法律论证贡献什么？但这仍然是一个较为宽泛的问题：语句作为语言的构成，几乎所有的理论分析都与之相关，二者之间的互动更是体现在静态的规则建构到动态的解释和推理等过程之中。法律论证以符合逻辑规则的程序为主，逻辑涉及的概念与命题都必须由语言来表达，语言的清晰尤为基础和重要，而作为一种指引人们行为的规范性语言，清晰和明确又是困难的。本文的研究角度就集中于对语言逻辑的清晰化探讨。这一基础性的问题必然要回溯到元伦理学上对语言的研究。传统的道德推理是从本体论的角度出发，直到 18 世纪，休谟开始质疑传统的形而上学，包含以严密逻辑为基础的科学事实的可能性。元伦理学（meta-ethics）在这样的背景下应运产生。不同于规范伦理学（normative ethics），其不关心"一个人应当怎么做"（Should I …?）的问题，而是关注"应当究竟意味着什么"（What does the "should" mean?）[2] 基于此，元伦理学试图揭示语言本身的规范性，而不去提倡某一个具体的原则进而以鼓励人们追求某种善。

在这个名称下，早期占主导地位的是形而上学伦理学和伦理自然主义，或主张以上帝存在来定义伦理术语，或主张伦理术语表达的是某些经验或者自然的性质。而真正从研究对象和方法上对元伦理学发展起到革命性作用的则属摩尔（G. E. Moore），他将伦理学从研究行为善恶价值的规范系统延伸到道德语言的分析，从而推动道德论证走向逻辑化的方向。此后，以史蒂文森等人为代表的情感主义主张道德的论证不是逻辑关系，而是一种心理学上的关系，认为道德陈述的情感意义在于有能力从因果关系上对情感态度的变化产生影响——此时的逻辑方法虽然没有像传统伦理学那样被忽视，但已然退居次要。[3]

面对伦理学可能会陷入非理性认识境地的危险，黑尔（R. M. Hare）等人开始着手建立新的语言分析理论，加强对道德语言（the language of moral）本

---

〔1〕 从研究方法的角度可以将法律论证理论划分为逻辑—分析性进路、论题—修辞进路和商谈理论发展而来的模式等。对此可参见 ［德］乌尔弗里希·诺伊曼：《法律论证学》，张青波译，法律出版社 2014 年版。

〔2〕 See, Michael Smith, *The Moral Problem*, Blackwell Publishing, 1994, pp. 2-3.

〔3〕 更多关于摩尔的直觉主义伦理学可参见万俊人：《现代西方伦理学史》（上卷），中国人民大学出版社 2011 年版，第 5 章至第 8 章。

身的逻辑研究。"道德语言是一种规定语言（prescriptive language）"[1]——虽然更早时期的摩尔就已经开始倡导对道德语言的逻辑分析，但真正将其明确为规定语言并加以逻辑化的则集中于黑尔的理论中。黑尔在诸多涉及规范性的关键问题上保持相对严格的逻辑立场，比如面对休谟法则（Hume's Doctrine）时，黑尔坚持"是"与"应当"在逻辑上的不可混淆，并主张以清晰的逻辑去解决道德争论。这一努力成功与否暂且不论，但其对道德语言较为彻底的分析和论证值得去关注。[2]

本文将首先阐明黑尔所采用的主要论证方法及背景，文章主体部分以此为工具对道德语言理论进行分析。分析将以"规定语句—推论规则—价值词"的递进方式进行，意在展现道德判断的规定性及其是如何作出的。应当说明的是，相较于黑尔的观点本身，其在批驳传统伦理学观点中所持有的逻辑分析方法和实践进路反而是更为重要的，这也正是本文欲借此探究其分析力度与不足的初衷。

一、道德判断的性质

元伦理学的独特之处在于其解决道德分歧的方法，而思考的道德问题本身与传统伦理学并无不同，概括来说都是为人类的道德行为寻找一个坚实的基础，有了这一坚实的基础，明确的道德判断才有可能。黑尔首先将伦理学研究的问题进行了区分，明确这一区分可以清楚地看到其要集中解决的问题在何处。

（一）从道德问题到狭义伦理学

在黑尔看来，伦理学的问题有三[3]：①道德问题（moral questions）。我应该做什么？这类问题研究什么应该做，如何确定善恶标准，因为当一个人说他应该做什么，也就是表示接受了一定的道德观点并在此指导下作出道德

---

〔1〕 ［英］理查德·麦尔文·黑尔：《道德语言》，万俊人译，商务印书馆2004年版，第5页。另：以下正文中的引用部分，如无特别说明，均源自本书。

〔2〕 尽管休谟难题（事实是否能够推导出规范）毫无疑问已经成为道德哲学的核心问题之一，甚至在一些情形中成为判断道德观点和方法立场的有力标准，但本文并不打算对这一宏大问题进行扩展。黑尔本人所持的严格二分法在下文的论述中会渐进展开，体现在其道德语言理论中。经后文分析后可以看到，黑尔之所以从祈使句的逻辑规则追溯到这一问题，是为了强调道德判断本质上是一种价值判断。

〔3〕 See, R. M. Hare, *Essays on the Moral Concepts*, University of California Press, 1972, pp. 39–40. 黑尔在后期总结性的 *Sorting out Ethics* 中总结性地将伦理学理论区分为描述主义和非描述主义，此为在整体上对各伦理学研究的划分，与此处所论及的具体研究对象关系相对间接，故不涉及。

判断，以指导其行为。②关于人们道德意见的事实问题（questions of fact about people's moral opinions）。人们对堕胎的意见是什么？这属于陈述关于道德的事实情况。③关于道德词的意义问题（questions about the meanings of moral words）。"善""正当"等道德词语的意义。

与此三者对应，广义的伦理学科就有了道德、描述伦理学和狭义伦理学。前两类是实质问题，第三类是形式问题。故狭义的伦理学和道德的关系，犹如科学哲学之于科学（the philosophy of science to science），是关于道德语言、语词意义及其所指称的对象本性等问题的逻辑研究。它的首要任务，就在于搞清楚道德问题的意义是什么；欲清晰道德问题的意义，就要懂得诸如"我应该"之类的道德语言是什么意思；欲懂其意，就是要明确相关道德语言的逻辑性质——只有对表达问题的语言意义和逻辑性质有了共同的理解，人们才可能对之发表意见，进行讨论，这是黑尔"伦理学"研究的出发点。

（二）方法：语言分析

道德原则的作用在于指导我们的行为，这种作用是通过道德语言来进行的。要理解道德原则就要理解道德语言，黑尔采用了一种不同于传统道德理论研究的方法，即语义分析方法。此处首先需要理清这几个概念之间的关系：语言分析（linguistic analysis）、概念分析（conceptual analysis）和语义分析（semantic analysis）。[1] "我们关于世界的认识是通过我们的语言表达出来的。因此，关于我们这些认识的讨论，可以归结为对语言的讨论，对于我们所表达的认识的理解可以归为对我们所说的句子的意义的理解。这样，就从关于世界的探讨转为对语言的探讨。"[2] 与之相关的"语言分析"概念是一个上位概念，它主要包括两种形式：逻辑分析（logical analysis）和概念分析。作为本文论证起点的语义分析方法则是逻辑实证主义者进行逻辑分析的内容之一。[3]

---

〔1〕 分析哲学中的分析有两种：概念分析与语言分析，概念分析是指对语言所表达的概念与命题的内容的分析；语言分析是对语言意义的分析，这两种分析的对象不同。而逻辑分析与语义分析则是两种分析方法，其中逻辑分析既可以针对概念分析也可以用于语言分析，即利用逻辑规则对概念内容与语言意义进行分析。语义分析则主要是指用语言学中的一些语义规则对语言意义进行分析的一种方法，即主要针对语言分析，类似于法律解释中的语义解释。参见江怡：《语言分析与概念分析》，载《外国语文》2011 年第 1 期。

〔2〕 王路：《走进分析哲学》，生活·读书·新知三联书店 1999 年版，第 106 页。

〔3〕 金炳华等编：《哲学大辞典》（修订本），上海辞书出版社 2001 年版，第 1855 页。

欲明了何为语义分析，首先需要明确此处的逻辑分析所指为何。考虑到本文关注的大背景是法律论证的问题，故"逻辑方法所期待的是只要有人主张或意图进行正确的论证，他所实际运用的表达就应当具备可被转译为逻辑形式的意义，并可对其逻辑上的可靠性进行检测"。[1] 因而本文所涉及的逻辑分析主要是从形式和结构方面分析人工语言和日常语言中的词语、句子及命题的逻辑结构，而较少从逻辑上进行阐明以获得哲学理解。以此为基础，本文所谓的语义分析主要是对语词和句子的所指与意义进行的分析。[2]

（三）立场：反对还原论

把规定语言与其他语言进行对照，是理解道德语言性质的切入点。最简单的规定语言的形式即祈使句，那么与之对应的其他语句有什么？在此，黑尔借鉴了语法学者的分类：陈述句、命令句和疑问句。尽管这一区分是不够透彻和严格的，如在祈使句中就有表达请求和说明使用指南的不同类型，但是在宽泛意义上的理解已经足够。[3]

如何在这种比较中理解祈使句（imperative sentences）？黑尔首先清理了前人对此的理解，排除掉不可靠甚至错误的进路。概括而言，以往对祈使句的分析有两种理论形式，黑尔称之为"还原主义"（reductionism），在本文看来，这种还原分别为内部还原（心理事实）和外部还原（物理事实）。内部还原是将祈使句描述为"表达者心灵的陈述"，该理论主张：正如"A 是正当的"意味着"我赞同 A"一样，"关上门"同样意味着"我要你去关上门"。但是这里的困难之处在于，"关上门"这一命令似乎是针对关门的事，而不是说话者的心灵状态，正如教室投影仪的使用指南是关于投影仪所需要的步骤而不是上课老师的心灵分析。外部还原则是通过添加假设性后果来实现的，即"如果……那么……"。在这一理论下，"关上门"就意味着"如果你不关上门，那么 X 就有可能发生"——此处的 X 是一种后果，这也正是此主张者

---

〔1〕　［德］乌尔里希·克卢格：《法律逻辑》，雷磊译，法律出版社 2016 年版，译者序。

〔2〕　关于概念分析，比克斯在《法律理论词典》一书中指出："概念分析通过区分观念和范畴的逻辑结构或必然的（necessary）、本质的（essential）属性来探求我们的世界的某些方面的真（truth）。"由此界定可以看出，概念分析的对象是观念和范畴。这说明概念分析是语言层面上的探讨。对概念进行分析仅仅是一种手段，它的目的在于：一是"区分观念和范畴的逻辑结构或必然的、本质的属性"，二是"探求我们的世界的某些方面的真"，而这一目的构成了其与逻辑语义分析的区别。详细可参见［美］布赖恩·比克斯：《牛津法律理论词典》，邱昭继等译，法律出版社 2007 年版。

〔3〕　此处，黑尔用"命令"来概括以祈使语气所表达的所有祈使语句类型，从而试图说明陈述和命令这两种语气的区别和共同特点。

所认为的祈使句的指向：要么实现某种目的，要么防止某种趋于发生的结果。这种还原似乎给予了祈使句以描述性的力量，但是终结句子分析是添加的目的，这种目的通常是一种坏的结果——显然，当对"坏的"进行追问的时候，我们又回到了评价。

不难看出，上述两种还原论的共性在于将规范（祈使句）还原为事实。这正是摩尔所讲的"自然主义谬误"（naturalistic fallacy）[1]，也是黑尔在建立自己的理论前必须要排除掉的进路。进一步思考会发现，将祈使句还原为陈述句的努力完全可以理解，其吸引力在于诸多方面，比如陈述句严格的表达，以及证实主义的流行等。但是基于本文的关注立场，这里欲对其所谓的"逻辑优先性"进行探讨。长期以来，人们似乎认为祈使句在逻辑上低于陈述句的地位，进而，如果我们只是把陈述句视为是不可怀疑的，那么自然地就会认为：祈使句并不像陈述句一样陈述事实，而是只表达愿望。这种优先性的主张是否经得起探究呢？下文将从陈述句和祈使句的逻辑结构上予以探究，而这必须要借助黑尔对语句的逻辑分析工具。

（四）道德判断的逻辑构成及其规定性（prescription）

虽然对两种还原理论进行了批驳，但并不意味着完全否定其主张：其中，祈使句中的陈述（indicative）部分确实是存在的，分歧只在于这种陈述是否能在某一个标准确定的意义上进行表达；如果能，那么这种标准是否是唯一确定的。黑尔在此对陈述句和祈使句的不同部分进行了技术性的处理：

> 我将造一些全新的词。我将把两种语气共同的部分叫作指陈（phrastic）；把命令和陈述之不同的部分称之为首肯（neustic）。[2]

结合陈述句和命令句的实例，"指陈"指的是说话者指出或者指示出他准备去陈述的事实，或者命令的将要成为事实；"首肯"则是表达"这是事实"或者"做吧"的方式。可见，陈述句与祈使句的区别集中在首肯部分：陈述句借助于首肯想表达某事处于何种状态，而祈使句则试图告诉某人去做某事。

---

〔1〕 关于摩尔对此的阐述，可参见万俊人：《现代西方伦理学史》（上卷），中国人民大学出版社 2011 年版，第 5 章至第 8 章。

〔2〕 这两个术语源于拉丁语，黑尔借用了这一表达，但并没有给其以明确的定义，这也是反对者对其的一个批评，但本文认为这两个术语的引入是为了揭示出陈述句与命令句的区别，而不试图给以精确的概念界定，后文将会揭示出这一区分功能是可以实现的。

陈述句与命令句的这一逻辑结构意味着什么？本文认为这至少能够澄清两个方面的问题。其一就是上面所提及的，即陈述句是否具有逻辑上的优先性。从指陈上看二者具有一致性，故如果有所谓的优先性，那么也许会表现在首肯部分，在很多情况下，我们也确实能以陈述语气来代替命令语气——但不是所有，这也不能证明前者具有逻辑优先性。原因之一是在有些情况下，命令句同样可以代替陈述句的表述（比如"晓明下午来了办公室"这一陈述语句可以被"'让晓明下午来办公室'这一命令已经被晓明执行"这一语句所代替）。随之而来的问题是，为什么事实上陈述句能实现更多的代替呢？这要从祈使句本身来考虑：如我们所知，除了极少数祈使句，祈使句多数都是限于将来时，而且多为第二人称，而陈述句则几乎能够涵盖所有时态和人称。其二，祈使句的指陈有其内在功能，比如"赞许"，这在后文会加以细述，其作为价值词"善"的首要功能，其目的是引导行为人的各种选择，因而其具有无法被取代的功能，逻辑上的优先性自然也是无从谈起。

明确祈使句具有指陈和首肯两个部分的另一个意义在于澄清人们在批评中可能会犯的"打击错误"[1]。比如，"应该在 3 个小时之内跑完马拉松"这一命令对于一个从不跑步的人而言是无意义的，因为其无法理解 3 个小时如何完成 42 公里的距离，进而他可能会迁怒于命令做出者本人；但对于一个长期坚持长跑训练的人而言，这是可以实现的，并不存在理解上的障碍——此时两种理解的不同虽然是针对命令句本身，但根本上是针对其中的陈述部分。

上述内容是针对祈使句逻辑结构的分析，通过将其与陈述语句进行对比，揭示出指陈和首肯两个逻辑构成。作为最简单的规定语句，祈使句仅是研究规定语句的起点。同样作为规定语句的道德语句也是要告诉某人去做某事，问题是，道德语句的这一功能是如何实现的呢？

对此，情感主义者是这样主张的："伦理学语词不仅仅是用来表达感情，它们还适用于引发感情，因而也适合于刺激行动。"[2] 即道德判断语言中的功能是在因果意义上影响听者行为或者情绪的。表面看起来，似乎是这样，

---

〔1〕 通过对道德词和道德语句的逻辑分析来澄清争议问题本身是道德语言理论的独特之一，本文将类似于这里的澄清称作"打击错误"。这在后文还有两处体现：①说明规定语句发挥作用的方式不是直接诉诸心灵驱使，从而澄清其所遭受的不必要非正；②在分析"善"这一价值词时，黑尔主张尽管道德领域的善确实具有一定的特殊性，但其更多是基于人之为人的基本情感，并不意味着道德善需要更为特殊的逻辑。

〔2〕 转引自〔英〕理查德·麦尔文·黑尔：《道德语言》，万俊人译，商务印书馆 2004 年版。

但在逻辑上尚需区分这样两种行为：吩咐（telling to）某人去做某事与促使（getting to）他去做某事。这两种行为的过程是完全不同的。这就如同在陈述句中，告诉某人某事是事实不同于令其相信它，命令也不是使某人去做或者说服某人去做，而是先吩咐；若不得，则以别的方式刺激之。

这组区分是有重要意义的。吩咐有告知之意，本身并不存在说服的企图，后者更倾向于是一种引诱、促使或者影响。如果直接以"影响"来发挥道德判断的功能，这会导致什么结果呢？试想当某一个人意识到别人正在试图说服自己时，他对这一意识的自然反应便是警惕和保持自由主体性，显然这种对道德判断的反应是不应该鼓励的；反之，若仅仅是告诉或者吩咐，听者则不会有上述反应。我们所支持的做法是让听者知道去做什么或事实的真相是什么，并且本人不必然因此受到影响，而是自己能够决定是否服从。

不直接将道德判断功能的发挥诉诸"影响力"，一方面能够澄清道德判断的功能不是浮于表面的宣传，也并非直入人心的驱使，而是要告诉某人去做某事——从而能够澄清道德判断的祈使理论所遭受到的不必要的争议，其多是源于对道德判断和命令的误解。更为重要的是，道德判断和命令尽管会有不同，[1] 但同样作为是对理性主体所为为何的告知，二者都要受到逻辑规则的支配。

二、道德判断的推论规则

（一）推论规则

概而言之，黑尔把道德判断的推导过程在逻辑上看作是一个建立在全称判断（大前提）和特殊事实判断（小前提）基础上的实践三段论（practical syllogism）的过程。[2] 在前文论及祈使句的逻辑结构中可以看到，指陈和首肯这两部分使得祈使句具有"吩咐"行为者去做某事的结论。同样作为规定语言的道德判断，其语气也是诸如"去做"之类的命令语气，而不是传统意义上认为的"是"与"否"的结论，也就是说，其结论是祈使语气的。对此，黑尔提出关于支配这一推论形式的规则：

---

〔1〕 二者的不同最大表现在道德判断需要诉诸理由，否则不可能实现普遍化，而祈使句则只需要诉诸命令即可。如果片面强调形式，就容易将二者混淆，此处关注的是二者的相同。

〔2〕 关于为何以全称祈使句做大前提的问题，涉及与"全部"有关的"蕴涵"这个强语气词的意义。但是要充分讨论这个词需要大量篇幅，而本文关注的是道德判断中的语气这一难题，复杂的蕴涵关系并不影响这一点。

如果一组前提中不包含至少一个祈使句，则我们就不能从这组前提中有效地引出任何祈使式结论。[1]

如果回顾伦理学上一些重要的论述，就不难发现这一规则早已隐约闪现其中。在亚里士多德伦理学中，构建了一个以善（good）为所有事物欲求的目的论的体系。这个体系具有不同的等级，在其中，有些是作为实现其他目的的手段和工具，而另一些其自身便是善的，即目的。显然在这个等级中存在着最高等级的善，它能够作为最权威的科学和最大的技艺对象。但是，"最高善显然是某种完善的东西"[2]，是自足的。因而要揭示最高善就要弄清楚人的活动，人的善体现在其活动的完善。[3] 从善本身来说，这也就意味着，说某物是善的首先是要引导行为，那么就不可能只是去陈述一种关于世界的事实。与之联系更为密切的另一种伦理学观点当属休谟法则：任何道德判断都不可能是纯粹事实陈述正是休谟法则的基础，即从一系列关于"是"的命题中不可能推出"应当"。[4] 但是以上这些均未清晰地予以其阐明，其要么作为论点的潜在基础，要么并未在逻辑语言结构上进行细致分析。尽管如此，但它们在基本认识上是一致的，即主张道德判断不可能是纯粹的事实陈述，而应当是一种价值判断。那么这一主张在道德语言进路中意味着什么呢？

（二）笛卡尔式推论为什么是错的？

同前文的论证方式一样，此处依然是先对不同观点进行厘清。与之前的不同在于，这里的反对意见不独是针对道德情感主义，而是包括其在内的诸多"粗陋的道德体系"，黑尔将其统称为"笛卡尔式的"。笛卡尔式的道德推论认为我们可以通过从自明的第一原理之演绎推理，达到关于经验事实问题的科学结论，就像对血液循环的推演一般。[5] 在进入黑尔的反驳之前，这里首先明确对于笛卡尔式推论的反驳并不是一件新鲜事，甚至现在已经很少有

---

〔1〕 ［英］理查德·麦尔文·黑尔：《道德语言》，万俊人译，商务印书馆2004年版，第30页。

〔2〕 ［古希腊］亚里士多德：《尼各马可伦理学》，廖申白译注，商务印书馆2004年版，第18页。

〔3〕 此处的活动专指人的特殊活动，而生命活动等为人和动植物所共有，并不在讨论之列。用亚里士多德的话来讲，是"有逻各斯部分的实践的生命，即实现活动意义的生命"。参见［古希腊］亚里士多德：《尼各马可伦理学》，廖申白译注，商务印书馆2004年版，第19~20页。

〔4〕 其他与之有直接或者间接关系的伦理观点，如康德对道德原则之"意志他律"的反对，以及摩尔在提出"自然主义谬误"时的背后理论基础。

〔5〕 转引自［英］理查德·麦尔文·黑尔：《道德语言》，万俊人译，商务印书馆2004年版，第33页。

人坚持从自明的前提中推出不为其所包含的结论。但是细致地分析后会发现，这些反对和黑尔所关注的角度是不同的。通常我们是从演绎推理本身入手，论证其具有分析的性质，演绎推理的功能是将隐含在前提中的东西明确化，故我们在谈论事物时都必须要遵守某些逻辑规则。

与此不同，基于道德语言的反驳着力点不在于演绎推论本身，而在于前提中的初始原则，主张隐含在大前提中的初始原则实际上并非不证自明的。[1] 具体而言，这一反驳是从几个不同的进路并行推进的：①假设结论必然蕴涵于前提之中，那么要充分了解前提，我们完全可以通过观察而不需要借助于演绎推理；②前提和结论的关系是一般与特殊的关系——既如此，对结论的推理就表示对结论的质疑，那么一般性的前提何以不证自明；③循环推理……在本文看来，以上虽然都能在一定程度上对笛卡尔式推论进行质疑，但最能体现道德语言理论的进路是关于"不证自明"的追问：称某一个命题是自明的，此为何意？

对此，可能存在几种可能性：①从逻辑上看，否认前提本身就是自相矛盾的，但若如此，这一推论就必然是分析性的，也就无法提供什么实质性的内容。②从心理上看，否认这种行为基本上是不可能的——但是，何为心理上的不可能，以及这种感觉不可能是一种事实，而且是偶然性的事实，其不足以作为普遍道德原则的坚实基础。③从理性上看，否认这种行为是非理性的表现。问题在于，何为理性之人？对其的说明恐怕又要回到循环式的证明之中。理性与否的评价是蕴涵着价值判断的，而这些价值词又本是应当在道德判断过程中进行的。

在对以上三种可能性进行的道德质疑中，基于对"理性"的追问而可能陷入的循环推理是最能体现道德语言理论的。进一步分析可以发现，黑尔在此主张一种严格意义上的蕴涵关系（entailment），即纯粹的事实不可能推出道德判断。对此的理解要从道德判断的功能上去着手，即道德判断的主要功能即是调节行为，故唯有命令语句才能回答"我应该做什么"的问题，描述不可能是规定的理由。

---

[1] 伦理学家对实践三段论的普遍认同可以结合法律论证理论来理解：在法律论证的"逻辑—分析"进路中，尽管在诸多方面存在争议，但其至少在核心范围内显示为三段论的结构（对此可参见［德］罗伯特·阿列克西：《法律论证理论》，舒国滢译，中国法制出版社 2002 年版，第 273~284 页），而处于讨论中心的问题多是围绕三段论在论证中处于什么地位，是否要借助于一定的逻辑演算得以重构等。

（三）新的推论规则

如此严格地坚持事实性前提和道德判断结论的不可推出，客观事实就无法作为大前提，是否意味着任何道德体系都不能再履行其调节我们行为的功能？随之而来的滑坡效应可能会让人质疑道德本身是否还是一项理性活动。此时，许多人要么主张复兴自然法理论，要么主张某种目的论的伦理学，或者同样在语言逻辑框架中主张一种较为松散的（looseness）蕴涵关系，建构评价性的道德推论。[1] 相较于对上述诸主张的梳理，明确黑尔的主张究竟是什么意思显然是更为必要的：拒绝了粗陋的"不证自明"，大前提就只剩下了价值词，那么什么样的价值词能够担此重任？此时的道德判断又是如何推出的？

第二个问题本身不难理解。在有效的实践三段论推理之中，结论中包含祈使命令，当且仅当该命令隐含在所有的前提中，每一个道德推理才是一个前后连贯的逻辑过程。[2] 而在每一个道德推理之初，即大前提的部分，必然是包含祈使命令或者同属于规范语言的价值判断。同传统的伦理学理论一样，这一推理过程面临的难题同样是：作为大前提的规范语句，其内容上的道德原则如何论证。与以往伦理学理论的不同在于，对这些道德原则的把握一是依靠对价值词的全新理解，二要依靠方法上的实践——前者涉及黑尔对价值词的解读，后者则需要探究其所使用的方法论。

三、价值语词（value-words）[3]

按照一般论证思路，接下来应该首先关注价值词的逻辑结构，然后探究方法论的问题——但在道德语言的理论中，价值词的作用不止于此：价值词

---

[1] 从逻辑形式的角度看，以前两种解决方案为代表的进路似乎是把规范性命题是否有真假性的问题与验证描述性命题（或者事实命题）的真假问题等而论之，以至于其基于自己的前提走向了道德怀疑主义，进而对道德规范的普遍有效性提出了挑战；第三种解决方案，即图尔敏坚持一种广义逻辑的立场，建构一种评价性推论，给予从事实性陈述到应然性陈述这一步骤的正当性证成，力图维护事实作为价值判断的理由。关于图尔敏与黑尔主张的分歧可参见宋旭光：《道德论证的方法论问题——图尔敏与黑尔之争》，载《法学方法论论丛》（第二卷），中国法制出版社2014年版。

[2] 对于如何作出一个道德判断的问题，黑尔依然遵从了亚里士多德的实践推理模式，将行为原则和事实陈述与大小前提相对应。这样决定我们作出判断的要素就在于对所要发生事情的结果的考虑。此处的"结果"并不是庸俗的结果主义，不是与"义务"相对应的，而是表示一种境况的变化。因而，我们需要考虑的因素就是什么样的前提能够告诉我们哪些变化的相关性大从而影响结果，即集中关注大前提。

[3] 文中反复出现"价值词"与"道德词"，这与黑尔一贯的论证方式有关：无论是对规定语句还是价值词的分析，黑尔都使用一种从非道德语境到道德语境的进路，故会有这样对应性的概念出现，另有"祈使句—价值判断—道德判断"。

并非如传统伦理学所理解的那样，以道德概念的意义，作为一个对象存在，而是有其实践面向的。这一独特性在道德原则（moral principles）的建立上得以显示，故有必要先揭示出其与道德原则之间的内在联系，以此为基础，才能更好地理解价值词的独特性；同时，道德原则的建立问题是道德推理的关键性难题，这一问题的解决将有助于探究黑尔所持的方法论立场。

（一）实践中的道德原则

正如前一部分所指出的，尽管道德语言理论摒弃了纯粹的事实陈述作为大前提，但并未放弃对一个稳固前提的追求。对这一前提的分析起点始于生活中的行为实践，这里以驾驶为例，讨论什么样的司机是好司机？一方面，好司机能够以已经成为其习惯的那些原则非常准确地支配其行动，这样在通常情况下，他不需要去想怎么做的问题；另一方面，当面对千变万化的马路情况时，一个好的司机还要时刻留意其开车习惯是否需要加以改进，不停学习。这样一个好司机的形象是为我们所倡导的，与此相对应的是另外一种形象，而这种形象却不太为人们鼓励。生活中，很多人做一个行为可能是知其所为，甚至知其所以然，却讲不出是怎么获得的，甚至讲不出为什么这样做——但实际上，二者在本质上是一样的。讲不出所以然的后者，并不意味着其依靠的是神秘的直觉或者偶尔的运气，而是因为其遵守的是一种原则，这种原则不是通过灌输和言传，而是通过实践手段和点滴积累。当这种原则和我们日常的道德判断相互联系以后，其呈现出来的就是一种"原则决定"（decisions of principles）。

当然，以日常中的行为实践所推导出的上述结论也许是不可靠的，其中很大的质疑可能就在于：驾驶原则本身和行为原则是不同的，后者涉及价值判断。相较于一般的行为原则，涉及道德的行为原则多少会更重要一些，道德分歧也会对我们的生活产生更为深刻的影响，因而应当遵从不一样的逻辑。[1]

---

〔1〕 应当说，针对上述从一般的语境过渡到道德语境的质疑不止一处：无论是在由祈使句推出道德判断的逻辑结构，还是在亚氏三段论中，作为大前提的祈使句到道德语句之间的形式跳跃，抑或是下面将要提及的对价值词的逻辑分析，都会面临这样一种质疑。尽管看起来都是从一般语境到道德语境的过渡，但由于针对的对象不同，如此过渡的原因也不同。首先，针对道德语句逻辑结构的过渡，前已述及，基础在于祈使句和道德语句都为行为人所为何提供说明或者吩咐，即使前者不需要理由，但二者在语气上是一致的，因而能够做指陈与首肯之区分。其次，针对亚氏三段论的推理，道德原则作为大前提的特殊性仅仅在于对大前提进行限定，这也恰恰是道德推理所要解决的关键问题，因而本部分的"道德原则"才显得尤为重要。至于一般价值词如"善"到过渡至道德价值词如"道德善"的原因，将在结合价值词的内在构成中予以说明。

对此，需要结合道德语言理论在此处所采用的方法论：不追求原则本身的指向和意义，不去探究这些原则究竟是什么，而是直接把握其用法，在行为中规定之。具体来说，就要分析驾驶规则的获得：要么是先了解基本的驾驶原理和目的等，然后教授基本的驾驶规则；要么是先从基本的驾驶规则开始，慢慢教授目的和原理。但不论何种方式，都是针对驾驶员本人的实际状况，都是以假言祈使句的命令形式。与此不同，我们在生活中所遵循的行为准则却是多从经验法则中获取的。当了解了越来越多的经验法则，当面对越来越复杂的现实情况后，就需要对这些经验法则进行反思——但反思的原因不是为了该法则本身，而是更好地去行为，去生活，问题实际就变成了：如何证明一个道德判断的作出是正当的？

（二）道德原则的形成

再次提出这个问题，并不意味着我们又退回到问题的开始，而是有了一个新的起点：不去执着于支撑道德判断的唯一真理的道德原则是什么，而是在实践中把握影响道德判断的因素。对此问题的妥善回答，不能仅仅局限于道德语言理论，而是要通盘考虑其后面的道德论证中的分析。[1] 但本文一以贯之的关注点在道德语言本身，在此框架下，道德原则的问题就集中在：如何使得在某些情况下做什么成为一个普遍的原则？

对上述问题的回答有两个进路：一是面向实践，以观察的视角来看原则的形成和演化；二是从细微着手，分析原则的逻辑构成。

首先，我们必须要作出自己的原则决定。表面看来，这仍然不是一个新鲜的主张，康德早在强调人的意志自律时就已经表达过此主张，但黑尔的不同之处在于，自我决定是一个渐进且不断稳固的过程，这直接关系到道德原则的确立。何以如此？此处可以借用两个不同身份的行为者来展现这一过程。其中一个是非道德领域的科学家：科学家必须依赖于自己的观察；我们普通人在学习做实验时，如果出错，倾向于怀疑自己，并进而发现自己的实验错误，故而科学不是我们的职业，而是科学家的职业。与此相对应的是我们每个人的道德原则是如何形成的：通常我们小时候接受基本的道德教育，或者别人告诉我们，或者自己去做，我们一般会听从那些给我们提供的后来慢慢

---

〔1〕 黑尔在 *Freedom and Reason* 一书中明确地提出并论证了进行道德推理的"规定性"与"可普遍化"原则，并在后期构建出进行道德论证的两个层次。而这属于另一个问题，与本文所探究的道德语言理论本身并无直接性关系。

明白是好的的忠告。两种情形对比之下可以看到，科学家不会去重复书本上已有的全部东西，而是将其作为理所当然的，并执着于他自己的特殊研究；道德行动者也是如此，接受好的忠告，并结合自己情况具体采用，使之不时地适合于自己的情况。

（三）道德原则的"学与教"

道德原则如此形成，也开启了道德教育的可能性：道德原则是可以被教授的，通过道德教育，可以形成相对稳定的客观道德力量。此时不妨回顾一下亚氏伦理学中论"善"之获得：亚里士多德认为，所有未丧失接近德性的能力的人都能够通过某种学习或者努力获得幸福。[1]

但是以这种方式获得"善"还需要两点特别说明。一是从人的主观上来看：人有资质之分，良好的品质和明智的能力始终是一个现实问题，取得某种教育并不一定会获得这种能力。但亚氏主张明智即实践智慧的核心存在于每个人的实践活动之中，在"理智"上对"中道"的选取，故仍然有正确的理性和"真"之如何寻求的问题。二是从客观，即道德原则本身来看：教什么？这与前文提及的驾驶技术的学习有相似之处，但又更进一步，这里可以以两种极端呈现：只接受原则教育的，在行为之时会表现为直觉主义；只接受具体的规则教育，适用于具体的情景则缺乏可以反复适用的规定性，在行为之时往往表现为机会主义。[2]

这样一种两端化的模式在伦理学的论证中并不罕见，在传统学者对两种观点进行或哲学上的解释，或结果上的衡量时，黑尔是如此解决的：

> 要在道德上臻于成熟，也就是通过学习去做原则决定，使两种表面上相互冲突的观点达到和谐一致，亦即学习运用"应当"语句，认识到这些语句只有通过诉诸一种标准或者一组原则，才能得到证实，而我们正是通过我们自己的决定接受这种标准或这些原则，并创造属于我们自

---

〔1〕　但并不是说要"看到最后"，并不是意味着人只有到最后才能获得善——倘若如此，一个人只有到死后才能获得真正的幸福，这样既荒谬又无意义。而是说一个人只有死去才最终不再遭受恶或者不幸，因而可以可靠地说是至福之人。对此的论述详见〔古希腊〕亚里士多德：《尼各马可伦理学》，廖申白译注，商务印书馆 2004 年版，第 25~29 页。

〔2〕　这里的"规则—原则"仅是在不严格意义上所说，与法哲学意义上较为严格的区别不同。

己的标准和原则的。这就是我们这一代人正在如此痛苦地努力去做的事情。[1]

在这里，可以很清楚地看到，道德语言理论框架下道德原则决定的作出，甚至道德原则的建立，开始与价值词联系起来。

（四）价值词的内在构成逻辑

依照道德语言理论的论证方式，对"价值词"的追问不去诉诸哲学解释，而是试图在实践中去发现：当我们在表达一个价值词时，这意味着什么？如黑尔一贯的论证进路，这里首先在非道德语境中展开，并对之前伦理学的观点进行分析。

以"善（好的）"为例，当我们说"A 是好草莓"时意味着什么？自然主义者认为这里存在使得草莓为好的特征，并着力予以探查，得到诸如"甜蜜、硕大、多汁"的特点。摩尔认为这会犯下自然主义谬误：即选择形而上学或者超越感觉的特征来定义善，试图从事实陈述中推导价值判断，而忽略了价值判断中的规定因素或赞许因素。

黑尔对自然主义谬误的立场是赞同的，但在论证说理的部分有所不同，而是依托于其语言逻辑立场：A 是一种好草莓；A 的特点是 B：甜蜜、硕大、多汁。若依自然主义者的主张，"A 是好草莓"的意思等同于"A 是好草莓，并且 A 是 B"。那么，当我们想说"某种草莓之所以是好草莓是因为它甜蜜、硕大、多汁"时，提出的定义使得我们说成：某种草莓是甜蜜、硕大、多汁的，是因为它是甜蜜、硕大、多汁的。如此，便使得我们"无法说出某种我们在日常谈话中能有意义地谈论的事情"。

对此批评，自然主义做出了修正，他们认为，当我们提出一个定义的时候，我们不是说定义项和被定义项的含义完全一样，而是说两者指称相同的对象。例如，我们常常说"水是 H_2O"。显然，这两个语词的含义是不同的，但是它们所指称的东西是相同的，都指向一种具有无色无味、可饮用等一系列性质的东西。类似的观点可以用在对"善"的分析上。普特南认为，当把"善"定义为某一种特定的"N"时（正如此处的 A 是好草莓，并且 A 是 B），并不是说二者的含义相同，而是在这种情形下，二者指称的性质相同。这一

---

[1] [英] 理查德·麦尔文·黑尔：《道德语言》，万俊人译，商务印书馆 2004 年版，第 76、188 页。

自然主义的定义并不意味着其拒绝对"善"的开放性。[1]

应当说，这一回应是有一定力度的——但主要是针对摩尔的批评而言。因为摩尔反对自然主义的主要根据就是其"开放—问题的论述"[2]，但这对黑尔的反对并不切要害。因为黑尔强调的不是词语的多义和指向问题，而是含有"善"这些价值词语句的功能问题。前已提及，自然主义对"善"的定义使得我们"无法说出某种我们在日常谈话中能有意义地谈论的事情"——那么，我们借助含有价值词的语句想要如何有意义地谈论事情？

（五）价值词的赞许（commending）功能

使用"善"这个语词对于我们意味着什么？在黑尔这里可以肯定一点，即当我们说"善"（好的）时，往往是在表达一种价值判断：我们在评价什么，或者称赞什么，等等。换言之，这里的"赞许"和自然主义作为定义的语言活动不是一回事，"善"在多数情况下并不意味着事实描述。如上面的例子所揭示的，如果我们说"A 是好草莓，并且 A 是 B"，这样将无法表达对 B 的赞许，而变成无意义的重复。

毫无疑问，"善"这个词必然有描述事实以外的功能，而"赞许"就是在评价意义这个层面上的。赞许功能的本义是要引导人们的选择，即我们自己或他人的、现在或者将来的各种选择——这就意味着价值判断和行动联系了起来：以赞许的方式指引人们的选择，进而规范人们的行为。

应当说，作为一种反驳理论，"赞许"功能是充分的[3]：以自然特征定义来说明何为"善"忽略了其本应发挥的其他功能，如赞许，而这恰恰是联系价值判断和行为的关键。但作为一种建构理论，即说明"善"的意义，黑尔的理由充分吗？塞尔（J. R. Searle）对此提出了质疑，并将其称为"言语行为的谬误"（speech act fallacy）。[4] 比如还存在一些关于"善"的用法是被黑尔所忽视的，在"这通常是好的""我不知道这是不是好的"等语句中，

---

[1] ［美］希拉里·普特南：《理性、真理与历史》，童世骏、李光程译，上海译文出版社 1997 年版，第 218~219 页。

[2] 对此批评详见［德］罗伯特·阿列克西：《法律论证理论》，舒国滢译，中国法制出版社 2002 年版，第 42~43 页。

[3] "善"不能用于赞许的特征来定义并不意味着在被称为"善行"特征与"善"之间不存在任何关系，而只是意味着这种关系不是一种蕴含关系。

[4] J. R. Searle：*Speech Acts*. 转引自［德］罗伯特·阿列克西：《法律论证理论》，舒国滢译，中国法制出版社 2002 年版，第 77 页。

赞许功能是无从推出的。

这一质疑已经不仅仅是关于"赞许"或者"善"本身是什么，双方的争议实质上是这样一个更为基本的问题：我们是否能够以"X 是如何被使用的"来确定"X 的意义是什么"？

这一争议并不罕见。把语言视为工具的质疑也是早已有之，最初级的反省就足以对此产生疑虑，这在维特根斯坦那里呈现为关于"意义"和"使用"的关系问题，简言之，维特根斯坦主张"意义即使用"。[1] 但若是仅仅将其理解为口号，理解为只要把意义都改写为使用就能解决语言意义的问题，那就太过草率和轻易了。一方面，"使用"本身不是一个清晰的概念，所指十分宽泛，而语言结构却是力求稳定；另一方面，维特根斯坦也并非简单地将语言视为工具，而倾向于一条"初级反省的思路引导"，把语言视作现实的反映。

对此质疑，黑尔积极予以回应[2]，曾出现两种批评：一种批评主张语言用力和意义完全不同，另一种则认为二者在一定程度上有联系。黑尔着力回应了前一种批评。他以"承诺"（promise）为例，指出当一个人说"我承诺"时，对其的完整解释需要指出其语气、时态等，因为"Do you promise…"和"Are you promising…"显然是不同的，承诺的原因不能直接等同于作出承诺这一行为。而"善"作为意涵价值判断的语词，在言语行为中的表现更为复杂：即便我们能确定在说出这个词语时的那些不同于事实断言的语气（mood）或者意向，但是意向具体是什么却是一个更为复杂的问题。同时，从"善"本身来看，其功能的归类也不是可以穷尽的。

可见，黑尔接受了一部分批评，承认价值词的功能是难以列举的，也正因为如此，反而支持了其在面向实践这一方法的坚持，继续将意义纳入到言语行为之中进行考察。但是应当看到，意义本身是属于本体论上的认知，虽然面向实践的言语行为确实能解决具体的问题，并且能作出一些更为精确的区分（比如上述关于承诺的分析），但在给出本体的意义说明上，似乎不那么令人信服。

黑尔自始至终并没有要给出所谓的本体意义说明，而始终都是致力于建

---

[1]　陈嘉映：《语言哲学》，北京大学出版社 2003 年版，第 185~191 页。

[2]　R. M. Hare, Meaning and Speech Acts, *The Philosophical Review*, Vol. 79, No. 1（Jan. , 1970），pp. 3~24.

立和完善道德论证，这在其后的著作和努力中或许可以窥得一二。因而其在方法上可能更倾向于"跨出经院式的分析伦理学的栅栏，去感受和正视书斋外活生生的'现实世界'"[1]，相较于道德结论，他更关注道德争论。

即便如此，也不能豁免对道德原则的充分说明。道德论证的形式是从一个道德大前提和一个事实小前提，过渡至一个道德结论。在推理过程中，显然不能将推理无限制地进行下去，而必须将其终结在某一个行为原则上，而这一行为原则又是无法进一步加以论证的。如此，黑尔认为，通过"选择"（choosing）使自己为之承担责任。质言之，判断者所采纳的规定，最终只能依凭判断者自己所任意采用的原则，这样，黑尔是不是也遇到了"终极原则"的难题？他认为判断不可能依照论证，而只能诉诸选择，选择便成为道德价值判断行为的最高权威，这样，道德主体通过讲出他自己所规定的"法则"而成为"立法者"——此时的"选择"和"情感"又有何不同呢？

本文在说明论证初衷时就已明确，出于对论证规则的怀疑而迅速转向本体意义的说明也许是太匆忙，因而有必要在具体问题上面向实践，优先进行基本的逻辑分析，澄清问题本身。黑尔在面对基本的道德基础问题（道德判断、道德原则、价值词等）时，方法论上几乎都是由非道德领域进入道德领域，由批判传统观点到建构新规则，并坚持清晰的逻辑分析，始终保持对实践的面向，因而其规定语言的逻辑分析和推论规则的建立都极具建设性和说服力。但诚如上一部分所揭示的，致力于解决道德争论但不作出道德结论，道德语言分析的理论似乎又陷入了危机之中：相互冲突的道德争论持续不断，在此情形下，很难得出一个明确的结论，而道德分歧也不会得到一个真正合理的解决。

当然，以上评价仅针对方法本身而言，就黑尔自身的理论来说，这样的评价也许是为时尚早的。一方面，其在随后的《自由与理性》中也说明道德哲学的功能"在于阐明我们表达道德想法的语言逻辑结构，进而帮助我们更好地理解道德问题"；[2] 另一方面，黑尔在后期的努力中更加致力于对论证规则的建构，并重视对结果的考量，转向新功利主义，以道德语言理论为基础建构起规范主义伦理学，而对这一问题的探究则属另一个问题。

---

〔1〕　万俊人：《现代西方伦理学史》（上卷），中国人民大学 2011 年版，第 400 页。

〔2〕　See, R. M. Hare, *Freedom and Reason*, Oxford: Clarendon Press, 1963, p. 1.

论证型式：司法人工智能的希冀

朱赫夫 *

摘　要：司法人工智能是由人工智能进行法律推理和裁判的技术。此研究在我国起步较晚，在理论界受到了一定的抵制，但在实践中却被寄予了很高的期望。现阶段司法人工智能还不现实，法律规定仍不够细致与完备，语言识别还不可行，人工智能也无法合理地匹配法律规范。现有三条进路：完全自主学习、限定干预学习和个案实践学习。前两者不合法律的规律，故应采取个案实践学习的进路。近年来，西方关于法学和人工智能的研究也出现了实践转向，论证型式因为贴合法律本质，又易于人工智能学习，成为重要的新进路。我国现阶段也可以对论证型式进行研究，尤其是庭审论辩中的论证型式。笔者尝试建构了四种司法论证型式：一般型式、质证型式、事实推理型式和法律适用型式。

关键词：司法人工智能　自动推理　法律论辩　论证型式

人工智能与司法的联姻是近年来学界之兴趣所在。我们身处在一个各方面都蓬勃发展的年代，一方面是人

*　朱赫夫，中国政法大学法学院 2019 级博士研究生（100088）。

工智能的"奇点"不断逼近；另一方面是法典化运动结成硕果。将两项激动人心的时代要素联结到一起，这是自然而然的想法。在浪漫畅想之余，不应只停留在描绘蓝图的阶段，还是有值得严肃探讨的问题：《中华人民共和国民法典》（以下简称《民法典》）公布后，对司法人工智能是否有益？在当今的科技水平下是否可行？若有不足，那么现阶段我们能做什么？

一、冷与热：司法人工智能在中国

（一）司法人工智能的肇始

首先应当区分两个容易混淆的概念："人工智能与法律"和"法律人工智能"。人工智能与法律（Artificial Intelligence and law）是一个学科概念，泛指研究法律中人工智能问题的学问，新兴于 20 世纪 90 年代，是计算科学与法学的交叉学科，有同名旗舰刊物《人工智能与法律》；而法律人工智能（Legal Artificial Intelligence）是一项技术概念，指各种处理法律问题的人工智能技术。法律人工智能是人工智能与法律下辖的一个研究分支，两者之关系可类比于民法与法学。法律人工智能的应用领域很宽，包括立法、执法、司法、法律服务等方面。其中最重要、最著名的是"司法人工智能"（Judicial Artificial Intelligence），即由人工智能进行法律推理和裁判的技术，俗称"人工智能法官"。

法律界正式开始关注司法人工智能，起源于 1970 年布坎南（B. Buchanan）和亨德里克（T. Headrick）发表的《关于人工智能与法律推理的思考》。文中首次探讨了人工智能作为法官的可能性。[1] 1977 年麦卡锡（T. McCathy）设计了人类历史上第一个自动法律系统 TAXMAN。[2] 随后学者们开创了人工智能与法律（artificial intelligence and law）这一领域，1987 年召开了第一届"国际人工智能与法律大会（ICAIL）"，迄今已召开了 29 届。人工智能与法律领域虽然有很多议题，比如人工智能的人格、权责等，但是"自动法律推理"一直享有重要地位。[3] 此方向的开创者是梅德曼（Meldman）和加德纳（Gardner）。理士兰（Rissland）和阿什莉（Ashley）构建了第一个自动推理系统"海珀（HYPO）"。在其基础上理士兰和斯卡拉克（Skalak）开发了"卡

---

〔1〕 See B. G. Buchanan & T. E. Headrick, *Some Speculation about Artificial Intelligence and Legal Reasoning*, 23 Stanford Law Review (1970).

〔2〕 See L. Thorne McCarty, *Reflections on TAXMAN: An Experiment in Artificial Intelligence and Legal Reasoning*, 5 Harvard Law Review, 837-893 (1977).

〔3〕 参见郑戈：《人工智能与法律的未来》，载《探索与争鸣》2017 年第 10 期，第 78~84 页。

巴莱特系统（CABARET）"。[1] 此领域现已有丰富的理论与实践成果，涌现出了一大批世界知名学者，如戈登（Gordon）、帕肯（Prakken）、萨托尔（Sator）、维赫雅（Verheij）等。

（二）冷：理论界的抵制

尽管"司法人工智能"这一论题在西方已蔚为大观，但国内的研究起步较晚。真正引起国人学术兴趣的是 2016 年 AlphaGo 横空出世，之后国内关于司法人工智能的讨论突然繁荣。[2] 司法人工智能的讨论可以划分为实然与应然两块。应然是理论界探讨"应不应发展司法人工智能"；实然是实务界关心"怎么发展司法人工智能"。

司法人工智能在国内理论界受到了一定的抵制。除少数"变革派"学者支持外，大部分法学家都属于"谨慎派"，认为司法人工智能的前景并不乐观。[3] 主要理由与西方知识界相似：其一，司法系人民主权之产物，不得为非公民（非人类）所掌控，技术黑箱可能带来伦理问题；[4] 其二，司法系复杂之权衡艺术，AI 难探幽微人心，终究只能学得皮毛；其三，司法在于定纷止争，事关人与人的沟通，这是 AI 无法替代的。[5]

（三）热：实务界的期望

司法人工智能在实务界却获得了非常高的期望，甚至可能有点急迫。西方对司法人工智能的研究存在伦理枷锁，技术先进而实践受限；我国则是实践追捧，而技术水平尚为不足。[6]

司法实务部门有客观需要。一是法院"诉讼爆炸"。现在一线城市的法官一年判案数可达到数百件。基层法院不堪讼累，此时司法人工智能似乎成了

---

〔1〕 参见 ［荷］亨利·帕肯：《建模法律论证的逻辑工具——法律可废止推理研究》，熊明辉译，中国政法大学出版社 2015 年版，第 2 页。

〔2〕 相关讨论参见贾章范：《司法人工智能的话语冲突、化解路径与规范适用》，载《科技与法律》2019 年第 6 期，第 59~67 页。

〔3〕 参见马长山：《AI 法律、法律 AI 及"第三道路"》，载《浙江社会科学》2019 年第 12 期，第 5 页。

〔4〕 参见 ［美］卢克·多梅尔：《算法时代：新经济的新引擎》，胡小锐等译，中信出版社 2016 年版，第 213 页。

〔5〕 参见季卫东：《人工智能时代的司法权之变》，载《东方法学》2018 年第 1 期，第 131 页。

〔6〕 参见左卫民：《热与冷：中国法律人工智能的再思考》，载《环球法律评论》2019 年第 2 期，第 53~64 页。

一条破解之道。[1] 二是法律人也排斥劳动异化。最高人民法院、最高人民检察院的司法解释、各部委的规章办法，总量令人生畏，任何一个法律人也不能全部掌握。这导致法律实务中，查阅、整理、搜集、文书等的机械工作占用了法律人的大量时间。对于劳动异化之抵触，也是催生司法人工智能的动力。[2] 三是人工智能也许能更好地维护公平正义。克服人性之私与恶是永恒的难题，我国文化支持"圣人独断"。因而在未来，人工智能进行审判或者监督司法可能会成为常态。[3]

国家层面予以最高优先重视。国务院印发的《新一代人工智能发展规划》中指出："建设集审判、人员、数据应用、司法公开和动态监控于一体的智慧法庭数据平台，促进人工智能在证据收集、案例分析、法律文件阅读与分析中的应用，实现法院审判体系和审判能力智能化。"随后最高人民法院、最高人民检察院都提出了各自的"智慧方案"，最高人民法院提出"智慧法院"，最高人民检察院则深化"智慧检务"。

各地实践如火如荼。在东部地区，法院已经形成了智慧审判、智慧执行、智慧服务、智慧管理的"四智格局"。[4] 庭审阶段基本上已实现了记录电子化，"科大讯飞"开发的语音识别能达到一般书记员的水平。裁判环节出现了类案推荐、偏差预警、摘要提取、自动生成判决等技术。[5] 比如最高人民法院的"类案推送系统"、上海市第二中级人民法院推出的"C2J 法官智能辅助办案系统"，浙江省高级人民法院的"人民法院信息管理系统"，江苏省高级人民法院的"江苏法务云"，北京市高级人民法院的"睿法官"。[6] 那么，司法人工智能是否已经在地平线上了？

---

〔1〕 参见程金华：《人工智能与法院大转型》，载《上海交通大学学报（哲学社会科学版）》2019年第 6 期，第 33~48 页。

〔2〕 参见季若望：《法律的再生：人工智能时代的凤凰涅槃》，载《上海对外经贸大学学报》2020年第 4 期，第 119~121 页。

〔3〕 参见潘庸鲁：《人工智能介入司法领域的价值与定位》，载《探索与争鸣》2017 年第 10 期，第 101~106 页。

〔4〕 参见袁春杰等：《人工智能技术在智慧法院建设中的应用》，载《人工智能》2020 年第 4 期，第 56~65 页。

〔5〕 参见帅奕男：《人工智能辅助司法裁判的现实可能与必要限度》，载《山东大学学报（哲学社会科学版）》2020 年第 4 期，第 101~110 页。

〔6〕 参见徐骏：《智慧法院的法理审思》，载《法学》2017 年第 3 期，第 55 页。

二、"电子赫拉克勒斯"来了吗？

德沃金将完美法官称为"赫拉克勒斯"，那么司法人工智能就是"电子赫拉克勒斯"，它来了吗？很遗憾，司法人工智能在现阶段还不是一个现实问题。迄今声称成功者，要么是偶然的，要么适用条件苛刻。根据人工智能的技术定义：人工智能要能自主完成学习、判断、决策等人类行为。[1] 以此观之，现阶段之"司法人工智能"大多只是噱头。

人工智能可分类为弱人工智能、强人工智能和超人工智能（完全人工智能）。[2] 司法人工智能是否能达到弱人工智能呢？司法人工智能的关键在于自动推理（automatic reasoning），推理有四种：演绎（deduce）、归纳（induce）、类比（analogy）和溯因（abduction）。其中演绎推理最为简单，因为具有封闭性与必然性。那么司法人工智能能否做到演绎推理？我国各地的审判辅助软件和智能司法系统，以演绎推理为主，类比推理为辅，处理一些民事关系较为简单、事实清楚的案件。[14] 要使司法人工智能通过演绎法实现自动推理，至少（且不限于）要满足以下条件：法律规定足够细致和完备；人工智能能够准确识别语言；人工智能能够合理地匹配法律规范。

（一）法律规定仍不够细致与完备

《民法典》的公布，毫无疑问离司法人工智能更近了一步，但和能作为人工智能使用的细致完备的需求仍有距离。

条文数量可以作为衡量法律完备的指标，《法国民法典》有 2281 条，《德国民法典》有 2385 条，即便是德法两国，靠 2000 多条的民法典仍不足以应付法律实践，还会配套以汗牛充栋的"法典评注"（Kommentar），如著名的《施陶丁格（Staudinger）民法典评注》共有 44 卷之巨。[3] 德法之法律规定尚不足以支撑其司法人工智能化，即便竭尽立法者之心智，也会有法律漏洞，总会有法律没有予以规定的案件。[4] 若允许司法人工智能进行法律续造，且

〔1〕 参见杨正洪、郭良越、刘玮：《人工智能与大数据技术导论》，清华大学出版社 2019 年版，第 1~2 页。

〔2〕 参见李开复、王咏刚：《人工智能》，文化发展出版社 2017 年版，第 26~37 页。

〔3〕 参见贺剑：《法教义学的巅峰——德国法律评注文化及其中国前景考察》，载《中外法学》2017 年第 2 期，第 381 页。

〔4〕 参见［奥］恩斯特·A. 克莱默：《法律方法论》，周万里译，法律出版社 2019 年版，第 153~156 页。

不说合法性问题，在技术上就超出了现有之技术水平。[1]

（二）法律语言识别还不可行

当代人工智能在识别自然语言上已经有了一些进展，已能识别一些相对复杂的自然语言。但是要对法律语言的识别，还显不足。

法律语言的识别进路与自然语言不同。自然语言的识别，关键在于谓词（predicate）。通过识别谓词可以把握句子的结构，就能解析句子的主要信息元，现阶段的语言识别技术都集中于此。[2] 但对于法律文本而言作用有限，因为法规的关键信息在于概念，而谓词所含信息量较少，不足以把握法律语句的核心意思。

法律语言是裁剪性的。司法分为法的发现（discovery of law）与法的证成（justification of law）。前者是推理出结果的过程，后者将结果进行充分说明。真正有经验的法官，都是在衡量是非之后，谨慎地"裁剪"事实，而得出法律语句组合。[3] 通过对司法裁判书的自动学习，无法还原司法推理（发现）之过程。

（三）人工智能无法合理匹配法律规范

如果上述两个条件都不能满足，那么合理匹配法律规范就是更加遥远的事情了。

司法人工智能的多解冲突是最大问题。立法过程中往往会设想规范对应的特定场景，然而实务案件可能并不如立法者想象得那样分明。因而很多案件会出现交叉特征，导致分类冲突，案件可以归摄到不同之法条下，且都是正确的。[4] 问题在于法律结果是不同的，这就意味着在系统输入单一信息，却会输出多解。即便可以设定冲突规则，但也面对同等效力位阶的多解。[5]

司法人工智能也难以处理价值与利益。法律是承载价值与利益的，有的在原则中出现，但更多是非文字的，存在于社会观念中。现行的"人工智能

---

〔1〕 参见王烁：《论人工智能深度介入司法的态度、途径和阶段——以轻微刑事案件为契机的分析》，载《科技与法律》2020 年第 3 期，第 65 页。

〔2〕 参见邱德钧：《人工智能中一阶逻辑的现代表达方法》，载《兰州大学学报（社会科学版）》2016 年第 6 期，第 354~357 页。

〔3〕 参见方乐：《能动司法的模式与方法》，载《法学》2011 年第 1 期，第 30~39 页。

〔4〕 参见雷磊：《法律规范冲突的逻辑性质》，载《法律科学（西北政法大学学报）》2016 年第 6 期，第 3~18 页。

〔5〕 See Leenes R. & Lucivero F., *Laws on Robots, Laws by Robots, Laws in Robots: Regulating Robot Behaviour by Design*, 6 Law, Innovation and Technology, pp. 193-220 (2014).

法官"之预测，建立在指定信息库之上，但关于社会价值之考量还完全做不到。[1] 若人工智能设定特殊的算法，凌驾于一般规则算法之上，就可能会造成两种算法的混乱和规则的架空。[2]

而且司法人工智能所运用的"涵摄模式"本身就受到了挑战。与"涵摄模式"针锋相对的是"等置模式"，即司法审判并非只是将案件事实涵摄入法条之下如此简单，而是在"事实与规范之间眼光流转"，事实的定性与规范的选取是相互扰动的。在法律实践中，判决是通过反复权衡达致的，还需要进行详尽说理，也无怪于有人认为法律是"艺术"。[3] 现阶段人工智能也许能做到人类的封闭性的技术，但对于开放性创造还捉襟见肘。

三、三条进路：司法自动推理如何可行

现阶段与其纠结于司法人工智能会怎么样？该怎么样？不如务实一些，讨论在现今之技术条件下，我们能做哪些工作？目前司法人工智能的主要工作集中于司法自动推理，有三条进路：完全自主学习、限定干预学习和个案实践学习。

（一）完全自主学习

完全自主学习又称法律自动推理机（legal autonomous reasoning machine）。这是司法人工智能的完全形态，所有法律问题只需通过一个系统或就可解决。这要求自动推理机独自完成全部工作，如解读原始资料、选定参考类别，证成结果等功能。[4] 这种方法的优点自不必说，毕其功于一役，彻底解决全部问题。这样官员只需要进行最低限度的训练便可使用，大幅度提高司法效率，即使边远地区也能享受到现代的公正司法；缺点是，制作这样一个机器或系统几乎是不可能的，远超现在技术的能力。制作这样一个自动推理机，所投入的人力与物力也是天文数字。现实问题之外，还有封闭逻辑系统的噩梦——哥德尔定理（Gödel's Completeness Theorem），宣判了自动推理机的死刑。

（二）限定干预学习

限定干预学习（constraint autonomous learning）需要人为选定数据库与设

---

〔1〕 参见白建军：《法律大数据时代裁判预测的可能与限度》，载《探索与争鸣》2017 年第 10 期，第 95~100 页。

〔2〕 参见季卫东：《人工智能时代的法律议论》，载《法学研究》2019 年第 6 期，第 32~49 页。

〔3〕 参见郑永流：《法律判断形成的模式》，载《法学研究》2004 年第 1 期，第 140~149 页。

〔4〕 参见郑戈：《算法的法律与法律的算法》，载《中国法律评论》2018 年第 2 期，第 66~85 页。

定标准，在个别情况下还需要对算法进行修改。人工智能需要在人为设定的界限与框架内进行学习，通过一定量的训练，从而逐渐接近人工处理的准确率。在很多领域中都使用限定干预学习，比如医疗、社会管理等，Alphago 也是限定干预学习。[1] 优点是：相对完全自主学习而言，需求的资源要更少。理论上只要学习量提高，AI 可以无限制地逼近人类法官；缺点也很明显："过拟合"（overfitting）现象，在样本不足或偏差的情况下，很容易出现"垃圾进，垃圾出（garbage in，garbage out）"现象，瑕疵样本生产出无用数据。还有法律是"开放文本"（open-texture），不是限定的，这直接推翻了限定干预学习的预设前提。[2]

（三）个案实践学习

个案实践学习是通过实践案件进行学习，而逐渐接近人类法官的判决。前两者都采取外在视角观察法律，将判决书和数据库检索视为法的本质。这是当代科学主义的傲慢与偏见，即便是研究法律这种悠久与复杂的学科，也不关心其自身的特质，依然秉持外观主义。传统方法都是基于弗雷格的数理逻辑（形式逻辑）之上的，然而数理逻辑只具有"保真性（truth-preservation）"，即前提为真，结论必为真。这是否能适用于法律是存在问题的，因为案件事实也许有真伪，但是法律结果（司法判决）不具有真伪性。对于判决而言，更重要的是合法性与可接受性。这两个性质的传递被称为"保权性（entitlement-preservation）"，这意味着需要数理逻辑之外的逻辑工具，才能适用于司法人工智能。

法律本身系实践之产物，自然也要回归到实践中才能认识到法律之特质。这是尊重科学态度，也才有可能达成目标。当然实践非常复杂，需要法学家清理出"道路"，为司法人工智能提供一个适宜学习的"窗口"。这个"窗口"应最接近法律本质，同时又能降低人工智能的学习难度。

四、实践转向——论证型式

近年来，西方司法人工智能的研究也出现了实践转向，论证型式（argumentation scheme）因为贴合法律本质，又易于人工智能学习，成为重要的新

---

〔1〕 参见何清等：《大数据下的机器学习算法综述》，载《模式识别与人工智能》2014 年第 4 期，第 327~336 页。

〔2〕 参见徐娟、杜家明：《智慧司法实施的风险及其法律规制》，载《河北法学》2020 年第 8 期，第 188~200 页。

进路。论证型式又称论辩方案，它不同于逻辑学按照形式分类，而是依据论证的实质内容进行分类。论证型式是由不同论辩在某一原则作为共同项而形成的集合，并附带了一系列必须回答的关键问题（critical question），以评估在特定案件中的应用是可以被允许的。[1] 针对关键问题的回答，是检验论证是否能成立的关键。[2]

论证型式符合真实的法律，节省资源，又不会遭遇技术黑箱与赛博极权的质疑。首先，论证型式最为贴合法律，符合法庭的真实过程。在实践中，法官的时间和精力都是有限的。为了效率起见，法官往往会归纳"争点"，使得双方集中于讨论几个关键问题，而双方对于这几个问题的回答才是影响案件胜负之要目。其次，论证型式最节省资源。法官是考量到法律中的要件规定，结合案情而总结出关键问题。[3] 既然司法中是通过此种方法可以降低工作量，那么人工智能同样可以通过这种方法节省算力，开发难度也会大大降低。法官实践使用论证型式，人工智能通过论证型式来进入实践。多余的内容不需要再耗费资源分析，而只有合乎关键问题的内容才被采纳。从原先机器进行检索和挖掘，转由机器学习评价。最后，论证型式可减少合法性的阻力。论证型式从人的思维结构和文化背景中来，这意味着法官和普通人都能进行核验。[4] 对于关键问题之回答是当事人自主的，人工智能并不会越俎代庖。

（一）法学的实践转向

法律的本位在法庭，庭审之灵魂在论辩。司法的本质是"判断权"，由法官裁断双方论辩孰为合理。古希腊时期，法学还未形成，法庭论辩已然发达了，因此产生了修辞学。[5] 修辞学要求演讲者掌握道德性（ethos）、情感性（pathos）和逻辑性（logos），这些组合形成的固定模式，被亚里士多德称为

---

[1] See Henry Prakken, *AI & law*, *Logic and Argument schemes*, 19 Argumention, pp. 303 - 320 (2005).

[2] See G. C. Goddu. *Walton on Argument Structure*, 1 Informal Logic, pp. 5-25 (2007).

[3] 参见纪格非：《"争点"法律效力的西方样本与中国路径》，载《中国法学》2013年第3期，第109~120页。

[4] See Henry Prakken, *On the nature of Argument Schemes*, in Dialectics, Dialogue and Argumentation: An Examination of Douglas Walton's Theories of Reasoning and Argument, pp. 167-185 (C. A Reed and C. Tingdale eds., College Publications 2010).

[5] 参见刘兵：《作为修辞的法律——法律的修辞性质与方法研究》，中国政法大学2011年博士学位论文，第39~62页。

恩梯墨玛（Enthymeme）。这种技术曾被人称之为"修辞三段论"，也被称为"常识论式"，此为论证型式之滥觞。[1] 随着法律实践的积累，形成如何处理论辩的实用手册，这被称为"论题"（loci）。[2]

近代法典化运动，使得法学约同于"立法学"，逐渐忽视了论辩。二战后，法律的实践性开始受到重视。法律不是纯粹客观或主观，而是依托于法律之论辩形成的"主体间的客观共识"。论证型式由佩雷尔曼（Chaïm Perelman）在《新修辞学》中首倡复兴，他认为论证型式是听众在其文化背景中形成的定式认知模式。论证者只需给出前提，听众自动推演出结论。[3] 随后图尔敏（Stephen Toulmin）提出了著名的论证图示（argument diagram），数据（data）通过凭证（Warrant）而成为假设（qualifer），而凭证需要支援（Backing）予以支撑，假设需要经受反驳（rebuttal）之检验而成为结论（Claim）。[4] 数据、凭证、支援等内容组成了论证型式，反驳作为关键性问题，因而图尔敏模式可以算作是论证型式的一般模型。菲韦格（Theodor Viehweg）证明法学问题的处理是按照特定论题模式，而并非简单的演绎或归纳推理。菲韦格称这些法律运行模式为"论题学法学"（topical jurisprudence），诚为司法论证型式之先声。[5]

（二）司法人工智能中的论证型式

自 20 世纪 80 年代起，人工智能与法律被当作计算科学的一个分支。这一定性在 21 世纪后，发生了"论证型式转向"。非形式逻辑与形式逻辑终于结合起来，而不再是对抗。[6] 在现代学者看来，论证型式似乎是用以开发计算机来分析、评估甚至构建自然语言论证的最佳方法。[7]

---

〔1〕 参见舒国滢：《西方古代修辞学：辞源、主旨与技术》，载《中国政法大学学报》2011 年第 4 期，第 33~52 页。

〔2〕 参见舒国滢：《论题学：修辞学抑或辩证法？》，载《政法论丛》2013 年第 2 期，第 3~11 页。

〔3〕 See Chaïm Perelman & L. Olbrechts‐Tyteca, *The New Rhetoric: A treatise on Argumentation*, pp. 26‐30 (J. Wilkinson and P. Weaver eds., Notre Dame University Press 1969).

〔4〕 See Stephen Toulmin, Richard Rieke, Allan Janik, *An Introduction to Reasoning*, pp. 349‐368 (2nd ed., Macmillan Publishing Co., Inc., 1984).

〔5〕 参见［德］特奥多尔·菲韦格：《论题学与法学——论法学的基础研究》，舒国滢译，法律出版社 2012 年版，第 75~79 页。

〔6〕 See Johan van Benthem, *One Logician's Perspective on Argumentation*, 2 Cogency, pp. 13 – 26 (2009).

〔7〕 See Anthony Blair, *Groundword in the Theory of Argumentation: Selected Papers of J. Anthony Blair*, p. 121 (Springer 2012).

沃尔顿（Douglas Walton）为论证型式的发展做出了最重要的贡献。他认为，论证型式是非演绎推理的类型集合，由一组前提和假定以及推出的结论组成，评价者根据型式上的一组关键问题以考量其使用。在论辩中，使用者只要添加一个实例，就会自动产生一个支持推论。同时，也会为反对者提供一套关键问题，要求对方承担说明责任。若无法进行说明，则假定会被推翻，若成功则被赋予有效性。[1] 沃尔顿在《假定推理的论证型式》中识别了 29 个基础论证型式，在随后的《论证型式》中细化为 96 种论证型式。

董番明（Dung Fanming）开创的抽象论证框架，从洛伦岑的《对话逻辑》（*Dialogische Logik*）中获得启发，使法律人工智能从纯粹算法转向语用博弈。此框架的原理是这样的：论证框架（AF）被定义为一对集合 〈Args，Def〉，其中 Args 是论证集合，Def⊆Args×Args 是双重论证交叠而成的子集。论证之间轮流攻击，经受不住攻击的被排除，最后仍站住的视为成立。[2] 与此类似的还有戈登（Gordon）提出的"诉答博弈"（Pleadings Game），他的模型是基于阿列克西的"法律商谈理论"创设的。亚普·哈格（Jaap Hage）将"法律融贯论"作为新的评价标准，提出了"基于理由的逻辑"。[3]

亨利·帕肯（Henry Prakken）的重大贡献是将"论证型式"引进了人工智能与法律领域。他受沃尔顿的启发，认识到法律不是碎片的法条库，而是块状的论证型式。换言之，法律的核心不是法条规定，而是围绕着法律案件形成的实质型式，以及双方对于关键问题的回应。[32] 他认为论证型式的本质是可废止推理（defeasible reasoning）的规则，而关键问题是反论（counterargument）的指示器。[4] 于波洛克（John Pollock）将反论分为两种，一种称为反驳（rebutting），即直接针对论点提出否定意见；另一种称为底切（undercutting），并非直接针对论点，而是切断前提与结论间的连接。[5] 论证型式的关键问题，要么是针对前提的反驳，要么是针对前提间的联系（结构）的底

〔1〕 See T. Gordon & D. Walton, *Legal Reasoning with Argumentation Schemes*, Proceedings of the Twelfth International Conference on Artificial Intelligence and Law, 137 – 146 （ACM Press 2009）.

〔2〕 See Dung, P, *On the Acceptability of Arguments and its Fundamental Role in Non-monotonic Reasoning*, *Logic Programming*, *and N-person Games*, 77 Artificial Intelligence, pp. 321–357 （1995）.

〔3〕 See J. C. Hage, *Formalizing Legal Coherence*, ICAIL'01: Proceedings of the 8th International Conference on Artificial Intelligence and Law, pp. 22–31 （2001）.

〔4〕 See F. Bex, H. , Prakken, C. Reed, D. Walton, *Towards a formal Account of Reasoning about Evidence: Argumentation Schemes and Generalisations*, 12 Artificial Intelligence and Law, pp. 125–165 （2003）.

〔5〕 See John L. Pollock, *Knowledge and Justification*, pp. 42–43 （Princeton University Press 1974）.

切，如此论证型式便可以进行建模。这样，实践至算法之间的桥梁就被架设起来。现代论证软件的原理均基于此原理之上，如 ArguMed、Dialaw、Ararcaria、Rationale、Carneades。[1]

五、司法论证型式之构建

我国的司法人工智能研究起步较晚，有些不健康的研究趋向，比如凭空构建，或者一味排斥。法学学者现阶段能做的，不应直接自行着手技术工作（对于少数有跨学科背景的学者可行），而应考虑在当前技术条件下，能做到的又有前瞻性的工作。可以对论证型式进行研究，尤其是庭审论辩中的论证型式。

（一）司法论证型式之作用场域

首先，确定司法论证型式的构建原则。理论上司法论证型式可以适用于整个法律阶段，从律师咨询至审判监督。但是这样从头至尾的构建没有必要，既耗费精力，作用亦有限。司法人工智能的构建应当遵循三个原则：一是以缓解讼累为主。发展人工智能是为了帮助法律人，而不是消灭法律人。二是以法律论辩为主。法律是"语言游戏"的一种，要尊重人的主体性。三是以专家解释为主。法律专家对法律过程的阐释，优先于概率性统计。

其次，司法人工智能的适用范围应严格限定在法官工作领域。律师、检察官与法务工作者并不受诉讼爆炸之影响，只有法院才有此困境。另外，论证型式只作用于庭审环节。因为侦查阶段和审查起诉阶段等并不存在司法论证的诉讼构造。庭审环节可以分为五个阶段：[2] 起诉阶段，各方在法庭辩论开始前提交诉状与证据清单；质证阶段，当事人对案件所涉之证据进行举证，并发表质证意见；事实推理，各方依据之前质证的证据，在证据的基础上，进行事实的推理与叙说；法律适用，关于案件的定性，法律的适用与不适用，以及案件判决结果的意见；最终陈词。

最后，论证型式作用于质证阶段、事实推理和法律适用。之所以排除起诉阶段与最终陈词，是因为在这两个阶段论证结构是残缺的，而且几乎不存在对关键问题的回应，而且这两个阶段的主张在质证阶段、事实推理和法律适用会有重复。

---

〔1〕 参见武宏志：《论证型式》，中国社会科学出版社 2013 年版，第 200 页。

〔2〕 参见段文波：《我国民事庭审阶段化构造再认识》，载《中国法学》2015 年第 2 期，第 87～107 页。

笔者对建构有以下声明：其一，由于笔者之能力有限，只能进行粗略建构以抛砖引玉；其二，本文建构以法律要素为核心，偏离较远的论证不予考虑；其三，此研究仍属于非形式逻辑，仅有探讨之目的，投诸实践还不可行。

（二）一般型式

前文已然提及，图尔敏论证图示作为一般论证型式，在庭审中也是有效的。可以分为两个层面：其一，庭审的每个环节，细化而言都可以在图尔敏模式上有所对应，甚至每个单一论证都可以重构为此模式；其二，整个庭审过程也可视为图尔敏模式，质证与事实推理阶段为数据，法律适用阶段为凭证与支撑，而双方观点与争执为资格与反驳，最终判决为结论。在此先建构一般型式，但由于每一步重构为三段论过于烦琐，直接重建为关键问题序列。本节所有的型式构建，其原型可在沃尔顿等著《论证型式》中找到。[1] 一般型式如下：

CQ_1：数据是否可靠？

CQ_2：凭证是否有依据？

CQ_3：支撑是否能成立？

CQ_4：数据是否有凭证做依据？

CQ_5：凭证是否有支撑为支持？

CQ_6：数据推出资格是否能成立？

CQ_7：资格是否经受住反驳？

CQ_8：反驳是否能有作用？

CQ_9：资格是否能获得确证而成为结论？

大部分的关键问题都可以在上述 9 个问题中找到原型。

（三）质证型式

质证阶段一般都围绕着证据的真实性、关联性与合法性展开。在我国，证据一般是在庭前提交的，质证环节由于证据众多，大多是一并质证的。我国质证环节的原则是，对方当事人或者法官没有异议，则证据视为通过质证。因而质证型式以"默认"为主，推定具有真实性、关联性与合法性。但在特殊情况下会不适用一般型式，比如需要作证、间接关联与非法证据排除等情况。

---

〔1〕 See Douglas Walton, Chris Reed, Farizio Macagno, *Argumentation Schemes* (Cambridge University Press 2008).

1. 关于证据真实性的论证

（1）一般真实论证（物证、书证、视听资料、电子证据）。

大前提：一般情况下，A 提出证据 a，在未经他人质疑或质疑不能成立，视为真的；

小前提：他人未进行质疑，或质疑未能成立；

结论：a 是真的。

CQ$_1$：他人是否可以质疑？

CQ$_2$：若他人质疑，质疑是否合理？

CQ$_3$：提出的质疑是否有证据支撑？

（2）特殊真伪论证（当事人陈述、证人、鉴定意见）。

大前提：A 处于了解 S 领域的地位，该领域包括证据 a；

小前提：A 断定证据 a 真的（假的）；

结论：a 是真的（假的）。

CQ$_1$：A 真的了解 S 领域吗？

CQ$_2$：A 是一个诚实的（值得信赖的、可靠的）来源吗？

CQ$_3$：A 领域确实包括证据 a 吗？

2. 关于证据关联性的论证

（1）一般关联论证（直接关联）。

大前提：对于案件 G 而言，含有性质 F；

小前提：证据 a 有性质 F；

结论：a 与案件 G 具有关联性。

CQ$_1$：是否可以切实证明 a 有性质 F？

CQ$_2$：性质 F 是否是基于个别性或偶然性？

CQ$_3$：证据 a 确实具有性质 F 吗？

（2）特殊关联论证（特殊关联）。

大前提 1：对于案件 G 而言，含有性质 F；

大前提 2：性质 F 包括有 F$_1$、F$_2$、F$_3$ 等内容；

小前提：证据 a 有性质 F$_1$；

结论：a 与案件 G 具有关联性。

CQ$_1$：是否可以切实证明案件 G 包含性质 F？

CQ$_2$：性质 F 是否包括有 F$_1$、F$_2$、F$_3$ 等内容？

CQ$_3$：证据 a 确实具有性质 F$_1$ 吗？

CQ_4：F_1 与案件 G 有关联性可言吗？

3. 关于证据合法性的论证

（1）一般合法论证。

大前提：如果证据 a 未受合法性质疑，则证据 a 应视为合法；

小前提：证据 a 未受质疑；

结论：证据 a 合法。

CQ_1：他人是否可以提出合法性质疑？

CQ_2：他人提出的质疑能否成立？

CQ_3：证据 a 是否达到形式要件合法？

（2）特殊合法论证（非法证据排除）。

大前提：如果 A 的情况是非法的，那么与 A 直接相关或获取的证据 a 应不予采信；

小前提：A 是非法的；

结论：证据 a 应当被排除。

CQ_1：他人是否得提出合法性质疑？

CQ_2：A 情况是否有明确法律依据为非法？

CQ_3：A 情况是否有证据予以支撑，或线索予以开示？

CQ_4：证据或线索是否可靠与有意义？

CQ_5：法官是否对情况 A 予以了审慎之考虑？

（四）事实推理型式

事实推理一般先整理材料，材料有三种：质证后的证据、常识和惯习。质证后的证据可以直接用以推理，惯习需要进行证明，常识则默认适用。在材料齐备后进行推理，在我国认可的推理关系只有一种：因果关系。但实践中因果关系未必如此清楚，还会出现正相关（类比）与溯因推理，后两者要重建为因果关系模式才能起作用。

1. 关于推理材料的论证

（1）证据假说论证。

大前提：假说认为，如果 A 事件是真的，那么证据 a 将会被观察到；

小前提：在质证环节中，证据 a 被证明是真的；

结论：A 事件是真的。

CQ_1：在此情形下，若 A 事件是真则就会出现证据 a 吗？

CQ_2：证据 a 被是否通过了质证环节？

CQ_3：是否可能存在某种情况，不是由于事件 A 的发生而导致证据 a 出现？

（2）常识论证。

大前提：如果人们普遍接受某事为常识，无须出示证据或举证，即可视为真；

小前提：人们普遍接受事件 A；

结论：A 应视为真。

CQ_1：普遍接受为何可以作为豁免举证之理由？普遍接受与真之间有关系？

CQ_2：有什么证据支持"人们普遍接受事件 A"这一主张？

CQ_3：即使普遍将 A 当作真的加以接受，存在怀疑它为真的任何好理由吗？

（3）惯习论证。

大前提：如果在某地，一种做法或实践是通行的，那么就应认为是可接受的；

小前提：在法律关系发生所在地而言，A 是一种通行的做法或实践；

结论：在此情形中，A 是可接受的。

CQ_1：有什么证据或其他方式表明法律关系发生所在地的大多数人接受 A？

CQ_2：即使绝大多数人将 A 当作真的加以接受，A 是否也是正当合理的？

CQ_3：惯习做法是否违反法律基本原则？

2. 关于推理形式的论证

（1）因果论证。

大前提：一般地，若事件 A 发生，那么事件 B 将（可能）发生；

小前提：在此证据下，事件 A 发生（可能发生）；

结论：在此情形下，事件 B 将（可能）发生。

CQ_1：为什么事件 A 发生会导致事件 B 发生？

CQ_2：证据是否能证明事件 A 发生？

CQ_3：存在其他会干预或抵消的因素吗？

（2）正相关论证。

大前提：一般情况下，正相关关系可等同于因果关系；

小前提：A 和 B 之间存在正相关关系；

结论：A 与 B 有因果关系。

CQ_1：凭什么说正相关关系可等同于因果关系？

CQ_2：在 A 和 B 之间真的存在正相关吗？

CQ_3：可能存在某个既引起 A 又引起 B 的第三因素 C 吗？

（3）溯因论证。

前提 1：D 是本案待证之事实或要件；

前提 2：事件 A_1，A_2，…，A_n 都能合理说明 D 的发生。

前提 3：A_1 最能成功地说明 D。

结论：A_1 与 D 有因果关系。

CQ_1：为什么 A_1 最能成功地说明 D？

CQ_2：是否有其他备选事件比 A_1 还好？

CQ_3：最能成功说明，就能得出因果关系吗？

CQ_4：是否进一步探索起因会更好吗？

（五）法律适用型式

法律适用阶段，大体上可以归纳为一句话：是否适用 X 法第 X 条之规定？但是实践中又并非如此简单，法律之难点在于填补事实与规范间的落差，即当事人须将事实推理阶段之所证事实，归摄入法条规定之下。有的只需简单进行词义归类，有的要通过解释进行"归摄之含糊论证"。更有甚者，无法通过解释手段处理，则需要诉诸法条之外的手段（外部论证），比如先例论证（最近"同案同判"原则在我国被确认）、价值论证（诉诸原则）和例外论证。

1. 适用法条的论证（内部论证）

（1）一般规则论证。

大前提：法律有规定，如果发生 a 情形，则会导致 A 法律后果；

小前提：本案属于情形 a；

结论：本案将发生 A 法律后果。

CQ_1：规则要求 A 这种情况作为要采取这类行动的事例吗？

CQ_2：是否有其他规则与该规则冲突或会推翻它吗？

CQ_3：本案是否是例外，是否有减轻的情况或不服从的理由？

（2）归摄论证。

大前提：对所有 x，如果 x 符合要件 D，那么 x 可被归类为概念 G；

小前提：a 符合要件 D；

结论：a 属概念 G 项下。

CQ_1：存在 D 是一个恰当要件的证据，按照其他要件可能排除 a 属于概念 G 吗？

CQ_2：a 符合要件 D 是合理的吗？

（3）归摄的含混论证（解释方法）。

前提 1：对于概念 G，其构成要件为 D；

前提 2：要件 D 通过操作方案 F 进行解释，达至含义 A；

前提 3：事实推理所证之事实 a，符合含义 A；

结论：a 属于概念 G 项下。

CQ_1：操作方案 F 是否是公认之解释，是否有更具有公信力之解释？

CQ_2：通过操作方案 F 解释，是否能达至含义 A？

CQ_3：事实 a 是否符合含义 A，是否能扩展至要件 D？

2. 超越法条的论证（外部论证）

（1）价值论证（原则论证）。

前提 1：在本案中价值 V 被认为是更重要的；

前提 2：价值 V 在本法中属于原则 P；

前提 3：存在一个重要理由 R，直接适用原则 P；

结论：本案直接适用原则 P。

CQ_1：本案中的价值 V 是否是最重要的？

CQ_2：价值 V 是否是被广泛公认的价值？

CQ_3：这个理由 R 是否足够重要，以至于需要直接适用原则 P？

（2）先例论证。

大前提：对于本案 a 的情况，有类似先例判决 E，E 与规则 R 不同；

小前提：有恰当之理由 R，本案应适用于先例 E，而不是规则 R；

结论：本案 a 适用先例 E。

CQ_1：遵循先例在本国是否被官方公认为应遵循之法律原则？

CQ_2：判决 E 是否是有效的官方判决，是否类似于本案 a？

CQ_3：这个理由 R 是否足够重要，以至于需要直接适用先例 E？

（3）例外论证。

大前提：一般地，按照已确立的规则，如果 x 有性质 F，则 x 也有性质 G；

小前提：在这个恰当的情形中，a 有 F 但没有 G；

结论：该规则的一个例外必须被承认，而且该规则必须适当修改或限制。

CQ1：已确立的规则真的适用这种情形吗？

CQ2：所引用案例是合乎惯例的或能被解释为只是表面上违反该规则吗？

理论法学

论乾隆帝对儒家法思想的理解与实践

何　丹*

摘　要：乾隆帝在价值论、方法论、治理模式三个层面上对儒家法思想进行理解吸收并在此基础上展开法领域的实践，取得了相应的社会效果。在价值论层面，乾隆帝理解并认同儒家法思想的价值目标，以大舜为效法的"先王"，并对"有天下"形成了自我的观点表达。在方法论层面，在"执两用中"的意义上对"中庸"的方法论进行理解与操作。在治理模式层面，原则上认同"礼法之治"的治理模式，并以此完善礼法体系的构建，且能活用"中庸"的方法论根据实际情况对具体案件的处理作出调整。

关键词：乾隆帝　儒家法思想　法先王　有天下中庸　礼法

引　言

首先需要对本文中所论及的法的内涵与儒家法思想的研究范围进行清晰界定：

第一，中国古代对于"法"的理解不同于今日。学者指出：西方的"法"（law）字，在中文中应当有理、礼、

---

*　何丹，中国政法大学法学院 2019 级博士研究生（100088）。

法、制四种不同的翻译，亦即包含了这四方面的内涵。[1] 从法学意义上讲，"理"是指理想法，是立法的渊源，在中国古代的法律体系中有各种不同的名称，如"道""仁""礼义""天理"等，属于法的价值层次，[2] 是整体法概念的组成部分。"礼""法""制"则是指现实法，即国家的礼法体制，它包括了律令、礼典和习惯法。[3]

第二，儒家法思想包含了价值论、方法论、治理模式三个层面的内容。[4] 具体而言，在价值论层面，儒家法思想的最高价值目标是天下本位的根本立场，以"法先王"与"有天下"为核心；[5] 在方法论层面，是依赖"中庸"的方法进行权衡；[6] 在治理模式层面，是实现德礼为主、法刑相辅的礼法之治。[7] 本文遵循这一研究进路进行研究，即从价值论、方法论、治理模式三个层面考察乾隆帝对于儒家法思想的理解与实践。

乾隆时期是清代的法制建设的关键期，法律体系构建完善、法律文本编纂完备、法律运行方式臻于成熟，这些成果和乾隆帝对儒家法思想的理解与实践密切相关。以往多从统治思想与政治方略的角度对乾隆帝的思想进行研究，[8] 本文则从儒家法思想的理解与实践这一角度来考察乾隆帝的法视界。

---

〔1〕 ［法］孟德斯鸠：《严译名著丛刊·孟德斯鸠法意》（上册），严复译，商务印书馆 1981 年版，第 3 页。

〔2〕 俞荣根：《儒家法思想通论》，商务印书馆 2018 年版，前言第 7~8 页。

〔3〕 俞荣根：《儒家法思想通论》，商务印书馆 2018 年版，自序第 4 页。

〔4〕 俞荣根：《儒家法思想通论》，商务印书馆 2018 年版，第 152 页。

〔5〕 俞荣根：《儒家法思想通论》，商务印书馆 2018 年版，第 153~159 页。

〔6〕 俞荣根：《儒家法思想通论》，商务印书馆 2018 年版，第 159~161 页。

〔7〕 俞荣根：《儒家法思想通论》，商务印书馆 2018 年版，第 162~164 页。

〔8〕 此类成果主要有：高翔：《康雍乾三帝统治思想研究》，中国人民大学出版社 1995 年版。赵秉忠：《略论康雍乾三帝对外戚重臣的驾驭》，载《清史研究》1994 年第 1 期。黄爱平：《清代康雍乾三帝的统治思想与文化选择》，载《中国社会科学院研究生院学报》2001 年第 4 期。付庆芬：《〈孚惠全书〉和乾隆治国思想》，载《满族研究》2004 年第 3 期。郭成康：《清朝皇帝的中国观》，载《清史研究》2005 年第 4 期。刘凤云：《"有治人无治法"：康雍乾三帝的用人治国理念》，载《求是学刊》2014 年第 3 期。崔明德、崔鹏飞：《乾隆帝民族关系思想初探》，载《烟台大学学报》2019 第 3 期等。

现有的以法视界研究乾隆帝思想的成果主要是权与法之间的关系[1]或边疆地区的法制治理,[2] 与本文的研究角度不同。

一、价值论层面的理解与认同

"天下本位"是儒家法思想所追求的最高价值目标,[3] 它是儒家思想在法领域的投射。"法先王"与"有天下"则是天下本位的核心内容。[4] 其中,"法先王"的价值追求是为了切合于儒家心目中的理想法,即严复所提出的理、礼、法、制中的理,"物有是非谓之理",[5] 理想法是衡量实在法的标杆与准则。"先王"即尧、舜、禹、汤、文、武这一系列的上古明君,他们的言行举止是儒家所尊崇最高准则与典范。在法领域中,"法先王"就是"遵先王之法","遵先王之法而过者,未之有也"。[6] 实在法遵从理想法,理想法指导实在法,这是儒家法思想的价值追求。"有天下"则并不是简单的地理意义的统一或军事意义上的征服,而是与儒家的正统观念紧密结合。儒家的大一统观念就是这种"有天下"观念的反映:"何言乎王正月?大一统也。"[7] 强调正统的代表者"王"在天下中的地位。儒家法思想中"有天下"与正统与否之间的关系在《荀子·正论》中有清晰明确的表述:"天下归之之谓王,天下去之之谓亡。"[8] "今世俗之为说者,以桀、纣为有天下而臣汤、武,岂

〔1〕 此类成果主要有:林乾:《传统中国的权与法》,法律出版社 2013 年版。[美] 孔飞力:《叫魂:1768 年中国妖术大恐慌》,陈兼、刘昶译,上海三联书店 1999 年版。林乾:《清代乾隆时期群体性事件的法律控制及其效果考察》,载《国家行政学院学报》2018 年第 6 期。陈宏:《乾隆朝预防和惩治高官贪污犯罪简论》,载《人民论坛》2010 年第 8 期。魏淑民:《君臣之间:清代乾隆朝秋审论旨的政治史解读》,载《中州学刊》2012 年第 6 期。李洋:《论乾隆时期法律与皇权的关系——以文字狱案件为研究中心》,华东政法大学 2013 年硕士学位论文等。

〔2〕 此类成果主要有:林乾:《清朝以法治边的经验得失》,载《中国边疆史地研究》2005 年第 3 期。刘广安:《清代民族立法研究》,中国政法大学出版社 2015 年版。孙镇平:《清代西藏法制研究》,中国政法大学 2000 年博士学位论文。许安平:《清代民族政策法制化研究》,中央民族大学 2010 年博士学位论文。张付新、张云:《乾隆时期清政府的宗教治理与边疆安全探析》,载《陕西社会主义学院学报》2018 年第 4 期。贾建飞:《回例与乾隆时期回疆的刑案审判》,载《清史研究》2019 年第 3 期等。

〔3〕 俞荣根:《儒家法思想通论》,商务印书馆 2018 年版,第 153 页。

〔4〕 俞荣根:《儒家法思想通论》,商务印书馆 2018 年版,第 153~156 页。

〔5〕 [法] 孟德斯鸠:《严译名著丛刊·孟德斯鸠法意》(上册),严复译,商务印书馆 1981 年版,第 3 页。

〔6〕 (清) 焦循:《孟子正义》,中华书局 1987 年版,第 484 页。

〔7〕 刘尚慈译注:《春秋公羊传译注》,中华书局 2010 年版,第 1 页。

〔8〕 (清) 王先谦:《荀子集解》,中华书局 1988 年版,第 324 页。

不过甚矣哉！"[1]

乾隆帝从幼年时起便接受了系统的儒家教育，多年的涵咏蕴藉，使乾隆帝早年便笃信儒家思想，并以儒者书生自居。[2] 据记载，乾隆帝"年甫十三岁已熟读《诗》《书》及四子，背诵不遗一字已。乃精研《易》《春秋》《戴氏礼》及宋儒性理诸书……莫不穷其旨趣，探其精蕴"。[3] 乾隆帝自然也对儒家法思想中的价值追求形成了自我的理解。

（一）乾隆帝对"法先王"的理解与择取："大舜所谓乐取于人以为善也"

尧、舜、禹、汤、周文王、周武王等人都是儒家所尊崇的"先王"，都是值得效法的。[4] 乾隆帝则于众多的"先王"中特别推崇大舜，这主要取决于其自身对大舜的言行、功业的理解。在乾隆帝看来，大舜最值得效法的品德有二："与人为善"及"执两用中"。

乾隆帝希冀自己能成为其心目中的大舜一样的明君，大舜便是乾隆帝所要效法的"先王"，这从乾隆登基后的种种作为可知。乾隆帝登基后，便将其为皇子时所居住的潜邸升格为宫，赐额"重华"，即"重华宫"。[5] 重华就是大舜之名。[6] 重华宫内乾隆帝亲笔题匾的书房"乐善堂"则表明了乾隆帝欲效法大舜"与人为善"之品德的志向，这一点乾隆帝在《乐善堂记》中作了明确的表达："大舜所谓乐取于人以为善也。"[7] 乾隆帝对大舜所谓"执两用中"之德的理解与效法，在下文进行详述。

在法领域中，所谓"法先王"就是"遵先王之法"，那么在乾隆帝看来，大舜留下了哪些值得效法的"先王之法"？这要从儒家典籍中对于大舜功业的描述进行考察，因为这是乾隆帝构建大舜形象的知识来源。儒家典籍对于大舜的描述主要出现在《尚书》当中，集中于《尧典》《舜典》《大禹谟》这几篇。分析这几篇文字中对大舜的描述，可知大舜的主要功绩是设职创制、制礼典刑。在设职创制方面，大舜对水土治理、农业、教化、刑罚、工程、渔

---

〔1〕 （清）王先谦：《荀子集解》，中华书局 1988 年版，第 325 页。

〔2〕 《清实录》（第九册）"高宗实录卷五"，中华书局 1985 年版，第 232 页。

〔3〕 （清）弘历：《乾隆御制诗文全集》（第一册），中国人民大学出版社 2013 年版，第 41 页。

〔4〕 儒家对上述"先王"的尊崇于儒家典籍中随处可见，不胜枚举。

〔5〕 万依主编：《故宫辞典》"重华宫"条，故宫出版社 2016 年版，第 75 页。

〔6〕 李学勤主编：《十三经注疏·尚书正义》，北京大学出版社 1999 年版，第 50~51 页。

〔7〕 （清）弘历：《乾隆御制诗文全集》（第十册），中国人民大学出版社 2013 年版，第 370 页。

猎等各个方面的事务安排了专人进行管理，并规范了具体职能的划分。[1] 在制礼典刑方面，大舜很重视礼乐之制的建设，执政之初便着手进行。"咨！四岳，有能典朕三礼？""夔，命汝典乐……八音克谐，无相夺伦，神人以和。"[2] 大舜任命皋陶典刑，[3] 也取得了很大的成就。正是基于儒家典籍中所描述的大舜的业绩，司马迁称赞大舜"天下明德皆自虞帝始"。[4] 而同样熟悉儒家典籍的乾隆帝，其所要效法的、作为"先王"的大舜，自然也是这样的大舜。至于历史中的大舜究竟是什么样，并不是乾隆帝这样的古代政治家所关心的问题，也是其无从了解的。

经过乾隆时期的经营，清王朝在设职创制、制礼典刑方面也取得了重大的成就。《清史稿·刑法志一》中总结乾隆时期在刑律方面成就时称"高宗运际昌明，一代法制，多所裁定"[5]，其评价颇似司马迁称赞大舜的"天下明德皆自虞帝始"。[6]《清史稿·礼志一》中总结乾隆时期在礼乐方面的成就时则称"高宗御定三礼义疏，网罗议礼家言，折衷至当，雅号钜制"[7]——仿佛是为了刻意呼应大舜对礼的重视："咨！四岳，有能典朕三礼？"[8] 在职官系统方面，乾隆帝在承继康熙、雍正两朝所奠定的官制基础上做了进一步的发展与完善，其成就更在于实现了以完备的典章条例制度对官僚队伍进行有章可循、有法可依的规范化管理。[9]《清史稿·职官一》称乾隆时期的官职系统"奉职肃然"，"嘉、道以降，整厘如旧"。[10] 总之，对以其心目中的大舜为模范的所谓"先王"之德及"先王之法"的理解与择取是乾隆帝在价值论层面体认儒家法思想的重要一环。

（二）乾隆帝对"有天下"的理解与阐发："为自古得天下最正"

清代统治者以非汉族的身份入主中原，统御广大疆土，治理远远超过本民族数量的人口，其所承受的压力可想而知。正因如此，寻找到正当的统治

---

〔1〕 李学勤主编：《十三经注疏·尚书正义》，北京大学出版社 1999 年版，第 73~78 页。

〔2〕 李学勤主编：《十三经注疏·尚书正义》，北京大学出版社 1999 年版，第 78~79 页。

〔3〕 李学勤主编：《十三经注疏·尚书正义》，北京大学出版社 1999 年版，第 75~77 页。

〔4〕 （汉）司马迁：《史记》（第一册），中华书局 1959 年版，第 38 页。

〔5〕 台湾"国史馆"校注：《清史稿校注》（第五册），台湾商务印书馆 1999 年版，第 2706 页。

〔6〕 ［汉］司马迁：《史记》（第一册），中华书局 1959 年版，第 38 页。

〔7〕 台湾"国史馆"校注：《清史稿校注》（第四册），台湾商务印书馆 1999 年版，第 3967 页。

〔8〕 李学勤主编：《十三经注疏·尚书正义》，北京大学出版社 1999 年版，第 78 页。

〔9〕 朱勇：《论中国古代的"六事法体系"》，载《中国法学》，2019 年第 1 期，第 25~45 页。

〔10〕 台湾"国史馆"校注：《清史稿校注》（第四册），台湾商务印书馆 1999 年版，第 3254 页。

理由是清代前期几位统治者的共同目标。"为大清王朝争正统，这是康熙朝的政治核心，也是清前期的历史主题。"[1] 基于此，清代的统治者往往会特别重视清朝"有天下"之正当与否或者说是否为正统所在。康熙皇帝首倡"自古得天下之正莫如我朝"[2]；雍正帝称"本朝之得天下，较之成汤之放桀、周武之伐纣，更为名正而言顺"[3]，直接推演了前文所述荀子"以桀、纣为有天下而臣汤、武，岂不过甚矣哉"的观点；乾隆帝则进而宣称清朝"为自古得天下最正"。

在论证自身"有天下"最正，即为正统所在时，乾隆帝首先以"天"作为依据，现世统治者的一切成就都可以附会为"天"的眷顾。在乾隆帝看来，受到上天眷顾的成就分为两个层面，即私的层面与公的层面。私的层面包括统治者本人的寿考是否绵长、享祚是否久远、子嗣是否繁衍，等等，如乾隆帝在《古稀说》中所讲："夫值此古稀者非上天所赐乎?"[4] 公的层面也就是统治者在统治期间取得的治理成就。在清代前期，描述统治者的治理成就需要使用特殊的政治术语，即"盛世"一词。统治者的一切治理成就都是"盛世"的表征，而"盛世"则是清王朝受上天眷顾的证明，这种上天的眷顾便是清王朝为正统所在而"有天下"的明证。如此，我们便不难理解清代统治者尤其是乾隆帝对于"盛世"一词的迷恋了。据统计，清代文献中"盛世"一词在康雍乾三朝尤其是乾隆时期使用频繁，《清实录》中"盛世"一词在康熙时期的《圣祖实录》中出现了 6 次，雍正时期的《世宗实录》中出现了 5 次，在乾隆时期的《高宗实录》中则出现了 37 次。[5] 梳理上述的观点，可以这样清晰地表示：成就—盛世—天眷—正统—"有天下"。有学者认为，这已然具有使"大多数公民认为政府的统治是正当的，应当得到普遍的服从"的现代意义。[6]

---

〔1〕 姚念慈：《康熙盛世与帝王心术》，三联书店 2018 年版，自序第 4 页。

〔2〕 《清实录》（第六册）"圣祖实录卷二七五"，中华书局 1985 年版，第 695 页。

〔3〕 （清）胤禛：《大义觉迷录》"卷一"，清雍正时期刊本，第 64 页。

〔4〕 （清）弘历：《乾隆御制诗文全集》（第十册），中国人民大学出版社 2013 年版，第 624 页。

〔5〕 陈桦主编：《多元视野下的清代社会》，黄山书社 2008 年版，第 2 页。

〔6〕 姚念慈：《康熙盛世与帝王心术》，三联书店 2018 年版，第 7 页。

二、方法论层面的理解与操作

中庸是儒家法思想的方法论，[1] 孔子对中庸的基本阐释就是"和"[2]与"无过""无不及"。[3] 而《礼记·中庸》则提出中庸是"致中和"[4]，"执其两端，用其中于民，其斯以为舜乎"。[5] 乾隆帝正是在"执两用中"这个意义上对"中庸"这一儒家法思想的方法论进行理解与操作的。

（一）乾隆帝对"中庸"的理解："执两用中"

前文提到，在乾隆帝看来，大舜最值得效法的品德有二，即"与人为善"和"执两用中"。"与人为善"已于前文论述，"执两用中"则是在方法论的层面为乾隆帝所理解并效法。乾隆帝对《礼记·中庸》当中所提到的大舜"执其两端，用其中于民"[6] 进行了理解与阐发，提出"故大舜之执两用中，非大舜自用中也。彼两端之用，自有一定不移之中，而舜适用之，会众善于一心而无己……若大舜先立一中，以衡两端，则是大舜之中，非两端之中矣"。[7] 在此，将乾隆帝与其祖父康熙帝对"中庸"的理解做一对比，通过比较来把握乾隆帝的所谓"执两用中"。康熙帝对于"中庸"主要是从"和"与"致中和"这个层面来把握的，提出"凡人于事，贵能中正和平。能合乎中，即是合理"[8] 的观点。乾隆帝则着意于"无过""无不及"这个层面，追求的是在"过"与"不及"这两端之间实现一种切合于实际需要的平衡，求得"两端之中"，而并不强调这种平衡的效果是否合于"和"。因此，表面上看来，康熙帝与乾隆帝都推崇儒家法思想中"中庸"的方法论，但如果考究其本质则不难发现，康熙帝对"中庸"的理解归依于"和平"，以"中和"为本，是一种静态目标意义的"中庸"；[9] 而乾隆帝对"中庸"的理解，则是要在"过"与"不及"之间"执其两端而用之"，实则是一种因时因事而

---

[1]　俞荣根：《儒家法思想通论》，商务印书馆 2018 年版，第 159 页。

[2]　程树德：《论语集释》，中华书局 1990 年版，第 46 页。

[3]　程树德：《论语集释》，中华书局 1990 年版，第 772 页。

[4]　李学勤主编：《十三经注疏·礼记正义》，北京大学出版社 1999 年版，第 1422 页。

[5]　程树德：《论语集释》，中华书局 1990 年版，第 1425 页。

[6]　程树德：《论语集释》，中华书局 1990 年版，第 1425 页。

[7]　《清实录》（第十册）"高宗实录卷一二五"，中华书局 1985 年版，第 829 页。

[8]　章开沅主编：《清通鉴》（第一册），岳麓书社 2000 年版，第 1179 页。

[9]　成积春：《康熙的"中和"之道与康熙朝政治》，载《第三届世界儒学大会论文集》，第 306~314 页。

变化的、具体情况具体分析的宽严相济之法，[1] 是动态权衡意义的"中庸"。

（二）乾隆帝对"中庸"的操作："因物付物，不设一毫成心"

乾隆帝对于儒家法思想"中庸"的方法论的理解在他对具体法律案件的处理过程中得以充分地展现。儒家法思想中有"事有时宜，故人主权断"[2] 的主张，而清代统治者历来就有亲身参与刑事案件处理，积极履行最高大法官责任的传统。雍正帝以前，君主多在决策阶段参与刑案的处理，仅体现出终局性的特点。乾隆时期起，对于政治性强以及涉及纲常名教的重大案件，在其侦查、缉捕、审理的过程中君主便已发挥其作用，君主的影响力从决策阶段延展到案件的全过程。在具体案件的处理过程中，乾隆帝秉承了儒家法思想"中庸"的方法论，以"执两用中"的方式来对案件进行权衡处理。在钱永兴致死胞兄一案中，乾隆帝就明白表达了他作为人主对案件进行权断时的权衡心法：乾隆帝首先表示，自己对刑案的态度是慎之又慎的，必须是在涉案者案情严重，求其生而不得的情况下才会将其置之典刑，但对于涉及天理伦常而涉案者确实罪行严重者，自己不会因为沽名钓誉而从宽处理，而会严饬法纪，绝不姑息纵恶。[3] "总之因物付物。不设一毫成心。未尝有意从宽，亦未尝有意从严……尝闻皋陶曰杀之三，尧曰宥之三……若下有宥之三之皋陶，则为君者亦不得不为杀之三之尧矣。"[4] 这种权衡之法是与上文所论述的乾隆帝对"中庸"所作出的阐发一脉相承的，是"执两用中"的"中庸"方法论的具体操作。

三、治理模式的理解与构建

"礼法之治"是儒家法思想所倡导的治理模式，这是一种以德礼为主、法刑相辅的治理模式。[5]《唐律疏议》中提出的"德礼为政教之本，刑罚为政教之用"[6] 是这种治理模式的明晰概括。清初时"礼治社会"的思想已蔚然成风，[7] 这种思想的形成与明太祖朱元璋以来的大力倡导与推行不可分割。

---

〔1〕 刘洋、李荣鑫：《"宽严相济"思想与乾隆朝政治》，载《哈尔滨师范大学社会科学学报》2016 年第 3 期，第 155~157 页。

〔2〕 邱汉平：《历代刑法志》，商务印书馆 2017 年版，第 153 页。

〔3〕 《清实录》（第十二册）"高宗实录卷二五二"，中华书局 1985 年版，第 256 页。

〔4〕 《清实录》（第十二册）"高宗实录卷二五二"，中华书局 1985 年版，第 257~258 页。

〔5〕 俞荣根：《儒家法思想通论》，商务印书馆 2018 年版，第 162 页。

〔6〕 刘俊文：《唐律疏议笺解》，中华书局 1996 年版，第 3 页。

〔7〕 王汎森：《权力的毛细管作用：清代的思想、学术与心态》，台湾联经出版事业股份有限公司 2014 年版，第 41~88 页。

在朱元璋看来，元朝走向衰亡的根本原因便是"纪纲不立"，进而造成大臣弄权、法度不行、人心涣散的局面，最终导致了败亡的恶果。[1] 因此，朱元璋提出，"礼法，国之纪纲。礼法立，则人志定，上下安"。[2] 在礼法体系中，朱元璋认为礼是其本体，具有核心价值，刑只是辅助礼为治而已。"朕观刑、政二者，不过辅礼、乐而治耳。"[3] 到了清代，统治者在对儒家法思想进行理解的基础上，对礼法之治的构建从顺治、康熙时期开始步入轨道。"世祖入关，顺命创制，规模宏远。顺治三年，诏臣参酌往制，勒成礼书，为民轨则。"[4] 到了乾隆时期，对礼法之治的治理模式的构建渐趋完善。

（一）乾隆时期礼法体系的发展完善

俞荣根提出，最能表达中国古代法本质的法律术语是"礼法"，儒家法思想的法体系是礼法体系，其不仅包括了律令，也包括礼典和习惯法。[5] 乾隆时期在礼典、律令、习惯法这三方面都进行了构建与发展，形成了完备的礼法体系，扩大了礼法体系的规制调整范围。

在礼典编纂方面，完善构建了以《大清会典》《大清会典则例》为主体的法律文本，并遵循"德礼为政教之本"的原则赋予其最高法律效力。作为国家法的《大清会典》《大清会典则例》就国家重大事项、具有全局意义的事项加以规制。[6] 在律令编纂方面，完善构建了以各部院《则例》《大清律例》为主体的法律文本。遵循"刑、政二者，不过辅礼、乐而治耳"的观点，作为部院法的《则例》《大清律例》的法律效力低于作为国家法的《大清会典》《大清会典则例》。部院法以国家法为准则，依据部院职能，从立规与设禁两个方面对相关的社会关系与行为加以规制。[7] 在习惯法的规制与构建方面，乾隆时期最为显著的成就是针对边疆地区少数民族的民族法构建。乾隆帝明确了因俗制宜、因地制宜、因时制宜的原则，制定了《蒙古律例》《钦定西藏章程》等系统的民族法规，在习惯法调整的系统化、制度化方面卓有成效。[8]

〔1〕　《明太祖实录》"卷一四"，北京大学图书馆藏本（原国立北平图书馆藏红格本）。

〔2〕　《明太祖实录》"卷一四"，北京大学图书馆藏本（原国立北平图书馆藏红格本）。

〔3〕　《明太祖实录》"卷一六二"，北京大学图书馆藏本（原国立北平图书馆藏红格本）。

〔4〕　台湾"国史馆"校注：《清史稿校注》（第四册），台湾商务印书馆1999年版，第2706页。

〔5〕　俞荣根：《儒家法思想通论》，商务印书馆2018年版，自序第4页。

〔6〕　朱勇：《论中国古代的"六事法体系"》，载《中国法学》，2019年第1期，第25~45页。

〔7〕　朱勇：《论中国古代的"六事法体系"》，载《中国法学》，2019年第1期，第25~45页。

〔8〕　刘广安：《清代民族立法研究》，中国政法大学出版社2015年版，第5~6页。

在对既有的礼法体系的调整领域进行深化完善的同时，乾隆时期礼法体系构建的突出特点是礼法体系的调整领域的扩大，呈现出向内与向外两个方向延展的态势。向内的延展以宫廷管理的法制化为代表，向外的延展以边疆治理的法制化为典型。以宫廷管理而言，中国历代虽亦有宫禁之法如西晋时的《卫宫律》、隋唐时的《卫禁律》，然则此类律条主要是防范有外人擅入宫禁，强调宫禁作为整体性主体对外的防护，如"阑入宫殿门及上阁""宫殿门无籍冒名入"之类条文。清代的宫廷管理法制化则着重于以法的方式对宫廷内部的管理进行规制，以达成防弊之效。乾隆时期编订完成的《钦定宫中现行则例》是相对系统完善的最早的宫廷管理立法。[1] 该法订立后，乾隆帝指示："自今年钦定宫中现行则例为始，宫内一切事务，宫殿监督领侍等须恪遵定例行。"[2] 这标志宫廷内部管理已被纳入到礼法体系当中由礼法秩序进行规范。在乾隆时期礼法体系对外延展的边疆治理法制化方面，学者已多有论著。[3] 乾隆帝通过边疆立法、以法治疆的方式，将边疆治理与宗教管理事务纳入到礼法体系的规制当中。

在既有的法领域内，乾隆时期深化完善了明清时期渐趋成熟的礼法体系，并使其调整范围朝着向内与向外两个方向进行扩展，大大强化了清代统一的多民族国家的法制程度，在法秩序、法体系的构建方面已然实现了乾隆帝的期待和要求。

（二）乾隆帝对治理模式中德礼为主的理解与礼制构建

《清史稿·礼志一》在评议乾隆时期的礼制成就时称赞：乾隆帝亲自编定的《三礼义疏》能够兼取各家的议礼之论，公允得当，一直被认为是不可多得的巨制。而其所组织编纂的《清三通》《大清会典》也都是礼制篇章的典范。[4] 乾隆时期的礼制成就与乾隆帝本人对儒家法思想的治理模式，即礼法之治的理解密不可分。乾隆帝即位后的第六个月就下旨修《礼经》，认为康熙朝于五经中四经已修，独缺礼经，未臻美善。乾隆帝称："朕思五经乃政教之

---

〔1〕 林乾：《清代宫廷管理法制化初探》，载林乾：《治官与治民：清代律例法研究》，中国政法大学出版社 2019 年版，第 87~94 页。

〔2〕 《钦定宫中现行则例》"卷四"。转引自林乾：《清代宫廷管理法制化初探》，载林乾：《治官与治民：清代律例法研究》，中国政法大学出版社 2019 年版，第 89 页。

〔3〕 见本文"引言"部分所作列举。

〔4〕 台湾"国史馆"校注：《清史稿校注》（第四册），台湾商务印书馆 1999 年版，第 3967 页。

原，而礼经更切于人伦日用。"[1] 从中可以看出，一方面，乾隆帝更为看重
经典与教化能够切于"用"的价值，这与其作为君主而言思想上的功利性方
面相关联，如其自己所讲的"从来利之一字，乃圣人之所不讳";[2] 另一方
面，我们所能看到的是乾隆帝对于礼的重视，既然五经为一整体，那么有所
缺疏自然不可。有学者指出，乾隆帝汲汲于礼经的编修，是要从经典中探求
治理之道，基于权力的衡量超越了学理的究讨。[3] 乾隆帝特别重申了政道、
治道与礼义的密切关联性。《尚书·仲虺之诰》中有言："王懋昭大德，建中
于民。以义制事，以礼制心。"[4] 乾隆帝对此作出阐发："夫建中谓何？义礼
是也。事有万端，而总不出一义；心操万化，而总不出一礼……故义非特制
事，亦以制心；礼非特制心，亦以制事。"[5] 可以看出，乾隆帝认为，礼的
作用可分为两个层次，于内而言是规范个人的持守之道，于外而言则是总御
万端的治理之道。这依然不出乾隆帝对儒家法思想礼法之治的讨论范畴。

　　乾隆帝于儒家法思想的治理模式的吸纳对乾隆时期的礼制建设产生了深
刻的影响。即位伊始，乾隆帝便组织编修了《三礼义疏》，秉持"折中"的
态度对各家礼说进行整编汇纂，此为乾隆时期礼制构建之发端，侧重于从理
论层面进行礼的阐发与指导。最能代表乾隆时期礼制成就的就是上文论述的
乾隆时期《大清会典》的构建。乾隆帝本人在阐述《大清会典》编纂之意义
时称，《大清会典》"大纲小纪，无不并包荟萃";[6] "国家之有《会典》，昉
之典谟官礼，俾一代大经大法。细目宏纲，无不了如指掌，用以昭示法守，
而垂信来兹"。[7] 在乾隆帝看来，会典就是一朝之纲纪，是国家的大经大法，
是经久长行的典范法守。群臣所上的《会典告成表》中也称会典的纂成将
"以正百官，以正万民，礼乐兴而刑讼息"。[8] 这正合于儒家法思想所倡导的
德礼为主、法刑相辅的礼法之治的治理模式。清朝曾于康熙、雍正、乾隆、
嘉庆、光绪五朝编纂过会典，从结构与体例的角度分析，乾隆朝所编纂的会

〔1〕　《清实录》（第九册）"高宗实录卷二一"，中华书局 1985 年版，第 501 页。

〔2〕　《清实录》（第十册）"高宗实录卷七十"，中华书局 1985 年版，第 131 页。

〔3〕　邓国光：《康熙与乾隆的‘皇极’汉、宋义的抉择及其实践——清代帝王经学初探》，载彭林
编：《清代经学与文化》，北京大学出版社 2005 年版，第 101~155 页。

〔4〕　李学勤主编：《十三经注疏·尚书正义》，北京大学出版社 1999 年版，第 237 页。

〔5〕　《清实录》（第十册）"高宗实录卷一二五"，中华书局 1985 年版，第 829 页。

〔6〕　《清实录》（第十二册）"高宗实录卷二八四"，中华书局 1985 年版，第 702~703 页。

〔7〕　《清实录》（第二十四册）"高宗实录卷一二四八"，中华书局 1986 年版，第 773 页。

〔8〕　《大清五朝会典·乾隆会典》（第十册），线装书局 2006 年版，第 6 页。

典最具有代表性。[1] 在体例方面，此前康熙朝、雍正朝两朝的会典采取了典文与例文和合编纂的编纂方式，乾隆帝则提出典文与例文在性质上存在不同，前者是国家的大经大法，需要保持恒久的稳定性，后者则需要随时进行斟酌损益，应时而变。因此，乾隆朝的会典采取典、例分编的编纂方式。

基于以上的分析，我们可以得知，乾隆帝正是在充分理解了儒家法思想的治理模式的基础上完善了清代的礼制构建。

（三）乾隆帝对治理模式中法刑相辅的理解与律制构建

乾隆帝对以刑事规制为主体的刑律的认识也是建立在对儒家法思想治理模式的理解基础上的。在为乾隆五年所编订的《大清律例》所作的序文中，乾隆帝引用了《尚书·吕刑》中的"士制百姓于刑之中，以教祗德"的表述。[2] 这是对儒家法思想倡导的德礼为主、法刑相辅的治理模式的背书。在该篇序文中，乾隆帝还提出"惟是适于义，协于中，弼成教化以洽其好生之德，非徒示之禁令，使知所畏惧而已"。[3] 其中所要表达的仍然是礼法并用、德刑相济的观点。从《大清律例》的体例来看，基本承袭了《大明律》的结构，内容方面改动之处也并不多。因此，乾隆时期的刑律单从表象上看仍然是《大明律》的沿袭，是秉持儒家法思想的治理理念所编纂的律典。然而，如果从刑律的实际操作层面进行考察的话，可以发现现实中的状况似乎并非如其文本所展示出来的那般对儒家法思想的明确推崇。

苏亦工以八议制度的沿革为切入点比较分析了明清律典所发生的变化，认为明清时期的八议制度与汉代的上请制度相似，其意旨已大不同于肇端于曹魏而臻善于唐代的八议之制，但存八议之名而已。[4] 并指出这是边疆法文化与已然高度儒家化的中原法文化之间相互碰撞的结果，最终表现为汉代式的儒法混杂、"阳儒阴法"的法文化的某种复归。而这样的法文化与边疆法文化在某些方面存在着共通相容之处。[5] 林乾则指出了乾隆时期的聚众定例体现了该时期刑律的另一个巨大变化，即刑法的重刑化转折。[6] 这一时期的律

〔1〕 朱勇：《论中国古代的"六事法体系"》，载《中国法学》2019 年第 1 期，第 25~45 页。

〔2〕 田涛、郑秦点校：《大清律例》，法律出版社 1999 年版，第 4 页。

〔3〕 田涛、郑秦点校：《大清律例》，法律出版社 1999 年版，第 4 页。

〔4〕 苏亦工：《明清律典与条例》，商务印书馆 2020 年版，第 375 页。

〔5〕 苏亦工：《明清律典与条例》，商务印书馆 2020 年版，第 371~375 页。

〔6〕 林乾：《清代宫廷管理法制化初探》，载林乾：《治官与治民：清代律例法研究》，中国政法大学出版社 2019 年版，第 87~94 页。

例变化特点，是不仅定例出现超量增加，而且刑罚的处罚愈发残酷，已远非儒家法思想所倡导的"明德慎罚"[1]之旨。乾隆五年颁布的《大清律例》使例文取得了与律文同等重要并得以优先适用的法律地位，这为之后对例文的大量增修提供了方便之门。其后，乾隆帝又公开明确宣称因为执政初期刑罚宽大，致使贪官奸民无所顾忌、恣意妄为，现在他需要"随时用中"来扭转局势。[2]可见，这其实是前文所论述的"执两用中""不设一毫成心"的"中庸"方法论又发挥了作用，乾隆帝的思想仍然没有脱离儒家法思想的整体架构。

基于以上的分析，可知乾隆时期的刑律在实际运行当中并非如其律典条文所表现出的那般对儒家法思想所倡导的德礼为主、法刑相辅的治理模式的顺承，而是结合实际情况，作出因时、因事制宜的调整。这当中也体现出了乾隆帝对儒家法思想中"中庸"的方法论的活用。

四、结语

儒家法思想经过长时期的发展演化形成了一套完整的体系结构。在价值论层面，其以天下本位为最高价值目标，而"法先王"与"有天下"则是天下本位的核心内容。在方法论层面，其以"中庸"为准则进行"执两用中"的考量。在治理模式层面，形成了以德礼为主、法刑相辅的治理模式，简而言之，这是一种"礼法之治"。乾隆帝在以上这三个层面都对儒家法思想进行了理解吸收且形成了自我的观点表达，并在此基础上展开法领域的操作与实践，取得了相应的社会效果。

在价值论层面，乾隆帝以儒家典籍中所描述的大舜作为其心目中的"先王"的楷模，推崇其"与人为善""执两用中"的品德，向往其设职创制、制礼典刑的功业。乾隆帝也认同儒家对"有天下"的阐释，并宣称清王朝"为自古得天下最正"。在方法论层面，乾隆帝在"执两用中"这个意义上对"中庸"这一儒家法思想的方法论进行理解与操作，企图达成一种因时因事而变化的、动态权衡意义的"中庸"。在治理模式层面，乾隆帝原则上认同儒家法思想的"礼法之治"并以此为指导完善清王朝的礼法体系构建，但在一些具体案件的处理上，他也会活用"中庸"的方法论进行因时、因地制宜的调整。

---

〔1〕 （清）王先谦：《荀子集解》，中华书局1988年版，第461页。
〔2〕 林乾：《清代宫廷管理法制化初探》，载林乾：《治官与治民：清代律例法研究》，中国政法大学出版社2019年版，第87~94页。

论我国宪法上的两种言论自由及其保障

叶松奇*

摘　要： 言论自由是宪法上的一项重要基本权利。长期以来诸多学者基于主观解释的方法将我国宪法上的言论自由仅仅视为一项政治自由，但此种认知已难以反映社会变迁之事实。在信息时代，言论表达呈现"多元化"特征，非政治言论构成言论表达的重要部分，理应也受宪法保障。同时保障政治言论自由和非政治言论自由才是对《宪法》第35条的恰当理解。除此而外，《宪法》第41条关于批评建议权的规定实则是专门的政治言论自由条款。我国宪法对政治言论自由与非政治言论自由采取了差序保障之态度，设置政治言论自由特别条款意在对其进行特殊保护，这是基于政治言论自身之脆弱性以及人民主权原则之要求。从宪法文本看，不存在政治言论自由的限制条款，而非政治言论自由则要受到一般性限制条款之限制。不过由于我国目前尚缺乏具有实效性的合宪性审查制度，因而不能说政治言论自由受绝对保障。

关键词： 政治言论自由　非政治言论自由　差序保障　限制性条款　绝对保障

---

*　叶松奇，中国政法大学法学院2019级硕士研究生（100088）。

一、问题的缘起

言论自由是各国宪法普遍规定的一项重要的公民基本权利，它"能够促成知识与真理的形成和分享，承担了开启民智的重要使命"。[1] 就目前学界对我国宪法上言论自由权的研究状况而言，还有诸多不足之处。笔者认为有两个重要问题亟待进一步探讨和澄清：一是我国宪法上的言论自由到底是何种性质，它仅仅是一种政治自由吗？为什么？二是宪法对言论自由究竟施以何种程度之保障？如果言论自由不仅仅是政治自由，那么宪法是否对一切言论平等保护？对这两个问题的进一步探究有助于加深对我国宪法上言论自由权的认知，廓清言论自由权之界限，进而更有力地保护言论自由。

就第一个问题而言，长期以来很多学者都将言论自由视为一项政治自由，似乎言论自由就单单保护公民的政治表达，这一点从诸多教材、专著以及论文中都可以窥见。[2] 但这种观点的说服力日渐式微。于是一些学者开始批评此观点实际上缩小了言论自由权的保障范围，认为政治言论和非政治言论都应受宪法保护。但持对立观点的学者们要么未以宪法条文为基础进行深入分析，[3] 要么主要围绕《中华人民共和国宪法》（以下简称《宪法》）第35条进行说理和论证，[4] 未能全面考察《宪法》上的言论自由条款，因而也不可能准确认定政治言论自由和非政治言论自由分别为哪些条款所保障。[5] 也

---

[1]　韩升、刘晓慧：《言论自由及其边界的政治哲学反思》，载《吉首大学学报（社会科学版）》2019 年第 2 期，第 95 页。

[2]　参见许崇德主编：《中国宪法》，中国人民大学出版社 1996 年版，第 411 页；魏定仁、甘超英、付思明：《宪法学》，北京大学出版社 2001 年版，第 254~259 页；焦洪昌主编：《宪法学》，北京大学出版社 2009 年版，第 380~383 页。何华辉：《比较宪法学》，武汉大学出版社 2013 年版，第 202~203 页；周叶中主编：《宪法》，高等教育出版社 2016 年版，第 234 页；孟凡壮：《中国宪法学言论自由观的再阐释——与徐会平先生商榷》，载《政治与法律》2018 年第 2 期。

[3]　参见马岭：《言论自由、出版自由、新闻自由的主体及其法律保护》，载《当代法学》2004 年第 1 期。

[4]　我国《宪法》第 35 条规定："中华人民共和国公民有言论、出版、集会、结社、游行、示威的自由。"

[5]　参见陈明辉：《言论自由条款仅保障政治言论自由吗》，载《政治与法律》2016 年第 7 期；范进学：《论我国宪法上的言论自由及其义务边界》，载《西北大学学报（哲学社会科学版）》2020 年第 4 期；陈道英：《互联网条件下对我国〈宪法〉第 35 条的解释》，载韩大元、莫纪宏主编：《中国宪法年刊》（2015·第 11 卷），法律出版社 2016 年版。

有学者注意到了《宪法》上另外一条重要的言论自由条款，即第41条，[1] 认为该条属于政治言论自由条款。不过其主要侧重于讨论法律条文背后的法理基础，而对条文本身缺乏深入且细致的剖析。[2] 以上不足不免令人遗憾。

就第二个问题而言，目前涉及宪法对不同类型的言论自由权是否区别保护的文献屈指可数，足见此问题尚未引起学界的普遍关注和重视。有学者基于对美国亚历山大·米克尔约翰（Alexander Meiklejohn）教授"表达自由理论"之借鉴，认为我国也应当区分公共性质表达自由和私人性质表达自由，并给予前者以更大的宽容，但他在并未对宪法有关条文进行详尽分析的情况下就否认了我国宪法上已经对不同表达自由作出了区分。[3] 还有部分文章只是在探讨其他问题时，顺带提出《宪法》对第41条规定的"监督性言论"的保护程度要高于其他言论表达之观点，但未见有深入分析，因而也没有给出令人信服的理由。[4] 也有文章详细分析了《宪法》对第41条监督权的保护程度高于第35条的言论自由，不过可惜的是，该文之本旨并不在于对言论自由权进行专门探讨，故而未将我国宪法上的言论自由予以类型化，并在此基础上区分不同的保障程度，因而其结论之价值十分有限。[5]

因此，对上述两个问题的进一步研究是有意义的。本文旨在吸收、借鉴以及批判现有研究成果的基础上，着重通过宪法文本分析的方式探究我国宪法到底保障几种言论自由以及是否对不同言论自由进行差序保障。

二、宪法上两种言论自由之证成

美国米克尔约翰教授认为，美国宪法上存在着两种言论自由，分别指向两种不同的言论，即公言论和私言论。"所谓公言论就是与统治事务有关、代

---

〔1〕 我国《宪法》第41条规定："中华人民共和国公民对于任何国家机关和国家工作人员，有提出批评和建议的权利；对于任何国家机关和国家工作人员的违法失职行为，有向有关国家机关提出申诉、控告或者检举的权利，但是不得捏造或者歪曲事实进行诬告陷害。对于公民的申诉、控告或者检举，有关国家机关必须查清事实，负责处理。任何人不得压制和打击报复。由于国家机关和国家工作人员侵犯公民权利而受到损失的人，有依照法律规定取得赔偿的权利。"

〔2〕 参见徐会平：《中国宪法学言论自由观反思》，载《学术月刊》2016年第4期。

〔3〕 参见张军：《两种表达自由及其法律保障——〈表达自由的法律限度〉之解读与启示》，载《广西民族学院学报（哲学社会科学版）》2006年第2期。

〔4〕 参见侯健：《诽谤罪、批评权与宪法的民主之约》，载《法制与社会发展》2011年第4期；石毕凡：《诽谤、舆论监督权与宪法第41条的规范意旨》，载《浙江社会科学》2013年第4期。

〔5〕 参见杜强强：《基本权利的规范领域和保护程度——对我国宪法第35条和第41条的规范比较》，载《法学研究》2011年第1期。

表人们参与自治过程的言论。私言论就是与统治事务、与自治过程无关的言论。"〔1〕 基于言论自由权所针对之言论"是否与国家统治事务相关"这一标准，笔者认为我国宪法上亦存在两种不同的言论自由——政治言论自由和非政治言论自由，而这一命题之证成则有赖于对我国《宪法》第 35 条和第 41 条的规范意涵进行深入分析。

（一）《宪法》第 35 条：政治言论与非政治言论之全面保护

正确理解现行《宪法》第 35 条规范之含义乃是确定我国言论自由权保障范围之关键所在。将《宪法》第 35 条规定的言论自由视为一项政治自由是学界很多学者的一贯思路。但笔者认为，此种理解实际上是限缩了宪法所要保障的言论自由的范围，并且已经难以适应现代社会发展之需要，具体分析如下：

1. 主观主义解释之舛误

将《宪法》第 35 条认定为政治自由条款的观点主要是基于主观解释方法，即从有关立宪的历史资料中去发现立宪者之原意。〔2〕 从立宪史的角度，我国 1954 年《宪法》第 87 条关于言论自由等权利的规定实际上是受到了 1936 年苏联《宪法》第 125 条的影响，二者在内容上颇为近似。〔3〕 当时的立宪者普遍将言论自由视为一项政治自由。1954 年《宪法》来源于宪法起草委员会通过的《宪法草案》，而《宪法草案》又来源于中共中央宪法起草小组拟定的《宪法草案（初稿）》。在 1954 年 5 月 6 日至 22 日召开的宪法起草座谈会各组召集人联席会议上，与会人员对《宪法草案（初稿）》进行了深入讨论。《宪法草案（初稿）》第 80 条将言论、出版、集会、结社、游行和示

〔1〕　［美］亚历山大·米克尔约翰：《表达自由的法律限度》，侯健译，贵州人民出版社 2003 年版，第 82 页。

〔2〕　譬如孟凡壮在《中国宪法学言论自由观的再阐释——与徐会平先生商榷》一文中就基于立宪史的考察将《宪法》第 35 条解释为政治自由条款。参见孟凡壮：《中国宪法学言论自由观的再阐释——与徐会平先生商榷》，载《政治与法律》2018 年第 2 期，第 123~125 页。

〔3〕　参见韩大元：《外国宪法对 1954 年宪法制定过程的影响》，载《比较法研究》2014 年第 4 期，第 59~60 页。1954 年《宪法》第 87 条规定："中华人民共和国公民有言论、出版、集会、结社、游行、示威的自由。国家供给必需的物质上的便利，以保证公民享受这些自由。"1936 年苏联《宪法》第 125 条规定："为了适合劳动人民的利益和巩固社会主义制度，法律保障苏联公民享有下列各种自由：（一）言论自由；（二）出版自由；（三）集会自由；（四）游行和示威的自由。公民的这些权利的保证是：印刷厂、纸厂、公共场所、街道、邮电和其他一切为实现这些权利所必要的物质条件，都供劳动者和劳动的组织和团体享用。"

威的自由与宗教信仰自由规定在一起，田家英建议将宗教信仰自由单独列为一款，而胡愈之则认为，政治权利包括了选举权以及言论、出版等自由，宗教信仰自由并非政治权利，应当单列一条。这一提议得到大家一致认可，后来 1954 年《宪法》中言论自由与宗教信仰自由也分属两条。[1] 这种将言论自由视为政治权利的观念一直延续下来。许崇德教授在《中华人民共和国宪法史》一书中认为，毛泽东在《论联合政府》中就说过："人民的言论、出版、集会、结社……自由，是最重要的自由。"这一内容加入宪法就是要保证人民有直接的自由权利对国家事务发表意见、表明态度。[2] 然而这种思路仍有探讨之空间。毛泽东于 1945 年所作的《论联合政府》有其特殊的历史背景，当时是为了反对日本侵略者和国民党政府压制人民各种自由的做法，意图建立一个人民当家作主的真正的民主国家。在这种政治诉求之下，将言论自由理解为政治自由有一定道理，但是一旦历史条件发生变化，这种理解就未必适当。况且毛泽东在《论联合政府》的原文中其实将信仰、身体自由与言论、出版、集会、结社、思想自由并列，莫非信仰自由和身体自由也可被视为政治自由？进而，笔者认为凡是将《宪法》第 35 条的理解只基于主观原意解释之上的做法都存在问题。我们不能活在一部已故之人制定的宪法中，而应当生活在一部"活宪法"中。原旨主义的解释固然显示了对立宪先贤之敬重，但它忽视了社会变迁的事实，进而失去理论上的说服力。[3] 宪法权威性的一个重要来源就是其稳定性和适应性，宪法本身已难于修改，如果再坚持原意解释，"那就意味着宪法完全停留在过去，变成一个真正意义的'老宪法'"。[4] 正如卡尔·拉伦茨（Karl Larenz）所言："法律起草者的规范想法只是多种解释标准之一"，"其对解释者不具拘束力。解释的最终目标不是探求历史上的立法者之'实际意愿'，毋宁在寻找法律在今日法秩序的标准意义。"[5]

2. 应当坚持客观主义和回归宪法文本的立场

前者要求对宪法的解释必须建基于现实的社会变迁之上，后者要求在保

---

〔1〕 参见韩大元：《1954 年宪法制定过程》，法律出版社 2014 年版，第 117、218、250~252 页。

〔2〕 参见许崇德：《中华人民共和国宪法史》，福建人民出版社 2003 年版，第 385 页。

〔3〕 参见孙光宁：《宪法解释方法的两种传统及其启示》，载《北方法学》2014 年第 4 期，第 141 页。

〔4〕 王锴：《宪法解释方法刍议》载《中国社会科学院研究生院学报》2020 年第 2 期，第 7 页。

〔5〕 ［德］卡尔·拉伦茨：《法学方法论》，陈爱娥译，商务印书馆 2003 年版，第 228 页。

持宪法规范体系逻辑统一的前提下理解具体条文之含义，如此方能保持宪法之适应性和权威性。当今时代，数字技术和互联网已经彻底改变了我们所面对的社会环境。正如美国巴尔金（Jack M. Balkin）教授所说，如果我们将言论自由视为一种民主的话，那么我们不应该狭隘地将这种民主理解为仅仅存在于政府统治层面，而应当在更广泛的意义上将其理解为一种民主文化（democratic culture）。在这种文化中，每个人都有公平的机会参与公共文化之塑造，参与到那种能够帮助构建个人意义和价值的讨论中去。而互联网时代言论表达的模式也是多样的，或严肃，或琐碎，或八卦（gossipy），甚至色情，而不仅仅是关于政治的。[1] 我们不妨注意观察每天的"微博"热搜榜和"今日头条"热榜，里面往往充斥着大量的娱乐新闻、体育赛事以及明星八卦，而政治言论却鲜见其踪影。互联网"是一个包括政治、经济、文化、科技、私人事务等多层次、多方位的'高纬度空间'"，[2] 每个人都可以就他们最关心、热衷的话题，以其擅长或喜爱的方式表达自我，这些言论往往是五花八门、丰富多彩。[3] 因此，如果还认为《宪法》第 35 条仅保护政治言论自由，则会使得在社会生活中占相当大比例的非政治言论失去宪法之庇护。姜峰在《言论的两种类型及其边界》一文中指出，以"政治表达"为核心的公共言论才是宪法保护的对象，而与公共利益无关的"私人言论"则无需置于宪法庇护之下。[4] 此种观点笔者殊难赞同。托马斯·艾默生（Thomas I. Emerson）认为，关于言论自由之价值，理论界有四种观点：①言论自由有助于自我实现；②言论自由可作为获知真理之方法；③言论自由是保障社会成员政治参与之手段；④言论自由能够保持社会稳定与社会变迁之间的平衡。[5] 个人的自我实现向来被认为是言论自由的一项重要价值。言论表达是个人思想与智力得以拓展，最终实现自我肯定和自我发展的重要途径，是人

---

[1] See Jack M. Balkin, "Digital Speech and Democratic Culture: A Theory of Freedom of Expression for the Information Society", 79 (1) *New York University Law Review* 1, 3, 31-32 (2004).

[2] 陈道英：《互联网条件下对我国〈宪法〉第 35 条的解释》，载《中国宪法年刊》2015 年第 11 卷，第 37~38 页。

[3] 参见左亦鲁：《告别"街头发言者"美国网络言论自由二十年》，载《中外法学》2015 年第 2 期，第 433 页。

[4] 参见姜峰：《言论的两种类型及其边界》，载《清华法学》2016 年第 1 期。

[5] See Thomas I. Emerson, "Toward a General Theory of the First Amendment", 72 *Yale Law Review* 877, 878-879 (1963).

的全部个性表现之本源所在。溪流若是掘其源，则会彻底干涸。[1] 对言论自由之保护正好契合了现代宪法尊重"人"自身之价值关切。即便是非政治言论，也是个体自我表达的重要方面，理应纳入宪法的保障范围。而且这并不违背《宪法》第 35 条之文义，毕竟该条并未明示言论自由只保障政治言论。同时，《宪法》第 33 条第 3 款规定："国家尊重并保障人权。"《宪法》序言指出，要"推动物质文明、政治文明、精神文明、社会文明、生态文明协调发展"。这证明我国宪法是将人自身的存在及全面发展作为一项重要的价值依归。因此，言论自由不应只有政治表达这一个向度，《宪法》第 35 条实际上保障包括政治言论和非政治言论在内的一切言论之表达。

（二）政治言论自由特别条款：《宪法》第 41 条的规范意涵

除了《宪法》第 35 条这一明确规定了言论自由权的规范以外，笔者认为宪法上还有一条隐藏的言论自由条款，这就是《宪法》第 41 条，而且这一条款的相关规定直接指向对政治言论自由之保护。实际上，已有一些学者开始关注《宪法》第 41 条，并认可其保障政治言论自由的价值。最为典型的是徐会平的《中国宪法学言论自由观反思》一文，该文直接指出，《宪法》第 41 条不但是一个言论自由条款，而且是一个政治自由条款。该条所规定的批评建议等权利就是在强调公民的政治参与，公民对政府的批评建议就好比人大代表在人民代表大会上的发言一样，是民主政治的必然要求。政治表达与对政府的批评建议本质上是一致的，政治表达本就旨在提出批评和建议，因而第 41 条保障了公民政治表达的自由。相反，《宪法》第 35 条属于个体自由条款，政治言论同时具有个体自由和政治自由的双重属性，所以同时受到第 35 条和第 41 条的保护，当我们将某种政治表达视作个体自由时，其受第 35 条保护，视作政治自由时则受第 41 条保护。[2] 还有学者认为，宪法之所以在第 35 条确认公民的言论自由权之后，又在第 41 条特别设定舆论监督权，意在强调公民对国家机关及其工作人员进行舆论监督之重要意义。而从外延上看，第 35 条之规定涵盖了第 41 条舆论监督权之规定，二者是一般规定和特别规定的关系，且特别规定的受保护程度更高。[3] 该说法似乎也间接表达了

---

〔1〕 *See* Thomas I. Emerson, "Toward a General Theory of the First Amendment", 72 *Yale Law Review* 877, 881（1963）.

〔2〕 参见徐会平：《中国宪法学言论自由观反思》，载《学术月刊》2016 年第 4 期。

〔3〕 参见石毕凡：《诽谤、舆论监督权与宪法第 41 条的规范意旨》，载《浙江社会科学》2013 年第 4 期，第 80~81 页。

将《宪法》第 41 条规定的权利视为政治表达自由的意思。当然，学界持对立观点者亦不乏其人。如孟凡壮认为，从宪法史的角度看，立宪者将《宪法》第 35 条规定的自由视为政治自由，所以该条是政治自由条款，而《宪法》第 41 条则是一个"综合性条款"。在批评、建议、申诉、控告、检举以及取得赔偿等多项权利中，只有批评、建议和检举的权利可以被视为政治自由，而申诉、控告和取得赔偿的权利是个体性的救济权利，故而将第 41 条整体上解释为政治自由条款欠妥。《宪法》第 35 条与第 41 条批评权、建议权以及检举权的规定属于一般与特殊的关系，第 35 条是政治言论保障的兜底条款，保护那些未被纳入第 41 条的政治言论的表达。[1] 再如许崇德教授认为，《宪法》第 41 条规定的几项权利不应被视为政治权利，因为被依法剥夺政治权利的人，也允许其对社会主义现代化建设事业提出合理意见以及检举坏人坏事，同时他们也有权为维护自身利益依法提出申诉和控告。[2]

综合上述学者们的观点，笔者认为，不能因为依照刑法规定被剥夺政治权利的人也可以行使批评、建议以及检举等权利就认为它们不是政治权利，这是在用刑法来解释宪法。[3] "对于法律的解释，不应当是任意扩大或缩小宪法条文的含义来迎合法律的合宪性需要，而应当通过调整法律条文的含义来使之符合宪法的基本文本。"[4] 不过《宪法》第 41 条确为"综合性条款"，该条一共有 3 款，第 1 款规定了批评、建议、申诉、控告、检举的权利，第 3 款规定了取得赔偿的权利。批评、建议和检举的权利具有政治属性，而其他 3 项权利虽有一定的政治属性，但主要是个体救济性权利。[5] 这 3 项权利虽然也内含着表达政治态度之意味，但它们更多地体现了公民向有关机

---

[1] 参见孟凡壮：《中国宪法学言论自由观的再阐释——与徐会平先生商榷》，载《政治与法律》2018 年第 2 期。

[2] 参见许崇德：《中华人民共和国宪法史》，福建人民出版社 2003 年版，第 790 页。

[3] 我国《刑法》第 54 条规定："剥夺政治权利是剥夺下列权利：（一）选举权和被选举权；（二）言论、出版、集会、结社、游行、示威自由的权利；（三）担任国家机关职务的权利；（四）担任国有公司、企业、事业单位和人民团体领导职务的权利。"

[4] 陈明辉：《言论自由条款仅保障政治言论自由吗》，载《政治与法律》2016 年第 7 期，第 75 页。

[5] 实际上，学界之所以普遍将宪法第 41 条规定的权利认定为公民监督权，因为它们的确都有监督公权力运行之内涵，故而具备一定的政治属性。但笔者认为申诉、控告以及取得赔偿的权利更像是个体救济性权利，这三项权利与批评权、建议权以及检举权的重要差别在于前者是在公权力行为侵犯到自身利益时主张的，而后者则与是否涉及公民自身利益没有必然关系。因此，后者才是纯粹的政治性权利。

关请求恢复或补偿其个人利益的"行动"，超越了单纯言论表达的范畴，并且这种"行动"的内涵中包含着的言论表达的部分完全可以被批评建议权包摄。至于检举权，则是指"公民对于违法失职的国家机关和国家工作人员，有向有关机关揭发事实，请求依法处理的权利"。[1] 从定义中可看出，该权利亦主要表现为公民针对公权力的不当行为向有关机关进行揭露，并请求予以处理的一种"行动"，其内涵中有关政治表达的部分也可以被批评建议权所涵摄。实际上，从条文的语法结构上看，第 41 条第 1 款中有个"分号"，将此款分隔为两部分，前一部分规定了批评建议权，后一部分规定了申诉、控告以及检举权。因此，笔者认为，完全可以将第 41 条第 1 款分号前关于批评建议权规定的部分视为关于政治言论自由保护之条款，而分号后的部分以及其他款的规定不作此看待，这也与第 41 条作为"综合性条款"的性质相契合。政治言论就是关于国家统治事务之言论，而一切与国家统治事务相关的言论，一般而言都直接或间接地指向对国家公权力的批评或者建议，这是毫无疑问的。《宪法》第 41 条规定的批评建议权恰是赋予了公民对国家事务发表意见、表明态度之自由，且这种自由之行使很难不以言论的形式加以表达，故而将此规定视为政治言论自由条款是适当的。

当然，笔者认为还有一个疑问是有必要解释的，即《宪法》第 41 条第 1 款关于批评建议权的规定是否能够包含全部的政治言论？[2] 一般而言，"言论不限于否定性的评价，还包括肯定性的评价，以及单纯的事实陈述"。[3] 而"批评建议"，从字面含义理解，更偏向否定性言论。如此看来，批评建议似乎无法包含全部政治言论。那是否意味着对公权力歌功颂德的溢美之词以及单纯陈述事实的政治言论不能落入批评建议权的保护范围呢？首先，"建议"一词本身不仅可能包含着否定性意思，也可能包含肯定性意思。譬如公民对政府的某一行为整体上十分赞同，但在某一细小的方面还需采取一些修补完善之措施，因而提出建议，这不能完全说是否定意见。其次，应当考虑宪法规定批评建议权的目的。既然已经有了第 35 条作为言论自由条款，为何

---

〔1〕　周叶中主编：《宪法》，高等教育出版社 2016 年版，第 238 页。

〔2〕　笔者在前文已经提及，孟凡壮在《中国宪法学言论自由观的再阐释——与徐会平先生商榷》一文中认为，未被纳入《宪法》第 41 条保护范围的政治言论则受第 35 条之保护，这意味着并非一切政治言论都可被第 41 条所保障，笔者在此对这一问题作出回应。

〔3〕　杜强强：《基本权利的规范领域和保护程度——对我国宪法第 35 条和第 41 条的规范比较》，载《法学研究》2011 年第 1 期，第 8 页。

还要再规定批评建议权？显然不能将这一规定解释为冗余。笔者认为，在浅层次上，这一规定表征着一种强调，即强调"人民有权通过监督权经常性地监督国家机关及其工作人员的活动，以保障国家权力的合法性"。[1] 而在深层次上，当我们将批评建议权的规定与《宪法》第 2 条"中华人民共和国的一切权力属于人民……人民依照法律规定，通过各种途径和形式，管理国家事务，管理经济和文化事业，管理社会事务"之规定放在一起作体系性理解时，会发现公民监督权背后的逻辑其实旨在促进公民对国家事务的关心和参与，更好地体现人民当家作主。所以笔者认为批评建议权的设置就是以更好地保障公民的政治参与为目的，而政治参与当然不限于表达否定性言论，也包括肯定性言论和事实陈述。但后两者是无需过多强调的，因为立宪者不可能不知道不怎么刺耳的政治性言论一般是不会遭受压制的。故而我们没有理由认为批评建议权之规定仅保障否定性言论，而应理解为保障一切政治言论之表达。

综上，可以认为，《宪法》第 35 条是一般的言论自由条款，而第 41 条关于批评建议权的规定是专门的政治言论自由条款，二者是一般法与特别法的关系。当一项言论属于非政治言论时，其仅受到《宪法》第 35 条的保护；而当一项言论属于政治言论时，则同时落入第 35 条和第 41 条的保护范围，基于特别法优于一般法的原则，它应当优先受第 41 条之保护。

三、两种言论自由差序保障之探析

之所以通过对《宪法》第 35 条和第 41 条性质之认定来区分政治言论自由和非政治言论自由，而非仅仅从整体上认识一项完整的言论自由权，是因为宪法对两种言论自由的保障程度不同。第 41 条的政治自由条款既然是特别法，那就意味着政治言论自由的受保护程度更强，否则如果两种言论自由受保护程度相同甚或是政治言论自由受保护程度更弱，就无法从体系解释的角度证明宪法单独设置政治自由条款的合理性。

（一）宪法对非政治言论自由之保障程度

确定宪法对某一项权利之保障程度，实际上是在确定宪法对该项权利所设定之边界。边界所囊括之范围小，则保障程度较低，反之则保障程度较高。一项权利的内在界限就在于尊重他人的同等权利不被侵犯，"他人的权利就自

然是'我'的权利边界"。[1] 在实际的社会生活中，权利和利益之间的冲突司空见惯，法律需要在不同权利之间作出平衡，为权利划定一个边界。正如孟德斯鸠所说："在一个国家里，也就是说，在一个有法律的社会里，自由仅仅是：一个人能够做他应该做的事情，而不被强迫去做他不应该做的事情。"[2] 我国宪法除了规定公民基本权利的规范外，还有很多义务性规范，这为公民权利划定了边界。美国欧文·费斯（Owen M. Fiss,）教授认为，中国宪法对言论自由的保障不若美国宪法的"权利法案"对言论自由的保障，除了《宪法》第 35 条规定公民享有言论自由外，还有一些限制言论自由权的条款，这些条款包括《宪法》第 38 条、第 51 条、第 53 条以及第 54 条。[3] 范进学教授在《论我国宪法上的言论自由及其义务边界》一文中提出，我国《宪法》第 33 条第 4 款和第 51 条构成了公民行使《宪法》第 35 条规定的言论自由时的一般性义务限制与约束，而《宪法》第 1 条第 2 款、第 4 条第 1 款、第 36 条第 2 款、第 38 条、第 41 条、第 52 条、第 53 条以及第 54 条这八个条款则是言论自由的具体义务边界。[4] 这些条款为言论自由权设定的义务包括：①不得破坏社会主义制度；②不得损害国家的、社会的、集体的利益和其他公民的合法的自由和权利；③不得歧视宗教信仰的公民；④禁止侮辱、诽谤和诬告陷害；⑤不得破坏国家统一和民族团结；⑥不得泄露国家秘密；⑦不得煽动扰乱公共秩序；⑧不得违反社会公德；⑨不得危害国家安全、荣

---

〔1〕 田广兰：《权利的边界》，载《哲学动态》2014 年第 5 期，第 57 页。

〔2〕 ［法］孟德斯鸠：《论法的精神》（上册），张雁深译，商务印书馆 1961 年版，第 154 页。

〔3〕 *See* Owen M. Fiss, "Two Constitutions", 11 *Yale Journal of International Law* 492, 493 – 494 (1986). 我国《宪法》第 38 条规定："中华人民共和国公民的人格尊严不受侵犯。禁止用任何方法对公民进行侮辱、诽谤和诬告陷害。"第 51 条规定："中华人民共和国公民在行使自由和权利的时候，不得损害国家的、社会的、集体的利益和其他公民的合法的自由和权利。"第 53 条规定："中华人民共和国公民必须遵守宪法和法律，保守国家秘密，爱护公共财产，遵守劳动纪律，遵守公共秩序，尊重社会公德。"第 54 条规定："中华人民共和国公民有维护祖国的安全、荣誉和利益的义务，不得有危害祖国的安全、荣誉和利益的行为。"

〔4〕 《宪法》第 33 条第 4 款规定："任何公民享有宪法和法律规定的权利，同时必须履行宪法和法律规定的义务。"《宪法》第 1 条第 2 款规定："社会主义制度是中华人民共和国的根本制度。中国共产党领导是中国特色社会主义最本质的特征。禁止任何组织或者个人破坏社会主义制度。"第 4 条第 1 款规定："中华人民共和国各民族一律平等。国家保障各少数民族的合法的权利和利益，维护和发展各民族的平等团结互助和谐关系。禁止对任何民族的歧视和压迫，禁止破坏民族团结和制造民族分裂的行为。"第 36 条第 2 款规定："任何国家机关、社会团体和个人不得强制公民信仰宗教或者不信仰宗教，不得歧视信仰宗教的公民和不信仰宗教的公民。"第 52 条规定："中华人民共和国公民有维护国家统一和全国各民族团结。"

誉和利益。[1]

　　笔者认为，将如此多的条款都作为第 35 条规定的言论自由权的义务边界甚为不妥。这些条款对于言论自由的限制有诸多交叉和重叠之处，譬如"国家统一"和"国家安全、荣誉和利益"，"歧视"和"侮辱"等在含义上有交叠。更何况第 1 条第 2 款、第 4 条第 1 款、第 36 条第 2 款、第 38 条、第 41 条、第 52 条、第 53 条以及第 54 条所设定之具体义务完全可以被《宪法》第 51 条之规定所涵盖，正如有学者指出，《宪法》第 51 条"是对公民基本权利行使的总的限制"，[2] 具有高度概括性，将第 51 条作为言论自由之边界足矣。

　　至于《宪法》第 33 条第 4 款，虽然也是一般性限制条款，但笔者认为该款不宜作为某一具体权利之义务边界。此条款涉及我国学界所普遍接受的权利与义务相统一的观念。正如肖蔚云教授所指出的，公民既要享受权利又要承担义务，二者相互联系，不可分割，这是贯穿我国宪法始终的一项原则。[3] 但这里所指称之"义务"的范围要较第 51 条的规定更为广泛，它包含了两层意思，第一层意思是公民应依照宪法和法律之规定，在行使权利时要尊重其他主体之权利，以不侵犯其他主体之利益为界；第二层意思则是在更为抽象的意义上表达权利与义务的统一性，不能仅享受权利而不尽任何义务，既然公民享有宪法和法律规定之权利，那么不论这种权利享有到什么程度，都应当履行宪法和法律所规定之义务。第一层意思完全被包含在第 51 条之中，而且第 51 条的表述更为清晰明确。而第二层意思则对于确定某一具体权利之边界毫无帮助，因为在第二层意思里，"义务"与"权利"没有直接联系。譬如公民的服兵役、纳税、劳动以及受教育等义务，并不与任何一项具体权利相对应而成为该权利之边界，而来源于公民抽象地享受了宪法所赋予的各种权利和自由。虽然第 33 条第 4 款由于其含义广泛且含混不清，不宜用来确定基本权利之界限，但它还是传达了一项有用信息，即宪法授权法律对基本权利作出限制。

　　因此，笔者认为，《宪法》第 51 条是对第 35 条言论自由之限制的完整表

---

〔1〕　参见范进学：《论我国宪法上的言论自由及其义务边界》，载《西北大学学报（哲学社会科学版）》2020 年第 4 期，第 163~166 页。

〔2〕　石文龙：《论我国基本权利限制制度的发展——我国〈宪法〉第 51 条与德国〈基本法〉第 19 条之比较》，载《比较法研究》2014 年第 5 期，第 161 页。

〔3〕　参见肖蔚云：《我国现行宪法的诞生》，北京大学出版社 1986 年版，第 54 页。

达，它为言论自由划定了边界。非政治言论自由仅被第 35 条所保障，因此第 51 条之规定就构成了非政治言论自由之边界。应当看到，第 51 条包含了言论自由行使的两方面限制，"一是不得损害国家的、社会的、集体的利益；二是不得损害其他公民的合法的自由和权利"。[1] 这一规定是十分具有开放性的，到底什么才是"国家的、社会的、集体的利益"以及"其他公民的合法的自由和权利"存在着很大的解释空间，立法机关亦可根据实际需要通过法律设置具体化的限制，因而宪法这一规定存在对言论自由限制过度而保障不足之虞。

（二）宪法对政治言论自由之保障程度

宪法对政治言论自由保障至何种程度，须围绕《宪法》第 41 条之规定进行分析和讨论。政治言论自由可能的边界来自两处，一是第 41 条第 1 款的"但书"，即"但是不得捏造或者歪曲事实进行诬告陷害"；二是作为基本权利一般限制性条款的第 51 条。不过批评建议权具体受到何种程度限制，学界观点不一。有学者认为，批评权和建议权不受"但书"的限制，但是受到《宪法》第 51 条的限制。不受"但书"限制的原因在于《宪法》第 41 条规定了两组权利：批评和建议的权利；申诉、控告和检举的权利。因它们功能相似，即都具有监督功能，故被置于同一条文中。但两组权利被分号分开，"但书"与后一组申诉、控告和检举的权利之间以逗号相连，因而"但书"针对的是后一组权利。且从内容逻辑看，"但书"的内容也与后一组权利联系在一起，与批评和建议权没有联系。[2] 还有学者认为，《宪法》第 35 条规定的言论自由受到第 51 条的限制，而《宪法》第 51 条属于"典型的单纯法律保留"，即宪法授权给立法者以自由裁量权，立法者有权为维护公共利益和其他公民的合法权利而对言论自由进行必要的限制。这种限制是一种间接限制，即第 51 条不仅限制言论自由，还限制其他各项基本权利。而《宪法》第 41 条规定的几项监督权利则受到但书的限制，这种限制是一种直接限制，虽然在这种限制之下，立法者也有一定的裁量权，但仅限于依据"不得捏造或者歪曲事实进行诬告陷害"这一规定进行裁量，这大大限缩了立法者的裁量范

---

〔1〕　马岭：《利益不是权利——从我国〈宪法〉第 51 条说起》，载《法律科学（西北政法大学学报）》2009 年第 5 期，第 74 页。

〔2〕　参见侯健：《诽谤罪、批评权与宪法的民主之约》，载《法制与社会发展》2011 年第 4 期，第 149 页。

围。因而《宪法》对第41条规定的权利相较于第35条规定的言论自由施以了更强的保护。[1] 这种观点依特别法优于一般法之原则将《宪法》第41条规定的权利排除出第51条的限制范围，认为使其仅受"但书"之限制。

对于上述学者之观点，笔者皆不能赞同。笔者认为，《宪法》第41条第1款规定的批评建议权作为政治言论自由条款既不受《宪法》第51条的限制，亦不受第41条第1款"但书"的限制。其不受"但书"限制的理由与前述学者的观点一致，即立宪者通过分号将批评建议权和其他几项权利分开，而"但书"与后几项权利以逗号连接，这从语法逻辑上就断绝了"但书"适用于批评建议权的可能性。但不受"但书"的限制，并不意味着就要受到一般性限制条款之限制，否则就会出现逻辑谬误。一方面，《宪法》为第41条几项具有政治属性的权利专门设置了"但书"，这意在排除其他限制性条款之适用，否则"但书"设置就失去意义；另一方面，批评建议权虽不受"但书"限制，但其与其他几项权利一样，都具备监督之功能，为何申诉、控告和检举权就只受到"但书"的较少的限制，而批评建议权却要受到第51条的更为广泛的限制？难道申诉、控告和检举权比批评建议权更为重要吗？相反，批评建议权比申诉、控告的权利更值得重视。因为批评建议权是纯粹的政治性权利，不具备申诉权、控告权的个体救济属性，它们往往与公民自身利益不相关，故而一旦受到侵犯，公民没有强烈的个人动机去维护此权利，进而可能造成"万马齐喑"之局面。依此逻辑，宪法对于批评建议权的保障应当更强于对申诉、控告权的保障。因而，笔者认为，政治言论自由条款不受任何其他条款的限制才是唯一合理的解释。

如此一来，政治言论自由就有了受宪法绝对保障之意味。"绝对保障"的观念似乎很难为我国学界所接受。但无论如何，至少不得不承认宪法对于政治言论自由相较于非政治言论自由施以更为严格之保障。笔者认为，这在法理上有两点理由。首先，政治言论本身具有脆弱性，而越弱势者越要得到特殊保护。政治言论之核心在于对公权力的监督与批评，以实现国家的"良善之治"，但正因为如此，政府对于这种不友好的言论才有了打压的动机，而且政府也具备打压的手段。[2] 故而对于政治言论自由必须给予更为充分的保

---

[1]　参见杜强强：《基本权利的规范领域和保护程度——对我国宪法第35条和第41条的规范比较》，载《法学研究》2011年第1期，第9~10页。

[2]　参见姜峰：《言论的两种类型及其边界》，载《清华法学》2016年第1期，第45页。

障，否则就会形成"噤若寒蝉"的局面。"我们永远不能确信我们所力图窒闭的意见是一个谬误的意见；假使我们确信，要窒闭它也仍然是一个罪恶。"[1] 只有不断接受不同意见乃至尖锐的批评，政府行为才可能具备理性之基础。其次，政治言论自由是实现人民主权之需要。民主是一个高位阶的价值。米克尔约翰教授认为，美国是一个"人民统治"的国家，立法、行政和司法机构不过是人民之代理人。而要保障人民统治之实现，思想交流的自由就是必需的。因为只有当每个公民拥有理智、正直和敏感的品质时，人民的自治才是可能的。而只有当人民在国家事务上有充分的意见表达和思想交流时，人民才可能具备上述品质。而美国宪法第一修正案就保障了这种政治表达的自由，[2] 它是绝对的，是不能被立法所削减的。如果允许立法削减政治表达自由，就等于允许人民的代理人削减人民的统治权。[3] 我国也是一个由人民统治的国家，《宪法》第2条第1款、第3款、第27条第2款等都是对此最好的注解。[4] 因此，有力保障人民的政治表达自由在我国同样重要。人民不能对政府官员提出批评，公共信息就得不到充分交流，就不可能产生一个理性的民主政府。[5]

此外，"绝对保障"也并不意味着没有边界，只是其边界不应轻易到达。米尔克约翰教授认为，只有当言论所带来的祸患已经紧迫到来不及进行充分讨论就会发生时，压制才是正当的。只要还有讨论的可能性，就不能选择强制缄默。[6] 这就是说，政治表达的边界在于保证其自身不被颠覆。当然，美国的理论和经验不能也不应当被照搬于我国，毕竟我国自有国情在。该如何保障我国公民的政治言论自由，尚待学者们根据我国宪法实践进一步探究。

---

〔1〕 ［英］约翰·密尔：《论自由》，许宝骙译，商务印书馆1959年版，第20页。

〔2〕 美国《宪法第一修正案》规定："国会不得制定关于下列事项的法律：确立国教或禁止宗教活动自由；限制言论自由或出版自由；剥夺公民和平集会和向政府请愿申冤的权利。"

〔3〕 See Alexander Meiklejohn, "The First Amendment Is an Absolute", 1961 *The Supreme Court Review* 245, 252-255 (1961).

〔4〕 《宪法》第2条第1款规定："中华人民共和国的一切权力属于人民。"第3款规定："人民依照法律规定，通过各种途径和形式，管理国家事务，管理经济和文化事业，管理社会事务。"第27条第2款规定："一切国家机关和国家工作人员必须依靠人民的支持，经常保持同人民的密切联系，倾听人民的意见和建议，接受人民的监督，努力为人民服务。"

〔5〕 参见张千帆：《宪法学导论》，法律出版社2004年版，第490页。

〔6〕 参见［美］亚历山大·米克尔约翰：《表达自由的法律限度》，侯健译，贵州人民出版社2003年版，第38~39页。

综上，我国宪法对政治言论自由和非政治言论自由采取了差序保障态度，被《宪法》第 35 条所保障的非政治言论自由受到较为广泛的限制，而对于政治言论自由，宪法并未设定限制性条款，这表明政治言论自由的受保护程度更高。

四、代结语：相对保障与绝对保障之迷思

我国宪法对于政治言论自由之保障是否能够算作绝对保障是一个有待商榷的问题，笔者未敢轻下定论。一般来说，基本权利的绝对保障意味着宪法保留之确立，如果不是宪法保留，而仅仅是法律保留甚或是连法律保留也没有，自然是相对保障。宪法保留之实质在于排除立法对于基本权利之任意干涉，但其具体定义学界存在着不同意见。这些意见主要可以分为两类，一类认为只有宪法条文明确排除立法对某一基本权利进行限制之可能性时，方可称为宪法保留。[1] 如美国《宪法第一修正案》的表述就是典型例证。还有一类观点认为只要宪法未明确规定法律可以对基本权利进行限制，则属于立法之禁区。[2] 按照前一类观点，我国宪法对政治言论自由与非政治言论自由都是相对保障，因为宪法并未明确排除立法干涉之可能性。而按照后一类观点，宪法对非政治言论自由是相对保障，而对政治言论自由则是绝对保障。宪法为非政治言论自由设定了限制性条款，且从《宪法》第 33 条第 4 款来看，法律亦可作出限制性规定，此当属相对保障。但政治言论自由则没有限制性条款，似属绝对保障。当然以上只是从宪法保留之概念出发进行剖析。林来梵教授指出，绝对保障除了意味着宪法要排除法律对基本权利的任意限制外，一般还应设立一种具有实效性的合宪性审查制度。[3] 否则即便宪法意图排除立法对基本权利之侵蚀，在实践中也难以真正落实，法律可以任意削减基本

---

〔1〕　参见沈寿文：《宪法保留：对基本自由权利限制的限制原则》，载《北方法学》2010 年第 3 期，第 22 页。亦参见邓联繁，蒋清华：《论基本权利的宪法保留》，载《湖南大学学报（社会科学版）》2009 年第 6 期，第 108 页。沈文认为，所谓"宪法保留"，指的是涉及国家的政权体制或者人民的某些基本自由权利，制宪者在宪法中明确规定这样的事项只能留给宪法来规范，即使是立法机关也无权通过立法或者采取其他决定的方式来改变这种国家政权体制或者限制、剥夺人民的这些基本自由权利。邓、蒋文认为，所谓基本权利的宪法保留，是指对于人和公民的基本权利之确认及限制，直接由宪法作出明确、具体的规定，以防止立法侵害，从而使基本权利直接受到宪法的保障。

〔2〕　参见汪进元、陈兵：《权利限制的立宪模式之比较》，载《法学评论》2005 年第 5 期，第 10 页。该文认为，宪法保留原则指权利的限制只能依宪法之明文规定，没有规定或规定之外归属宪法保留，权力机关不得逾越。

〔3〕　参见林来梵：《宪法学讲义》，清华大学出版社 2018 年版，第 337 页。

权利却无因违宪而被宣告无效之虞，则绝对保障殊难成立。我国的合宪性审查虽然在不断推进，但离真正发挥作用还有一定距离。可见，即便宪法确立了对政治言论自由和非政治言论自由的差序保障格局，但由于宪法监督机制尚有较大完善空间，二者在可以被法律任意加以限制这一点上是完全平等的，这一点颇令人遗憾。正如有学者所言，美国宪法上的言论自由是"不得立法"保护模式，而我国宪法上的言论自由则是"经由立法"保护模式。[1] 只能希冀随着我国宪法实施程度和水平的不断深化和提高，宪法的意图能真正得以贯彻。

---

　[1]　参见马得华:《我国宪法言论自由条款类似于美国宪法第一修正案吗？》，载《比较法研究》2016 年第 4 期。

破产法价值新探：基于宪法的视角

郭泽鹏*

　　摘　要： 破产法是我国市场经济法律体系中极为重要的法律，对于破产法价值的研究是学界十分关注的问题。美国 1787 年《联邦宪法》将"制定统一的破产法"写入联邦立法权，成为美国法学界经常讨论的议题，从宪法的视角探讨破产法以及破产法的价值是一种可行路径。梳理美国"破产条款"写入宪法的历史和缘由，结合其他主要市场经济国家将破产法写入宪法的情况，可以得出破产法具有宪法意义和宪法价值。结合宪法"权力制衡与权利保护""经济秩序维护""社会福利增进"三大价值解构破产法的价值，可以得出破产法对于社会公平正义、宏观经济稳定和秩序稳固具有超越于普通商事法律的基础性、一般性影响，破产法的制度价值作用于经济社会活动的诸多方面。在中国破产法改革过程中应当将宪法的观念融入破产法当中，以宪法理念引领破产法的改革。

　　关键词： 破产法　破产法价值　宪法视角　破产条款

---

　　* 郭泽鹏，中国政法大学法与经济学研究院 2019 级博士研究生（100088）。

一、问题的提出

完整的市场机制由市场准入、市场交易和市场退出三大部分构成[1]，破产法是市场退出法律制度中最重要和不可或缺的内容，其为市场主体参与市场竞争、进行市场交易提供了稳定的预期，是债权人权利保障的"大宪章"。我国是转型市场经济国家，从 1978 年开始我们逐步深化市场经济体制改革，进行"制度松绑"，同时通过一些市场化法律制度的出台作为改革的先导，如破产相关政策和法律的出台。然而，破产法自出台以来实施状况一直不够理想，特别是基于一般公众的认知，破产是经济衰退和雇员失业的代名词。国内法学界研究破产法的学者数量和学术论文数量相较于法学其他领域而言都比较少，这在某种程度上是对破产法价值的认知和理解不足所致。

通过对国内文献的梳理，我们可以知道破产法的价值问题是学界十分关注的问题，也有着诸多的讨论。李永军认为，破产法具有公平的价值、保护债权人的价值、弥补传统民事救济手段不足的价值、给予债务人重新开始机会的价值和保障经济秩序的价值。[2] 汤维建认为，破产法具有公平的价值和效率的价值，而公平价值是破产法最重要的价值。[3] 王卫国认为，破产法具有推动建立社会主义市场经济法律体系的价值、推动国有企业改革的价值、推动金融保障的价值等。[4] 陈丽华认为，实现均衡利益、公平与公正是破产法在制定与修改中最应当关注的价值。[5] 李维宜认为，"破产法具有三大价值：一是促进困难企业复苏，维护社会公共利益和经济稳定；二是公平偿债，实现正义价值的取向；三是剥夺浪费社会资源的企业继续使用社会资源的权利，将有限的资源交给效率高的企业去使用，实现效率价值的取向"。[6] 这

〔1〕 参见尤春媛：《市场经济·契约文明·法治政府》，中国政法大学出版社 2012 年版，第 101 页。

〔2〕 参见李永军：《重申破产法的私法精神》，载《政法论坛（中国政法大学学报）》2002 年第 3 期，第 28~30 页。亦可参见李永军等：《破产法》，中国政法大学出版社 2017 年版，第 4~5 页。

〔3〕 参见汤维建：《修订我国破产法律制度的若干问题思考》，载《政法论坛（中国政法大学学报）》2002 年第 3 期，第 22~23 页。

〔4〕 参见王卫国：《略论新破产法起草的几个目标》，载《政法论坛（中国政法大学学报）》2002 年第 3 期，第 14~15 页。

〔5〕 参见陈丽华、杨罗根：《论破产法的价值定位及相关制度完善》，载《湖南大学学报（社会科学版）》2004 年第 1 期，第 90~92 页。

〔6〕 李维宜：《破产法价值取向的选择与实现途径的思考》，载《上海市政法管理干部学院学报》1999 年第 3 期，第 20 页。

些观点主要是从传统视角研究破产法价值，具有十分重要的理论意义，奠定了我国破产法价值研究的基础：破产法具有公平价值、效率价值、保护债权人的价值、维护经济秩序的价值、实现资源有效配置的价值，等等，这些都是本文展开研究的起点。

将目光转向域外，世界上最先进的破产制度是美国的破产法或破产制度。美国破产法在整个市场经济法律体系中的作用是基础性的，其适用状况和发挥的实际效果都展现出良好的状态，体现了美国市场经济法律体系的系统和完备。那么美国如何观察和定位破产法的价值呢？美国作为联邦制国家，其法律是联邦法和州法的"双轨制"，每一个州都可以制定包括宪法在内的主要法律，尤其是民事商事法律，也即每一个州都形成相对独立、完整的法律体系，而只有涉及征税、外交、国籍等方面，数量有限的法律由联邦统一制定。然而，一个有趣的事实是：破产法作为民商事法律并非由各州自行制定，而是由联邦统一制定，"制定统一的破产法"出现在美国 1787 年《联邦宪法》文本当中。这得益于美国在立国之初的 1787 年《联邦宪法》中对国会立法权的规定，该规定开辟了世界破产立法体例的先河，也为后来世界范围内的破产法制度树立了标杆。正是由于美国破产法的特殊地位，"美国的公司法是由各州自行制定的，因而破产法常常被用来贯彻一些难以在各州层面上达成一致的公司治理制度"。[1] 同时，"美国破产法作为美国《联邦宪法》提到的两部法律之一[2]，破产法与宪法的关系问题也由此成为美国法学院破产法课堂上热烈讨论的题目之一。"[3] 我们不禁要问，在美国，破产法为什么会规定在宪法文本里面？宪法与破产法的关系究竟如何？破产法写入美国宪法根源于联邦制抑或是破产法自身的特质所决定？从一般意义上而言，破产法是否有一些宪法意义上的特殊价值？

因此，以宪法的视角研究破产法和破产法的价值是对破产法律制度研究的重要径路，这提供了一个从法律的价值观层面思考破产法制度价值的研究方向。更重要的是，破产法的价值决定了破产法的制度如何设计以及制度如何更好地发挥作用。本文试图从这一新的视角——宪法的视角，探讨破产法

---

[1] 许德风：《破产法论——解释与功能比较的视角》，北京大学出版社 2015 年版，第 21 页。

[2] 另外一部规定在《联邦宪法》的法律是美国的"国籍条例"（uniform Rule of Naturalization）。

[3] 李曙光：《破产法的重要性及商业价值——介绍〈破产及其他相关法精要〉》，载《博览群书》2006 年第 3 期，第 97 页。

与宪法的关系以及破产法价值与宪法价值的关系，从而加深对破产法和破产法价值的理解。全文的结构安排是：第一部分是问题的提出，第二部分探讨宪法文本中的破产法与破产法的宪法价值，第三部分是本文的重点，从宪法的三大价值出发尝试建构破产法价值的宪法分析框架，第四部分探讨破产法的宪法价值与中国破产法改革的关系。

二、宪法文本中的破产法与破产法的宪法价值

美国1787年《联邦宪法》将"制定统一的破产法"写入"国会立法权"范畴，学界一般称该条文为美国宪法的"破产条款"（Bankruptcy Clause）。"破产条款"的入宪可以说无论是在宪法史上还是破产制度发展史上都是第一次，后来许多国家纷纷效仿。这对于宪法学者和破产法学者而言，都是值得关注和思考的问题，"破产条款"入宪可能揭示了破产法的某种重要价值。

（一）美国"破产条款"的文本表述和入宪背景

美国《联邦宪法》第1条第8款规定了联邦政府的18项权力，其中第4项是联邦有权制定统一的国籍条例和破产法律[1]，美国宪法清晰、明确地将破产法的立法权限赋予了美国国会，而不是各州，同时规定为美国国会行使立法权的事项还有税收、州际贸易、货币、兵役，等等，这是美国"破产条款"的文本表述。

那么作为民商事法律的破产法为什么会规定在宪法文本中，其他的民商事法律为什么不纳入联邦立法权而交由各州来完成呢？破产法律为何有如此重大的意义呢？破产法在美国为什么有如此之高的地位呢？

美国1787年《联邦宪法》是在美国独立战争结束以后制定的。1775年4月19日，"莱克星顿枪声"拉开了美国与英国殖民者8年斗争的序幕。在独立战争过程当中，为了维持政府的财政运转，特别是为了持续与英国殖民者进行斗争，各州频繁征税，而税收的数量和规模之大导致美国独立战争期间各州政府公债庞大，债务最终转移到各州的农民身上。战争结束之后马萨诸塞州和罗得岛州成为债务人最多的两个州，两个州民怨尤为高涨，马萨诸塞州的人民最终不堪重负，由美国独立战争时的军官丹尼尔·谢司（Daniel Shays）领导起义，历史上被称为"谢司起义"。"谢司起义"并未取得成功而

---

〔1〕 参见美国《联邦宪法》，载美国联邦参议院网站，https://www.senate.gov/civics/constitution_item/constitution.htm#a1，最后访问日期：2019年1月19日。

是在不久后被镇压。"在镇压谢司起义后的一百天，美国人开始制宪。"[1] 这就是美国 1787 年立宪之前发生的事情。

(二) 美国 "破产条款" 的价值取向

《联邦党人文集》第 42 篇是美国制宪者麦迪逊（James Madison）对于 "破产条款" 入宪的看法，他认为："制定统一破产法的权力与商业规范密切相关，可以有效地制止当事人利用其财产在不同的州或将其财产转移到不同的州所进行的欺诈行为。"[2] 当时的美国艾奥瓦州参议员大卫·亨德森（David B. Henderson）认为，对于制定破产法或全国统一的破产法，其反对的主张背后隐藏的是地方主义。[3] 查尔斯·泰步（Charles J. Tabb）认为："州法的差异性规定与对不在本州居住的债权人的歧视会影响州际贸易，联邦制定统一的破产法的权力与商业贸易紧密相关，并且破产法的制定能够阻止债务人将其财产隐匿或转移到不同的州以欺诈债权人的行为。"[4] 博莱德雷·汉森（Bradley Hansen）认为，各州的破产法是不同的，但他们都缺乏债务免除等现代破产法制度，同时各州的破产法普遍存在地方保护主义，忽视非本州债务人利益，减少了州际贸易的可能性。[5] 约瑟夫·斯托里（Joseph Story）也指出了 "破产条款" 入宪的三大原因："其一，为了保持和谐、促进正义、确保所有的州公民之间的权利和救济的平等；其二，没有任何州可以制定超出自己领土范围以及在属于它的管辖权之外的人们的任何制度；其三，在有关国外、有关我们与他们的商业信用和交往方面，这个权力也是重要的。"[6] 李曙光认为："由国会可以进行立法的各项可以看出，《美国宪法》的旨意是为了保障贸易不会因为地域的阻隔而破坏，不会因为各州的分野而产生地方

---

〔1〕　李曙光：《破产法的宪法性及市场经济价值》，载《北京大学学报（哲学社会科学版）》2019年第 1 期，第 150 页。

〔2〕　[美] 汉密尔顿等：《联邦党人文集》，程冯如等译，商务印书馆 2006 年版，第 219 页。

〔3〕　WARREN, Charles, Bankruptcy in United States History, Harvard University Press, p. 13 (1935).

〔4〕　TABB, Charles J. , History of the Bankruptcy Laws in the United States, American Bankruptcy Institute Law Review, vol. 3, p. 5 (1995). 转引自贺丹：《破产实体合并司法裁判标准反思——一个比较的视角》，载《中国政法大学学报》2017 年第 3 期，第 78 页。

〔5〕　Hansen, Bradley, Commercial Associations and the Creation of a National Economy: the Demand for Federal Bankruptcy Law, Business History Review, Vol. 72, pp. 86, 88 (1998). 转引自陈夏红：《美国宪法 "破产条款" 入宪考》，载《中国政法大学学报》2019 年第 5 期，第 128 页。

〔6〕　[美] 斯托里：《美国宪法评注》，毛国权译，上海三联书店 2006 年版，第 331~332 页。

保护主义。"[1]

根据以上观点，我们可以得到美国破产条款入宪的几大价值取向：

其一，防止债务欺诈或破产欺诈，促进社会公平。"破产条款"可以防止个别债务人利用州际法律的壁垒以"跑路"的方式逃避债务，或在各州破产法律不同的情况下通过转移财产逃避债务。其实在当时的美国不乏政客认为，"比起扩大范围给予遥远的债权人对破败的债务人财产的公平分配，以狭窄的优惠制度能够更安全地考虑他们自己的暂时利益和声望"[2]，但是从长远来看这种想法会导致商业陷于混乱和无序。

其二，有利于国内统一大市场的形成。州法的差异性会造成债权人之间的歧视，在商业往来中特别是州际商业往来中，一旦出现债务人破产就会导致债权人的恶性竞争和受偿的不公平。这种不公平长此以往会阻碍州际贸易，会形成地方保护主义，从而难以形成国内统一的大市场，不利于美国经济的长期发展。

其三，有利于在国内形成良好的商业信用环境和在国际上形成良好的信用形象。当时美国的经济发展是不平衡的，北方以资本主义经济为主，而南方以种植园经济为主，因此美国北方的立法者（联邦党人）支持联邦破产法，美国南方的立法者（共和党人）反对联邦破产法[3]，这是南北方的生产方式不同所致。但是商业贸易的发展是全美未来的必然趋势，而信用是商业发展的基石，特别是当美国与其他国家进行贸易往来时，若没有联邦统一破产法的制约，各州可能会滥用立法权从而使外国债权人陷于不利境地，不利于树立美国良好的商业形象。

其四，为了平衡联邦权与州权，妥善处理中央与地方的关系。从另一个角度看，美国《联邦宪法》每一个条文的规定都是不同利益团体之间、不同党派之间、联邦权与州权之间博弈的结果，破产法在某种程度上的确有损于农场主的利益，削弱各州权力，斯托里也认为"破产条款"是合众国权力对于各州权力的"矫正"。[4] 从某种意义上讲，"破产条款"入宪也是政治博弈的结果。

---

〔1〕 李曙光：《美国破产法院如何运转》，载《法制资讯》2013 年 12 月 3 日。

〔2〕 ［美］斯托里：《美国宪法评注》，毛国权译，上海三联书店 2006 年版，第 331 页。

〔3〕 WARREN, Charles, Bankruptcy in United States History, Harvard University Press (1935).

〔4〕 WARREN, Charles, Bankruptcy in United States History, Harvard University Press (1935).

（三）其他国家破产法入宪概况

除美国之外，有许多联邦制国家效仿美国，将"制定破产法"作为"联邦立法权"的内容写入宪法，或事实上将破产法制定权收归中央统一行使。如瑞士《联邦宪法》第164条第1款将"破产法律"作为"重要法律"（Significant provisions）[1] 设置为联邦立法权内容，瑞士《破产法》在前言中说明了该部法律是瑞士联邦议会根据《联邦宪法》第164条制定的。澳大利亚通过各州达成协议的方式实现破产法由中央统一规定、统一实施，以协调各州在破产事务上的矛盾和冲突，[2] 根据澳大利亚《联邦宪法》第51条第1款，澳大利亚联邦议会享有39项立法权，其中第17项为制定"破产和支付不能"方面的法律。加拿大《联邦宪法》规定，破产事务归联邦政府管辖，破产法适用于加拿大全境，加拿大《破产法》同时配合《企业清理法》《公司债权人整理法》《农民债权人整理法》处理不同主体的破产问题。[3] 破产法的立法权归中央统一行使已经成为一种趋势，而且往往通过在宪法层面进行直接或间接权力配置而实现。

也有许多国家虽然没有将破产法的立法权在宪法中明文规定由中央统一行使，但借鉴美国的破产法律制度进行破产法的改革，这些国家破产法的立法权和司法权在实质上都交由中央或联邦层级统一行使，如英、德、日、法等国。[4] 特别是在单一制国家，由于在总体上政治主权、经济主权以及文化主权几乎全部集中于中央，央地关系基本上是一种隶属型的关系[5]，地方政府作为中央政府的分支有义务服从中央的命令[6]，因此总的来讲中央层面的立法完全可以严格被地方遵守和贯彻。虽然地方有自治性的权力，但基于破产法特殊的意义，破产法制定权仍然作为中央立法权，破产法几乎适用于单一制国家全境。

---

[1] 原文是"All significant provisions that establish binding legal rule must be enacted in the form of a federal act"，参见瑞士《联邦宪法》。

[2] 参见李曙光、贺丹：《破产法立法若干重大问题的国际比较》，载《政法论坛（中国政法大学学报）》2004年第5期，第60页。

[3] 参见［加拿大］约翰·A.威尔斯：《加拿大破产法》，吴金留译，谢怀栻校，载《环球法律评论》1988年第2期，第31页。

[4] 参见［加拿大］约翰·A.威尔斯：《加拿大破产法》，吴金留译，谢怀栻校，载《环球法律评论》1988年第2期，第31页。

[5] 谢晖：《论民间法结构于正式秩序的方式》，载《政法论坛》2016年第1期，第20页。

[6] 张千帆：《宪法学导论》，法律出版社2004年版，第255页。

可以认为，破产法文本上的入宪或实质上的入宪已经成为一种趋势性特征。

三、破产法的宪法价值展开：基于宪法价值的考察

基于宪法的三大价值：权力制衡与权利保护、确认和规范经济秩序、社会福利增进，本文进一步解构破产法的宪法价值，尝试建立破产法价值的宪法分析框架。笔者认为，破产法对于社会公平正义、宏观经济稳定和秩序稳固具有超越于普通商事法律的基础性、一般性影响，破产法的制度价值作用于经济社会活动的诸多方面。

（一）权力制衡、权利保护与破产法的宪法价值

1. 权力制衡和权利保护是宪法的核心价值

宪法作为国家根本法规定了一个国家政治生活中重要的机关和组织、公民的基本权利和义务、中央与地方关系等事项和制度，这是宪法在制度层面的表达，而宪法也有其价值面向。日本宪法学者芦部信喜指出："宪法是限制国家权力、维护并实现自由人的自由社会价值、由社会国家要素作补充的民主法治国家的法理念的规范体系。"[1] 从宪法的文本结构或规范安排上看："现代国家的宪法都有两部分规范类型，即'权力规范'和'权利规范'。权力规范即规制国家统治机构公权力的规范，权利规范即保障个人自由权利的规范。"[2] 从宪法史的维度看："宪法"在诞生之初的作用就是为了限制王权，而在以美国为代表的成文宪法国家，"《权利法案》作为修正案入宪之后，几乎所有的成文宪法国家都明确规定基本权利"。[3] 因此，宪法在价值层面上核心的内容就是限制国家公权力与保护公民的私权利，也即权力制衡和权利保护。

2. 破产法上的权力制衡与权利保护

关于破产法上的权力制衡，在破产法上有许多公权力债权或称政府债权，对于该类型债权的处理往往劣后于其他债权，如税收优先权。税收本具有公益性质，是用于社会公共事业和社会公共服务的资金，应当优先缴纳。但是在破产实务中，根据《中华人民共和国企业破产法》（以下简称《企业破产

---

〔1〕 ［日］芦部信喜：《制宪权》，王贵松译，中国政法大学出版社2012年版，第36页。

〔2〕 黎敏：《"宪法体系化"再思考——限权宪法原理下的限权原则体系与宪法价值秩序》，载《政法论坛》2017年第2期，第34页。

〔3〕 张千帆：《宪法学讲义》，北京大学出版社2011年版，第46页。

法》）第 113 条的规定，破产人欠缴的税款劣后于职工的工资、社会保险和经济补偿金，这正是对公权力债权合理限制的表现。以比较法的视角看，发达市场经济国家和地区的破产税收优先权均受到一定限制。"在美国破产法中，一般情况下，税收只享有第八优先权。经过留置登记的税收也只能介于第七优先权与第八优先权之间受偿。"[1] "德国 1999 年破产法取消了所有优先清偿权，包括税收优先权，创造一种被称为'没有等级的破产'。"[2] 此外，在税收优先权的种类上也有许多限制。"我国台湾地区仅规定了土地增值税、关税和营业税三种税收的优先权，法国仅规定了直接税收和营业税的优先权，美国仅规定了公司税和财产所得税的优先权。"[3] 除去税收这一公权力债权之外，还有社会保险、行政罚款等公权力债权在破产案件中受到不同程度的限制。

关于破产法上的权利保护。破产法主要涉及债权人的权利和债务人的权利，这些权利中不乏宪法上的基本权利。对于债权人来讲，债权人享有的债权是宪法上的财产权的一种。在破产法中，管理人制度正是债权人保护导向的制度设计：我国《企业破产法》用一章的篇幅对管理人制度予以规范，债权人对于管理人的选任、履职都有异议权[4]，此外破产法中的债权人会议制度和债权人委员会制度也是债权人保护导向的制度。对于债务人而言，以宪法的视角观察，破产涉及债务人宪法上的名誉权：如果社会对于债务人权利保护不够，就会在全社会形成一种破产耻辱的文化（stigma），这在世界范围内是广为存在的，以欧陆法系国家、亚洲国家为典型。[5] 人们往往较为传统地认为破产是一种对于企业经营失败的否定性评价，企业的破产意味着企业的死亡和债务的逃避，破产是不光彩的，甚至是禁忌，在这种情况下破产债务人可能会面对名誉上的责难。因此，现代破产法都比较强调"拯救文化"，通过重整等制度设计给债务人再来一次的机会，逐步扭转传统的社会认知。

---

[1] 熊伟：《美国联邦税收程序》，北京大学出版社 2006 年版，第 262 页。

[2] 王雄飞、李杰：《破产程序中税收优先权与担保物权的冲突和解决》，载《法律适用》2018 年第 9 期，第 93 页。

[3] ［日］芦部信喜：《制宪权》，王贵松译，中国政法大学出版社 2012 年版，第 93~94 页。

[4] 参见我国《企业破产法》第 22 条、第 23 条。

[5] TAJTI, Tibor, *Bankruptcy Stigma and the Second Chance Policy: the Impact of Bankruptcy Stigma on Business Restructurings in China, Europe and the United States*, China-EU Law Journal, Vol. 6, Issue 1-2, pp. 1-31 (2018).

（二）经济秩序与破产法的宪法价值

1. 建构经济秩序是宪法的重要价值

宪法背后有其经济利益和经济考量，《美国宪法的经济观》中查尔斯·比尔德（Charles A. Beard）有同样的观点：宪法不仅规范公共权力，宪法也规范经济秩序。[1] 首先，我们不能否认一定的经济制度是宪法赖以存在的基础。其次，"自宪法产生以来，经济制度便被纳入宪法规范的视野"。[2] 我国《宪法》的第一章"总纲"中就规定了我们国家的基本经济制度、基本分配制度等。许多国家的宪法中也有关于经济制度的规定，"有学者统计，在 142 部宪法中，共有 84 部宪法中规定了'经济组织'、'经济体制'、'经济结构''经济制度''经济秩序'等概念，涉及公共利益规定的有 96 部，涉及产权保护的有 118 部"。[3] 随着社会的发展和经济的繁荣，宪法也会随之出现诸多的变化和调整，"在宪法上的体现就是经济政策成为宪法规范的重要内容，由此开启了所谓的'经济立宪'的时代"。[4]

以宪法经济学[5]（Constitutional Economics）或经济宪法的观点看，代表性学者瓦尔特·欧肯（Walter Eucken）认为，经济秩序的形成有两种方式："生成的"经济秩序和"设立的"经济秩序，"生成的"经济秩序是自发形成的经济秩序，是人类经济史早期的经济秩序形态，而"设立的"经济秩序是依据理性通过"秩序原则"建构而来的，"经济宪法"恰恰是"生成的"经济秩序与"设立的"经济秩序分野的标志。[6]所谓经济宪法就是指向经济领域的、关乎经济秩序的、包含框架性和具体制度安排的一系列规则的宪法。宪法经济学视角下"宪法"概念几乎包含了法学意义上"宪法"的概念，特别是"经济宪法"的概念包含了宪法当中几乎所有关于经济秩序的各种原则和规则，因此经济宪法或宪法对经济秩序的建立是有着基础性意义的。

---

〔1〕 参见［美］查尔斯·A. 比尔德：《美国宪法的经济观》，何希齐译，商务印书馆 2010 年版。

〔2〕 焦洪昌主编：《宪法学》，北京大学出版社 2013 年版，第 173 页。

〔3〕 ［荷］亨利·范·马尔赛文、格尔·范·德·唐：《成文宪法的比较研究》，陈云生译，华夏出版社 1987 年版，第 70 页。转引自焦洪昌主编：《宪法学》，北京大学出版社 2013 年版，第 174 页。

〔4〕 李龙：《宪法基础理论》，武汉大学出版社 1999 年版，第 283 页。

〔5〕 国内学术界有几种译法，如"宪则经济学""立宪经济学"和"宪政经济学"。

〔6〕 喻中：《在经济宪法与经济秩序之间——欧肯法律经济学思想的理论逻辑》，载《中国政法大学学报》2016 年第 5 期，第 11 页。

2. 破产法在经济秩序建构中的表现

美国破产条款的入宪正是一种"经济秩序"建构，在客观上是对于美国州际贸易规则和全国统一市场秩序的建构，这种建构本质上是由于破产法中有国家干预的因素，这区别于完全可以基于意思自治而形成的契约。我国《企业破产法》总则部分的第 1 条将"维护社会主义市场经济秩序"作为我国破产法立法宗旨之一，也说明了破产法对于经济秩序的规范性和建构性。破产法在经济秩序建构上具体有以下表现：

第一，破产制度和宏观经济联系紧密，可以成为国家干预经济的手段，尤其是破产法与应对经济危机关系密切。如果我们了解美国几部破产法制定的历史，我们会发现这几次破产法的制定和修改与美国的经济困境有一定关系。[1] 甚至可以说，"一场经济危机催生了一部破产法，一部破产法往往又拯救了一场经济危机"。[2] 美国第一部破产法——1800 年破产法是为了应对1797 年的经济恐慌，美国 1841 年《破产法》是为了应对因银行贵金属缺乏而导致大量债务人陷入困境的情况，美国 1867 年《破产法》是为了应对美国淘金热引发的金融恐慌，而 1898 年《破产法》则是为了应对 19 世纪 90 年代初接连发生的一系列经济危机。美国国会 1938 年通过的《钱德勒法案》（Chandler Act）也是为了应对 1929 年开始的经济大萧条。每一次经济危机发生时，作为国家宏观调控手段的破产法便成为应对危机的重要方式，一方面通过梳理大量的债权债务让无力翻身的企业退出市场，另一方面通过重组或重整挽救一些仍然有营运价值（going-concern value）的企业，让市场恢复正常的经营秩序，让难以为继的企业及时止损，以至于有学者认为，应对危机的破产法是破产法概念的发展，这不可避免地成了破产法发展的需要。[3] 这一现象从本质上讲正是因为破产法是一种建构性的法律，其中有"国家干预"的内生因素，所以才会经常在危机后成为国家调控经济的手段。

第二，破产法与经济改革、社会改革联系紧密，可以说破产法对经济和社会改革具有推动作用。破产制度横跨合同、物权、公司、证券等民商事法律制度，涉及的范畴很广，这也是许多国家经济改革将破产法作为改革先声

〔1〕 高丝敏：《美国破产法二百年流变：立法、司法和学术》，载《清华法律评论》编委会编：《清华法律评论》（第 7 卷·第 2 辑），清华大学出版社 2014 年版，第 27 页。

〔2〕 陈正：《破产法也能撬动经济》，载《检察日报》2014 年 3 月 25 日，第 3 版。

〔3〕 Radin, Max, *The Nature of Bankruptcy*, University of Pennsylvania Law Review and American Law Register, Vol. 89, pp. 1, 2 (1940).

的原因。国家对于合同、物权等法律制度不能过多进行调整且对于它们的改革仅能引发微观主体权利义务的变化，对于整个宏观经济影响甚微。破产法律制度在制度内容上具有综合性，可以作为宏观经济领域法律改革的重要抓手，进行"牵一发而动全身"的制度调整，一些计划经济为主的国家向市场经济转轨都是以破产法的改革作为重点的，如俄罗斯、波兰、捷克、越南等。我国现阶段正在推进供给侧结构性改革，而破产法正是供给侧结构性改革的核心。[1] 我国 20 世纪 80 年代开始的经济改革将起草和颁布破产法作为改革的一个重要举措也有这方面的考量。以上这些都说明了破产法在经济改革中的重要作用，破产法往往成为经济改革的重要抓手。

第三，破产法的趋同成为一种世界性趋势，这正是破产法对国际经济秩序建立和完善的重大影响。破产法作为一种经济秩序的维护法或本身作为一种经济秩序的存在，有利于全球商业发展，这本身是美国经验。美国立国时将破产条款写入宪法保证州际贸易和美国的对外贸易。而将美国经验进行放大我们可以看到：若想连接全球市场或促进全球贸易就必须进行全球贸易秩序的建构，这当然离不开各国、各地区以破产法为代表的商事法律趋同，正如联合国制定的《跨境破产示范法》和随着欧洲政治经济一体化进程的加快所制定的《欧盟跨境破产条例》，都是在保证更大范围内、更深层次上世界经济秩序建构和促进全球经济秩序一体化。

可以看出，破产法在经济危机应对、经济市场化改革、世界经济规则趋同方面都表现出秩序建构的意义，这是破产法在经济秩序建构中的表现。

（三）社会福利增进与破产法的宪法价值

1. 增进社会福利是宪法的基本价值

法律是社会公平的守护神，宪法作为"法律的法律"或"高级法"（Higher Law）提供了公平的基本理念和基本价值，社会福利的增进正是宪法对于公平的维护。在一个自由竞争的经济社会中，个体应当承担竞争失败的后果，但考虑到社会的整体利益或社会公共利益，国家一般会提供兜底性的基本社会福利，如社会保障制度，并作为社会发展中人们所能运用的制度预期，以此来矫正社会分配的不公平。根据古典政治学理论，这是立宪国家公民将权利让渡给政府之后，公民能够从国家那里获得的对价。因此，维护社

---

[1] 李曙光：《破产法是整个供给侧结构性改革的要点》，载《社会科学报》2017 年 10 月 12 日，第 3 版。

会公平和增进社会福利是宪法所体现出来的价值观念，也是宪法的基本价值。

2. 破产法关乎社会福利增进

破产法律制度在实施过程当中会涉及众多主体的利益，需要各种利益关系的平衡："这既包含股东对公司形成的股权关系，又包含公司与股东之间形成的委托代理关系；既包括公司与债权人或债务人之间形成的契约关系，还包括公司与社会之间形成的依存关系；既包括与其他商业伙伴之间的关系，也包括与广大消费者之间的依存关系。"[1]

回顾破产法理念的发展演变，我们可以清晰地看到破产法由以个人利益为重到以社会整体利益为重，由私权本位向社会本位过渡的过程。在早期，破产法采债权人利益至上的理念，对债务人权益关注甚少，甚至漠视债务人权利。如《十二铜表法》中允许债权人在债务人不偿还债务时，将债务人的身体砍成数段作为对债务人惩罚的兜底手段，罗马教廷也允许在债务人拒不偿还债务时对其施以相应的惩罚措施。直至19世纪中叶，英美法系国家仍将破产作为一种罪行处理，债务人可被终身监禁甚至处死。此后，人们逐步认识到破产是经济现象，甚至是经济的周期性现象，与道德无涉，破产逐步被非罪化，破产理念不单纯关注债权人的清偿要求，还逐步兼顾债务人利益，这是对破产债务人与债权人关系的一次重新审视。一些国家引入债务人申请破产的制度和在一定条件下免除债务的制度，如美国1841年《破产法》引入了债权人与债务人的和解制度。随着时间的推移，破产法的理念又迎来了一次重大的转变，1938年美国通过的《钱德勒法案》将破产重整（reorganization）作为重要制度确立了下来，这标志着破产法理念进入到平衡债权人和债务人利益、更多关照社会利益和社会福利的阶段，这是破产法理念的重大革新，是破产现代化的标志。

此外，现代破产法中重整制度的引入是对于社会公平和社会福利的巨大关照。重整制度通过管理人接管或债务人自行管理（DIP模式）的方式使有重新恢复生机希望的困境企业继续存续。在破产清算框架下，债务人企业直接清算虽然也可以保障债权人的公平清偿，但债权人获得的利益有限，而在企业继续经营、引入战略投资之后，其涅槃重生会给债权人带来更有保障甚至更为丰厚的清偿；同时，重整维护了社会经济利益。重整制度较清算制度而言，给那些符合社会经济发展趋势的企业再来一次的机会，同时将有价值

---

[1] 杨忠孝：《破产法上的利益平衡问题研究》，华东政法学院2006年博士学位论文。

的品牌保留下来，正如罗伯特·汉密尔顿（Robert W. Hamilton）所言："保留一个运营的公司比解散一个公司要好，一个公司的经营资产（包括无形的商誉）作为一个整体的价值通常要比分拆后高。"[1] 此外，美国破产重整实务发展出"出售式重整"等新制度，有可能在更大程度上保障职工的就业和维护经济社会的稳定。

最后，企业的破产关乎职工的诸多权益，如职工的工资、福利、社会保障等。"这不仅是职工在破产法上的权利，而且从某种意义上讲，也是公民在宪法上享有的社会保障权利。"[2] 我国是劳动力大国，在我国劳动密集型企业占比仍然很高，而随着中国的经济转型和供给侧结构性改革，这类型企业也将会在今后一个时期内通过市场退出的方式逐渐降低在国民经济中的占比，并且会适用破产程序，这将涉及许多职工的利益，必须予以充分关注、引起足够重视。

四、破产法的宪法价值与中国破产法的改革

中国现行的《企业破产法》自 2007 年 6 月 1 日起已经实施了十多年。《企业破产法》在制度框架上符合破产法的基本理念和基本价值，这是值得肯定的。但是如果从宪法的角度审视，《企业破产法》在实施的过程当中还是存在较多问题，如破产制度实施市场化不够、破产立法权不统一、破产案件审判受地方政府干预、管理人由法院来指定、个人破产制度缺失，等等，这些问题都反映出目前我国对破产法的制度设计没有充分地从宪法的角度去认识破产法，没有很好地把握破产法的宪法价值。

（一）破产法的宪法价值与破产立法权的统一

当前我们要关注破产立法权的统一问题，对与破产有关的法律、法规、规章和规范性文件进行系统梳理，特别要注意处理好统一破产制度与经济特区破产制度试点之间的关系。

破产法的宪法价值理论认为，破产法作为市场经济的基本秩序规范必须统一制定、统一实施，在统一的市场内实施统一的破产制度是交易成本最小的，而统一的市场内若存在破产制度的差异则会增加交易成本，甚至造成交

---

〔1〕 ［美］罗伯特·汉密尔顿：《公司法概要》，李存捧译，中国社会科学出版社 1999 年版，第 214 页。

〔2〕 王欣新：《论职工债权在破产清偿中的有限顺序问题》，载《法学杂志》2005 年第 4 期，第 36 页。

易壁垒。当前，我国的破产制度正处于改革调试的过程当中，2020 年 8 月 26 日深圳市人大常委会正式通过《深圳经济特区个人破产条例》，该条例自 2021 年 3 月 1 日起实施，深圳市作为试点推出我国首部个人破产立法。试点制度是我国改革开放以来的重要经验，深圳经济特区进行单独立法和变通规定符合《中华人民共和国立法法》的规定，[1] 但是个人破产制度的试点难免造成国内破产制度不够统一之虞。一方面，深圳个人破产试点是否会给深圳以外地区的债务人寻求特殊优惠开一个口子是值得思考的问题，《深圳经济特区个人破产条例》通过限定个人破产申请仅适用于在深圳居住并连续参加深圳社保满 3 年的自然人，一定程度上防止了"破产移民"的出现。另一方面，深圳经济特区的单独立法和变通规定给破产案件的处理提出了新的问题，比如深圳的个人破产债务人在深圳经济特区之外的债务如何认定，最高人民法院在 2020 年 11 月 4 日发布《关于支持和保障深圳建设中国特色社会主义先行示范区的意见》，明确提出了要全面落实自然人破产案件裁判在特区内外的法律效力问题。因此，目前在个人破产方面，深圳和深圳以外地区的制度不统一的确会产生一些制度成本，但是破产制度不统一产生的短期成本远比贸然制定全国适用的个人破产制度产生的成本要小得多，深圳个人破产的特别立法是尊重我国立法实践的产物。然而长远来看，个人破产制度经过试点的检验和完善之后仍会通过全国人大立法的方式实现在我国的全面适用，回归破产制度统一制定和统一实施的本质要求，以实现降低交易成本和维护统一市场的目的。

（二）破产法的宪法价值与个人破产制度的引入

西方国家往往是先有个人破产，后有企业破产，企业破产是个人破产的放大和延伸。[2] 我国作为转型市场经济国家在改革过程中先推出了企业破产法，而个人破产制度相对滞后，在下一步破产法修改时应将"个人破产制度"写入破产法，这是破产法宪法价值理论的必然要求。

个人破产问题某种程度上是公民的宪法基本权利问题。破产法作为具有宪法价值的法律要求个人破产制度与企业破产制度共同为市场经济的运行保驾护航。其一，个人破产制度的引入有利于维护自然人之间的契约自由，平

---

〔1〕 参见林彦：《经济特区立法再审视》，载《中国法律评论》2019 年第 5 期，第 179～186 页。

〔2〕 李曙光：《破产法的转型》，法律出版社 2013 年版，第 204 页。

衡个人破产债务人的人身权与债权人的财产权之间的关系[1]，这本质上是维护债权人和债务人宪法上的基本权利。尤其是在个人破产重整与和解程序中，经过债权人的集体表决，个人破产债务人可以对偿债计划或和解协议之外的债务免责，个人债务人保留其基本生活所需的"自由财产"，维护其人身权，而债权人的财产权也在意思自治的前提下得到满足。其二，个人破产免责制度某种程度上发挥了社会保障功能[2]，这正是个人破产关涉公民基本权利的又一重要内容。允许"诚实而不幸"的个人债务人在保留一定自由财产的基础上重新开始（fresh start），而不是一直作为"被执行人"长时间疲于应付债权人的追讨，难以开始正常的工作和生活，甚至变得更加穷困。让个人债务人有机会重整旗鼓，是破产法在履行宪法社会保障的要求。其三，根据破产法的宪法价值理论，破产法对整个经济秩序的建立和完善具有建构性的作用，个人破产程序的导入对于我们国家个人信用体系的完善有着重要的倒逼作用。目前我国的信用系统已经基本建立，但只有信用体系与个人破产制度的配套衔接才能真正检验和完善我国的信用体系。"个人信用体系就像是个人破产制度的标尺，可以事先帮助债权人判断债务人是否可信，事后帮助债权人保护合法利益。"[3]

（三）破产法的宪法价值与独立破产审判体系的建立

在司法上，破产法的改革需要重视破产案件的审判独立，并可设置相对独立于现行法院体系的破产法院体系，以排除地方保护主义的干涉，确保破产案件的公正审理。

市场经济发展需要克服地方保护主义和贸易壁垒，尽可能地连接各区域以形成更大的市场，乃至扩充成为全球大市场，这既是发达国家的经验，也是我国推进市场化改革的必然思路。这就要求破产司法在制度设计上具有超然性和独立性，以克服地方保护主义，尽可能实现统一市场内规则适用的一致性，甚至通过规则的统一适用开辟更大的市场，降低交易成本，促进财富增长。我国的破产审判实务中很多案件牵涉到地方利益，存在地方政府以"维稳"、地方经济发展为由向地方法院施压的情况，导致地方法院在审理破产案件时可能会缺乏公正，在我国设置相对独立的破产法院正是消除壁垒、

---

[1] 参见王斐民：《个人破产法的宪法维度》，载《中国法律评论》2020 年第 6 期，第 30~31 页。

[2] 参见许德风：《论个人破产免责制度》，载《中外法学》2011 年第 4 期，第 747 页。

[3] 刘冰：《论我国个人破产制度的构建》，载《中国法学》2019 年第 4 期，第 226 页。

实现规则一致、确保统一的破产制度得以贯彻的可行举措。2019 年年初以来，我国已经在北京、上海和深圳等 10 多个城市建立了相对独立的"破产法庭"。新设立的破产法庭虽然相较于之前的清算与破产庭有了更多的独立性，但其独立性仍然不足。此外，在新一轮司法改革下诸如之前的知识产权法庭、互联网法庭等都升格为法院，"只有破产，依旧保留'法庭'的称谓。一字之差，级别迥然有异"。[1] 因此在现阶段我们应当更加重视破产审判机构专业化和独立性的建设，营造可以与国际接轨的良好营商环境，更好体现破产法的宪法价值。

（四）破产法的宪法价值与政府在破产程序中角色的合理定位

破产法的宪法价值理论要求政府在破产程序中合理定位自身角色，做到有所为而有所不为。

其一，政府在破产程序启动的过程中应当有所克制。目前国家正在推进"供给侧结构性改革"，改革的重要内容就是处置"僵尸企业"，但是企业破产对于地方税收和经济发展会产生比较大的影响，同时企业破产会带来职工安置、社会稳定等次生问题，这是地方政府阻止企业进入破产程序的动因。破产法的宪法价值理论要求破产法很好地贯彻宪法的基本价值，破产法的实施过程中公权力应当保持克制，同时保障私权利。破产法是市场经济基本法，破产是市场规律，在市场化破产处置的过程中，政府与市场的边界应当是"行政配套"而非"行政主导"[2]，政府的强势介入会扭曲经济规律。[3] 具体到国有企业破产的问题上，政府对一些经营思路和模式落后、产能过剩、创新不足导致资不抵债的国有企业无条件支持、阻碍其进入破产程序的做法，实质是追求眼前利益而不顾国有资产损失的行为，有学者形象地称这样的现象为"体制性国有资产流失"。[4]

其二，政府在破产程序中应当有所作为。下一步的破产法改革应当设立

〔1〕　陈夏红·《破产法庭的联想：从美国到中国》，载澎湃网，http：//m. thepaper. cn/wap/re-source/jsp/newsDetail_forward_2946666，最后访问日期：2020 年 6 月 1 日。

〔2〕　陆晓燕：《府院联动的建构与边界——围绕后疫情时代市场化破产中的政府定位展开》，载《法律适用》2020 年第 17 期，第 90 页。

〔3〕　参见张晓晶、李成、李育：《扭曲、赶超与可持续增长——对政府与市场关系的重新审视》，载《经济研究》2018 年第 1 期，第 8 页。

〔4〕　赵树文、王嘉伟：《僵尸企业治理法治化保障研究——以破产法及其实施机制的完善为研究路径》，载《河北法学》2017 年第 2 期，第 82 页。

国家破产行政管理机构，专司破产行政事务，以此承担法院在企业破产程序中代行的行政职能。"司法权是一种判断和裁决的权力，行政权则是一种管理和执行的权力，二者存在本质区别。"[1] 目前我国的破产案件中很大一部分行政事务是由法院来完成的，而法院是司法机构。许多国家都有专司破产行政事务的国家机构，比如美国的联邦破产托管人，英国的破产管理署，俄罗斯的企业重整与破产管理局等。[2] 目前最高人民法院已经在探索破产案件审判权与破产事务管理权分离改革，并支持深圳设立专门破产管理机构。[3] 同时，破产法的宪法价值理论要求政府充分保障职工在宪法上的财产权、社会保障权等，我们国家目前破产制度实施进程加快，这给社会保障制度提出了更高的要求，建立更加完善合理的社会保障体系、保障破产企业职工权益势在必行。

我们以破产法的宪法价值理论检视了当前中国破产法立法和实施当中存在的问题，并展望了破产法在未来立法和实施上应当进行的改革。还有一点值得我们重视：政策性破产的时代已经过去，我们应当摒弃破产的工具主义思维方式，摒弃破产耻辱文化，只有深入推动制度化、法治化的破产，在全社会营造积极的破产制度文化，才能真正推动破产的市场化乃至中国的市场化改革，只有先进行观念上的调整和转变，破产法的改革才真正有意义。

---

〔1〕 郭泽鹏：《司法权与行政权的理性分野——以我国警察权、检察权分析为切入点》，载《中共山西省委党校学报》2014 年第 6 期，第 82 页。

〔2〕 赵万一：《我国市场要素型破产法的立法目标及其制度构造》，载《浙江工商大学学报》2018 年第 6 期，第 41 页。

〔3〕 参见《最高人民法院关于支持和保障深圳建设中国特色社会主义先行示范区的意见》，载 http://www.court.gov.cn/fabu-xiangqing-269501.html，最后访问日期：2020 年 12 月 15 日。

刑法与诉讼法学

"陷入不法境地"原则的流变与排除

——以结果加重犯的归责路径为例

刘颖恺 *

摘　要："陷入不法境地"作为一种结果归属原则，与责任主义、客观主义的立场相悖。其肇源于中世纪教会法之中，并经历了从"处于合法境地"到"陷入不法境地"的发展。古代教会法对于该原则的限制包括预见义务履行与否和主观罪责有无两条路径，而现代刑法中，相当因果关系说与客观归责理论则立足于主观与客观之间，在区分事实因果和规范归责上发挥了作用。然而，这一原则却并未彻底根除，结果加重犯便是其残留的例证。为了最大限度地排除偶然因素构罪的现象，应当保留实行行为的概念并有限吸收规范归责思想，综合考察死因的同一性、介入因素的预见可能性以及规范的保护目的进行危险实现的判断。

关键词："陷入不法境地"　中世纪教会法　结果归属　结果加重犯　危险现实化

一、问题的提出

自杀是被害人自主决定并且客观上支配着其自身死亡流程的行为。在刑法层面的探讨中，自杀行为的定性一

---

* 刘颖恺，武汉大学法学院 2018 级硕士研究生（430072）。

直存在争议。我国刑法并未明确规定自杀行为，但是司法解释中存在着大量将不法行为导致的被害人自杀结果归属于行为人的现象。例如，因为行为人的电信网络诈骗行为导致的被害人死亡或自杀，司法解释将其认定为对于行为人从重处罚的依据。[1] 又如，行为人实施诽谤行为造成被害人或其近亲属精神失常、自残、自杀的，司法解释将其认定为诽谤罪中的"情节严重"。[2]

然而，上述现象在解释学中难以逻辑自洽。诈骗罪的保护法益是他人的财产权益而非生命权，虽然杀人罪缺乏定型化的行为模式，但是诈骗行为却难以解释为杀人行为。即使诈骗行为确实引发了死亡结果的发生，那也只能说是一种罕见的、偶然导致的结果，而"立法者不尊重稀罕事实"，对于这一结果的归属不符合目的解释的要求。而诽谤罪的保护法益是他人的名誉权，故构成要件所要求的"情节严重"应当指行为人诽谤手段的恶劣性或是被害人名誉受到贬损程度的严重性。如果说被害人本人在名誉权被侵害后受到极大的刺激进而精神失常尚且具有一定的通常性，被害人的近亲属因为被害人受到名誉贬损而精神失常则显得不符合常理，而被害人或其近亲属的自残、自杀则与行为人诽谤行为之间的距离更为遥远，难以将这一结果归属于行为人的行为。

在司法解释对于被害人自杀结果的归属判断中，存在着在认定行为不法的基础之上将此后发生的一系列不利结果都归属于行为人，并要求行为人为此承担责任的倾向。行为人仿佛踏入了"塔西佗陷阱"（Tacitus Trap）之中，其刑法评价受到了先前负面定性的影响，而并非严格按照规范中的犯罪构成（大前提）、案情与犯罪构成之间的同构性（小前提）、定罪与量刑（结论）的三段论式判断流程。刑法规范场域外的因素得以介入刑法规范场域内的刑罚适用过程，诸如舆论、道德、文化传统可以成为左右裁判结果的砝码，这与罪刑法定的要求相悖。

毋庸置疑，上述现象绝非我国刑法所独有，也绝非现代刑法所专属。在

---

[1] 最高人民法院、最高人民检察院、公安部《关于办理电信网络诈骗等刑事案件适用法律若干问题的意见》指出，"实施电信网络诈骗犯罪，达到相应数额标准，具有下列情形之一的，酌情从重处罚：1. 造成被害人或其近亲属自杀、死亡或者精神失常等严重后果的……"。

[2] 最高人民法院、最高人民检察院《关于办理利用信息网络实施诽谤等刑事案件适用法律若干问题的解释》指出："利用信息网络诽谤他人，具有下列情形之一的，应当认定为刑法第二百四十六条第一款规定的'情节严重'：（一）……；（二）造成被害人或者其近亲属精神失常、自残、自杀等严重后果的……"

刑法学理上历史悠久的"陷入不法境地"原则，便是这一现象最贴切的概括。因此，笔者拟就这一原则展开讨论，分析其真实含义与历史流变，并结合结果加重犯讨论其排除过程。

二、古代法中"陷入不法境地"的源流与适用

（一）"陷入不法境地"原则的内涵与本质

"陷入不法境地"[1]，又称"自陷禁区"[2]"违法肇因者"[3]"陷入不法事项"[4]原则，意为"罪犯对违法行为所产生的一切后果承担责任"[5]，或称"行为人对其不法行为所产生的一切结果，无条件地承担责任"[6]。

但是，将"承担责任"径直理解为"承担故意、过失的主观罪责"则有混淆结果归属（Zurechnung）与罪责（Schuld）认定的嫌疑，因为这一原则早在罪责概念之内涵得以明确之前便存在并适用。12世纪末意大利教会法学者伯纳德斯·帕皮斯（Bernardus Papiensis）的"教令汇编"（Summa Decretalium）中便指出，"就偶然所为之事而言，偶然杀人者是否为了正当的行为，以及是否尽了应尽的注意义务，应予区分。在第一种情形下，杀人并不归属之。但是，若非如此，也即为不正行为之时……归于其自身"。[7] 而有责性作为三阶层犯罪论体系中独立评价的一级，其概念本身到应用原理整体性地移植于教会法对于"罪"（Sünde）的认识与规则。[8] 在教会法对主客观因素作出区分的基础上，中世纪中晚期刑法学家开始研究故意、过失、意外的区

---

〔1〕 这一原则也有"让一种通过应受刑事处罚的行为而创设的状态持续下去"的直译译法，但是这一表述显得佶屈聱牙，且未反映这一原则的原本含义。参见［德］克劳斯·罗克辛：《德国刑法学总论》（第1卷），王世洲译，法律出版社2005年版，第221页。

〔2〕 参见许玉秀：《当代刑法思潮》，中国民主法制出版社2005年版，第695页。

〔3〕 参见高长见：《美国刑法中的重罪谋杀罪规则评析》，载《西南政法大学学报》2009年第6期，第39页。

〔4〕 参见熊琦：《正当防卫中法益衡量问题的客观归责之解》，载《环球法律评论》2019年第3期，第97页。

〔5〕 雷立柏编：《拉-英-德-汉法律格言辞典》，宗教文化出版社2008年版，第233页。

〔6〕 张明楷：《结果与量刑——结果责任、双重评价、间接处罚之禁止》，载《清华大学学报（哲学社会科学版）》2004年第6期，第18页。

〔7〕 H. Kollmann, Die Lehre vom versari in re illicita im Rahmen des Corpus juris canonici, ZStW, 1914, S. 46. 转引自［西］ホセ·ヨンパルト：《古代刑法におけるversari in re illicitaの認否と現代刑法における偶然の役割》，载《上智法学论集》（第24卷），上智大学法学会1981年版，第247页。

〔8〕 熊琦：《论西欧中世纪刑法的理性因素及其在现代各法系中的投射》，载赵秉志主编：《刑法论丛》（第47卷），法律出版社2016年版，第385页。

别与联系，"责任刑法"（schuldstrafrecht）才开始破晓。[1] 因此，将这一原则解读为"不法行为所造成的一切后果，都应归属于其行为"更为合适。也即，"在某一行为辗转导致某个不法结果时，该原则通过判断这一行为是否不法，来决定最终结果是否可以归属于此行为：如果该行为合法，则最终结果不可归属（或者归属需要更多的条件）；如果该行为不法，则最终结果可以归属——就好像最终结果陷入了原不法行为所造成的境地那样"。[2]

在结果归属与罪责之概念不清的状态下，这一原则的适用将归因、归属与罪责问题混淆，故存在多段犯罪认定路径缺失的问题。例如仅仅肯定不法结果及不法行为的存在，便认定结果归属的成立；或是仅仅肯定不法结果及行为而无需故意、过失的主观过错，便认定责任的成立。然而，区分事实因果与规范归责存在必要。狭义的因果关系的判断不涉及规范上的归属问题，更不涉及主观上的责任判断问题。在区分事实与规范判断的维度上，英美刑法中的近因判断（proximate cause）与大陆刑法中的归属判断体现出相似特征，其均与通过形式逻辑推演追求事实上的"科学正确"不同，是基于"政策和公平考量"追求规范上的实质"公平和正义"。[3]

可见，"陷入不法境地"原则的适用是不法而非罪责层面的问题。但在不法与责任尚未完全区分的中世纪教会法中构成了现代意义上的"误用"，这也验证了中世纪刑法"主观归罪"与"客观归罪"的特点。而责任主义原则要求贯彻主观责任而非客观责任，客观主义刑法的立场也要求应受处罚的是行为而非行为人，仅凭行为人的危险思想或人身危险性决不能成为处罚的依据。责任主义、客观主义的背反，使得这一原则在现代刑法的视野下成了众矢之的。

（二）古代法中主观归罪与客观推定主观的倾向

主观归罪将思想或者人身危险性作为刑事责任的依据，在客观主义刑法的视野下缺乏立足空间。但是，在古代教会法中则存在着"从主观到客观"的归责路径，"罪"的成立有时不以不法结果甚至行为的存在为前提，即使在客观上表现出了合法（宗教规范）的行为或结果，亦有可能构成教会法上之

---

[1] E. Schmidt, Einführung in die Geschichte der deutschen Strafrechtspflege, Göttingen, 1995, S. 32. 转引自马克昌主编：《近代西方刑法学说史》，中国人民公安大学出版社 2016 年版，第 25 页。

[2] 马克昌主编：《近代西方刑法学说史》，中国人民公安大学出版社 2016 年版，第 42 页。

[3] 参见沈琪：《英美刑法中的近因判断及其启示》，载《比较法研究》2014 年第 2 期，第 163 页。

"罪"。世俗社会中人们对于犯罪的理解往往以肉眼可见的客观性结果（Er-folg）为基准，但是宗教上的"罪"则为"神的眼睛之所见"，即使是并未产生人类肉眼可见的结果，也得以在人类的心中完成。因此，行为不法或结果不法便显得无关紧要，有时单纯具备思想意识无价值便足以受到非难。如《圣经》"马太福音"（Matthew）中便强调了"罪"的成立并不以现实存在的损害为前提[1]，这与教会法坚持罪孽主观性的根本观点一脉相承。

究其原因，则在于教会刑法与世俗刑法对于罪孽的不同理解。[2] 教会法对于罪孽之管辖权的正当性在于其将罪孽理解为行为人本身的性质，由于罪孽是对于上帝规约的蔑视，所以对于行为人罪孽之宣告与惩罚由捍卫上帝尊严的教会实施是正当的。如奥古斯丁的"原罪说"便认为罪孽在于人对于上帝赋予的自由意志的滥用，这一"罪孽"从亚当和夏娃开始便代代相传，从而植根于所有人的灵魂。[3] 罪孽源于恶的意志本身，但是善恶与否则取决于道德的判断，故道德和罪孽又密不可分。道德上之恶可以从违反教义的动机中显现，故自大、妒忌、愤怒、淫荡、贪吃和贪婪等动机得以作为罪孽受到非难。

此外，教会法上还存在着客观推定主观的现象，该观点由中世纪意大利法学派所继受，并发展为"间接故意理论"（dolus indirectus）。"如果基本犯罪行为依一般经验具有足以导致加重结果的一般危险倾向，则行为人对结果负故意之责。"[4] 这一点在现代教会法中依然存续着，如《天主教法典》规定："有外在犯罪行为者，即推定应付罪责；但显有反证者，不在此列。"[5] 而使被告人承担证明自己无罪的责任，与现代刑事诉讼的原则明显不符。

（三）古代法中的"处于合法境地"与结果责任的立场

基于客观要素的结果归属，其成立要求客观上存在不法的表征，包括不

---

〔1〕 也即"你们一向听说过：'不可奸淫！'我却对你们说：凡注视妇女，有意贪恋她的，他已在心里奸淫了她"。参见《圣经》（修订版），香港思高圣经学会 2012 年版，第 1816 页。

〔2〕 在西欧封建社会早期，宗教上的"罪孽"与世俗意义上的"犯罪"是不可分的，不仅所有的犯罪都是罪孽，而且所有的罪孽都是犯罪。直至 11 世纪晚期和 12 世纪，教会对于违反"上帝的法律"的罪孽行使专属管辖权，罪孽与犯罪才有了程序上的区别。参见何勤华主编：《外国法制史》，法律出版社 2016 年版，第 95 页。

〔3〕 何勤华、夏菲主编：《西方刑法史》，北京大学出版社 2006 年版，第 141~142 页。

〔4〕 许玉秀：《当代刑法思潮》，中国民主法制出版社 2005 年版，第 696 页。

〔5〕 天主教台湾地区主教团编译：《天主教法典 拉丁文-中文》（修正版），闻道出版社 2014 年版，第 503 页。

法的行为与不法的结果，与单纯的主观归罪相比不得不说是一种进步。如果说教会法对于主观过错的认识和理解是继承了罗马法的传统，那么其对于客观要素的要求则是受到了日耳曼法的影响。虽然"陷入不法境地"原则表现为"不法行为所造成的一切后果，都应归属于其行为"，但是结果归属有时甚至连不法行为都不必要。这便是与"陷入不法境地"相对应的"处于合法境地"（versari in re licita）原则。"处于合法境地"原则所确定的责任是完全客观的责任：无论行为是否合法，只要造成了刑法所禁止的结果，均可以归属于行为人。即使是行为人"处于合法境地"之中，基于故意、过失乃至其偶然产生的所有被害都将归于行为人自身。这一点，与日耳曼法中的结果责任相似。

"处于合法境地"的考察可以从教会法就偶然事件的处罚中窥其端倪。在古代法中，"偶然"（casus）常被作为与"故意"（volens）相对的概念，有时可以包含现在所称的"过失"，所以"偶然"并不等同于不可抗力或意外事件，有时只要出于故意之外便可评价为偶然。认可对于偶然发生的不法结果的处罚体现了对于"处于合法境地"原则的承认。例如：11 世纪初的主教沃姆斯（Worms）的教令集（Decretum Burchardi）中，在狩猎时完全没有杀人或伤害意志的偶然杀人场合，或者在拿着弓箭、棍棒、石头玩耍之际杀死兄弟、儿子或其他人的场合，都将被科以数年极为严厉的苦修。[1]

但是，在教会法中同样存在着不认可对于偶然结果之处罚的规定。如《圣经·旧约》"申命记"（Deuteronomy）第 19 章"避难之城"（Cities of Refuge）中提及的"砍树案"[2]便是如此，"误杀"导致的被害不能作为责任非难的依据，这在一定程度上体现了对于归属范围的限制。但是"误杀"究竟属于意外事件还是过失导致的则不得而知，《圣经·旧约》中尚不能对过失和意外事件进行区分。

（四）从"处于合法境地"到"陷入不法境地"的演变

"陷入不法境地"关注的是行为人的行为，行为不法时一切后果得归于行

---

〔1〕 参见［意］ホセ・ヨンパルト：《古代刑法におけるversari in re illicitaの認否と現代刑法における偶然の役割》，载《上智法学论集》（第 24 卷），上智大学法学会 1981 年版，第 242 页。

〔2〕 "假使有人无意杀了邻人，彼此又素无仇怨：比如他与邻人同去林中伐树，当他手挥斧子砍树时，斧头脱了柄，落在邻人身上，以致毙命，它就可以逃到这些城中的一座城去，为保全性命，以免报血仇者心中发火追赶杀人者，因路途遥远，而能赶上他，将他杀死；其实他与那人素无仇怨，罪不该死"。参见《圣经》（修订版），香港思高圣经学会 2012 年版，第 302 页。

为人。这一原则确立的结果归属要求基本行为不法而非单纯的结果不法,相比"处于合法境地"增加了出罪的事由,也即"不正事项、不可为的事项"(Res illicita/res quae non licet)的有无。从这一点上来看,可以说"陷入不法境地"具有一定的进步性。[1] 虽然现代刑法中肯定了行为不法便将所有结果归属于行为的观点仍然不可接受,但是却有学者认可其合理之处。如德国学者鲍曼(Baumann)便认为偶然发生的结果应当在量刑时纳入考虑之中,"过度强调责任主义而无视了产生的结果,并非正当",并以爆炸罪为例:"爆炸罪的行为人原本只设想造成三人左右的死伤,但是实际上却造成整条街道之破坏的结果,如果科以同样程度的处罚,在实务与学理上都不能接受"。据此,评价这一原则"有其正义的核心"。[2]

"陷入不法境地"是在对于"处于合法境地"原则的排除中产生的,一方面是从客观出发,要求不法行为的存在,仅存在不法结果不得归属;另一方面则是从主观出发,要求违反注意义务,故对于偶然结果的归属应当限制。如《格里高利教令集》中规定,"偶然(casus)杀人的场合,与是否为了不正行为无关,仅仅根据应负注意的有无,便得以进行归罪",相当于排除了"处于合法境地"和"陷入不法境地"原则,以注意义务的履行与否作为归属的理由。但是,在该教令集的其他部分则仍存在着承认"陷入不法境地"的观点,也即:"为正当行为者,因为偶然引起的杀人,在未尽应尽注意的场合得归属之","如果此人为了不正行为,则无论负了注意义务与否,均可处罚"。[3]

可见,在教会法中其实形成了两种归属条件的判断,一是是否为正当行为,二是是否尽了注意义务。只要为不法行为或不履行注意义务,均肯定结果归属的成立。而且,与其说行为人受到处罚是因为处于不正的状态,不如说是因为未负应负的注意。在《格里高利教令集》中举出了一个例子:圣职

---

〔1〕 参见刘佩:《论结果加重犯的出罪因素》,载《甘肃政法学院学报》2012年第3期,第128页。

〔2〕 Baumann, Kleine Streitschriften zur Strafrechtsreform, 1965, S. 150. 转引自林怡秋:《加重结果犯中基本行为与加重结果间关系之研究》,台湾成功大学2008年硕士学位论文,第6页。

〔3〕 Julián Pereda, S. J., El "versari in re illicita" en la doctrina y en el Código Penal. Solución suareciana, San Sebastián, 1948, p. 44, 50~51. 转引自[意]ホセ・ヨンパルト:《古代刑法におけるversari in re illicitaの認否と現代刑法における偶然の役割》,载《上智法学论集》(第24卷),上智大学法学会1981年版,第244页。

者助祭（diaconi）与几位平信徒（laici）在结束葡萄园的工作后的归途中拿着工具打闹玩耍，结果有一人受伤，伤者在 8 日后死亡。由于圣职者不能和平信徒玩耍，因此拿着工具打闹玩耍被看作是实施了不正行为，确实承认了"为不正行为者，偶然杀人得归属之"的"陷入不法境地"。但是，实际上圣职者存在的不注意（incautus）才是其应负责任的理由。这一圣职者受到的处分是没有罗马教皇的许可便不得升任司祭，而且连助祭的圣职也不得从事。[1]

实际上发源于教会法的"陷入不法境地"原则最初便是用于解决圣职人员实施了不合教规的行为时的惩戒问题。"陷入不法境地"所引发的归属（imputabilitas Zurechnung），也并非一并地被理解为"刑罚"（Strafe）的条件，而可能仅仅是作为"不适格"（irregularitas）的条件。虽然教会法中有类似世俗法中的"刑罚"的处罚方式，但也有在性质上与此不同的处置。前者以"罪行"（peccatum）以及本人的道义责任为前提，但后者却并非以此为限，也即"无资格的不适格"（irregularitas ex defectu），是一种无需认定责任的非刑罚的否定性评价，其与非刑罚处罚措施的保安处分有一定相似之处，对于不法行为人而言均属于一种"不利益"。

此后，在中世纪世俗法中同样体现出"陷入不法境地"的特征，只不过与教会法不同的是，因此而受到处罚的主体不再限于圣职人员。例如作为德国刑法重要渊源的《加洛琳纳法典》便体现了"陷入不法境地"原则：第 134 条规定了必须是在"不被允许"或者"不适当"地实施医术导致患者死亡时，医生才能被归责。第 146 条则规定了理发师、弓箭手若在正确的场合剃胡子或者射箭，纵使造成死亡结果仍可免责；反之，在人来人往之处为之，造成死亡结果的，应当归责。[2]

"不适格"的否定性法律评价在现行的天主教教会法中仍然存在，如《天主教法典》便规定了"不适格及其他限制"（De irregularitatibus aliisque impedimentis）。"不适格"是一种永久的处置措施，而"限制"则是有时间限制的处置措施，受到这两种评价者，均不得从事圣职。且该法典对于"不适格"评价的具体情形也进行了列举，包括"患有疯癫、精神病"，"犯背教、异端、

---

〔1〕　［意］ホセ・ヨンパルト：《古代刑法における versari in re illicita の認否と現代刑法における偶然の役割》，载《上智法学论集》（第 24 卷），上智大学法学会 1981 年版，第 248 页。

〔2〕　参见 ［日］内田浩：《結果の加重犯の構造》，信山社 2005 年版，第 56~57 页。

裂教等罪者”，“杀人、堕胎、重伤害他人或自伤、违法结婚”等情形。[1]

三、从古至今：“陷入不法境地”的限制路径

现代刑法的谦抑性要求严格限制结果归属的成立，对于结果归属成立的限制，又可采取对于构成要件行为和结果进行限缩解释，通过规范上的关联性来限制因果关系等方式。然而对于“陷入不法境地”的限制并非现代刑法的功绩，在古代法中便存在：除了通过要求不法行为来排除“处于合法境地”的适用，教会法自身也体现了对于“陷入不法境地”的批判。一方面是从因果关系的角度来限制偶然发生结果的处罚；另一方面则从主观角度贯彻责任主义的观点，要求对于行为与结果的故意，来排除部分过失与意外事件的处罚。

（一）预见义务履行与否之限制

作为教会法中结果归属条件之一的“对于结果发生的注意义务”实际上与相当因果关系说存在关联，只不过未细分一般人和行为人对于结果发生的不同认知程度。法不强人所难，从命令规范之角度而言即为不对人施加不切实际的命令，从禁止规范的角度来看则是不禁止人实施不可避免的行为。但是教会法上关于注意义务的探讨只集中在注意义务的有无，而未能深入到履行义务的可能性上。注意义务的违反是过失犯成立的核心，而结果预见义务的判断则不限于过失犯层面的讨论，在结果归属的判断中也有所考虑，相当因果关系说的主观说与折中说均认为，在一般人无法预见结果发生的场合，不能将那一结果归属于行为人，“预见可能性”从而成为结果归属判断的重要因素。

当行为人实施了不法行为时，将产生与不法行为相关的不法结果与其他结果，但是在“陷入不法境地”原则下上述两种结果都得以归属于行为人。在第一种情形下，也即探讨不法结果与不法行为关系的过程中，“预见义务之履行与否”对于结果归属的判断作用有限，因为此时的不法侵害与结果之间的因果关系具有典型性，先前的不法侵害行为本身便可以看作是对结果回避义务之违反。而在“不法行为导致了其他结果”时，“预见义务之履行与否”的判断则有一定积极作用，因为此时的其他结果多为不法行为按照原本的发展逻辑延伸下去也不会达成的结果，也即结果发生并非违反义务关联的产物，

---

[1] 参见天主教台湾地区主教团编译：《天主教法典 拉丁文-中文》（修正版），闻道出版社2014年版，第413页。

若此时认定行为人履行了注意义务，将得以及时排除结果归属的成立。

（二）主观罪责有无之限制

从主观责任角度对于"陷入不法境地"的排除，是指就行为人的不法行为与其造成的结果，只有行为人存在过错时才可以对其进行归责，属于有责性层面的问题。这是在前一阶段无法完全排除结果归属的情况下进行的判断，其目的是限制责任的成立。在因果流程复杂或者行为缺乏定型性导致结果归属难以判断时，至少还具有通过排除责任来出罪的方式。主观方面的出罪事由与教会法重视主观要素、坚持罪孽主观性的立场密不可分，在较早时期便有所体现。如罗马教宗波尼法爵八世（Bonifacius VIII）的 Liber Sextus 教令中规定，"除非有特殊事由（causa），任何人在无罪（sine culpa）的情况下都不可处罚"。[1] 又如托马斯·阿奎那（Thomas Aquinas）区别自愿与不自愿行为，认为不自愿实施某个违法行为应该受到相对较轻的刑罚，而自愿地实施某个违法行为的，违法者主观上具备了违法的故意，对被害人和社会的危害更大，故应该给予更为严厉的刑罚，因而反对单纯依据伤害的性质给出机械平衡的报应刑的做法。[2]

对于主观责任的要求无疑是教会法取得的进步，一定程度上体现了对于结果责任的否定态度。但是，把故意、过失作为犯罪成立的充分条件，是主观归罪的体现。仅仅是区分故意与过失，并对故意与过失进行不同的处罚，仍然是结果责任的体现，如前述的认可"处于合法境地"原则的时代，对于故意和过失的区分不影响对于偶然结果的归责可能。只有把故意、过失作为责任成立的必要而非充分条件才体现了心理责任论的观点。[3]

现代教会法中对于故意、过失的区分则与世俗法更为接近。如《天主教法典》规定："任何人，非有外在的违法或背命行为，而其行为因故意或过失负有严重罪责者，不得受科罚的处分"，"惟故意违反法律或命令者，受法律或命令所定的处罚；其行为出于缺乏应有的注意者，不受处罚；但法律或命

---

〔1〕 H. Maihold, *Strafe für fremde Schuld*, Köln, 2005, S. 109. 转引自马克昌主编：《近代西方刑法学说史》，中国人民公安大学出版社 2016 年版，第 25 页。

〔2〕 参见何勤华、夏菲主编：《西方刑法史》，北京大学出版社 2006 年版，第 145~146 页。

〔3〕 参见冯军：《刑法中的责任原则 兼与张明楷教授商榷》，载《中外法学》2012 年第 1 期，第 46 页。

令另有规定者除外。"〔1〕 首先强调了同时具备客观要素与主观要素对于犯罪成立的必要性,其次进一步限制主观要素,即对于过失犯的处罚属于只有法律或命令的规定才可进行的例外情形,可见现代教会法与现代刑法在此方向上实现了一致。

综上所述,教会法内部对于排除"陷入不法境地"的处罚亦作出了一定的努力。从因果关系角度出发,萌发出了体现相当因果关系说内容的结果预见义务的判断,但是这一层次的判断仍不能完全排除其他结果的归属。于是教会法转而从主观要素的角度出发,区分故意和过失的不同可罚性,强调故意责任的重要性,当不法行为造成的结果属于意外事件,或者并非法定的过失犯时,不能肯定结果归责,在此可以窥见心理责任论的端倪。此外,就"陷入不法境地"的法律后果方面,教会法则在处罚方式上采取了较刑罚更为轻缓的"不适格",客观上减轻了"陷入不法境地"对于责任主义的削弱作用,并抑制了酷刑的发动。

(三)主观与客观之间:结果归属的限制

结果归属的判断源于"支配"或支配可能性的观点,认为每个人只需要对自己所能支配的事物承担刑事上的责任〔2〕,因此归属是确认罪责评价客体的过程。由于"陷入不法境地"原则的适用将不当延伸因果链条,对于因果关系和结果归属的限缩有其必要。在现代刑法中,相当因果关系说和客观归责理论分别从社会学和刑事政策学层面出发,对于因果关系的限缩发挥了一定积极作用。〔3〕 两种理论在方法和立场上存在继受关系,相当性判断能够发挥局部的客观归责判断的功能。〔4〕

相当因果关系说通过在事实判断中纳入了价值判断的因素,一定程度上筛选出了偶然发生的结果,从而限制了过于宽泛的条件关系。然而"相当性"概念的不够清晰是其固有缺陷,对于该学说的完善和修正可谓作用有限,在该学说曾占主流地位的日本亦呈现向危险现实化说转化的趋势。结果归属的判断转为由实行行为论与危险现实化说共同完成,前者基本对应客观归责理

〔1〕 天主教台湾地区主教团编译:《天主教法典 拉丁文-中文》(修正版),闻道出版社 2014 年版,第 503 页。

〔2〕 黎宏:《刑法学总论》,法律出版社 2016 年版,第 97 页。

〔3〕 参见梁云宝:《积极的限缩:我国刑法因果关系发展之要义》,载《政法论坛》2019 年第 4 期,第 42 页。

〔4〕 参见周光权:《行为无价值论与客观归责理论》,载《清华法学》2015 年第 1 期,第 140 页。

论中的风险创设基准，后者则基本对应风险实现与构成要件之射程的基准。

然而客观归责理论亦有其不完整性，其面临的最大批判便是打破了阶层体系的层次性，[1] 它被称为一个"内容混杂的超级范畴"（heterogene Super-katogorie），难以仅在客观构成要件阶段便解决结果归属的问题。[2] 罗克辛（Roxin）的客观归责理论缘起于对于目的行为论过度强调主观不法的批判，以客观上是否可能侵犯法益来解释"人的意志支配可能性"，认为客观有目的性取决于行为人的行为是否制造了足以引起法益侵害结果的法律上重要的风险。虽然罗克辛主张在客观构成要件层面解决归属问题，但是随着行为人的特别认知等因素对于结果归属之重要作用的凸显，主观要素不可避免地融入至客观归责的考量之中，从而与其创立初衷相背离，并成为批判客观归责理论的芒刺。

客观归责理论所立足的目的理性主义的犯罪论体系，主张刑法体系应当根据刑法目的设立而构建，谋求对于体系性思考以及问题性思考的扬弃（Aufheben）。相对于李斯特（Liszt）作为目标的"封闭的体系"，目的理性主义论者所意向的是与多元化的现代社会相适应的"开放的体系"。可以说，其所指明的刑法规范判断方向是正确的，且我国的司法实践中也潜移默化地体现了这一规范思考的运用。[3] 虽然结果的规范归责常常作为客观归责理论的支持者采纳客观归责理论时"理所应当"接受的一种思考方式，但是结果归属与客观归责理论并非等同，客观归责理论也绝非罗克辛教授的一家之言。客观归责无疑是一种结果归属理论，而"陷入不法境地"亦可以看作一种不够成熟、不合时宜的结果归属。"结果归责的评价并非由单一的原理所支配，在很多情形下，我们是基于复数原理的协调来决定究竟应当将结果视为哪一行为的作品。"[4] 笔者认为，在我国刑法理论对于"李斯特鸿沟"尚未完全探究的情况下，只应有限地吸收"罗克辛贯通"带来的启示，而非一概地采

---

〔1〕 参见刘艳红：《客观归责理论：质疑与反思》，载《中外法学》2011 年第 6 期，第 1225 页。

〔2〕 参见［德］沃尔夫冈·弗里施：《客观归责理论的成就史及批判——兼论对犯罪论体系进行修正的必要性》，陈璇译，载《国家检察官学院学报》2020 年第 1 期，第 44 页。

〔3〕 参见周光权：《客观归责论与实务上的规范判断》，载《国家检察官学院学报》2020 年第 1 期，第 17 页。

〔4〕 蒋太珂：《"死因"在死亡结果归责分配中的功能》，载《法学》2018 年第 10 期，第 148 页。

纳客观归责理论的内容。"寻找统一归责标准的雄心壮志显然不合时宜。"[1]
"客观归责理论的提出，表明人们已经公然放弃为结果的可归责问题寻求统一
标准的尝试。其规则的庞杂与多元，恰恰表明，没有办法用一个统一的标准
解决所有的归责问题。"[2] 据此，应当在尽量维持阶层犯罪论体系的相对完
整性的基础上，有限地引入当前属于客观归责理论的部分内容，吸收客观归
责理论在结果归属判断上的方法论价值，以完善结果归属的判断。

四、现代刑法中"陷入不法境地"的残留与排除

（一）结果加重犯的问题点及其限制方式

作为刑法中最为典型的"陷入不法境地"的体现，结果加重犯表现为行
为人实施基本行为造成了法定的加重结果，进而需要为此承担较重的刑罚。
由于结果加重犯是以法定的形式将加重结果归属于基本行为实施者，并要求
其为此承担更严重的法律后果（更高的法定刑），这与"不法行为所造成的一
切后果，都应归属于其行为"的"陷入不法境地"原则构造相似。

若基于"陷入不法境地"原则，则结果加重犯的成立无需考虑行为人的
主观过错，只需要在客观上肯定基本行为不法即可，这是责任主义原则不可
接受的立场。责任主义原则要求行为与责任同时存在，没有过错的不法行为
无法受到责任非难。而结果加重犯中的基本行为和行为人对于加重结果的主
观过错有时却并非同时存在。因此结果加重犯常被认为是责任主义的例外，
是结果责任的残留。[3]

当前，承认这一规则的存在，并通过限制其成立以减缓其对于责任主义
原则的削弱是眼下的主要问题。出于维护责任主义的需要，德国刑法从 1953
年便开始明确要求对于加重结果之过失（Fahrlässigkeit）的存在[4]；日本刑
法本身对于结果加重犯并无规定，但《改正刑法草案》则要求预见可能性的

---

〔1〕 杨绪峰：《条件说的困境与结果归责的类型化》，载《中国刑事法杂志》2015 年第 4 期，第
15 页。

〔2〕 劳东燕：《风险分配与刑法归责：因果关系理论的反思》，载《政法论坛》2010 年第 6 期，第
105 页。

〔3〕 参见 ［日］井上宜裕：《結果の加重犯と責任主義》，载《法政研究》（第 78 卷），九州大学
法政学会 2011 年版，第 348 页。

〔4〕 德国现行刑法规定"本法对行为的特别结果的较重处罚，只有当正犯或共犯对特别结果的产
生具有过失时，始可适用"。参见《德国刑法典》，徐久生译，北京大学出版社 2019 年版，第 11 页。

存在。[1] 学说上一般认为，对于基本结果应当有故意，对于加重结果至少有过失。但是，"存在因果关系并至少存在过失"同时也是过失犯成立的要求，如果只考虑这一最低限度，既无法说明这一制度在罪刑相适应原则下如何自洽，也无法说明其与基本犯和加重犯的想象竞合犯的区别。

只能认为，结果加重犯的不法与责任有其特殊的内容，相应地对其进行限制也应该从这两方面出发。具体而言，则有对于基本行为进行限缩解释、对于加重结果之归属的限制以及加重结果主观归责的限制等路径。应当承认，这几种限缩解释的思路绝非后世创新，因为早在教会法中便有与之相似的观点，即不法行为、注意义务和主观过错的必要。鉴于"陷入不法境地"本质上属于一种结果归属原则，故下文中拟从结果归属角度进行探讨。

（二）直接性关联与客观归责的限缩路径

"在规范归责中，风险概念成为一种连接事实与规范之间的关键要素，因为风险本身就是由对事实状态的评价而得来的。"[2] 而规范判断背后体现的是立法目的以及刑事政策对于刑法解释的影响，从而实现了目的理性主义对于刑法教义学的渗透。结果归属规范化的过程，也是行为判断抽象化为风险判断的过程，只不过各种体系就风险判断所处的阶段存在差异。形式的因果关系向规范因果关系的过渡是一个必然过程，而对于实质因果关系的判断，最终都会向着因果关系两端的行为与结果发展，以期求在行为和结果的实质标准中找到结果归属的基准。因果关系的规范化理解实际上包含着对于行为、结果的规范化理解，如客观归责的风险创设基准便是对于行为规范化理解的产物，而风险实现与构成要件的射程则是对于结果规范化理解的产物。

德国通说认为，行为是"由人的意志所控制或者可以控制的社会影响上重大的举止"[3]，相较于目的行为论能更好地说明不作为犯与过失犯的问题，但却无法满足行为的界限功能。作为结果归属判断前提的"行为"本身只是"裸的行为"，所以在诸如"雷雨案"等客观归责的典型案例中，没有直接在行为判断中出罪，而是在肯定条件关系之后借助客观归责理论，排除了不被允许的风险的创设。即使德国模式在行为判断上较为宽松，但客观归责理论

---

[1] 日本《改正刑法草案》规定"对于因发生结果而加重刑罚的犯罪，不能预见该结果的，不得作为加重犯处断"。参见《日本刑法典》，张明楷译，法律出版社 2006 年版，第 117 页。

[2] 吴玉梅：《德国刑法中的客观归责研究》，中国人民公安大学出版社 2007 年版，第 52 页。

[3] [德] 约翰内斯·韦塞尔斯：《德国刑法总论》，李昌珂译，法律出版社 2008 年版，第 48 页。

严密的双向风险检验模式则对于结果归属的排除起到了关键的作用。而结果加重犯的结果归属自然应该严格于一般结果犯。在讨论结果加重犯的问题时，德国司法实践上形成了以结果加重犯因果关系的"直接性"[1]（Unmittel-barkeit）为必要的观点。若行为人只是在故意实现基本犯的同时，过失创设了一个可能造成严重后果的原因，尚不足以认定成立结果加重犯。进一步来说，必须在实现基本犯的时候，便已创造了导致了加重结果的风险（基本犯的特定风险）。[2]

回顾直接性关联在德国司法实践中的发展过程可以发现，最初在"枪支走火案"（Pistolen-fall）中，行为人用装有子弹并上膛的手枪撞击被害人头部时，不慎触动扳机，导致被害人中弹身亡。帝国法院认为必须是行为人所从事的行为"直接"导致了死亡结果时（也即用手枪撞击而非误射的行为直接导致死亡结果）才肯定直接性关联，此时的直接性只是一种物理的、形式上的直接性判断。之后在"阳台坠落案"（Rötzel-fall）中，行为人以残忍手段殴打被害人，被害人为了躲避行为人的暴打，试图从二楼窗户爬向阳台，不慎坠落身亡。联邦最高法院则认为伤害致死罪的立法目的在于要规制伤害行为同时发生死亡结果的"特有危险"，由于被害人或者第三人的介入行为导致的死亡不属于"固有内在危险的实现"。[3] 但是，介入因素的有无其实与结果发生的盖然性高低是同一问题的两个方面，结果发生的高通常性同时便意味着介入因素的罕见性。这说明此时的直接性仍然没有摆脱存在论意义上相当性的窠臼，因为相当性意味着在通常情况下行为与结果之间具有高度的盖然性，这离不开对于介入因素发生概率的判断，就偶然发生的异常结果而言，将直接排除其与行为之间的因果关系。在此之后，德国法院则不再以介入行为的有无来判断直接性关联，而逐渐转变为以基本行为所蕴含的典型危险的实质贡献来进行判断。[4]

可见，德国司法实践关于直接性关联的态度体现了从形式判断到实质判

---

〔1〕 又称"直接关联性""直接相关性""特殊危险关系""特有危险现实化""构成要件特有危险关联"等。

〔2〕 ［德］乌尔斯·金德霍伊泽尔：《刑法总论教科书》，蔡桂生译，北京大学出版社2015年版，第351~352页。

〔3〕 参见黄博彦：《重新检视加重结果犯之归责基础》，载《月旦法学杂志》2017年第3期，第209~211页。

〔4〕 参见李晓龙：《论结果加重犯的直接性关联》，载《法学》2014年第4期，第146页。

断的转变过程，是否由基本行为在物理上导致了加重结果以及是否存在介入因素，属于形式的判断；而"固有内在危险"以及"典型危险"则属于规范的、实质的判断。最初直接性的提出是为了限制结果责任，此时物理意义的直接性起到了一定作用，但是在危险概念得以适用后，重点便转移至基本行为与加重结果的规范联系上。从直接性关联之判断要求"行为具有造成结果的固有危险"来看，直接性关联的判断实际上与"实行行为"这一德国刑法中不被采用的概念在作用上相似。而直接性有无的判断也类似实行行为的判断，存在结果危险与行为危险的区别。行为危险理论认为直接性指的是基本行为本身具有的导致加重结果的危险，结果危险理论又分为致命性理论（Letalitätstheorie）和通道因果关系说（Durchgangs-kausalität），前者认为死亡结果应当由伤害行为所导致的致命性伤害产生，后者则认为基本行为通过基本结果来实现加重结果。[1] 罗克辛认为，结果加重犯的保护目的不能抽象地确定，而是必须通过分则条文的具体解说才能表现出来，不能发展出可以一般适用的解决方法。[2] 也即直接性究竟体现在基本行为还是基本结果之中，需要结合各罪分别判断。

单纯强调行为危险与结果危险均不可取，况且将此二者进行明确区分也难以做到。但是，若行为本身不具有导致结果的高度危险，单纯的结果危险无法作为肯定结果归属的依据。通过将某些可能偶然导致加重结果的行为从事前便排除于结果加重犯的判断，可以防止"陷入不法境地"也即因为偶然产生了结果不法便肯定行为不法的倾向。强调行为的危险性可以使得直接性要件与客观归责理论的风险判断同时适用。前者是一种类型化的预测，后者则需要结合客观环境和周边情况进行的具体判断；前者通过事前典型风险的判断来排除部分基本行为造成加重结果的可能性，后者通过事后具体风险的判断来排除基本行为和加重结果的结果归属。因此，即使直接性关联的判断无法在事前排除基本行为的认定，亦可以采取风险创设和风险实现基准进行事后判断，从结果归属层面限制结果加重犯的成立。

（三）实行行为与危险现实化的限缩路径

在日本刑法学中，实行行为概念的提出对于过于宽泛的行为概念起到了

---

〔1〕 参见李晓龙：《论结果加重犯的直接性关联》，载《法学》2014 年第 4 期，第 153 页。

〔2〕 参见 ［德］克劳斯·罗克辛：《德国刑法学 总论》（第 1 卷），王世洲译，法律出版社 2005 年版，第 219~220 页。

实质的限定作用。通过危险概念的引入，实质的实行行为概念被定义为"具有侵害法益紧迫危险的行为"[1]或者"给法益制造了法不允许程度的危险的行为"[2]。然而，运用危险概念来说明实行行为，在使其内涵更加充实的同时，也使其重要性逐渐让渡给了"危险"这一评价本身，从而导致了实行行为不要论的产生[3]，对于实行行为的关注重点也逐渐从"定型性"的特征转为"结果发生的现实危险性"。这使得实行行为具备了与危险现实化说同时适用的可能，因果关系被理解为"内在于实行行为的危险性经由结果的发生而被现实化"。[4]为了说明结果加重犯特有的不法内容，内田浩认为，结果加重犯基本犯内含发生加重结果的类型化危险性[5]；而井田良指出，基本行为应当现实地包含使加重结果发生的具体的危险。[6]

危险现实化说是在日本判例中形成的，对于客观归责理论进行本土化改造后的产物，是通过对相当因果关系说的修正来部分吸收客观归责论的合理内涵。与学说上注重体系性思考、寻求可以说明所有案件的一般性理论不同，判例上则注重问题性思考，尽量避免表明明确的理论立场。形成判决理由时并不一定只按照某个特定学说，而是谋求一个具体合理的结论。过去日本判例中主要采取条件说，然而也有体现相当性说的思考。如"脑梅毒案"[7]中最高裁判所以被告人的行为导致被害人死亡不违反经验法则为由肯定了其行为与死亡结果的因果关系，又如"美兵肇事逃逸事件"[8]中则以事后第三人的介入行为在经验法则上无法预测为由否定原行为与结果因果关系的成立。

[1] 张明楷：《刑法学》，法律出版社2016年版，第144页。

[2] 王海涛：《制造法不允许的危险：质疑与检视》，载《国家检察官学院学报》2020年第1期，第65页。

[3] 参见陈家林：《外国刑法理论的思潮与流变》，中国人民公安大学出版社、群众出版社2017年版，第145页。

[4] [日]桥爪隆：《论实行行为的意义》，王昭武译，载《苏州大学学报（法学版）》2018年第2期，第138页。

[5] 参见[日]内田浩·《結果の加重犯の構造》，信山社2005年版，第326~330页。

[6] 参见[日]井田良：《刑法総論の理論構造》，成文堂2005年版，第425~429页。

[7] 参见日本最高裁判所1950年3月31日判决，刑事判例集4卷3号469页。被告人用脚踢了被害人的左眼，虽然那一伤势约10天时间就能治好，但是被害人患有脑梅毒导致的脑部高度病变，结果因为脑组织崩坏而死亡。

[8] 参见日本最高裁判所1967年10月24日决定，刑事判例集21卷8号1116页。被告人驾车过程中因为未注意前方而将骑车的被害人撞飞，被撞飞的被害人碰巧落在汽车车顶，坐在副驾驶席的第三人由于过于害怕故将被害人拽下，导致被害人头部栽倒在路面上身亡。

但是"大阪南港事件"引发了判例对于相当性的质疑，判例逐渐从存在论的经验法则判断转向规范论的危险判断。以"日航飞机接近事件"[1]"三菱汽车案"[2]为代表的判例中使用了危险现实化的表述，且相关判例的立场得到了学界的普遍支持，可以说危险现实化说已经取得了学界通说地位。[3]

与相当因果关系说划分相当性之判断基础的范围相似，危险现实化的判断同样需要通过事前判断明确实行行为所具有的危险性。无论是相当因果关系的折中说还是客观说，针对行为后的介入情况，都主张从行为时对该事实进行预测，即将其转化为对介入事实的预见可能性问题，结论受介入事实异常与否所左右。只要介入因素异常时就不将其纳入判断基础，形如这一介入事实从未发生过，这将导致不适当的结论。[4] 如果要摆脱相当性的不利因素，就要将考察重点从行为导致结果的通常性、介入因素发生的异常性转变为危险创设行为对于结果的作用力、介入因素对于结果的作用力上。介入因素的存在，并不必然意味着结果归属方向的转变，而是将问题转化为贡献程度的分配上。

但是，判例中只是体现了危险现实化的思考方式，而没有形成明确的判断标准。如果"危险的现实化"与否只是一个结论，而非一套具体的判断标准的话，将与"相当性""通常性"一样模糊而难以捉摸。关键是，如何判断"行为危险"以及"得以实现"。[5] 判例中关注被告人的行为对于结果发生之因果性的影响力与事实性的贡献度（以及与介入因素的贡献度的比较），在行为对于结果发生的贡献度达到一定程度时，便得以肯定因果关系。在学理上，则对危险现实化的判断因素进行了归纳总结，如前田雅英教授认为，在介入因素导致结果发生的场合，应当综合考虑实行行为的危险性、介入因素的异常性及其关联性、介入因素对于结果发生的贡献三点来判断危险的现

---

〔1〕 参见日本最高裁判所 2010 年 10 月 26 日决定，刑事判例集 64 卷 7 号 1019 页。被告人作为航空管制员对飞机航班错误地发送了下降指令，导致两架飞机异常接近，致使乘客受伤。

〔2〕 参见日本最高裁判所 2012 年 2 月 8 日决定，刑事判例集 66 卷 4 号 200 页。某公司制造的卡车装备的某型号的轮轴发生断裂，导致卡车在驾驶途中轮胎脱落，造成行人死伤。

〔3〕 参见［日］桥爪隆：《作为危险之现实化的因果关系（1）》，王昭武译，载《苏州大学学报（法学版）》2015 年第 1 期，第 103 页。

〔4〕 陈家林：《外国刑法理论的思潮与流变》，中国人民公安大学出版社、群众出版社 2017 年版，第 172 页。

〔5〕 参见［日］佐伯仁志：《刑法总论的思之道·乐之道》，于佳佳译，中国政法大学出版社 2017 年版，第 65 页。

实化。[1] 此外，还有观点指出，如果介入因素处于行为人的管辖范围之中，则通常能够肯定结果归属。[2]

（四）偶然因素的最大化排除：双层次的规范判断

通过上述关于德国和日本对于结果加重犯结果归属模式的考察，可以发现，德国模式采取了直接性关联与客观归责限缩路径，而日本模式采取了实行行为与危险现实化的限缩路径。直接性判断与实行行为的判断，均属于事前风险的判断。不同的是，直接性要件属于结果加重犯的特殊构成要件，实行行为的考察则不限于结果加重犯之中，而是在所有结果犯中都适用。实行行为是对于构成要件行为的规范化评价，实际上发挥了客观归责理论危险创设基准的机能，而危险现实化的"危险实现"则发挥了客观归责理论危险实现基准的机能。

笔者认为，由于实行行为概念较早地便引入我国刑法学中，与较为宽泛的行为论相比，其所具有的犯罪个别化机能、界限机能具有一定优势，在共同犯罪以及未遂犯等问题的处理上也具有重要作用。加之客观归责理论贯通了阶层的犯罪论体系，将削弱阶层体系的罪刑法定功能，在当前我国刑法学转型的思潮下，不适合全盘引入，采取有限吸收其内容并同时体现了规范化思考的危险现实化说是较为稳妥的态度。实行行为的判断采取事前判断的标准，而风险实现的基准则采取事后判断的基准，通过事前与事后判断的结合，使得行为典型危险的判断作为一种实质的判断，以排除形式上具有危险而实质不具备危险，或者形式上无危险而偶然产生危险的基本行为。据此，笔者认为实行行为与危险现实化的归属构造更加契合我国当前的实际情况，故下文将结合判例具体分析这一构造的判断流程。

1. 客观危险的认定与被害人特殊体质的处理

危险现实化的判断包括实行行为危险性的判断与危险性之实现的判断两个阶段。关于实行行为危险性的判断，具体危险说以行为时一般人能够预见的事实为判断资料，以一般人所具有的知识水准为标准来判断危险性；而客

---

[1] 参见［日］前田雅英：《刑法総論講義》（第6版），东京大学出版会2015年版，第139页。其他结果无价值论者的观点，亦与之相似。参见［日］曾根威彦：《刑法における結果帰属の理論》，成文堂2012年版，第59页；［日］山口厚：《刑法总论》（第3版），付立庆译，中国人民大学出版社2018年版，第58页。

[2] 参见张明楷：《刑法学》，法律出版社2016年版，第190页。

观危险说则以事后判断的所有客观事实为基础，运用科学的原理来判断危险性。[1] 若仅以一般人的标准对于危险的有无进行判断，则会认为行为人以一般人认为没有危险的、非典型性的手段实施行为时也不具有危险。因此，此处客观说更为适宜，行为的危险性应当以行为时所存在的事情为基础客观地加以判断。[2] 也许有观点会认为这将扩大危险性的范围，但是危险的存在与否不应该以行为人的认识有无为转移，行为人有无"目的性地"实现危险，是危险实现阶段需要解决的问题。

关于危险性之实现又包含直接实现与间接实现，当实行行为对结果引起施加了决定性影响时，无需考虑因果进程的通常性。而实行行为的危险性经由介入因素而间接地实现于结果时，介入因素对引起结果具有直接影响力；但如果能认定实行行为本身存在引起介入因素的危险性，则可以评价为间接地实现了实行行为的危险。[3] 当不存在介入因素时，各种学说对于结果归属得出的结论基本相同，而在行为时存在优越认知或无法认识到的特殊情况（如被害人特殊体质）或者行为后存在异常介入因素[4]时则有较大分歧。

首先，应该客观认定行为危险的存在与否，当行为人利用其优越认知实施一般人认为不具有危险而实质上具有危险的行为时，也能够认定其实行行为具有危险性。这一点在相当因果关系说中的结论亦相同，无论采取客观说还是折中说均能够将行为人存在的特别认知内容纳入判断基础之中。而客观归责论者中也有肯定特别认知下的结果归属，"即使行为人外观上实施了一个允许风险的行为，但当行为人对法益风险有优于一般人的认知时，则不能排除结果的客观归责"。[5]

其次，针对被害人存在特殊特质的情形，则要考虑该特殊体质的预见可能性，此时应该采取与相当因果关系折中说相似的思考，仅在一般人无法预

〔1〕 金光旭：《日本刑法中的实行行为》，载《中外法学》2008 年第 2 期，第 240~241 页。

〔2〕 陈家林：《外国刑法理论的思潮与流变》，中国人民公安大学出版社、群众出版社 2017 年版，第 174 页。

〔3〕 参见［日］桥爪隆：《作为危险之现实化的因果关系（1）》，王昭武译，载《苏州大学学报（法学版）》2015 年第 1 期，第 108~109 页。

〔4〕 根据异常介入因素的来源，又可将其划分为：行为人二次行为的介入；第三人行为介入（包括医疗过失与共犯行为介入）；被害人自己行为的介入（自陷风险）；不可抗力、意外事件的介入。

〔5〕 Luís Greco, Das Subjektive an der objektiven Zurechnung: Zum "Problem" des Sonderwissens, ZStW, 2005, S. 519. 转引自庄劲：《从客观到主观：刑法结果归责的路径研究》，中山大学出版社 2019 年版，第 30 页。

见且行为人也无法预见的场合否定结果归属。由于采取客观危险说的立场，这一行为仍然具有危险性，属于实行行为，但是在这种情况下结果的发生只是一种出乎意料的偶然，若肯定此时的结果归属，则有肯定偶然结果归属的嫌疑。况且，即使肯定了因果关系与结果归属，由于缺乏预见可能性的缘故不能认定过失的存在，因此无论如何都无法认定责任的成立。

把可预见性作为因果关系判断的依据，实际上是结合了主观要素的判断，承认了结果归属的"主观性"。虽然相当因果关系说[1]和客观归责理论[2]被批判"陷入主客观的迷思"，但是结果归属的主观判断是不可避免的：因为刑法因果关系的本质是对于因果关系的解释，取决于规范判断而不是事实因果关联本身，评价主体会基于其价值取向、目的考量来重新构建或者解释这种关系。客观归责理论与折中的相当因果关系说均使用"一般人认识（理智观察者的认识）+被告人特别认识"的判断标准，将表现为"偶然"的非典型因果流程先予排除，两者面临的共同批判是，"一般人"只是一个假设、虚拟的人格，而结果归属是将结果归属于行为人而非假设人，不能将这一假设人能否认识的情形作为行为人结果归属的判断依据。[3] 规范具有普遍适用性，因此规范判断关注的也应该是普遍情况下的情形。"一般人"本身就是一个规范评价的要素，其所代表的认知程度不存在固定的标准，并非一个事实判断而是价值判断，需要结合案情具体分析。在具体案件中得出行为人的认知水平高于或者低于一般水平，考虑的仍是具体人而非假设人的认知能力。由于"大部分情况下法律只要求行为人像个理性人一样行动"[4]，所以在行为人的预见性低于一般人从而引发风险造成结果时，其需要因为违反规范的期待未能预见而肯定结果归属。但同时还需要考虑其预见可能性，当加重结果的发生不可能预见时，规范并不强人所难要求其具有超越一般人的认识水平，将排除对于加重结果的结果归属。虽然规范不能期待特别认知者帮助他人，但

---

〔1〕 客观的是事实因果关系，而相当因果关系（法律因果关系）是想从刑法的视角出发对事实因果关系进行限定，因此，相当因果关系为行为人的主观所左右并不是奇怪的事情。参见［日］佐伯仁志：《刑法总论的思之道·乐之道》，于佳佳译，中国政法大学出版社2017年版，第54页。

〔2〕 在客观归责中融入的主观认知是其机能性的表现，客观归责理论原本追求的就是一种外部的客观目的与价值，不受目的主义论的存在论立场之束缚。参见何庆仁：《特别认知者的刑法归责》，载《中外法学》2015年第4期，第1035页。

〔3〕 蔡桂生：《非典型的因果流程与客观归责的质疑》，载《法学家》2018年第4期，第158页。

〔4〕 沈琪：《英美刑法中的近因判断及其启示》，载《比较法研究》2014年第2期，第168页。

仍可期待特别认知者不利用其特别认知侵害他人。所以在行为人利用高于一般人的特别认知侵害他人的情形下，则需要肯定结果归属。

2. 行为后存在介入因素时的具体判断

当行为后存在介入因素时，是否肯定危险的现实化不能一概而论。通过对日本相关判例的总结，可以得出几种判断危险现实化的规则。

（1）即使行为后的介入因素的异常性极高，在认定了"死因的同一性"时，将肯定法律上的因果关系。例如，在"大阪南港事件"〔1〕中，第三人故意的暴力行为的介入是极为偶然、稀有的事态，一般人也缺乏预见可能性，通常来说应该否定相当性的成立。〔2〕但是由于被告人的暴行造成了足以致使被害人死亡的伤害，即使在此之后第三人实施的暴行使得被害人的死亡时间提前，亦可以肯定危险的现实化乃至危险的确证关系；若是介入因素形成"死因"的场合，则不能肯定危险的现实化。又如，在"拔管案"〔3〕中，由于被告人等的行为使被害人受到足以造成死亡结果的身体损伤，即使是介入了被害人未听从医生指示静养导致治疗效果未提升的这一情况，亦应当肯定原行为构成伤害致死罪。

在上述案件中，均是由于被告人等的行为形成的伤害造成了死亡原因（死因的同一性），即使行为后存在第三人或被害人的介入行为，亦得以肯定危险的现实化。死因的实质是行为（危险）对于结果（尤其是死亡结果）的关键贡献度，属于实行行为本身具有的风险的实现。"死因的同一性"其实与

---

〔1〕 参见日本最高裁判所 1990 年 11 月 10 日决定，刑事判例集 44 卷 8 号 837 页。被告人用脸盆、皮带多次殴打被害人的头部，导致被害人脑出血陷入昏迷后，将被害人在深夜用车搬运到木材放置场的地上后离去。被害人在倒在地上的状态下被不知何人用木材殴打了头部数下，次日黎明死亡。经查明，被害人的死因是被告人的暴行导致的脑出血，不知何人的暴行使得其脑出血扩大，稍微提前了其死亡时间。

〔2〕 在行为后存在介入因素的场合，相当因果关系说认为，若介入因素属于通常能够预想到的情形，则客观说与折中说都会将其纳入判断基础；若介入因素属于一般不能预见的情况，则客观说与折中说都会将其排除出判断基础之外。

〔3〕 参见日本最高裁判所 2004 年 2 月 17 日决定，刑事判例集 58 卷 2 号 169 页。被告人与数名共犯在深夜的道路上用啤酒瓶殴打被害人的头部，并用脚踢被害人。其中一名共犯用底部碎掉的啤酒瓶突刺被害人的后颈部等部位，导致其后颈部造成延及颈椎的损伤。事后被害人立即被送往医院接受急救并接受了止血手术，主治医生认为伤情乐观的话尚需三周的治疗。结果当日被害人的病情骤变，虽转到别的医院，但在事件发生后第五天因为上述后颈部创伤导致的头部血流循环障碍造成脑机能障碍死亡。在被害人病情骤变前，被害人因为想要擅自出院胡乱地实施了拔掉治疗用管等行为，被怀疑是病情恶化的原因，存在由于没有听从医生的指示静养从而削减了治疗效果的可能性。

直接性要件中的致命性理论在一定程度上相似，正是实行行为造成的伤害结果具有致命性，且这一结果的作用持续直至死亡结果发生，才肯定了死因的同一性。据此，若实行行为在不存在介入因素的情况下导致死亡原因形成的，则更能肯定危险的现实化。但是，单纯考虑"死因"仍然有其局限性。即使介入因素后死因仍然相同，在死亡时间明显提前以至于不能说是同一结果的情况下，应该否定相当性。[1]

（2）在行为本身的危险并未直接实现（也即"死因"并非由实行行为所导致），但是可以肯定因果经过的预见可能性时，将肯定法律上的因果关系。例如，在"高速公路进入事件"[2] 中，被害人为了逃跑进入高速公路，无疑是对其自身而言极为危险的行为，但是被害人受到被告人等人长时间激烈的、纠缠不休的暴行，对于被告人抱有极度的恐怖感，在拼命谋求逃跑的过程中，选择了那样的行动，可以理解。被害人的行为不能说是显著不自然、不相当的方法。因此，可以肯定被告人等人的暴行行为与被害人进入高速公路从而导致死亡结果的因果关系。又如，在"柔道康复师事件"[3] 中，被告人的行为本身具有使得被害人的症状恶化、引起死亡结果的危险性，虽然被害人一味依赖于被告人的指示存在过错，仍然可以肯定被告人的行为与被害人的死亡之间的因果关系。本案中重视实行行为本身具有的危险性，但是仅此不能认定危险的现实化，因为仅凭被告人的指示行为不可能导致被害人死亡。关键是被害人遵从被告人的指示这一因素导致了被害人的死亡。但是考虑到被害人对被告人高度信任，又因为被告人明知被害人会忠实履行自己的指示，仍然重复作出同样的指示，这一因素的介入不能说是缺乏预见可能性的，因此得以解释此危险的现实化。

---

〔1〕 ［日］佐伯仁志：《刑法总论的思之道·乐之道》，于佳佳译，中国政法大学出版社 2017 年版，第 59 页。

〔2〕 参见日本最高裁判所 2003 年 7 月 16 日决定，刑事判例集 57 卷 7 号 950 页。4 名被告人与其他 2 名共谋者在深夜的公园对于被害人 A 实施了约 2 小时无间断地反复实施了极为激烈的暴行，之后在公寓中又断断续续地对其实施了同样的暴行。之后被害人 A 乘机从公寓中逃出，怀有对于被告人等人的极度的恐惧感，在开始逃走后约 10 分钟，为了躲避被告人等人的追赶，进入了离上述公寓约 800 米远的高速公路，被疾驰的机动车撞倒，又被后续的机动车扎死。

〔3〕 参见日本最高裁判所 1988 年 5 月 11 日决定，刑事判例集 42 卷 5 号 807 页。被害人因为感冒而请求被告人（柔道康复师，没有医师资格）诊疗，被告人向被害人做出了提高热度、控制水分和进食、在密闭房间内用被子包裹以便出汗等错误指示。被害人忠实地遵从其指示，结果病情逐渐恶化，而再三出诊的被告人仍然对被害人作出重复指示，且被害人一直遵循其指示，最终因为肺炎而死亡。

将预见可能性的判断提前至不法阶层的结果归属层面，并不会导致过失判断在内容上的虚置化。预见可能性是结果预见与回避义务的履行前提，结果归属中的预见可能性以一般人水准为限，而在过失判断中则具体考虑行为人具体结果预见与回避义务的履行有否，进而认定行为人过失责任的有无。当然，预见可能性的判断只是结果归属判断的一个必要条件，而非结果归属的充分条件，对于结果的预见、控制、支配之间存在质与量的区别，不能将预见可能性与支配可能性等同。[1]

（3）在行为本身的危险并未直接实现，并且对于因果经过只有极低程度的预见可能性，如果禁止规范根据的危险实现时，也得以肯定法律上的因果关系。这一基准其实体现了客观归责理论中规范的保护目的的思考。正如"法律总是在某种程度上属于一种目的论活动"[2]，对于结果归属的判断同样需要考虑规范的目的导向。例如，在"后尾箱案"[3]中，后车驾驶员的追尾行为属于异常性很高的介入因素。根据相当因果关系说，一般在严重的过失行为等异常性高的行为介入导致结果发生时，将否定原行为的结果归属。监禁致死伤罪的设立，是因为监禁行为通常类型性地伴有死伤的结果。由于后车追尾等属于常见的事故，后尾箱属于不受保护的危险空间，原本就不应该让人进入。因此，后尾箱内的监禁行为属于监禁致死伤罪的基本犯严格禁止的行为。即使在行为时那一介入因素的预见可能性程度很低，也能够肯定法律因果关系。但是，若是在汽车的后部座席进行监禁但从后部追尾导致死亡的场合，由于禁止在车内实施监禁行为的理由中不包含交通事故所导致的结果发生危险（一般性的生活危险），因此不能认定法律上因果关系的成立。又

---

〔1〕 针对以预见可能性为核心的结果归属机制的批判，参见劳东燕：《过失犯中预见可能性理论的反思与重构》，载《中外法学》2018 年第 2 期，第 312 页。

〔2〕 ［英］尼尔·麦考密克、［奥］奥塔·魏因贝格尔：《制度法论》，周叶谦译，中国政法大学出版社 2004 年版，第 12 页。

〔3〕 参见日本最高裁判所 2006 年 3 月 27 日决定，刑事判例集 60 卷 3 号 382 页。甲乙丙共谋，将 A 塞入汽车后尾箱中，在 A 不能逃脱的状态下将车驾驶到市内的道路上并停车，数分钟后方有一辆车因为驾驶员丁的不注意以每小时 60km 的速度撞上被告人车辆的后尾箱，并导致被装入后尾箱的被害人受到重伤，不久后死亡。

如，在"高速公路停车追尾事件"〔1〕中，被告人在高速公路上停车并迫停 A 车的行为本身具有导致后续车辆碰撞、引发事故的重大危险性。在被告人实施上述过失行为之后，忘记自己将钥匙放入口袋的 A 在周围寻找，并导致 A 车在被告人车辆从现场离开后仍然停放在现场，属于他人行为介入下发生的结果。但是该行为是被害人的过失行为以及与其紧密相关的一连串的暴行所诱发的，因此应当认定被告人的过失行为与被害人等的死伤之间的因果关系。本案中，由于规范禁止在高速公路上随意停车是为了避免后方车辆追尾等事故的发生，被告人迫停 A 车属于这一规范所禁止的危险行为。即使驾驶员 A 未及时发车离开属于一种异常性较高的介入因素，但是这一因素本来就是被告人无视禁止规范的要求实施一连串行为所导致的，属于规范禁止依据现实化为结果的情形，因此仍然可以肯定被告人行为所创设危险的现实化。

需要注意的是，由于规范判断的"合目的性"只是法的价值的一部分，而法的价值整合应当遵循对各种价值目标统筹协调、谋求总量最大化的原理。〔2〕在对于规范进行目的导向的解释时，正义、合目的性与法的确定性三种价值缺一不可，这便要求结果归属的判断仍需"心怀正义，将目光往返于事实与规范之间"，以防顾此失彼、不当限缩导致的法的价值失衡现象。

五、结语

"陷入不法境地"原则自其产生以来，就与刑法的演变历程相伴相随。伴随着犯罪论体系的演变和革新，其所立足的根本逻辑也从存在论的实证主义逐渐向着价值论的目的理性主义乃至机能主义发展，价值、规范判断成了现代刑法的首要取向，同时也预示着未来刑法的发展方向。通过结果归属判断的介入，结果引起（Erfolgverursachung）与结果归属（Erfolgszurechnung）得

---

〔1〕 参见日本最高裁判所 2004 年 10 月 19 日决定，刑事判例集 58 卷 7 号 645 页。被告人甲驾驶机动车在单侧三车道的高速公路上行驶时，对于在同一方向上驾驶大型拖车的 A 的驾驶态度不满，想要让 A 道歉。故在早上六点左右在没有照明设施的第三车道上停车，迫使 A 在其后方约 5 米处停车。被告人下车走向 A 车并使其打开驾驶室的车门，在要求 A 道歉的同时伸手去拿 A 车的钥匙，并殴打 A 的脸部，A 担心被告人夺走车钥匙便按下钥匙塞入口袋。被告人将 A 从驾驶席上拽下并进一步实施了暴行，A 亦对此反击。数分钟后在第三车道行驶的 B 车与 C 车来到现场，为了躲避 A 车，变道到第二车道之际，B 车和 C 车发生碰撞，两辆车在 A 车前停车。之后被告人从现场离去，A 亦想发车离开现场，但并未找到钥匙，误以为是在受到暴行之际被被告人丢弃，之后在口袋里找到，于是启动引擎。但是停在前方的 B 车和 C 车阻碍了道路，于是 A 下车走向 C 车准备请求 C 车挪开让出车道，此时从第三车道后方驶来的 D 车与停车中的 A 车后部发生碰撞，导致 D 车驾驶员与三名乘客死亡，一名乘客重伤。

〔2〕 参见张文显主编：《法理学》，北京大学出版社、高等教育出版社 2014 年版，第 257 页。

以区分，不法（Unrecht）的原因得以从不幸（Unglück）的原因中被分离出来[1]，使得建立在偶然因素之上的归罪得到一定的限制，这无疑是一种进步。然而，即使集中体现"陷入不法境地"原则的偶然因素在刑法中的作用日益消弭，却仍未从刑法中彻底革除，这又充分地体现了刑法的有限性及其不完整性。由于偶然因素所导致的归罪，有其深刻的习惯、文化传统以及社会观念的基础，从侧面体现公众与司法对于实质正义的渴望。而罪刑法定与责任主义则蕴含着法的安定性价值，因此同样不可或缺。即使刑法中的偶然因素在将来仍不可能完全地排除，但却存在着进步的可能。偶然性所起到的作用不可忽视，但是必然性仍然需要捍卫和维持。公正和秩序的建立，有赖于安定的符合规律的事物运行轨迹，而建立在随机和偶然之上的秩序将难以为继，因此贯彻责任主义的原理是非难判断的必然要求。行为人一时陷入不法境地，亦不意味着由此产生的一切后果都应该归属或归责于他。仅仅因为偶然遭受的不幸便将持续而深刻地影响在规范上的评价，使之再难脱出"不法境地"的泥沼，这不是公正的应有之义，对于实质正义的追求不是界外要素介入裁判的理由。最大限度地贯彻责任主义，尽量减少偶然因素的决定作用，要求将偶然因素交付规范进行判断，以矫正正义，修复原有的分配正义，这才可谓实现公平的应然方向。

---

〔1〕 参见孙运梁：《客观归责理论的引入与因果关系的功能回归》，载《现代法学》2013 年第 1 期，第 147 页。

论检警"司信力"的形成

罗禹昆*

摘　要：我国法官普遍对侦查、检察人员在侦查与审查起诉中的行为给予较高的信任。通过组织间信任理论分析此种"司信力"的形成原因，发现以信任为基础的公检法关系会导致三机关过于配合、制约失效。应当正确引导"司信力"的发展方向，建立以职责为基础的司法工作关系。

关键词：公检法　组织间信任理论　过度配合　职责

在我国刑事诉讼中，公检法三机关往往被诟病"配合有余、制约不足"，导致庭审虚化，被告人的权利得不到充分保障。[1] 有学者指出，案卷移送制度是阻碍刑事审判改革的根本原因之一，并进一步指出，"在案卷笔录被赋予普遍的证据能力这一现象的背后，其实存在着法官对侦查人员的调查取证给予普遍信任这一深层问

---

* 罗禹昆，中国政法大学证据科学研究院 2018 级硕士研究生（100088）。

〔1〕 参见陈光中、龙宗智：《关于深化司法改革若干问题的思考》，载《中国法学》2013 年第 4 期，第 9 页。

题"[1]。如果法官对检警人员的诉讼行为的普遍信任是庭审虚化的原因，那么这种信任是如何形成的呢？能否从其形成原因中找到实现庭审实质化的方法呢？事实上，此种信任似乎潜移默化为一个既定事实而没有受到关注，学界更多研究的是社会公众对司法机关或行政机关权力行为的信任程度——公信力。参照"公信力"的概念，本文将以"司信力"一词来表示法官对检警人员（以及检察官对侦查人员）的诉讼行为的信任程度，探索检警"司信力"普遍较高的形成原因，分析其造成的影响，指出其正确的改革方向。

一、"司信力"的形成原因

单纯的法学理论不能满足检警"司信力"形成原因的研究需求，还需要从跨越心理学、社会学和经济学等学科的组织间信任理论（interorganizational trust）之视角进行分析。组织间信任理论是关于不同组织之间的信任之定义、属性、类型、产生以及作用等内容的理论。国内外学者将组织间信任的形成基础区分为不同类型：能力（competence），即组织完成任务的技术、能力和资源；正直（integrity/goodwill），即组织所展现的正面形象；预期（predictability）即组织完成任务的期望；计算（calculativeness），即精确计算的成本收益。[2] 其中基于计算的信任又可以分为计算型信任与关系型信任。"关系型信任是指组织之间存在强烈的共享信念及价值观"。但不管从何种角度进行分类，"学者对于信任的属性有一些基本共识……以功能的正负性来看，积极特征包括互惠性，消极特征包括背叛性或机会主义性，'中立'特征是关系性与动态性"[3]。虽然组织间信任理论多应用于商业领域，但是其对于刑事诉讼中公检法三机关的分工、配合与制约的司法工作关系也是适用的。鉴于国家机关的权威性与刑事诉讼的强制性，可以不考虑基于预期的信任和计算型信任。从信任类型的角度来看，检警"司信力"的形成源于检警人员的正直形象与公检法三机关之间的线性结构；从信任属性的角度来看，公检法共通的社会关系和互惠的工作效益也是检警"司信力"形成的原因。

---

〔1〕 陈瑞华：《新间接审理主义："庭审中心主义改革"的主要障碍》，载《中外法学》2016 年第 4 期，第 855 页。

〔2〕 See B. McEvily & A. Zaheer, *Does Trust still Matter? Research on the Role of Trust in Interorganizational Exchange*, In *Handbook of Trust Research* 1, 16（R. Bachmann & A. Zaheer ed., Cheltenham：Edward Elgar 2006）.

〔3〕 刘超等：《组织间信任的研究述评与未来展望》，载《学术研究》2020 年第 3 期，第 98 页。

（一）信任类型视角的解释

1. 基于正直的信任：正义的政治象征

在我国当今社会大众的观念中，检警人员惩恶扬善，是 "正义" 的化身。"有困难找警察"[1] 理念的流行说明公众对于公安机关产生了依赖。[2] 由检警的正义形象所产生的信任以至依赖同样会影响作为社会公众之一的法官，而且此种先决信任（在刑事诉讼启动前就已经存在）不需要经过任何形式上的程序与实质性的证明即可获得，是一种基于认知与社会态度的观念。[3] 不过，检警人员的正义形象并非自诞生以来就存在，其经历了一定的历史发展过程。

检警制度于清末传入中国。在维新变法等运动的影响下，虽然警察制度的设立目的依然是维护封建统治，但是警察观念开始从古代的 "治民" 向 "保民" 转变；[4] 在预备立宪期间，检察厅作为审判厅的配套机关而建立，承担调查取证、提起公诉的职能。[5] 至于南京国民政府时期，警察理论进一步发展，认为警察不仅应当被动地追究犯罪，还应当主动承担社会责任，[6] 一种高于职业、作为责任的正义逐渐形成；而当局出于 "节省经费集中资金创办新式法院" 的考虑将检察厅与法院进行裁并，检察官独立设置于法院内部。[7] 新中国成立初期，我国检警职能设置带有鲜明的政治色彩。[8] 1978 年以来，《中华人民共和国宪法》（以下简称《宪法》）与《中华人民共和国人民检察院组织法》均明确规定检察院是法律监督机关；1995 年，反贪污贿

---

〔1〕 1991 年 1 月，时任漳州市公安局芗城分局治安巡逻队中队长的郭韶翔自掏腰包，在漳州市电视台播放 110 报警服务台的广告，向全市人民承诺："市民有困难，需要警察帮助的均可拨打 110"，后来推行至全国，逐步演变成 "有困难找警察" 的口号。

〔2〕 参见张楠、何雷：《110 非警务警情分流机制研究》，载《公安学刊（浙江警察学院学报）》2020 年第 1 期，第 115 页。

〔3〕 See Connelly et al. , "Competence- and Integrity-Based Trust in Interorganizational Relationships: Which Matters More", 44 *Journal of Management* 919, 920 (2018).

〔4〕 参见孟庆超：《中国警制近代化研究》，中国政法大学 2004 年博士毕业论文，第 76~77 页。

〔5〕 参见《大清新法令 1901—1911 点校本》（第 1 卷），上海商务印书馆编译所纂编，商务印书馆 2010 年版，第 381 页。

〔6〕 参见孟庆超：《中国警制近代化研究》，中国政法大学 2004 年博士毕业论文，第 95 页。

〔7〕 参见侯欣一：《中国检察制度史研究现状及相关文献》，载《国家检察官学院学报》2016 年第 4 期，第 155 页。

〔8〕 参见杨蓉：《公安执法规范化的理论基础——从警察职能的历史与比较研究切入》，载《中国人民公安大学学报（社会科学版）》2014 年第 6 期，第 135 页。

略总局在最高人民检察院成立；1996 年，《中华人民共和国刑事诉讼法》（以下简称《刑事诉讼法》）将检察机关的自侦权限于职务犯罪。此阶段基本"健全了以职务犯罪侦查制度、公诉制度、诉讼监督制度等为基本内容的检察制度基本框架"[1]，打击贪官污吏也契合了公众朴素的正义需求。20 世纪 90 年代中期以来，随着《中华人民共和国人民警察法》的颁布实施和 1996 年公安部开会号召全国学习"漳州经验"，"警察的目的不再限于传统公法意义上的维持社会秩序，而是扩展至管理国家以及维持统治的方方面面"[2]。由此可见，自近代到 20 世纪 90 年代期间，经过宪法、法律以及公安机关自身的不断改革，警察的正义形象经历了从无到有，再到作为职责之正义，最后到以法律与事实为基础之正义的发展过程；而检察院也摆脱了内附于法院或被公安职能所覆盖的命运，发掘自身的独立价值，成为新的正义象征。

2. 基于能力的信任：线性的诉讼结构

我国《宪法》第 140 条规定"人民法院、人民检察院和公安机关办理刑事案件，应当分工负责，互相配合，互相制约，以保证准确有效地执行法律。"在此基础上，《刑事诉讼法》确立了一种线性的工作模式：公安机关负责侦查阶段，有权决定是否移送检察机关起诉；检察机关负责审查起诉阶段，有权决定是否向审判机关提起公诉；审判机关负责审判阶段，有权对案件作出最终的决定。线性的诉讼结构意味着刑事诉讼的完成并非依靠公检法三机关在每个阶段的共同合作，而是各就其位，各自完成其专属的任务。为了完成专属任务，各机关配备特定的技术、能力和资源。因此，法官便产生了一种基于检警人员能力的信任，此种信任的形成来源于两个方面：一方面是能力的专属性。"能力被认为是一种基于技术领域中特定领域的信任形式，参与者在该技术领域中拥有一组技能和专长来执行某些任务。"[3] 我国法官、检察官之间所需要的能力尚且可以互通，但是侦查人员所掌握的调查取证技术、具备的追查讯问能力和拥有的人力信息资源是检法机关难以比拟的。在实践中，在证据不足或存疑的情况下，即使法律允许法官、检察官自行调查，二者也往往通过退回补充侦查的方式使刑事诉讼"程序倒流"，直至退回侦查机

---

〔1〕　徐鹤喃：《制度内生视角下的中国检察改革》，载《中国法学》2014 年第 2 期，第 81 页。

〔2〕　陈鹏：《公法上警察概念的变迁》，载《法学研究》2017 年第 2 期，第 34 页。

〔3〕　Mayer et al. , *An Integrative Model of Organizational Trust*, 20 Academy of Management Review 709, 717 (1995).

关。[1] 虽然司法机关有意引入专家辅助人制度以填补法官、被告人在特定专业领域知识的缺失，比如在念斌案中法院多次通知专业人员"出庭就理化检验报告和法医学鉴定意见提出意见"[2]，但是此种"点对点"式的对质无法还原案件事实的全貌，不能撼动侦查人员在调查取证方面的地位。因而，侦查人员所拥有的能力不仅是"特定的"，而且是"专属的""无法取代的"。另一方面是任务的连贯性。"基于能力的信任是对合作伙伴具有完成其任务所需的技术技能、经验和可靠性的期望。"[3] 与英美法系国家实行诉因（count）制度不同，我国法官审理判决与检察官提起公诉的对象是"公诉事实"。追求实体正义的法官与负有客观义务的检察官之专属任务不仅在于审查、判断证据所证明的事实是否符合犯罪构成要件，还需要挖掘犯罪事实背后的客观真实。所以，在线性的诉讼结构中侦查阶段作为整个刑事诉讼的开头自然被法官、检察官寄予厚望，侦查任务的完成情况不仅影响本阶段的进程，还会影响处于"下游"的二机关的工作。

（二）信任属性视角的解释

1. 信任的关系性：共通的社会关系

除了集体形象与制度因素，个人社会交往对组织间信任的影响也不容忽视。我国法官、检察官和警察之间的社会交往主要包括政法工作会议和院校学习经历。一方面，各地开展的政法工作会议为公检法三机关的领导干部提供了一个交流学习的平台。从各省的会议报道来看，根据笔者的总结，除了省委书记和省长亲自主持的以外，会议基本上呈现"副省长、公安厅长主持会议，省高级人民法院院长、省人民检察院检察长出席会议"的结构，这大致反映了公检法三机关在政法系统中的地位次序。[4] 除了专门针对特定机关的指示以外，会议内容主要为学习中央领导同志和部门关于政法工作的重要讲话精神以及对全省政法工作进行部署。因此，在这一方面，公检法三机关的领导干部之间不存在专业的隔阂与能力的不同。这种业务工作之外的正式交往使得三者的信任关系得到加强。"同时，人际信任被重新制度化（reinsti-

---

[1] 参见陈瑞华:《论侦查中心主义》，载《政法论坛》2017年第2期，第13页。

[2] 参见福建省高级人民法院（2012）闽刑终第10号刑事附带民事判决书。

[3] Lui S. S. & Ngo H. Y. , *The Role of Trust and Contractual Safeguards on Cooperation in Non-equity Alliances*, 30 Journal of Management 471, 474 (2004).

[4] 此结论是基于2020年32个省、自治区和直辖市召开的政法工作会议报道的总结，但是不排除个别市级政法系统中存在法院院长或检察院检察长地位较高的情况。

tutionalized），跨界协调者（boundary spanners）的信任取向会影响组织中其他成员对伙伴组织的取向。"[1] 领导干部间的信任将制度化为组织间的信任。当普通法官、检察官和警察进行诉讼工作时，三者间的接触就明显是在组织间的语境（interorganizational context）下进行的。另一方面，政法院校的共同学习经历使得法官、检察官和警察之间存在校友情谊。我国法官与检察官的来源基本为政法类院校与各高校的法律专业学生，这种情况在员额制与法律职业资格考试改革之后将成为常态。更重要的是，法学生倾向于留在学校所在及其周边的城市从事法律工作，从而形成区域性聚集的现象。[2] 有的省份甚至因人数众多成立了庞大的校友会。而只要同毕业院校的"跨界协调者"足够多，不同机关之间来自不同院校的成员的信任取向也会受到影响。此外，政法类院校除了法学专业以外一般还会设置侦查专业以培养侦查学、犯罪学方向的人才，其就业去向往往是公安机关。由此，校友之间的情谊不仅在同地区的法院、检察院系统中存在，还延伸至公安系统。相反，警察类院校培养的人才绝大多数进入公安部门。这或许是"司信力"双向性不明显的原因之一。前一方面的信任发生在领导干部之间，后一方面的信任形成于基本成员之间。在信任的关系性影响下，法院从上级到下属、从个人到组织都推动了检警"司信力"的形成。

2. 信任的互惠性：互惠的工作效益

政策与制度因素不能为司法实践提供面面俱到的解释，诸如引言所提及的法官普遍赋予案卷笔录证据能力等现象或许要通过非正式的机制来理解。"信任只能用无法衡量的前因来解释：如果规则内在化（internalized）——或是道德准则或是互惠规范——那么信任就存在……而非正式机制，如'互惠规范'（the norm of reciprocity），则依赖于地方性理解。"[3] 如果法官认为信任某种行为就能带来便利或好处的时候，那么这种信任也就有了动因。以案

---

〔1〕 A. Zaheer et al., *Does Trust Matter? Exploring the Effects of Interorganizational and Interpersonal Trust on Performance*, 9 Organization Science 141, 144 (1998).

〔2〕 以我国 2017 年四间政法类院校毕业生的就业地域分布为例，中国政法大学 51.15%的毕业生选择北京工作；华东政法大学高于 75%的毕业生选择在华东地区就业；中南财经大学 61.69%的学生选择在本区就业且出现以中南为核心向周边区域扩散的特点；西北政法大学 71.79%的学生留在西北城市且以陕西省为主。参见 Ciara William：《法学就业薪资最高？2017 部分知名政法院校就业情况调查》，载 https://www.zhihe.com/main/article/1005，最后访问日期：2021 年 1 月 20 日。

〔3〕 Zucker L. G., *Production of Trust: Institutional Sources of Economic Structure*, 1840 – 1920, 8 Research in Organizational Behavior 1, 14 (1986).

卷笔录的证据能力为例，根据司法解释，证人不出庭作证，其庭前笔录的真实性无法确定的，该庭前笔录不得作为定案的根据。换言之，只要庭前笔录的真实性可以确定，那么即使证人不出庭作证，其庭前笔录也可以采信。庭前笔录的真实性就成为法官赋予其证据能力的条件。但是在实践中，真实性的标准完全由法官对于侦查人员提供的证明程序合法的材料的信任来决定。因而，需要从互惠性的角度分析法官信任该证明材料所能获得的工作上的好处。首先，如果法官不信任该证明材料，那么相应的庭前笔录都将失去证明能力。其次，为了补充缺失的证人证言，法官需要传唤证人出庭作证，由控辩双方进行交叉询问。最后，如果证人仍不愿意出庭作证的话，法官需要采取强制措施，必要时可能对其进行司法拘留。但如果法官信任了该证明材料，不但可以省去证人出庭作证接受交叉询问的安排，节约审判成本，还能使相互印证的证据群中又多了一块"拼图"。因此，信任互惠性的存在使得检警"司信力"有了形成的动机，在案卷笔录没有明显错误的情况下法官更倾向于选择信任而非怀疑。

（三）信任普遍较高的原因

综上所述，检警"司信力"具备了形成的前提、基础和动因。但是这仅仅解释了信任"普遍"形成的原因，还没有解释为什么信任的程度普遍"较高"。从信任的形成基础来看，公检法三机关之间存在一种比信任更进一步的依赖关系。在基于正直的信任层面，"正义"相较于"正直"一词具有更抽象、更高尚的意味。一个人如果是正直的，那么我们可以相信他；但如果是正义的，那么我们不仅可以相信他，还应当以他为榜样，向他靠拢。检警人员乐于接受已被树立起来的正义形象。被告人承认犯罪即宣告破案的"侦查破案"机制和有罪判决作出前就"公开嘉奖"侦查人员的做法巩固了这一形象，但也使得法官、检察官不敢轻易否定办案人员的成果，作出无罪判决或不起诉决定，[1] 以免使自己站在正义的"对立面"。在基于能力的信任层面，"专属"相较于"特定"一词体现了侦查人员的技术、能力和资源不可替代的一面，"独木桥"般的线性结构也使得法官不能提前介入、检察官不能跳过侦查阶段（除自侦案件外）。因此，法官、检察官依赖于侦查人员提供的案卷笔录、证据材料进行审查起诉和审判活动。从信任的关系性来看，法院、检察院与公安部门之间的关系相较于一般组织之间更加紧密。法官、检察官和

---

〔1〕 参见陈瑞华：《论侦查中心主义》，载《政法论坛》2017年第2期，第10~11页。

警察在维护国家安全和社会秩序、惩罚犯罪、保护人民生命财产安全方面秉持共同的信念，在同一政法系统下进行合作。从信任的互惠性来看，法官对工作效率的追求提高了对检警人员的信任。在实践中，尤其自立案登记制改革以来，结案数往往是评价法官审判能力的重要指标之一。此外，"各级法院几乎都对法官遵守办案期限提出了近乎苛刻的要求，而刑事法官也把严格遵守办案期限作为审判活动中的头等要务。"[1] 因此，在对高结案数的追求与超期办案的负面评价的双重压力下，信任所带来的效率"返利"越是明显，信任也就越高。

二、"司信力"的消极影响

以信赖为基础的工作关系在一般的社会生产、贸易往来中或许大有裨益，但是在刑事诉讼的司法工作中将使得公检法三机关互相配合与制约、法院"保障无罪的人不受刑事追究"[2] 的目标难以实现。

（一）互相配合、制约的逻辑矛盾

我们很容易从"信任"推导出"配合""合作"的工作关系；但是却难以从"信任"中推导出"制约关系"。当然，此间可以给出一种解释，亦即将"司信力"理解成双向的，不仅法官信任检察官、警察，而且反之亦然。如此才能将信任与制约之间的关系解释为"因为信任你，所以放心被你制约"的开放态度。但是在实践中，这种话语似乎缺乏解释力。比如：受《国家赔偿法》与检警内部错案考核机制的影响，检警人员"往往要通过事先沟通、协调甚至不当施压等各种途径确保法院作出有罪判决"[3]，以免受到负面的评价。综上，在基于信赖的公检法三机关的工作关系中互相配合与制约的逻辑是矛盾的。

（二）高关系型信任特征的隐现

比信任更进一步的依赖的关系使得公检法三机关隐现一种"高关系型信任"的特征，即"组织之间具有共同的认同感及思维行为模式"[4]。一方面，检警人员对于追究被告人刑责、惩罚犯罪的观念具有共同的认同感。虽然检

〔1〕 陈瑞华：《新间接审理主义："庭审中心主义改革"的主要障碍》，载《中外法学》2016 年第 4 期，第 856 页。

〔2〕 参见《中华人民共和国人民法院组织法》第 2 条。

〔3〕 汪海燕：《论刑事庭审实质化》，载《中国社会科学》2015 年第 2 期，第 108 页。

〔4〕 Lewicki R. J. et al. , *Models of Interpersonal Trust Development: Theoretical Approaches, Empirical Evidence, and Future Directions*, 32 Journal of Management 991, 1009-1012 (2006).

察院可以通过审查逮捕、羁押必要性审查、审查起诉以及法律监督等制度对侦查机关的诉讼行为进行制约，但是在实践中申请逮捕与批准逮捕和移送起诉与提起公诉之间的趋同性、未决羁押和超期羁押现象的常态性以及法律监督功能的闲置性都反映了二机关之间的高度认同感。[1] 另一方面，检警人员追究被告人刑责、惩罚犯罪的思维行为模式也影响了法官。法官作为中立的裁判者不仅应当使有罪的人受到惩罚，还要使无罪的人免受冤屈。但是在高关系型信任的影响下两极平衡的理念往往向前者倾斜。从法官与律师辩论、过度质问被告人等个别现象来看，法官被同化的追诉思维也不时隐隐发作。[2]

（三）背叛性引起的反弹

法官有时候也会作出不符合检警人员期望的"背叛"行为（也包括检察官对侦查人员的"背叛"）。"背叛仅在特定信任者对被信任者抱有个人期望时存在，而不仅仅是准则被违反时……尽管背叛行为常常被认为是不道德的，但对'信任者-被信任者'个人期望的关注并不总是以道德决策模型为基础。"[3] 因此，此处的背叛行为不是指某人违反规则或者违背道德，只是单纯表示一种对他人期望之辜负的行为。普遍较高的信任使得检警人员对于法官、侦查人员对于检察官形成一种"习惯性"期望，认为对方一定会接受申请、认可自己的诉讼行为。一旦对方基于职责经过审查或审理后驳回申请，一种油然而生的"背叛感"将引起自身的反弹，且这种反弹比不以信任为基础的工作关系来得更加强烈。而这种反弹将导致"一种针锋相对的反应升级，包括对正式保障措施的依赖增加，最终导致组织间信任关系的解散"[4]。比如，在佘祥林案中法官两次以事实不清、证据不足为由退回检察院补充侦查，对此检察官在没有新证据的情况下强行提起公诉；又如，在赵作海案中检察官先是将案件退回侦查机关补充侦查，后来在侦查人员多次移送起诉的紧逼

---

〔1〕 比如，2013—2017年间全国检察院平均捕诉比为63.2%；又如2014年北京市检察院提出释放或者变更逮捕建议的人数仅占期全年逮捕人数的0.4%。参见刘计划：《我国逮捕制度改革检讨》，载《中国法学（文摘）》2019年第5期，第138、152页

〔2〕 参见王彪：《刑事诉讼中的"辩审冲突"现象研究》，载《中国刑事法杂志》2015年第6期，第89~106页。

〔3〕 A. R. Elangovan & D. L. Shapiro, *Betrayal of Trust in Organizations*, 23 Academy of Management Review 547, 549-551 (1998).

〔4〕 Peter Smith Ring & A. H. Van de Ven, *Developmental Processes of Cooperative Interorganizational Relationships*, 19 Academy of Management Review 90, 111 (1994).

下直接拒不受理。更值得注意的是，两案中对峙的机关均僵持了近三年时间，最终直到政法委出面才以一种"留有余地的判决"告终。[1] "留有余地的判决"使得解散的组织间信任得以恢复，是对峙双方各退一步的结果，但这种结果却以牺牲无辜者的合法权益为代价。或许对于这种背叛行为引起的强烈反弹的忌惮是数年前最高人民法院拒绝最高人民检察院主动提出的把审查决定逮捕权交由法院行使的建议的原因之一。[2]

（四）机会主义的存在

机会主义行为是背叛行为的一种。信任的机会主义（opportunism）性质是指"在彼此信任的意愿下发生逆向选择（adverse selection）和道德风险问题的可能……对信任的过度依赖将引发机会主义行为"[3]。在刑事诉讼的逆向选择方面，实践中存在检警人员"以次充好""违规操作"等由侥幸心理诱发的投机行为。比如，书证和物证"日期倒签"、同一询问人员对证人证言"分身收集"、讯问被告人时"间歇性"录像等。而法官越是信赖，这种投机行为越有可能发生，因为"不管合法与否，反正法官都会相信"。《刑事诉讼法》及其司法解释也为这种机会主义行为提供了滋生的条件，除了通过刑讯逼供获得的言词证据必须排除以外，上述瑕疵证据均可予以补正和解释。在刑事诉讼的道德风险方面，机会主义行为主要表现为欺骗，其导致的后果或许更为严重，有造成冤假错案的危险。比如，在"张氏叔侄"案中，案卷笔录显示张高平、张辉指认的犯罪现场与抛尸地点相互印证，并且承认犯罪、作出有罪供述。但是侦查人员却向法官隐瞒了口供是在刑讯逼供之后获得的事实，能够证明二人没有作案时间的高速路口监控也在案发两个月后被销毁。[4] 而且既然事后证明两被告不是真凶，那么之前与刑讯逼供之后获得的口供相吻合的水文资料又是怎么来的呢？事实证明，道德问题不仅会损害检警人员的"司信力"，还会危及整个政法系统的"公信力"，而信任的重建将

---

〔1〕 参见陈瑞华：《留有余地的判决：一种值得反思的司法裁判方式》，载《法学论坛》2010 年第 4 期，第 31 页。

〔2〕 参见刘计划：《我国逮捕制度改革检讨》，载《中国法学（文摘）》2019 年第 5 期，第 157 页。

〔3〕 Peter Smith Ring & A. H. Van de Ven, *Developmental Processes of Cooperative Interorganizational Relationships*, 19 Academy of Management Review 90, 93–102 (1994).

〔4〕 参见付晓英：《冤狱十年：张辉、张高平案始末》，载《三联生活周刊》2013 年第 14 期，第 100~106 页。

比原先的建立过程更加困难。

三、"司信力"的改革方向

为了解决上述问题，学界提出了各种不同主张。较具代表性的是，2005
年左右，学界针对互惠性问题提出程序性制裁理论，以期利用法官、检察官
和侦查人员的趋利避害性，通过使违法的诉讼行为无效的方式消除信任形成
的动因，并且阻吓机会主义行为。[1] 2015 年左右，针对线性诉讼结构，学界
主张建立以审判为中心的"三角"结构，通过法院对侦查、审查起诉工作的
提前介入（如司法令状主义）、减少对检警人员能力的依赖（如起诉状一本主
义），以消除信任建立的基础。[2] 但是，2012 年、2018 年《刑事诉讼法》两
次修正均未采纳学界建议，公检法三机关的线性诉讼结构仍得到保留，法官
与检警人员之间基于信赖的工作关系没有改变。那么，为什么学者们的建议
在立法与实践中遭到冷遇？应当如何通过改革引导"司信力"在刑事司法实
践中发挥积极作用呢？

（一）难以从阻止信任形成的角度进行改革

首先，无需改变检警机关正义的政治象征。在经历百年的沉淀之后我国
检警人员的正义形象的树立具有一定的历史意义，并非"朝令夕改"即可将
其从社会公众的观念中抹去。高于正直的形象也使我国警民之间存在一种亲
密、融洽的关系。公众信任、需要和支持检警人员，有利于社会秩序的稳定；
被信任的检警人员承担起保护、帮助和服务群众的义务，也符合为人民服务
的根本宗旨。可以认为，检警人员正义形象的树立利远大于弊，不可"因噎
废食"。此外，正义的政治象征对于检警"司信力"的形成更多起到的是一种
间接作用，为了消除"司信力"形成的基础而从检警人员的形象方面入手有
"避重就轻"之嫌。

其次，无意改变线性的诉讼结构。面对以"流水作业"为特征的诉讼构
造所带来的弊端，学界普遍认为中央提出"以审判为中心"的改革目标，正

---

〔1〕 参见陈瑞华：《程序性制裁制度的法理学分析》，载《中国法学》2005 年第 6 期，第 150~163
页；陈永生：《刑事诉讼的程序性制裁》，载《现代法学》2004 年第 1 期，第 87~96 页；黄士元：《以
程序性制裁弥补实体性制裁之不足》，载《法学论坛》2005 年第 5 期，第 11~15 页。

〔2〕 参见魏晓娜：《以审判为中心的刑事诉讼制度改革》，载《法学研究》2015 年第 4 期，第 86~
104 页；张建伟：《审判中心主义的实质内涵与实现途径》，载《中外法学》2015 年第 4 期，第 861~
878 页；闵春雷：《以审判为中心：内涵解读及实现路径》，载《法律科学（西北政法大学学报）》
2015 年第 3 期，第 35~43 页。

是要以审判机关为中心的"三角"结构来替代现行的线性结构。但是有学者指出，这一改革决策实际上"并未摒弃公检法之间'配合制约'的关系定位，反倒夯实了'坚持''加强'的主体基调。换言之，公检法三机关依然会维系着宪法所设定的衔续关系。'流水作业'式的动态衔进模型，也不会因'以审判为中心'的提出而被抛弃……'以审判为中心'的诉讼制度改革，并非为了塑造法院抑或法官至高无上的诉讼地位，而是着眼于批判性地继承原有的诉讼模式，使刑事诉讼的重心从侦查转向审判，以便案件可以随着诉讼程序的递次推进，而接受愈加严格的审核"。[1] 虽然，此观点并非学界通说，但是结合司法改革的实际情况来看，或许解释了以审判机关为中心的诉讼制度改革的建议，如司法令状主义、起诉状一本主义等未被改革者采纳的原因。

再次，无法改变共通的社会关系。公检法三机关同属政法系统，需要在党的领导下行使职权。对于中央讲话和精神的学习，应当由公检法三机关的领导干部统一开会，接受党的指示；对于政法人才的培养，除了需要培养专业技能而单独设立警官学院以外，法律人才也应当统一接受教育和指导（而不是单设诸如"法官学院""检察官学院"或"律师学院"此类学校）。因此，法官、检察官和警察共通的社会关系是无法避免的。

最后，无法改变互惠的工作效益。在信任的形成前提和基础无法改变的情况下，控制信任的形成动因也不失为一种办法。但是，法律规则犹如一张织密的毛衣，覆盖面很广但空隙也很多，信任的互惠性则如同流水一般会自动寻找和利用这些空隙。通过增加规则的方式来填补空隙只会产生新的空隙，虽然空隙变小了。即使不考虑本土资源的特性强行堵塞，如直接宣告违法的诉讼行为无效，"流水"终究会浸润并渗透"毛衣"，从而使刑事程序失灵。"健康的关系在减少机会主义方面比依靠抵押或复杂的索赔合同更有效。"[2] 同理，重塑公检法三机关之间的关系或许比仅针对互惠性的改革更能解决"司信力"产生的问题。

（二）应当建立基于职责的司法工作关系

既然无法阻止信任的形成，那么能否顺势将其往另一个方向引导，从信

---

〔1〕 李奋飞：《从"顺承模式"到"层控模式"——"以审判为中心"的诉讼制度改革评析》，载《中外法学》2016 年第 3 期，第 745 页。

〔2〕 D. L. Deeds & C. W. L. Hill, *An Examination of Opportunistic Action within Research Alliances: Evidence from the Biotechnology Industry*, 14 Journal of Business Venturing 141, 141 (1999).

任过渡到责任，建立基于职责的司法工作关系呢？

首先，基于职责的工作关系符合互相配合、制约的逻辑。相较于带有积极感情色彩的"信任"一词，"职责"属于中性词汇，我们既可以从"职责"推导出"配合"，也可以从"职责"推导出"制约"，即"基于我的职责，我既要配合你，也要制约你"。在实践中，银行基于职责需要配合法院冻结资金或执行财产，但同样是基于职责，银行也需要保护相对人的合法财产权益，当法院出现违规保全或错误执行时应当及时制止。公检法之间的关系也应当和银行与法院之间的关系相差无几。二者之间的差别只在于工作的常态性与阶段性。

其次，现有制度与条件为信任过渡到责任打下基础。阶段的隔绝性要求法官、检察官坚持以审慎的态度对待案卷笔录，尤其是在审判阶段法官更应该兼听控辩双方的意见，遵循直接言词原则，以此增加信息获取量、减少信息不对称。能力的专属性和任务的连贯性要求各机关认真对待负责阶段的工作，保证"工作产品"的质量。在诉讼应该进入下一阶段的时候就应当放行，不能使其长期滞留或无理回流，保障工作任务的连贯性。共通的社会关系反映了公检法三机关之间党的领导、为人民服务和对立法机关负责的共通点，说明三者之间除了横向的信任关系，在更高的层面还有纵向的责任义务。

最后，基于职责的工作关系有助于解决"司信力"带来的问题。以职责为基础的公检法关系要求三机关超脱现有的横向结构，把目光放在更高层面，在党的领导下，对人民和立法机关负责，受其监督。如此才可以没有心理负担地互相制约，更为审慎地互相配合。当基于职责的工作关系真正建立起来后，以法院为例，法院的内部考核机制不仅有效率指标，还会增加纠正检警人员违法违规行为的评价内容。法官在互惠性的推动下将不再单一地寻求配合，也会考虑制约检警人员诉讼行为所带来的好处。同时，因过于信任所导致的高关系型信任特征、背叛行为引起的反弹和机会主义行为都将迎刃而解。

四、结论

通过国内外组织间信任理论的分析，本文发现，检警的正义形象、线性的诉讼结构、共通的社会关系以及互惠的工作效益是"司信力"形成的原因。在此基础上，高于信任的信赖关系使得"司信力"普遍较高，基于信赖的公检法关系无法使三机关互相配合、制约的工作原则得到贯彻，普遍较高的信任也导致法官、检察官和侦查人员的思维行为模式有同化的倾向，使背叛性行为易于引起强烈反弹，并且诱发机会主义行为。虽然学界针对相关问题提出了程序性制裁、建立以审判为中心的"三角"结构等丰富理论，但是由于无法从阻止信任形成的角度进行改革，有关建议在立法与实践中得不到积极的回应。综上，本文主张转换思路，在保留组织间信任的基础上将公检法三机关之间的工作关系往以职责为基础的方向引导。本文寄望于通过提出这种思路抛砖引玉，为未来探索更为具体的改革方向提供一种可能性。

制度型法益的独立性证成及其立法批判功能的丧失

何沛锡*

　　摘　要：以往学说在解决制度型法益的独立性争议时，通常从自由主义与社群主义的立场出发解决争议。本文选择从法益概念具有立法批判功能与解释指导功能的角度出发解决制度型法益的独立性争议。承认制度型法益的独立性，就必须承认制度型法益立法批判功能的丧失，但是制度型法益却仍然具有较强的解释指导功能。否认制度型法益的独立性，就必须将制度型法益还原为个人法益，而还原后的个人法益要么呈现出主观化的特点，要么以抽象的自由概念进行表述。两者都既无法发挥立法批判功能也无法发挥解释指导功能。承认制度型法益的独立性成为不得不为之的选择。为了限制刑法处罚范围的不当扩张，必须通过其他理论以补足制度型法益缺失的立法批判功能。

　　关键词：制度型法益　个人法益　立法批判功能解释指导功能

---

　　*　何沛锡，中国人民大学法学院 2021 级博士研究生（100872）。

一、制度型法益概念的提出

制度是社会存续的基础，对于制度的保护与对于个人利益的保护具有同等的重要性。从历史的角度来看，早期刑法中有关贿赂犯罪、伪造货币犯罪、伪证罪的规定就是为了保护廉政制度、货币制度、司法制度的良好运行。然而，传统刑法理论中却更加关注对于"个人利益"的保护，而忽视了刑法对于"制度利益"的保护。对于这样关注上的失衡，可以从国家任务的角度出发进行理解。早期国家存在的正当性基础是基于社会契约论而得来的，贝卡利亚在《论犯罪与刑罚》一书中指出，刑罚来源于人们向社会转让个人自由权中的一小部分，"这一份最少量自由的结晶形成刑罚权"，[1] 所以，刑罚的适用是为了保障人们在安定的社会秩序中，最大程度地享受自身所享有的自由。基于此，古典刑法以保障个人享受最大程度的自由为根基，其主要保护的是生命、身体等个人法益，而国家作为基于契约而诞生的主体，其任务就是最大程度地保护人民的个人权利。刑法的任务是防御国家权力的不当扩张，通过刑法定义出国家不应当干预的领域，以保障人民的自由。这样的国家模式也被称为"夜警国"，即一个让人民可以安心睡觉，不用担心受到他人侵害的国家。在这样的国家模式下，刑法的关注重点是对于个人利益的保护，刑法虽然也维护制度的良好运行，但是却从来没有成为传统刑法理论的关注重点。

随着社会的不断发展，国家任务也在发生改变，"夜警国"的这种保护模式早已经不适合当前的社会环境，当前国家的定位已经从克制自身权力的"法治国"转变为了更好地保障与促进人的发展的"社会国"。国家的任务不再仅仅是保障人民的权利不受侵害，而是积极参与到社会生活中，提升全民的生活水准。新时代中国的主要矛盾是人民日益增长的美好生活需要和不平衡不充分的发展之间的矛盾，而国家的任务就是"保障群众的基本生活，不断满足人民日益增长的美好生活需要，不断促进社会公平正义，形成有效的社会治理、良好的社会秩序，使人民获得感、幸福感、安全感更加充实、更有保障、更可持续"。[2] 国家对于社会生活的介入呈现出积极与广泛的态势，

---

〔1〕 参见［意］切萨雷·贝卡里亚：《论犯罪与刑罚》，黄风译，北京大学出版社 2008 年版，第 9 页。

〔2〕 习近平：《决胜全面建成小康社会 夺取新时代中国特色社会主义伟大胜利——在中国共产党第十九次全国代表大会上的报告》，载《人民日报》2017 年 10 月 28 日，第 1 版，第 13 页。

所以更需要维持某些集体制度正常运行，否则就无法实现"社会国"的国家任务。

当前刑法对于制度的保护更集中体现在法定犯数量的不断增加上，"社会公众日益希望法定犯扮演社会治理万能器的角色，试图通过刑法的适用，助力国家监管，改变社会公共政策在社会治理中的'肌无力'现象"。[1] 而改变社会公众政策在社会治理上的无力现象，最直接的方法就是通过刑法对制度进行保护来保障制度的良好运行。刑法对于制度的保护，最典型的例子就是我国刑法分则第三章所规定的破坏社会主义市场经济秩序的犯罪。关于经济刑法的法益，通说认为是"经济秩序"，[2] 例如食品安全管理制度、药品安全管理制度、产品质量管理制度、金融管理制度、票据管理制度、证券管理制度等，都属于经济刑法保护法益的范围。自改革开放以来，刑法就在不断扩张经济犯罪的类型，同时制度型法益的类型也在不断增多。现代刑法的关注领域已经从个人逐渐转向集体，"这些领域直接就是社会的制度或者国家的制度，法益保护在现代刑法中遂成了制度保护"。[3] 制度是人们经过合意后的选择，当前人们所选择的制度未必就是最佳方案，甚至不可能是最佳的，比如计划经济制度与市场经济制度，但是，破坏制度的行为之所以应该受到惩罚，与其说是在用刑法维护制度，不如说是在通过维护制度而保障个人的利益。从李斯特对于法益的经典定义出发，"法益是法律所保护的生活利益"，[4] 立法机关所创设的各种制度无疑已经成为人类生活中不可或缺的一种生活利益，制度型法益也就是立法者所创设的，对于个人及其自由发展有利的制度性利益。可以说，制度型法益已经成为刑法保护法益的新类型。[5]

二、制度型法益的独立性争议

尽管刑法对于制度的保护已成事实，但是针对"制度型法益能否独立作为适格法益而存在"这一问题，却是争论不休。质同量异说认为，制度型法益无法独立存在，制度型法益是个人法益在量上的集合，其与个人法益在质

〔1〕 刘艳红：《法定犯与罪刑法定原则的坚守》，载《中国刑事法杂志》2018 年第 6 期，第 60 页。

〔2〕 参见孙国祥、魏昌东：《经济刑法研究》，法律出版社 2005 年版，第 36 页。

〔3〕 ［德］Winfried Hassemer：《现代刑法的特征与危机》，陈俊伟译，载《月旦法学杂志》2012 年第 8 期，第 250 页。

〔4〕 ［德］李斯特：《德国刑法教科书》，徐久生译，法律出版社 2006 年版，第 6 页。

〔5〕 参见姜涛：《受贿罪保护法益新说》，载《江苏行政学院学报》2020 年第 1 期，第 130 页。

上没有差别，只是在量上具有差别，所有的制度型法益都能够还原为个人法益。[1] 而质异说认为，制度型法益可以独立存在，其与个人法益具有质上的差别，制度型法益与个人法益是两种不同的法益类型。[2]

质同量异说的支持者，常常从自由主义的观点出发，来论证制度型法益不能独立存在，而只能还原为个人法益。在自由主义者看来，"个体"具有最高价值，"个体"是一切问题的价值起点与最终归宿，国家、社会、集体都只不过是理性的个体让渡自身权利的产物，公共利益不具有独立存在的意义，所有的公共利益都只是为了更好地促进与保护个人的权利。在自由主义的观念下，"行为之所以应受处罚，是因为其侵害了某些人的法益，例如生命、身体、自由、财产，而不是因其可能破坏一种抽象的机制，或人们想象出来的价值。"[3] 所以，制度型法益如果需要获得刑法的保护，就需要将其还原为个人法益。

而质异说的支持者，则通常从社群主义的观点出发，来论证制度型法益的独立性。在社群主义者看来，"个体"并不是自成一体的孤岛，而是具有社会性、历史性的"自我"，个人权利不可能脱离于社群而存在，"个人权利的获得和实现需要社群提供确认背景、支持条件和实现资源"。[4] 社群主义支持者反对片面强调个人的最高价值，而是认为公共利益具有独立于个人法益的特性，公共利益具有非排他性、相关性等特点，也就是说公共利益是非排他的、由全体个体享有的，但是同时并不是仅仅有利于某个个人的，而是对与之相关的整体都有益的利益。"社群主义偏爱'强国家'，认为只有国家所代表的公共政治生活才能促进公共利益的实现，为了公共利益必要时甚至可以牺牲个人利益。"[5] 基于社群主义，制度型法益如果需要获得刑法的保护，只需要其本身属于重要的公共利益即可，无需将其还原为个人法益。

自由主义与社群主义为制度型法益能否独立存在提供了理论上的依据，但是如果从自由主义与社群主义的角度出发来解决制度型法益的独立性争议，

---

〔1〕 参见陈志龙：《法益与刑事立法》，台湾大学丛书编辑委员会 1992 年版，第 62 页。

〔2〕 参见钟宏彬：《法益理论的宪法基础》，元照出版有限公司 2012 年版，第 231 页。

〔3〕 林东茂：《危险犯与经济刑法》，台北五南图书出版公司 1996 年版，第 75 页。

〔4〕 朱彩霞：《当代中国公民意识问题研究——从自由主义与社群主义的争论谈起》，山东大学 2010 年博士学位论文，第 35 页。

〔5〕 贾健：《人类图像与刑法中的超个人法益——以自由主义和社群主义为视角》，载《法制与社会发展》2015 年第 6 期，第 135 页。

那么最终也只是在立场选择的问题上做文章。法益作为刑法教义学的核心，对于有关法益概念的争议，也需要从刑法教义学本身寻找答案。

从法益概念所具有的功能出发，法益具有立法批判与解释指导两大功能。"法益概念对刑事立法的指导作用，就是法益概念的立法批判机能。"[1] 也就是说，从立法层面来说，罪刑规范的设立需要以法益保护为基础，"没有以法益作为基础而禁止一项行为，是国家暴力"。[2] 法益概念的立法批判功能提供了限制刑罚权不当扩张的可能。法益概念的另一个重要功能是解释指导功能，即通过法益来解释构成要件，以确保符合构成要件的行为都是法益侵害的行为。对于刑法的解释离不开法益概念的解释指导功能，"倘若缺少法益概念，刑法释义学的关键操作机制必然面临重大困扰"。[3]

通过法益概念具有的两大功能来解决制度型法益的独立性争议，就是从刑法教义学内部出发对问题的解决。通过对比"承认制度型法益的独立性"与"否认制度型法益的独立性"的两种情况下，法益概念是否能够发挥立法批判功能与解释指导功能，就可以判断是否应当承认制度型法益的独立性。下文也将围绕这一问题进行详细的论述。

三、承认制度型法益的独立性所面临的问题

（一）制度型法益立法批判功能的丧失

法益概念之所以能够发挥立法批判的功能，是因为法益概念具有前置于实证法的内涵，其先于立法者而存在，并约束立法者的恣意。罗克辛教授就提出："如果罪刑规范既不是为了保护个人的自由发展，也不是为了保护实现个人自由发展的社会条件（例如正常的司法和国家行政），那么该规定就不具有合法性。"[4] 就生命、健康、财产、自由等个人法益来说，这些法益是个人享有的无可辩驳的利益，是实现个人自由发展的必要条件，所以保护这些法益的罪刑规范当然地具有合法性。但是，就制度型法益而言，并不能断然认为所有的制度都是实现个人自由发展的必要条件。制度是人为制造的规范，它并不是先验存在的，而是人为制造的一种抽象的价值。"在秩序内容方面，

---

[1] 张明楷：《法益保护与比例原则》，载《中国社会科学》2017 年第 7 期，第 93 页。

[2] 转引自［德］克劳斯·罗克辛：《法益讨论的新发展》，许丝捷译，载《月旦法学杂志》2012 年第 211 期，第 258 页。

[3] 许恒达：《刑法法益概念的苗生与流变》，载《月旦法学杂志》2011 年第 197 期，第 134 页。

[4] ［德］克劳斯·罗克辛：《对批判立法之法益概念的检视》，陈璇译，载《法学评论》2015 年第 1 期，第 55 页。

有的秩序旨在促进和保护公共利益和社会大多数人的福利，也不乏存在有些秩序只是维护少数人利益、保护特定部门的垄断利益等。"[1] 也就是说，想要通过"实现个人自由发展的必要条件"这一标准来实现制度型法益的立法批判功能是一个过于浪漫的幻想。

首先，"实现个人自由发展的必要条件"是一个过于宽松与模糊的标准，以至于制度型法益无法发挥立法批判的功能。以非法经营罪的保护法益为例，当前学说一般认为，非法经营罪的保护法益为"市场准入秩序"。[2] "市场准入秩序"作为一种制度型法益，是否属于实现个人自由发展的必要条件呢？常见的非法经营行为有行为人违反国家烟草专卖管理法规，未经烟草专卖行政部门许可，无烟草专卖生产企业许可证、烟草专卖批发企业许可证，经营烟草的行为。行为人侵犯了烟草专卖的市场准入秩序这一法益，是否就侵犯了个人自由发展的必要条件呢？从限制公民自由从事经营活动，导致没有许可证的公民无法通过烟草牟利这一角度出发，这一制度型法益对于个人的自由发展并没有必要，甚至限制了个人的自由发展。但是从合理管控烟草生产销售，防止假烟泛滥危及公民身体健康这一角度出发，似乎又对于个人的自由发展有必要了。再如，以妨害传染病防治罪为例，通说认为，该罪的保护法益为"国家关于传染病防治的管理制度"。[3] 那么为了防止病毒泛滥而实施的各种管理制度都是个人自由发展的必要条件吗？如果从尽快控制病毒蔓延，恢复社会的正常运作的角度来说，这些制度对于个人的自由发展是有必要的。在抗击新型冠状病毒的战役中，中国以相对快的速度恢复停转的经济就可以说明这种必要。但是，如果从具体个人的角度出发，大量的小型商户因为封城措施导致破产，大量的民众失业，这的确又限制了个人的自由发展。上述例子旨在说明，"实现个人自由发展的条件"看似为制度型法益的设立提供了正当化的依据，但是这一依据其实弹性十足。"虽然我们可以认为某种制度和秩序的构建最终是为了每个国民的生活利益，但它与国民的具体利益之间的连接已经是非常间接与曲折，是经过多次提炼和抽象的结果。"[4]，所

---

〔1〕 何荣功：《刑法与现代社会治理》，法律出版社 2020 年版，第 291 页。

〔2〕 参见陈超然：《论非法经营罪的法益》，载《江南大学学报（人文社会科学版）》2013 年第 1 期，第 52~56 页。

〔3〕 参见高铭暄、马克昌主编：《刑法学》，北京大学出版社、高等教育出版社 2019 年版，第 572 页。

〔4〕 陈家林：《法益理论的问题与出路》，载《法学》2019 年第 11 期，第 15 页。

以，通过"实现个人自由发展的条件"来发挥制度型法益的立法批判功能并不现实。

其次，正是因为"实现个人自由发展的条件"无法为制度型法益的范围设限，所以立法者甚至可以滥用这一标准创造新的制度型法益，以扩张刑法的处罚范围。立法者可以这样来正当化制度型法益："XXX 这种利益是对现代社会特别重要的利益，所以对它进行侵害或者使之危殆化的场合，使用刑事处罚这副猛药就是正当的。"[1]"换言之，对于立法者而言，如果需要防止事物 X 的出现，只需要设置一个形式规范禁止 X，然后宣布本罪的法益为 Y，且 Y 就是 X 的禁止状态，那么这整个逻辑链条固然是自洽的，但也是空洞无力的，它无法说服除了立法者之外的任何人。"[2]

总之，从立法层面出发，如果承认制度型法益的独立性，那么就必须承认制度型法益无法发挥立法批判功能，也无法限制刑法处罚范围的扩张。

（二）制度型法益解释指导功能的强化

从立法的层面来说，制度型法益无法通过"实现个人自由发展的条件"这一前置于实证法的标准实现立法批判。毋宁说，制度型法益实际上已经成了完全通过实证法推导出来的概念，这样的一种法益概念也可以被称为方法论上的法益概念。只要是立法者期望通过刑法保护的东西，都可以被称为法益，法益概念就是用简明的方式道出对刑法解释具有决定性意义的目的。[3]"方法论上的法益概念虽然失去了立法批判的功能，而只能用于对罪刑条文进行方法论导向的解释，但是它在教义学的意义却不容低估，没有方法论上的法益概念，我们就无法对重要的教义学问题做出回答。"[4] 独立的制度型法益，实际上就是丧失了立法批判功能的方法论上的法益，其仅仅在刑法条文的解释中发挥作用。但是，或许正是因为制度型法益概念并不考虑前置于实证法的因素，而完全关注于刑法规范目的的探讨，所以制度型法益与刑事政策的理念也更加契合，更能够发挥强大的解释指导能力将司法实践中的各种

---

〔1〕 转引自陈家林：《法益理论的问题与出路》，载《法学》2019 年第 11 期，第 15 页。

〔2〕 熊琦：《刑法教义学视阈内外的贿赂犯罪法益——基于中德比较研究与跨学科视角的综合分析》，载《法学评论》2015 年第 6 期，第 128 页。

〔3〕 参见［德］乌尔斯·金德霍伊泽尔：《法益保护和规范效力的保障——论刑法的目的》，陈璇译，载《中外法学》2015 年第 2 期，第 553 页。

〔4〕 ［德］乌尔斯·金德霍伊泽尔：《法益保护和规范效力的保障——论刑法的目的》，陈璇译，载《中外法学》2015 年第 2 期，第 553 页。

行为类型通过解释进行入罪。

下文将分别以受贿罪、非法吸收公众存款、骗取贷款罪的保护法益为例，对制度型法益强大的解释指导能力进行说明。

1. 受贿罪保护法益——公职的不可谋私利性说的解释能力

受贿罪的司法适用中，最棘手的问题就是如何说明"感情投资型受贿"与"缺乏事先约定的事后受贿"的法益侵害问题。根据 2016 年最高人民法院、最高人民检察院《关于办理贪污贿赂刑事案件适用法律若干问题的解释》，"国家工作人员索取、收受具有上下级关系的下属或者具有行政管理关系的被管理人员的财物价值三万元以上，可能影响职权行使的"，"履职时未被请托，但事后基于该履职事由收受他人财物的"，这两种情况应当认定为承诺为他人谋取利益或者为他人谋取利益。从司法解释的观点来看，"感情投资型受贿"与"缺乏事先约定的事后受贿"都属于受贿行为，也就是说，两种行为都侵犯了受贿罪所保护的法益。

但是，从我国当前有关受贿罪保护法益的学说出发，很难得出前述两种行为侵犯了法益的结论。"职务行为的不可收买性说"与"职务行为的公正性说"是当前有关受贿罪保护法益的主要学说。在"感情投资型受贿"中，行贿人并不是基于特定的职务行为而给予国家工作人财物，而是出于培养感情的目的给予财物，此时并不存在可收买的职务行为，无论是"职务行为的不可收买性"还是"职务行为的公正性"都没有受到侵害。在"缺乏事先约定的事后受贿"的场合，国家工作人员很可能是在公正地实施了职务行为后才收受的贿赂，此时也无法说"职务行为的公正性"这一法益受到了侵害。

为了解决当前受贿罪保护法益面临的诸多难题，我国有学者提出"公职的不可谋私利性"这一制度型法益为受贿罪的保护法益。"公职的不可谋私利性说"的论者在尊重我国刑法的规定及其相关文义，确保刑法中有关受贿犯罪的规定之间以及其他规定之间的协调，考虑刑事政策和目的意义的预防需要的情况下，提出"不可以公职谋取私利，是现代国家对公职人员提出的一项基本规范。"[1] 我国受贿罪的保护法益为"公职的不可谋私利性"。[2] 公

---

〔1〕 劳东燕：《受贿罪的保护法益：公职的不可谋私利性》，载《法学研究》2019 年第 5 期，第 126 页。

〔2〕 参见劳东燕：《受贿罪的保护法益：公职的不可谋私利性》，载《法学研究》2019 年第 5 期，第 118~137 页。

职的不可谋私利性说完全是结合受贿罪的相关条文以及刑事政策所总结出来的罪刑规范目的,其也能完美地说明"感情投资型受贿"与"缺乏事先约定的事后受贿"的法益侵害问题。"公职的不可谋私利性说"立足于物权关系的框架提出,只要是将公共职位私有化,并基于所占据的公共职位进行私利的谋取,就是对"不可以公职谋取私利"这一基本规范的违反。[1] 在这样的理解下,无需存在职务行为与财物的对应关系,在刑事政策上具有明确可罚性的"感情投资型受贿"以及"缺乏事先约定的事后受贿"也侵犯了"公职的不可谋私利性"这一法益。

"职务行为的不可收买性说"与"职务行为的公正性说"虽然也是制度型法益,但是这两种学说都是引自别国的理论。[2] 他山之石虽然可以攻玉,但是如果不结合本国的实践,也可能导致根据别国的理论而削足适履,本末倒置。前述两种法益学说在解释论上所呈现出来的缺陷就是盲目将他国制度型法益引入我国而导致的。根据我国自身的法律规定以及刑事政策提出的"公职的不可谋私利性说"才是最符合我国实践,最具有解释指导能力的法益学说。

2. 非法吸收公众存款罪——国家金融管理秩序说的解释能力

非法吸收公众存款罪的司法适用中,如何说明"虽然吸收了公众存款,但是并没有对被集资人造成财产损失"行为的法益侵害性,也是十分困难的课题。根据《中华人民共和国刑法》(以下简称《刑法》)第 176 条的规定,非法吸收公众存款或者变相吸收公众存款,扰乱金融秩序的,应当追究刑事责任。也就是说,从刑法条文看来,扰乱金融秩序是构成非法吸收公众存款罪的必要条件。另外,根据 2010 年最高人民法院《关于审理非法集资刑事案件具体应用法律若干问题的解释》第 3 条的规定,"个人非法吸收或者变相吸收公众存款,数额在 20 万元以上的,单位非法吸收或者变相吸收公众存款,数额在 100 万元以上的","个人非法吸收或者变相吸收公众存款对象 30 人以上的,单位非法吸收或者变相吸收公众存款对象 150 人以上的",应当追究刑事责任。也就是说,从司法解释的观点来看,非法吸收公众存款的行为,就算没有造成任何财产损失的,也侵犯了非法吸收公众存款罪所保护的法益。

---

[1]　参见劳东燕:《受贿罪的保护法益:公职的不可谋私利性》,载《法学研究》2019 年第 5 期,第 125 页。

[2]　参见张明楷:《刑法学》,法律出版社 2016 年版,第 1199 页。

当前有关非法吸收公众存款保护法益的学说中，有观点认为非法吸收公众存款罪的保护法益为"公众的资金安全"。我国有学者就指出："在互联网金融时代，应当将金融风险刑法规制的目标调整为公众投资者的资金安全，以此为指导将对公众资金安全造成不合理风险的行为加以类型化，从而合理划定刑法的规制范围。"〔1〕将"公众的资金安全说"视为非法吸收公众存款罪的保护法益虽然能够更大程度地保护集资人的利益，但是该法益学说与司法解释的观点并不契合。从司法解释中可以看出，行为人只要非法吸收了公众存款，就算没有对公众的资金安全造成任何威胁，也都需要追究刑事责任。就算非法集资人在案发前已经归还了资金，也只能作为量刑情节考虑，而不能免除非法集资人的刑事责任。总之，"公众的资金安全说"并不能合理地解释非法吸收公众存款行为的法益侵害性。

然而，制度型法益却能够合理解释"没有造成财产损害的非法吸收公众存款行为"的法益侵害性。非法吸收公众存款罪的目的是保护国家的金融管理秩序，具体体现为国家对利率的管制制度和国有金融机构的垄断利益。〔2〕非法吸收公众存款的行为，虽然没有对公众的资金安全造成损害，但是却会在一定程度影响到利率水平，进而影响到国家对利率的管制制度。所以"该罪并不以被害人个体财产保护为立法目的，其构成要件也不以被害人的财产损失作为必要的危害后果。"〔3〕将国家的金融管理秩序视为非法吸收公众存款罪的保护法益，能够合理地说明在刑事政策上具有可罚性行为的法益侵害性，这也体现了制度型法益在解释指导能力上的优势。

3. 骗取贷款罪——贷款秩序说的解释能力

在骗取贷款罪的司法适用中，存在许多行为人虽然实施了欺诈行为骗取贷款，但是骗贷方仍然具有还款能力的情形。例如提供了真实足额的担保、案发前归还了贷款本息或者由担保人还本付息等情形，此时行为人的骗贷行为是否具有法益侵害性就成了必须说明的问题。根据我国《刑法》第 175 条的规定，以欺骗手段取得银行或者其他金融机构贷款、票据承兑、信用证、保函等，给银行或者其他金融机构造成重大损失或者其他严重情节的，应当

---

〔1〕 郝艳兵：《互联网金融时代下的金融风险及其刑事规制——以非法吸收公众存款罪为分析重点》，载《当代法学》2018 年第 3 期，第 44 页。

〔2〕 刘宪权：《论互联网金融刑法规制的"两面性"》，载《法学家》2014 年第 5 期，第 87 页。

〔3〕 时方：《非法集资犯罪中的被害人认定——兼论刑法对金融投机者的保护界限》，载《政治与法律》2017 年第 11 期，第 45 页。

追究刑事责任。也就是说，给金融机构造成重大损失并不是成立骗取贷款罪的唯一条件，具有其他严重情节同样可能构成骗取贷款罪。根据 2010 年最高人民检察院、公安部《关于公安机关管辖的刑事案件立案追诉标准的规定（二）》（以下简称《立案追诉标准》）第 27 条的规定，"以欺骗手段取得贷款、票据承兑、信用证、保函等，数额在 100 万元以上的"，"多次以欺骗手段取得贷款、票据承兑、信用证、保函等的"，应予立案追诉。根据《立案追诉标准》，行为人只要骗取贷款达到一定的数额或者多次骗取贷款，无需考察行为人的骗贷行为是否对金融机构造成了经济损失，就可以认定骗取贷款罪的成立。换句话说，这些行为对骗取贷款罪的保护法益造成了侵害，而且这一法益侵害与金融机构的财产损失并不相同。

在有关骗取贷款罪的保护法益的学说中，有观点认为，骗取贷款罪的保护法益为银行等金融机构信贷资金的安全。[1] 而判断骗取贷款的行为是否对金融机构的资金安全造成侵害主要是看是否造成了实际损失，或者是否形成贷款风险。另有相似观点认为："骗取贷款罪的保护法益为贷款安全，其最低入罪标准为形成贷款风险，危及贷款安全。"[2] 根据前述法益观点，当骗取贷款的行为没有造成金融机构贷款资金损失的风险时，就不成立骗取贷款罪，所以在有足额担保的情形并且未造成贷款人实际损失，或者案发前主动归还了贷款的情形下，行为人的贷款行为不构成骗取贷款罪。[3] "信贷资金安全说"将《立案追诉标准》中认为具有可罚性的行为排除出了刑法的处罚范围，该法益学说并不能合理说明所有骗取贷款行为的法益侵害性。

对于骗取贷款罪的保护法益，另有观点认为，骗取贷款行为侵害了金融秩序，具体而言侵害了贷款秩序这一制度型法益，贷款秩序的基本内容包括金融机构信贷资产的所有权、信贷资金的安全以及贷款使用的整体效益。[4] 侵犯信贷资金安全只是骗取贷款罪的一种情形，行为人采用欺诈手段骗取贷款，就算提供了足额担保或者在案发前归还了贷款本息，没有危及信贷资金

---

[1] 参见郎胜主编：《〈中华人民共和国刑法〉理解与适用》，中国民主法制出版社 2015 年版，第 291 页。

[2] 孙国祥：《骗取贷款罪司法认定的误识与匡正》，载《法商研究》2016 年第 5 期，第 55 页。

[3] 参见孙国祥：《骗取贷款罪司法认定的误识与匡正》，载《法商研究》2016 年第 5 期，第 56 页。

[4] 参见张明楷：《骗取贷款罪的保护法益及其运用》，载《当代法学》2020 年第 1 期，第 53~54 页。

的安全的，也有可能因为影响贷款使用的整体效益而构成犯罪。与信贷资金安全说相比，贷款秩序说虽然相对地扩大了处罚范围，但是更加合理地说明了骗取贷款行为的法益侵害性。

（三）小结

"批判立法的法益概念的目标，是在限制立法者恣意的同时，实现其追求的终极使命，帮助立法者确立正当、具体的规则，有效地限制司法权的任意和刑罚权的滥用。"[1] 然而，承认制度型法益的独立性，就必须承认其立法批判功能的丧失，承认制度型法益具有导致刑罚权滥用的倾向，无法有效地限制入罪。但是，丧失了立法批判功能的制度型法益，却逐步导向了纯粹以刑事政策为主轴的解释策略，通过对罪刑条文进行方法论导向上的解释，独立的制度型法益发挥了强大的解释指导功能，将刑事政策上具有可罚性的行为都通过解释进行了入罪处理。简而言之，承认制度型法益的独立性就不得不承认其出罪功能不足、入罪功能有余。

四、否认制度型法益独立性所面临的问题

否认制度型法益独立性的观点认为制度型法益是个人法益在量上的集合，两者之间没有质上的差别，制度型法益是无法独立存在的，只有将其拆解为个人法益，才具有正当性。"若超个人法益对于个人法益概念之保护没有功能，便不具有正当性，换言之，其正当性是间接得自个人法益。"[2] 这种一元个人的法益概念是对自由主义刑法的坚守，"法益理论真正的价值在于其基于自由主义思想而产生的系统批判功能，'让法益的内涵由物质精神扩张'，'让法益的范围蔓延至超个人法益'，'让法益的基点扩展至非人本思维'，这些提法完全背离了法益理论坚守的正确方向"。[3] 否认制度型法益的独立性，实际上就是期待通过这种人本的法益观发挥对实在法进行批判解释的功能。[4]

但是，将制度型法益还原为个人法益仍然需要面临两个问题：第一，还

---

〔1〕 田宏杰：《刑法法益：现代刑法的正当根基和规制边界》，载《法商研究》2020 年第 6 期，第 77 页。

〔2〕 钟宏彬：《法益理论的宪法基础》，元照出版有限公司 2012 年版，第 231 页。

〔3〕 杨萌：《德国刑法学中法益概念的内涵及其评价》，载《暨南学报（哲学社会科学版）》2012 年第 6 期，第 72 页。

〔4〕 参见杨萌：《德国刑法学中法益概念的内涵及其评价》，载《暨南学报（哲学社会科学版）》2012 年第 6 期，第 69 页。

原为什么样的个人法益，并没有明确的标准，进而可能导致个人法益的精神化或主观化。第二，将制度型法益还原为客观化的个人法益后，仍然只能以抽象的"自由"概念进行表述，而这同样是一种空洞的法益概念。

（一）主观化的个人法益学说所面临的问题

否认制度型法益的独立性，则需要将制度型法益还原为个人法益。但是如果无法说明应当还原为什么样的个人法益，那么就可能导致对"个人"领域的扩张理解，以满足各种制度型法益可还原为个人法益的需要。"任何一个事态只要进入了人的感官接受范围，都可以透过人从某个角度所建立的评价观点被表述为利益或者不利益，即使是意识形态、道德、宗教或社会禁忌都可能反映出特定个人或团体的利益状态。"〔1〕又因为制度型法益与个人法益之间的连接已经非常的间接与曲折了，所以在还原的过程中，很容易偏离具体的个人法益的轨道，将制度型法益还原为主观的、精神化的个人法益。这样的个人法益学说虽然是一种可以被轻易理解并且接受的说法，但同时也是一种直觉式的判断。许多由人的主观感受而衍生出来的个人法益，就成为这样一种直觉式判断下的产物，对他人行为的反感、对他人行为的恐惧、对他人行为的信赖等都成为制度型法益还原的对象。而这些主观化的个人法益，实则具有诸多缺陷，进而也不能成为适格的法益类型。

1. 主观化的个人法益学说只是形式的说明

主观化的个人法益学说，看似将制度型法益还原为了个人所享有的法益。但是这种精神化的法益，毋宁说是制度型法益遭受破坏后的反射效果，其并不具有实质内涵。以前述的信赖说为例，"'信任'就如同'法和平性'的保护，是处于一个过高也过于抽象的层次，而不应该作为刑法保护的客体。"〔2〕信赖作为一种主观感受，可以任意投射到任何事物上，对于"法益不受侵害这一点的信赖"，根本就不能视为独立的法益。所有犯罪所侵害的法益都可以说包含了该法益不受侵害的信赖。例如杀人罪的保护法益为人的生命，保护人的生命这一法益内容当然的包含了"人的生命不受侵害的社会一般信赖"

---

〔1〕 周漾沂：《从实质法概念重新定义法益：以法主体性论述为基础》，载《台大法律论丛》2012年第3期，第991~992页。

〔2〕 ［德］克劳斯·罗克辛：《法益讨论的新发展》，许丝捷译，载《月旦法学杂志》2012年第211期，第272页。

这一内容。[1] 财产犯罪侵犯了财产的所有权，当然也侵犯了财产所有权不被侵犯的社会一般信赖。将信赖这种主观感受作为保护法益，并没有对犯罪所侵害的法益作任何实质性的说明，而只是一种形式上的说明。再如，以我国《刑法》第 291 条规定的编造、故意传播虚假信息罪为例，该罪以"严重扰乱社会秩序"为其构成要件，传统观点也认为本罪的保护法益为公共秩序。[2] 而如果以主观化的个人法益来理解该犯罪，则会认为该罪的保护法益为公众的恐惧感或者不安感。但是，公众的恐惧感或者不安感实际上是通过公共秩序的混乱而体现的，也就是说，当公众的恐慌情绪导致了人们无法正常地生产活动的时候，才能认定为成立该犯罪。所以，公众的恐惧感或者不安感只是编造、传播虚假信息行为的表象结果，真正的结果实际上还是公共秩序的严重破坏。作为法益而得到保护的也不应该是这种主观化的心理情绪，而是社会生活秩序。总之，主观化的个人法益实际上只是一种形式上的说明，其并不是具有实质内涵的法益类型。

2. 主观化的个人法益无法发挥立法批判的功能

法益概念的立法批判功能要求将没有法益侵害性的行为排除出刑法规制的范围，而只有当行为的法益侵害性可以通过具体、客观的标准进行判断的时候，才能够判断某一行为是否应当受到刑法的处罚。所以，法益不能是抽象的，而必须是具体的。"保护法益不能过于抽象与精神化，否则法益概念既不能发挥立法批判功能，也不能发挥解释指导功能。"[3] 主观化的个人法益体现的是一种抽象的社会心理状态，"抽象、模糊的法益不知不觉扩大了刑罚的处罚范围，其限制刑罚发动的功能逐渐萎缩，并逐渐成为刑事政策的工具。"[4] 同时，对主观化的个人法益的损害是一种无形的损害，其并不具有客观性与定型性，所以也很难通过因果逻辑法则判断某一主观法益是否受到了损害。"主观化的个人法益无法为刑法的处罚范围划定合理的界限，难以获

---

〔1〕 参见［日］山口厚：《刑法各论》（第 2 版），王昭武译，中国人民大学出版社 2011 年版，第 718 页。

〔2〕 参见高铭暄、马克昌主编：《刑法学》，北京大学出版社、高等教育出版社 2019 年版，第 538 页。

〔3〕 张明楷：《受贿犯罪的保护法益》，载《法学研究》2018 年第 1 期，第 157 页。

〔4〕 舒洪水、张晶：《法益在现代刑法中的困境与发展——以德、日刑法的立法动态为视角》，载《政治与法律》2009 年第 7 期，第 105 页。

取持续而长久的实践生命力。"〔1〕

另外，如果将人的主观感受作为法益进行保护的话，那么立法者就必须明确刑法作为法益保护法的定位，对主观化的个人法益进行保护。而对主观化的个人法益进行保护，实际上就要求立法者必须回应大众的主观感受。这将可能导致立法者被大众的情感所左右，为了回应汹涌的民意而盲目地进行象征性或情绪性立法。而象征性的立法根本无法有效解决犯罪问题，也不能起到预防犯罪的效果，刑法更像是被用于安抚民众的一种工具。而这样欠缺实际意义的象征性立法脱离了刑法保护法益的本质，终将损害刑法的正当性根基。〔2〕

总之，主观化的个人法益无法发挥立法批判的功能，限制刑法处罚范围的扩张，甚至可能以象征性立法的形式导致立法恣意。

3. 主观化的个人法益无法指导构成要件的解释

正是因为主观化个人法益的抽象性，在适用法益解释构成要件的过程中，很难判断构成要件行为对主观化的法益是否造成了侵害，造成了何种侵害。适用主观化的个人法益学说对构成要件进行解释，要么无法判断是否具有法益侵害性，进而由司法者进行恣意判断，要么需要求助其他标准来判断法益侵害性。

以聚众淫乱罪的保护法益为例，对于三个以上的成年人基于合意而实施的聚众淫乱行为，很难说这样的行为中存在任何形式的受害者，所以我国传统观点认为聚众淫乱罪的保护法益为国家对社会风尚的管理秩序，〔3〕 聚众淫乱行为因为侵犯了国家对社会风尚的管理秩序而构成犯罪。而如果认为制度型法益不应该独立存在，而应该还原为个人法益的话，那么就很有可能将国家对社会风尚的管理秩序还原为公众对不道德行为的反感，或者说公众对性的感情。〔4〕 将公众对性的感情视为一种法益进行保护会产生这样一个问题：在当前价值多元的社会中，公众对性的感情作为一种主观化的标准，很难在价值层面上达成统一，有的人能够接受成年人之间达成合意的聚众淫乱行为，

---

〔1〕 刘炯：《法益过度精神化的批判与反思——以安全感法益化为中心》，载《政治与法律》2015年第6期，第76页。

〔2〕 参见张明楷：《日本刑法的发展及其启示》，载《当代法学》2006年第1期，第9页。

〔3〕 参见高铭暄、马克昌主编：《刑法学》，北京大学出版社、高等教育出版社2019年版，第548页。

〔4〕 参见张明楷著：《刑法学》，法律出版社2016年版，第1077页。

而有的人则可能认为这一类行为严重地违背了社会道德。正是因为不同的人对性的感情有不同的理解，所以在认定这一类行为的法益侵害性的时候，也可能依据不同理解而产生不同的认定。相比较于性观念开放的地区，在性观念比较保守的地区，聚众淫乱行为更有可能被定罪。将对性的感情这种主观上的产物作为法益进行保护，将会导致法益侵害性认定的飘忽不定，并不具有可取性。

以受贿罪的保护法益为例，无论是"职务行为的公正性说"还是"职务行为的不可收买性说"都属于制度型法益。如果认为制度型法益无法独立存在，而将前述法益还原为个人法益，那么很有可能将前述法益还原为以公众信赖为基础的主观化的个人法益。例如有观点认为，受贿罪的保护法益是社会大众对公务员以及公务行为的信赖。[1] 还有观点提出，贿赂犯罪的保护法益是公务员职务的公正性以及对此的社会一般信赖。[2] 以公众信赖作为受贿罪的保护法益，就必须说明国家工作人员收受财物的行为对公众信赖是否造成了侵害，造成了何种侵害。很显然，信赖说无法为行为的法益侵害性提供说理。例如，国家工作人员在正常的人情往来过程中收受他人相对昂贵的礼物，司法者也可以宣称这一行为侵犯了公众的信赖而对其进行入罪处理。信赖这种主观心理，无法为没有法益侵害的行为提供出罪依据，但是却在入罪的环节灵活地提供各种可罚的根据。将制度型法益还原为个人法益的初衷原本是为了发挥人本主义法益观的立法批判功能以限制刑罚的不当扩张，然而主观化的个人法益却扩张了刑法的处罚范围，这着实是南辕北辙。

以非法吸收公众存款罪为例，有观点认为非法吸收公众存款罪的保护法益不是金融管理秩序，而是市场参与者围绕金融市场形成的主体间信任关系。[3] 信任关系与公众信赖看似表述不同，实则异曲同工，两者都是主观化的个人法益学说。所以，信任关系说与公众信赖说一样，都属于抽象的、"看不见"的利益，进而也很难判断行为是否对信任关系这一法益造成了侵害。为了能够判断吸收公众存款行为的法益侵害性，信任关系说的支持者提出："由于这种信任关系相对抽象，所以需要借助一定的参考资料才能准确判断涉

---

〔1〕　参加张明楷著：《法益初论》，中国政法大学出版社 2000 年版，第 613~614 页。

〔2〕　参见［日］大谷实：《刑法各论》，黎宏译，法律出版社 2003 年版，第 450 页。

〔3〕　参见蓝学友：《互联网环境中金融犯罪的秩序法益：从主体性法益观到主体间法益观》，载《中国法律评论》2020 年第 2 期，第 130~145 页。

案行为是否可能破坏此种信任关系，而行政违法性正是辅助认定刑事违法性的参考资料。"[1] 因为主观化个人法益学说的抽象性，所以在解释指导构成要件的适用过程中，其不得不依赖行政违法性的判断才能判断法益侵害性。既然如此，还不如直接放弃主观化的个人法益学说，直接以独立的制度型法益来判断行为的法益侵害性。

总之，主观化的个人法益学说还无法发挥解释指导功能，适用主观化的个人法益学说解释构成要件行为要么导致司法者的恣意判断，要么必须依靠其他标准才能判断行为的法益侵害性。

综上所述，否认制度型法益的独立性，就必须将制度型法益还原为个人法益。但是因为制度型法益与个人法益之间连接的曲折性，所以在将制度型法益还原为个人法益的过程中，很容易偏离具体的个人法益的轨道（例如生命、健康、财产等），而将制度型法益还原为主观化的个人法益。而主观化的个人法益学说实际上只是对法益侵害形式上的说明，并不具有实质内涵，而且其既不能发挥法益概念的立法批判功能，也不能发挥法益概念的解释指导功能。所以，否认制度型法益的独立性，将其还原为主观化个人法益的学说并不具有可取性。

（二）客观化的个人法益学说所面临的问题

因为制度型法益与个人法益之间连接的曲折性，所以在将制度型法益还原为个人法益的过程中，很容易催生主观化的个人法益学说。又因为主观化个人法益学说所具有的种种缺陷，学说中出现了将制度型法益还原为客观化的个人法益学说的尝试。但是，这些被还原后的客观化的个人法益，并不能以具体的生命、健康、财产等个人法益的方式呈现，反而只能通过虽然客观，但却抽象的"自由"概念进行表述。以经济犯罪为例，一般认为经济犯罪的保护法益为经济秩序，[2] 具体的经济犯罪所对应的保护法益则为具体的经济秩序，例如骗取贷款罪的保护法益为贷款秩序、非法经营罪的保护法益为市场准入秩序、非法吸收公众存款罪的保护法益为金融管理秩序。然而否认制度型法益独立性的学者认为，秩序并不具有刑法保护的当然性，"经济犯罪的

〔1〕 蓝学友：《互联网环境中金融犯罪的秩序法益：从主体性法益观到主体间法益观》，载《中国法律评论》2020 年第 2 期，第 142 页。

〔2〕 参见孙国祥、魏昌东：《经济刑法研究》，法律出版社 2005 年版，第 36 页；马克昌主编：《刑法学》，高等教育出版社 2003 年版，第 393 页。

法益应当理解为是经济自由，经济刑法的根本目的在于保护市场主体的经济自由"。[1] 再以受贿罪的保护法益为例，当前我国有关受贿罪保护法益的学说，无论是"职务行为的不可收买性说""职务行为的公正性说"，还是"公职的不可谋私利性说"都是以制度型法益的方式呈现的，但是有学者提出，受贿罪的保护法益应该朝着个人法益的方向寻找，受贿犯罪只有在侵犯了公民实实在在的权益时，才具有独立存在的意义。所以受贿罪的保护法益应当是"因贿赂行为而被排挤的，个人所拥有的，国家本应保障的参与社会交往活动的自由"。[2] 这些抽象的"自由"法益概念，虽然坚守了自由主义刑法的内涵，但是在法教义学的内部，却仍然无法发挥法益概念的立法批判与解释指导功能。

1. 抽象的自由法益无法发挥立法批判功能

将经济犯罪的法益定义为"经济自由"，将受贿罪的法益定义为"参与社会交往的自由"。这样的定义方法看似能够发挥法益概念的立法批判功能，将没有侵犯个人自由的行为排除出刑法的处罚范围，但是实际上，因为"自由"本身就是一个需要进一步阐明的抽象概念，其并不能限制立法的恣意。首先，与其说自由是一种值得保护的利益，不如说自由是一种价值选择，是法律所欲追求实现的目的。"自由是形而上的、高居云端的，用以膜拜和引领我们前进的。而法益则必须是现实的、形而下的、可以触摸、加以衡量的利益。"[3] 所以，自由作为一种抽象的价值选择，其并不能以具体的形式批判立法的恣意。其次，自由并不是指个人拥有想做什么就做什么的权利，自由与秩序是硬币的两面，没有无条件的自由，一切的自由都是戴着镣铐的舞蹈。没有法律规范的限制，自由也就没有了边界。无论是个人参与经济活动的自由还是参与社会活动的自由，都必须通过法律规范划定自由的范围。将自由视为一种法益，实际上还是需要法律规范的内容来确定自由的范围，自由法益概念无法为刑法的范围划定合理的界限，立法者甚至可能滥用自由概念扩张刑法的处罚范围，使得刑法成为国家保护法。

〔1〕 何荣功：《刑法与现代社会治理》，法律出版社 2020 年版，第 298 页。
〔2〕 参见熊琦：《刑法教义学视阈内外的贿赂犯罪法益——基于中德比较研究与跨学科视角的综合分析》，载《法学评论》，2015 年第 6 期，第 132~133 页。
〔3〕 涂龙科、李萌：《左支右绌、捉襟见肘的经济刑法法益》，载《经济刑法》（第 18 辑），第 13 页。

2. 抽象的自由法益无法指导构成要件的解释

法益概念在刑法条文的适用范围、犯罪未完成形态的认定、共犯的认定、罪数的认定等方面都具有极强的解释学机能。[1] 但是,将制度型法益还原为抽象的个人自由后,个人自由说根本无法承载法益概念解释指导的功能。以受贿罪为例,将受贿罪的保护法益定位为"因贿赂行为而被排挤的,个人所拥有的,国家本应保障的参与社会交往活动的自由"会产生诸多解释论上的难题。首先,无法正确判断行为的法益侵害性。例如实践中出现的给予"加速费"的情形,行贿人完全出于自愿支付贿赂,并且推动了国家工作人员更有效率地执行工作。该种情况下国家工作人员的受贿行为是否侵犯了"个人参与社会交往活动的自由"呢?显然是没有的。但是这种收受"加速费"的行为又是显然符合受贿罪构成要件的规定,成立受贿罪的。其次,无法判断受贿罪的不法程度。对法益侵犯的程度越重,说明行为的不法程度越高。对"个人参与社会交往活动的自由"的侵犯却并不能够直接地量化以呈现法益的被侵害程度,自然也不能说明受贿行为的不法程度高低。再次,无法说明被害人承诺的问题。既然将受贿罪的保护法益定义为"个人参与社会交往活动的自由",那么就应该承认存在放弃个人自由的情形,例如,可能受到受贿行为影响的被害人承诺放弃个人自由的,此时行贿人与受贿人的行为就不应该构成犯罪。但这显然是违背常识认知的,国家工作人员只要收受了贿赂,为他人谋取了利益,就应当认定为受贿罪。最后,无法说明犯罪既遂的问题。我国当前的通说认为,受贿罪以取得财物为既遂,但是如果以"个人参与社会交往活动的自由"为法益,那么既遂的认定就需要在受贿行为侵害或者可能侵害该个人自由时才能成立。但是,受贿行为与个人自由被侵犯的结果之间的关联过于抽象和遥远,无法确定一个明确的时间点来说明受贿罪既遂的成立。总之,自由说无法承载解释指导受贿罪构成要件这一重任。与受贿罪保护法益中的自由说一样,将经济犯罪的保护法益视为经济自由同样会导致诸多解释论上的难题。

(三)小结

如前文所述,将制度型法益还原为个人法益的初衷是对自由主义刑法观的坚守,在自由主义看来,个人是一切问题的出发点和归宿,所以对制度型法益的侵害必然最终还原到对个人法益的侵害上。可是,我们不得不思考的

---

[1] 参见李立众:《法益理论不是皇帝的新装》,载《人民检察》2018年第5期,第31~36页。

问题是，如果对所有制度型法益的侵害都最终会导致对个人法益的侵害的话，那么刑法只需要规定财产犯罪与人身犯罪即可，因为所有的法益侵害行为最终都无外乎对公民人身权利、民主权利、财产的侵害。[1] 或许正是因为制度型法益并不能直接地还原为个人法益，所以才必须承认制度型法益的独立性。如果强行将与个人法益具有质的差别的制度型法益还原为个人法益，结果要么就是催生主观化的个人法益学说，要么就是将制度型法益还原为抽象的自由概念。无论是哪种个人法益学说，都无法发挥法益概念的立法批判功能与解释指导功能。总之，否认制度型法益独立性的观点虽然坚持了自由主义的刑法内涵，却无法在刑法教义学的层面发挥法益的功能，不具有合理性。

五、结语：制度型法益的独立性与立法批判功能的丧失

法益概念具有两种重要的功能，一是立法批判功能，二是解释指导功能。从自由主义刑法的角度出发，刑法具有防止国家权力不当侵害公民权利的功能，所以法益概念的立法批判功能也成为法益概念中具有象征意义的功能，法益概念只有具备立法批判功能才能坚持一直以来的自由主义刑法观。但是，随着社会的不断发展，刑法的功能越来越从自由保障变成了进行社会控制的工具，刑法处罚的早期化、扩大化的现象越来越明显，刑法也越来越多地将制度纳入保护的范围以实现对社会的有效管控。制度型法益的出现，否定了法益概念一直以来所宣称的立法批判功能，而仅仅只剩下了以刑事政策为主轴的解释指导功能。否定制度型法益的独立性，企图通过将制度型法益还原为个人法益，并发挥个人法益立法批判功能的尝试并不成功，强行还原后的个人法益呈现出主观化、抽象化的特点，其既无法批判立法，也无法解释指导构成要件。从法益概念所具有的功能出发，承认制度型法益的独立性至少还能通过其发挥解释指导功能，然而否定制度型法益的独立性则只能承认法益功能性的完全丧失。所以，承认制度型法益的独立性成为不得不为之的选择。然而，承认制度型的独立性也就无法再通过制度型法益为立法者设限，

---

[1] 参见涂龙科、郑力凡：《经济刑法法益二元"双环结构"之证成、判断与展开》，载《国家检察官学院学报》2020 年第 6 期，第 103 页。

以限制刑法处罚范围的不当扩张，这也是承认制度型法益后所面临的最大困境。[1] 有论者认为，法益概念在刑法教义学中的基础性地位就是限制刑罚的处罚范围，所以在探明制度型法益的立法批判功能的丧失后，该论者直接提出了"行政犯罪'法益性的欠缺'"的命题，直接否定行政犯罪中法益概念的存在。[2] 但是，本文认为，法益作为犯罪论的基石，仅仅因为制度型法益立法批判功能的丧失就直接否定整个法益概念的存在是过于激进的观点。必须明确的是，限制刑法处罚范围的不当扩张是现代法治国家的核心，绝不能因为制度型法益丧失了立法批判功能，就完全放弃对立法者恣意的审查。本文认为，就算制度型法益本身无法发挥立法批判的功能，也可以通过法益学说之外的理论对缺失的立法批判的功能进行补足。比例原则作为公法领域的"皇冠原则"，任何可能对公民的权利造成侵害的行为都要接受比例原则的审查，所以当立法者决定扩张刑罚的处罚范围时，自然也必须接受比例原则的检验。如果比例原则能够代替法益原则发挥立法批判功能，那么就可以通过比例原则补足制度型法益所缺失的立法批判功能。探明比例原则能否补足制度型法益缺失的立法批判功能是需要详细论述的命题，此为本文力所不及，将留待他文进行详述。

---

[1] 德国学者鲁道菲（Rudolphi）早在 1970 年就提出，"实质的法益概念以自然法的社会契约为基础，向立法者提出要求，刑法的任务是对抗社会损害，而社会损害又由法益侵害来决定，这样的概念虽然具有自由主义内涵，但是由于其价值观不一定被法秩序承认，因此无法掌握实证法上全部犯罪的实质不法核心。反之，方法论的法益概念虽有能力从各种面向来诠释各种犯罪的不法，因为立法者给什么标准它就用什么标准来诠释，但却没有能力说明犯罪的不法应该是什么，也没有能力给立法者设下界限。"——引自钟宏彬：《法益理论的宪法基础》，元照出版有限公司 2012 年版，第 147 页；日本学者也已经发现了法益理论所面临的这一困境，其指出："一方面，如果坚持严格实质的、实体的法益概念，发挥法益概念的体系批判机能的同时发挥其体系内在的机能，那么就无法在法益的框架内来把握而必须准备更大的框架（例如，加之以规范妥当性，行为伦理等框架）。……另一方面，如果彻底放弃严格实质的、实体的法益概念，满足仅发挥法益概念的方法论的、目的论的机能或者体系内的机能，那么法益概念的内容就会非常的一般化，抽象化，因此就强烈具有保护普遍法益、中间法益的倾向。"——引自 [日] 关哲夫：《现代社会中法益论的课题》，王充译，载《刑法论丛》2007 年第 2 期，第 358~359 页。

[2] 参见刘艳红、周佑勇：《行政刑法的一般理论》，北京大学出版社 2020 年版，第 248 页。

刑事证据保全制度的域外经验及其启示

李艳玲*

　　摘　要：证据保全制度是指证据存在灭失、消损或者以后难以取得等情形时，申请人向专门机关申请，由专门机关对证据实施采证和固定等保全措施的制度。世界上许多国家和地区都在刑事诉讼立法中明确规定了证据保全制度，积累了较为丰富的实践经验。美国、日本以及我国台湾地区的刑事证据保全制度在设立背景、价值蕴涵以及具体程序等方面各有特点，也有共通之处。增设刑事证据保全制度有着现实必要性，即在强化控辩平等对抗、推动实体真实发现以及完善我国诉讼法律体系方面具有重要意义。构建我国的刑事证据保全制度，应当立足于法制背景和实践需要，规定合适的申请主体、决定主体，设计科学的申请条件，设置多元化的保全措施，明确必要的救济途径。

　　关键词：刑事证据保全制度　控辩平等　调查取证　实体公正

---

　　* 李艳玲，中国政法大学刑事司法学院 2019 级博士研究生（100088）。

证据保全制度是指证据存在灭失、消损或者以后难以取得等情形时，申请人向专门机关提出申请，由专门机关对案件[1]证据实施采证和固定等保全措施的制度。刑事证据保全制度因其在弥补辩方取证缺陷、强化控辩平等对抗以及推动查明事实真相等方面的重要意义，成为世界上许多国家和地区刑事诉讼立法中普遍设立的一项制度。相比之下，《中华人民共和国刑事诉讼法》（以下简称《刑事诉讼法》）历经了几次修改，刑事证据保全制度却始终缺位。其主要原因可能在于，在以往的实践中，"刑事诉讼在由拥有强大侦查权的侦查机关进行证据调取的公诉案件中，证据保全基本没有发挥作用的空间。"[2] 然而，从我国刑事诉讼现状来看，案件真实发现的效果不佳，需要强化控辩双方的实质参与，辩护律师的取证效果有待进一步提升。近年来一些因关键证据缺失而导致的冤假错案更显示了证据保全的重要性，增设刑事证据保全制度已经具备了一定的现实需要。基于此，本文在考察、分析相关国家和地区经验的基础上，试图探讨建立刑事证据保全制度的必要性，并提出了初步构思，期望有助于刑事证据保全制度的研究和构建。

一、刑事证据保全制度经验之考察

鉴于刑事证据保全制度的独有价值和重要意义，世界上许多国家和地区都在立法中明确规定了该制度，并趋于成熟。无论是在英美法系国家还是在大陆法系国家，刑事证据保全制度都是刑事诉讼中一项不可缺少的制度，在实践中发挥着积极作用。在这些国家和地区中，美国、日本以及我国台湾地区的刑事证据保全制度内容较为完整，且各具特点。因此，下文拟对美国、日本以及我国台湾地区刑事证据保全制度的产生背景、价值蕴涵以及具体程序进行考察，以分析增设刑事证据保全制度的必要性以及构建思路。

（一）美国：带有典型当事人主义色彩的刑事证据保全制度

美国的刑事诉讼采用典型的当事人主义诉讼模式，其显著特征在于控辩双方的对抗，美国学者曾对此表示："对抗制是我国法律制度的一项基本特征。"[3] 在对抗制思想的影响下，美国刑事诉讼在立法上十分重视提高辩方的对抗力量，试图通过确保控辩双方的力量均衡，达到理想的对抗效果。因

---

〔1〕 本文主要探讨公诉案件中的刑事证据保全制度，除有特指，本文所称"案件"均指公诉案件。

〔2〕 卞建林、谭世贵主编：《证据法学》（第4版），中国政法大学出版社2019年版，第316页。

〔3〕 ［美］加里·古德帕斯特：《美国对抗式刑事审判理论探究》，载［美］虞平、郭志媛编译：《争鸣与思辨：刑事诉讼模式经典论文选译》，北京大学出版社2013年版，第298页。

而，美国刑事证据保全制度从设立之初就带有明显的当事人主义色彩，其价值追求主要在于通过赋予辩方申请保全证据的权利，提高其在诉讼中的力量和影响，强化控辩双方的平等武装和对抗，最终服务于当事人主义的诉讼模式和"事实"发现方式。

《美国联邦刑事诉讼规则和证据规则》第 15 条分 7 款对证据保全制度作了规定，其中不乏体现前述当事人主义色彩的内容，拟作归纳：其一，在刑事证据保全的申请方面，明确了辩方的申请主体地位。在美国，申请刑事证据保全的条件未有严格限制，只要满足"由于特殊情况，从司法利益考虑""需要先行采证并存至审判中使用"即可。[1] 申请主体既可以是辩方，也可以是控方，明确了辩方与控方平等地享有申请证据保全的权利。同时，鉴于控方在取证中的天然优势地位，享有证据保全的申请权无疑更有利于辩方。其二，在采证程序方面，保障了辩方的程序参与权。法律明确规定，采证时要保障控辩双方特别是被告人的在场权，被告人在采证时有出席并接受询问的权利，[2] 即使是被羁押的被告人也有权被及时安排出席。[3] 辩方特别是被告人的程序参与权得到尊重，这不仅是正当程序的内在要求，也是使采证内容真实、有效的必要保障。其三，在配套保障方面，减轻了辩方的申请费用压力。采证必然会产生一定的费用支出，当采证由政府方发起时或者是由被告人申请，但被告人无法承担时，法庭可以命令采证的相关费用由政府支

---

〔1〕 《美国联邦刑事诉讼规则和证据规则》第 15 条（a）款规定：由于特殊情况，从司法利益考虑，一方当事人预备提供的证人证词需要先行采证并存至审判中使用时，法庭可以根据该当事人的申请和对有关当事人的通知，命令对此类证人的证词采证，命令将有关书籍、纸张、文件、记录、录音或其他不属于特权保密范围的材料展示。参见卞建林译：《美国联邦刑事诉讼规则和证据规则》，中国政法大学出版社 1996 年版，第 52 页。

〔2〕 《美国联邦刑事诉讼规则和证据规则》第 15 条（b）款规定：申请采证的一方当事人应当向所有当事人发出适当的书面通知，告知采证的时间和地点。根据接受通知人的申请，法庭考虑表明的理由后可以延长或缩短采证的时间和改变采证的地点。参见卞建林译：《美国联邦刑事诉讼规则和证据规则》，中国政法大学出版社 1996 年版，第 52~53 页。

〔3〕 根据《美国联邦刑事诉讼规则和证据规则》第 15 条（b）款的规定，被告人被羁押的，"关押被告人的官员应当被通知安排询问的时间和地点，然后届时使被告人接受询问，除非被告人以书面形式放弃出席的权利"，而对于未被羁押的被告人，"有权在法庭规定的期间出席对请求事项的询问"。在此基础上，较好地保障了被告人在采证程序中的权利。

付，免去了经济困难的被告人申请证据保全的后顾之忧。[1]

值得注意的是，美国在对经过保全的证据的使用上也有特别规定。尽管根据美国传闻证据规则的要求，不是由陈述者在审判或听证中作证时作出的陈述，原则上不能采纳。但经过保全的证据可以作为例外，不受传闻证据规则的限制。根据《美国联邦刑事诉讼规则和证据规则》第 15 条（e）款[2]的规定，"供述录取之目的在保全证据，在符合一定之条件后，证人于供述录取之陈述，在审判中得成为实体证据、反驳证据、弹劾证据。"[3]

（二）日本：作为诉讼模式转型配套措施的刑事证据保全制度

日本刑事诉讼模式经历了数次变迁，"明治维新"后采用大陆法系职权主义诉讼模式，奠定了日本近代刑事诉讼模式的基础。第二次世界大战以后，受国内形势的影响，日本开始吸收英美法系特别是美国的法律文化与制度，其刑事诉讼法又经历了一次重要修订，最终"建立了以职权主义为基调的、带有当事人主义因素的混合模式"。[4] 在此背景下，日本在刑事诉讼立法中增设了刑事证据保全制度，作为诉讼模式转型中的必要配套措施，这成了日本刑事诉讼中明显的当事人主义要素之一，其目的在于增强辩方有效防御的能力，从而加深对抗性思想的融合，适应对抗制诉讼的需要。正如日本学者田口守一教授所说："这是现行《刑事诉讼法》规定的制度。"[5]

日本的刑事证据保全制度规定在《日本刑事诉讼法》第一编"总则"第十四章"保全证据"以及《日本刑事诉讼规则》中，共四个条文，较为简略，但却包含了证据保全的申请、证据的使用等多方面的内容。《日本刑事诉

---

〔1〕 《美国联邦刑事诉讼规则和证据规则》第 15 条（c）款规定：当采证是应政府方要求进行时，或者虽然采证是应被告人申请进行，但被告人不能负担采证费用时，法庭可以命令，被告人的旅费和生活费用，被告人律师出席询问的费用以及记录、复制证词的费用均由政府支付。参见卞建林译：《美国联邦刑事诉讼规则和证据规则》，中国政法大学出版社 1996 年版，第 53 页。

〔2〕 《美国联邦刑事诉讼规则和证据规则》第 15 条（e）款规定：在审判或任何听证中，只要在证据规则允许的范围内，在证人符合联邦证据规则第 804 条（a）款规定的不能出庭的情况而不能出庭时，或者证人在审判或听证中所作证词与保全的证词不一致时，保全证词的一部或者全部均可以作为实物证据使用。保全的证据还可被当事人用来反驳或诘问宣誓作证者的证词。如果保全的证词只是其中一部分被一方当事人用作证据，对方当事人可以要求提供与已被用作证据部分相关的全部被保全的证词。任何一方当事人均可提供其余部分。参见卞建林译：《美国联邦刑事诉讼规则和证据规则》，中国政法大学出版社 1996 年版，第 53 页。

〔3〕 王兆鹏：《美国刑事诉讼法》，北京大学出版社 2014 年版，第 532 页。

〔4〕 汪振林：《日本刑事诉讼模式变迁研究》，四川大学出版社 2011 年版，第 2 页。

〔5〕 ［日］田口守一：《刑事诉讼法》，张凌、于秀峰译，法律出版社 2019 年版，第 188 页。

讼法》第 179 条规定："被告人、犯罪嫌疑人或者辩护人，当出现如果不事先保全证据就会对使用该证据产生困难的情况时，在第一次庭审以前，可以向法官请求扣押、搜查、勘验、询问证人或者鉴定的处分。收到前项请求的法官，对于该项处分，具有与法院或者审判长同等的权限。"[1] 由此可知，与美国不同，在日本，控方并不享有申请证据保全的权利，而是由辩方独享。该规定体现了立法上对辩方利益的明显偏重，吸收了当事人主义对抗制的要素。此外，虽然《日本刑事诉讼法》和《日本刑事诉讼规则》中没有明确规定对证据保全申请的救济途径，但是相关判例对此进行了一定补充，进一步维护了辩方在刑事证据保全中的利益，即对于驳回扣押申请的裁判，申请人"可以提出准抗告"[2] 寻求救济。[3]

　　日本在向当事人主义转型的过程中增设了刑事证据保全制度，其目的显而易见。然而，日本刑事证据保全制度在运行中也存在着一些问题，且主要是由《日本刑事诉讼法》第 180 条第 1 款、第 3 款[4] 所引起的。首先，法官许可这一前置条件增加了辩方获取证据的难度。根据该条规定，辩方获取被保全证据有两种途径：辩护人有权阅览、抄录被保全的证据，但需要经过法官许可；被告人或者嫌疑人在没有辩护人的情况下，经过法官许可，才可以阅览、抄录。法官许可的环节，给辩护人、被告人以及嫌疑人了解和掌握被保全证据造成了一定的阻碍，同时剥夺了有辩护人的被告人、嫌疑人独立了解和抄录被保全证据的权利。证据保全本就是由辩方提出，若没有充足的理由，对其接触被保全证据施加限制是不够合理的。其次，证据开示不对等，辩护难度加大。该条规定，检察官可以自由地查看和抄录被保全的证据，这不仅形成了控辩双方在接触被保全证据时权利不平等的外在表现，还导致了辩方在掌握、使用证据中的被动局面。因为"在公诉以前检察官手中掌握的

---

〔1〕　张凌、于秀峰编译：《日本刑事诉讼法律总览》，人民法院出版社 2017 年版，第 47 页。

〔2〕　[日] 田口守一：《刑事诉讼法》，张凌、于秀峰译，法律出版社 2019 年版，第 188 页。

〔3〕　在日本，准抗告指的是对法官作出的某些裁判申明不服的上诉方法，或者对检察官、检察事务官或者司法警察员所作的处分不服而上诉的方法，参见卞建林、刘玫：《外国刑事诉讼法》，人民法院出版社、中国社会科学出版社 2002 年版，第 264 页。

〔4〕　《日本刑事诉讼法》第 180 条第 1 款规定：检察官和辩护人，可以在法院阅览和抄录有关前条第 1 款处分的文书及证物。但是，辩护人抄录证物的，应当获得法官的许可。第 3 款规定：被告人或者犯罪嫌疑人，经法官的许可，可以在法院阅览第 1 款的文书和证物。但是，被告人或者犯罪嫌疑人有辩护人的，不在此限。参见张凌、于秀峰编译：《日本刑事诉讼法律总览》，人民法院出版社 2017 年版，第 47 页。

证据完全不对犯罪嫌疑人、被告人开示，提起公诉之后也只是开示一部分"[1]。检察官却可以提前掌握被保全的证据，这对辩方的辩护工作较为不利。基于上述原因以及其他因素，刑事证据保全制度在日本并没有得到广泛利用，其制度目的也有待更充分实现。

（三）我国台湾地区：融合本土特色的刑事证据保全制度

同日本相似，我国台湾地区的刑事诉讼模式也经历了从职权主义向当事人主义转型的过程。2003 年，在融入当事人主义因素、促进当事人实质平等以及实现公平正义等"思想气候"[2]的影响下，我国台湾地区进行了一次较为全面的司法制度改革，其中"刑事诉讼法"进行了大幅修正，呈现出"改良式当事人进行主义"的面貌。修改后的"刑事诉讼法"在第十二章"证据"下新增第五节"证据保全"，用八个条文专门规定了证据保全制度，成为我国台湾地区当事人主义诉讼改革的一个重要体现。

我国台湾地区的刑事证据保全制度"系指预定提出供调查之用证据有湮灭、伪造、变造、藏匿或碍难使用之虞时，基于发现真实与保障报告防御及答辩权之目的，按诉讼程序进行之阶段，由告诉人[3]、犯罪嫌疑人、被告或者辩护人向检察官，或由当事人[4]、辩护人向法院提出声请，使检察官或法院为一定之保全处分，此为防止证据灭失或发生碍难使用情形之预防措施"[5]。主要分为起诉前和起诉后两个阶段：其一，起诉前的证据保全。即

---

〔1〕 ［日］田口守一：《刑事诉讼法》，张凌、于秀峰译，法律出版社 2019 年版，第 188 页。

〔2〕 我国台湾地区学者张丽卿认为，"法律制度必定受'思想气候'的影响"，"我国台湾地区近年来的政治与司法改革等，是思想气候带出来的"。参见张丽卿：《刑事诉讼制度与刑事证据》，中国检察出版社 2016 年版，第 3 页。

〔3〕 在我国台湾地区"刑事诉讼法"中，告诉人即"告诉权人"，指的是被害人、配偶、特定亲属等能够代表被害人利益的人。参见林钰雄：《刑事诉讼法》（下册），中国人民大学出版社 2005 年版，第 27~35 页。

〔4〕 在我国台湾地区"刑事诉讼法"中，"当事人"指的是"检察官、自诉人及被告"，参见我国台湾地区"刑事诉讼法"第 3 条规定：本法称当事人者，谓检察官、自诉人及被告。

〔5〕 林钰雄：《刑事诉讼法》（上册），中国人民大学出版社 2005 年版，第 414 页。

侦查程序中的证据保全，根据我国台湾地区"刑事诉讼法"规定，[1] 当存在前述情形时，告诉人、犯罪嫌疑人、被告或者辩护人可以向检察官声请证据保全，检察官为此阶段证据保全的决定者和执行者，检察官驳回声请或者逾期未处理的，声请人可以直接向法院声请，在实施证据保全时，声请人有权在场。起诉前的证据保全占据了证据保全制度整体规定的大部分，其原因在于侦查阶段是控辩双方取证的重点阶段，也是被追诉人一方取证权益最需要保障的阶段，此种安排恰恰体现了对侦查阶段取证重要性的认识。其二，起诉后的证据保全。即审判中的证据保全，根据我国台湾地区"刑事诉讼法"的规定，[2] 在起诉后有证据保全必要的，此时以被告或辩护人、检察官或自诉人为声请方，在第一次审判期日前向法官提出。

我国台湾地区的刑事证据保全制度在呈现出与其他国家类似的基本架构的同时，还融合了一定的本土诉讼文化传统和诉讼制度特色，这样的"本土特色"集中表现在检察官在刑事证据保全过程中的角色和职权上。根据我国

---

〔1〕 我国台湾地区"刑事诉讼法"第 219-1 条规定：告诉人、犯罪嫌疑人、被告或辩护人于证据有湮灭、伪造、变造、藏匿或碍难使用之虞时，侦查中得声请检察官为搜索、扣押、鉴定、勘验、讯问证人或其他必要之保全处分。检察官受理前项声请，除认为不合法或无理由予以驳回者外，应于五日内为保全处分。检察官驳回前项声请或未于前项期间内为保全处分者，声请人得径向该管法院声请保全证据。第 219-2 条规定：法院对于前条第三项之声请，与裁定前应征询检察官之意见，认为不合法律上之程序或法律上不应准许或无理由者，应以裁定驳回。但其不合法律上之程序可以补正者，应定期间先命补正。法院认为声请有理由者，应为准许保全证据之裁定。前二项裁定，不得抗告。第 219-3 条规定：第二百二十九条之一之保全证据声请，应向侦查中之该管检察官为之，但案件尚未移送或报告检察官者，应向调查之司法警察官或司法警察所属机关所在地之地方法院检察署检察官声请。第 219-6 条规定：告诉人、犯罪嫌疑人、报告、辩护人或代理人于侦查中，除有妨害证据保全之虞者外，对于其声请保全之证据，得于实施保全证据时在场。保全证据之日、时及处所，应通知前项在场之人。但有急迫情形致不能及时通知，或犯罪嫌疑人、被告受拘禁中者，不在此限。第 219-7 条第一款规定：保全之证据于侦查中，由该管检察官保管。但案件在司法警察官或司法警察调查中，经法院为准许保全证据之裁定者，由该管司法警察官或司法警察所属机关所在地之地方法院检察署检察官保管之。

〔2〕 我国台湾地区"刑事诉讼法"第 219-4 条规定：案件于第一审法院审判中，被告或辩护人认为证据有保全之必要者，得在第一次审判期日前，声请法院或受命法官为保全证据出发。遇有急迫情形时，亦得向受讯问人住居地或证物所在地之地方法院声请之。检察官或自诉人于起诉后，第一次审判期日前，认有保全证据之必要者，亦同。第二百七十九条第二项之规定，于受命法官为保全证据处分之情形准用之。法院认为保全证据之声请不合法律上之程序或法律上不应准许或无理由者，应即以裁定驳回。但其不合法律上之程序可以补正者，应定期间先命补正。法院或受命法官认为声请有理由者，应为准许保全证据之裁定。前二项裁定，不得抗告。第 219-7 条第 2 款规定：审判中保全之证据，由命保全之法院保管。但案件系属他法院者，应送交该法院。

台湾地区法律规定，检察官是侦查程序的主导者，"此为台湾法制之基本出发点"。[1] 作为"侦查程序的主人"，检察官享有主导、指挥以及决定侦查程序中各项事务的职权，并肩负收集案件证据、追诉惩罚犯罪的职责。因而，在证据保全制度中，检察官成为诉前证据保全的决定主体和诉后证据保全的申请主体，这在各个国家和地区的刑事证据保全制度中属于比较特殊的规定，是由我国台湾地区检察官特殊的诉讼地位和权力设定所决定的。

二、启示与思考：增设刑事证据保全制度的必要性探究

近年来，我国刑事司法制度有了显著完善，"刑事辩护的规范体系已经基本形成"[2]，但是"却遗忘了被追诉方申请证据保全的权利"[3]。这不仅导致了实践中的一些弊端和困境，同时也导致在此方面滞后于刑事诉讼实践。无论是从已有经验的启示还是立足于我国司法实践需要来看，增设刑事证据保全制度都有着极大的必要性和现实意义。

（一）增加辩护律师取证途径，缓解律师取证压力

"调查取证与会见、阅卷一起，被称为律师进行庭前防御准备工作的'三驾马车'。"[4] 调查取证是辩护律师获取新证据、掌握新情况的关键途径，也是其进行积极辩护、更大程度维护当事人利益的重要手段，其对辩护律师、犯罪嫌疑人以及被告人的重要性不言而喻。目前，司法实践中辩护律师可以使用的调查取证方式主要有两种：自行调查取证和申请调查取证，但是，这两种调查取证方式的实际效果较为有限。主要表现在：首先，律师自行调查取证的效果不佳。根据《刑事诉讼法》的规定，律师可以自行向有关单位和个人了解情况、收集材料，但"律师自行调查经常会遭到被调查单位或个人的拒绝，律师在调查中一旦操之不当，还会带来不同程度的职业风险"。[5] 因此，实践中相当一部分律师在自行取证时阻碍重重、收获甚少。其次，律

---

〔1〕 林钰雄：《检察官论》，法律出版社 2008 年版，第 11 页。

〔2〕 熊秋红：《刑事辩护的规范体系及其运行环境》，载《政法论坛》2012 年第 9 期，第 47 页。

〔3〕 熊秋红：《刑事辩护的规范体系及其运行环境》，载《政法论坛》2012 年第 9 期，第 53 页。

〔4〕 陈瑞华：《刑事辩护的艺术》，北京大学出版社 2018 年版，第 32 页。

〔5〕 陈瑞华：《辩护律师调查取证的三种模式》，载《法商研究》2014 年第 1 期，第 73 页。

师申请取证〔1〕的作用有限。我国《刑事诉讼法》第 43 条规定了辩护律师的申请取证权，但在实践中，该权利基本上处于被空置的状态。有实证考察结果显示，辩护律师申请取证的效果并不乐观，〔2〕辩护律师很少提出申请，即使提出了申请，得到积极回应的也非常少。增设刑事证据保全制度，赋予辩护律师申请证据保全的权利，使得律师有权向专门机关申请保全某些有即将被损毁、无法再获得等可能，同时又对案件非常重要的一部分证据。对于律师来说，这无疑是增加了一种取证途径，使其能够有力保护某些处于危急状态下的重要证据，在一定程度上缓解了律师的取证压力。

（二）展现案件事实证据全貌，推动实体真实发现

正如戈尔丁所说："理想的正义是形式要素和实体要素之和。"〔3〕司法公正包括实体公正和程序公正两个方面，二者缺一不可。实践中，相对于过程而言，当事人以及普通公众更加在意的还是案件的裁决结果，实体公正是大众心中不可否认的焦点。而从司法的角度，实体公正具有不可替代的价值，"是司法权行使之正当性的来源，也是司法活动存在的根本目的。此外，只有实体公正，司法裁判才能为当事人和社会公众所认可与接受，司法权威才能得到保障。"〔4〕增设刑事证据保全制度，有利于推动查明案件事实、实现案件的实体公正，主要表现在：一方面，证据保全所针对的可能是某些确有保全必要的有利于被告人的证据，通过对这些证据进行收集保全，能够更好地展现案件的全貌，防止案件结果受到控方提供的证据的单方面影响。正如田口守一教授所言："侦查机关必须也收集有利于犯罪嫌疑人的证据，但侦查机关往往不会充分收集对犯罪嫌疑人有利的证据，因此，犯罪嫌疑人、辩护人必须自己积极收集和保全有利于犯罪嫌疑人的证据。不过，犯罪嫌疑人没有强制措施权，他们在必要时能够利用的强制手段只有证据保全请求权。"〔5〕

---

〔1〕 一些学者将《刑事诉讼法》第 43 条规定的申请取证制度视为我国的证据保全制度，参见刘秋平、陈国利：《刑事证据保全制度略论》，载《社科纵横》2004 年第 4 期；邱岳：《论刑事证据保全制度》，载《四川理工学院学报》2006 年第 2 期。然而，刑事证据保全制度与申请取证制度在前提条件、价值功能以及具体程序等方面有着诸多不同，二者不能等同视之，对此，有学者已经作了专门的论述，此处不再赘述，详见韩旭：《构建我国刑事证据保全制度的思考》，载《昆明理工大学学报》2009 年第 9 期；张泽涛：《我国刑诉法应增设证据保全制度》，载《法学研究》2012 年第 3 期。

〔2〕 参见陈瑞华主编：《刑事辩护制度的实证考察》，北京大学出版社 2005 年版，第 279 页。

〔3〕 ［美］戈尔丁：《法律哲学》，齐海滨译，生活·读书·新知三联书店 1987 年版，第 237 页。

〔4〕 卞建林等：《中国司法制度基础理论研究》，中国人民公安大学出版社 2013 年版，第 68 页。

〔5〕 ［日］田口守一：《刑事诉讼法》，张凌、于秀峰译，法律出版社 2019 年版，第 188 页。

另一方面，证据保全针对的可能是被追诉人一方发现的、对案件有着重要影响的证据，通过及时收集和固定这些有灭失、消损或者难以再取得的可能的关键证据，能够防止案件因缺乏关键性证据而陷于停滞，避免案件结果无确实充分的证据可依。这与"以审判为中心"的诉讼制度改革有着内在的契合性，"审判中心主义使证据成为诉讼活动展开的基础，而预防关键证据灭失的保全措施成为举证的制度保证。"[1]

（三）弥补刑事诉讼立法缺失，完善诉讼法律体系

证据保全制度的缺位，不得不说是现行刑事诉讼立法的一大缺失和遗憾。目前，除《刑事诉讼法》外，《中华人民共和国民事诉讼法》（以下简称《民事诉讼法》）、《中华人民共和国行政诉讼法》（以下简称《行政诉讼法》）中都规定了证据保全制度。[2] 从三大诉讼法的内在相似性以及刑事诉讼的特殊性来说，证据保全制度在《刑事诉讼法》中的缺位是不够合理的：首先，"三大诉讼法解决的问题的性质不同，但证据运用和证明的机理相同，在诉讼中都可能遇到对一方有利的证据需要采取保全措施的问题"。[3] 现行刑事诉讼立法明显忽视了证据保全这一实践中可能存在的需求，未能与其他两大诉讼法保持一致。其次，从刑事诉讼的特点来看，更有必要设立证据保全制度。一方面，刑事诉讼中急需促进控辩平等。"民事诉讼的原告和被告拥有同等的诉讼权利，并承担同等的诉讼义务；行政诉讼是一种'民告官'的活动，由作为被告的行政机关承担举证责任。"[4] 而从整个刑事诉讼来看，以检察机关为代表的控方处于绝对的优势地位，犯罪嫌疑人、被告人及其辩护律师往往处于较为弱势、不利的地位。正因如此，纠正控辩双方地位的实质不平等、强化控辩双方的平等武装和对抗是各国刑事诉讼制度发展的永恒话题。刑事

---

〔1〕 拜荣静：《构建实效性的刑事证据保全制度——以审判中心主义为视角》，载《中国政法大学学报》2018 年第 1 期，第 130 页。

〔2〕 我国《民事诉讼法》第 81 条规定：在证据可能灭失或者以后难以取得的情况下，当事人可以在诉讼过程中向人民法院申请保全证据，人民法院也可以主动采取保全措施。因情况紧急，在证据可能灭失或者以后难以取得的情况下，利害关系人可以在提起诉讼或者申请仲裁前向证据所在地、被申请人住所地或者对案件有管辖权的人民法院申请保全证据。证据保全的其他程序，参照适用本法第九章保全的有关规定。我国《行政诉讼法》第 42 条规定：在证据可能灭失或者以后难以取得的情况下，诉讼参加人可以向人民法院申请保全证据，人民法院也可以主动采取保全措施。

〔3〕 韩旭：《构建我国刑事证据保全制度的思考》，载《昆明理工大学学报（社会科学版）》2009 年第 9 期，第 88 页。

〔4〕 张泽涛：《我国刑诉法应增设证据保全制度》，载《法学研究》2012 年第 3 期，第 171 页。

证据保全制度的价值正是在于增强辩方的取证效果、提高辩方的对抗能力，且从各国实践看，这一制度也确实收获了这样的评价、发挥了这样的实效。在我国，检察机关兼有控诉和监督的职能，控辩之间的实力和地位悬殊，增设刑事证据保全制度，有利于进一步维护控辩双方在诉讼参与中的"势均力敌"，实现控辩平等对抗。另一方面，刑事诉讼中迫切需要保护被追诉人权益。与民事诉讼、行政诉讼相比，刑事诉讼中被追诉人面临的压力较大，且刑事诉讼诉讼程序和结果如果存在错误或不公，对被追诉人造成的伤害较大。利用证据保全制度，能够及时收集和固定某些有难以再取得的危险的、有利于被追诉人的证据，有利于减轻被追诉人的涉诉压力、促进案件结果的公正。因此，在《刑事诉讼法》中增设证据保全制度具有一定的实际必要性和紧迫性。更进一步来说，通过弥补这一重要的立法缺失，能够维护三大诉讼法之间的协调，完善我国的诉讼法律体系。

三、借鉴与展望：刑事证据保全制度的经验与本土构想

美国、日本以及我国台湾地区基于不同的目的，在刑事诉讼中设置了证据保全制度。虽然在具体规定方面各具特色、有所偏重，但综合来看，呈现出一些共通的经验，有着重要的启示意义。在现阶段，有必要在研究已有经验的基础上，结合我国刑事诉讼法制的特点以及司法实践的需要，增设刑事证据保全制度。

（一）刑事证据保全制度的经验总结

美国、日本以及我国台湾地区的刑事法制背景不同，且各处在不同的刑事司法发展阶段。从立法条文看，各地虽然在刑事证据保全制度的具体规定上有些微不同，但在制度目的和整体架构上并不存在重大分歧。总的来说，有如下经验可供参考、借鉴：

1. 普遍规定了紧迫性、必要性的证据保全申请条件

刑事证据保全制度并不适用于所有案件，只有在满足特定条件的情况下，申请主体才能进行申请。根据前文所述可知，在美国，申请证据保全的条件为"由于特殊情况，从司法利益考虑""需要先行采证并存至审判中使用"的。根据《美国联邦刑事诉讼规则和证据规则》第 804 条的精神，此处的"特殊情况"主要指的是因证人身患疾病、即将出国等有不能出席庭审之虞，从而需要紧急采证存证的情况，"从司法利益考虑"则一般指的是为了推动案件审判的顺利进行、提高案件的办理效率、防止因证据缺失而导致案件事实无法查明等考量因素。在日本，申请证据保全的条件为"如果不在事先保全

证据就会对使用该证据产生困难"。从表述上看，该申请条件较为简略，但仍然可以提取出一些关键信息，即保全证据应当具有紧迫性，且该证据在后续审判中具有可预见的使用价值。相比之下，我国台湾地区对于申请条件的规定更为细化，当"证据有湮灭、伪造、变造、藏匿或碍难使用之虞时"声请人有权提出申请，条文中既包括了证据消损、灭失等自然因素，也包括了伪造证据、串供等人为因素。结合美国、日本以及我国台湾地区的规定，并对比世界其他国家和地区的相关规定，证据保全具有紧迫性且证据本身具有重要作用是申请证据保全的基本要求。

2. 明确赋予了被追诉人一方的申请主体地位

申请主体的设定在一定程度上体现了证据保全制度的价值导向，即制度更倾向于保护何方的利益，以及所预期实现的制度目的。各国和地区关于证据保全申请主体的规定不尽相同，在美国，控辩双方均享有申请证据保全的权利。在我国台湾地区，申请主体因诉讼阶段有所不同，被追诉人一方是侦查阶段的申请主体，在审判阶段被追诉人一方与检察官同为申请主体，出于保护被害人一方利益的目的，告诉人在侦查阶段也可以申请。在日本，申请证据保全则自始至终是辩方独有的权利。从世界范围看，控辩双方作为申请主体是较为普遍的规定。[1] 可以看出，世界各国和地区都无一例外地在立法上明确赋予了被追诉人一方申请权，以保护被追诉人一方利益，增强被追诉人一方取证和对抗力量。

3. 大多确定了法院作为证据保全的决定机关

除我国台湾地区规定侦查阶段的证据保全由检察官决定以外，美国、日本等大多数国家和地区[2]都明确规定申请证据保全只能向法官提出，由法官决定。由法官作为决定者有着诸多优点，例如，法官具有中立性，因而能够更大程度上确保决定的公正；又例如，法官具有较强的组织能力，在进行采证存证的过程中能够有力组织、督促双方参与，更能保障证据保全的有效性。但是，需要注意的是，由法官决定证据保全"这种立法体例是在裁判官和令

---

〔1〕 例如，根据《韩国刑事诉讼法》第 184 条、《韩国刑事诉讼规则》第 91~92 条的规定，检事、被告人、嫌疑人或辩护人均有权申请证据保全；根据《意大利刑事诉讼法》第五编第七章"附带证明"的规定，公诉人和被调查人均有权申请证据保全，等等。

〔2〕 例如，根据《德国刑事诉讼法》第 166 条、《韩国刑事诉讼法》第 184 条、《意大利刑事诉讼法》第 392 条第 1 款、《瑞典诉讼法典》第 41 章第 2 条的规定，申请证据保全需要向法官提出，等等。

状法官有着成熟区分制度的前提下才予以确立的"。[1] 如果在刑事诉讼中没有明确划分裁判官和令状法官，则由法官作为审前阶段证据保全的决定者就失去了制度基础。

4. 普遍设置了证据保全申请的救济程序

必要的救济程序有利于维护申请人的权益，各地在规定刑事证据保全制度的同时也设置了一定的救济程序，只是具体方式上有所不同。例如，我国台湾地区就在"刑事诉讼法"第 219-1 条中明文规定了申请人的救济途径，日本以判例的形式进行了补充，美国则是以联邦最高法院判例的形式[2]对申请人的救济权和相关程序后果进行了确认。从效果上看，在立法中明确规定救济程序更能有效指导实践，达到保障申请人合法权益的效果。

（二）我国刑事证据保全制度的初步构想

1. 规定适宜的申请主体

我国学者针对申请主体进行了一些讨论，焦点主要集中在犯罪嫌疑人、被告人及其辩护律师，被害人及其诉讼代理人以及检察机关三方。其中，犯罪嫌疑人、被告人的申请主体地位受到了学者们的一致认同。持检察机关应当作为申请主体观点的学者认为："为了使控辩双方在证据保全问题上能够实现权利平等和手段对等，侦控机关若需进行证据保全的，其作为实质上的一方当事人也应向法院提出保全证据的申请。"[3] 持被害人也应当作为申请主体观点的学者则认为，在被害人诉讼权利和地位日益得到重视和保障的背景下，赋予被害人及其诉讼代理人证据保全的申请权"这种增强被害人对刑事诉讼程序和结果的影响的做法，既是我国刑事司法实践的需要，也与其他国家和地区的立法趋势一致"。[4] 对此，笔者认为不宜将检察机关、被害人作为申请主体。首先，如前文所述，将控辩双方都作为申请主体是大多数国家和地区的选择。尽管如此，我国检察机关身兼追诉和监督的职能，与被追诉人一方相比，在诉讼中处于毋庸置疑的优势地位，已经拥有较强的引导、组织以及实施取证能力，因此，再赋予检察机关证据保全申请权并无太大必要。其次，由于被害人与追诉机关目标的一致性，被害人完全可以通过向追诉机

---

[1] 张泽涛：《我国刑诉法应增设证据保全制度》，载《法学研究》2012 年第 3 期，第 175 页。

[2] 张泽涛：《我国刑诉法应增设证据保全制度》，载《法学研究》2012 年第 3 期，第 179 页。

[3] 韩旭：《构建我国刑事证据保全制度的思考》，载《昆明理工大学学报（社会科学版）》2009 年第 9 期，第 91 页。

[4] 张泽涛：《我国刑诉法应增设证据保全制度》，载《法学研究》2012 年第 3 期，第 177 页。

关请求立即收集某项证据的方式来达到保全证据的目的。"利益上的一致性会驱使国家追诉机关接受被害人的请求，由国家追诉机关利用自己强大的公权力去完成这一任务。"〔1〕所以，也无直接赋予被害人一方申请权的必要。笔者认为，将证据保全申请的主体限于犯罪嫌疑人、被告人及其辩护人较为适宜。理由在于：一方面，将犯罪嫌疑人、被告人及其辩护律师作为申请主体是大多数国家和地区的立法通例，并得到了较好的实施效果，值得借鉴。另一方面，我国司法实践中，对于犯罪嫌疑人、被告人及其辩护律师来说，更加需要通过申请证据保全，解决实际取证需求。

2. 确定合适的决定主体

在证据保全的决定主体方面，学界的观点也有不同。有学者认为，应当由法院对证据保全的申请作出决定和处理，即"申请证据保全如果是在审前程序中提出的，应向将来可能受理该案的法院提出申请；如果是在审判阶段提出申请的，应向该案的审判法院提出"。〔2〕有学者则认为，相比法院，将决定权交给检察院更为合理，原因在于检察机关作为国家法律监督机关，兼有公诉权和诉讼监督权，对侦查活动有监督职责，同时负有客观义务，由检察机关作为证据保全的决定机关与检察机关的身份地位相吻合。〔3〕笔者认为，如前文所述，虽然设置了刑事证据保全制度的国家和地区大多将法院作为决定主体，但如此规定的前提是令状法官与裁判官存在分工。在我国，刑事诉讼中并没有设置预审法官，法官并不介入审前程序中，所以由法官决定审前阶段的证据保全在现阶段尚不存在足够的制度条件。笔者赞同由检察机关作为决定主体的合理性，同时，笔者认为，进一步确定决定主体时可以考虑具体的诉讼阶段，在审前阶段，申请人应当向检察机关提出证据保全的申请，并由检察机关决定和处理。案件提起公诉后，在第一次开庭审理之前，若有证据保全需求的，申请人则应当向管辖法院提出申请。

3. 设计科学的申请条件

在设计申请条件时，既要确保证据保全制度能够发挥积极作用、取得良好的实施效果，也要注意防止制度被滥用、制度的价值受到扭曲。笔者认为，

〔1〕 贾志强、闵春雷：《刑事证据保全制度研究》，载《理论学刊》2011年第10期，第91页。

〔2〕 韩旭：《构建我国刑事证据保全制度的思考》，载《昆明理工大学学报（社会科学版）》2009年第9期，第92页。

〔3〕 张泽涛：《我国刑诉法应增设证据保全制度》，载《法学研究》2012年第3期，第176页。

申请证据保全应当符合两个条件：其一，紧迫性。美国、日本以及我国台湾地区法律规定中对申请条件的表述虽然各不相同，但都基本表达了"证据有灭失、消损或者以后难以取得等的危险"的观点，即存在证据保全的紧迫性。《民事诉讼法》《行政诉讼法》中也将"证据可能灭失或者以后难以取得"明确规定为申请条件，说明紧迫性是申请证据保全的基本要求，应当考虑进来。具体而言，"紧迫性"指的是证人可能死亡或者即将出国等情况，以及物证书证可能被篡改、散失、消损等情况。其二，必要性。证据保全会消耗控辩双方的时间、精力以及一定的司法资源，所以申请证据保全要避免随意性，防止证据保全制度成为有的申请人扰乱正常诉讼秩序的手段。"必要性"指的是申请保全的证据必须与本案有关，且对查明案件事实以及对被告人的定罪量刑有重要影响，其他与案件无关或者作用微小的证据不得申请证据保全。

在满足申请条件的基础上，申请人申请时，应当以书面方式提交申请书，具体格式可以借鉴已经经验，申请书中应当载明基本案情、所要保全的证据情况、所要采取的保全措施、证据在案件中的用途以及详细的保全理由等。

4. 设置多元的保全措施

由于证据保全具有紧迫性，所以决定实施证据保全不宜过于迟延。相应的决定主体在收到申请后，应当立即进行审查判断，最迟在三日以内作出决定，对于其中确有必要的，应当决定实施证据保全措施。参考各个国家和地区的实践，结合我国《刑事诉讼法》的相关规定，证据保全措施可以包括搜查、扣押、勘验、检查、鉴定等。在进行证据保全时，除有妨碍采证的情形外，应当保障被追诉人一方的参与权。实践中，可能会出现各种需要保全的证据，因此保全措施应当尽量多元化。此外，在实施证据保全措施以后，还要有相应的费用保障措施进行衔接。对于由此产生的一系列人员、交通和场所等费用，被追诉人一方若无力承担的，经被追诉人一方申请和证明，相应的决定主体可以决定全部或部分地由财政支付，以体现司法人性化。

5. 明确必要的救济途径

申请人享有的救济权以及具体救济途径是证据保全制度的重要组成部分，以增加申请人表达意见的渠道、惩戒侵犯申请人权利的行为。笔者认为，从维护制度完整性、保障申请人权利的角度，未来我国的刑事证据保全制度中也应当有明确规定。具体而言，对于驳回证据保全申请的，申请人如果不服，可以向相应的决定主体申请复议。

行政公益诉讼诉前程序研究

肖军瀚[*]

　　摘　要：作为行政公益诉讼制度的核心及必要前置性程序，诉前程序的设置，有助于检察机关充分实现法律监督权力。诉前程序的制度优势主要体现在敦促行政机关依法行政、严格执法，维护国家利益及社会公共利益，节约司法成本方面，其以行政公益诉讼法定受案范围为启动依据，包含调查取证与检察建议两项具体程序设计。现阶段诉前程序在立法设计层面难称完备，其问题主要表现为受案范围狭窄、法定调查手段缺失、检察建议欠缺刚性及事前救济缺位四方面，亟待后续立法予以针对性完善。

　　关键词：行政公益诉讼　诉前程序　检察建议

引　言

《中华人民共和国行政诉讼法》（以下简称《行政诉

　　* 肖军瀚，中国政法大学法学院 2018 级博士研究生（100088）。

讼法》）通过对其第 25 条第 4 款的内容增设，[1] 将历时两年试点的行政公益诉讼制度纳入到了国家行政诉讼体系之中。

行政公益诉讼制度主要包含诉前程序与诉讼程序两个重要阶段。基于诉前程序本身所具有的依托检察机关的法律监督职能，在切实维护国家利益及社会公共利益的前提下有效敦促行政机关主动纠正违法行为、依法积极履行职责的效能。该阶段能够实现在正式进入法院司法审查阶段，即诉讼程序之前，终结绝大多数行政公益诉讼案件的功能。

总体而言，自 2015 年正式开展公益诉讼试点，至 2020 年底该项制度在全国范围内常态化运行，在生态环境保障等领域公益诉讼案件数量递增的社会背景下，行政公益诉讼诉前程序在积极救济权利、节约司法成本等方面，始终体现着引人注目的治理效能优势，该阶段本身，无可争议地成为行政公益诉讼制度的"核心"。[2] 然而，作为行政公益诉讼的必要前置性程序，诉前程序在制度层面仍尚存疏漏与不周之处，部分立法设计之合理性亦有待进一步商榷。基于此，本文对 2020 年底之前的行政公益诉讼规范和实践对诉前程序进行了深入研究，以期为国家逐步深化推进行政公益诉讼法治化进程提供理论指导。

一、行政公益诉讼诉前程序之缘起

在国家治理体系与治理能力现代化的时代背景下，行政公益诉讼诉前程序的始兴，源自推动中国特色社会主义法治政府建设的进程中，对传统行政法理论的发展与对行政检察制度法治化实践的逐步深化。

（一）传统公共利益维护理论之扬弃

在传统行政法理论之中，作为"受法律约束的国家活动的具体做出者"，国家行政机关（及作为其行使权力代表的公务人员），[3] 在运用公权力之时，理应受到六项规则羁束，即遵守行政合法性原则要求；遵守成文法规范和不成文法源；维护公共利益；遵循诚实信用原则；在基于情势变更、公共利益

---

〔1〕 《行政诉讼法》第 25 条第 4 款规定："人民检察院在履行职责中发现生态环境和资源保护、食品药品安全、国有财产保护、国有土地使用权出让等领域负有监督管理职责的行政机关违法行使职权或者不作为，致使国家利益或者社会公共利益受到侵害的，应当向行政机关提出检察建议，督促其依法履行职责。行政机关不依法履行职责的，人民检察院依法向人民法院提起诉讼。"

〔2〕 参见王万华：《完善检察机关 提起行政公益诉讼制度的若干问题》，载《法学杂志》2018 年第 1 期，第 100 页。

〔3〕 [德] 奥托·迈耶：《德国行政法》，刘飞译，商务印书馆 2016 年版，第 83 页。

维护等法定事由废止抑或撤销先前作出之行政行为时严守信赖保护原则；遵守在法律没有明确规定之时用于弥补漏洞的一般法律制度。[1] 由此可见，在国家政治共同体的权力框架中，公共利益的维护，理应包含于行政机关的法定义务范围内。上述传统行政法理论对行政机关的认知，在近现代国家由警察国向公民法治国的嬗变过程中经受了一定程度的挑战，即原本理应作为公共利益维护者的行政机关，在其违法行使职权抑或怠于作为的特定情形下，将从公共利益的维护者迅速转变为减损者。此时，基于切实保障国家利益和社会公共利益的现实需求，作为第三方的司法机关将迅速介入，通过针对行政机关之行政行为进行司法审查的方式，尽速弥合公共利益的减损状态，行政公益诉讼制度的制度价值，即由此应运而生。

但行政公益诉讼制度的存在，并不意味着将原本主要归属于行政机关的公共利益维护义务整体移转至司法机关，而至多是基于司法最终裁决原则，以司法审查，即行政公益诉讼的形式，为公共利益的维护设置一道最后防线。换言之，尽管行政机关可能在特定情形下处于公共利益减损者而非维护者的尴尬境地，但在行政诉讼体系的构建中，仍应基于其固有的公共利益维护之义务，而在制度层面给予其附带一定条件限制的纠错机会，[2] 以期充分发挥行政机关在具体行政行为领域的专业性、权威性、效率性等优势。上述以具体法治化实践为指导而针对传统行政法理论所进行的审思与扬弃，即为在行政公益诉讼制度框架之下，于案件进入司法审查阶段之前，设置一个前置性的行政机关自我纠错督促程序，即所谓的诉前程序阶段的原因所在。

（二）行政检察理论之践行

行政公益诉讼诉前程序，可视为一种针对在部分特殊公共利益领域负有监督管理职责的行政机关，对其依法、适时履行职责的督促程序。在行政公益诉讼的制度设计中，将此种督促程序的实施权限归于国家检察机关，实质上是我国不断完善检察机关依法行使法律监督权力制度的必然结果。我国《宪法》在其第 134 条中规定："中华人民共和国人民检察院是国家的法律监督机关。"该条文的意义在于，明确将包括各级检察院在内的国家检察机关整体，置于国家权力结构中的法律监督者地位，并基于其对国家权力领域的顶

---

〔1〕 ［德］汉斯·J. 沃尔夫等：《行政法》（第 3 卷），高家伟译，商务印书馆 2007 年版，第 481 页。

〔2〕 诸如规定期限等时间限制，抑或是设置填平损失、重新作出行政行为等手段、效果要求。

层设计，为《中共中央关于全面推进依法治国若干重大问题的决定》提出的"完善检察机关行使监督权的法律制度，加强对刑事诉讼、民事诉讼、行政诉讼的法律监督"这一法治化发展要求，提供宪法层面的合法性依据。

本文认为，尽管诉前程序本身隶属于行政公益诉讼制度整体，但结合其所蕴含的权力监督性质，该程序的设计初衷，实质上是意在加强检察机关直接针对行政机关实施具体行政行为合法性的监督。检察机关行使此类法律监督权，在学理中通常被定义为"行政检察"，其特指"检察机关依法直接对行政活动实施法律监督"。[1]

以诉前程序为形式将行政检察引入行政公益诉讼制度，其优势主要可归纳为两方面：其一，契合司法谦抑精神。相对于专门行使国家司法权的法院与检察院，行政机关在具体行政行为实施领域更具专业性、权威性与效率性（无论是否关涉特定公共利益）。诉前程序中检察机关以相对更为缓和、对抗性较弱的督促自我纠错程序作为行使法律监督权的方式，而非如行政诉讼直接作出替代性决议并要求行政机关履行，此种制度设计充分体现出对"行政自治"的尊重，[2] 其能够最大限度地减少行政机关对法律监督的抵触，充分发挥其自我纠正违法或不作为行为的主观能动性，尽速高效救济遭受减损之公共利益；其二，节约司法成本。依据司法最终裁决理论，提起行政公益诉讼，针对行政行为展开司法审查理应是纠正行政违法行为的最后一道防线，但这并不意味着大部分行政公益诉讼案件皆必须经过法院的审理判决方能得到救济。司法审查本身诉讼周期长、办案成本消耗高等固有缺陷，使法院在行政公益诉讼常态化运行的大背景下，注定不可能承担化解全部纠纷的重任。以诉前程序作为前置性程序，能够发挥一定程度的分流效果，[3] 通过非诉的方式解决一定数量，甚至可能是绝大部分行政公益诉讼案件，有助于降低各级法院的办案压力，减少人力、物力、财力的重复、低效、无意义消耗，使其能够将有限的司法资源集中到部分社会影响力较大、仅以行政机关一己之力难以解决的少数疑难案件中，真正实现司法资源的高效利用、合理分配。

---

〔1〕 解志勇：《行政检察：解决行政争议的第三条道路》，载《中国法学》2015年第1期，第49页。

〔2〕 应松年：《行政公益诉讼试点亟待解决的几个问题》，载《人民论坛》2015年第24期，第65页。

〔3〕 参见薛志远、王敬波：《行政公益诉讼制度的新发展》，载《法律适用》2016年第9期，第101页。

二、行政公益诉讼诉前程序之具体制度设计

《行政诉讼法》以其第 25 条第 4 款之增设内容，在国家法律位阶层面简要明定了检察机关提起行政公益诉讼的权限与制度框架。然而，当我们将视野聚焦至该制度的具体运行机制层面之时，通过对现有法律规范的梳理，不难发现除却该法条之外，当前在国家法律此一立法位阶中，再无其他关于行政公益诉讼的条文规定。包括诉前程序在内的行政公益诉讼制度之常态化运行，仍旧需要依托于最高人民法院及最高人民检察院发布的部分文件及司法解释。[1]

及于诉前程序，在对其制度设计进行剖析之前，本文认为尚需简要言明诉前程序在行政公益诉讼制度整体中的具体定位。以规范层面论之，基于最高人民法院、最高人民检察院发布的部分文件规定，譬如《人民检察院提起公益诉讼试点工作实施办法》（以下简称《实施办法》）[2] 第 40 条所规定的"在提起行政公益诉讼之前，人民检察院应当先行向相关行政机关提出检察建议，督促其纠正违法行为或者依法履行职责"，以必要前置性程序作为其制度定位相对合理，原因在于在当下缺乏立法支撑的现实情况下，仅以"必要"而非"必要法定"称之或许更为适当。

结合前文提及的部分文件及司法解释，可大致将诉前程序划分为三个相互衔接的具体阶段，即程序的启动阶段、调查取证阶段、提出检察建议阶段。

（一）程序启动阶段

诉前程序的启动与否取决于相关案件是否属于行政公益诉讼的受案范围。详言之，一旦检察机关在履行职责过程中发现行政机关存在违法行为，且经过办案部门，即检察院民事行政检察部门，具体核查该违法行为所减损之公共利益之后，倘若属于行政公益诉讼的保护范围，即可决定对该案件进行立案审查。至此，该案件正式进入诉前程序。依据《行政诉讼法》于其新增订的第 25 条第 4 款之规定，诉前程序的启动条件主要如下：

---

[1] 譬如试点期间发布的《检察机关提起公益诉讼的改革试点方案》《人民检察院提起公益诉讼试点工作实施办法》《人民法院审理人民检察院提起公益诉讼案件试点工作实施办法》，以及 2018 年 3 月发布的《最高人民法院、最高人民检察院关于检察公益诉讼案件适用法律若干问题的解释》。

[2] 该文件虽于 2020 年 12 月 26 日失效，但目前仍未出现新的替代性规范。该文件的部分内容是行政公益诉讼诉前程序的重要历史资料，对其进行分析仍然有助于揭示行政公益诉讼前程序的缺陷，为立法完善提供经验和教训。

1. 符合法定可受理案件类型

《行政诉讼法》对此选择了以概括式加肯定式列举的方式予以明定，即"生态环境和资源保护、食品药品安全、国有财产保护、国有土地使用权出让等领域"。尽管这种规范方式会在受案范围上引起一定争议，例如在缺乏相关法律规范予以权威性解释的情况下，无法明定"等领域"此一兜底性条款的覆盖领域与界线究竟如何。但是，从法条释义学角度分析，基于立法者在此处并未直接进行肯定式的穷尽列举，其应是为扩大检察机关针对行政机关行使法律监督的权限范围留有一定的发展空间，在将试点期间社会效果良好以及常见关涉公共利益之案件予以列举的同时，留有向其他领域发展的余地，以防止出现穷尽列举常常面临的挂一漏万的尴尬。[1] 综上所述，我们有理由认为，当案件符合《行政诉讼法》第 25 条第 4 款明确列举的四种法定可受理案件类型，抑或在日后的法治化实践中遇有虽不属于上述四类案件，但亦具有同等重要之公共利益类型值得以行政公益诉讼之形式予以救济之时，理应认为其符合受案范围。

2. 行政机关未履行法定职责

这里的未履行法定职责主要表现为两种形式：其一为积极违法行为，即负有法定监督管理职责的行政机关所作出的具体行政行为明显与有关法律法规相背离。例如最高人民检察院作为典型案例发布的成都市双流区市场监管局违法履职案，涉案行政机关工作人员在"283 户个体工商户未提交登记资料及未取得任何审批的情况下，为其办理了工商注册登记，颁发了《营业执照》"，其职务行为明显不符合《个体工商户条例》《食品经营许可管理办法》；其二为消极不作为行为，即负有法定监督管理职责的行政机关采取消极推诿等方式，拒绝承担针对公共利益的保障义务。例如同为典型案例的湖南省蓝山县环保局不依法履行职责案，涉案行政机关在行政相对人存在长时间违法选矿生产、违法排污的情形下，并未积极履行监督管理职责，落实行政处罚履行情况，致使周边环境遭受持续污染。行政机关的怠于履行监督管理职责，即典型的消极不作为。

3. 造成公共利益减损

需要明确的是，基于与后续调查取证阶段的衔接，在诉前程序的启动阶

---

〔1〕 参见冯勇：《行政公益诉讼受案范围的界定：标准与架构》，载《人民论坛》2013 年第 17 期，第 146~147 页。

段，检察机关立案的侧重点往往是在履行法律监督权的过程中，发现行政机关确有未履行法定职责的情形存在，而并不要求在此阶段即对未履职行为所造成公共利益损害程度开展实质性审查，只要初步判断行政机关为履职行为确有减损"国家利益或者社会公共利益"，即可满足诉前程序之启动要求。

（二）调查取证阶段

调查取证是诉前程序最为重要的组成部分，其实施之全面性与合理性将直接影响到检察建议的形成乃至后续诉讼程序针对涉诉行政行为的司法审查结果。当前，我国尚未针对调查取证程序制定相关法律规范，因此，对于该程序的具体制度设计分析，仍需依托最高人民法院、最高人民检察院发布的部分文件及司法解释。

1. 调查手段

依据《实施办法》第33条，调查取证程序的实施主要以"调查核实有关行政机关违法行使职权或者不作为的相关证据及有关情况"为目的。针对检察机关在具体开展调查过程中能够实施的调查手段，该文件同时采取了肯定式、否定式与概括式并用的列举方式，即在绝对排除"限制人身自由以及查封、扣押、冻结财产等强制性措施"的前提下，明定了包括采取调阅、复制行政执法卷宗材料等六项常用手段，并在最后以"其他必要的调查方式"作为兜底条款，为后续实务中多样化发展调查手段之探索留有余地。对于上述调查手段的实施，当前法律规范尚未针对关涉行政机关或社会公众设立法定配合义务，除《实施办法》第33条第2款"行政机关及其他有关单位和个人应当配合"之规定外，仅有《最高人民法院、最高人民检察院关于检察公益诉讼案件适用法律若干问题的解释》（以下简称《解释》）对此略有涉及。[1]

2. 调查结果

及于调查取证阶段结束，《实施办法》第37条规定了检察机关须作出的三种决定类型，即终结审查、提出检察建议、提起行政公益诉讼。关于终结审查，并无太大的理解难度，其作出情形主要为涉案行政机关并不存在违法或不作为以减损公共利益的行为抑或在调查取证阶段结束前已纠正违法行为、履行法定职责。需要明确的是，尽管《实施办法》在此将检察建议与提起公

---

〔1〕 《解释》第6条规定："人民检察院办理公益诉讼案件，可以向有关行政机关以及其他组织、公民调查收集证据材料；有关行政机关以及其他组织、公民应当配合；需要采取证据保全措施的，依照民事诉讼法、行政诉讼法相关规定办理。"

益诉讼进行了并列，但基于其第 40 条要求"在提起行政公益诉讼之前，人民检察院应当先行向相关行政机关提出检察建议"，以及试点期间具体个案的处理情况来看，检察建议的作出应是前置于诉讼程序阶段，后者的启动需以前者完成为条件。

3. 证明标准

在行政公益诉讼制度中，诉前程序与诉讼程序相互衔接，后者的启动与否与前者的实施情况紧密关联。对于调查取证阶段而言，针对公共利益减损的调查情况，被设定为提起诉讼的条件之一。颇值得关注的是，相比发布于试点期间的《实施办法》第 44 条仅要求提供"国家和社会公共利益受到侵害的初步证明材料"，《解释》在第 22 条对起诉条件的规定中，删掉了初步二字，直接要求提供"致使国家利益或者社会公共利益受到侵害的证明材料"，这种转变或许意味着，后者提高了针对公共利益减损的认定标准，需要检察机关对受损公共利益展开更为细致的调查以进行"实质性判断"[1]，譬如具体侵害程度、恢复成本等。

（三）提出检察建议阶段

作为诉前程序的最后阶段，检察建议的程序价值在于通过全面、客观、公正的梳理调查取证阶段所获得的案件事实，针对涉案行政机关形成书面督促意见，敦促其主动纠正违法行为，履行法定监管职责，积极救济因其失职而遭受减损之公共利益。

1. 具体内容

关涉行政公益诉讼的法律文件及司法解释，尚无条文直接对行政公益诉讼检察建议的具体内容作出明确规定。但基于行政公益诉讼是为一个连贯性的诉讼过程，我们可以大致通过与提出检察建议阶段相互衔接的调查取证阶段，以及影响诉前程序向诉讼程序过渡的部分要件，推导出其在制度设计层面理应包含的内容。检察建议的内容主要包括两部分，其一为违法事实证明部分，即证明《行政诉讼法》第 25 条所规定的涉案行政机关存在违法行使职权或者不作为情况，且上述行为确有致使公共利益遭受减损的现实结果；其二为督促建议部分。为保障检察建议切实发挥社会实效，督促行政机关主动纠正违法行为，检察建议并不能仅仅止步于告知违法事实调查情况以及《行

---

[1] 邢昕：《行政公益诉讼启动标准：基于 74 份裁判文书的省思》，载《行政法学研究》2018 年第 6 期，第 139 页。

政诉讼法》第25条字面上包含的程序性敦促，即"督促其依法履行职责"。其同样应涉及一部分实质性处分建议，以增加检察建议本身的说服力与可履行性，即应基于客观调查结果，依据相关法律规定，对涉案行政机关履行职责的实质内容，例如方式、手段等，提出具体建议。

2. 与民事检察建议的区别

需要强调的是，虽同样以检察建议命名，但行政公益诉讼诉前程序中提出的检察建议与民事诉讼中的检察建议[1]有明显的区别。民事诉讼检察建议是为一种"非诉讼监督"，作为诉讼监督职能的延伸和辐射，其本身"并不具有法律的约束力和强制力"[2]；而行政公益诉讼诉前程序中的检察建议则并不仅是单纯的程序性建议，其内容往往具有实体权力处分性质，例如要求行政机关采纳建议内容，限期恢复受损公共利益，及时反馈履行情况等。同时，依据《实施办法》第41条及《解释》第22条之规定，行政机关拒绝履行检察建议的行为，将直接产生诉讼程序启动的法律后果。

3. 履行期限

对于检察建议的履行期限，《实施办法》与《解释》的规定并不相同。[3]按照法律效力位阶，在具体个案中应遵从出台时间在后且作为司法解释的后者。依据《解释》第20条对履行期限的规定，可大致将检察建议的类型划分为两类：一类为正常情况下的检察建议，大多数检察建议即属于此类型，行政机关仅需在收到检察建议书之日起两个月内依法履行职责，并书面回复人民检察院即可；另一类为紧急情况下的检察建议，该类案件因较之一般情况对公共利益的威胁更大，因此具有救济时间上的紧迫性，若不及时妥当处置，则极有可能造成损害扩大抑或难以事后恢复等严重后果。因此，此类案件给予行政机关的履行期限较短，要求其在"十五日内"依据检察建议依法履行

---

〔1〕 《民事诉讼法》第208条第2款及第3款规定："地方各级人民检察院对同级人民法院已经发生法律效力的判决、裁定，发现有本法第二百条规定情形之一的，或者发现调解书损害国家利益、社会公共利益的，可以向同级人民法院提出检察建议，并报上级人民检察院备案；也可以提请上级人民检察院向同级人民法院提出抗诉。各级人民检察院对审判监督程序以外的其他审判程序中审判人员的违法行为，有权向同级人民法院提出检察建议。"

〔2〕 韩成军：《检察建议的本质属性与法律规制》，载《河南大学学报（社会科学版）》2014年第5期，第48页。

〔3〕 《实施办法》第40条规定行政机关"应当在收到检察建议书后一个月内依法办理，并将办理情况及时书面回复人民检察院"，而《解释》则在其第21条根据不同情况规定了"两个月"及"十五天"两种履行期限。

职责，积极实施有效监管、补救行为，以期防止公共利益减损进一步扩大或出现不可逆的重大损失，并将履行情况书面回复检察机关。

三、行政公益诉讼诉前程序之现存问题

对《行政诉讼法》第 25 条第 4 款的践行，意味着我国行政诉讼法的规范体系正式将行政公益诉讼制度纳入其常态化组成部分，[1] 但在肯定这一行政诉讼法领域的巨大进步的同时，仍必须认识到，现有立法仅针对行政公益诉讼制度进行了框架性规定，其具体制度设计，特别是针对其诉前程序的三个阶段而言，仍欠缺国家立法层面的细化规定。这种立法领域的缺失与疏漏，将对诉前程序切实发挥预期的制度实效产生一定的负面影响，亟待后续法制化进程予以拾遗完善。

（一）受案范围界定难称合理

诉前程序的启动以符合行政公益诉讼受案范围为前提，受案范围规定的合理性，将直接决定诉前程序的制度优势能否得以发挥。尽管较之调查取证与检察建议而言，该阶段已为《行政诉讼法》具体条文直接明定，并无法律依据层面的缺陷，但现有立法难称完善，在实践运行中极易产生如下两方面问题：

1. 受案范围竞合

依据《民事诉讼法》第 55 条的规定："对污染环境、侵害众多消费者合法权益等损害社会公共利益的行为，法律规定的机关和有关组织可以向人民法院提起诉讼。人民检察院在履行职责中发现破坏生态环境和资源保护、食品药品安全领域侵害众多消费者合法权益等损害社会公共利益的行为，在没有前款规定的机关和组织或者前款规定的机关和组织不提起诉讼的情况下，可以向人民法院提起诉讼。前款规定的机关或者组织提起诉讼的，人民检察院可以支持起诉。"仅以条文文义而论，对民事公益诉讼与行政公益诉讼的受案范围界线看似十分清晰，前者所针对的是"污染环境、侵害众多消费者合法权益等"减损公共利益之行为，检察机关仅能在行政公益诉讼受案范围的前两类，即环境和资源保护与食品药品安全领域，缺乏法定机关或组织起诉的情况下替代提起诉讼，抑或是针对所有民事公益诉讼案件起诉提供支持。然而，这种看似合理有序的安排，在实际操作中，会因受案范围在环境保护

---

〔1〕 参见卢超：《从司法过程到组织激励：行政公益诉讼的中国试验》，载《法商研究》2018 年第 5 期，第 26 页。

与食品药品安全领域的重叠而陷入进退维谷的困境之中。

以在公益诉讼中占据较大比重的环境公益诉讼案件为例,[1] 类似泰州市环保联合会与江苏常隆农化有限公司、泰兴锦汇化工有限公司等环境污染责任纠纷案[2]等民事公益诉讼案件中,针对其中造成环境污染的危险废物排放等违法行为,当地行政机关,例如环境保护局等,往往负有监督管理义务。这就意味着,在行政公益诉讼进入常态化运行的当下,检察机关亦能够基于相同的案件事实,而享有针对当地具有监督管理义务的行政机关的违法或不作为行为的起诉权。现有法律规范仅明定了在民事公益诉讼中享有起诉权的组织缺位之时检察院的替代起诉权,而并未对当受案范围竞合、享有起诉权的组织并未缺位之时民事公益诉讼抑或是行政公益诉讼何者能够取得优位作出更为细化的规定。这种案件管辖领域的立法缺失在实践中极有可能引起争议,亟待后续法律规范予以明定。

另外,论及《民事诉讼法》第 55 条第 2 款所规定的检察机关于法定范围内,在欠缺享有起诉权的机关或组织之时代为提起诉讼之情形,此种立法设计在程序性规定方面,例如作为国家法律监督机关,检察机关在民事诉讼中如何行使权力,依其权力性质而在行政公益诉讼诉前程序中享有的调查取证权限,在此领域能否行使等,尚处于空白状态,亟待后续立法予以完善。

2. 受案范围狭窄

在为期两年的行政公益诉讼试点期间中,《实施办法》对受案范围的规定与新《行政诉讼法》基本一致,在此期间检察机关提起公益诉讼的案件类型基本局限于肯定式列举的四类,并且其中生态环境和资源保护案件占据了较大的比重,这与试点期间的政策导向有关,[3] 其意在回应日益严重的环境污染问题,具有决策的科学性。

然而,时至今日,当行政公益诉讼制度进入常态化运行之际,其能够针对行政行为实施检察监督的领域并无太大创新性突破,监督领域依旧主要局限于生态环境和资源保护、食品药品安全、国有财产保护、国有土地使用权出让四领域。这种对自身法定权力行使的裹足不前,似乎昭示着,在正式立

---

〔1〕 参见刘超:《环境行政公益诉讼诉前程序省思》,载《法学》2018 年第 1 期,第 114 页。

〔2〕 江苏省高级人民法院二审 (2014) 苏环公民终字第 00001 号。

〔3〕 参见胡卫列、迟晓燕:《从试点情况看行政公益诉讼诉前程序》,载《国家检察官学院学报》2017 年第 2 期,第 38~39 页。

法中针对受案范围加入肯定式列举的合理性存疑。在当前法治环境下，采取此种规定方式，在个案办理中似乎造成了为检察机关能够实施检察监督之范围划定潜在边界的现实结果。任由此情形继续存在，或许会对检察机关切实履行法律监督机关职权，逐步通过个案探索发展行政检察制度形成潜在的阻力。

（二）调查取证程序适法性存疑

检察机关对行政公益诉讼的启动，始于其在"履行职责的过程"发现符合起诉条件的法定事由。结合前文对具体制度设计的梳理，我们可以大致将其在诉前程序中调取证据的来源划分为两类：一类为履职附带获取，即在诉前程序启动前，检察机关在履行职责中已发现的证据，例如在国家监察体制改革之前，其依据对涉嫌职务违法和职务犯罪行为的调查而获得的部分证据；另一类则是主动调查获取，即在诉前程序中，检察机关经由调查取证阶段主动向行政机关及其他有关单位和个人调取的证据。必须提及的是，伴随着2018 年《中华人民共和国监察法》（以下简称《监察法》）的出台，检察机关在失去调查职务违法、犯罪行为的职能部门，履职附带获取证据途径基本丧失的情况下，在其日后提起行政公益诉讼的过程中，将更多地需要在调查取证阶段，通过主动调查的方式获取证据。

检察机关在调查取证阶段所能够采取的调查方式主要表现为六种。不难发现的是，其中至少有三种方式，即调阅、复制行政执法卷宗材料，询问行政机关相关人员以及行政相对人、利害关系人、证人等，以及收集书证、物证、视听资料等证据，其能否顺利完成相关证据调取，并以此为依据形成较为合理可行的督促建议，有赖于有关行政机关的积极配合。在试点期间，遵循国家全面推进依法治国，探索构建行政公益诉讼制度的总体布局，加之慑于检察机关尚存的查处职务违法犯罪行为的自侦权力，行政机关往往能够积极配合检察机关依据两高的相关文件所实施的调查行为。然而，面对当下国家监察体制改革，国家机构权力重新配置的情况下，[1]不再因其职能部门而对行政机关具有潜在威慑力的检察机关，在要求有关行政机关配合调取证据行为之时，往往更需要依赖自身的调查取证程序的权威性，而这种权威性，需要通过该程序在国家立法层面的法制化而实现。

---

〔1〕 参见秦前红：《国家监察体制改革宪法设计中的若干问题思考》，载《探索》2017 年第 6 期，第 31 页。

　　遗憾的是，目前调查取证程序尚未获得国家立法层面的制度保障，其实施仍旧依托于《实施办法》这一最高人民检察院在试点期间发布的文件。详言之，在检察机关进行调查取证的过程中，其调查行为的类型与调查方式的自主选择，并未在国家法律这一立法位阶得到明确规定，更遑论形成一套成熟的配套保障机制，以应对行政机关以积极或消极的形式，不配合调取证据之情形。倘若任由这种法制化层面的缺憾继续存在，其终将会极大地减损调查取证行为的公信力与执行力，在无形中为检察机关顺利实施调查取证行为增加阻力，对其查明案件事实，例如公共利益实际减损情况、有关行政机关的履职行为合法性等，产生效率与结果上的双重消极影响。

　　更令人忧虑的是，调查取证程序的运行，将直接决定证明材料的获取情况，进而影响到行政公益诉讼制度整体运行。诸如检察建议的提出，以及诉讼程序的启动等后续阶段，[1] 都在一定程度上依赖于在调查取证阶段能够获取足够的证明材料。若在该环节因法律依据缺失而延缓、甚至于阻碍了证据的获取，将会有碍整个行政公益诉讼制度的效果发挥。

　　（三）检察建议刚性不足

　　如前文所述，检察建议本身包含违法事实证明与督促建议两部分内容。前述法定调查取证程序缺失问题，仅会对检察建议的违法事实证明部分产生一定的影响，且这种影响会随着行政公益诉讼法制化的不断推进以及行政机关公务人员的法治素养不断提高而逐渐消弭。真正制约检察建议发挥督促行政机关主动纠正违法行为之制度实效的，是其在执行力层面存在刚性不足问题。详言之，即检察建议自身无法对涉案行政机关形成有效的威慑力，迫使其最大限度尊重检察建议之内容，并以其为依据积极主动履行职责，切实弥合处于减损状态的公共利益。

　　这种刚性缺失的原因，可分为直接与间接两个层面：

　　直接层面的原因在于行政公益诉讼检察建议制度设计本身，并未衔接有合理的执行力保障机制。倘若涉案行政机关不依据检察建议履行职责，继续放任公共利益遭受损害，在制度设计层面其所要承担的唯一后果，仅仅是后续诉讼程序的启动。换言之，现有制度设计并未针对涉案行政机关对检察建议的不履行行为，无论是积极违背抑或是消极不作为，设置一定的惩罚性措

---

　　〔1〕　例如《解释》第22条第2款，将提供"被告违法行使职权或者不作为，致使国家利益或者社会公共利益受到侵害的证明材料"作为诉讼程序启动的必备要件。

施，而仅仅是将其作为引发诉讼程序启动的程序性要件之一，这种相对柔和的违背后果，并不足以对行政机关及相关公务人员形成足够的震慑效果，迫使其尊重并主动配合检察建议内容的落实。

间接层面的原因则与国家监察体制改革的结果相关。尽管此一政治领域的革新举措，在国家法治化发展层面，能够最大限度地整合国家反腐败力量，优化国家权力监督机制。[1] 但倘若单独着眼于检察机关，此次国家权力结构的重新配置，对其最直接的影响，是其失去了职务犯罪预防与侦查部门。这种职能部门的丧失，除了前文已有提及的会对检察机关自主获取案件来源产生一定的负面影响之外，仍有另一潜在但同样不可忽视的影响，即其削弱了检察机关长期以来基于对职务违法犯罪行为的侦查权，而对行政机关产生的间接威慑力。这种职能部门分割所引起的权力移转，在一定程度上会削减检察机关的潜在威慑力，进而对行政机关履行检察建议的主观意愿产生负面影响。

（四）事前救济机制缺失

作为一种督促自我纠错程序，行政公益诉讼诉前程序具有明显的事后性。这种事后性即体现在其启动必须以特定领域违法行为存在和公共利益减损两个要件为前提，同时亦表现为检察建议仅能依据已存在的违法事实，以救济处于减损状态的公共利益为目的形成其建议内容。这种仅关注事后督促纠错的程序设置，显然难称完备妥当。

其原因在于，在进入诉前程序的案件类型中，占较大比例的生态环境和资源保护案件对公共利益的具体减损方式，例如在检察公益诉讼典型案例中出现的污水排放、非法采砂以及非法开垦，往往表现为一个持续的过程。基于此一事实情况，若在制度上仅允许检察机关在木已成舟之际方能介入，督促行政机关亡羊补牢，救济已发生的损害，而不在制度层面考量，在侵害行为尚未发生、即将发生或刚刚发生但尚未造成严重损害事实之时，[2] 赋予检察机关一定程度的事前监督途径。这种具有片面性的制度设计无法与检察机关法律监督机关的定位相匹配，在面对诸如土地荒漠化、群体性食品安全事

---

〔1〕 参见马怀德：《再论国家监察立法的主要问题》，载《行政法学研究》2018 年第 1 期，第 5 页。

〔2〕 参见王春业：《论检察机关提起"预防性"行政公益诉讼制度》，载《浙江社会科学》2018 年第 11 期，第 55 页。

件、河流水质重金属含量严重超标等严重且预期可能发生不可逆的公共利益减损情况之时，其难以做到防患于未然，通过实施监督以期预防抑或阻却公共利益减损的发生。

四、行政公益诉讼诉前程序之完善路径

（一）完善程序启动机制

针对行政与民事公益诉讼在生态环境和资源保护、食品药品安全领域可能出现的竞合的制度设计问题，笔者认为，倘若实务中出现污染环境抑或是消费者权益保护案件同时满足民事与行政公益诉讼的起诉条件之时，理应优先进入行政公益诉讼诉前程序，先行督促负有法定监管职责的行政机关承担公共利益减损的维护与救济责任。原因主要有二：其一，如前文所述，行政机关对此二类领域负有法定监管义务，普通民事主体对因其行为导致的公共利益减损是否应承担法律责任尚需通过漫长的诉讼程序证明，但行政机关的公共利益保障责任是不证自明的。因此出于对公共利益保障与救济的时间效率，以及节约国家司法资源的考量，案件理应优先进入行政公益诉讼，由检察机关先行启动诉前程序督促行政机关依法履职。其二，相对于民事公益诉讼的法定起诉主体，即法律规定的机关和有关组织，检察机关作为国家公权力主体，其在调查取证方面专业性更强，调查资源更丰富，调查手段更多样且其他公权力机关、社会组织或普通公民通常具有配合义务；同时，基于检察机关自身的法律监督权力，其对涉案行政机关及其他违法主体而言往往更具威慑力。

因此，综合考量上述因素，理应修改《民事诉讼法》第55条前两款，在"污染环境、侵害众多消费者合法权益"领域，明定行政公益诉讼诉前程序的优先性，其他法定机关和组织理应将发现的公共利益减损线索依法定程序向检察机关提供，其本身可以证人抑或是行政相关人的身份，介入诉前抑或是整个行政公益诉讼程序，协助检察机关查明相关证据，督促行政机关积极履行义务，救济遭受减损的公共利益。

针对受案范围狭窄的现实问题，笔者认为，在不修改《行政诉讼法》第25条第4款的前提下，检察机关在日后对行政公益诉讼的法治化实践中，需发挥主观能动性，以受案范围中的概括式列举为法律依据，采取"等外等"法条释义思维，将可启动诉前程序，对行政机关依法履职实施督促的监督范

围扩展至所有行政管理领域。[1] 详言之，对于诉前程序的启动，应以我国《监察法》第 3 条为制度参考，将该程序的可启动范围扩展至"所有行使公权力的公职人员"，在关涉其公共利益监督管理义务的全部领域，所存在的违法行使职权或者不作为行为。由此，方能在充分践行诉前程序所依托的检察监督理论的同时，充分凸显检察机关本身的法律监督机关地位。

（二）实现调查取证法制化

对于调查取证阶段而言，当前最为首要的完善目标是在国家立法层面实现调查取证程序的法制化，以结束检察机关在实施调取证据行为时无法可依，仅能援引试点期间发布的文件的尴尬局面。

调查取证程序的法制化主要包含两方面内容：一方面，应实现调查方式的法制化。立法机关应将《实施办法》第 33 条对调查方式的规定增添于《行政诉讼法》之内，使检察机关在诉前程序中向行政机关及其他有关单位和个人调取证据之时，拥有法律明定的调查手段以供选择实施，进而提升其调查行为的合法性与权威性。另一方面，应构建一套完善的配套保障机制，以确保行政机关及其他有关主体积极配合，主动全面移交证据材料。这种保障机制的构建不能仅仅止步于单纯通过立法明定行政机关及其他主体的配合义务，即单纯在《行政诉讼法》添加类似"行政机关及其他有关单位和个人应当配合"的规定。笔者建议参考行政机关负责人出庭应诉制度中的说明理由规定，[2] 以及《行政诉讼法》关于诉讼参加人不配合证据调取的惩罚措施，[3] 增加要求行政机关说明理由的规定以及一定程度的惩罚措施。

具体条文设计上，应先前置性地规定要求说明理由制度，即在行政机关不予配合调查取证之时，检察机关有权要求其提交书面情况说明，并加盖行政机关印章或者由该机关主要负责人签字认可。若既不配合调查取证，亦无视说明理由要求，则由检察机关详细记录，作为证据材料在诉讼阶段向法院

---

[1] 李洪雷：《检察机关提起行政公益诉讼的法治化路径》，载《行政法学研究》2017 年第 5 期，第 57 页。

[2] 依《最高人民法院关于适用〈中华人民共和国行政诉讼法〉的解释》第 129 条第 3、4 款规定："行政机关负责人有正当理由不能出庭应诉的，应当向人民法院提交情况说明，并加盖行政机关印章或者由该机关主要负责人签字认可。行政机关拒绝说明理由的，不发生阻止案件审理的效果，人民法院可以向监察机关、上一级行政机关提出司法建议。"

[3] 依据《行政诉讼法》第 59 条之规定，若有义务协助调查、执行的人，对人民法院的协助调查决定、协助执行通知书，无故推诿、拒绝或者妨碍调查、执行，根据其行为情节轻重，将有可能面临训诫、责令具结悔过、罚款、十五日以下的拘留等惩罚措施。

提供，行政机关将因此行为而承担举证不能所产生的一切不利后果。同时，针对行政机关分管有关证据材料的负责人及具体保管证据材料的公务人员，应视其责任轻重而施以一定的惩罚措施，例如向上级行政机关提出行政处分建议、处以一定数额的罚款等。

（三）合理构建检察建议执行保障机制

针对检察建议权威性不足，抑或称之为其刚性缺失，本文认为需要在国家立法层面构建一套周详严密的执行力保障机制，方可期待其建议内容获得涉案行政机关的尊重与采纳执行。

言及具体制度设计，本文建议或可参考域外监察立法经验，在检察建议齐备法定要件且内容具备合理性之情况下，在国家法律层面增设行政机关服从履行的法定义务，并分别针对行政机关整体与国家公职人员个人的不尊重、不履行检察建议的行为设置类似"不服从罪"的法律责任[1]：对于行政机关整体，可考虑设置诸如财政经费惩罚性扣减等惩戒措施；对于国家公职人员个人，则需综合考量其不履行情节轻重及所造成的公共利益减损情况，施加一定程度的行政处分，对于造成公共利益重大损失，抑或存在多次不履行检察建议情节的，可考虑将该情节增订至渎职罪的犯罪构成要件之内，追究其刑事责任。

必须明确的是，检察建议的执行力来源于其建议内容的合法性与合理性。这就意味着，一旦检察建议的内容存在违法性，抑或其虽未违背法律规定，但因难以满足高效便民原则、比例原则等行政执行领域的基本原则而欠缺合理性之时，过于僵化地强调执行力以维护检察机关的法律监督权，将可能事倍功半，甚至反而加剧公共利益的减损程度。因此，应在制度层面为涉案行政机关预设一定的申诉与救济机制，以期在检察建议欠缺合法抑或合理性之时，对其形成有效的制约。具体而言，基于检察机关上下级之间的领导关系，可考虑在后续立法中，赋予涉案行政机关针对违法或合理性存疑的检察建议内容，向上级检察机关进行申辩的权力，并由此视情况产生暂时或永久阻却检察建议执行力的法律后果。同时，亦可考虑将此种情况作为行政公益诉讼

---

〔1〕　参见罗智敏：《对监察专员（Ombudsman）制度的思考》，载《行政法学研究》2009 年第 4 期，第 107 页。

的启动条件之一，参考类似"反向行政诉讼"的模式，[1] 允许行政机关直接启动行政公益诉讼程序，将相关案件呈交司法最终裁决。

五、代结语：关于增设预防性检察建议之思考

针对诉前程序在事前救济方面的缺失，笔者建议可在一定程度上突破《行政诉讼法》第 25 条第 4 款对侵害结果的要求，将出现公共利益减损的可能性亦作为诉前程序的启动条件，并专门增设一类预防性检察建议，以期敦促行政机关纠正违法行政行为，规避可预期的公共利益损减损。具体言之，笔者建议将《行政诉讼法》第 25 条第 4 款对于侵害结果的规定修改为："致使国家利益或者社会公共利益受到侵害，抑或有证据证明存在侵害可能性的，应当向行政机关提出检察建议，督促其依法履行职责。"在法律层面增设一种预防性检察建议，专门用于此类诉前程序，在公共利益减损情况尚未出现，但检察机关能够提供充足的证据材料证明任由行政机关继续违法行使职权抑或不作为，将对公共利益造成重大损失之时，允许检察机关直接以检察建议的形式督促涉案行政机关积极采取行动，以规避可能会出现的公共利益减损情形。

---

〔1〕 解志勇、闫映全：《反向行政诉讼：全域性控权与实质性解决争议的新思路》，载《比较法研究》2018 年第 3 期，第 155~156 页。

私法与经济

民法典的时间效力问题研究
——以特殊形态法律事实的法律衔接适用为重点

程立武 *

摘　要：《民法典时间效力规定》对于妥善解决《民法典》施行后新旧法律衔接适用具有重要意义。然而，从内容上看，该司法解释并未很好地解决持续性法律事实、同一法律规范存在多个要件法律事实等特殊形态法律事实的法律衔接适用问题，相关问题仍有待厘清。对于特殊形态法律事实的法律衔接适用，应以保护当事人的合理预期为根本出发点，坚持法不溯及既往的基本原则和理念，通过"一般规定+具体规则"的方式作出统一、明确的规定。

关键词：民法典　特殊法律事实　衔接适用

一、引言

2020 年 5 月 28 日，《中华人民共和国民法典》（以下简称《民法典》）经十三届全国人大第三次会议审议通过。《民法典》第 1260 条规定，《民法典》施行之日，《中华人民共和国婚姻法》《中华人民共和国民法通则》《中华人民共和国合同法》《中华人民共和国物权法》等九部法律同时废止。"法不溯及既往"是各国法律普遍采

---

　*　程立武，中国政法大学比较法学院 2019 级博士研究生（100088）。

行的法治原则，[1] 但是在这一原则之外还存在着"有利溯及原则""空白溯及原则"等例外情形作为补充。因此，在《民法典》施行后，对于法院尚未审结的案件，以及发生在《民法典》施行前但在《民法典》施行后才起诉至法院的案件，究竟是适用原来的九部法律还是适用《民法典》，成为摆在法院面前的突出问题。这意味着，法院必须先解决《民法典》施行后的新旧法衔接问题。从域外经验来看，德国、日本等一些大陆法国家主要通过制定单行法（即"民法典施行法"），明确民法典的溯及力，从而解决民法典施行前后的新旧法律衔接适用。就我国以往的司法实践而言，在新的法律施行之前，为保障法律的统一正确适用，法院一般会以司法解释的形式对新旧法律的衔接适用作出规定，以解决新的法律的溯及力问题。在《民法典》发布之后，最高人民法院继续采行传统的做法，制定了《关于适用〈中华人民共和国民法典〉时间效力的若干规定》（以下简称《民法典时间效力规定》），明确了《民法典》的溯及力问题。值得注意的是，最高人民法院之所以将解决《民法典》溯及力问题的司法解释命名为《民法典时间效力规定》，其原因主要在于法律的溯及力乃属于法的时间效力范畴。所谓法的时间效力又称属时效力，[2] 指的是法律规范从开始施行到终止施行期间内，为该法所调整的所有行为都应当适用该法，排除其他法律的适用。[3] 这种命名方式实际上在我国以往的司法解释中就已经存在过，例如，《关于适用刑法时间效力规定若干问题的解释》和《关于适用刑事司法解释时间效力问题的规定》均使用这种命名方式。

　　《民法典时间效力规定》是首个全面系统规定民事法律时间效力的司法解释，具有重要的实践意义和理论意义。[4] 它在坚持"法不溯及既往"基本原

---

〔1〕　法不溯及既往是一项各国法律普遍承认的法治原则，人们之所以要为自己的行为承担法律后果，就是因为事先已经知道或者应当知道哪些行为是法律允许的，哪些行为是法律不允许的，从而对人们的行为起指引和警示作用，故法律原则上只对其生效后的行为起规范作用，不能要求人们遵守还没有制定出来的法律。如果允许法律具有溯及力，人们无法预见自己的哪些行为会受到将来法律的禁止或者惩罚，就没有安全感，也没有行为的自由，信赖利益得不到保护，社会秩序也难以稳定。

〔2〕　根据凯尔森的理论，属时效力属于法的效力的内容之一。在他看来，法的效力范围包括了属人效力范围、属事效力范围、属地效力范围以及属时效力范围四个方面。参见［奥］凯尔森：《法与国家的一般理论》，沈宗灵译，中国大百科全书出版社 1996 年版，第 46 页。

〔3〕　杨登峰：《新旧法的适用原理与规则》，法律出版社 2008 年版，第 31 页。

〔4〕　王利明：《一部及时配合〈民法典〉实施的重要司法解释——评最高人民法院关于适用〈中华人民共和国民法典〉时间效力的若干规定》，载《人民法院报》2021 年 1 月 2 日，综合新闻版。

则的前提下，规定了《民法典》溯及适用的一般规则和具体情形（第 1~19 条），为法院正确适用《民法典》奠定了基础。此外，该司法解释还专门规定了《民法典》在几种具体情形下的新旧法律"衔接适用"（第 20~27 条），也即，特殊形态法律事实的新旧法律衔接适用。这是我国以往司法解释所没有规定的，而且就连那些主要大陆法系国家的《民法典》施行法中也从未这样规定过。可以说，这些特殊形态法律事实的新旧法律衔接适用，是我国对民事法律溯及力问题在认识上的深化和对实践所作的新探索，是中国的"特色"，因此值得学界作进一步研究。职是之故，本文将以《民法典时间效力规定》第三部分中"衔接适用的具体规定"，即特殊形态法律事实的新旧法律衔接适用为重点进行剖析，总结其中的得失，并在此基础上对如何完善《民法典时间效力规定》中有关"衔接适用的具体规定"展开探讨。

二、特殊形态法律事实的法律衔接适用

如前所述，《民法典时间效力规定》意在解决《民法典》新旧法律衔接适用的问题。其中，第三部分的"衔接适用的具体规定"涉及的是，对于特殊形态法律事实如何实现新旧法律的衔接适用之问题。就此问题，本文将从该司法解释所采行的新旧法律适用的判断依据、"衔接适用具体规定"的基本内容及其创新这几个层面进行讨论。

（一）确定适用新法抑或旧法的判断标准

在《民法典》施行之后，对于某个民事案件应适用《民法典》还是适用《民法典》施行前的那九部旧法呢？在回答这一问题之前，有必要先明确新旧法律衔接适用的判断依据。对于适用新法还是旧法的依据，司法实践和学术界中存在不同的观点。例如，《最高人民法院关于贯彻执行〈中华人民共和国民法通则〉若干问题的意见（试行）》将"民事行为"的发生时间作为判断适用新法还是旧法的依据；《最高人民法院关于适用〈中华人民共和国公司法〉若干问题的规定（一）》以"行为或事件"的发生时间为依据，其他民事单行法分别以"合同""侵权行为""保险合同""证券行为"等具体法律行为或者事实行为的发生时间为依据；而《全国法院民商事审判工作会议纪要》（以下简称《九民会纪要》）则以"法律事实"的发生时间作为确定适用新旧法律的判断依据。由此不难看出，在新旧法律衔接适用的判断依据上，这些司法解释和具有司法解释性质的文件之间并不一致。在学术界中，对于如何确定适用新法还是旧法的讨论，同样存在不同意见。概括而言，主要存在三种意见：第一种意见认为，应以民事关系的发生时间为依据；[1] 第二种意见认为，应以行为或者事件的发生时间为依据；[2] 第三种意见认为，应以法律事实的发生时间为依据。[3] 学术界和司法实务界对于新旧法律衔接适用判断标准的不同主张，侧面反映了我国在新旧民事法律衔接适用问题上的分歧。从《民法典时间效力规定》第 1 条可以看出，该司法解释显然采取了第三种意见，即以"法律事实的发生时间"为依据决定某个民事案件是否适用《民法典》。

本文赞同以"法律事实的发生时间"作为适用新法（即《民法典》）的判断依据，主要理由在于：第一，民事关系的发生时间不能作为判断是否适用《民法典》的依据。因为民事关系是平等民事主体间的权利义务关系，这本身就是法律评价后的概念，而对于是否能够形成民事关系，其前提就需要明确适用新法还是旧法进行评价。而且以民事关系的产生时间作为判断标准势必会出现新法适用过宽，而过于冲击"法不溯及既往原则"的问题。第二，以法律事实的发生时间作为判断标准已有先例可循。经检索，《中华人民共和国涉外民事关系法律适用法》第 37 条[4]、《中华人民共和国民事诉讼法》第 69 条[5]、《最高人民法院关于适用〈中华人民共和国民事诉讼法〉的解释》第 522 条[6]、《九民会纪要》第 4 条等法律、司法解释及规范性文件均以"法律事实"作为判断标准，并将"法律事实的发生时间和地点"作为确定法律适用的依据。第三，法律事实能够涵盖行为和事件，还可以包括行为、

---

[1] 王利明：《民法总则》，中国人民大学出版社 2017 年版，第 44 页。

[2] 公丕祥：《法理学》，复旦大学出版社 2002 年版，第 384 页。

[3] 最高人民法院民事审判第二庭：《〈全国法院民商事审判工作会议纪要〉理解与适用》，人民法院出版社 2019 年版，第 106~107 页。

[4] 《中华人民共和国涉外民事关系法律适用法》第 37 条：当事人可以协议选择动产物权适用的法律。当事人没有选择的，适用法律事实发生时动产所在地法律。

[5] 《中华人民共和国民事诉讼法》第 69 条：经过法定程序公证证明的法律事实和文书，人民法院应当作为认定事实的根据，但有相反证据足以推翻公证证明的除外。

[6] 《最高人民法院关于适用〈中华人民共和国民事诉讼法〉的解释》第 522 条："有下列情形之一，人民法院可以认定为涉外民事案件：（一）当事人一方或者双方是外国人、无国籍人、外国企业或者组织的；（二）当事人一方或者双方的经常居所地在中华人民共和国领域外的；（三）标的物在中华人民共和国领域外的；（四）产生、变更或者消灭民事关系的法律事实发生在中华人民共和国领域外的；（五）可以认定为涉外民事案件的其他情形。"

事件之外的其他事项，比如状态、期间经过等，[1] 较为全面、稳妥。

法律事实指的是依法能够引起民事法律关系产生、变更或消灭的客观现象。[2] 法律事实的发生时间不同于民事关系产生的时间，也不同于纠纷的发生时间或者起诉的时间，法律事实发生时间通常早于民事关系的产生时间，更早于纠纷发生的时间和起诉的时间。一般而言，根据法律的时间效力，法律对其有效施行期间的行为、事件等具有约束力，以法律事实发生时间为标准可以确定绝大多数情况下是适用新法还是旧法的问题。

但是，当一个法律事实的不同部分，或者多个密切相关的法律事实分别落入了两部法律的有效施行期间，这时既不能说法律事实的全部发生时间在旧法有效施行期间，也不能说法律事实全部发生在新法有效施行期间，如何选择确定适用新法还是旧法就成为一个很复杂和有争议的问题，这也是新旧法律衔接适用中的难题。本文将这些法律事实称之为特殊形态的法律事实，主要包括：某个法律事实发生并持续"横跨"新旧两部法律的有效施行期间，例如，胁迫行为从 2020 年 9 月持续到 2021 年 2 月；多个密切相关的法律事实分别分发生在新旧两部法律的有效施行期间，例如，侵权行为发生在 2020 年 9 月，但是损害后果出现在 2021 年 2 月。

（二）特殊形态法律事实的法律衔接适用之基本内容

《民法典时间效力规定》通过第 1 条第 3 款和第三部分"衔接适用的具体规定"（第 20~27 条）对特殊形态的法律事实的新旧法律衔接适用问题作了规定：一是确立了特殊形态法律事实的新旧法律衔接适用的基本原则。《民法典时间效力规定》第 1 条第 3 款规定："民法典施行前的法律事实持续至《民法典》施行后，该法律事实引起的民事纠纷案件，适用《民法典》的规定，但是法律、司法解释另有规定的除外。"本条款规定在"一般规定"部分中，统领"溯及适用的具体规定"以及"衔接适用的具体规定"这两部分的内容。二是将"衔接适用的具体规定"作为一个独立的部分，用 8 个条文对法律事实衔接适用作了具体规定，包括合同履行持续的衔接适用、优先承租权的衔接适用、准予离婚的衔接适用、公证遗嘱与其他遗嘱的衔接适用、侵权

---

〔1〕 学界对法律事实的构成有不同观点，王泽鉴认为时间的经过、占有、下落不明等在法律上属于状态，系行为、事件之外的重要法律事实（参见王泽鉴：《民法总则》，北京大学出版社 2009 年版，第 223~224 页）；王利明认为期间的经过属于事件（参见王利明：《民法总则》，中国人民大学出版社 2017 年版，第 85~86 页）。

〔2〕 王利明：《民法总则》，中国人民大学出版社 2017 年版，第 84 页。

行为与损害后果分离的衔接适用、合同解除权除斥期间的衔接适用、撤销受胁迫婚姻除斥期间的衔接适用和保证期间的衔接适用。这些关于特殊形态法律事实的新旧法律衔接适用的规定，是在系统总结我国以往司法解释及规范性文件的基础上，结合审判实践的需要而制定出来的。因此，它们乃是基于我国本土实践的智慧结晶。

需要指出的是，相对于以往的司法解释及相关规范性文件，《民法典时间效力规定》在新旧法律衔接适用上，有了一定的创新和发展。具体而言，有三个方面尤其值得注意：第一，《民法典时间效力规定》第 1 条第 3 款对于持续性法律事实的法律衔接适用的规定完善了《九民会纪要》第 4 条的规定，对持续性法律事实并非一概适用新法，而是规定了"但是法律、司法解释另有规定的除外"的但书条款，为进一步细化持续性法律事实的法律衔接适用预留了空间。第二，《民法典时间效力规定》关于衔接适用的一些具体规定填补了以往司法解释的空白。例如，《民法典时间效力规定》第 27 条关于保证期间"跨越"《民法典》施行前后的特殊情形作了规定，将期间的延续纳入特殊形态的法律事实的范畴加以专门规定，这是以往司法解释所没有的，既拓展了持续性法律事实的外延，也有利于该类纠纷的妥善解决。第三，《民法典时间效力规定》对于持续性履行行为规定了分段适用新旧法律的规则，对《最高人民法院关于适用〈中华人民共和国合同法〉若干问题的解释（一）》（以下简称《合同法解释一》）一律从新的做法进行了一定程度的"纠偏"，为进一步探索深化持续性履行行为的法律衔接适用提供了新思路和新路径。

三、对特殊形态法律事实的法律衔接适用规定的反思

一般而言，法律事实的发生时间决定新旧法律的适用，而之所以如此，主要原因是要按照法律溯及既往的基本原则，保护当事人依据当时法律行为所形成的合理预期。通常情况下，法律事实发生时间标准和当事人合理预期保护标准是一致的，但在特殊形态法律事实的新旧法律衔接适用中，二者可能会存在不一致，因此需要妥善协调两个因素之间的关系。然而，从《民法典时间效力规定》的相应内容来看，其并没有很好地处理这两个因素之间的关系。下面结合民法领域中不同类型的法律事实关系形态进行阐释。

（一）特殊单一法律事实的法律衔接适用

1. 持续性法律事实的法律衔接适用

民事法律事实按其发生的形态可分为瞬间性法律事实和持续性法律事实。瞬间性法律事实发生的时间是一个"点"，持续性法律事实发生的时间是一条不断延伸的"线"。[1] 一般而言，瞬间性法律事实不存在衔接适用问题，在单一法律事实中，涉及衔接适用比较多的是持续性法律事实。域外对于持续性法律事实的适用，主要分为三种模式：[2] 第一种是"维持旧法效力"模式，法律事实持续过程中法律发生变更的，新法对其施行后发生的法律事实不发生影响。第二种是"即行适用"模式，法律事实持续过程中法律发生变更的，新法对其施行前已经发生的法律效果不予改变，但是对施行后发生的法律效果予以改变。第三种是"过渡"模式，法律事实持续过程中法律发生变更的，新法对其施行前已经发生的法律效果不予改变，但是对施行后未来发生的法律效果予以改变，但是规定一个过渡期。

关于法律事实发生在《民法典》施行前、持续至《民法典》施行后的具体情形，应如何适用法律，在《民法典时间效力规定》起草过程中，主要有三种不同意见：第一种意见认为，应统一适用《民法典》的规定，即统一适用新法。在我国，有不少法律、司法解释和规范性文件践行了此种观点。例如，《最高人民法院关于审理著作权民事纠纷案件适用法律若干问题的解释》第 29 条对"跨法"民事行为采取适用新法的规则，《九民会纪要》第 4 条也采取了这一做法。新法一般是符合法律发展方向的规定，能够更好地维护公平正义，对"跨法"法律事实统一适用新法有利于维护法律适用的稳定。此种意见的缺点在于对当事人合理预期的保护相对不足。第二种意见认为，应统一适用法律事实发生之初的法律、司法解释的规定。对于发生于《民法典》施行前的法律事实，当事人已经根据当时的法律、司法解释规定形成了合理预期，不能因为法律事实的持续强行改变当事人的预期，故应统一适用原有法律、司法解释的规定。这种观点更加注重对当事人合理预期的保护，但是未考虑新法的施行会影响和改变当事人的合理预期的情况。第三种意见认为，应分段适用《民法典》施行前后的法律、司法解释的规定。目前，我国现行的法律或司法解释尚没有明确采用这种方案的先例。法不溯及既往是基本原则，法律事实的发生时间是确定适用法律的基本标准，对"跨法"法律事实统一适用旧法或者新法都存在不能周延涵盖全部法律事实的情况，应严格遵循以法律事实的发生时间为依据选择确定应当适用的法律，分段适用不同的法律，即对于发生在旧法施行期间的部分法律事实适用旧法，对于发生在新

---

[1] 杨登峰：《新旧法的适用原理与规则》，法律出版社 2008 年版，第 122~123 页。

[2] 杨登峰：《新旧法的适用原理与规则》，法律出版社 2008 年版，第 124~125 页。

法施行期间的部分法律事实适用新法。这种做法是前两种意见的妥协方案，但是，对于不能分段评价的法律事实显然不能适用。

《民法典时间效力规定》原则上采纳了第一种意见，这就意味着对于发生在《民法典》施行前并持续至《民法典》施行后的法律事实引起的民事纠纷案件，一般要适用《民法典》。尽管如此，本文认为，持续性法律事实的衔接适用需要考虑法律事实发生的时间节点和当事人预期保护两个因素。保护当事人预期存在一个假设的前提即当事人知道法律的规定，并根据法律规定形成行为后果的预期，任何人不得以不知道法律规定作抗辩。同时，当事人知道法律的修改变化也在假设之中，也就是说，如果新法的规定发生变化，当事人的预期会随着法律的变化而发生变化。新法施行时，可以认为当事人根据新的法律形成新的预期。但是，如果当事人知道了新法的变化，却无法根据自己的意愿单方调整、变更已经进行中的法律事实，那么要求当事人适用新法便是强人所难，这必然对当事人依据原有法律所形成的合理预期造成冲击，不利于维护法律秩序的稳定、保护当事人的既得权益。可见，《民法典时间效力规定》对持续性法律事实的衔接适用的处理考虑得并不周全。

2. "持续性履行行为" 的法律衔接适用

《民法典时间效力规定》对"跨越"新法施行前后的合同持续履行行为作为特殊的法律事实形态予以关注，并专门在第 20 条作了规定。[1] 对此问题，在《民法典时间效力规定》起草过程中曾有过三种意见：第一种意见认为，应统一适用《民法典》的规定。对持续履行行为统一适用新法的规定已经有《合同法解释一》第 2 条规定的先例，该法律适用模式经过了审判实践的充分检验，并未出现问题，已经为广大法官所接受和认可。《民法典》对合同履行的规定更加完善，对持续性履行行为统一适用《民法典》的规定，既便于实践操作也有利于妥善化解相关纠纷。第二种意见认为，应统一适用合同成立时的法律、司法解释的规定。合同体现的是当事人的意思自治，是最需要充分尊重和保护当事人合理预期的领域。对于成立在《民法典》施行前的合同，当事人已经根据当时的法律、司法解释规定形成了合理预期，不能因为履行期间新法的施行而强行改变当事人的预期，故应统一适用合同成立

---

〔1〕 《民法典时间效力规定》第 20 条：民法典施行前成立的合同，依照法律规定或者当事人约定该合同的履行持续至民法典施行后，因民法典施行前履行合同发生争议的，适用当时的法律、司法解释的规定；因民法典施行后履行合同发生争议的，适用民法典第三编第四章和第五章的相关规定。

时的法律、司法解释的规定。第三种意见认为，应分段适用《民法典》施行前后的法律、司法解释的规定。法不溯及既往是基本原则，法律事实的发生时间是确定适用法律的基本标准，对"跨法"履行行为统一适用旧法或者新法依据均不充分，应根据履行的时间分段适用不同的法律。

《民法典时间效力规定》采纳了第三种意见，主要理由为：首先，合同履行"跨越"《民法典》施行之日，意味着此合同履行行为并未完结，《民法典》施行前的履行行为应适用当时法律、司法解释的规定，而《民法典》施行后对其所有的调整对象均发生效力，这就说，在《民法典》施行后的合同履行问题自然地落入了《民法典》的调整范围之内，其应适用《民法典》的规定。其次，从比较法上看，对持续性履行行为分段适用新旧法律也有域外法例。各国或地区对合同持续履行的法律适用存在不同的做法，其中德国和我国台湾地区所采用的，就是分段适用新旧法律的做法。例如，《德国民法典施行法》第171条[1]对"跨越"《民法典》的持续性租赁或者服务关系分段适用新旧法；我国台湾地区"民法债编施行法"第24条[2]也规定对租赁契约分段适用新旧法。

合同履行行为可以消灭合同关系，无疑属于引起法律关系发生、变更、消灭的重要法律事实类型。本文认为，持续性履行行为当然属于持续性法律事实，对持续性法律事实采取适用新法为原则，而对持续性履行行为采取分段适用新旧法律的方案存在矛盾。虽然《民法典时间效力规定》试图通过第1条第3款的"但书"条款将持续性履行行为作为持续性法律事实的例外，但是持续性履行行为并不存在区别于其他持续性法律事实的特殊性，二者应保持一致。而且，如前所述，合同是双方当事人意思表示一致的产物，新法施行时，一方当事人通常无法根据自己的意愿单方调整或者变更合同内容，分段适用新旧法律显然无法保护当事人基于旧的法律、司法解释的规定形成的合理预期。

（二）同一规范中多个要件法律事实的法律衔接适用

对于其他特殊形态法律事实的法律衔接适用问题，《民法典时间效力规

---

〔1〕 《德国民法典施行法》第171条：民法典生效时存在的租赁、租赁或服务关系，如果不在民法典生效后终止，自民法典生效之日起适用民法典的规定。

〔2〕 我国台湾地区"民法债编施行法"第24条：民法债编施行前所定之租赁契约，于施行后其效力依民法债编之规定。

定》起草过程中也有所考虑，在征求意见稿中曾经对设立、变更、消灭同一法律关系的数个要件事实分别发生在《民法典》施行前后的法律衔接适用问题作出一般性规定，但是因为争议较大而删除了。《民法典时间效力规定》最终选取了实践中比较成熟的具体情形加以规定，尽管如此，这些规定仍然存在未能充分保护当事人合理预期的问题。

以《民法典时间效力规定》规定的侵权责任衔接适用为例，侵权责任的构成要件一般包括侵权行为、过错、因果关系、损害后果等。其中，侵权行为和损害后果在通常情况下是相伴而生的，但是也可能存在时间上的间隔，即损害后果在侵权行为发生一段时间后才产生。一般情况下，只有侵权行为而没有损害后果或者只有损害后果没有侵权行为，均不构成侵权责任，考虑到侵权行为和损害后果相分离的侵权责任是不能分割评价的，故《民法典时间效力规定》第 24 条规定，侵权行为发生在民法典施行前，而损害后果发生在民法典施行后的，适用民法典的规定。本文认为，侵权行为和损害后果分离情况下，统一适用《民法典》存在以下问题：第一，侵权行为发生在《民法典》施行前，损害后果出现在《民法典》施行后的，侵权行为是主要法律事实，损害后果是侵权行为的当然后果，适用《民法典》依据并不充分。第二，侵权行为和损害后果共同构成侵权责任的要件，侵权行为和损害后果虽然在法律上是不可分割的，但是这并不意味着二者一定要适用相同的法律。此外，由于《民法典时间效力规定》对同一规范中多个要件法律事实的法律衔接适用问题缺乏一般性规定。例如，对于比较常见的附条件、附期限法律行为成立在《民法典》施行前，条件成就或者期限届满、届至在《民法典》施行后的情况没有确定法律适用的依据。再如，《民法典时间效力规定》第 23 条，该条规定被继承人在《民法典》施行前立有公证遗嘱，《民法典》施行后立有新遗嘱，因数份遗嘱内容相抵触发生争议的，适用《民法典》的规定。事实上，遗嘱是典型的附生效条件的法律行为，也称为死因法律行为，[1] 被继承人死亡前，所有遗嘱均处于成立但未生效的状态。为保护当事人的合理预期，对于遗嘱是否成立，应当适用立遗嘱时的立法、司法解释的规定，本条没有明确对遗嘱是否成立进行判断的法律依据，对于当事人合理预期的保护关注不够。

---

〔1〕 黄薇主编：《中华人民共和国民法典继承编释义》，法律出版社 2020 年版，第 101 页。

四、特殊形态法律事实的法律衔接适用的再构建

在《民法典》时间效力问题上，法不溯及既往是最基本的原则，特殊形态法律事实的衔接适用也应坚持贯彻"法不溯及既往"的基本原则，充分保护当事人的合理预期。[1] 在构建上，笔者建议以保护当事人合理预期为出发点和目的，采取"一般规定+具体规则"的方式作出系统规定，妥善解决特殊形态法律事实的衔接适用问题，维护当事人合法权益。

（一）特殊形态法律事实衔接适用一般规定之构建

《民法典时间效力规定》在体例上包括一般规定、衔接适用的具体规定，在一般规定上，可以分别将持续性法律事实和同一法律规范存在数个要件法律事实的作为两类特殊形态法律事实，作出如下规定：

第一，对于发生在民法典施行前并持续到民法典施行后的法律事实，应适用民法典施行前法律、司法解释的规定。第二，对于同一法律规范的数个要件法律事实分别发生在民法典施行前后的，分别适用要件事实发生时法律、司法解释的规定。但是，分别适用影响当事人合理预期的，应统一适用民法典施行前的法律、司法解释的规定。这两条一般性规定，既体现了类型化的思维，也能涵盖特殊形态法律事实衔接适用的具体规定，起到统领特殊形态法律事实衔接适用之具体规定的作用。

（二）持续性法律事实的衔接适用规则之构建

按照事务性质而言，持续性法律事实是不可分的，能够分割的法律事实不属于持续性法律事实。某些持续性法律事实，根据交易习惯或者合同约定被人为划分，但是不改变其持续性法律事实的性质。例如，在租赁合同中，提供租赁物的"行为"表面看是一次性的，但出租人要确保租赁物一直处于能够满足承租人使用的状态，提供租赁物实际上属于持续性的履行合同。承租人根据交易习惯或者合同约定按月、按季度缴纳租金，表面上看是可分的，实际上租金对应的是持续性地提供租赁物，这可以理解为时刻都在支付租金。就此而言，支付租金也是持续性的履行行为。

对持续性法律事实的新旧法律衔接适用有三种可能的方案：第一种是统一适用新法的规定。新法对其施行后的所有法律事实都具有约束力，持续到新法施行后的法律事实，至少有部分法律事实属于新法的约束范围，加上新

---

〔1〕 刘志刚：《法律规范冲突解决规则间的冲突及解决》，载《政法论丛》2015 年第 4 期，第 97 页。

法往往更符合法律发展趋势、更加公平合理，故统一适用新法。第二种是应统一适用旧法。法律事实发生在新法施行前，当事人已经根据当时的法律形成了合理预期，不能因为期间新法的施行而强行改变当事人的预期，应统一适用旧法。第三种是分段适用新法和旧法。法不溯及既往是基本原则，法律事实的发生时间是确定适用法律的基本标准，对"跨法"法律事实统一适用旧法或者新法均不能对应全部法律事实，应根据发生的时间节点分段适用不同的法律。

对于持续性法律事实的新旧法律适用，主要涉及两个考量因素：一个是法律事实发生的时间节点，另一个是当事人预期的保护。综合考量两个因素，本文倾向于第二种方案，主要理由在于：首先，对于不可分割的持续性法律事实，法律事实横跨新旧法，因为法律事实不可分割，所以它不能分段适用新法和旧法，只能适用新法或者旧法。适用旧法不影响当事人预期，但是适用新法会影响当事人预期，因此使不可分割的持续性法律事实统一适用旧法，是符合当事人利益的。因为此时法律事实发生标准无法适用，发生时间是持续的，无法确定适用新法还是旧法，而又不能分段适用，这时法律事实发生标准需要让位于当事人预期保护标准。当事人的预期形成于法律事实发生之初，应优先保护当事人预期，适用旧法。其次，对于根据交易习惯和合同约定等做了分割的持续性法律事实（如前所述，实际上仍然是不可分割的持续性法律事实），理论上虽然可以分段适用新法和旧法，但是，当事人实际上是无法根据新法对行为预期进行调整的。以租赁合同为例，租赁期限跨越新法施行前后，当事人的预期形成于新法施行前，新法施行时当事人知道了法律的变化，但是由于租赁合同的期限和权利义务关系已经确定，由于权利义务的相对性，当事人能够根据新法协商变更合同的情况很少，一方当事人已经不能根据新法调整自己的行为和预期，要求当事人随着新法的变化调整预期是强人所难，分段适用会破坏当事人的预期，故也应适用旧法。再次，适用旧法具有域外的经验借鉴。如前所述，域外对于持续性法律事实的适用，主要分为"维持旧法效力"模式、"即行适用"模式和"过渡"模式，三种模式整体上都强调保护旧法预期，没有全部适用新法的域外法例。最后，法不溯及既往是新旧法衔接适用的基本原则，当出现难以确定的情况时，应回到法不溯及既往的基本理念，适用旧法。

作为持续性法律事实的具体规则，应根据审判实践的需要，在一般规定的原则下对具体情形作出明确规定，方便法官裁判，帮助社会公众理解。例如，对于持续性履行行为，应作为持续性法律事实的一种类型，被纳入持续性法律事实衔接适用的具体情形加以规定，与此同时它还应遵照统一适用旧法的原则规定，不应分段适用新旧法律。

（三）同一法律规范不同要件事实衔接适用规则之构建

法律规范的要件事实是该法律规范的重要组成部分，只有具备全部要件事实才能适用该法律规范进行裁判。[1] 同一法律规范不同要件事实如果均发生在《民法典》施行前或者《民法典》施行后，自不存在衔接适用的问题。但若部分要件事实发生在《民法典》施行前，部分要件事实发生在《民法典》施行后，则存在衔接适用之必要。对于这种情况，其问题的核心仍然在于妥善协调法律事实的发生时间和当事人的合理预期保护。一方面，同一法律规范下的若干要件事实本质上是不同法律事实，不同法律事实应分别适用相应法律事实发生时的法律、司法解释的规定。这是根据法律事实发生时间标准得出的结论，也符合当事人的合理预期。另一方面，同一法律规范下的若干要件事实虽然是不同法律事实，但是如果当事人对发生在《民法典》施行后的后续部分要件法律事实的发生无法控制、不能改变，为保护当事人的合理预期，则应当适用《民法典》施行前的法律、司法解释的规定。

有鉴于此，《民法典时间效力规定》关于同一法律规范不同要件事实衔接适用的具体规则，应以保护当事人合理预期为原则作相应的调整。以附生效条件的合同为例，如果合同成立在《民法典》施行前，那么关于该合同是否成立，应适用《民法典》施行前的法律、司法解释的规定；如果条件在《民法典》施行后成就，因条件是否成就是当事人不能改变和调整的法律事实，对于条件是否成就，仍应按照《民法典》施行前的法律、司法解释进行判断；如果条件成就，合同开始履行，此履行行为虽然发生在《民法典》施行后，但是，如果当事人无法对履行行为进行单方调整、变更，也就不能随着《民法典》的施行调整预期，为充分保护当事人的合理预期，履行行为也应适用《民法典》施行前的法律、司法解释。当然，如果基于合同的规定，一方当事人对合同履行具有单方变更的权利，如果当事人不作变更，而是选择继续履行，因履行发生的争议适用新法依据更为充分。

---

[1] 许可：《当事人主义诉讼体制下法官审判方法的基础——要件事实概说》，载《国际关系学院学报》2008 年第 1 期，第 81 页。

五、结语

《民法典》是新中国成立以来第一部以"法典"命名的法律，是民事法律领域的基本法，具有权威性。尽管如此，这并不是说《民法典》施行后就必须对全部民事案件立即适用才能彰显《民法典》的权威和价值。与此相反，从《民法典》的精神理念和核心要义出发，以保护当事人合理预期为根本，按照法不溯及既往的原则，妥当实现新旧法律衔接之适用，尤其是特殊形态的法律事实之法律衔接适用，由此达到维护当事人合法权益之效果，亦十分必要。在此方面，作为系统规定民法典溯及力问题的《民法典时间效力规定》，仍有一段路要走。

缩短给付类第三人利益契约所生不当得利问题研究

辛海平[*]

　　摘　要：以缩短给付为订立目的的第三人利益契约涉及要约人、受约人和受益人三方主体，包含补偿关系、对价关系以及履行关系三项法律关系，当其中的某项或多项法律关系被撤销或被认定无效时，就产生了不当得利问题。从利益衡量的角度出发，不同情况下的不当得利请求权分配方式应有所不同：补偿关系无效时，不当得利请求权如何分配有多种学说之争议，为实现三方利益的平衡，可交由当事人之间自治决定不当得利返还路径；对价关系无效应由要约人向受益人请求返还不当得利；补偿关系和对价关系均无效的双重瑕疵情形则是依次由受益人向要约人、要约人向受约人返还不当得利。此外，在补偿关系无效的情况下，如果相应的不当得利返还义务人因破产等原因无力返还，受约人原则上可以向另一方主体请求救济。
　　关键词：缩短给付　第三人利益契约　不当得利　补偿关系

---

　　* 辛海平，中国政法大学民商经济法学院 2020 级博士研究生（100088）。

一、问题的提出

不当得利，指无法律上之原因而受利益，致他人受损害者，应返还的义务。[1] 时至今日，不当得利依旧是民法学界研究的前沿领域，该问题本身的复杂性以及学者们对其研究的积极性使其实至名归地成为民法殿堂中最璀璨的明珠之一。

通常意义上，不当得利往往发生于两个民法主体之间，而不涉及第三人，不当得利返还请求权的处理与分配仅限两人之内，直接套用不当得利法上关于给付型不当得利和非给付型不当得利的争议解决模型便可解决此类问题。二人间不当得利问题在学界几乎已经形成了统一观点。而另外一种情况则复杂许多，即受损和获益的关系涉及三方当事人，常见的类型如甲对乙银行撤销支票的委托付款，乙银行的职员疏于注意，仍对持票人丙付款[2]；甲欠乙5万元债务，乙同欠丙5万元债务，当甲债务到期请求向乙清偿时，乙指示甲直接向丙为清偿，甲清偿完毕后，乙发现自己欠丙之债务已经于两月前清偿完毕，等等。上述事例中有三方当事人牵扯其中，此种情况下不当得利返还请求权如何分配和处理就构成了理论上颇为复杂的三人关系不当得利问题。

三人关系不当得利被 Reinhard Zimmermann 教授称为"遥远晦暗角落的令人生畏的灌木丛"[3]，Daniel Visser 教授称其极为"桀骜不驯"[4]，可见其研究之困难程度与理论上之晦涩艰深。三人关系不当得利大体可分为 8 种案例类型：①给付连锁；②缩短给付；③指示给付关系；④第三人利益契约；⑤债权让与、债务承担；⑥保证；⑦第三人清偿；⑧误偿他人之债，[5] 此 8 种类型共同构建起三人关系不当得利的类型化研究体系。本文选取三人关系不当得利中与日常生活紧密结合的缩短给付类型第三人利益契约，研究其中的不当得利问题。典型案例如下：

甲向乙出售某名画，后乙又将该画转售给丙。为缩短给付过程，乙与甲约定由甲直接将该画交付给丙，丙有权直接向甲请求履行给付。后甲向丙实

---

〔1〕 参见王泽鉴：《不当得利》（第二版），北京大学出版社 2015 年版，第 2 页。

〔2〕 参见王泽鉴：《不当得利》（第二版），北京大学出版社 2015 年版，第 1 页。

〔3〕 See Reinhard Zimmermann. The law of Obligations-Roman Foundations of the Civilian Tradition. Oxford: Oxford University Press, 1992, p. 892.

〔4〕 See Daniel Visser. Searches for silver bullets: Enrichment in three-party situations. in: Unjustified Enrichment: Key Issues in Comparative Perspective . Cambridge: Cambridge University Press, 2004, p. 526.

〔5〕 参见王泽鉴：《不当得利》（第二版），北京大学出版社 2015 年版，第 205 页。

际履行了交付。而如果：①甲与乙之间买卖合同无效（或被撤销）；②乙与丙之间买卖合同无效；③甲与乙、乙与丙间买卖合同均无效，则谁得向谁请求返还不当得利？

本文将结合学界目前形成的初步观点，基于利益平衡的考量对上述问题进行解答，以求构建缩短给付类第三人利益契约之不当得利问题的解决路径。

二、缩短给付类第三人利益契约理论概述

（一）缩短给付与第三人利益契约之内涵

1. 缩短给付

试举生活中常见一例：

甲厂有一批货物待售，乙公司预订买受此批货物，由甲厂负责运送，而乙公司实为一中间商，几日后与丙公司约定转售此批货物，乙公司负责运送。后乙公司通知甲公司直接将货物运送至丙公司处，以完成交付。

此例中存在两项法律关系，即甲与乙间以及乙与丙间的买卖合同关系，按正常的交付顺序应当为甲厂将货物运送至乙公司处，乙公司再将此货物运送至丙公司处。但现实中这样的交付方式显然劳力伤财，不符合商事活动中对效率的追求，故法律上也允许在连环交易中，买受人要求出卖人直接向买受人之后手（第三人）为给付，以缩短给付过程。[1]

需注意的是，上述过程虽然缩短了给付的程序，但是并没有实际上改变三方之间的法律关系。此种情形通常应当认为在三方之间发生了两次物权变动，而通常不能理解为在甲与丙之间发生了直接的物权变动。追问其理由，在甲遵循乙之指示将货物交付于丙之时往往并不知晓乙指示之目的，究竟是转移所有权还是仅是转移此批货物之占有，因此在甲与丙之间难以认定形成了转移物之所有权的让与合意，因此物权行为不成立。在甲将货物交付于丙的所谓"法律上的瞬间"，该批货物的所有权由甲转移给乙，又由乙转移给丙。[2] 在解决上述问题时，应当注意三者间的法律关系。[3]

2. 第三人利益契约

合同之效力通常不涉及第三人，但在现代生活中，人与人之间交错复杂

---

〔1〕 参见刘言浩：《不当得利法的形成与展开》，法律出版社 2013 年版，第 216 页。

〔2〕 参见王泽鉴：《不当得利》（第二版），北京大学出版社 2015 年版，第 210 页。

〔3〕 此处谈及的缩短给付仅指狭义上的缩短给付，更广义的缩短给付，包括订立第三人利益契约的情况，可以直接赋予丙对甲的请求权，此种情况对物权变动的理解则应当有所不同，见后文详述。

的社会关系使得契约或多或少地会产生一定的"外部性"[1]，而合同的外部性意味其作为社会关系的基本利益结构无法继续孤立或是封闭地存在，总会影响到合同关系之外的第三人的利益。[2] 此外，当代出现的一些新型合同之订立目的便是将权利义务扩充到合同当事人双方之外（诸如保险合同），坚持债的相对性在此类合同面前不具意义。因此，民法理论上承认了当事人一方约使他方向第三人给付，第三人因而取得直接请求给付权利的契约，即称为第三人利益契约[3]，又称第三人给付之契约、利他契约。[4]

值得注意的是，第三人利益契约并非一种固定类型的契约，在买卖、赠与等多种契约中均可以成立之，从而赋予第三人以某种请求权，或直接为其创设某种利益。在第三人利益契约中，基于三方当事人在法律关系中扮演的角色不同，各自有其学理上的称谓：订立契约的双方，即债权人和债务人分别扮演着主张赋予第三人利益的一方和愿意向第三人为给付的一方，故亦可分别称作要约人和受约人（或诺约人），第三人作为直接被赋予利益的一方，亦被称为受益人。要约人、受约人和受益人三方间分别形成了三种不同的法律关系，详见后文。

3. 缩短给付类型第三人利益契约

中国学界对于三人关系不当得利的论述著作中，大多将缩短给付和第三人利益契约作为两种并列的案例类型进行讨论，但是在现实生活中二者经常存在某种意义上的交叉，第三人利益契约常见的类型便是以缩短给付为目的，如上文所提到例一。而其与狭义的缩短给付之区别主要在于是否赋予第三人直接向债务人请求给付的权利。如前文所述例二中，倘若甲和乙并未特别约

---

〔1〕 此问题涉及"完备合同"以及"个别性交易"等理论，按照传统的契约理论，个人之间的交易除了单纯的商品交换以外不存在其他的任何关系，对社会中其他的个体也不会存在任何的影响，此种合同被称作"完备合同"。但是现代契约理论已经突破了这种理论上的桎梏，几乎不承认"完备合同"之存在，而认为合同具有相应的外部性，即对他人及社会的影响。参见〔美〕麦克尼尔：《新社会契约论》，雷喜宁、潘勤译，中国政法大学出版社 2004 年版；〔美〕罗伯特·D. 考特、托马斯·S. 尤伦：《法和经济学》，上海三联书店、上海人民出版社 1994 年版等著作。

〔2〕 参见吴文嫔：《论第三人合同权利的产生——以第三人利益合同为范式》，载《比较法研究》2011 年第 5 期。

〔3〕 第三人利益契约在我国民法学界通常称为第三人利益合同，其实契约与合同在词义上具有些许差别（参见朱庆育：《民法总论》，北京大学出版社 2015 年版，第 137 页），但目前我国学者基本将此二词混用，第三人利益契约与第三人利益合同所指内容并无区别。

〔4〕 参见王泽鉴：《民法学说与判例研究》（重排合订本），北京大学出版社 2015 年版，第 1066 页。

定丙可直接向甲请求交货，则其属于普通意义上的缩短给付类型的案例，如果甲未能按时向丙交货，则丙只能向乙请求交货。[1] 而如果甲乙之间提前约定，丙有权直接向甲请求交付货物，则相当于直接为丙（即第三人）创设了对甲的请求权这种民法上的"利益"，[2] 而这种契约设立之目的显然同样在于缩短给付过程。

（二）缩短给付类型第三人利益契约之法律关系

在缩短给付类型第三人利益契约中，存在三项基础的法律关系，分别是存在于要约人与受约人之间的补偿关系、要约人与受益人之间的对价关系以及受约人与受益人之间的履行关系。三方当事人间的关系，如下图1：

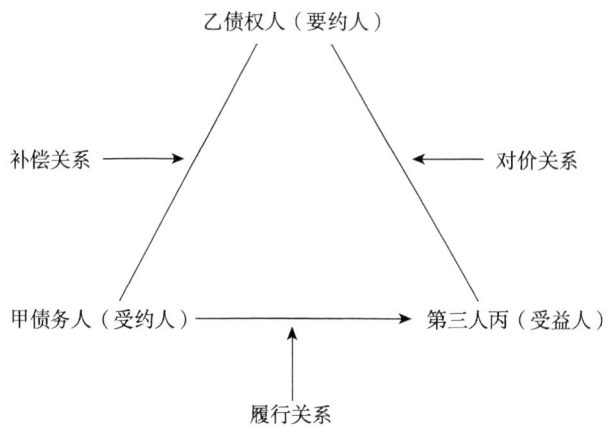

图1　三方当事人的关系[3]

1. 补偿关系

在第三人利益契约中，补偿关系是指债权人（要约人）与债务人（受约

---

〔1〕　主要理由是在狭义的缩短给付案例中，出卖人与第三人之间不存在任何的法律关系，出卖人仅仅是依买受人的指示将货物交到特定的地点。出卖人交付给第三人或是交付到其余地点在法律上并无重大差别，其未将货物交到第三人处最多可能构成违约，但并不当然地在出卖人和第三人之间形成法律关系，这是因为出卖人按买受人指示的地点交货是双方约定中的条款，出卖人的义务是交付货物至某地，而非向第三人交货。

〔2〕　在这种情况下，出卖人的义务也就相应地有所改变，从按指示交货到某地变成了向特定的第三人交货。

〔3〕　参见王泽鉴：《民法思维——请求权基础理论体系》，北京大学出版社2015年版，第114页。

人）之间的法律关系，是债务人之所以愿向第三人为给付之原因关系。[1] 之所以将其称为"补偿关系"，主要是由于一般意义上，债务人无理由向无关的第三人为给付，除非能够获得某种"补偿"，而受约人从其与要约人的法律关系中所收获的对待给付，便是一种法律意义上的"补偿"。如上文所述例一中，甲之所以愿意向丙交付货物，是因为甲乙间存在买卖合同关系，乙支付给甲的价款便是甲向丙为给付的补偿。

补偿关系乃是第三人利益契约中最为核心的关系，是赋予第三人利益的基础关系，倘若补偿关系无效，受约人可拒绝向第三人为给付。理由系第三人虽独立取得向受约人请求给付的权利，但其权利究系基于债务人与要约人的契约而来，故债务人得以由契约所生之一切抗辩，均可对抗第三人[2]。

另外，学理上对于补偿关系是否必须是基于合同而生的债的关系有所争议[3]，通说认为这种法律关系只能因合同产生，不能基于其他原因产生，且补偿关系就是当事人之间的基本合同关系。[4] 笔者同意此观点，理由在于此类契约订立目的既然是缩短给付过程，前提必定是在受约人与要约人、要约人与受益人之间存在着两项连锁的给付关系，彼此间应存在一定程度的关联性（如标的为同一批货物）。而诸如侵权行为和无因管理等债的类型的外部性极不明显，很难想象第三人可以直接向债务人请求履行侵权行为之债。况且此类债权债务往往是单向性的，不存在对待给付，难以谈及"补偿"一说。因此，补偿关系应当仅限于合同关系，而且以双务合同居多。

2. 对价关系

对价关系是指债权人（要约人）与第三人（受益人）之间的法律关系，即要约人自己不受给付，而所以欲使第三人取得权利之原因关系。[5] 之所以债权人会愿意放弃在补偿关系中所应享有的利益，将此份利益转移到第三人身上，而同时依旧要向债务人为对待给付，系因为第三人与自己间存在着某种"对价"。如上述例一中，乙所以放弃甲对自己的交付而将收受货物的权利

[1] 参见王泽鉴：《民法学说与判例研究》（重排合订本），北京大学出版社 2015 年版，第 1066 页。
[2] 参见王泽鉴：《不当得利》（第二版），北京大学出版社 2015 年版，第 223 页。
[3] 部分学者认为它还可以基于契约以外的其他原因而生，如侵权行为、无因管理等。参见丁晓春：《第三人利益合同研究》，载《政法学刊》第 23 卷第 5 期。
[4] 参见房绍坤：《民商法问题研究与适用》，北京大学出版社 2002 年版，第 201 页。
[5] 参见王泽鉴：《不当得利》（第二版），北京大学出版社 2015 年版，第 223 页。

转而赋予第三人丙，系乙与丙二者间也存在着买卖合同关系，丙于收受货物后需要向乙支付价金，而收取价金便是乙放弃收货权利之对价。

值得注意的是，此处区别"补偿"而使用"对价"一词，一是为从不同的角度与补偿关系进行区分[1]，二是为这种"对价"不一定同属于"补偿"，法定债之关系（例如扶养义务、损害赔偿）亦属之。[2] 如乙系丙之父亲，于甲处购买了午餐，与甲约定由其直接送至丙处（如学校），并可令丙直接请求甲交付。此例中乙与丙间并未订立任何契约，而仅仅是在履行自己的扶养义务，此时似乎难以称作"补偿"。

对价关系是否存在，不影响第三人利益契约的成立，即便对价关系无效，债务人仍不得拒绝向第三人为给付。可理解为第三人利益契约系属于无因法律行为，当事人在订立第三人利益契约时也不必要表明对价关系之存在。[3]

3. 履行关系

履行关系即债务人与受益人的关系，又称涉他关系、给付关系。这一对关系在第三人利益契约中是实质性地履行给付义务、实现债权的关系，然而第三人虽享有对债务人的请求权，却也不意味着其属于第三人利益契约的当事人，第三人之所以取得对债务人的请求权系基于上述的补偿关系和对价关系。[4] 有学者认为，履行关系本质上不属于一种债权债务关系，而是一种单纯的给予行为。[5] 笔者以为，此种看法不值得赞同，而应当将其理解为一种意定之债为佳，否则难以认定第三人究竟获得的是何种"利益"，单纯的被给予不能称作是民法上之利益，否定履行关系属于法律行为难以实现第三人利益契约之逻辑自洽。然而也必须注意的是，履行关系是挂靠在债权人与债务人间第三人利益契约下一个从属性的法律关系，其本身并不会发生不成立或无效的情形。履行关系在第三人利益契约中相比于前述两类关系重要性较低，故不再赘述。

---

[1] 补偿关系之"补偿"系站在债务人的角度，而对价关系之"对价"系站在债权人的角度。

[2] 参见王泽鉴：《民法学说与判例研究》（重排合订本），北京大学出版社 2015 年版，第 1066 页。

[3] 参见王泽鉴：《民法学说与判例研究》（重排合订本），北京大学出版社 2015 年版，第 1066 页。

[4] 参见王泽鉴：《民法学说与判例研究》（重排合订本），北京大学出版社 2015 年版，第 1066 页。

[5] 参见章小兵：《三人关系型不当得利研究》，湖南大学 2015 年博士学位论文。

三、补偿关系无效所生不当得利问题

（一）不当得利之产生

缩短给付类型第三人利益契约中，补偿关系系受约人之所以愿意向第三人为给付之原因关系，乃第三人利益契约构建之基础。补偿关系存在，受益人获得给付便不可谓无法律上之原因，受益人因给付而获利存在正当的理由，不构成不当得利。若补偿关系无效或者被撤销，受约人不再有理由向第三人为给付，第三人因受给付而获得的利益在法律上之原因因而断裂，此种情况下便可能构成不当得利问题。

本文第一章所述例 1 之中，倘若甲已经按照约定向丙交付了货物，根据物权行为的独立性理论[1]，当甲向丙交付货物时，甲丙双方产生了让与合意，另订立一物权合同，甲将货物之所有权转移给丙，丙在交付的瞬间获得了货物的所有权。[2] 此后甲与乙之间的买卖合同后被证实是因乙欺诈而订立，甲向法院诉请撤销二者间的买卖合同，买卖合同因被撤销而有溯及力地不生效力，甲与乙间的债权债务关系视为自始不存在。采物权行为无因性，甲与丙之间的物权行为并不因甲与乙之间的债权行为（物权行为之原因）被撤销而无效，货物所有权依旧已经转移给丙。从而甲丧失货物所有权构成法律上的受损，丙取得所有权构成法律上之获利，而这一所有权的移转因其原因行为无效而欠缺了法律上的理由，丙对甲构成不当得利。

然而从另一角度而言，乙与丙之间的对价关系依旧有效，丙仍需要按照约定向乙支付价金，其在完成自己对于乙的给付义务后获得相应的对待给付，即受让系争货物的所有权是完全基于买卖合同的正当化结果。至于货物是由乙直接交付还是由另外一人甲交付对于丙而言别无二致，不能影响乙丙间的买卖合同构成丙取得所有权之法律上的原因，故丙不构成不当得利。相反，补偿关系被撤销使得乙对甲构成了不当得利，因为第三人利益契约下甲对丙为给付相当于对乙给付，其法律后果或消灭乙对丙债务或为乙创造对丙的债

---

[1] 关于物权行为独立性和无因性的问题，可参见朱庆育：《民法总论》，北京大学出版社 2015 年版，第 161~187 页；王利明：《物权法研究》（修订版上卷），中国人民大学出版社 2007 年版，第 259~272 页；杨立新：《物权法》（第四版），中国人民大学出版社 2013 年版，第 36~37 页；刘家安：《物权法论》，中国政法大学出版社 2015 年版，第 82~88 页。

[2] 倘若是狭义上的缩短给付，则通常不宜认定甲丙之间产生让与合意，而是在甲乙、乙丙间分别产生让与合意，订立物权合同。关于狭义的缩短给付，上文有所谈及，详见王泽鉴：《不当得利》（第二版），北京大学出版社 2015 年版，第 210 页。

权。不论何种，均系民法上之利益，但此种利益因补偿关系无效丧失法律上之原因，成立不当得利。

（二）不当得利请求权的三种分配方式

按照上述的两种不当得利产生原因的论证过程，要约人及受益人均可能对受约人构成不当得利，可受约人之不当得利请求权究竟应该向谁主张？对此存在着三种观点：

1. 向要约人请求说

此观点认为受约人仅可以向要约人提出不当得利返还。主要理由为：①于要约人而言，其通过受约人之给付不论获得消极利益抑或积极利益，因补偿关系无效均不具有法律上的原因。而受益人获得之利益，系基于对价关系，而与补偿关系无关。本质上要约人成立不当得利，受益人不构成不当得利；②第三人利益契约约定受益人向受约人有直接请求权，其目的乃在于强化受益人的地位，其不应因此反而受到不利益。令其向受约人返还不当得利无疑是侵夺了其所获利益，为弥补之还需向要约人追索损害赔偿，无疑为之增添了诉累；③在第三人利益契约中，虽然实际完成给付的是受约人与受益人之间的履行关系，但在契约中最重要的关系无疑还是补偿关系，因此受益人在第三人利益中系属于次要地位。不当得利的返还毫无疑问应当着眼于居于主要地位的要约人，而非次要地位的受益人。[1]

2. 向受益人请求说

此观点认为受约人仅可以向受益人请求返还不当得利。主要理由为：①当补偿关系无效时，受约人向第三人给付之原因不复存在，受约人应当可以拒绝向受益人为给付。而按照此正常的逻辑推演，如果已经完成了给付，受约人当然可以向受益人请求返还；②受益人作为最终接受给付的一方，由其返还利益往往可以直接退还原物，而由要约人返还仅仅只能够返还标的物所折合的价金。在货物买卖中，返还原物更有利于受约人进一步转售，省去了重新生产的过程，节约了时间成本。而一些特殊类型的物品（如画作、宝石等）本身还可能具有升值的空间，原物返回可能使其在下一次交易当中获得更大的收益；③受约人作为直接受损的一方，应当是法律重点救济的对象。而对谁交付，向谁请求返还，在现实中更容易获得成功，也符合一般人对于法律的理解。这样往往会减少受约人许多不必要的磋商，更好地实现对受约

---

[1] 参见王泽鉴：《不当得利》（第二版），北京大学出版社 2015 年版，第 226 页。

人的救济。[1]

3. 区别对待说

此观点认为受约人原则上可以向任意一方当事人请求返还不当得利，但因二者不构成连带责任，故受约人不可同时向两人请求不当得利返还，只能择一请求。但此种观点也并不认为在任何情形下，受约人均可以随意选择，而应当视对价关系的不同类型进行区别对待。如果要约人与受益人间是有偿的对价关系（如买卖），则受约人应向要约人请求返还不当得利，若是无偿对价关系（如赠与），则应当向受益人请求。因为在有偿对价关系中，要约人通过与受益人的交易获得对价，受约人直接向要约人主张不当得利，并没有改变彼此之间的利益状态。而如果承认受约人直接向受益人主张不当得利返还请求权，实际上恶化了受益人的法律地位。在无偿对价关系中，则不存在这种法律上地位的恶化，因为受益人即便返还不当得利也不会造成损失，而且还能够使受约人更加直接方便地取回损失的利益。[2]

（三）不当得利请求权的合理配置

上述的几种观点均有其可采之处，却也都有可能产生在该观点的推论下有违公平正义的结果。如按照第一种观点，仅可向要约人提出，那么意味着受约人向受益人履行给付、交付货物后，便不可能再收回所交付的原物，即使在对价关系仅仅是一赠与契约的情况下，受益人也可以当然地取得标的物的所有权，而无需返还。这在标的物对受约人有特殊意义，或生产流程极其复杂的情况下，无疑要给受约人徒增新的麻烦。如按照第二种观点，受约人仅可向受益人请求返还，那么受益人则要返还一项基于完全有效的某种债权（因对价关系而生）所获得的收益，理由仅仅是一项与自己无关的法律行为无效。则是进一步给受益人增添了一项无形的审慎义务，即在接受第三人利益契约赋予债权时，务必要审查补偿关系是否可能无效或被撤销，否则会有被要求返还因给付而获益的风险。让无辜且完全无过错的受益人承担如此风险显失公平。第三种观点似乎可以平衡上述问题，但一个潜在的问题是，受约人如何判断对价关系究属有偿抑或无偿？在订立第三人利益契约时，要约人很可能并未谈及也无任何必要谈及具体的对价关系为何，受约人又如何举

---

[1] 在现有的文献中，笔者未搜寻到对于这一观点的支撑理由更为详细的说明。此三点理由为笔者本人站在这一观点支持者的角度进行的分析与论述。

[2] 参见朱岩：《利于第三人合同研究》，载《法律科学（西北政法学院学报）》2005 年第 5 期。

证证明对价关系是属何种法律性质？

可见，寄希望于法律抽象出一种恰当的不当得利请求权处理方式系十分困难。因在此类案例中，很难确定究应着重保护何者的利益，其背后是难以抉择的几种价值之间的对抗：

第一，效率与公平的矛盾。受约人直接向受益人请求返还不当得利显然更具效率，受益人直接返还原物往往可以免去对标的物进行估价、具体计算受约人所遭受的损失等过程，受益人返还也不具有太多磋商空间，可以最快地使受约人收到损失利益的返还。然而如前文所述，受益人基于有效的对价关系取得利益，从本质上讲并不构成不当得利，令要约人返还似乎更公平。

第二，保护善意的一方与保护受损失的一方的矛盾。受益人在因补偿关系无效所生不当得利问题下，显然是善意且无过错的一方。善意的一方在法律关系中的地位无论如何不应被恶化，民法应当保护交易的安全，不能给善意的一方施以不必要的义务。然而受约人却是受损失的一方，其向第三人履行的给付因补偿关系无效而丧失了法律上的原因，欠缺正当理由而遭受了损失，民法同样应当最大程度填补其遭受的损失，保护其取回原物的权利。

第三，法律理论与民众普遍认知的矛盾。按照民法的理论，第三人利益契约下受约人向受益人为给付并不影响三方当事人间的利益状态，通过一次交付同时消灭了两对债权债务关系。但是民众大多对于法律理论并不了解，其很难理解向受益人交货的一瞬间真正获取收益之人系要约人，更无法理解为什么向受益人交付的货物要请求要约人返还。虽然法律更多是裁判者的工具，并不要求每一个公民都了解其内在的机理，但是在现实生活中，尤其是民事交易领域，向谁交付请谁返还乃是基本交易习惯，民众往往会按照自己对法律的理解去与有关的当事人磋商，法律强行规定另一种请求方式，常常需付出多余的成本。

管见以为，对于上述的矛盾很难进行绝对正确的解答，无论法律选择采用哪一种学说，都定然会招致另一部分人的反对。此种情况下最好之解决办法系放弃采纳任一绝对化的学说作为裁判标准，而回归当事人之间的意思自治。笔者试图给出之解决办法是：当争议发生时，应当首先极力促使当事人之间进行磋商，共同讨论决定由谁返还不当得利。在反复磋商不成的情况下，当由受约人自主选择向任意方提出返还不当得利的请求，但如果向受益人请求，受益人可要求受约人补偿受益人向要约人提起违约损害赔偿时所要付出的多余成本。

笔者持上述观点主要有如下几点理由：①在理论学说具有较大争议时，民法应当允许当事人间自行协商解决，因为经磋商得出的结果定然符合三方利益的最大化；②在磋商不成的情况下，采取此种手段可最大化平衡上文所述的几点价值上的矛盾。既可以保护善意的受益人不会付出无谓的成本，又给了受约人以追回原物的可能，可同时保障效率和公平，平衡三方当事人的利益；③后段的争议解决办法只能在当事人磋商不成的情况下采取，这体现了民法对于意思自治的充分尊重，彰显了意思自治先行于法律裁判的民法理念。

四、对价关系无效及双重瑕疵所生不当得利问题

（一）对价关系无效

1. 不当得利之产生

补偿关系有效，而对价关系无效时，第三人利益契约本身的效力不受影响，受约人基于有效的补偿关系，不得拒绝向受益人履行给付，受益人在受约人未履行给付时依旧对其享有请求权。然而，如果要约人和受益人之间不存在有效的对价关系，则要约人无理由放弃受约人对自己的给付，进而赋予第三人请求权。质言之，在第三人利益契约中，受益人享有请求权之缘由正仰赖于对价关系之有效存在，一旦对价关系无效，受益人因受约人给付而获利便失去法律上原因，构成不当得利。

2. 不当得利请求权的处理

不同于补偿关系无效时不当得利请求权之处理有较大争议，对价关系无效而生不当得利请求权之分配在学界具有一致的观点和结论，即应令要约人向受益人请求返还不当得利，该观点可兹赞同。[1] 追问内在缘由，对价关系无效之后果仅涉及要约人与受益人两方，受约人向受益人为给付，只需补偿关系有效，即便其并不明确知晓对价关系具体为何，丝毫不影响第三人利益契约成立。受约人因补偿关系而受对待给付获利，具有法律上之原因，故对价关系无效而生不当得利问题无关乎受约人。因此解决对价关系无效时不当得利请求权处理问题之关键系分析受益人与要约人二者谁系受损方、谁为获益方。

一者若把系争利益理解为债权，倘自始无对价关系存在，第三人利益契约无订立之动力，要约人本应直接受领受约人之给付，受益人亦无法获得请

---

〔1〕 参见王泽鉴：《不当得利》（第二版），北京大学出版社 2015 年版，第 226 页。

求受约人为给付之权利，则要约人丧失受给付之权利构成法律上的受损，受益人取得对受约人之请求权构成法律上的获利，对价关系无效斩断该利益于法之因。二者若把系争利益理解为物权，则要约人无故丧失了基于补偿关系本应获有的货物所有权构成受损，受益人无故取得货物所有权构成获利。不论对系争利益做何种解释，受损方系要约人，获利方为受益人，要约人可向受益人请求返还不当得利。

（二）双重瑕疵

缩短给付类型第三人利益契约之极端情形为补偿关系与对价关系均无效或被撤销，此情况于学理上称为"双重瑕疵"。双重瑕疵背景下，受约人无理由向任一方为给付，要约人亦不必为受益人创设利益，要约人对受约人、受益人对要约人分别成立不当得利。[1] 因而不当得利请求权亦应当由受约人向要约人、要约人向受益人分别提出。[2] 值得讨论之问题系此时受益人对受约人是否构成不当得利，从而能否赋予受约人直接向受益人请求返还不当得利的权利。

管见以为，在仅有补偿关系无效时，应允许当事人意思自治，沟通不成时于特定条件可让受约人向受益人请求返还不当得利，但是在双重瑕疵之下，不给予受约人对受益人直接的不当得利请求权为宜。主要原因在于：

（1）倘认为受约人对受益人有直接的不当得利请求权，三方请求返还不当得利之权利行使将趋于混乱。对价关系无效使要约人对受益人具有不当得利返还请求权，而如果受约人也可以请求受益人返还不当得利，受益人将同时对两者具有返还不当得利之义务，两义务间如何平衡？若受约人向受益人请求返还，其与要约人之不当得利关系又要如何处理？此些问题于现有理论框架下很难解决。

（2）不认定受约人对受益人有直接不当得利请求权有利于维护三者间的抗辩。在三方正常的关系框架下，受益人所有抗辩均只能针对要约人，这种抗辩无法天然地移转至受约人，如果直接赋予受约人以不当得利请求权，受益人无法对其进行抗辩，显然侵害了受益人的抗辩权利。若令受约人与要约人、要约人与受益人间分别进行不当得利返还，则受益人对要约人便可以主

---

[1]　不当得利成立之理由在上文补偿关系无效和对价关系无效之部分均已论及，此处原理与上述相同。

[2]　王泽鉴：《民法思维——请求权基础理论体系》，北京大学出版社 2015 年版，第 114 页。

张抗辩（如同时履行抗辩等）。

（3）此种分配方式可以有效地保护三者的利益和权利。当仅有补偿关系无效时，受约人如果向要约人请求返还不当得利，其标的只能是系争货物所折合的价额，这使得受约人陷入了不可能取回原物的境地，往往会对其造成潜在的损失。而双重瑕疵情况下则有所不同，对价关系无效使得要约人具有了对受益人的不当得利请求权，而补偿关系无效使得要约人对受益人的给付应系自始不能，故要约人获得之不当得利请求权本身也不具备法律上之原因，构成了其对真实的受损方也即受约人的不当得利。因此，受约人要求要约人返还之不当得利，其标的是要约人对受益人之不当得利请求权。[1] 受约人可基于此"双重不当得利请求权"向受益人请求返还原物，避免了对受约人潜在的损失。同时由于受约人获得的是从要约人处移转得来的请求权，故受益人对要约人的抗辩也可一并转让，可向受约人主张，亦保护了受约人的抗辩权利。

五、义务人无力返还时对权利人的救济

上文对于缩短给付类型第三人利益契约于三种情况所生之不当得利请求权如何处理进行了论述，然而另一个具有讨论意义的问题是，如果负有返还义务的一方当事人因破产或者其他原因无力返还不当得利时，可否赋予权利人向另一方当事人请求返还的救济？此处笔者以补偿关系无效为例，探讨第三人可否承担风险之问题，另两类不当得利与此类情况相类似，故不予赘述。

补偿关系无效是缩短给付类型第三人利益契约不当得利问题中最复杂的情况，笔者对于此问题提供的解决方法是令当事人先行协商，协商不成可由受约人自主选择向哪一方请求返还不当得利。如此便有受益人返还以及要约人返还两种情形需要讨论。

（一）受益人返还

在经由协商或者受约人选择令受益人返还不当得利后，受益人破产或由于其他原因致无法返还之情形下，笔者认为应当令要约人替代返还不当得利。前文已经详述，之所以不可剥夺受约人直接向受益人返还不当得利之权利，

---

〔1〕 这种观点认为双重瑕疵下，受约人得依不当得利规定向要约人请求返还的是要约人对受益人的不当得利请求权，理论上称之为"双重不当得利请求权说"，同时还有另一种观点为"价额说"，笔者不太赞同，此处不予赘述。详见黄立：《民法债编各论》（下），中国政法大学出版社 2003 年版，第755 页。

盖因为受益人可方便以此追回原物，此种返还方式对于受约人而言或更具效率，更符合传统交易之习惯。而实际受益人并无过错，补偿关系无效本应由要约人返还不当得利，允许其向受益人请求返还是基于最大程度保护受约人利益之考量。但若有受益人破产之情势出现，返还原物以及追求效率等利益已经不复存在，此时法律上更重要的追求应为完成不当得利之返还。要约人在补偿关系无效中系真正的过错方，也是实质的不当得利人，回归由要约人返还不当得利之状态也系法律之应有决断。因此，在受益人无法返还时，应当允许受约人向要约人请求返还，从而救济受约人之权利。

（二）要约人返还

另者，系受约人选择由要约人返还不当得利，而其后要约人破产之情形，笔者认为，此时的风险应由受约人自担，受约人不能请求受益人返还不当得利。严格来讲，对价关系构成了受益人取得利益的正当理由，令受益人返还利益主要是出于保护受约人的目的（前文已再三论述，兹不赘），允许其向受益人请求，系因考虑到受益人即便返还利益，依旧可向要约人请求违约损害赔偿，实质上不会损害受益人之利益，最终还是由有过错的要约人承担责任。可如果要约人破产，则情况便有所不同，令受益人返还利益后，其无法从要约人处获得完整的赔偿，则损失相当于完全由受益人承担。然缩短给付类型第三人利益契约下，从实质上讲并未使受益人获得额外的利益，因而一个与无效的法律行为毫无关系、对其无效毫无过错的第三人，需要遭受法律行为无效所产生的损失，承担限于双方当事人法律行为无效之风险，显然极不符合法律所追求之公平正义。因而此时受约人应当只能寻求他种救济，而不能令受益人承担此部分损失。

六、结论

通过全文论述，可得出以下结论：其一，补偿关系无效时，理论上对于不当得利请求权如何处理存在较大争议，笔者的观点是法律应首先充分尊重当事人之间的意思自治，让其协商解决，协商不成时，可由受约人选择向一方请求返还不当得利，但如果向受益人请求则受益人有权请求受约人补偿其向要约人追偿时付出的必要费用。此种做法可以最大程度平衡三方之间的利益，又不失公平与正义。其二，对价关系无效时，学界对于不当得利请求权的分配没有重大分歧，可兹赞同，即由要约人向受益人请求返还不当得利。但对价关系无效不影响第三人利益契约之成立，受约人不得以此为由拒绝向受益人为给付。其三，在补偿关系和对价关系均无效之双重瑕疵情形下，需由受约人向要约人、要约人向受益人分别请求返还不当得利，不给予受约人直接向受益人提出返还之请求权。但要约人对受约人之不当得利标的为对受益人之双重不当得利请求权，受约人可以凭此种请求权向受益人请求返还不当得利。其四，补偿关系无效时，如果是受益人被请求返还不当得利而后无力返还，则受约人可向要约人寻求救济，请求要约人返还。如果是要约人被请求返还不当得利而后无力返还，则受约人需要自担风险，不能向受益人寻求救济。

商标惩罚性赔偿的适用优化研究
——从"法定赔偿的惩罚性"争论展开[*]

邵红红[**]

摘　要： 为解决商标惩罚性赔偿适用范围狭窄的问题，学界以司法实践中"法定赔偿具有惩罚性"的判决为基础，形成了两条解决路径：一是在法定赔偿中引入惩罚性功能；二是将法定赔偿纳入商标惩罚性赔偿的计算基数范围。路径选择需以商标惩罚性赔偿功能的准确认知为基础，第一条路径在理论层面上难以逻辑自洽，在司法实践中缺乏有力佐证，不能实质性解决商标惩罚性赔偿的适用难题。在知识产权市场价值理念下，商标损害赔偿金额计算在整体上具有裁量性，因此将法定赔偿纳入计算基数范围具有可行性。但是将法定赔偿作为计算基数可能招致商标惩罚性赔偿滥用的制度隐患，需要将"原告充分举证"作为法定赔偿纳入计算基数范围的限制条件。

关键词： 商标惩罚性赔偿　法定赔偿　计算基数

---

　　* 本文系 2017 年度国家社会科学基金重大项目"创新驱动发展战略下知识产权公共领域问题研究"（项目编号：17ZDA139）研究成果。

　　** 邵红红，中国政法大学法学院 2020 级硕士研究生（102249）。

引　言

在知识产权"严保护"的格局之下，《商标法》第四次修改将惩罚性赔偿制度的倍数从三倍提高到五倍，法定赔偿的上限也相应地由 300 万元提升至 500 万元。加大知识产权保护力度不仅需要立法规定，更需要制度落实，2019 年 11 月中共中央办公厅、国务院办公厅印发的《关于强化知识产权保护的意见》中明确指出要"有效执行惩罚性赔偿制度"。但实践中商标惩罚性赔偿制度的实施效果并不理想，体现在商标侵权诉讼中法定赔偿的适用仍占据多数，即使侵权人的行为满足"恶意侵犯商标专用权""情节严重"的构成要件，也往往因为无法确定"权利人因被侵权所受到的实际损失、侵权人因侵权所获得的利益、注册商标许可使用费"而无法计算惩罚性赔偿金额，导致惩罚性赔偿制度在实践中的适用空间非常狭窄，[1] 无法实现其最初的立法目的。

为了在现行《商标法》的框架之下解决法定赔偿广泛适用、惩罚性赔偿制度难以落实的问题，实践中部分法院"另辟蹊径"，在原本仅具有补偿性功能的法定赔偿中引入惩罚性功能。以 2013 年《商标法》引入惩罚性赔偿制度为分水岭，在 2013 年之前即使当事人请求法院考虑侵权人的主观恶意并予以惩罚，法院也会以法定赔偿不具有惩罚性功能而对当事人的诉讼请求不予支持。[2] 但在 2013 年之后，实践中开始出现认为法定赔偿兼具补偿性和惩罚性双重功能的判决。[3] 此类判决引发了学界关于"法定赔偿是否具有惩罚性"的争论，并形成了解决惩罚性赔偿制度适用难题的两条不同路径：第一条路径是在法定赔偿中引入惩罚性功能，形成法定赔偿和惩罚性赔偿制度兼具惩罚性的局面；第二条路径是否定法定赔偿具有惩罚性功能，将法定赔偿纳入惩罚性赔偿的计算基数范围。如何进行路径选择和理论证成对惩罚性赔偿制度的完善与落实具有重要意义。路径选择的标准在于商标惩罚性赔偿的

---

〔1〕　笔者在知产宝数据库的商标库中以"本院认为"和"惩罚性赔偿"为关键词进行搜索，得到的 122 个案例中只有 5 个案例是在确定权利人具体损害赔偿额的基础上计算惩罚性赔偿金额，其余案例中法院均适用法定赔偿对原告的损失予以赔偿。

〔2〕　例如在判决中指出"我国商标法所确立的侵权赔偿制度属于补偿性赔偿，而非惩罚性赔偿"，参见上海市高级人民法院（2004）沪高民三（知）终字第 3 号民事判决书。

〔3〕　例如在判决中指出"商标法已经确立损害赔偿制度应当坚持填补损失和惩罚侵权双重目标的情况下，作为计算损害赔偿兜底方式的法定赔偿制度，同样应兼具补偿和惩罚的双重功能"，参见上海知识产权法院（2015）沪知民初字第 731 号民事判决书。

价值实现，而价值实现又以功能认知为基础。因此，本文在商标惩罚性赔偿的功能界定基础上，通过对我国司法实践的深入考察和理论分析进行路径选择，得出在法定赔偿中引入惩罚性功能的做法不具有可操作性，需要将目光转向第二条路径并进行正当性论证，提出商标惩罚性赔偿的适用优化方案。

一、解决商标惩罚性赔偿适用难题的两种路径

（一）路径一：在法定赔偿中引入惩罚性功能

针对目前惩罚性赔偿制度的适用难题，部分学者以司法实践中的"法定赔偿具有惩罚性功能"判决为基础，形成了第一种路径，其主要的依据有三点：一是从司法实践出发，认为个案中法官在判决书中将惩罚性赔偿制度的构成要件"主观恶意、情节严重"作为确定法定赔偿金额的考量因素，体现出法定赔偿中惩罚性功能的发挥。[1] 二是从法定赔偿金额确定的考量因素出发，认为法院在确定赔偿金额时需要综合考量多种因素，包括侵权人的主观过错程度、使用的侵权手段和方式、侵权行为持续的时间等，其中对行为人主观过错的考量即惩罚性功能的体现，[2] 因为侵权人的过错性质和程度对于以填平原则为基础的损害赔偿金额的确定而言是无关的因素。[3] 三是从法定赔偿上限出发，认为《商标法》修改中法定赔偿上限和加倍赔偿倍数同时提升，可被解读为法定赔偿中惩罚性功能的引入。[4]

在法定赔偿中引入惩罚性功能之后，下一个需要解决的问题是：法定赔偿与现有的惩罚性赔偿制度之间的关系如何？有学者认为法定赔偿属于惩罚性赔偿的一种，不能在法定赔偿的基础上适用惩罚性赔偿。[5] 换言之，法定赔偿不可作为《商标法》第 63 条第 1 款的惩罚性赔偿的计算基数，[6] 原因是在法定赔偿中引入惩罚性功能后，法官可在法定赔偿的最高限额范围内对

---

〔1〕 参见袁秀挺：《知识产权惩罚性赔偿制度的司法适用》，载《知识产权》2015 年第 7 期，第 25 页。

〔2〕 参见罗莉：《论惩罚性赔偿在知识产权法中的引进及实施》，载《法学》2014 年第 4 期，第 29~30 页；冯晓青、罗娇：《知识产权侵权惩罚性赔偿研究——人文精神、制度理性与规范设计》，载《中国政法大学学报》2015 年第 6 期，第 40 页。

〔3〕 参见冯术杰、夏晔：《警惕惩罚性赔偿在知识产权法领域的泛用——以商标法及其实践为例》，载《知识产权》2018 年第 2 期，第 46 页。

〔4〕 参见钱玉文、李安琪：《论商标法中惩罚性赔偿制度的适用——以〈商标法〉第 63 条为中心》，载《知识产权》2016 年第 9 期，第 62~63 页。

〔5〕 参见袁秀挺：《知识产权惩罚性赔偿制度的司法适用》，载《知识产权》2015 年第 7 期，第 26 页。

〔6〕 参见冯晓青、罗娇：《知识产权侵权惩罚性赔偿研究——人文精神、制度理性与规范设计》，载《中国政法大学学报》2015 年第 6 期，第 39 页。

符合"主观恶意、侵权情节严重"构成要件的行为进行惩罚。[1] 就具体的操作方式而言，有学者认为应在法定赔偿范围内划定不同的幅度，恶意侵权适用较高幅度的法定赔偿。[2]

（二）路径二：将法定赔偿纳入计算基数范围

"在法定赔偿中引入惩罚性赔偿功能"的观点在学界虽然颇受青睐，但仍有部分学者坚持法定赔偿仅具有补偿性功能，而不具有惩罚性功能，并且对"法定赔偿具有惩罚性功能"的论据进行了逐一反驳：一是从司法实践出发，认为虽然某些案件中法官明确指出法定赔偿具有惩罚性功能，但"法官对相关考量因素与法定赔偿数额之间的因果关联关系缺乏清晰的说明，依然无法透过此种强调体察法定赔偿的惩罚性意图。"[3] 二是从法定赔偿金额确定的考量因素出发，认为在确定赔偿额的过程中考量"主观过错"因素是为了辅助推断侵权行为的事实和结果，其目的仍是填补受害人损失，而非在补偿性功能之外引入惩罚性功能。[4] 三是从条文解释出发，《商标法》第 63 条第 3 款表述为"权利人因被侵权所受到的实际损失、侵权人因侵权所获得的利益、注册商标许可使用费难以确定的，由人民法院根据侵权行为的情节判决给予五百万元以下的赔偿"，即意味着法定赔偿是作为第 63 条第 1 款三种损失计算方式的替代，发挥的仍是补偿性功能。[5]

在认为法定赔偿不具有惩罚性功能的基础上，为了规制商标损害赔偿额无法具体确定时的恶意侵权行为，此部分学者主张应将法定赔偿纳入惩罚性赔偿金额计算的基数范围，[6] 在确定法定赔偿额的基础上再适用倍数比确定惩罚性赔偿金额。此种观点涉及对目前《商标法》第 63 条的重构，因此司法

---

〔1〕 参见袁秀挺：《知识产权惩罚性赔偿制度的司法适用》，载《知识产权》2015 年第 7 期，第 28 页。

〔2〕 参见冯晓青、罗娇：《知识产权侵权惩罚性赔偿研究——人文精神、制度理性与规范设计》，载《中国政法大学学报》2015 年第 6 期，第 40 页。

〔3〕 徐聪颖：《制度的迷失与重构：对我国商标权惩罚性赔偿机制的反思》，载《知识产权》2015 年第 12 期，第 42 页。

〔4〕 参见侯凤坤：《新〈商标法〉惩罚性赔偿制度问题探析》，载《知识产权》2015 年第 10 期，第 88 页；周晖国：《知识产权法定赔偿的司法适用》，载《知识产权》2007 年第 1 期，第 9 页。

〔5〕 参见张红：《恶意侵犯商标权之惩罚性赔偿》，载《法商研究》2019 年第 4 期，第 169 页；高莉：《知识产权法定赔偿的功能异化与矫正策略》，载《电子知识产权》2020 年第 3 期，第 79 页。

〔6〕 参见舒媛：《商标侵权惩罚性赔偿适用情形研究》，载《法学评论》2015 年第 5 期，第 151 页；徐聪颖：《制度的迷失与重构：对我国商标权惩罚性赔偿机制的反思》，载《知识产权》2015 年第 12 期，第 39 页。

实践中并无印证，主要集中于理论层面的讨论。

二、路径选择：基于商标惩罚性赔偿的功能认知

（一）商标惩罚性赔偿的功能界定

解决商标惩罚性赔偿适用难题的路径选择需要以商标惩罚性赔偿的价值实现为核心，价值实现则以商标惩罚性赔偿的功能界定为基础。惩罚性赔偿制度的引入背景是知识产权侵权现象泛滥，商标权人、其他经营者之间利益失衡，因此惩罚性赔偿制度的功能界定需要以平衡双方的利益为出发点。

在"普遍性侵权"现象之下，商标权人的利益受到直接损害。一方面，对于商标权人而言，侵权人的侵权行为使其苦心经营的商誉被攫取，劣质的侵权产品甚至会造成商标权人的商誉毁损。商标权人为了维持商誉和市场竞争力，需要采取措施去发现、制止侵权行为，此过程涉及人力、财力、时间等各方面因素的投入，在诉讼中法院所认可的合理开支一般仅仅限于原告成功举证的范围，对于权利人的无形投入并不能完全弥补。在维权成本高于侵权成本时，商标权人寻求救济的热情将会被削减，[1] 且在基于填平原则赔偿具体损失之后，侵权人出于逐利心理很可能再次实施侵权行为，商标权人则陷入维权的死循环中，导致其缺乏进一步研发产品、累积商誉的内在激励，甚至会产生"劣币驱逐良币"的效果。而"知识产权客体具有消费上的非竞争性"，[2] 其他人对商标的使用并不会导致商标权人无法继续使用商标，侵权行为被发现的概率相较于侵害有体物而言有所降低。侵权者在低成本、高收入的逐利心理与"漏网之鱼"的侥幸心理之下，相继实施侵权行为，最终形成"普遍性侵权"的现象。[3]

"普遍性侵权"现象折射出商标权人的维权困境，商标权人与侵权者之间的利益失衡问题在传统的填平原则视角下不能得到妥善解决，惩罚性赔偿的功能实现需要以商标权人与侵权者之间的利益平衡为出发点。对于商标权人来说，侵权行为屡禁不止，商标无法精准发挥来源识别功能和质量保障功能。惩罚性赔偿制度的设立通过为商标权人提供超过补偿性赔偿的激励性报偿，

---

[1] 参见冯晓青、罗娇：《知识产权侵权惩罚性赔偿研究——人文精神、制度理性与规范设计》，载《中国政法大学学报》2015年第6期，第29页。

[2] 蒋舸：《知识产权法定赔偿向传统损害赔偿方式的回归》，载《法商研究》2019年第2期，第187页。

[3] 参见江帆、朱战威：《惩罚性赔偿：规范演进、社会机理与未来趋势》，载《学术论坛》2019年第3期，第66页。

提高了商标权人维权的积极性。[1] 对于侵权者来说，侵权成本高低与两个因素有关，一是侵权行为被发现的概率，二是侵权行为被发现后的判赔金额。惩罚性赔偿金额的加入使得判赔力度上升，同时商标权人的维权积极性提高也会使得侵权行为被发现的概率上升，因此侵权者的侵权成本将会提高。违法成本的提高，不仅阻遏了侵权行为实施者继续或再次实施侵权行为，也对潜在的侵权者产生了威慑作用。因此，激励商标权人维权和阻遏、威慑侵权者为商标惩罚性赔偿制度的基本功能，商标惩罚性赔偿的具体适用应围绕其功能实现展开。

（二）对"法定赔偿具有惩罚性功能"观点的质疑

商标惩罚性赔偿的具体适用需要围绕功能实现展开，在个案中以补偿性功能与惩罚性功能的明确区分为基础，若法院的个案说理和最终裁判结果无法体现出二者的区分，则商标惩罚性赔偿的制度功能无法在个案中获得具体表达。因此，"在法定赔偿中引入惩罚性功能"路径的可行性判断标准在于其能否实现商标惩罚性赔偿的功能。具体而言，不仅需要考虑在应然层面上是否能够保持商标惩罚性赔偿逻辑体系的一致性，还需要考虑在实然层面上法定赔偿的补偿性功能与惩罚性功能是否能够明确界分。

1. 在理论层面上难以逻辑自洽

第一种路径认为，法定赔偿具有惩罚性功能且不能与现有的惩罚性赔偿制度并用，其隐含的前提是，法定赔偿的惩罚性功能与现有的惩罚性赔偿制度并非等同。二者的相同之处在于都需要满足恶意侵权的主观恶意、侵权情节严重的条件，不同之处在于法定赔偿的惩罚性功能发挥并不以查明具体的损失为基础，且惩罚性金额的确定也并不采取倍数叠加，而是在法定赔偿的幅度范围内酌定。[2] 此种观点表面上维持了第 63 条现有的立法格局、认可了司法实践的创新，但实际上是在《商标法》体系下隐藏性地创设了一种带有惩罚性质的赔偿制度。一明一暗的两种惩罚性赔偿制度并行会带来两个问题：

一是如何保证两种并行的惩罚性赔偿制度的适用效果一致？虽然惩罚性

---

〔1〕 参见徐聪颖：《知识产权惩罚性赔偿的功能认知与效用选择——从我国商标权领域的司法判赔实践说起》，载《湖北社会科学》2018 年第 7 期，第 151 页。

〔2〕 参见袁秀挺：《知识产权惩罚性赔偿制度的司法适用》，载《知识产权》2015 年第 7 期，第 28 页。

赔偿金额的确定中加入了很多价值判断的因素,[1] 导致其适用具有不可预测性,[2] 但采用倍数比的惩罚性赔偿计算的基数有其精确性所在,在此基础上的惩罚性赔偿金额能够达到其制度目的。而法定赔偿发挥补偿功能时具体损失是由法院根据自由裁量权酌定,虽然在此过程中需要综合考量各种因素,但是具体损失仍不能确定,在此基础上确定的惩罚性赔偿金额是否真正发挥了惩罚性功能并不确定,在某些情况下所谓的惩罚性赔偿实质上仍是对权利人损失的补偿。因此,在法定赔偿中引入惩罚性功能难以实现惩罚、威慑侵权者的制度功能,无法与采取倍数比的惩罚性制度齐驱并驾,达到同样的适用效果。

二是如何限制法院的自由裁量权?虽然法定赔偿的性质决定了法院具有较大的自由裁量空间,但法定赔偿的幅度范围随着修法不断增大,使得法院的自由裁量权进一步扩大,在此基础上酌定惩罚性赔偿金额很可能造成"泛打击"的局面,仅通过严格限制惩罚性赔偿的构成要件并不能达到限制法官的自由裁量权的目的。那么法定赔偿的 500 万元最高额能否起到限制自由裁量权的作用呢?正如王利明教授所指出的,由于个案中损害后果不同,不宜采用设定数额上限的方式来确定知识产权惩罚性赔偿金额。[3] 虽然最高人民法院在 2009 年的《关于当前经济形势下知识产权审判服务大局若干问题的意见》(以下简称《意见》)中指出:"对于难以证明侵权受损或侵权获利的具体数额,但有证据证明前述数额明显超过法定赔偿最高限额的,应当综合全案的证据情况,在法定最高限额以上合理确定赔偿额。"表面看来《意见》似乎为法定赔偿发挥惩罚性赔偿功能突破上限提供了操作的空间,实则不然,此解释中强调了突破法定赔偿上限的前提是具体损失超过法定赔偿上限,本质上仍是对填平原则的重申。由此观之,在法定赔偿上限范围内发挥法定赔偿的惩罚性功能表面上可以限制法院自由裁量权,但其正当性和实际操作效果仍待证成。

---

〔1〕 参见朱凯:《惩罚性赔偿制度在侵权法中的基础及其适用》,载《中国法学》2003 年第 3 期,第 90 页。

〔2〕 参见徐聪颖:《制度的迷失与重构:对我国商标权惩罚性赔偿机制的反思》,载《知识产权》2015 年第 12 期,第 45 页。

〔3〕 参见王利明:《论我国民法典中侵害知识产权惩罚性赔偿的规则》,载《政治与法律》2019 年第 8 期,第 104 页。

2. 在司法实践中缺乏有力佐证

在法定赔偿中引入惩罚性功能最初源于司法实践的创新，因此其可行性论证需要基于对我国司法实践的深入考察。本文在知产宝的商标库中以"本院认为"和"惩罚性赔偿"为关键词进行搜索，得到 122 份案例，筛选出在法定赔偿中引入惩罚性赔偿的案例共 31 份。判断法定赔偿是否真正地具有惩罚性功能，可从法院的判决说理和最终裁判结果予以分析。

首先，从法院的判决说理来看，31 份判决中明确提出法定赔偿具有惩罚性的判决有 23 份，在具体的表述上各个法院有所不同：有的法院表述为"惩罚性赔偿"，共 13 份；[1] 有的法院表述为"惩罚性功能"，共 8 份；[2] 有的法院表述为"惩罚性赔偿原则"，共 2 份。[3] 在剩余 8 份判决中法院并没有明确指出法定赔偿具有惩罚性，但是考量了惩罚性赔偿的适用要件。但即使法院使用了"惩罚性"字眼，也仅有少部分法院对"主观恶意、情节严重"构成要件进行了详细论述，还有部分法院仅对其中一个构成要件进行了简单论述，但近半数的法院并未展开对构成要件的详细论述。由此可见，法院的表述虽反映出其意图在法定赔偿中发挥惩罚性赔偿的制度功能，但判决的说理并不充分，无法透过判决窥见法定赔偿的惩罚性功能的发挥，使得所谓的"惩罚性"沦为法院说理的工具。

其次，从法院的裁判结果来看，在 23 份认为法定赔偿具有惩罚性的判决

---

〔1〕 参见广东省高级人民法院（2018）粤民终 2044 号民事判决书、甘肃省高级人民法院（2019）甘民终 269 号民事判决书、广东省高级人民法院（2017）粤民终 701 号民事判决书、江苏省镇江市中级人民法院（2018）苏 11 民初 394 号民事判决书、广东省广州市白云区人民法院（2014）穗云法知民初字第 657 号民事判决书、广东省深圳市中级人民法院（2015）深中法知民初字第 556 号民事判决书、四川省自贡市中级人民法院（2018）川 03 民初 99 号民事判决书、广东省东莞市第二人民法院（2014）东二法知民初字第 356 号民事判决书、广东省佛山市禅城区人民法院（2017）粤 0604 民初 15519 号民事判决书、安徽省芜湖经济技术开发区人民法院（2018）皖 0291 民初 3489 号民事判决书、北京市石景山区人民法院（2018）京 0107 民初 14142 号民事判决书、广东省惠州市惠城区人民法院（2016）粤 1302 民初 8635 号民事判决书、北京市石景山区人民法院（2016）京 0107 民初 16771 号民事判决书。

〔2〕 参见江苏省高级人民法院（2017）苏民终 220 号民事判决书、上海市高级人民法院（2016）沪民终 409 号民事判决书、北京知识产权法院（2018）京 73 民终 2132 号民事判决书、广州知识产权法院（2017）粤 73 民终 2097 号民事判决书、上海知识产权法院（2015）沪知民初字第 731 号民事判决书、江苏省镇江市中级人民法院（2019）苏 11 民初 29 号民事判决书、江苏省苏州市虎丘区人民法院（2018）苏 0505 民初 5551 号民事判决书、浙江省高级人民法院（2017）浙民终 197 号民事判决书。

〔3〕 参见山东省青岛市中级人民法院（2015）青知民初字第 13 号民事判决书、浙江省金华市中级人民法院（2019）浙 07 民终 721 号民事判决书。

样本基础上，本文进一步分析了"原告是否主张惩罚性赔偿""法院判赔金额与原告索赔金额之间的关系""法定赔偿金额中是否明确惩罚性赔偿金额"三个因素（如下表1）。在"原告是否主张惩罚性赔偿"这一因素中，仅有 7 份判决的原告主张了惩罚性赔偿，且法院对原告主张的索赔金额并非完全支持，甚至与原告主张索赔金额相差甚远。在其余的 16 份判决中原告并未主张惩罚性赔偿，而是由法院依职权在确定赔偿金额时加入惩罚性因素，最后仍是在原告主张范围内酌定金额。在 23 份判决中，只有 2 份判决明确了法定赔偿中带有惩罚性质的金额部分，[1] 例如在判决中指出"本案 20 万元赔偿数额中惩罚性赔偿金额为 5 万元"。[2]

表1　认为法定赔偿带有"惩罚性"的裁判结果

原告是否主张惩罚性赔偿	法院判赔金额与原告索赔金额之间的关系	法定赔偿金额中是否明确惩罚性赔偿金额
是（7 份）	判赔金额＝索赔金额（1 份）	明确惩罚性赔偿金额（1 份）
	判赔金额［索赔金额（6 份）］	未明确惩罚性赔偿金额（6 份）
否（16 份）	判赔金额＝索赔金额（6 份）	明确惩罚性赔偿金额（1 份）
		未明确惩罚性赔偿金额（5 份）
	判赔金额［索赔金额（10 份）］	未明确惩罚性赔偿金额（10 份）

最后，结合判决说理和裁判结果来看，虽然法院在说理部分指出法定赔偿具有惩罚性，并试图通过对"主观恶意"和"侵权情节严重"的论述将惩罚性赔偿制度移接到法定赔偿之中，但从判决结果看，绝大多数法院仍选择酌定金额，具体的惩罚性金额并没有清晰地体现。换言之，绝大多数法院并没有回答法定赔偿的惩罚性功能和补偿性功能之间如何进行界分的问题。即使有个别法院在酌定的金额中指出具体的惩罚性金额，但其金额的得出仍缺乏严密的论证。由此可见，虽然法院在说理中对惩罚性赔偿条件成就的现实予以承认，但是说理与判赔之间并未实现良好对接，在法定赔偿中引入惩

---

〔1〕　参见广州知识产权法院（2017）粤 73 民终 2097 号民事判决书、广东省惠州市惠城区人民法院（2016）粤 1302 民初 8635 号民事判决书。

〔2〕　参见广州知识产权法院（2017）粤 73 民终 2097 号民事判决书。

罚性功能无法实现商标惩罚性赔偿的制度功能，更遑论纾解惩罚性赔偿制度适用范围狭窄的困境。

综上分析，在法定赔偿中引入惩罚性功能的路径表面上是司法实践的创新之举，实际上却是在法律制度框架之下进行法律适用的权宜之计，"法定赔偿具有惩罚性功能"的观点在理论层面存在难以克服的缺陷，司法实践中也难以得到佐证，将其作为解决目前商标惩罚性赔偿制度适用难题的方案无法发挥商标惩罚性赔偿制度的功能，甚至会造成现有逻辑体系的混乱。

（三）将法定赔偿作为计算基数的正当性

基于前述分析可知，在法定赔偿中引入惩罚性功能不具有可操作性，故需要将目光转向第二条路径，即将法定赔偿纳入商标惩罚性赔偿的计算基数范围。扩张惩罚性赔偿的基数范围可解决实践中惩罚性赔偿的适用范围过窄的困境，以保障商标惩罚性赔偿制度的功能实现。但将法定赔偿作为计算基数后如何与现有三种损害赔偿计算方式相协调，以及如何保证商标惩罚性赔偿计算方式内在逻辑的一致性仍待明晰。

目前商标惩罚性赔偿制度的计算基数仅包括权利人实际损失、侵权人所获利益和许可费合理倍数三种，法定赔偿被排除在计算基数的范围之外。造成这种现状的原因在于，《商标法》第 63 条将惩罚性赔偿制度建构在"商标损害赔偿以确定具体损失为原则、适用法定赔偿为例外"的立法预设之上，惩罚性赔偿适用的前提在于确定具体损失，而法定赔偿本身则带有"不确定性"，与其他三种损害赔偿计算方式的"确定性"之间存在不可逾越的鸿沟。但实践中本该例外适用的法定赔偿却得到了广泛适用，[1] 进而导致商标惩罚性赔偿制度适用范围狭窄，这种本末倒置的现象对"商标损害赔偿以确定具体损失为原则"的立法预设提出了质疑，在此基础上商标惩罚性赔偿的适用是否仍应坚持具体损失精准确定的标准同样值得反思。因此，在探讨法定赔偿能否纳入惩罚性赔偿的计算基数范围前，需回归商标损害赔偿这个根本性问题去分析法定赔偿与其他三种损害赔偿计算方式能否实现协调。

1. 知识产权市场价值理念下对商标损害赔偿的再审视

"知识产权既缺乏物权所具有的天然的物理边界，又缺乏债权所具有的清

---

〔1〕 参见詹映：《我国知识产权侵权损害赔偿司法现状再调查与再思考——基于我国 11984 件知识产权侵权司法判例的深度分析》，载《法律科学（西北政法大学学报）》2020 年第 1 期，第 193 页。

晰的法律边界",〔1〕"知识产权是一种市场关系中的权利",〔2〕其价值由市场决定。知识产权的价值认定需要以市场认可度为基准,其保护水平亦需要与市场价值相契合。〔3〕根据吴汉东教授的研究,知识产权的资产价值特征是知识产权市场价值观的基础,在知识产权损害赔偿诉讼中,原告对损害的证明是围绕知识产权的资产价值进行的:损害的对象为无形资产价值,对应着知识产权无形性的基本特征;损害的范围是长期资产价值,对应着知识产权的期限性;损害的事实为非确定性资产价值,对应着知识产权价值变量的不确定性。〔4〕其中,对于损害事实而言,虽然法院可通过原告的举证确定损害事实的有无,但由于市场选择赋予不同知识产权以不同的价值内涵,使得原告很难通过举证确定损害赔偿金额。

具体到商标领域而言,商标权是营销领域的知识产权,商标权的市场价值由商标的商誉影响力决定。〔5〕我国商标权的取得方式为注册取得,但商标权并非商标商誉的直接表达。〔6〕商标权人经过行政机关授权而取得商标权,这是法律上的认可;注册商标只有经过商标权人投入市场使用后才能产生市场价值,这是市场中的认可。因此,商标权人在核定商品类别上的商标使用行为是商标商誉产生和累积的关键,也影响着的侵权责任的承担:注册商标未经使用则不会有商标商誉的累积,亦不会为商标权人带来经济利益,在此情形下他人未经许可使用相应商标也不会导致商标权人的实际损失,因此只需承担停止侵权的责任,而不涉及损害赔偿责任的承担。相反,商标权人在核定商品类别上使用商标后,便会逐步产生和累积商标商誉,商标的来源识别功能确定了商标商誉的归属,商标的质量保障功能则实现了商标商誉的累

〔1〕 宋晓明:《新形势下我国的知识产权司法政策》,载《知识产权》2015年第5期,第3页。

〔2〕 李明德:《关于知识产权损害赔偿的几点思考》,载《知识产权》2016年第5期,第3页。

〔3〕 参见蒋华胜:《知识产权损害赔偿的市场价值与司法裁判规则的法律构造》,载《知识产权》2017年第7期,第61页。

〔4〕 参见吴汉东:《知识产权损害赔偿的市场价值分析:理论、规则与方法》,载《法学评论》2018年第1期,第65~67页。

〔5〕 参见吴汉东:《知识产权损害赔偿的市场价值基础与司法裁判规则》,载《中外法学》2016年第6期,第1492页。

〔6〕 参见董美根:《英国商誉保护对我国商标专用权保护之借鉴》,载《知识产权》2017年第5期,第85页。

积。[1] 此时，商标权的保护与商标商誉的保护之间互为表里：商标商誉的保护需要通过保护商标权来实现，保护商标权的同时也保护了商标商誉。他人未经许可使用商标的行为构成对商标商誉的侵害，造成了商标权人的经济损失，如果仅根据侵权产品的价值确定损害赔偿的数额，则忽视了商标之上的商誉累积，因此商标损害赔偿需要以商标的商誉价值和恢复商标商誉所需的努力作为确定赔偿金额的出发点。[2]

2. 商标损害赔偿具有整体上的自由裁量性

在知识产权市场价值理念之下，商标商誉由于市场选择具有不确定性，而商标损害赔偿的基本目标在于恢复受损商标商誉，因此商标损害赔偿金额的计算在整体上呈现出自由裁量特征。这种裁量性来自两方面：

一方面，商标商誉与企业商誉之间难以分割，导致司法实践中商标权人难以对商标商誉受损进行单独举证。商标与企业商誉之间并非一一对应的关系，在市场竞争中，商标之上固然承载了商誉，但一个企业的商誉除了包括商标商誉之外，还包括经营者个人名誉和企业内部管理结构等多因素的贡献。[3] 商标商誉累积以精准发挥商标的来源识别功能为基础，企业商誉则是公司苦心经营结果的综合反映，实践中商标商誉和企业商誉之间的界限难以精确划分。在商标侵权诉讼中，原告所举证的损害赔偿额往往对应企业商誉，业已包含了商标使用、企业经营在内的多个因素，却难以对商标商誉的受损情况进行单独举证，因此，侵权产品所获利润中仅有一部分是来自商标侵权行为，若将产品的全部利润判赔给商标权人背离了商标法中"因侵权获得的利润"的规范意旨。[4] 法院在审理案件时也注意到此问题，例如在以"卡尔文·克雷恩商与厦门塞瑞达电子商务有限公司、陈泉生侵害商标权纠纷一审民事判决书"为代表的案例中，原告虽然举证了被告的销售额、销售单价，但是法院认为利润率不明、难以确定侵权人获利，因此最终仍用法定赔偿酌

---

〔1〕 参见董美根：《英国商誉保护对我国商标专用权保护之借鉴》，载《知识产权》2017 年第 5 期，第 86 页。

〔2〕 参见李明德：《关于知识产权损害赔偿的几点思考》，载《知识产权》2016 年第 5 期，第 3 页。

〔3〕 参见张惠彬：《历史演进与当代启示：商标与商誉关系新探——以英美普通法实践为考察中心》，载《北方法学》2016 年第 6 期，第 96 页。

〔4〕 参见周晓冰：《建立知识产权损害赔偿的"最大程度确定"规则（待续）》，载《电子知识产权》2008 年第 9 期，第 38 页。

定赔偿金额。[1] 由此可知，商标商誉受损在个案中难以与企业商誉剥离，原告难以完成举证，这种不确定性的存在使得法院最终不得不选择适用法定赔偿解决损害赔偿问题。

另一方面，"商标商誉损害"为一个抽象概念，在个案中将其转化为具体的损害赔偿金额本身即具有一定的不确定性。基于商标商誉的归属和累积两个环节，可将商标侵权行为分为两种：第一种情形是商标商誉的转移，即本该归属于商标权人的商誉被侵权人所攫取，"搭便车"行为即典例。商标商誉的累积以准确归属给商标权人为前提，侵权人的侵权行为使得商标无法准确发挥来源识别功能，导致商标产生的商誉无法准确归属到商标权人身上。第二种情形是商标商誉的毁损，侵权人通过销售劣质产品使得消费者降低对商品的评价，使得商标权人累积的商誉减损。商标损害赔偿金额的确定是以一种具体的标准去量化个案中商标商誉转移或毁损的程度，从抽象到具体的转化过程中虽然有一些可供参考的因素，但在其中仍存在相当大的不确定性。因此，《商标法》第63条关于损害赔偿金额的计算方式只是一种"法律设定的推定方法和裁量技术"，[2] 目的在于为个案中确定商标损害赔偿金额提供几种可供选择的量化标准，但商标损害赔偿的不确定性并不会因此而消失。

综上分析可知，商标商誉受损是商标损害赔偿的基础，商标损害赔偿的实质为恢复受损的商标商誉。商标商誉损害的评估难以举证和量化，具有相当不确定性，因此商标损害赔偿在整体上呈现出自由裁量特征，在诉讼中贯穿于商标损害赔偿金额确定的全过程。[3]《商标法》第63条的三种损害赔偿方式的"精确性"与法定赔偿的自由裁量性之间的壁垒并非不可打通，商标损害赔偿金额计算在整体上仍以自由裁量为基调，将法定赔偿纳入计算基数范围具有正当性，能够在此基础上计算惩罚性赔偿金额，实现商标惩罚性赔偿的制度目的。

三、法定赔偿纳入计算基数范围的条件限制

商标惩罚性赔偿制度的精准适用既要实现"严打击"的目标，又要防止出现"泛打击"的现象。将法定赔偿纳入计算基数范围能够解决商标惩罚性

---

〔1〕 参见山东省青岛市中级人民法院（2015）青知民初字第13号民事判决书。

〔2〕 参见吴汉东：《知识产权侵权诉讼中的过错责任推定与赔偿数额认定——以举证责任规则为视角》，载《法学评论》2014年第5期，第129页。

〔3〕 参见徐聪颖：《论侵害知识产权的裁量性判赔》，载《知识产权》2018年第11期，第21页。

赔偿适用范围狭窄的问题，但同时也可能招致商标惩罚性赔偿制度滥用的隐患。因此，需要在计算基数范围重构的视角下进行适用的优化，对法定赔偿纳入计算基数范围作出一定的条件限制。

（一）将"原告充分举证"作为限制条件

为纳入计算基数范围的法定赔偿案件类型设定限制条件，需要在"商标损害赔偿具有整体上的裁量性"的理念下重新审视法定赔偿广泛适用的问题。实践中根据当事人的举证情况可将适用法定赔偿的情形分为两种：第一种是当事人怠于举证，常表现为仅对侵权事实举证，但对损害赔偿金额怠于举证，因此法院选择适用法定赔偿；第二种是当事人对侵权事实和损害赔偿金额皆尽力举证，但法院认为当事人的举证不充分，因此适用法定赔偿。第一种情形在实践中占绝大多数，而其中又以批量诉讼为主，在批量诉讼尤其是商业维权诉讼中，原告出于诉讼效率的考量并不会尽力举证，而是径行要求法院适用法定赔偿。[1] 惩罚性赔偿的适用需要满足"主观恶意、情节严重"的构成要件，以原告尽力举证为基础，故而在原告怠于举证、径行要求适用法定赔偿判赔时惩罚性赔偿制度并无适用的土壤，也无需考虑将此种情形纳入计算基数范围。因此，本文着重探讨的是将第二种情形纳入惩罚性赔偿计算基数范围时的限制条件。

根据学者调研，原告尽力举证但最后法院仍选择适用法定赔偿的案例在实践中所占比例约为 5.63%。[2] 在这部分案例中，原告在举证时更为全面，不仅举证了侵权事实、原告损失、被告获利等情形，还会对"主观恶意、情节严重"等情形进行举证。在此情形下，法院虽然无法按照"原告实际损失""侵权人获利"和"许可费的合理倍数"三种方式确定损害赔偿金额，但仍然能够结合当事人的举证最大程度地确定商标损害赔偿金额，这既是法定赔偿的制度内涵，也是商标损害赔偿自由裁量性的反映。在原告举证符合恶意侵权构成要件的情形下，若依据《商标法》第63条之现有格局，不在法定赔偿的基础上适用惩罚性赔偿制度，恶意侵权人则会成为"漏网之鱼"，恶意侵权行为无法被有效规制，法定赔偿制度将实际上成为惩罚性赔偿制度适用之

---

[1] 根据学者研究，批量维权诉讼占商标侵权诉讼的 73.52%，参见詹映：《我国知识产权侵害赔偿司法现状再调查与再思考——基于我国 11984 件知识产权侵权司法判例的深度分析》，载《法律科学（西北政法大学学报）》2020 年第 1 期，第 195~196 页。

[2] 参见詹映：《我国知识产权侵害赔偿司法现状再调查与再思考——基于我国 11984 件知识产权侵权司法判例的深度分析》，载《法律科学（西北政法大学学报）》2020 年第 1 期，第 195 页。

短板。

因此，法院应在当事人充分举证确定的法定赔偿金额基础上适用惩罚性赔偿，以实现商标惩罚性赔偿的精准适用。理由在于：一方面，在当事人充分举证的情形下，法院能结合举证情况使法定赔偿金额最大程度地接近实际损失，自由裁量空间相对较小，此时将法定赔偿纳入惩罚性赔偿的计算基数范围并不会造成体系上的混乱，在恶意侵权条件成就的基础上计算惩罚性赔偿金额，有利于打击恶意侵权行为、实现惩罚性赔偿的制度功能。另一方面，根据当事人举证情况对适用法定赔偿的案例进行分流，纳入惩罚性赔偿计算基数范围的这类型法定赔偿案件需要以当事人充分举证为前提，而此类型的案件数量比例有限，可有效防止惩罚性赔偿制度的滥用。

（二）对"原告充分举证"的内涵界定

法定赔偿纳入计算基数范围以原告充分举证为前提，因此需要对"原告充分举证"的内涵予以界定，问题的探讨从实体法上转向了程序法，即分析商标损害赔偿诉讼中原告的举证内容、证明标准以及法院最终对证据的采纳。具体而言，"原告充分举证"的内涵可从以下三方面进行理解：

一是从举证内容来看，"充分举证"要求原告不仅要对损害事实进行举证，还要对损害赔偿金额进行举证。实践中，原告的举证大多集中于对损害事实存在与否的证明，但是对于损害赔偿金额相关的事实举证却较少，而法院的判赔又需以损害后果的证据为基础，原告对于损害赔偿金额举证不足导致法院难以判断具体损失，进而导致较低的判赔金额。法定赔偿制度虽然赋予法院自由裁量权，降低了原告对损害赔偿金额的举证要求，但是这并非完全免除原告的举证责任，原告在举证时仍需要从原告实际损失、被告获利、许可费等涉及金额确定的方面进行举证。

二是从证明标准来看，"充分举证"要求原告对损害赔偿数额举证的证明标准应适当降低。在区分原告对损害事实举证和损害赔偿金额举证的基础上，原告对于损害事实的证明标准仍应当保持一般的高度盖然性证明标准，而对于损害赔偿金额的证明标准则应降低为优越盖然性的证明标准。此种操作的正当性可从德国和日本两国的比较研究得出：根据《德国民事诉讼法》第

287 条之规定，[1] 在因损害性质而导致准确的损害赔偿金额难以确定时，如果固守严格的证明标准，将使损害赔偿请求权陷入无从实现的困境，因此需要降低证明标准，仅仅需要达到优越盖然性即可。[2] 根据《日本民事诉讼法》第 248 条之规定，[3] 在损害事实确定而损害赔偿金额难以确定的情况下，应当将降低当事人的证明标准，在损害赔偿金额的确定上赋予法官一定的自由裁量权。[4] 结合德国和日本两国诉讼法关于损害赔偿金额确定的证明标准，可得出我国商标损害赔偿中降低证明标准的具体实现方式为：其一商标损害赔偿金额的明确证明难以实现；其二原告需要证明商标侵权的损害赔偿金额并达到优越盖然性的证明标准；其三在降低损害赔偿金额的证明标准后，需要赋予法院一定的自由裁量权。

三是从证据采纳来看，"充分举证"要求赋予法院一定的自由裁量权。在确定损害赔偿金额时降低证明标准是对当事人举证的"减负"，但证明标准的降低同时意味着损害赔偿金额的事实确定性降低，因此需要适当引入法官的自由裁量。现有法定赔偿的具体适用中，当事人怠于举证使得法院的自由裁量权被扩大，在对原告举证内容作出要求和降低证明标准时，法院的自由裁量权则会因此受到一定的限制：法院对于损害赔偿金额的判断受到当事人双方举证材料所限制，需要综合全案证据，在损害赔偿金额存在一定模糊性的情况下，最大程度地确定损害赔偿金额。

结　语

商标惩罚性赔偿制度的适用一直处于进退两难的境地：一方面实践中惩罚性赔偿制度的适用空间过窄，无法实现立法目的，另一方面学界又担忧惩

---

〔1〕《德国民事诉讼法》第 287 条：①当事人对于是否有损害、损害的数额以及应赔偿的利益额有争执，法院应考虑全部情况，经过自由心证，对此点作出判断。应否依申请而调查证据、应否依职权进行鉴定以及调查和鉴定进行到何种程度，都由法院酌量决定。法官就损害和利益可以讯问举证人。②在财产权的诉讼以及其他情形，当事人对于损害额有争议，如果要完全阐明一切有关情况这有困难，而此种困难与债权有争执的部分的价值比起来，很不相称时，准用第 1 款第 1 句和第 2 句的规定。见谢怀栻译：《德意志联邦共和国民事诉讼法》，中国法制出版社 2001 年版，第 70 页。

〔2〕参见唐力、谷佳杰：《论知识产权诉讼中损害赔偿数额的确定》，载《法学评论》2014 年第 2 期，第 186 页。

〔3〕《日本民事诉讼法》第 248 条：在承认损害确已存在的情况下，由于损害的性质决定了证明其损害金额极其困难时，法院可以根据口头辩论的全部意旨和证据调查的结果，认定适当的损害金额。见白绿铉编译：《日本新民事诉讼法》，中国法制出版社 2000 年版，第 93 页。

〔4〕参见［日］伊藤真：《民事诉讼法》，有斐阁 2006 年版，第 323 页以下。转引自唐力、谷佳杰：《论知识产权诉讼中损害赔偿数额的确定》，载《法学评论》2014 年第 2 期，第 187 页。

罚性赔偿制度滥用，产生"寒蝉效应"。在此桎梏之下，诸多解决方案仅停留于表象，未能"破而后立"触及问题的根本，导致法定赔偿泛用的问题仍横亘于惩罚性赔偿构成要件成就与赔偿金额计算之间，法定赔偿未纳入计算基数范围成为惩罚性赔偿制度扩张适用范围的实质性障碍。

解决商标惩罚性赔偿适用难题的路径选择以功能认知为基础，在法定赔偿中引入惩罚性功能的做法"治标不治本"，需要对商标惩罚性赔偿的计算基数范围进行重构。商标损害赔偿的目标在于恢复受损商标商誉，受损商标商誉的价值评估的不确定性导致了商标损害赔偿金额计算在整体上具有裁量性，因此将法定赔偿纳入惩罚性赔偿的计算基数范围具有正当性。为防止法定赔偿纳入计算基数范围后导致商标惩罚性赔偿制度的滥用，应通过"原告充分举证"的条件限制纳入计算基数范围的法定赔偿案件类型，"充分举证"的内涵包括当事人在举证内容上的全面性、证明标准上采取优越盖然性标准、证据采纳上赋予法院适当的自由裁量权。由此，方可有效规制恶意侵权行为，实现商标惩罚性赔偿的优化适用。

合同调整的机制与界限

——基于民法典第 533 条之解释论

吴　昊*

摘　要：合同调整系情势变更制度的法律效果，其实证法依据在于《民法典》第 533 条之规定。合同调整于法理上的正当性而言，对降低交易成本、鼓励交易、合理分配风险颇有实益。于适用范围而言，合同调整并不是万能的，于若干交叉领域，应让位于合同约款、重新协商、履行费用过高、合同解除等制度，以期更好地解决纠纷。于具体制度而言，则从程序法和实体法角度设置众多机制，防止法官滥用司法权，保护当事人之私法自治。

关键词：情势变更　合同调整　合同解除

情势变更制度规定于《中华人民共和国民法典》（以下简称《民法典》）第 533 条，在前法典时代则规定于《最高人民法院关于适用〈中华人民共和国合同法〉若干问题的解释（二）》（以下简称《合同法解释二》）第 26 条。在合同履行过程中，遇意外情势，继续履行显失公平，则触发情势变更制度。该制度的法律效果为合同调整和合同解除。合同调整可以在维持合同效力的前提

---

　　* 吴昊，华东政法大学 2020 级硕士研究生（200042）。

下，变更契约内容，使之适应情势的变化，从而顺利地完成交易；在调整不能或不可期待时，则适用合同解除，消灭合同效力。

合同调整制度在司法实践中具有举足轻重的作用[1]，然而由于《关于正确适用〈中华人民共和国合同法〉若干问题的解释（二）服务党和国家工作大局的通知》（法释〔2009〕165号）规定基层法院不得独立适用该制度，其在司法实践中的适用受到限制。2020年"新冠疫情"暴发，加大了契约调整在司法实践中的需求，例如最高人民法院《关于依法妥善审理涉新冠肺炎疫情民事案件若干问题的指导意见（一）》（以下简称《新冠疫情解释一》）中即提出："继续履行合同对于一方当事人明显不公平，其请求变更合同履行期限、履行方式、价款数额等的，人民法院应当结合案件实际情况决定是否予以支持。"

但我国法学文献多聚焦于情势变更的构成要件，对于情势变更的法律效果关注较少；少量对于法律效果的研究，也多着墨于合同解除，对合同调整关注较少。本文结合民法典最近学术争鸣和新冠疫情期间审判实践，试图从宏观角度，观察合同调整在节约交易费用、鼓励交易和分配契约风险方面的优势；从适用范围上，分析合同调整制度与合同约款、给付不能、重新协商、合同解除等在适用上的先后顺序。从微观角度，观察该制度在运行过程中如何提出调整请求、如何调整、如何确定调整的内容以及该制度具体的调整效果如何。

一、合同调整的正当性

任何制度背后都隐藏着价值衡量，合同调整制度亦不例外。从宏观角度观察，运用法经济学方法分析合同调整的正当性，该制度具有降低交易费用、鼓励交易、合理分配风险的作用。

（一）降低交易费用

在黑板经济学家的眼中，世界是无摩擦力的，生产领域之外是不存在成本的。新制度经济学派创造性地发现"交易费用（transaction cost）"，在生产领域之外发现了成本。交易费用在商品经济中发挥着巨大的作用，正如张五常所言"一个经济，交易费用增加一点就大贫；减少一点，就大富"。在市场交换中，交易费用源于市场价格机制，当交易费用逐步增加达到边际时，则产生企业，通过企业家的权威作为替代手段降低交易费用。

---

[1] 参见（2016）最高法民再61号案、（2008）民二终字第91号案。

就合同调整而言，一方面法官的作用类似于企业中的企业家，可以通过判决减少当事人之间的拉锯，所以有学者认为司法调整具有节省交易成本的作用；[1] 另一方面正如企业组织机制不会彻底取代市场价格机制，合同的司法调整也不会消灭当事人的协商机制。只有当交易费用增加超过边际时，才会进行替代，即当事人无法通过协商解决纠纷而向法院提出诉请。

所以，合同调整作为市场价格机制的替代手段，可以起到降低交易费用的作用。

（二）鼓励交易

在商事交易中，当事人即便预见到可能发生某种意外事件，也会为了减少分歧并促成交易而不订立应对条款，在合同中故意留白，形成不完全合同（incomplete contract）。[2] 此时，当事人往往面临着两难的困局，一方面由于未来情况的不确定，经济理性人会选择订立不完全合同以促成交易。另一方面监控合同履行以及事后救济会产生高昂的后端成本（back-end cost），迫使当事人事前订立完备的合同来避免发生纠纷，避免后端成本的出现。[3]

契约调整恰好为应对此种僵局提供了手段。不同于合同解除，合同调整的处置更具弹性，在延续原有合同效力的同时，使契约内容适应情势发生之后的履行环境。该制度并不使之前的缔约成本打水漂，而是使当事人能花费更低成本，通过事后机制解决纠纷，从而使当事人更倾向于订立不完全合同，促进交易的进行。

（三）风险分配

在合同构成理论视角下，情势变更制度是交易社会一般风险分配的指针。[4] 在合同风险领域，情势变更和不可抗力将意外事件所产生的风险在合同当事人之间进行分配。又由于不可抗力亦可类推适用于情势变更制度进行契约调整，故契约调整在进行风险分配时具有重要意义。

如果风险超越当事人约定的牺牲边界，则需要法定风险分配的介入。合同解除意味着债务人免除债务，债权人承担风险，原有的风险分配彻底坍塌，

〔1〕 See Gerrit De Geest, *Contract Law and Economics* 217, Second edition, Edward Elgar Publisher, 2011.

〔2〕 See Gerrit De Geest, *Contract Law and Economics* 215, Second edition, Edward Elgar Publisher, 2011.

〔3〕 参见王文宇：《探索商业智慧：契约与组织》，元照出版公司 2019 年版，第 87 页。

〔4〕 参见解亘：《我国合同拘束力理论的重构》，载《法学研究》2011 年第 2 期。

其背后是全有全无的逻辑。而合同调整则通过调整给付，将意外事件所带来的风险在合同双方之间公平分配，其背后是中庸调和的逻辑。法院通过调整价格使合同适应通货膨胀，使合同双方在合同中有关价格的风险分配免于受到干扰。[1] 由于契约调整仍然保持了原合同的效力，故使合同当事人原有的风险分配得到了延续。同时，根据最低成本避免者理论（the least cost avoider），在合同交易中，应将不可归责于一方当事人的风险分配给能以较少成本避免损害发生的一方当事人。[2] 在合同的原有架构中，将合同风险在当事人间进行了分配，双方当事人也为应对风险进行了安排。在出现新的风险时，如果能够延续原有风险分配，则使当事人可以在原有安排的基础上进行风险应对，从而避免"从零开始"进行风险应对。而合同调整制度通过延续合同原有的风险分配，贯彻了"最低成本避免者"理论。

综上所述，通过法经济分析，契约调整具有降低交易费用、鼓励交易、合理分担风险的作用，能够更好地实现制度的经济效用。

二、合同调整的适用范围

契约调整也不是万能的，不能无差别地适用于任何情况。无论是事前规制，还是事后解决；无论是私人自治，还是诉讼手段；均有若干替代手段，可以应对合同僵局。替代手段的适用范围，构成了契约调整的界限。

（一）合同约款

依据合同构成理论，合同是对于风险的一种分配，在当事人约定范围之内，则诉诸合同的安排；在当事人约定范围之外，才允许法律介入。正因为此，情势变更制度有所谓的"合同约定的优先性"[3] 可以排除契约调整的适用。从构成要件上论，签订特别条款，可能意味着"合同订立时不可预见"这一条件无法满足。实践中，尤其是 B2B 合同中，合同当事人通常采用签订特别条款的方法，分配合同风险。例如国际贸易中通常签订 Force majure clause 和 Hardship clause 以分配合同履行中的风险。[4]

---

〔1〕 See Gerrit De Geest, *Contract Law and Economics* 217, Second edition, Edward Elgar Publisher, 2011.

〔2〕 参见王文宇：《探索商业智慧：契约与组织》，元照出版公司 2019 年版，第 58 页。

〔3〕 参见［德］迪尔克·罗歇尔德斯：《德国债法总论》（第 7 版），沈小军、张金海译，中国人民大学出版社 2014 年版，第 278 页。

〔4〕 See Schlechtriem and Schwenzer, "*Commentary on the UN Convention on the International Sale of Goods*（CISG）", *Legal Studies* 31, 2011.

　　然而，这并不意味着完全不承担任何合同风险，因为当事人无法预见合同履行过程中的全部风险（every event in that clause）[1]，也就不能通过合同约款分配合同履行过程中的全部风险。归根到底，还是要诉诸"合同订立时无法预见"这一构成要件，即合同风险是否能够被合同约款的射程所涵摄。对于合同约款射程的判断，应该以风险的类型和程度为标尺，合同当事人不仅要预见到该种风险发生的可能，更要预见到该种风险发生后履行义务的困难程度。例如《关于加强建设工程施工合同中人工、材料等市场价格风险防范与控制的指导意见》（京造定〔2008〕4 号文），即把风险类型规定为钢材、水泥等对于工程造价影响较大的材料、人工和机械的价格波动，把风险范围规定为一定百分比的价格波动，以规制固定价格条款。此种观点亦被司法实践所采纳。[2]

　　（二）履行费用过高

　　情势变更制度中"显失公平"要件表现为债务人为给付之成本与债务人所获之利益失衡。与之类似的是给付不能制度中的"履行费用过高"，该制度表现为债务人为给付之成本与债权人所获之收益失衡。两制度在法律适用中经常出现制度竞合，即同时满足债务人为给付之成本与债务人所获之利益失衡和债务人为给付之成本与债权人所获之利益失衡，两制度之间形成竞合。有学者认为此时应该优先适用契约调整，亦有学者主张应优先适用履行费用过高。[3] 对于此问题笔者认为应优先适用履行费用过高制度，理由如下：

　　其一，契约调整虽然对于给付内容进行了变更，但调整后的给付仍然属于原给付请求权范畴。履行费用过高位于《合同法》第 110 条，属于给付不能的子类型——实践不能，当发生给付不能效果。给付不能作为请求权消灭之抗辩事由，发生原定履行权消灭效果。[4] 此时原给付请求权已经消灭，不存在调整对象，何谈调整？

---

〔1〕　See Ewan Mckendrick, *Contract Law* 260, Eleventh edition, Macmillan Publisher, 2016.

〔2〕　参见 2011 年《山东省高级人民法院关于印发全省民事审判工作会议纪要的通知》（鲁高法〔2011〕297 号）第 3 条，亦见于 2008 年《江苏省高院关于审理建设工程施工合同纠纷案件若干问题的意见》（苏高法审委〔2008〕26 号）第 9 条。

〔3〕　参见刘洋：《"履行费用过高"作为排除履行请求权的界限——"新宇公司诉冯玉梅商铺买卖合同纠纷案"评析》，载《政治与法律》2018 年第 2 期，第 117 页。

〔4〕　参见陈自强：《契约法讲义（三）：契约违反与履行请求》，元照出版公司 2015 年版，第 202 页。

其二，债务人为给付之成本与债务人所获之利益失衡，因主要考虑债务人利益情况，可谓履行债务对于债务人不可期待。反之，债务人为给付之成本与债权人所获之利益失衡，则综合考虑债务人与债权人利益，并符合效率违约之要求，可谓履行债务对于全社会而言不可期待。两相比较，全社会利益的增益应重于债务人利益的考量。

综上所述，当情势变更与给付不能制度发生竞合时，应优先适用给付不能。合同调整的适用范围亦应以履行费用过高（给付不能）为界限。

（三）重新协商

意外事件发生后，当事人若能通过重新协商实现纠纷的解决，则无需司法介入当事人之间的关系，构成合同调整的又一界限。当事人之间若事前通过合同约定：事发后承担重新协商义务，如前文所述 Force majeure clause，则该种义务因私人自治而具有正当性。但相关国际契约法文件中提出在意外事件发生之后，即便当事人未有约定仍互负重新协商义务，并且以此种义务为司法权介入的前置程序[1]，其正当性实值思考。

就当事人协商解决而言，重新协商义务的意义在于督促当事人先自行协商。为了防止事先花费的缔约成本浪费，交易双方势必会采取措施进行协商，维持合同效力。商人在 B2B 交易中，更会进行协商以维护"和气"。在当事人有足够的动因进行重新协商时，此种促进作用并不具备实益。并且通常情况下，交易双方的谈判都是有目标价位的协商，即在法律的阴影下（under the shadow of the law）[2]，基于可能的司法判决结果，只有不低于此的条件才会选择接受。然而若重新协商成为一种义务，为了避免违反合理善意的协商义务而承受法律制裁，交易方往往会开出更低的价码，导致双方当事人对于协商结果均不满意，将重新协商界定为义务（obligation）对于纠纷的解决不仅增益甚少，反而会产生负作用。

就司法解决而言，当事人的重新协商作为一种前置程序，只有达到善意标准（good faith），才可请求司法救济，也值得商榷。寻求司法权的救助，本身即意味着磋商不成，却因未履行前置程序而拒绝受理，这将造成时间和金钱的大量浪费。同时由于司法实践对于调解结案的重视，当事人进入诉讼程序后，法官一般均会尝试调解双方当事人，其在内容上与作为前置程序的重

---

[1] See arts. 6: 111 (2) and (3) PECL; art. 6. 2. 3PICC; art. 89 (1) and (2) CESL.

[2] See Hein, Kötz, *European Contract Law* 291, Second edition, Oxford University Press, 2017.

新协商有同质性，完全可以替代作为前置程序的重新协商义务。

就解释论而言，《民法典》第533条规定"可以与对方重新协商"，最高人民法院《新冠疫情解释一》则为"疫情或者疫情防控措施仅导致合同履行困难的，当事人可以重新协商"，不应解释为法律给合同双方设置了义务，而应解释为法律为合同双方自行协商解决提供了工具，即为当事人使用和解契约提供了切入点。例如本次疫情中，各地均有新闻报道房东和租户协商一致降低疫情期间的租金。虽然我国《民法典》在有名合同部分并未规定和解契约，但是民有私约如律令。从比较法而言，和解契约具有"确认效"，法院不得为与和解结果相反之认定。[1] 当事人若基于互相让步的法效意思而缔结契约，亦应承认其效力，使其发生终止争执或明确法律关系的作用。

就纠纷解决和解释论而言，重新协商作为一种义务并不妥当，应采纳权利本位；作为法院介入纠纷的前置程序，对于纠纷解决而言也并无实益。当事人之自行协商如能达成和解契约，则产生确定当事人间法律关系之效果，亦对法院之调整构成限制。

（四）契约解除

《德国民法典》第313条和我国台湾地区"民法典"第227-2条就情事对当事人交易的影响程度，仅规定了"显失公平"。不同于《德国民法典》和我国台湾地区"民法典"，《合同法解释二》第26条在此问题上规定了两项要件：明显不公平或合同目的不达。

就比较法的借鉴而言，《德国民法典》对于情势变更共设三种子类型：共同动机错误、使用目的障碍与给付显失公平。共同动机错误已为我国《民法典》所排除，然使用目的仍有存在空间，其似可解释为"合同目的不达"。实则不然，他山之山未必可以攻玉。其一，使用目的障碍与共同动机错误，在标准上完全相同，其区别仅在发生时点在缔约之前还是缔约之后[2]，既然已将共同动机错误排除在情势变更之外，理应对使用目的障碍采取相同态度。其二，使用目的障碍，只有当对方当事人知道或者应当知道并且使之成为自

---

[1] 参见陈自强：《契约法讲义（三）：契约违反与履行请求》，元照出版公司2015年版，第366页。

[2] 参见［德］迪尔克·罗歇尔德斯：《德国债法总论》（第7版），沈小军、张金海译，中国人民大学出版社2014年版，第284页。

己的目的，才构成交易基础[1]，双方既已对此目的形成共识，当可解释为该目的已订入合同，若无法达成使用目的，则可由给付不能制度解决。

故而"合同目的不达"真正含义之探究，应结合其法律效果进行观察。就我国司法实践而言，常将合同解除作为"合同目的不达"的法律效果[2]，既然以合同解除为法律效果，那么基于法律效果一致性的考量，就应当回归《合同法》第 94 条中合同解除的一般构成要件，即守约方原本通过合同正常履行可以获得的利益，已经由于违约方的违约行为而无法期待或者不能实现了。我国台湾地区学者陈自强教授更进一步认为，我国台湾地区"民法典"第 227-2 条关于情势变更法律效果的规定并不包含合同解除，合同解除应诉诸给付不能而解除合同。[3]

在《德国民法典》第 313 条中，如果合同履行过程中显失公平，则构成情势变更，则触发第一次效力：合同调整。当合同调整不能或无法期待时，则启动第二次效力：合同解除。在此过程中：合同调整不能或无法期待，类似一个阀门，划分合同调整与合同解除之间的界限。我国民法无"调整不能"的规定，但以合同目的不达作为解除权的标准。虽构成情势变更但合同目的并未完全丧失时，则并不能解除合同。最高人民法院《新冠疫情解释一》亦持此种见解，认为"当事人以合同履行困难为由请求解除合同的，人民法院不予支持"。在此意义上，我国的"合同目的不达"，发挥着《德国民法典》中"调整不能或不可期待"的作用。故合同调整应以合同目的为界限，若合同目的不达，则可以解除合同。

综上所述，合同约款、履行费用过高、重新协商、合同解除构成了契约调整的界限，这些制度与契约调整的规制对象存在交叉，但法律效果的强度各不相同，形成鳞次栉比的制度体系，为应对契约僵局提供了有效手段。

三、合同调整的机制

尽管契约调整的正当性已不言而喻，但仍有观点认为，契约调整会严重损害当事人的私法自治，故在履行困难时，排斥契约调整。就比较法而言，持此种观点者如英国合同法中的 Frustration 制度，其法律效果仅为合同自动解

---

〔1〕 参见［德］迪尔克·罗歇尔德斯：《德国债法总论》（第 7 版），沈小军、张金海译，中国人民大学出版社 2014 年版，第 284 页。

〔2〕 例如福建省高级人民法院民事判决书（2010）闽民终字第 261 号判决书。

〔3〕 参见陈自强：《契约法讲义（三）：契约违反与履行请求》，元照出版公司 2015 年版，第 354 页。

除（automatically），并无契约调整的可能。[1] 类似见解亦见于意大利民法的早期学理观点。[2] 然而此种担忧是否真正存在，应结合我国司法实践，从微观角度观察契约调整的机制。

（一）调整请求之提出

就调整请求的提出而言，有两问题实值探讨：其一，法院是否可依职权适用情势变更制度；其二，若当事人依据情势变更制度提出解除合同，但此时仍存在调整空间，法官是否可以依职权适用契约调整。

依据处分权主义原则，是否起诉以及起诉的内容与范围，由当事人决定。[3] 由于情势变更并不涉及公共利益，当可由当事人自由决定是否提出此请求或抗辩，法官不得依职权主动适用，此种观点亦为我国最高人民法院所采纳[4]。

因情势变更制度具有两种法律效果：应先适用契约调整制度，若调整不能或不可期待时，才可进行契约解除[5]。若案件虽已满足情势变更制度的构成要件，但尚存调整空间，而当事人却提出解除合同。实务中有观点认为，此时法官应依据职权主动适用契约调整。[6] 就解除而言，由于尚存调整空间，并不构成合同目的不达，而不满足合同解除权的构成要件，法官应驳回其诉讼请求。就调整而言，同样因处分权原则限制，应与前文所述情势变更之适用采相同立场，即法官不得依职权而适用。况且依据《最高人民法院关于适用〈民事诉讼法〉若干问题的解释》第 247 条之规定，调整之诉与解除之诉，不构成重复起诉，在法官驳回解除之诉后，仍可另行提起调整之诉。同时法官在庭审之中，可对原告进行释明，促使原告变更诉讼请求为调整，从而减少诉累，促进诉讼经济。

由于法官不能超诉讼请求进行裁判，当事人意思自治形成的诉讼请求，本身就对法官的调整划定了范围和界限。从而在调整请求提出之时，就体现

---

〔1〕 See Guenter Treitel, *The Law of Contract* 886, Eleventh edition, Sweet and Maxweill punisher, 2003.

〔2〕 参见杨宏晖：《论情势变更原则下重新协商义务之建构》，载《台北大学法学论丛》2016 年第 97 期，第 51 页。

〔3〕 参见陈荣宗、林庆苗：《民事诉讼法》（上），三民书局 2018 年版，第 45 页。

〔4〕 参见最高人民法院（2016）最高法民终 342 号民事判决书。

〔5〕 详见下文关于契约解除部分的论述。

〔6〕 参见陕西省咸阳市中级人民法院（2011）咸民终字第 00309 号二审民事判决书。

着尊重当事人私法自治和控制司法权的色彩。

（二）调整判决之作出

德国旧债法时期，对于情势变更调整合同，采用自动调整模式，由法律自动调整合同至合理状态，法官仅需确认合同调整之结果。德国债法现代化后，改采请求权模式。若被告拒绝调整合同，原告可以向法院提出调整请求（视为要约），法院根据原被告在诉讼中的攻击防御，确定具体的调整内容，并判决被告为同意调整合同的意思表示（视为承诺的意思表示）。之后再依据强制执行法，以生效判决替代被告应为的同意的意思表示。

在此过程中法院所为形成判决，受制于原告的诉讼请求，即法官在确定判决内容之时，应该在原告提出的要约划定的范围内进行裁量，体现了对于当事人私人自治的尊重，也在一定程度上限制了司法权滥用。

（三）合同调整之内容

契约经过调整后形成新的契约，新契约的内容如何确定则成为另一个问题。法条本身对于契约调整内容语焉不详，仅言明要求根据"公平原则"。传统观点认为应该类推意思表示中的补充解释，假设的当事人意思（hypothe-tische Parteiwillen）。有学者主张为防止司法权滥用，调整后的内容，应由双方当事人提出方案，法官仅能审查方案是否合理，并确认其中一方当事人的调整方案。[1] 然而笔者以为此种观点并不妥当。

其一，就解释论而言，《民法典》第533条第2款规定"人民法院或者仲裁机构应当结合案件的实际情况，根据公平原则变更或者解除合同"，该条中有权进行契约调整的是人民法院或仲裁机构，并不是交易双方当事人，何谈当事人提出并确认调整方案；并且该条中的"结合实际情况"，可以推知法院在此调整过程中，具有自由裁量权，可以根据实际情况确定合同调整后的内容，并非仅仅是对当事人提出的方案进行合理性确认。

其二，此种观点会使法官陷于非此即彼的困局，即法官要么同意原告的调整方案，要么同意被告的调整方案，绝无其他选择。"取法乎上得其中，取法乎中得其下"，实践中出于自利的本性，双方当事人提出的调整方案都会偏向于自己一方，与实际情况仍存在一定的偏差。而又由于法官无权运用自由裁量权架构调整后契约的内容，只能全盘接受一方当事人的方案。此时调整

---

〔1〕 参见吕双全：《情事变更原则法律效果的教义学构造》，载《法学》2019年第11期，第51页。

后契约的内容势必偏向合同当事人中的一方，与法条中的"公平"和"实际情况"相距甚远。而且此种非此即彼的处理方法，与契约解除具有同质化倾向，容易削弱契约调整制度的独特性。正因为如此，现今英国法已不再采取之前观点，大量运用合同约款进行合同调整。[1]

其三，如前所述，传统观点认为，契约调整可以类推意思表示解释中的补充解释的方法，假设当事人的真意来确定调整后合同的内容。司法裁判中法官大量运用补充解释来解释当事人之间的意思表示，德国学者霍恩（Norbert Horn）更认为意思表示解释本身具有调整合同的功能[2]，既然允许在解释意思时适用补充解释，那么为什么在情势变更后的合同调整中却排斥补充解释，排斥法官的裁量权？更何况补充解释立足于当事人缔约过程中的协商记录等解释材料，本身就是对当事人私法自治的尊重。申言之，法官的裁量权并不意味着司法权的滥用和对私人自治的干预，而是专业法官存在的意义之所在。制度建构不应着力于限制法官裁量，而应着眼于在庭审中如何通过攻击防御，使法官获得足够的信息，并依托辩论原则，使法官只依据当事人所主张的事实，确认调整后合同的内容，从而起到尊重私法自治的作用。

故此，由当事人提出调整方案，法官仅负确认之责的方案并不妥当，其对于维护私法自治、防止司法权滥用增益不多。于解释论而言，不容于我实证法规范中对于调整主体和调整内容的规定；于纠纷解决而言，使法官陷于非此即彼的困局，只能僵化地"确认"一方当事人的方案，偏向一方当事人，不利于"公平"调整契约。故应由法官裁量，类推补充解释，假设当事人真意，形成调整后契约的内容。

（四）合同调整之效果

合同调整作为情势变更的第一次效力，在具体效果上表现为：增减给付、延期或分期付款、同种给付之变更。[3]

以上诸种调整手段，调整的均是契约要素中的给付要素，可能影响债的同一性，导致原合同的担保抗辩等失效。债的同一性应就当事人之意思和合同的经济目的进行判断。在情势发生之后，对于合同进行调整，其出发点在

---

[1]　See Ewan Mckendrick, *Contract Law* 256, Eleventh edition, Macmillan Publisher, 2016.

[2]　See Norbert Horn, "Adaptation and Modification of Contracts in View of a Change of Circumstances 142", 11 *Tel Aviv U. Stud. L.* 137, 1992.

[3]　参见陈自强：《契约法讲义（三）：契约违反与履行请求》，元照出版公司 2015 年版，第 353 页。

于鼓励交易，维持原有合同，交易双方多倾向于以合同调整对原有合同进行
"修补"，故就当事人的意思进行解释，应推定此时仍保持合同的同一性，除
非当事人明确有反对的意思表示。再者就经济目的而言，无论是签订合同，
还是进行契约调整，均是为了达成同一笔交易，实现同一次商品交换，在经
济目的上应属同一，未丧失债的同一性。两项考虑因素一般均不会发生变动，
原则上并不丧失合同的同一性。

就合约经济学视角观察，合约不仅仅是一个价格条款，更是一个结构。
调整也能在时间效力上对合约产生影响，尤其是在对清偿期进行变更之后，
例如呼和浩特市中级人民法院（2015）呼商初字 00024 号一审民事判决书即
通过变更支付价款的清偿期实现契约调整。清偿期的变更，在规范体系中可
以定性为缓期给付、履行期之更新、债务之更新（更改）[1]。债务之更新
（更改）通过使原债务彻底消灭实现清偿期的变更，发生前文所述之债的同一
性丧失的法律效果，兹不赘述。至于缓期给付与履行期更新，二者的差别则
在于：前者不具有溯及力，后者具有溯及力。在一时性合同中，由于给付往
往瞬时完成，溯及力似乎并无用武之地；在长期合同中，由于调整针对的是
情势发生之后的给付，是"就事论事"，往往也无需考量溯及力。由此观之，
在对清偿期进行调整时，缓期给付应为常态。但是如果调整针对的是已经到
期但尚未清偿的债务，则需要"回到过去"将已经届满的清偿期向后推迟，
此时则需要履行期更新出场，发挥溯及力效果。因此就时间效力而言，应以
不具溯及力为原则，以具有溯及力为例外。但归根到底，仍应求诸意思表示
解释，探求当事人真意。

司法权介入不应与伤及私法自治画等号。财产权要靠社会强制（social
enforced power）来实现[2]，私法自治如果没有司法权保护，将沦为空谈。所
以维护私法自治所要关注的不是司法权是否介入，而是司法权如何介入。在
调整请求提出上，只有当事人自己可以提出调整请求，法官并不依职权主动
适用；在调整判决作出上，和当事人自行变更一样，仍然采用"要约（原告
提出）——承诺（法院形成行为）"来变更合同；在调整内容上，则基于辩
论原则，法官仅得依据当事人所主张的事实确定调整后契约的内容；在调整

---

〔1〕 参见史尚宽：《债法总论》，中国政法大学出版社 2000 年版，第 408 页。
〔2〕 See Alchian A A and W. R. Allen, *University Economics* 240, 3rd edition, Wadsworth Publisher,
1964.

效果上，尊重当事人意思，尽可能减少破坏原有契约的可能，令调整后的契约并不丧失债的同一性。

四、结论

合同调整作为情势变更的法律效果，不同于契约解除的全有全无逻辑，其可以在维持契约效力的同时，调整给付内容，使契约适应情势发生之后的履行环境。就宏观的制度正当性而言，该制度在一定情况下能够替代市场机制，降低交易费用；能通过降低后端成本，从而促进交易达成；并且还能保持当事人之间的风险分配。

在解决纠纷上，事前可以通过合同约款，对风险进行提前安排；履行中则因为给付不能排除原给付请求权，优先于契约调整进行适用；事后当事人可以自行协商，订立和解契约以消弭纠纷；若契约已经无法实现合同目的，则直接适用合同解除。

就微观的制度运行而言，调整请求仅由当事人提出，调整判决仍然遵循要约与承诺机制、调整内容来源于当事人所主张的法律事实、调整的效果并不使契约丧失债的同一性，充分尊重当事人之间的私法自治，极大地规范了审判中司法权的运用。

"认识从实践始，经过实践得到了理论的认识，还须再回到实践去"[1]，迈入民法典时代，立足于实现中国之治，我们的司法实践应当有所担当、有所作为。一方面应给契约调整"松绑"，允许基层人民法院独立适用情势变更制度，更好地提升审判质效；另一方面在适用契约调整的过程中，法官应严格遵循制度设计，通过契约调整实现契约的"填补"，促进经济社会的全面发展。

---

[1]　参见毛泽东：《实践论》，载《毛泽东选集》（第一卷），人民出版社 2008 年版，第 292 页。

论中东伊斯兰国家的信用证欺诈

李仁龙 *

摘 要：随着"一带一路"建设的不断深化，我国与中东伊斯兰国家的交流也更加密切。信用证作为国际贸易中普遍使用的一种结算工具，更频繁地出现在经贸往来中，信用证欺诈问题也日益突出。伊斯兰法禁止欺诈，但现代中东国家的相关法律规范缺位，只能靠法官在判决中的自由裁量进行信用证欺诈的认定。然而，不同法院的认定标准并不统一，在处理虚假单据、货物无价值等影响基础合同的因素中未能采用严格的"实质性欺诈"标准，导致了欺诈例外的误用以及止付机制的滥用，严重破坏了信用证的独立性。我国对信用证的欺诈与止付问题有专门的规定，在应对中东伊斯兰国家的信用证欺诈纠纷时，应争取适用我国法律，在最大程度上规避风险，保障贸易效率与安全。

关键词：中东 伊斯兰国家 伊斯兰法 信用证 信用证欺诈

---

* 李仁龙，中国政法大学比较法学研究院 2017 级博士研究生（100088），北京第二外国语学院中东学院讲师。

引　言

中东伊斯兰国家[1]与我国有着深厚的历史交往传统与广泛的现实合作基础，是我国实现"一带一路"建设的重要战略支持力量。近年来，中国企业在中东伊斯兰国家的基础设施建设和贸易领域有了更多的参与，沿着"一带一路""走出去"将成为我国企业未来发展的"新常态"。目前，中国是伊朗以及中东地区 10 个阿拉伯国家的第一大贸易伙伴，是阿拉伯国家联盟的第二大贸易伙伴，是土耳其的第三大贸易伙伴。[2] 2018 年，中国与本文涵盖的21 个中东伊斯兰国家货物进出口额达 2982.2 亿美元，2019 年增至 3074.8 亿美元。[3]

信用证是重要的国际支付方式之一，在中国与中东伊斯兰国家的经贸往来中，信用证的应用非常普遍，但也同时存在风险。其中，不法分子利用信用证进行欺诈的现象时有发生，影响了国际贸易的公平开展。我国企业在与中东伊斯兰国家进行信用证交易时，有时会遇到适用对方国家法律的情形，甚至会因为纠纷陷入对方国家的司法诉讼。但由于语言上的障碍，我国目前对于这些国家的信用证问题缺乏认识。在这种背景下，了解中东伊斯兰国家信用证的具体规则有利于"知己知彼"，减少与这些国家开展贸易中的不稳定因素。而欺诈问题作为影响信用证独立性的例外，是控制中东伊斯兰国家信用证支付风险的重要切入点。本文将梳理中东伊斯兰国家信用证欺诈的法律现状，通过阿拉伯文的司法案例归纳信用证欺诈的认定标准与救济方式，进而帮助我国当事人规避其中的风险，在国际贸易中掌握主动权。

---

[1]　"中东"是欧洲人使用的一个笼统的地理术语，其概念究竟包括哪些国家和地区，国内外尚无准确定论，一般泛指西亚以及北非地区。本文采用中国现代国际关系研究院中东所所长牛新春研究员的"中东 22 国说"，包括：阿尔及利亚、摩洛哥、苏丹、毛里塔尼亚、突尼斯、利比亚、埃及、巴林、科威特、阿曼、卡塔尔、沙特、阿联酋、也门、伊朗、伊拉克、以色列、巴勒斯坦、约旦、黎巴嫩、叙利亚、土耳其等西亚北非 22 国。参见牛新春：《"一带一路"下的中国中东战略》，载《外交评论（外交学院学报）》2017 年第 4 期，第 32 页。在中东 22 个国家中，除以色列外，其余 21 个均为伊斯兰国家。为找出一些法律上的共性，笔者将把讨论的范围限定在中东伊斯兰国家。所谓伊斯兰国家，一般是指穆斯林人口占其总人口半数以上的国家或历史上受伊斯兰教影响较深的国家。参见吴云贵：《伊斯兰宗教与伊斯兰文明》，载《阿拉伯世界研究》2009 年第 1 期，第 8 页。

[2]　参见倪月菊：《中国与中东：贸易潜力巨大，风险犹存》，载《进出口经理人》2019 年第 11 期，第 52 页。

[3]　笔者根据中国海关统计数据在线查询平台得到的数字进行计算。参见 http://43.248.49.97/，最后访问日期：2020 年 5 月 26 日。

一、中东伊斯兰国家的信用证欺诈法律现状

信用证最大的特点是它的独立性，这既是信用证生命力所在，也是它最大的隐患。由于银行没有能力，也没有必要对基础合同的实际履行情况进行考察，使得受益人产生"钻空子"的侥幸心理，并在此动机下通过伪造单据或以次充好等方式骗取付款。[1] 这种欺诈行为会对国际贸易的秩序和安全造成极大的破坏，助长不良的商业氛围。在各国面对信用证欺诈的法律实践中，总结出了欺诈例外原则。

全世界对信用证在立法上作出规定的国家不多，[2] 其中包括 11 个中东伊斯兰国家。[3] 在这些国家的商事法律中，立法者普遍将信用证置于银行业务篇进行规定。上述提及的大多数国家在法条中对信用证给出了一致的定义："跟单信用证是一种合同，银行在合同中应其客户（申请人）的要求，开立以另一个人为受益人的信用证，由代表运输货物或准备运输的货物的单据作担保。"[4] 在规定信用证独立于基础合同方面，这些国家的法条也没有差异："跟单信用证独立于作为其开立依据的合同，银行与该合同无关。"[5]

然而，这些法律中没有处理信用证欺诈问题的规定。有学者认为，这可

---

〔1〕 See Ross P. Buckley & Gao Xiang, "The Development of the Fraud Rule in Letter of Credit Law: The Journey so Far and the Road Ahead", *University of Pennsylvania Journal of International Economic Law*, Vol. 23, 2002, p. 665.

〔2〕 See Alavi Hamed, *Documentary Letters of Credit, Legal Nature and Sources of Law*, 17 (31) Journal of Legal Studies (2016), pp. 115–116.

〔3〕 11 个中东伊斯兰国家对信用证的法律规定分别是：阿联酋《商业交易法》第 428 至 439 条、阿曼《商法》第 377 至 387 条、埃及《商法》第 341 至 350 条、巴林《商法》第 317 至 326 条、卡塔尔《商法》第 386 至 399 条、科威特《商法》第 367 至 377 条、利比亚《商业活动法》第 740 至 751 条、突尼斯《商法》第 720 至 727 条、叙利亚《商法》第 241 条、也门《商法》第 400 至 407 条、伊拉克《商法》第 273 至 284 条。在下文提及这些法条时，笔者将简要地仅标出国家与法条序号，例如阿联酋 428-1，代表阿联酋《商业交易法》第 428 条第 1 款。本文所有阿拉伯文法条、司法案例、和学者观点均由笔者翻译。

〔4〕 参见阿联酋 428-1、阿曼 377、埃及 341-1、巴林 317-1、卡塔尔 386、科威特 367-1、突尼斯 720、也门 400-1、伊拉克 273-1。中东伊斯兰国家立法、司法与实务上的信用证各有特点，限于篇幅，本文将主要研究信用证欺诈问题，中东伊斯兰国家信用证的其他问题笔者将在其他文章中另行研究。

〔5〕 参见阿联酋 428-2、阿曼 377、埃及 341-2、巴林 317-2、卡塔尔 387、科威特 367-2、突尼斯 720、也门 400-2、伊拉克 273-2。

能是因为在法律颁布之前，这些国家的法庭上没有提出过这种类型的欺诈。[1] 信用证欺诈例外原则最早出现在美国 1941 年 Sztejn v. J. Henry Schroder Banking Corporation 案中，[2] 其核心内涵是：在信用证交易中，即使受益人提交的单据与信用证的要求完全相符，如果受益人被证实确有欺诈行为，那么开证人也有权拒绝支付。由于该案并没有对欺诈行为的认定标准做出任何限制，使得欺诈例外原则的适用在世界各国引起了很大争议。

有些中东国家为了解决国内成文法上的真空，直接在其立法中引入信用证国际规则，并指出这些规则具有国家法律的效力，可以适用这些规则以弥补立法不足。例如，埃及《商法》第 341 条第 3 款规定："国际商会制定的《跟单信用证统一惯例》中的规则适用于本节没有特别规定的情况。"[3] 但是，在《跟单信用证统一惯例》中仍然找不出关于信用证欺诈的规定，"因为他们认为国际商会不是立法机关，欺诈问题是国内法上的问题，需要立法机关通过立法解决。"[4]

在成文法和国际惯例都缺少对信用证欺诈规范的情况下，笔者发现，许多中东伊斯兰国家的宪法明确宣布伊斯兰法是立法的基本渊源。[5] 因此，在这些国家的成文法上没有关于信用证欺诈的规定时，可以在伊斯兰法上探寻其对于欺诈的原则。

伊斯兰法泛指以伊斯兰教义为基础的法律。伊斯兰教（الإسلام, al-'islām)[6] 由阿拉伯先知穆罕默德（محمّد, Muḥammad）在公元 7 世纪开创，如今约有 16 亿信众，仅次于基督教，是世界第二大宗教。[7] 而"伊斯兰"不仅仅是一般意义的宗教信仰，也是一种社会制度、经济制度和法律制度，是

---

[1] 参见（阿拉伯文）马哈茂德·基拉尼：《银行业务》，文化出版社 2009 年版，第 325~326 页。
محمود الكيلاني، عمليات البنوك، دار الثقافة للنشر والتوزيع، طبع 2009 ص 325–326.

[2] 参见刘定华、李金泽：《关于信用证欺诈例外的若干问题研究》，载《中国法学》2002 年第 3 期，第 107~108 页。

[3] 例如，叙利亚-5、卡塔尔-241 都有类似规定。

[4] 王卫国主编：《银行法学》，法律出版社 2011 年版，第 259 页。

[5] 如科威特《宪法》第 2 条和阿联酋《宪法》第 7 条。

[6] 本文在首次提及伊斯兰法术语时，会在其中文翻译后用括号注明阿拉伯语原文以及罗马化转写。

[7] 参见高祥主编：《比较法学原理》，中国政法大学出版社 2019 年版，第 191 页。

一种具有广泛影响力的社会生活方式与文明方式。[1]

伊斯兰法中有两个相辅相成的概念："沙里亚"与"斐格海"。伊斯兰法的专称为"沙里亚"（الشريعة，shari'a），[2] 也可翻译为"伊斯兰教法"。"沙里亚"由《古兰经》[3]（القرآن，Qur'ān）和《圣训》[4]（الحديث，ḥadīth，或称سنة，sunnah）中规定的抽象规则组成，是一种静态的宗教性法律，在穆罕默德在世时完成并结束了其"立法"过程。"斐格海"（الفقه，fiqh）在阿拉伯语中的含义有"懂得""知道""理解"等，可以将其理解或翻译为"伊斯兰法学"。其使命是研究"沙里亚"的基本精神，发现、解释体现在其中的教法原则的含义，[5] 是一个动态的过程。

近现代以来，伊斯兰法受到西方法律文化的强力冲击和挑战，中东伊斯兰国家不同程度地移植了西方的法律。除宗教、婚姻家庭和继承事务外，其他法律领域中占主导地位的是从西方引进的法律，而非伊斯兰法。[6] 比如，在立法上，埃及于 1948 年制定了《民法典》（القانون المدني المصري رقم 131 لسنة 1948）[7]，将传统伊斯兰法的基本内容与现代西方法治精神结合起来，在缺

---

〔1〕 参见吴云贵：《伊斯兰宗教与伊斯兰文明》，载《阿拉伯世界研究》2009 年第 1 期，第 3 页。关于伊斯兰教的国内研究可参见：金宜久：《伊斯兰教史》，江苏人民出版社 2008 年版；彭树智：《伊斯兰教与中东现代化进程》，西北大学出版社 1997 年版；秦惠彬主编：《伊斯兰文明》，中国社会科学出版社 1999 年版。

〔2〕 "沙里亚"是阿拉伯语"الشريعة"的音译，在阿拉伯语中表示"常走的路""通往水源的路"，引申为"通往真理的道路"。阿拉伯语是全世界穆斯林的宗教语言，是伊斯兰教经典《古兰经》使用的语言。参见吴云贵：《当代伊斯兰教法》，中国社会科学出版社 2003 年版，第 23 页；（阿拉伯文）穆罕默德·阿里·塞伊斯：《伊斯兰法学史》，思想出版社 1996 年版，第 7 页。محمد علي السايس، تاريخ الفقه الإسلامي، دار الفكر، 1996، ص 7.

〔3〕 《古兰经》是伊斯兰教的经典，是穆罕默德在 23 年的传教过程中陆续宣布的"安拉启示"的汇集，共 114 章，6236 节，原文用阿拉伯语记载，因此阿拉伯语也被称为"《古兰经》的语言"。

〔4〕 《圣训》是伊斯兰教的经典，是伊斯兰先知穆罕默德传教、立教的言行记录，穆罕默德的弟子谈论宗教、经训和实践教理的重要言论或行为，凡经先知认可和赞许的，也被列入圣训范围。

〔5〕 参见高祥主编：《比较法学原理》，中国政法大学出版社 2019 年版，第 197 页。

〔6〕 参见高鸿钧：《伊斯兰法：传统与现代化》，社会科学文献出版社 1996 年版，第 391~392 页。

〔7〕 1948 年的埃及《民法典》被认为是调和伊斯兰法与欧洲《民法典》（特别是法国法）的典范，对阿拉伯国家影响极深，目前大部分阿拉伯国家都制定了部分基于埃及《民法典》的现代民法典。因此，阿拉伯国家法律的共同特点之一是民法典的规定相似甚至一致。埃及的第一部《商法》出台自 1883 年，大部分法条都是借鉴法国《商法典》。参见：（阿拉伯文）穆罕默德·本·巴拉克·法乌赞：《沙特的商业代理制度的比较研究》，曼哈尔出版社 2012 年版，第 18 页。محمد بن براك الفوزان، عقد الوكالة التجارية في النظام السعودي، دار المنهل، Al Manhal، 2012، ص 18.

乏成文法和习惯法时，可以适用伊斯兰法。其他国家，如约旦、伊拉克、叙利亚、利比亚等，也基本采用埃及模式，吸收西方法律，补充伊斯兰法之不足。[1] 在司法上，这些国家在传统的沙里亚法院之外，都以不同的形式设立了世俗性质的司法组织，用以适用新制定的世俗性法律。[2] 在比较法上，原先属于伊斯兰法系的国家在现代大都是伊斯兰法系与其他法系的"混血儿"，[3] 本文涉及的 21 个国家中，大部分国家在民商法领域采用了法国的大陆法模式。

从伊斯兰教法上看，在《古兰经》中，真主（الله，Allāh，即"安拉"）明确禁止欺诈行为。《古兰经》第八十三章题为"称量不公"[4]：在先知穆罕默德时代的麦地那（مدينة，Medina，沙特阿拉伯的一个城市），通过"缺斤少两"方式进行欺诈的行为在社会中很普遍，因此，真主降示这一章，要求穆斯林给足重量和尺寸。《古兰经》第二十六章中也同样体现了禁止欺诈的规定："你们应当用足量的升斗，不要克扣。你们应当以公平的秤称货物。你们不要克扣他人所应得的财物……"[5] 伊斯兰教法的第二来源《圣训》也谴责欺诈行为。穆罕默德说："任何欺骗我们的人都不是我们中的一员。"[6] 这些经文和圣训暗示了伊斯兰教禁止各种欺诈和非法交易的行为，要求人们合法地履行他们的商业承诺，不欺骗他人。虽然没有直接涉及信用证欺诈问题的经文或圣训，但可以说，鉴于上面的讨论，伊斯兰法禁止的欺诈包括在信用证中实施的欺诈。

综上，信用证欺诈例外原则的确立是一个从判例到成文法的过程。对于中东伊斯兰国家而言，目前不存在任何有约束力的成文法或司法判例对这一原则进行规范。因此，需要研究这些国家对信用证欺诈的具体案例判决，了解中东伊斯兰国家对信用证欺诈的认定标准。

---

〔1〕　参见高祥主编：《比较法学原理》，中国政法大学出版社 2019 年版，第 213 页。

〔2〕　参见高鸿钧：《伊斯兰法：传统与现代化》，社会科学文献出版社 1996 年版，第 225 页。

〔3〕　参见高鸿钧：《伊斯兰法：传统与现代化》，社会科学文献出版社 1996 年版，第 391~392 页。

〔4〕　《古兰经》第八十三章：称量不公（太颓斐弗）中提到："伤哉！称量不公的人们。当他们从别人称量进来的时候，他们称量得很充足；当他们量给别人或称给别人的时候，他们不称足不量足……"本文中所有的《古兰经》中文译文参考马坚先生版译本。

〔5〕　《古兰经》第二六章：众诗人（抒尔拉）第 181~183 节。

〔6〕　（阿拉伯文）穆斯林·本·哈加吉：《穆斯林圣训实录》，科学书籍出版社 1976 年版，第 101 段。صحيح مسلم بشرح النووي، دار إحياء التراث العربي، طبعة عام 1976، 101.

二、中东伊斯兰国家的信用证欺诈认定标准

目前，世界范围内没有统一的信用证欺诈认定标准。在各国的司法实践中，影响最大的是美国的"实质性欺诈说"与英国的"受益人欺诈说"。[1]笔者从收集到的关于中东伊斯兰国家信用证欺诈的判例[2]中发现，欺诈行为的实施者基本都是受益人，并且他们也都存在着对欺诈行为的主观认识。因此，难以从现有的资料中以"受益人欺诈说"的角度入手对欺诈的认定标准进行归类。我国在最高人民法院颁布的《关于审理信用证纠纷案件若干问题的规定》（以下简称《规定》）第8条中阐释了对信用证欺诈的认定方式，主要包括单据欺诈和基础交易欺诈两种，[3]并以兜底条款作为结尾。[4]而相对来说，中东伊斯兰国家对于信用证欺诈的界限则没有那么明确。因此，笔者将以我国的两个认定方式作为标准，结合美国的"实质性欺诈说"，对中东伊斯兰国家信用证欺诈相关的案例进行归纳，探究这些国家在信用证欺诈认定中的问题与风险。

---

〔1〕 参见陆璐:《信用证欺诈的认定标准与止付令下达依据——中、英、美不同法律视角的比较研究》，载《江海学刊（南京）》2014年第3期，第220页；陆璐:《欺诈例外条款在英美法系信用证实践中的运用比较》，载《江海学刊》2008年第1期，第223页。

〔2〕 中东伊斯兰国家的法院不公布所有的判例。因此，笔者通过各种方式获取到的信用证欺诈案例不多，且没有年份较新的案例。近几年，中东学界有几篇探讨信用证欺诈问题的论文，例如约旦学者 Kamal Jamal Awad Alawamleh 在他 2013 年的博士论文 Documentary Credits and Independent Guarantees: A Critique of the 'Fraud Exception' Position in English and Jordanian Law. 第 277~278 页指出:"单据中的欺诈问题尚未在约旦法院得到检验。这可以归因于约旦法院没有受理过与这一问题有争议的案件。在中东法院没有立法提供解决办法的情况下，这些法院常常参考判例，以便对诉讼争端作出裁决。"还有一些用阿拉伯语探讨信用证欺诈问题的文章，如阿尔及利亚马阿奇·苏尼亚教授 2018 年的论文《阿尔及利亚法律上的信用证欺诈及其对银行独立义务的影响》、埃及拉维·穆罕默德·阿卜杜法塔赫·弗里博士 2013 年的论文《信用证欺诈对于银行义务的影响：比较研究》、伊拉克艾宰德·沙库尔·萨利赫博士 2013 年的文章《信用证欺诈及其对于银行义务的影响》，都是根据英美与法国的理论和案例去讨论问题，没有比笔者论文中更新的中东国家案例。这在一定程度上反映出，中东国家关于信用证欺诈的权威判例缺失，案件数量较少，判决缺乏统一性与连贯性的现状。目前，国内没有通过一手资料研究中东国家信用证问题的文献，笔者也希望以此文抛砖引玉，引起更多懂小语种的法律学者对这一问题的关注。

〔3〕 任卉:《信用证欺诈法律问题研究》，载《佳木斯大学社会科学学报》2011年第2期，第24页。

〔4〕 《最高人民法院关于审理信用证纠纷案件若干问题的规定》第8条"凡有下列情形之一的，应当认定存在信用证欺诈:（一）受益人伪造单据或者提交记载内容虚假的单据；（二）受益人恶意不交付货物或者交付的货物无价值；（三）受益人和开证申请人或者其他第三方串通提交假单据，而没有真实的基础交易；（四）其他进行信用证欺诈的情形。"

（一）单据欺诈

单据欺诈是最典型的信用证欺诈形态，也是各国法上最先承认的付款例外。[1] 事实上，将纯粹的单据欺诈与基础交易中的欺诈分开是很困难的，因为受益人进行单据欺诈的原因也是为掩饰其在基础交易中的欺诈。下面，笔者以一个埃及最高法院2009年涉及"伪造单据"的案例[2]为例，探究中东伊斯兰国家法院对单据欺诈的裁判标准。

一家土耳其公司从一家埃及公司[3]购买活牛，1996年7月2日，双方协定分两批运输，第一批供应800头活牛，重量最少为240吨，总价312 000美元，装运港是乌克兰尤日内港，抵达港为土耳其巴尔滕港。土耳其公司作为申请人在某土耳其银行开立了第一份不可撤销信用证，以埃及卖方公司为受益人。双方同时约定第二批活牛从乌克兰发出，重量至少为240吨，每吨的价格为1300美元。土耳其公司对第二批货物在瑞士某银行开立了第二份不可撤销信用证，两份信用证均经埃及保兑行进行保兑。1996年7月10日，埃及公司向埃及保兑行提交了两份信用证的单据。1996年7月21日，土耳其开证行向埃及保兑行发传真，认为埃及公司提交的单据是伪造的、不真实的。而瑞士开证行因为怀疑单据有问题，通知了申请人，申请人向瑞士日内瓦法院申请了止付令，瑞士开证行通知埃及保兑行不要接受单据。于是，埃及保兑行中止了两个信用证的支付。因此，埃及公司向一审法院起诉埃及保兑行，要求保兑行支付信用证款项。

埃及初审法院驳回诉讼。埃及公司提起上诉，上诉法院裁决撤销之前的判决，判埃及保兑行支付受益人埃及公司620 236.5美元（两个信用证的全部价值）。埃及保兑行对该判决不服，向埃及最高法院申请再审。埃及最高法院在判决中认为："埃及保兑行提交的材料证明了埃及公司的单据欺诈行为，适用信用证的欺诈例外，银行进行止付的行为符合事实，符合法律。"判定撤

---

〔1〕　参见刘斌：《独立担保欺诈例外的类型化——兼评我国独立保函司法解释征求意见稿》，载《比较法研究》2014年第5期，第126页。《关于审理信用证纠纷案件若干问题的规定》第8条列举的欺诈情形中，两种与单据欺诈相关：①受益人伪造单据或者提交记载内容虚假的单据；②受益人和开证申请人或者其他第三方串通提交假单据，而没有真实的基础交易。因此，笔者将"单据欺诈"的类型作为第一种分类。

〔2〕　埃及最高法院2009年6月25日第621号案件。الطعن رقم 621 لسنة 79 قضائية جلسة 2009 / 6 / 25 ، مستعنقهم ق 60 ص 127 - 757.

〔3〕　埃及以及一些中东伊斯兰国家公布的判例中有时会隐去当事人的具体信息，为方便论述，笔者以各方当事人在信用证关系中的角色作为他们的名称。

销二审判决，维持一审判决。

本案体现了信用证受益人进行的单据欺诈，即利用信用证的独立性与单证相符原则，提交表面上与信用证的要求相符，但实际上不能代表真实货物的单据，以骗取货款支付的商业欺诈行为。[1] 该案中，埃及公司提交的第二份信用证单据包括日期为 1996 年 7 月 7 日的货运单，其中显示了 795 头重 237.7 吨的活牛在黎巴嫩船上装运，从乌克兰的尤日内港转移到土耳其巴尔滕港，总价值 309 016 美元。埃及保兑行向最高法院附上了瑞士法院判决的扫描件，这一判决要求开证行和保兑行进行止付。瑞士法院对埃及公司向埃及保兑行提交的单据真实性存疑，认为存在欺诈的情况。理由是："申请人土耳其公司提供的证据与受益人埃及公司提交的货运单不一致，土耳其公司提供的是由负责运货的黎巴嫩船东发出的函，说明在 1996 年 7 月 7 日未将任何货物在乌克兰港口或任何港口装运到该船上面，但受益人埃及公司却提交了一份显示正常装运的货运单。"因此，受益人在没有发货的情况下伪造了单据，因为"商业发票、运单等单据都能以低廉的成本被伪造出来"，[2] 可以使受益人看起来像履行了义务，以获得信用证项下的款项，应认定为信用证欺诈。埃及最高法院表示："即使国外的判决不能在国内法院有同等效力，也可以将其作为存在欺诈的证据使用。"因此判定受益人存在信用证欺诈行为，同时认可了银行的止付行为。

可以看出，埃及最高法在本案中肯定了单据欺诈作为信用证付款的例外情形。一方面，法院尊重信用证本身的运行机制和独立性原则，认为"跟单信用证是银行为了受益人的利益作出的一项承诺，在符合信用证规定的各项条件时向受益人付款"。另一方面，通过欺诈例外的运用保护了欺诈受害人的利益，法官引用了"欺诈使一切无效"的法理，认为"即使法律中未专门对其作规定，也可以基于在反欺诈方面的道德与社会因素考虑，为了维护个人和集体的利益使用这一法理"。这体现了对信用证独立性刚性原则的软化处理。"欺诈使一切无效"这一民商法的基本法律原则在其他中东国家的判例中也经常被提及。叙利亚最高法院民事庭认为："法律中的首要原则之一就是

---

〔1〕 参见吴国平：《信用证单据欺诈中银行付款责任的解除及应注意的问题》，载《对外经贸实务》2005 年第 5 期，第 25 页。
〔2〕 慕德升：《跟单信用证若干法律问题研究》，中国政法大学 2004 年博士学位论文，第 16 页。

'欺诈使一切无效'，欺诈的实施者不允许从中获益。"〔1〕 该法庭在另一个判例中表示："欺诈会损坏所有合同。"〔2〕

笔者认为，本案中受益人伪造单据的行为也符合美国"实质性欺诈"的标准。"实质性欺诈"是美国在《统一商法典》（UCC95）第 109 条中确立下来的，〔3〕 但对于什么是"实质性"，UCC95 中并未规定，有学者认为：只有当伪造的单据或欺诈行为本身对基础交易有实质性的损害时，才能够成立信用证欺诈。〔4〕 本案受益人在没有发货的情况下伪造单据，骗取信用证款项，无疑对基础交易造成了"实质性"伤害。

（二）基础交易欺诈

我国《规定》中体现的基础交易欺诈包括恶意不交付货物或者交付的货物无价值。在笔者收集的中东伊斯兰国家案例中，没有体现恶意不交付货物的案例。因此，笔者在本节以"受益人交付的货物无价值"作为基础交易欺诈的表现形式进行论证。但"货物无价值"仍是一个模糊的概念，不同的中东国家法院对于"货物无价值"构成欺诈的标准是否相同？这需要我们从具体判例中发现。

1."货物完全无价值"的欺诈

约旦的一个案例〔5〕与美国经典的 Sztejn 案相似，欺诈的严重程度与 Sztejn 案中"将合同约定的猪鬃替换成毫无价值的牛毛和垃圾"较为相像：约旦的买方为购买某种石油材料与英国的卖方订立了交易合同，买方作为申请人向一家约旦银行申请了一份跟单信用证。当货物运抵约旦时，经专业机构验证，运抵的并不是基础合同所要求的石油材料，而是掺有水和其他污染物的废油。因此，约旦申请人通过申请止付来寻求法院的救济。法院作出了有利于约旦申请人的结论，对信用证进行了止付："虽然信用证要求的单据在外

---

〔1〕 叙利亚最高法院 1999 年 8 月 22 日第 1280 号判决。1400/ /أساس/1280 قرار رقم، غرفة ثانية، نقض سوري، خيرات 1999/8/22.

〔2〕 叙利亚最高法院 1999 年 3 月 14 日第 303 号判决。803/ /أساس/303، قرار رقم غرفة ثانية، نقض سوري، خيرات 1999/3/14.

〔3〕 在国内法领域，对信用证欺诈问题做出成文法规定的国家不多，其中美国《统一商法典》第五章对信用证欺诈所作的描述最为全面。See Gao, Xiang, *The Fraud Rule in the Law of Letters of Credit: a Comparative Study*, Kluwer Law International, The Hague, 2002, p. 65.

〔4〕 参见陆璐：《信用证欺诈的认定标准与止付令下达依据——中、英、美不同法律视角的比较研究》，载《江海学刊（南京）》2014 年第 3 期，第 218 页。

〔5〕 约旦上诉法院 2005 年第 1215 号判决。قرار رقم 1215/2005 مجمع تكافل الزييمي للتأمين، الأردنية.

观和技术方面都是完整的，但它们是伪造的，因为它们包含了关于石油材料合同的虚假信息。虽然信用证合同和基础销售合同相互独立，但还是存在一定联系。欺诈使销售合同无效，这将延伸至银行与受益人的关系。"

同样，摩洛哥的一个判决[1]中认为：受益人公司发给申请人公司的货物与申请人要求的完全无关，也不符合之前达成的协议。因此，银行有权在受益人存在欺诈的情况下进行止付。

综上，对于货物因各种原因造成"完全无价值"的程度，笔者收集的判例对这种情形的裁判意见一致，均认定为欺诈，并无争议。此类型的欺诈也符合"实质性欺诈"的标准，因为这种"猪鬃换成牛毛和垃圾"以及"石油材料换成废油"的欺诈"足以彻底摧毁整个基础交易"[2]。因此，笔者认为，"欺诈行为对于基础合同的影响程度"是衡量欺诈是否能撼动信用证独立性的重要因素。

2. 货物并非"完全无价值"的欺诈

根据对基础合同"完全摧毁"程度的判断标准，前文提到的受益人完全没有发货或者发的货完全无价值的情况在这一标准上是比较好判断的。但是在实务中，常常出现受益人发出的货物在数量、质量等方面没有达到约定条件的情况，在这种情形中如何认定"足以摧毁整个交易"的"实质性欺诈"，是存在于各国的有争论的问题。[3]

在中东伊斯兰国家信用证欺诈的判例中，也存在受益人交付的货物并非完全无价值的情况。货物在某些方面与信用证的条件不符，是否会构成"实质性欺诈"？我们看到，在情形相似的状况下，不同的法官作出了不同的判决：

---

〔1〕 摩洛哥商业上诉法院1998年10月29日判决。قرار صادر عن محكمة الاستئناف التجارية بالرباط تحت عدد 29 ربوتكا 1998.

〔2〕 *New Orleans Brass v. Whitney National Bank and the Louisiana Stadium and Exposition District*，818 So. 2d 1057，La. Ct. App. (2002).

〔3〕 在这一问题上，美国《统一商法典》的正式评述在对"实质性"进行解释时举了例子：假设信用证的申请人和受益人约定，受益人需要交付1000桶油，但最终实际运送了998桶油，但记载在信用证上面的内容为1000桶油。这种情况下，受益人在履行基础合同中虽然有瑕疵，但未致使整个基础合同的目的完全不能实现，所以不认为受益人构成信用证欺诈；相反，如果受益人最终实际运送的只有5桶油，就认定受益人构成信用证欺诈。然而，美国立法者给出的参考也只是一个模糊的标准，如果说需要交付1000桶油，实际运送998桶不构成欺诈，而运送5桶是欺诈的话，那么在实际交付500桶、700桶的情况下又如何判定呢？

（1）货物并非"完全无价值"，法院认定为欺诈例外。

摩洛哥一个判例中[1]显示，摩洛哥 SINOMAR 公司想要从供货商意大利 TECHNOMAC 公司购买 13 台木工机械。摩洛哥公司向摩洛哥人民银行申请开立信用证，意大利托斯卡纳银行为信用证的保兑行。保兑行在收到单据后向人民银行寄单。摩洛哥公司在收到货物后，向法院申请了止付令，因为经专家检查，证明发货的机械共有 23 台，且为旧的使用过的机械。初审法院发出了止付令，理由是"受益人发出的机械违反当事人约定，与商定的货物不符，也与提交信用证单据中的要求不符。因此，欺诈是明显存在的。开立信用证的申请人在查明受益人没有履行双方协定的义务时，有权申请信用证的止付。"摩洛哥银行对判决不服，提起上诉。上诉法院不予受理，支持初审法院发出的禁令。可见，本案中的机械数量和新旧方面都与单据不符，但在程度上与上一小节"石油材料换成废油"的情形有本质上的区别。本案中的法官将这种货物"并非完全无价值"情形认定为欺诈。

约旦也有一个类似的案例[2]：约旦某医院与加拿大某公司约定为约旦医院提供设备和家具。约旦医院作为申请人，在约旦某银行开立了一份跟单信用证。双方的基础合同约定运送 9 个装有新设备和家具的集装箱。然而，当货物到达时，海关申报单显示只有 5 个集装箱运达，其中包括用过的、损坏的家具和医疗设备。因此，约旦医院向约旦法院申请阻止约旦银行支付跟单信用证。法院认为："运送 5 个装满损坏或使用过的医疗设备的集装箱，而不是 9 个装满全新设备的集装箱，已经构成信用证欺诈"，下达了中止付款的禁令。

这两个案例中，受益人提供的货物并不是"完全无价值"，但法院均对信用证进行了止付，认为该行为构成欺诈例外。同时应注意到的是，这些国家的法院仅仅关注货物本身的状况决定是否中止信用证付款，欺诈是通过检查货物本身而不是受益人的意图或心理状态来推断的。换句话说，案件事实就足以使法院认定欺诈例外，法院在这些判例中排除了受益人主观意识的欺诈认定标准。

---

[1]　摩洛哥商业上诉法院 1999 年 6 月 1 日的判决。الا قمكحبمب 1999 وينوي 10 خيراتعب رداص 755/99 مقر رارق .ةيراجتلا فانئيتسا

[2]　约旦上诉法院 2004 年第 835 号判决。2004/835. مقر ةيندرالازييمتلاقمكحمنع رداص رارق

（2）货物并非"完全无价值"，法院没有认定为欺诈例外。

上面介绍的两个案例中，受益人送达的货物有瑕疵，法院认为这种瑕疵构成了足以使银行止付的欺诈例外。但在下面的案例[1]中，受益人发出的货物同样与约定的条件不符，但法院没有将其认定为欺诈例外：摩洛哥信用证申请人要进口2万公斤化学材料，用信用证支付，受益人是美国的出口公司。到货后，申请人对材料在官方的化学实验室进行了测验，工程师证明送到的材料与要求的材料不同。申请人遂请求法院令银行止付。但法院认为："只有实质性欺诈才会对信用证的独立性产生影响，例如本来要购买的是钟表但却收到了石头。但在本案中，有关材料的错误没有达到那种'敲爆人眼球'的地步，因此不能算作欺诈例外。"另一家法院也否定了送达货物中的瑕疵可以触发欺诈例外，认为"货物中的欺诈不能免除银行对于受益人的责任。"[2]

作出上述判决的中东伊斯兰国家法院对欺诈的界定引用了 Vasseur 的著名论断"敲爆人眼球"（qui Creve les yeux）[3]，即使到货材料经过验证与所需不符，也没有被认定为实质性欺诈。但是，不同法院没有采取某种单一的刚性的划分标准，对于这种货物并非"完全无价值"的判断标准也不统一，造成了"同案不同判"的现象。

笔者认为，虽然关于违约到何种程度构成欺诈的观点并不统一，即使作为"实质性欺诈"来源地的美国法院判例中观点也不一致，[4]但从中东伊斯兰法院的裁判文书中看，法官似乎没有对存在于货物中的瑕疵做深入分析。无论最终认定欺诈例外与否，这些国家的法官更多的是仅凭"货物不一致""敲爆眼球"这种简单而模糊的标准进行裁决。这就要求法官根据个案审慎地进行处理：一方面，对欺诈的认定应当趋向于更为严格的标准；另一方面，也不宜僵化地使用某种模糊的标准。

通过上文对中东伊斯兰国家法院判例中欺诈认定标准的总结与分析，我们可以看到，这些国家的信用证欺诈标准和界限没有那么明确。同时，中东伊斯兰国家在司法上的信用证欺诈案件数量不多，缺乏权威的有代表性判例。

---

〔1〕 摩洛哥 1997 年 12 月 3 日紧急法院发出的 1523/139 号紧急命令。امر اجتماعي مقدم 1523/139 مورخ في 3 دجنبر 1997 ملف استعجالي عدد 1127/97 طالب غبر.

〔2〕 摩洛哥丹吉尔上诉法院 1980 年 2 月 19 日作出的第 60 号判决。قرار عدد 60 مورخ في 19 فبراير 1980 محكمة الاستئناف بطنجة.

〔3〕 *See* Machael Rowe, *Letters of Credit*, Euromoney Publications, 1985, p. 151.

〔4〕 参见郭瑜：《国际货物买卖法》，人民法院出版社 1999 年版，第 288~289 页。

在法律缺乏针对信用证欺诈例外规定的情况下，只能依赖法官的自由裁量权，甚至连基础合同的一般违约都可以判定为欺诈：在约旦的一个案例中，我国某公司向约旦公司供应手机，合同中约定，我国公司不能向约旦的其他公司销售相同款式的手机。约旦公司在本国银行开立了信用证以便付款。在约旦银行付款前，申请人发现另一家约旦公司正在销售该款中国手机，于是向法院申请止付信用证项下的款项。虽然单据与货物都完全符合信用证的规定，但约旦法院认为中国公司向两家约旦公司销售同款手机的行为构成了欺诈，违背了合同条款，向约旦银行发出了止付令。[1] 依据国际上普遍认可的惯例，基础合同的一般违约不足以构成欺诈，是不能使用欺诈例外原则的，本案的判决为了保护本地经营者而让信用证的独立性丧失殆尽。可见，在完全依靠法官自由裁量权认定信用证欺诈的情形下，中东伊斯兰国家在司法上的裁决存在较大的不确定性，由此带来的最大风险就是信用证欺诈救济的滥用。

三、中东伊斯兰国家的信用证欺诈救济

作为信用证独立性原则的例外，信用证欺诈破坏了商业往来中诚实信用的法律原则，理应被制止和惩罚。如果能及时发现受益人进行的信用证欺诈，申请人可以从银行和法院两方面获得救济，及时止付信用证款项，以减少损失。

（一）银行救济

银行是信用证单据的审查人，在发生单据欺诈时，能够阻止该欺诈给申请人带来的损失。申请人在发现信用证欺诈的时候，可以要求银行中止支付。银行救济是一种商业行为，是银行应申请人申请或通过审查单据发现信用证瑕疵时，所采取的不予承兑或付款的行为。[2]

如前文所述，中东伊斯兰国家立法坚持信用证单证相符的原则。因此，中东学者认为：银行对受益人进行的无法从表面判断的伪造与造假不负责，信用证的独立性使得银行没有义务去调查货物装运情况或是货物的种类与状态，银行处理的仅仅是单据不是货物。而对于明显的、容易识别的欺诈，银

---

〔1〕 Quoted from Alawamleh Kamal Jamal, *Documentary Credits and Independent Guarantees: A Critique of the "Fraud Exception" Position in English and Jordanian Law*, University of Central Lancashire, 2013, p. 283, available at: http://clok.uclan.ac.uk/9627/, last access on February 8 2020.

〔2〕 参见张鹏、张蕊：《信用证止付与我国立法实践》，载《河西学院学报》2006 年第 1 期，第 7 页。

行应该拒付。如果银行接受了这种单据，应当承担责任，不能向申请人追索。[1]

银行在审核单据时发现不符可以直接拒付，那么，当申请人告知开证行受益人的欺诈时，银行应作何处理呢？在摩洛哥一个法院作出的紧急命令[2]中，受益人送达的货物有瑕疵，申请人请求法院进行止付，摩洛哥法院将其认定为欺诈例外，在裁判文书中甚至将银行中止支付的标准降低到"只需要申请人通知银行有欺诈情况的出现"，而这种较低的标准并不是特例：在 1978年[3]和1994 年[4]摩洛哥不同法院的判决中，都认可了这种标准："当发生欺诈行为时，银行应在申请人通知欺诈存在时中止对信用证的支付，同时免除银行在信用证上对受益人的任何义务。"[5] 这些判决都认为开证行只要因申请人宣称存在欺诈，就可以自动止付的情况，无需司法命令。

笔者认为，如果开证行都按照上面的判决中所述，只要申请人发出通知，银行就自动止付的话，将为信用证交易带来极大的不确定性，也会给恶意的申请人提供机会，让他可以制造一个欺诈的假象，而不用履行信用证项下的支付义务。而开证行对于欺诈事实的判定也不会都上升到能够证实其正确性与可靠性的程度，特别是当银行自己与该支付请求利益相关时。因此，摩洛哥法院的这一论断是不合理的，虽然银行有拒付权，但不能仅因申请人宣称欺诈存在就限制银行支付信用证项下款项。[6] 因为在单证相符的情况下，不可撤销的信用证构成开证行的一项确定义务。因此，倘若申请人直接将受益人存在欺诈的情况通知开证行，开证行不应武断地拒绝支付，而是应该让申请人在开证行支付前提供足够的证据证明欺诈的存在。这意味着开证行需要自行判断受益人欺诈的证据是否充分，由于银行的判断将直接关系到自己是

---

〔1〕　参见（阿拉伯文）利达·塞伊得·阿布杜·哈米德：《银行担保与保函的仲裁》，阿拉伯复兴出版社 1998 年版，第 303 页。الرضا السيد ادب عديم كي في في المصارف اخو طاب ات ضمان ل ما ذر في ة، دار الحض القضب العربي للنشر والتوزيع، عام 1998، ص.303.

〔2〕　摩洛哥达尔贝达商业法院院长 2000 年 12 月 18 日下达的第 3268 号紧急命令。مر استع جالي 3268/2000 ل ك في حالة رن 2000/1/3089 د اري خ 18 خجن ر، 2000، ساس ن رادان له دي هير سار داه بال ما بي ان ن الخ في ري خ

〔3〕　摩洛哥 1978 年 10 月 21 日第 1587 号商事判决。قرار تجاري رقم 1587 صادر عبر تاريخ 21 اكتوبر 1978 ملف تجاري عدد 3223/8.

〔4〕　摩洛哥商事法庭 1994 年 9 月 22 日第 2505 号判决。قرار صادر عن غان اقفر تجاري يعد بتراتيخ 998/94 بتاريخ 94/9/22.

〔5〕　摩洛哥商事法庭 1994 年 9 月 22 日第 2505 号判决。قرار صادر عن غان اقفر تجاري يعد بتراتيخ 998/94 بتاريخ 94/9/22.

〔6〕　参见伏军：《英美信用证案例选评》，对外经济贸易大学出版社 2006 年版，第 95 页。

否违反独立性原则，因此必须慎重处理。而银行也没有足够的时间和专业性去证实每一种欺诈。因此，更合理的办法是建议申请人诉诸法院申请止付。

（二）法院救济

法院救济是从司法角度给予信用证欺诈的受害人及时止损的方法，主要落实于信用证止付。信用证止付是一种保全措施，在诉前或诉中裁定相关开证行或中间行停止承兑或兑付信用证款项。[1]

在中东伊斯兰国家的法院判决中，笔者也发现了止付制度。在本文第二部分的判例中，欺诈例外的最终效果都是通过法院颁发止付令来保障。这种止付令是"为保护权利不受潜在损害而迅速发布的临时措施"，[2] 通常是以"紧急命令"的形式，由紧急事项法官发布。在这种情况下，法官无权决定基础合同纠纷的具体判决结果，只能暂时解决该问题。通常，中东国家法院会适用民诉法的相关条款处理紧急命令，例如："紧急事项法官在不永久损害当事各方权利的前提下，可在下列情况下请求发出禁令：1. 这一问题十分紧急，如果在此期间不给予司法救济，则寻求禁令的当事方的权利将会丧失……"[3]

在摩洛哥一个法院发出的紧急命令[4]中，申请人摩洛哥普罗维布亚公司想要进口铁材料，在开证行摩洛哥商业银行以多拉达公司为受益人申请了信用证。公司收到材料后，发现货物与订单以及形式发票中所要求的不符，遂提起诉讼，申请法院下达止付禁令。经专家认定后证实，受益人有一部分货物没有发，还有一部分货物不符合标准。被告银行表示："原告提出的不符是关于基础货物质量方面，不在于信用证本身，而银行是独立于基础合同的，没有义务检查货物的质量，仅凭单据付款。原告可以要求卖方赔偿自己的损失。"法院认为："信用证的开证行与申请人和受益人之间的关系无关，仅凭单证一致的提示进行付款，但当受益人存在欺诈的行为时，这个原则中出现了例外，使得银行可以中止其义务，直到纠纷解决，而这只需要申请人通知银行有欺诈情况的出现。"因此，法院发出止付的禁令，因为"提交上来的单

---

〔1〕 参见张鹏、张蕊：《信用证止付与我国立法实践》，载《河西学院学报》2006 年第 1 期，第 7 页。

〔2〕 （阿拉伯文）波普希尔·莫汉德·阿玛克兰：《民事诉讼法》，阿尔及利亚大学出版社 2001 年版，第 362 页。بوشهير محمد أمقران، قانون الإجراءات المدنية، ديوان المطبوعات الجامعية الجزائر، 2001، ص 362.

〔3〕 本条为约旦《民事诉讼法》第 32 条。阿尔及利亚《民事诉讼法》第 183 条，摩洛哥《民事诉讼法》第 148~149 条也有相关规定。

〔4〕 摩洛哥达尔贝达商业法院院长 2000 年 12 月 18 日下达的第 3268 号紧急命令。مرسوم استعجالي صادر عن رئيس المحكمة التجارية بالدار البيضاء رقم 3268/2000 مؤرخ في ملف استعجالي رقم 2000/1/3089 صادر بتاريخ 18 دجنبر 2000.

据显示协商的货物与送到的货物不符，如果银行进行兑付，会对原告造成伤害，必须采取紧急措施以防止对原告造成损害。"

这一案例中法官的判决体现了中东伊斯兰国家民诉法对于"颁发禁令应具有紧迫性"的要求。虽然争议事项的紧迫程度由紧急事项法官决定，但以欺诈为基础试图阻止信用证付款的禁令通常被认为是紧急的。信用证金额的潜在损失使这一问题成为一个紧急问题，需要禁令保护。[1] 而这个禁令是临时性的、预防性的，在法院作出判决之前不影响各方权利。[2] 同时，申请人在向法院申请止付令时应证明存在欺诈。要证明存在欺诈，就要证明单据是伪造的、欺骗性的，或者在基础合同中存在欺诈。[3] 有中东国家学者表示，其证明过程并不容易，可能会在许多情况下遇到困难。[4] 但笔者认为，似乎欺诈证明标准对于向这些国家法院申请止付令的申请人来说，并没有构成障碍。至少从上文的法院判决书来看，没有一个案件显示有必要进行如此困难的证明，以发出申请人所要求的禁令。

通过以上判例的观察，笔者发现信用证申请人在中东伊斯兰国家司法上的权利过大，可能会导致无论欺诈是否存在，都会随意要求银行止付款项的现象出现，这是对信用证独立性的否定。而中东伊斯兰国家法院对止付标准认识模糊，对申请人证明的要求较低，存在随意止付的现象，这样会导致一些恶意的申请人要求银行寻找单据理由对外拒付，或者寻找一些非常牵强的所谓"欺诈"理由申请法院止付信用证项下款项，后果是直接影响法院形象与银行信誉。笔者认为，防止对欺诈例外原则的滥用，对于维持信用证的生

---

〔1〕 Al-Kharabsheh, I. *Al-Ghosh fe Al-A' ked Al-Asasi Ka Estesna' ala Mabda' Al-Istiklal fe AL-Itimadat AL-Mostanadieh*, A Master's dissertation submitted to the University of Jordan in 2010, p. 94.

〔2〕 AL-Qudah, M, *Kanoon Osol Al-Mohakamat AL-Madanieh wal Tanzeen AL-Gada' ai fel Ordon*, 1st ed., Dar Althakafah, Amman, 1992, p.75.

〔3〕 （阿拉伯文）阿克拉姆·易卜拉欣·哈姆丹·阿勒祖比：《跟单信用证中开证行的责任》，瓦伊勒出版社 2000 年版，第 106 页；（阿拉伯文）娜吉娃·穆罕默德·凯迈勒·艾布海伊尔：《跟单信用证中的银行与利益冲突》，开罗大学 1993 年版，第 267 页。مكرا اربابم مادن لازعبي

ت لما حلاصملاو كنيبلا ،ريخلا وبأ لامك دمحم ىوجن .106 ص ،2000 ،نامع ،رشنلل لئاو راد ،ىدنتسملا ضورق لصملا ةيلقيتسم ، 267. قراقلا ةعماج ،1993 ،ىدنتسملا ضورق لصملا في في ضراعت

〔4〕 （阿拉伯文）莱拉·巴塔奇：《基础合同中的欺诈对跟单信用证的影响》，哈吉·哈德尔大学 1994 年博士论文，第 267 页。ليلد ىلع تاشتان رثأ شغلا في نافخ ىلع قدعلا ساسأ علي ذيفنت تامتعالا ىدنتسملا، ةطورحو فدكتو

راد ةعماجل حاجلا خرضرب، 2014 ص 116.

命力而言至关重要[1]。中东伊斯兰国家法院应适当提升获得止付令的难度，只有提升难度才能使例外机制不轻易使用，使"欺诈例外"成为真正的"例外"。相比之下，我国在止付令的颁发上十分严格。《规定》第11条明确要求，颁发止付令需要满足三个实质条件。首先，申请人需要提供充分的证据证明欺诈事实存在。其次，申请人需要证明颁发止付令的紧迫性达到"如不采取中止支付信用证项下款项的措施，将会使申请人的合法权益受到难以弥补的损害"的程度。最后，申请人还需要证明不存在善意付款等豁免条件。同时，作为程序要求，申请人需要提供充分、可靠的担保。[2]

结　论

部分中东伊斯兰国家存在对信用证的立法，其中规定了独立性原则与单证相符原则，但没有就信用证欺诈问题进行阐释。在司法现状上，这些国家的信用证欺诈案件数量不多，权威判例缺失，现有的判决缺乏统一性与连贯性。在对信用证欺诈标准的司法认定上，这些国家的标准和界限没有那么明确，在法律缺位的情况下，只能依赖法官的自由裁量权，而法官在多数案例中仅采用模糊的标准对欺诈行为进行判断，缺乏全面的分析。由此可见，中东伊斯兰国家信用证欺诈的标准具有一定落后性，与我国存在一定距离。在欺诈救济问题上，中东伊斯兰国家法院多采用民诉法上的临时措施对申请人在信用证项下的款项进行保全，但也缺乏固定标准，滥用止付机制的现象严重，与我国的立法和司法实践有较大差异。

因此，我国在与中东伊斯兰国家进行信用证交易时应更加谨慎小心，如果我国在与这些国家进行的经贸往来中出现了信用证纠纷，为了更好地规避风险，我国信用证申请人应重视信用证中的管辖权与法律适用条款，争取占据先机，约定由我国法院进行管辖，适用我国对于信用证的相关规定。《中华人民共和国涉外民事关系法律适用法》第41条规定：当事人可以协议选择合同适用的法律。当事人没有选择的，适用履行义务最能体现该合同特征的一方当事人经常居所地法律或者其他与该合同有最密切联系的法律。因此，"意

---

[1]　See Ross P. Buckley & Gao Xiang, "The Development of the Fraud Rule in Letter of Credit Law: The Journey so Far and the Road Ahead", *University of Pennsylvania Journal of International Economic Law*, Vol. 23, 2002, p. 711.

[2]　参见赵延波：《论信用证欺诈例外原则在我国的适用》，载《商业时代》2007年第27期，第55页。

思自治原则已成为涉外经济合同法律适用的首要原则"。[1] 对于我国的信用证申请人和开证人而言，应尽量争取开立管辖权在本国法院的信用证，以便在应对信用证纠纷问题时，能有更加明确的法律依据进行适用，保障我国当事人的合法利益。另外，信用证的欺诈纠纷属侵权纠纷，我国申请人可以按民事侵权提起诉讼，我国法院可以根据民诉法关于涉外案件管辖地的规定，按民事案件侵权结果发生地取得管辖权，进而保护我国申请人的合法权益。

---

〔1〕 马鸿翔、陆晓东:《按照"意思自治"原则选择合同准据法的若干问题》，载《深圳大学学报（人文社会科学版）》1990 年第 2 期，第 13 页。

ICO 与企业融资：应用与革新

周晓冬*

　　摘　要：ICO 是以区块链技术为基础的融资方式，应认为其性质上属于证券发行。ICO 可以根据目的不同发行多种代币，最大优势在于消除了对中介机构的需求，融资便捷且成本低廉，而其风险在于投资者与发起人间信息不对称、难以监管区块链、智能合约的算法漏洞及代币的高波动性等。为解决这些问题，需要尽可能扩充证券定义，强化发起人的信息披露义务，推动建立算法核查与修复机制，设计适当的代币估值技术。

　　关键词：ICO　区块链　代币　信息披露　智能合约

　　中小企业占据我国企业的绝大多数，它们在促进经济增长、推动科技创新、增加居民收入、维护社会和谐稳定发挥了不可替代的作用。然而，一直困扰着广大中小企业发展的是"融资难"。2019 年中国对实体经济发放人民币贷款增加 16.88 万亿元，比 2018 年增加 1.21 万

　　* 周晓冬，中国政法大学民商经济法学院 2020 级博士研究生（100088）。

亿元，社会融资规模存量为 251.31 万亿元，同比增长 25.2%。[1] 从数据上看，似乎金融部门向市场投放了大量资金，可是为什么中小企业仍然还是叫苦不迭？因为中小企业先天性地处于融资的劣势，所以即便市场有钱，他们也很难拿到足够的资金来支持自身发展，遑论那些初创企业了。无论是世界的经验还是中国的实践均表明，中小企业在经济增长、增加就业、提高持续竞争力和实现科技成果转化等方面，都起着重要作用。直接融资对中小企业绝不是可有可无，这是由它不可替代的筛选和监督机制，即达标机制、筹资机制、风险共担机制、社会监督机制和企业家培育与规范机制决定的。因此，中小企业迫切需要拓宽直接融资渠道。

本文所要研究的初始代币发行（Initial Coin Offering，以下简称"ICO"）便是企业直接融资的一种重要方式。以区块链技术为基础，ICO 自诞生之初便以其低成本高效率的融资优势吸引了大批投资者参与，加之各类数字货币的不断兴起与增值，ICO 的参与规模在短时间内便超越了传统的融资方式。根据 CoinDesk 统计，2018 年第一季度全球 ICO 资金为 63 亿美元，是 2017 年的 118%。[2] 可以想见，这种来自民间市场的额外增量将会大大解决中小企业所面临的资本筹集难题。然而，2017 年 9 月中国人民银行、中央网信办、工业和信息化部、工商总局、银监会、证监会、保监会等六部委联合发布了《关于防范代币发行融资风险的公告》[3]，全面禁止了代币发行融资活动，这种家长式的关怀看似为企业规避了风险，实则是为企业关上了一扇重要的融资大门，一刀切的做法是否可取值得深思。毕竟，区块链的去中心化使得交易双方无需付出取得信任的高昂代价，能够直线降低融资成本，而区块链的商业应用必将成为未来金融科技发展的重要一环。[4] 有鉴于此，本文将对 ICO 这一重要融资方式进行解析，第一部分介绍 ICO 的概念及其发行代币的性质认定，第二部分则指明其应用场景，分析其融资优势并识别风险所在，

---

[1] 《2019 年中国社会融资规模发展现状及社会融资规模响因素分析》，载中国产业信息网，https://www.chyxx.com/industry/202009/896019.html，最后访问日期：2021 年 1 月 16 日。

[2] 链向财经：《2018 年前三月 ICO 融资规模已超过 2017 年全年水平》，载搜狐网，https://www.sohu.com/a/228935980_100083424，最后访问日期：2021 年 1 月 16 日。

[3] 中国人民银行等七部门：《关于防范代币发行融资风险的公告》，载 http://www.gov.cn/xinwen/2017-09/05/content_5222657.htm，最后访问日期：2020 年 7 月 19 日。

[4] 参见蔡卓瞳：《数字代币发行的监管逻辑：一个类型化研究》，载《研究生法学》2018 年第 3 期，第 35 页。

第三部分针对 ICO 的风险点提出包容性的完善建议，最后提出本文的结论。

一、追根溯源：ICO 的概念及定性

（一）ICO 的概念源流

区块链是利用链式区块来验证与储存数据、利用分布式节点共识算法来产生与更新数据、利用智能合约来编程与处理数据的一种去中心化的分布式基础结构。[1] 该技术的关键优点在于去中心化，区块链上不存在一个高成本、低效率的中心机构，而是分散在各个节点上进行交易，从而实现交易的便捷和安全。基于该技术，初创企业或其他急需融资的企业可以自由发行某种代币换取融资，从而扩大企业规模或用于某些项目的运营。

据笔者考察，ICO 最早出现或许要追溯到 2013 年，不过 ICO 当时尚处萌芽状态，还没有冠以 ICO 之名。当时的它还仅仅被视为众筹概念下的一个分支，直到其逐步壮大之后，才被人们抽象成"初始代币发行"这一概念。目前有记载的最早诞生的 ICO 项目是"万事达币"，当时发起人在 Bitcointalk 论坛上进行众筹，共众筹 5000 个 BTC。不过由于竞争激烈等原因，万事达币已经遗憾地消失于人们的视野之中。[2] 从此开始，大量的 ICO 项目如雨后春笋一般汹涌而来，这之中还有着当今主流的几大虚拟代币。例如，以太坊初版白皮书于 2013 年年底发布，随后以太坊团队创建了以太坊基金会，并开始发行以太币从而募集资金，短短 42 天共募集了 31 531 个比特币，总计发行了7200 万以太币。[3]

ICO 是企业在市场上筹集资金的最新形式，其概念与人们耳熟能详的首次公开发行（Initial Public Offering，以下简称"IPO"）的概念颇为相近，但其融资过程、中介机构和资产与 IPO 有很大不同。ICO 的进行仰赖于区块链技术的发展，将某种代币（Coin）发行给投资者，而不是发行人的股票。代币是记录在分布式账本上的数字资产，可以在没有任何中间人参与的情况下

---

[1] 参见袁勇、王飞跃：《区块链技术发展现状与展望》，载《自动化学报》2016 年第 4 期，第481 页。

[2] 《什么是万事达币 Mastercoin（Omni）？第一个山寨币》，载比特币新闻资讯网，https：//www.wwswc.cn/jzb/1935.html，最后访问日期：2021 年 1 月 15 日。

[3] 《以太坊（Ethereum）：下一代智能合约和去中心化应用平台》，载简书网，https：//www.jianshu.com/p/a4e32c50262a，最后访问日期：2021 年 1 月 15 日。

进行转让。[1] 这种形式的融资使得整个筹资过程十分分散，并不需要任何中介机构的参与，使得初创公司可以更为便捷高效地从公众手中获取资金。这里的 Coin 不同于常规意义上的流通货币，它的使用目的只能限于购买发行人指明的某类服务或者商品，而不会影响发行人原有的股权结构。这与 IPO 截然不同，IPO 中投资者所购买的是发行人的股权，投资者会成为发行人的股东，所以 IPO 的程序更加烦琐，要求也更加严格。相比之下，ICO 的融资速度会快得多，并且投资者多样性增强，个人投资者相较之下会更为积极，改变了机构投资者为主的融资格局。

（二）ICO 的性质考察

要想解决这个问题，我们必须从 ICO 的交易结构说起。美国 SEC 对 ICO 的定义是："通过分布式账本或区块链技术生成并向投资者分发代币，并接受法定货币或虚拟货币作为支付对价的资金募集方式"。[2] 结合实际情况，我们可以简单勾勒出 ICO 交易流程的轮廓：首先，作为筹资方，发行人运用区块链技术向不特定的投资者出售特定的代币，该代币是作为使用发行人所提供商品或服务的凭证。其次，作为对价，投资者需要向发行人支付一定数额的法定货币或者诸如比特币、以太币等传统虚拟货币。发行人依靠收取的法定货币直接投资于其项目，或者在数字货币交易所中将所得虚拟货币兑换成法定货币再加以投资。与此同时，投资者也可以在交易所中交易发行人发行的代币，从而赚取收益。

观察上述交易结构，ICO 中的代币是具有双重价值的：既有换取商品、服务的效用，也兼具流通的价值。这似乎与证券的含义是一致的。什么是证券？从学理上看，广义上讲，是指以证明或设定权利为目的而做成的凭证，即指各类记载并代表一定权利的法律凭证的统称；狭义上讲，是指以一定书面形式或其他形式记载并代表特定民事权利的书证。[3] 但无论哪种视角，证券的一个核心要素是它记载了某种民事权利，而代币虽名为币，但实际上是某种权利的凭证，这与学理对于证券的定义是一致的。从现行法律规定上看，我国《证券法》规定的证券种类很少，仅包括股票、公司债券、存托凭证和

---

〔1〕　Aurelio Gurrea-Martínez & Nydia Remolina, The Law and Finance of Initial Coin Offerings, Working Paper Series 4/2018, Ibero-American Institute for Law and Finance, 5 (2018), https：//papers. ssrn. com/sol3/ papers. cfm? abstract_id=3182261，最后访问日期：2020 年 12 月 25 日。

〔2〕　杨东、黄尹旭：《ICO 本质及监管机制变革》，载《证券法苑》2017 年第 5 期，第 297 页。

〔3〕　赵旭东主编：《商法学》（第三版），高等教育出版社 2015 年版，第 221 页。

国务院依法认定的其他证券[1]，也没有提出证券认定的标准，这也饱受学界和实务界诟病。但是前文提及的七部委联合通知却流露出一丝端倪："代币发行融资……涉嫌非法发行证券……"[2] 这就意味着，证监会、银保监会等监管机构均认为，企业为筹资而发行代币，其行为与证券发行无异，应当受到证券法的监管。

不仅我国监管机构持此等态度，域外的实践亦能体现同样的观点。在证券法最为发达的美国，其证券法中关于证券的定义囊括了一切与投资利益有关的金融工具证书、证券、契约、权利，其中最为著名和最为兜底的当属投资合同。实践中，美国法院针对投资合同的认定有着著名的判例 S. E. C. v. W. J. Howey Co.，该判例认为：美国《证券法》中所称的"投资合同"是指一种合同、交易或计划，在该合同、交易或计划中，某人将其资金投资于一家普通企业，并仅从发起人或第三方的努力中获得期望的利润。通过正式证书或企业所使用的有形资产的名义权益证明企业的股份并不重要。[3] 在此定义下，HOWEY 测试的真容得以显现：①利用金钱进行投资；②投资于一个共同的企业；③期望使自己获得利润；④仅仅由于发起人或第三方的努力。

据此测试，大多数代币难以逃脱证券法的控制：①根据 Howey 案例以及相关的案例，金钱投资的定义包含资本、资产、现金、票据以及商品和服务的投入。法院以及 SEC 对"金钱"的定义并不局限于法币，所有被广泛认为内含价值的标的物都被认为是金钱。特别在 The DAO 代币案例中，ETH 以及其他相关的加密代币在 Howey Test 中也被认为是金钱。因此，条件一符合。②投资于同一企业需要经过横向的共性比较，一个共同的企业中，多个投资者将金钱投入到资金池中并用于投资，而投资者获得的利润数量是根据所投入金钱占资金池的比例来决定的。ICO 中代币的销售活动等同于投入到一个资金池中并按比例分配，因此，符合条件二。③根据 Howey Test，利润的定义为投资人期望他的回报是来源于他投入的负本。（而非系统或者发行者所能赚到的）。由于利润的来源是多种多样的，获得利润并不意味着一定是证券，法院判断是否为证券主要着重于"由第三方的努力"，因此条件三往往也得以成

---

[1] 《证券法》第 2 条。

[2] 中国人民银行等七部门：《关于防范代币发行融资风险的公告》，http：//www.gov.cn/xinwen/ 2017-09/05/content_5222657.htm，最后访问日期：2020 年 7 月 19 日。

[3] S. E. C. v. W. J. Howey Co., 328 U. S. 293, 66 S. Ct. 1100, 90 L. Ed. 1244, 163 A. L. R. 1043.

立。④ICO 中，投资者不会参与项目经营，因此项目成功与否完全仰赖发起人自身的努力，所以条件四成立。

因此笔者认为，基于 ICO 的交易模型而言，其当属证券发行。并且，将 ICO 纳入证券监管的好处在于，证券法要求绝大部分证券依据证券法的规定仅需注册或者登记，对证券发行有很严格的信息披露要求，对证券发行人也有信义义务的束缚。由此，不仅可以充分规范 ICO 发行中可能出现的不当行为，要求发行人能够充分披露，诚信行事，还可以保护投资者利益，由监管机构成为投资者利益的守夜人，借此反哺 ICO 融资的蓬勃发展。所以，无论学理还是实践均可以验证，代币的特征符合证券的定义，因此 ICO 中的代币发行应视为证券发行，受证券法规制。

二、深层观察：ICO 的应用、优势及风险

(一) ICO 的应用场景

对迄今为止的主要 ICO 项目进行分析，ICO 中发行的 Token 类型主要有以下四种：股权凭证、交易凭证、收益权证以及交易凭证和权益凭证混合。

1. 股权凭证[1]

股权凭证型代币意味着该类数字代币之上附着着投资者对于其所投资项目的一定比例的所有权，也就是说，名为 Token，实际上是变相的股权凭证。因此，此种代币发行实际上应视为证券发行，依据我国证券法规定，公开发行证券需要经证监会审批，如果私自发行可能会触犯擅自发行股票、公司、企业债券罪。

2. 交易凭证[2]

此种数字代币不附着任何项目所有权或股权，但是一方面，公司筹集数字货币可驱动区块链技术及应用场景落地，另一方面，代币总发行量由算法进行控制，所以总量并非无限，如果公司的项目使用者增多，代币的需求也会随之增加。代币的旺盛需求会带来交易的溢价，其持有者因价格上涨而获得收益。因此，投资者将会在应用场景中使用数字代币进行交易结算或者在二级市场进行转让。

---

[1] 《去中心化存储公链——Sia 中文白皮书》，载搜狐网，https：//www. sohu. com/a/231734492_ 211120，最后访问日期：2021 年 1 月 14 日。

[2] 例如，BCAP 项目，可参见其官网，https：//blockchain. capital/，最后访问日期：2021 年 1 月 14 日。

此种 ICO 更加类似于团购模型：从商业角度看，该 ICO 项目的回报形式并非公司股权或某种资金，发起人亦不会向投资者承诺带来某种金钱回报，取而代之的是提供实物、服务或者某种应用场景使用权作为回报。这样来看，其与实物众筹几无差别，投资者从 ICO 项目中获得的代币，其上面附着的是某个应用场景的未来使用权，因此代币的核心价值在于代币的具体使用功能，这就与常规的金融产品产生了区分。此外，该种代币不享有承兑或承诺赎回的权利，因此不存在任何主体对该代币承担除使用功能质量保证之外的金钱性义务。

3. 收益权证[1]

与上述交易凭证型相反，一些 ICO 项目发行的数字代币上面蕴含的是项目收益权，不具有具体的使用功能，而是对于相关基础资产的未来收益权，代币持有人类似于项目股东，在未来时间内定期或不定期获得特定收益。基础资产收益主要来源于两个方面：

一是以特定区块链系统为基础资产、且以其内置数字代币作为收益的收益权证，持有人所获得的收益为区块链上的内置代币。因此投资这种收益权证的 ICO，类似于投资比特币的矿池。同时，这种收益权的收益回报基于智能合约以及相关算法，项目发起人并不承担金钱给付义务及回报承诺，因此，此收益权证仍属于投资者的数字代币收入，因此该类 ICO 也属于广义上的实物众筹范畴。

二是以项目的业务运营利润为基础资产的收益权证。虽然形式上投资者获得数字代币，但这种代币只是起到电子证书的作用，以电子形式存在于某条区块链上。从法律性质上来看，此类收益权证对应着特定基础资产，且有着特定主体承担金钱给付义务及利润回报。

4. 交易凭证及收益权证混合类[2]

此种类型数字代币兼有前面两类代币特性。代币持有人一方面在项目落地后取得特定场景使用权，并进行交易结算支付；另一方面，对于项目利润享有收益权，包括代币回报和利润回报。

---

[1] 例如，22X Fund 项目，可参见其官网，https：//www.22xfund.com/，最后访问日期：2021 年 1 月 14 日。

[2] 《Property Coin（产权币）：基于区块链的房地产平台》，载币界网，https：//www.528btc.com/jingzheng/37537.html，最后访问日期：2021 年 1 月 14 日。

为了贴合不断变化的风险投资需求，在 ICO 的基础上也发展出许多改良的融资形式。例如新近出现了一种新的证券代币发行（Security Token Offering, STO）的概念，被认为是公司风险资本融资的全新方式。有观点认为，STO 是某些司法管辖区严厉打击 ICO 的答案，是 ICO 因其自身机制缺陷而受到日益严格监管后，诞生的一种遵循监管合规要求的新型融资方式。[1] 与 ICO 相比，STO 提供了更好的筹资潜力，因为在 STO 中，投资者获得了企业或项目的实际股份，而 ICO 投资者在使用代币之前必须等待项目完成。换言之，STO 提供的安全代币允许投资者持有发行人的股份。除此之外，首次交易所发行（Initial Exchange Offering）也在增加，这与传统的 ICO 略有不同。在 IEO 中，代币由加密交易所发行，而不是由发行人直接发行。交易所负责在发行人交易所上市交易代币前，对其知情客户（Know Your Client, KYC）和其他披露要求进行审查。[2] 这在很大程度上减少了投资者与发行人之间的信息不对称，加强了投资者保护。在交易所上市也增加了发行人的流动性、提高了声誉。任何不合规的发行人都将被摘牌，结果将失去客户群。

（二）ICO 的融资优势

ICO 的出现被投资界视为一场对风险投资的重大革命。[3] 在全球范围内，ICO 在 2018 年融资近 114 亿美元，而 2017 年的融资额为 100 亿美元。[4] ICO 融资最近已超过传统的天使和种子风险投资业务。2018 年第一季度，ICO 向投资者募集了超过 60 亿美元的资金，而早期风险投资的规模为 20 亿美元。[5] 这表明 ICO 在风险投资行业中越来越受欢迎，其大获成功的原因主要有以下几个方面：

---

〔1〕 张超：《证券型 Token 发行的监管范式转变》，载《行政法学研究》2020 年第 3 期，第 119 页。

〔2〕 Gene Yan Ooi, *What is an Initial Exchange Offering (IEO)*, Medium (14Mar. 2018), https：//medium. com/traceto-io/what-is-an-initialexchange-offering-ieo-245a7cf72f28，最后访问日期：2020 年 7 月 15 日。

〔3〕 潘越、谢玉湘、潘健平：《代币发行融资研究——基于企业生存时间的视角》，载《金融研究》2020 年第 6 期，第 134 页。

〔4〕 Daniele Pozzi, ICO Market 2018 vs 2017：Trends, Capitalization, Localization, Industries, Success Rate (Cointelegraph 5 Jan. 2019), https：// cointelegraph. com/news/ico-market-2018-vs-2017-trends-capitalization-localization-industries-success-rate，最后访问日期：2020 年 7 月 15 日。

〔5〕 Lars Olsson, ICO Funding Has Overtaken Angel & Seed Venture Capital (Medium 10 July 2018), https：//medium. com/cashlink - crypto/ico - fund ing - has - overtaken - angel - seed - venture - capital - c44affbb6dd3，最后访问日期：2020 年 7 月 15 日。

第一，区块链技术的分散性质消除了对融资过程中介机构的需求，这使得其具有成本效益，而且比传统融资流程快得，提供了获取资金的便捷途径。一个著名的案例是，2017 年 6 月，Mozilla 的创始人在不到 30 秒的时间内为一家名为"Brave"的新网络浏览器初创公司筹集了 3500 万美元。[1]

第二，与传统的风投融资不同，通过 ICO 进行的融资具有全球性的特征。世界上任何地方的投资者都可以毫不费力地投资发行人的项目。它还可以容纳不同的投资者群体，因为与传统的风险投资基金不同，它对投资者参与融资没有任何资格限制。它面向的投资者群体比传统风险投资基金更大，而传统风险投资基金通常只限于某一类投资者，通常是合格投资者。

第三，风险投资是分阶段提供的，如果创业公司在任何一个阶段都没有表现出任何增长或潜力，那么风险投资基金可以取消融资。这使得初创企业无法充分发挥其潜力，他们会始终存有资金短缺的隐忧。然而 ICO 可以帮助初创企业无限制地筹集资金，并在每一个阶段进行持续监控。然而，这可能导致发行人的不勤勉行为，如果初创企业失去远见，不再专注完成募集资金的项目，则会极大损害投资者利益。

第四，如果代币发行的唯一目的是利用发行人未来产品或服务的权利，即发行的代币不向代币持有人提供股权，则可以通过 ICO 轻松筹集资金，而不会稀释发起人在发行人公司中的股份。

（三）ICO 的风险识别

ICO 虽然具有上述优势，但不可否认的是它也存在非常明显的弊端，这使得投资者往往暴露于巨大的风险之下。由此带来的后果是，投资者可能会丧失投资的热情，例如，2019 年第一季度 ICO 仅筹集了 1.18 亿美元。[2] 与前几年筹集的资金相比，这一数额明显过低，反映出投资者对于 ICO 风险的极度担忧。国家金融监管部门对 ICO 也是敬而远之，往往将 ICO 与非法集资视若等同，看似规避了 ICO 的不可控性，却事实上断绝了广大企业一条颇为

---

〔1〕 Joe Barnett, *The "Wild West" of Financing: Are ICOs the End of Venture Capital Fundraising*, Financier Worldwide Magazine（May 2018），https://www.financierworldwide.com/the-wild-west-of-financing-areicos-the-end-of-venture-capital-fundraising#.XLKTQ1UzbX4，最后访问日期：2020 年 7 月 16 日。

〔2〕 Christine Masters, ICO Funding Slows Down, New Forms of Funding Picking Up, Cryptovest（1 Apr. 2019），https://cryptovest.com/news/icofunding-slows-down-new-forms-of-funding-picking-up/，最后访问日期：2020 年 7 月 16 日。

关键的融资大道，这无疑非常不利于我国的经济发展。因此，我们有必要对 ICO 过程中的重大风险加以识别，从而为风险控制提供解决思路。

第一，ICO 模型的分散性加剧了投资者与发行人之间的信息不对称问题。在传统的风险投资模式中，风险投资基金作为投资者和发行人之间的中介，风险投资基金管理人对投资发行人来说具有必要的专业知识，负责收集并向投资者传播发行人所需的所有信息，帮助投资者做出明智的决定。就 ICO 而言，投资者根据白皮书中提供的信息对发行人进行投资，白皮书中的信息不像招股说明书那么详细。此外，投资者缺乏必要的专业知识来解读白皮书中提供的复杂信息，也无法理解白皮书中可能存在的任何漏洞。除此之外，ICO 当时募集资金的项目尚处于纸面上的构思阶段，发行人并不保证其顺利完成。如果未来该项目被取消或发行人将资金用于其他用途，投资者将面临损失全部投资的高度风险。ICO 中的白皮书不像招股说明书具有强制性效力，因此无法有效阻止发行人可能存在的欺诈行为，因为白皮书中只包含了投资者必须无条件接受的所有投资条款和条件。

第二，由于区块链技术自身的特性，ICO 市场的全球扩展使得某个单一的司法辖区很难监管 ICO 的运行。由于在区块链上保持匿名性，所以很难识别投资者。这使得当局很难跟踪洗钱活动，也使发行人难以实施有效的 KYC 合规机制。有研究表明，以目前天河二号的算力来说，产生比特币 SHA256 哈希算法的一个哈希碰撞大约需要 248 年。[1] 由此可见，监管机构也很难采用技术手段进入区块链节点，查明交易情况。区块链的高度保密性反而成了一把双刃剑。

第三，智能合约也存在风险。据报道，2017 年 7 月，CoinDash 的 ICO 被盗逾 700 万美元。[2] 另一次重大攻击是去中心化自治组织（Decentralized Autonomous Organization，DAO）黑客的攻击，利用智能合约的漏洞将资金转移到合同指定账户以外的账户，虽然区块链技术被认为是防篡改的，但找到漏洞并加以利用并非不可能。在 ICO 中，代币在发行人收到资金后被转移到投资者的钱包中。这种传输是通过使用智能合约（无需人工干预的自动执行代码）

---

〔1〕 袁勇、王飞跃：《区块链技术发展现状与展望》，载《自动化学报》2016 年第 4 期，第 490 页。

〔2〕 Joe Barnett, The "Wild West" of Financing: Are ICOs the End of Venture Capital Fundraising, Financier Worldwide Magazine (May 2018), https://www.financierworldwide.com/the-wild-west-of-financing-areicos-the-end-of-venture-capital-fundraising#.XLKTQ1UzbX4, 最后访问日期：2020 年 7 月 16 日。

完成的。[1] 如果程序员未正确编程代码，则很有可能发生黑客攻击，因为一旦代码开始运行，就不可能中途停止执行。

第四，与大多数人承担的传统风险投资相比，ICO 的应用主要局限于与技术相关的初创企业。风投融资仍然是大多数人的首选，因为融资可以分阶段获得，而 ICO 是一次性的。阶段性投资的一个好处是对初创公司的持续监控。这可以防止公司滥用资金。风险投资基金经理的专业知识也有助于对初创公司进行适当的管理，从而使投资者筹集的资金得到合理的分配。就 ICO 而言，虽然资金可以立即获得，而不是分批提供，但由于投资人无法监督发行人的运作，导致对于项目的执行情况一无所知，发行人仍有可能滥用资金，偏离募集资金的目标，这就往往会带来欺诈或其他义务的违反。

第五，加密资产的波动性在很大程度上阻碍了融资过程。对于这类资产的估价没有具体的指导方针，这使得它更不适合作为一种安全的投资选择。自进入主流投资者市场以来，加密货币的地位得以巩固的原因之一就是其极端的波动性。2017 年底，加密货币价格呈指数型增长，这正是投资者大量涌入加密货币市场的时候。然而，这种波动性是一把双刃剑，比特币市场已经多次表明，当发生暴跌的时候，我们手中的资产随随便便就会被腰斩。ICO 中发行的代币同样是基于区块链产生的加密货币，因此与比特币一样，只要可以进行交易，就必然会具有相同程度甚至更高的波动性。从传统的商品到先进的区块链技术，一旦被人性的贪婪和欲望所利用，终可能异化为泡沫制造机。[2]

三、制度革新：如何让 ICO 更好地服务于企业融资

前文已经指出，ICO 的蓬勃发展亦使得投资者暴露在巨大的风险之下，因此若要使得此种融资形式得以延续其生命力，则必须针对业已识别出的缺陷和问题加以完善。笔者也谈到，ICO 中的代币就其性质而言，实质应属于证券的一种类型，因此 ICO 应受到证券法的规制。在此前提下，笔者认为，对于 ICO 的制度模型及相应监管应当做如下改变：

---

[1] Nikhil Krishnan, *How to Transfer Any ERC20 or Any ERC Tokens Using MyEtherWallet*, Medium (31 Mar. 2018), https://medium.com/coinmonks/how-to-transfer-any-erc20-or-any-erc-tokens-using-myetherwallet-18dd623ed05b，最后访问日期：2020 年 7 月 17 日。

[2] 孙点婧：《首次代币发行的监管：问题与对策》，载《东北财经大学学报》2020 年第 2 期，第 84 页。

(一)"证券"定义亟待修改

当前 Fintech 的不断发展使得越来越多崭新的融资工具如雨后春笋般涌现，这对于企业融资无疑是一件好事，但同时也对有效监管提出了很高的要求。现状是，对于 ICO 的监管并无现行法依据，唯一可资利用的还是前文提及的"七部委联合通知"。[1] 但若要仔细推敲，这个通知也只是一刀切式将 ICO 全盘禁止，合理性却未必足够。ICO 的监管与规制一度是证券法修改的热门问题，然而最终颁布的修订后的证券法却未能实现规则供给，这不得不说是很大的遗憾。其实，对于 ICO 而言，它的性质与证券发行无异，集效用与投机价值于一体，它的固有缺陷（如缺乏监督、信息不透明）使得其更需要强力的监管以保证其在正确的轨道上运行。正如学者邢会强所言，一旦某种金融产品被视为证券，则其发行者必须承受注册和信息披露义务，投资者也可以据此获得民事、刑事或行政保护。[2]

2019 年修订的证券法并未实质扩大证券的范围，增加的存托凭证显然也无法满足基于金融科技创新的监管需求。有鉴于此，多数学者建议扩大我国证券法第 2 条所涉的证券定义，将以某种凭证、载体为依托的证券定义拓展至包括投资合同等在内的更多形式，使得证券法可以充分容纳不断涌现的创新金融产品。做此改变，反过来可以助推金融创新，改善金融结构，扭转当前非法集资犯罪"口袋化"的倾向。[3] 可以作为佐证的是，美国证券法上关于证券的定义是宽松的，其理由就在于证券具有极高的风险裸露性[4]，而恰好立法总是会滞后于实践的变化，所以立法者试图以尽可能包容的定义来覆盖可能出现的金融创新。不仅如此，针对证券的认定，其司法实践中也提出了诸如 Howey 测试和 Reves 规则等一系列的辅助认定标准，很好地消解了规则有限性与现实无限性之间的张力。[5] 因此，从便利融资、促进金融创新的

---

〔1〕 中国人民银行等七部门：《关于防范代币发行融资风险的公告》，载 http://www.gov.cn/xinwen/2017-09/05/content_5222657.htm，最后访问日期：2020 年 7 月 19 日。

〔2〕 邢会强：《我国〈证券法〉上证券概念的扩大及其边界》，载《中国法学（文摘）》2019 年第 1 期，245~246 页。

〔3〕 参见高振翔：《互联网金融语境中的非法集资风险及其刑法规制》，载《交大法学》2016 年第 2 期，第 50 页。

〔4〕 邢会强：《我国〈证券法〉上证券概念的扩大及其边界》，载《中国法学（文摘）》2019 年第 1 期，第 248 页。

〔5〕 余涛：《论美国证券法中"其他证券"的界定——规则演变及相互关系》，载《证券市场导报》2020 年第 2 期，第 77 页。

角度出发，笔者认为美国的做法对我国证券实践有着极强的参考意义，扩充证券范围已经成为证券法修改的当务之急。

（二）加强 ICO 中的信息披露

信息披露是改善 ICO 融资现状需要解决的一个重要问题。ICO 市场中投资者与发行人之间普遍存在的信息不对称问题应当引起我们足够的重视，发行人向投资者发行的投资白皮书应成为双方之间交换信息的桥梁，这就意味着它应当包含"足够"的信息，以便投资者在充分知情的情况下做出理性的投资决策。然而，根据《证券法》适用现有的招股说明书要求，对处于这种早期投资阶段的发行人不利，在这种情况下，"充分信息"的定义很难解释。根据项目意图实现的目的、发行的代币的类型、权益结构、发行人的财务状况等，应当根据具体情况作出区分。笔者认为，为了消除这种信息不对称，保护投资者免受欺诈威胁，证券法规应当要求发行人在不同的融资阶段发布两份 ICO 投资白皮书。初始白皮书应在融资过程（项目规划阶段）开始时发布，并应包含所有必要信息，具体而言，至少应当包括：项目的初步目标、项目的基本模型、待发行代币的类型、代币背后的权益结构、代币存放的钱包地址、所需资金类型（如加密货币、法定货币等）、公司成立前几年的财务状况，保证发行人收到的款项在发行人未能在规定时间内（第二份白皮书的发布时间）内按照所述目标设立项目的情况下返还给投资者，以及向投资者保证白皮书中提供的信息据发行人所知是真实和正确的。

在发布第一份 ICO 白皮书之后，一旦发行人着手实施融资，应当要求发行人收到的金额保存在独立于双方的第三方实体监控的托管账户中，并应执行双方共同决定的一定数额的提款限制。当然，可以允许发行人在超过该提款限额的情况下提取资金，但是应当获得投资者的三分之二绝对多数通过。双方选定的独立实体应具备必要的专业知识（包括区块链技术、基础金融知识等），以根据发行人的业绩决定是否应从托管账户继续提供资金，并在提供资金时立即报告投资者。通过使用智能合约，资金可以很容易地转移到托管账户。发行人应负责自费设计此类智能合约。虽然独立第三方的存在将不可避免带来更多的基础设施成本，并将导致形成一个区块链本应去除的中介机构，但是出于投资者利益的考量，笔者认为还是应该有某种监管地位的角色存在，以消除投资者和发行人之间存在的巨大信息不对称。

第二份白皮书应在后期（开发阶段）发布，其中应公布项目的最终和详细目标及其最终模型。该项目涉及的技术问题应全文公布。从第一份白皮书发布到本期所取得的增长应不加遗漏地进行说明，并提供当中可能存在的细节。该白皮书还应明确列出涉及发行人法律责任的条款，并制定适当的处罚条款，以阻止发行人做出任何虚假陈述或欺诈行为。任何欺诈性的失实陈述都将给予投资者退款及请求损害赔偿的权利。除此之外，上述 IEO 的概念启示我们，可以通过建立具有公信力的交易所等方式为 ICO 融资交易背书，提供辅助性的服务，促进参与者对数字货币市场的信心。

（三）建立算法核查与修复机制

由于区块链共识机制——工作证明（Proof of Work）的存在，在使用区块链技术时，其安全风险并不是很高。但是，如前所述，基于区块链技术的交易中容易存在安全漏洞，因智能合约漏洞引发的事件遭受的损失最为严重。[1] 智能合约是 ICO 的主要支柱，它的一个重要特点是不可修改，这就要求发行人谨慎设计算法，尽可能避免任何漏洞，建立相应的核查和修复机制。如果智能合约本身被认为存在问题，即应认为发行人未尽到保障安全交易的义务，投资者由此产生的损失发行人必须予以赔偿。

以智能合约为中心，我国监管部门应当推动建立智能合约协同更新机制。在此机制下，区块链各节点的参与者均有公平的机会参与智能合约的磋商谈判，减少漏洞产生的可能性，减少对漏洞修复工作的支出。此外，笔者建议设立一个拥有适当基础设施和足够知识的特别裁决机构，以裁决与区块链、智能合约和其他此类技术有关的案件，以便提供有效的补救措施。该机构也可以承担起对智能合约的审查职能，从外部保障智能合约的稳定运行。当然，也应当规定相应的免责例外，从而减轻对发行人的额外负担。

（四）设计适当的代币估值技术

如前所述，代币是高度波动的工具，其估值在任何特定时刻都可能飙升或暴跌。代币固有的双重特性是造成这种波动的主要原因之一。[2] 代币的投机性质激励投资者长期持有代币，这使得市场上代币的供应减少，随后价格上涨，而代币的效用性质会产生相反的效果，导致价格下降。投资者希望他们对产品或服务的投资在未来增值，这促使他们尽早收集尽可能多的代币。

---

[1] 金璐：《规则与技术之间：区块链技术应用风险研判与法律规制》，载《法学杂志》2020 年第 7 期，第 85 页。

[2] 参见内森·谢尔曼、蔡卓瞳：《首次代币发行监管的行为经济学路径》，载《中财法律评论》2019 年第 1 期，第 100 页。

这直接影响到其他代币的价格估值，因为供应有限，需求量大。在代币销售和产品或服务的开发之后，这些投资者以获取最大利润为目的，将代币抛入市场，这再次直接影响到代币的定价以及其他想在二级市场购买代币的投资者。代币的高流动性也是在投资者中引起投机行为的原因之一。与传统证券不同，缺乏适当的估值机制，加剧了投资者的这种大规模投机行为。

应采用适当的估值技术对加密交易所交易的代币进行估值，决定其在每个交易日结束和开始时的价格，类似于证券交易所的开盘价与收盘价。并且，估值重点应该转向代币的内在功能，而不是市场的短期走势。限制某类投资者的参与，无助于实现ICO融资的全部潜力，而ICO融资的目标是不同的投资者组合。另一个需要检查的因素是发行的代币的数量。必须在发行的代币价值和寻求开发的产品或服务的价值之间建立平衡。发行人必须维持代币发行数量与寻求筹集资金之间的比率。如果不保持均衡比率，则很难控制此类代币的供求波动水平，这将使波动性问题更加严重。

结　论

中小企业长期面临融资难的困境，而ICO的兴起可以很好地补充融资来源。ICO基于区块链技术发行代币从而从投资者手中获取资金，这种发行代币的行为完全符合证券发行的特征。ICO有多样的应用场景，区块链技术使得其可帮助发起人低成本高效率地获取融资，但相应地，该技术亦会产生信息不对称、难以监管、算法漏洞等问题。数字货币的高波动性亦可能制造泡沫，从而阻碍融资进程。

针对上述问题，本文认为，首先，需要修改证券法上"证券"的定义，以尽可能包容的定义覆盖可能出现的金融创新；其次，要求融资者在项目规划阶段和开发阶段分别发布白皮书，加强信息披露；再次，建立算法核查与修复机制，尽量减少算法漏洞；最后，设计适当的代币估值技术，保持代币供求间的均衡比率。通过这些手段，可以较为全面地解决ICO融资过程中的重大风险，促进ICO的良性发展，从而为中小企业融资提供有力的支持。

日本反垄断罚款制度改革及对我国的启示

张　雅*

　　摘　要：为适应复杂化的经济环境，扩大经营者与公正交易委员会的有效合作，日本开始着手对反垄断罚款制度进行体系化改革。该改革加大了对违法行为的追责力度，重视与违法经营者的调查合作，摈弃了原本"一律的、划一的"罚款计算征收办法，有效平衡了罚款的严厉性、确定性和灵活性之间的关系，具有良好的制度经验。针对我国目前反垄断罚款制度中存在的计算基础模糊、比率浮动范围过大、减免规则缺乏可预测性、配套保障制度不到位等问题，可以借鉴日本改革内容进一步明确"经营者上一年度销售额"的具体范围，强化对罚款征收比率的技术性处理，细化反垄断宽免中各考量因素的减免幅度，从而制定具体的、可操作性强的经营者信息及违法行为证据保密制度。

　　关键词：反垄断法　不正当交易限制　罚款　宽免制度

引　言

　　在竞争市场上，"看不见的手"指引着利己的消费者和生产者的行为，达到提高总体经济福利的均衡，而在垄

　　* 张雅，中国政法大学民商经济法学院 2019 级博士生（100088）。

断市场上，由于缺乏竞争机制的约束，市场结果往往背离最佳社会利益。[1]
为了保护公平、自由的市场竞争，提高经济运行效率，各国纷纷制定反垄断
法，并奉为市场经济的基础性法律——"经济宪法"。罚款作为反垄断法中最
重要、最常见的执法手段，在预防、制止和惩治违法垄断行为方面发挥着不
可替代的重要作用，其制度设计通常以威慑为主要目标。[2] 在威慑理论的指
导下，近年来，各国普遍对反垄断罚款制度进行改革，不断加强执法力度，
国际范围内的反垄断案件数量不断攀升，反垄断罚款金额也屡创新高，引发
了理论界和实务界的广泛关注。在此之中，罚款的严厉性、确定性、灵活性
三者之间的平衡更是各国一直着力解决的问题。日本反垄断罚款制度的最新
改革，堪称回应这一问题的成功典范，它为日本国内的反垄断执法提供了更
为细致、灵活的规范指引。日本反垄断法，即《禁止私人垄断及确保公正交
易法》（「私的独占の禁止及び〝公正取引の確保に関する法律」），作为第
二次世界大战"战后改革"的一环，于 1947 年制定以来已有 73 年历史。进
入 21 世纪，随着欧美国家普遍加强反垄断法的实施，日本政府也开始通过多
次修法逐步加大对违法垄断行为的惩罚力度，并引入了针对卡特尔成员自首
行为的宽大制度。[3] 为了进一步抑制不正当交易等行为，通过公正自由的竞
争来激活国民经济，增进消费者福利，2019 年 3 月 12 日，日本公正交易委员
会[4]（Japan Fair Trade Commission，JFTC）向国会提出了《禁止私人垄断及
确保公正交易法》的部分修正案，并于 6 月 19 日在参议院全体会议上通过并
颁布。该修正案又称"罚款制度等的重新评估"（課徴金[5]制度等の見直
し），总体围绕反垄断罚款制度进行体系化重构。鉴于日本反垄断罚款制度的
相对完备性，本文将对其最新改革状况进行具体考察，深入分析其改革原理，
在此基础上进一步探讨对我国相关制度的启示意义。

---

〔1〕 ［美］曼昆：《经济学原理：微观经济学分册》（第七版），梁小民、梁砾译，北京大学出版社
2015 年版，第 320 页。

〔2〕 王健、张靖：《威慑理论与我国反垄断罚款制度的完善——法经济学的研究进路》，载《法律
科学（西北政法大学学报）》2016 年第 4 期，第 124 页。

〔3〕 ［日］根岸哲、舟田正之：《禁止垄断法概说》，有斐阁 2002 年版，第 309 页。

〔4〕 日本公正交易委员会是日本的反垄断执法机关，此外，它还从事经济实况以及事业活动的调
查，受理有关不公正交易的诉讼，并进行有关的调查和裁决等。

〔5〕 "課徴金"一词最早于 1947 年日本国会《日本财政法》中出现，意为"国家依法征收的除租
税之外的税费"，1977 年《安定国民生活紧急措施法》修订中，其作为一种法律责任在反垄断法中正
式被确立，学界多译为"罚款"。

一、日本反垄断罚款制度改革背景梳理

（一）改革前制度实施状况与问题

日本反垄断法明确禁止私人垄断[1]、不正当的交易限制[2]和不公正的交易方法[3]，通过排除结合、协定等对生产、销售、价格、技术或其他一切业务活动的不正当限制，防止经营者市场支配力过度集中。公正交易委员会对违法经营者灵活采取行政处罚、刑事处罚和民事损害赔偿三种惩罚方式，以促进市场公平、自由的竞争，推动经营者创新，增强市场活力，促进就业，提高居民收入水平，保障一般消费者的利益，促进国民经济的民主健康发展。

在日本，反垄断行政罚款又称为"课证金"（課徵金），其作为反垄断执法的重要手段之一于 1977 年修法时引入。在四十多年的实施过程中，反垄断罚款制度愈发完善，呈现出严厉化、精细化的趋向：在罚款对象方面，最初，行政罚款的适用对象仅限于不正当的交易限制行为，后经过 2005 年和 2009 年两次修法才逐步扩大至包括私人垄断[4]和不公正的交易方法；在罚款征收比率方面，随着国民经济水平的提高和反垄断打击力度的加大，罚款征收比率也逐渐提高，以规模较大经营者的不正当交易限制行为为例，1977 年的罚款征收比率为 1.5%，1993 年增加为 6%，[5] 2009 年进一步提升至 10%；在执法自由裁量度方面，2019 年改革前，反垄断法直接为不同行业和规模经营者的各种违法垄断行为设置固定的罚款征收比率，而不是罚款比率幅度，直接剥夺了执法机关在个案处理中自由裁量权。

兼具严厉性与确定性的日本反垄断罚款制度确实在一定时期内保证了执法的统一性和高效性，严厉打击了违法垄断行为，但也遭受到了不少非议。"一律的、划一的"罚款计算征收办法，在罚款计算中，无法考虑到违法行为的实际情况，征收适当的罚款；在罚款减免中，也不论经营者协助公正交易

---

[1]　私人垄断，是指经营者采取单独、与其他经营者结合、共谋或其他任何方式，排除或支配其他经营者的事业活动，违反公共利益，实质性地限制一定交易领域的竞争的行为。

[2]　不正当的交易限制，是指经营者无论以合同、协议或其他何种名义，与其他经营者共同决定、维持或上调价格，或对数量、技术、产品、设备、交易对方加以限制等，约束对方事业活动，违反公共利益，实质性地限制一定交易领域的竞争的行为。

[3]　不公正的交易方法，主要是指共同拒绝交易、差别对待、不正当低价销售、滥用优势地位、限制转售价格五种行为。

[4]　这里受处罚的私人垄断行为包括支配型私人垄断和排除型私人垄断。

[5]　王玉辉：《日本〈禁止垄断法〉罚款及其减免制度研究——兼谈对我国〈反垄断法〉相关制度的借鉴》，载《河北法学》2010 年第 3 期，第 79 页。

委员会调查的程度，只能适用统一的减免比率。过于严格、确定化的规定导致执法实践中常常出现"过"与"罚"不相适应的状况，不禁引起人们对罚款制度的反思，迫使其进行新一轮改革。

（二）改革前反垄断罚款理念及转变

在日本，公正交易委员会具有多重身份，它不仅仅是反垄断执法机关，还一直致力于从竞争政策的角度对政府规制经济活动的行为进行调查和研究，通过公开征询规制改善建议，积极推动规制改革。自反垄断罚款规则实施以来，日本一直秉持严厉化、确定化的立法指导理念，致使行政罚款制度越来越僵化，无法适应反垄断执法实践的现实需求。

而由于国内产业长期处于低迷状态，强化产业竞争力开始成为日本经济发展的迫切需求，为此，"日本经济复兴总部"于 2013 年举办了"产业竞争力会议"，并出台《日本复兴战略》。为推动实施这一战略，2014 年 1 月 24 日，日本内阁会议决定并通过了《关于强化产业竞争力的执行计划》，2018 年 2 月 6 日，通过了《关于产业竞争力强化的执行计划（2018 年版）》，旨在明确近年来要"实施以加强监管和制度改革为中心的产业竞争力强化政策"。[1]

为贯彻执行计划，增强反垄断法执行的实效性，抑制违法行为，公正交易委员会从进一步发挥罚款制度功能的目的出发，从 2016 年 2 月到 2017 年 3 月共举办了 15 次有学者、经济团体、消费者团体、律师团体等参加的关于修改课征金制度的讨论会议，[2] 最终明确了本次改革应当遵循的基本指导理念——增强规则灵活性，并重新定义了经营者与执法机关之间的关系：经营者与公正交易委员会并非对立关系，而可以是朝着同一方向协力排除违法垄断行为的关系。具体而言，就是要扩大经营者与公正交易委员会实施有效合作（高效率、实际情况解析、事件处理）的领域，给予执法机关适度的自由裁量权，提高制度规制的灵活性，适应复杂的经济环境，进行适当的罚款征收，有效提高对违法垄断行为的抑制力，更好地发挥市场竞争机制的作用。

可以说，这一改革理念大大突破了日本一直以来严厉化、确定化的立法

---

〔1〕 薛亮：《加强制度创新和改革 以产业政策提升竞争力——日本〈关于强化产业竞争力的执行计划〉解读》，载《华东科技》2015 年第 9 期，第 68 页。

〔2〕 参见日本公正交易委员会网站：「独占禁止法の一部改正法（概要）——課徴金制度等の見直し」，载 https://www.jftc.go.jp/dk/kaisei/r1kaisei/index_files/r1gaiyou.pdf，最后访问日期：2020 年 4 月 18 日。

理念，为后续改革方案的制定和实施奠定了基调。

二、日本反垄断罚款制度改革框架解读

罚款制度通过剥夺违法经营者的不当经济利益，对垄断行为起到一定的威慑和抑制作用。[1] 为了适应经济、社会环境的不断变化，应对企业形态的全球化、多样化、复杂化，保障迅速发展的经营者经济活动，为经营者提供反垄断调查合作激励，2019 年修法根据法定的客观核算和征收方式，重新评估了"一律的、划一的"硬性征收制度，赋予反垄断罚款征收制度一定的灵活性。相比私人垄断和不公正交易方法两类行为，不正当交易限制因其危害严重、交易隐蔽、执法困难等特殊性，罚款征收与计算的规定更为复杂、全面，其中多项规则成为其他行为罚款之准用，因此，本次修法的重心在于不正当交易限制罚款规则的调整。根据日本反垄断法规定：罚款应征金额＝计算基础×罚款比率-减免额。[2][3] 本次改革主要围绕计算基础、罚款比率、减免额、保障制度进行。

（一）罚款计算基础

在日本，罚款数额的计算基础为经营者违法行为存续期间商品或服务的销售额。具体来说，针对罚款基础的修改体现在三个方面。

1. 延长计算期间

追诉时效方面，根据《禁止私人垄断及确保公正交易法》原法第七条之二的规定，存续期间的确定是从该违法行为实施之日起到结束之日的期间，若该期间超过三年，则为从该违法行为结束之日起向前追溯三年的期间，修订案中则将三年延长为十年；除斥期间方面，根据原法规定，从行为存续期间结束之日起经过五年的，公正交易委员会不能再责令违法经营者缴纳违反该行为所涉及的罚款，而本次修订案中将五年延长为七年。两个罚款计算期间的调整，直接将原本违法行为追责期限从八年延长至十七年，明显加大了对反垄断违法行为的惩治力度。

2. 添加计算基础

修正案中追加了下列由于违法行为产生的不正当利润：①作为不提供对

---

〔1〕　[日] 丹宗昭信、岸井大太郎：《独占禁止手续法》，有斐阁 2002 年版，第 119 页。

〔2〕　只有不正当交易限制行为的罚款涉及减免额，这里列出最完整情况下的罚款计算公式。

〔3〕　[日] 舟田正之：《公共调达と独禁法・入札契约制度等》，载《日本经济法学会．谈合と禁止垄断法》2004 年第 35 期，第 76 页。

象商品或劳务的回报而收到的经济性收益（谈合金等）；②与对象商品或劳务密切相关的业务（承包订单等）产生的销售额；③接受了违法经营者的指示和信息的一定集团企业（完全子公司[1]等）的销售额。除此之外，还增加了部分情况下计算基础的推定规则：当由于调查人员的失职等原因，执法机关无法掌握与罚款计算基础有关的报告或资料时，使用从该经营者实施违法交易行为的子公司处，或者从该违法行为对象商品或劳务的供/需经营者处得到的资料，通过公正交易委员会规定的合理方法推算出罚款计算基础。

3. 调整应罚子公司范围

根据原法规定，对在违法行为调查开始日之前便承继了企业违法事业的子公司要征收罚款，但此次修改将应罚"继承日"后调，即企业在调查开始日之后将与违法行为相关的事业全部转让给其子公司，或者该企业在违法行为调查开始日之后通过分立使其子公司继承该违法行为相关的全部事业时，该企业实施的违法行为及其接受的罚款命令等，视为通过受让或分立继承了部分或全部违法事业的子公司实施的行为及接受的罚款命令。修正案通过对应罚子公司范围的调整，明确了因恶意规避处罚而设立的子公司的责任，更加符合市场操作状况。

（二）罚款比率

罚款比率作为罚款计算的标准，往往体现反垄断法对不同违法行为或对象的规制态度。针对罚款比率的改革主要体现在两个方面。

1. 取消按行业类别的固定比率

一直以来，日本的反垄断罚款都是根据对不同行业和经营者规模设定的固定比率来计算。当出现违法行为时，公正交易委员会只能刻板地依照固定比率征收罚款，并无任何自由裁量的权限。根据原法规定，以不正当交易限制行为罚款为例，对从事制造业、建筑业、运输业等规模大、利润高行业的企业征收违法销售额 10% 的罚款，零售业为 3%，批发业为 2%。同时，针对中小企业降低了罚款比率，从事制造业、建筑业、运输业等行业（资本额 3 亿日元以下或职工数 300 人以内的）的为 4%，从事零售业（资本额 5000 万日元以下或职工数 50 人以内的）的为 1.2%，从事批发业（资本额 1 亿日元以下或职工数 100 人以内）的为 1%（具体如表 1 所示）。公式化的制度设计使日本反垄断罚款制度缺乏必要的灵活性，难以适应复杂多变的市场经济现

---

[1] 若法人持有该公司的全部表决权，则该公司视为该法人的完全子公司。

象，因此，修订案中明确废除了按行业类别所确定的固定比率，对于适用行政罚款的不正当交易限制、私人垄断和不公正的交易方法行为，全部按照原法各行业中的最高比率（即表1中制造业等行业的罚款比率）来施行，且仍保留了对中小企业的倾斜照顾，加大了违法行为的处罚力度，确保了反垄断法的执行效率。

表1　罚款制度改革前不同行业不同规模经营者罚款比率

	制造业等	零售业	批发业
不正当交易限制	10%［4%］	3%［1.2%］	2%［1%］
支配型私人垄断	10%	3%	2%
排除型私人垄断	6%	2%	1%
共同拒绝交易 差别对待 不正当低价销售 限制转售价格	3%	2%	1%
滥用优势地位	1%		

注：［　］内为中小企业适用比率。

2. 明确递增比例（加罚）的适用

本次改革明确，根据规定应当缴纳罚款的经营者，若符合下列任一情况时，应征罚款总额为"合计额乘1.5所得的金额"：①自调查开始之日起向前追溯10年以内，曾接受过罚款缴纳命令又做出该违法行为的；②自调查开始之日起向前追溯10年以内，其完全子公司曾接受过罚款缴纳命令，其又做出该违法行为的；③自调查开始之日起向前追溯10年以内，该企业曾全部或者部分转让受理，或者分割继承受处罚违法事业活动的全部或部分，又做出该违法行为的；④单独或共同企图进行违法行为并不停止对其他经营者作出该违法行为，或者通过请求、委托或唆使，使之不停止违法行为者；⑤单独或共同根据其他经营者的要求，连续向其指定与违法行为有关的商品或者劳务的价格、供给量、购买量、市场占有率或者交易对手；⑥公正交易委员会对其他经营者进行调查时，隐瞒或要求他人不提供该违法行为事实，请求、委托、暗示伪装或者提交有关该事实的虚假事实的报告或者资料。除此之外还规定了，对同时违反前三项之一和后三项之一的企业，应征罚款总额为"合计额乘 2 所得的金额"。罚款递增比例的体系化引入，对特定情形下性质恶劣的违法行为具有强有力的打击力度。

（三）罚款减免

罚款减免是针对不正当交易限制行为特设的制度，是日本在借鉴美国、欧盟制度经验的基础上探索发展出的具有本土特色的反垄断宽免制度。[1] 不正当交易限制行为即垄断协议行为，作为一种经营者联合实施的行为，通常具有危害范围广泛、行为实施隐蔽的特点，使得反垄断执法困难重重。因此，内部人员的检举揭发往往是该类违法行为得到查处的关键。罚款减免制度通过奖励垄断协议的"叛徒"，既破坏了现存的违法行为，防止协议的再度达成，又能便利执法机关的证据收集，有效破获垄断协议案件，突破执法困境。[2]

本次罚款制度改革也给予了罚款减免充分的关注，通过提高协助调查的奖励幅度，降低奖励门槛，扩大了经营者与公正交易委员会的有效合作。

1. 增加罚款减免比率灵活性

罚款减免的比率是根据申请顺序和申请时间确定的。原法规定，不正当交易限制行为中，在调查日开始前，前五位实施该违法行为的经营者根据其就违法行为之事实向公正交易委员会提交报告及资料的顺序，可以获得不同程度的罚款减免，在调查日开始后，最多前三位经营者可以申请获得减免（具体减免比率见表 2）。这里的减免率为固定值，公正交易委员会无自由裁量权，也无从考量申报者的实际合作程度。

---

〔1〕 日本的反垄断宽免制度既包括罚款减免，也包括刑事责任减免，具有鲜明的本国特色。参见吴汉洪、权金亮：《日韩对达成垄断协议行为的处罚规定及其对中国的启示》，载《中国物价》2015 年第 3 期，第 3~6 页。[日] 村上政博：《日本禁止垄断法》，姜姗译，法律出版社 2008 年版，第 155 页。

〔2〕 参见日本公正交易委员会网站：「独占禁止法改正案の概要及び独占禁止法改正案の考え方に対して寄せられた意見について」，载 http：//www.jftc.go.jp/ pressrelease/04.august/040804.pdf，最后访问日期：2020 年 2 月 19 日。

表2 罚款制度改革前减免率的确定

调查开始	申请顺位	根据申请顺序的减免率
前	1 位	全额免除
	2 位	50%
	3~5 位	30%
	6 位以上	—
后	最多三个公司（注）	30%
	上述以上	—

　　2019 年罚款制度改革后，针对不正当交易限制行为，取消了申请人数的上限，调查日开始前能够获得减免的经营者数量从前五位增加至六位以上，调查日开始后可以申请获得减免的经营者数量也由最多三位增加至三位以上（具体减免比率见表3），保证所有调查对象经营者都有机会进行自主的调查合作。而本次修改中最为重大的亮点则是引入了"调查合作减免制度"，同时废除了申请减免经营者的数量上限，也即只要提出申请并配合调查，无论顺序都有机会获得一定程度的罚款减免。当然，根据申请顺序，在减免率的基础上增加了与经营者实际合作程度（经营者自主提出的证据价值）相应的减算率，通过对证据中不正当交易限制行为的对象商品/劳务、订单调整的方法、参加的经营者、实施期间、实施状况等进行综合评价，赋予公正交易委员会更大的自由裁量权，保障反垄断宽免制度实施的便捷性和科学性。

表3 罚款制度改革后减免率的确定

调查开始前	申请顺位	根据申请顺序的减免率	根据合作程度的减算率
前	1 位	全额免除	—
	2 位	20%	+最大 40%
	3~5 位	10%	
	6 位以上	5%	

续表

调查开始前	申请顺位	根据申请顺序的减免率	根据合作程度的减算率
后	最多三个公司（注）	10%	+最大 20%
	上述以上	5%	

2. 优化罚款减免程序

罚款减免程序方面，主要是指经营者与公正交易委员会的协商流程，修正案中明确：首先由经营者向公正交易委员会提出申请，双方开始协商，在协商过程中，公正交易委员会须向申请者提示合作内容和减算率的确定规则。根据最终结果：如果协商以失败告终，即使协商过程中记录了经营者的说明内容，其本身也不会成为证据；如果双方就合作内容和罚款减算率达成合意，则双方达成协议，经营者在协议中实施提示的合作行为时，公正交易委员会适用相应的减算率，协议中申请者承诺向公正交易委员会报告或提交的事实或资料，应在达成协议后立即报告或提交，公正交易委员会按照减算前的罚款金额对申请者进行区分，确定"上限比例"（调查日开始前 40%，调查日开始后 20%），在该范围内，用协议中规定的特定比例乘以减算前罚款的金额并减去该金额，最后发布适用减算率的罚款缴纳命令。

（四）保障措施

本次罚款制度改革中，为了增强违法经营者对公正交易委员会调查的合作激励，根据经营者自主调查合作的程度，在基本减免比率的基础上增加了减算率，实践中经营者多会同律师商议相关事项以获取最佳责任方案，律师自有律师法约束其保密行为，但商议文件在提交后是否能够获得保密处理，使其不因此遭受处罚，才是申请者最为担忧的。

为满足在此过程中经营者与律师商谈的需求，从实质上保护与该商谈有关的法律意见等秘密信息，日本同时制定了《关于经营者与律师之间秘密进行的通信的处理》（「事業者と弁護士との間てづ秘密に行われた通信の取扱

いについて」〔1〕）这一指南，设置"判别程序"，旨在更好地保障罚款减免制度的实施。该指南明确，关于不正当的交易限制行为的相关法律意见，记载了经营者与律师之间秘密进行的通信内容的，根据规定的程序被判别确认满足一定条件时，调查人员不得访问该文件，应迅速退还经营者，包括经营者给律师的咨询文件、律师给经营者的回复文件、根据律师进行的公司内部调查记载了法律意见的报告书、在律师出席的公司内部会议上记载了与该律师间进行的关于法律意见交换的公司内部会议笔记等。该指南作为维护申请罚款减免经营者利益的规定，其适用依赖于经营者的申请，当经营者要求对符合条件的法律意见实施通信秘密保护时，公正交易委员会应当对文件名称、保管场所等妥善安排。该举措大大减轻了经营者的后顾之忧，更能激励经营者主动进行违法事实披露，帮助执法机关破获案件。

三、日本反垄断罚款制度改革对我国的启示

（一）日本反垄断罚款制度改革评析

1. 加大对违法行为的追责力度

本次日本反垄断罚款制度的改革秉承了其一贯严厉化的规制态度，进一步加强了对违法垄断行为的打击力度。无论是在罚款计算基础方面，延长违法行为的追诉时效和除斥期间、追加多项违法行为产生的不正当利润为计算基础、确定计算基数推定规则、调整应罚子公司范围；还是在罚款比率方面取消按行业类别的固定比率，各行业统一实施原来最高的计算比率，明确1.5倍/2倍加罚规则的适用，较于改革之前，对违法垄断行为的处罚都更为严重，而这也正是日本产业经济发展折射的现实需求所导致的。低迷的产业发展状态迫切需要充满活力的市场竞争来打破，严厉打击垄断行为，加大对违法行为的追责力度，为国内企业创造良好的营商环境，这是推动产业结构调整、企业更新换代和科技创新的必要保证。

2. 平衡罚款的严厉性、确定性和灵活性

相比之前的罚款征收制度，本次改革最大的亮点在于增加了罚款规则的灵活性，中和了以往的严苛性，有效平衡了罚款的严厉性、确定性、灵活性三者之间的关系。修正案中废除了实施多年的按行业类别的罚款固定比率，

---

〔1〕 参见日本公正交易委员会网站：「事业者と弁护士との間で秘密に行われた通信の取扱いについて」，载 https://www.jftc.go.jp/dk/kaisei/r1kaisei/index_files/toriatsukai.pdf，最后访问日期：2020年3月2日。

全部实施原法中制造业等行业的最高计算比率，但仍保留对中小企业的倾斜照顾，明确细化了特殊情况下的加罚制度和减免制度，尤其是在罚款减免比率的确定方面，前所未有地赋予了执法机关自由裁量权，公正交易委员会能够根据违法经营者对调查的合作程度给予最高40%的裁量性减免，这样的灵活幅度不可谓不大。取消固定比率，赋予执法机关适度的自由裁量权，能够在保障罚款确定性、执法统一性的前提下大大提高规制实施的灵活程度，兼顾反垄断执法的效率和质量。

3. 重视与违法经营者的调查合作

本次改革是一次对经营者与执法机关对立关系理念的强烈冲击，在新的经济形势下重新塑造了二者之间微妙的关系，即认为违法经营者和执法机关在特殊情形下能够共同努力排除违法垄断行为。基于这一关系的指引，本次改革在反垄断宽免制度中不仅废除了可得减免的申请者数量上限，还在此基础上赋予了执法机关罚款减免的自由裁量权，根据经营者协助查明事件真相的程度来决定征收金额的减法率，以进一步奖励协助调查申请者（"调查合作减免制度"），激励经营者与公正交易委员会实施有效合作。除此之外，为了保障双方合作的顺利进行，在公正交易委员会的行政调查程序中引入了"判别程序"。这些举措都充分彰显了本次改革对于违法经营者调查合作的重视，通过对违法经营者协助的激励机制，能够更迅速、更及时地发现并处理较为隐蔽的垄断行为，遏制扰乱市场竞争秩序的违法现象。

（二）我国反垄断罚款制度现状透视

不同于日本的制度设计，我国反垄断罚款制度具有特殊的适用对象和计算规则。在我国，反垄断行政罚款适用于垄断协议行为、滥用市场支配地位行为和经营者集中行为，具体金额计算公式为：反垄断罚款额＝上一年度销售额×不固定比率－减免金额。而反垄断法实施12年以来，该制度规则也逐渐暴露出其不当性和局限性。

1. 罚款计算基础模糊

罚款计算基础方面，达成并实施垄断协议行为和滥用市场支配地位行为经营者的罚款额是其上一年度销售额的1%~10%，对尚未实施所达成的垄断协议的经营者处五十万元以下罚款；对经营者集中行为的罚款也直接规定为50万元以下，但在2020年1月公布的《〈反垄断法〉修订草案（公开征求意见稿）》第55条中，经营者集中行为的处罚修改为处上一年度销售额10%以下的罚款，与垄断协议行为、滥用市场支配地位行为的罚款计算规则基本保持一致。由此来看，"经营者上一年度销售额"是我国反垄断罚款的计算基础。

然而，这样的规定看似简洁清晰，实际上缺乏一定的可操作性：一方面，无论是《反垄断法》还是 2019 年 6 月国家市场监督管理总局发布的《禁止垄断协议暂行规定》《禁止滥用市场支配地位行为暂行规定》，都没有明确"销售额"的具体范围，唯一带有罚款指引性的《关于认定经营者垄断行为违法所得和确定罚款的指南》（征求意见稿）自 2016 年 6 月发布公开征求意见以来，已经过去四年有余，却不知何故迟迟无法出台。立法的缺失直接导致了执法的混乱，"销售额"究竟是与违法行为相关的商品或服务的销售额，还是全部商品或服务的销售额？是否包括其全资子公司的销售额？"销售额"这一罚款计算基础的模糊性直接导致了反垄断执法人员适用标准的不统一，增加了罚款计算的不确定性，大大折损了反垄断罚款的惩罚性和威慑力。

2. 罚款比率浮动范围过大

在反垄断罚款征收比率的确定方面，我国针对达成并实施垄断协议行为和滥用市场支配地位行为采取 1%~10%的罚款比率，对经营者集中行为可能采取小于等于 10%的征收比率，[1] 同时规定反垄断执法机构应当综合考虑违法行为的性质、程度和持续的时间等因素确定具体罚款数额。如此粗线条的罚款标准，看似赋予了执法机关充分的自由裁量权，能够结合个案违法实际进行公正处罚，但现实中的效果与理想化的设计恰恰相反，由于罚款比率浮动范围过大、计算标准模糊以及执法水平的差异，执法机关无法对个案进行合适的度量处罚，也无法保证"同案同罚"，过度灵活的规则忽略了罚款的确定性，[2] 反而加剧了反垄断执法风险，导致违法程度与处罚力度不相适应。

3. 罚款减免规则缺乏可预测性

在罚款减免方面，同日本和欧美大多数国家一样，我国反垄断罚款减免作为宽免制度的核心，是发现并查处垄断协议行为的特殊激励性手段。根据《禁止垄断协议暂行规定》，执法机构应当根据经营者主动报告的时间顺序、提供证据的重要程度以及达成、实施垄断协议的有关情况，决定是否减轻或

---

〔1〕 这里用"可能"的表述，是因为该罚款计算规则尚存在于《〈反垄断法〉修订草案（公开征求意见稿）》中。

〔2〕 王健：《追寻反垄断罚款的确定性——基于我国反垄断典型罚款案例的分析》，载《法学》2016 年第 12 期，第 66 页。

者免除处罚（具体减免比率见表4）。虽然法律规定了确定减免率时应当考虑的因素，但各个因素究竟能够在多大程度上产生影响并没有统一的参照，大大降低了减免率的确定性和可预测性，而且我国仅对前三位申请减免的经营者给予罚款减免。事实上，对于主动进行违法行为披露的经营者来说，罚款减免是最主要的自首诱因，当这一减免幅度不可预测，能够获得减免的机会也非常有限时，经营者的自首期待便会下降，反垄断宽免制度的实施效果就会大打折扣。

表 4　我国反垄断罚款减免率的确定

申请顺位	根据申请顺序的减免率
1 位	全额免除/≥80%
2 位	30% ~ 50%
3 位	20% ~ 30%
3 位以上	——

4. 配套保障制度不到位

保障措施方面，我国反垄断法中更多地规定了经营者的义务和责任，对其权益保护的专门条款和配套规定仍然欠缺，仅在《反垄断法》第41条中提到，"反垄断执法机关及其工作人员对执法过程中知悉的商业秘密负有保密义务"，最新公布的《〈反垄断法〉修订草案（公开征求意见稿）》第46条中，也只是在保密范围上增加了"个人隐私"，但该"保密义务"的对象范围、操作标准、违反责任等具体细节却空空如也。这使得反垄断法中的保密条款仅仅作为一个原则性规定，毫无执行力，根本无法确保涉案经营者的合法权益，更是会大大抑制垄断协议案件中经营者主动提供违法案件线索的积极性，进而对反垄断执法效率产生负面影响。

（三）我国反垄断罚款制度体系的重构

从上述分析来看，目前我国反垄断罚款制度虽看似赋予了执法机关充分的自由裁量权，但无论是计算基础、罚款比率，还是减免率、配套保障制度都过于粗糙模糊，灵活性有余而操作性不足，不利于执法机构自由裁量权的合理发挥，对反垄断执法标准的统一性造成冲击。鉴于此，有必要结合日本反垄断罚款制度的改革经验，在我国目前的罚款框架范式内，进一步细化计算标准。

第一，在罚款计算基础方面，明确"经营者上一年度销售额"的具体范围。计算基础是罚款征收的重要因数，只有明确其内涵和外延，确定囊括的具体内容，才能进行合理合法的行政处罚。针对我国目前罚款计算基础模糊的问题，可以借鉴日本针对该部分的立法技巧，采取"概括+列举"的方式：规定以上一财政年度在相关地域市场中与该反垄断违法行为有关的商品或劳务所产生的销售额为计算基础，包括但不限于与违法行为有关的商品或劳务密切相关的业务所产生的销售额、接受母公司关于该违法行为指示的子公司的有关商品或劳务的销售额等。通过对"销售额"的含义进行准确界定，以有效指引反垄断执法实践。

第二，在罚款比率方面，可以借鉴日本对罚款严厉性、确定性与灵活性的平衡策略：首先，缩小罚款比率的浮动范围，可以根据违法行为的性质、程度和持续的时间，分段明确小范围的浮动比率，这样既可以保证罚款计算的灵活性，又可以增强其可预测性，有效平衡罚款的确定性与灵活性；其次，为中小企业设置专门的罚款比率上限，适当增加对中小企业的倾斜照顾，中小企业作为市场中相对弱势的群体，其实施垄断行为的可能性和所造成的危害性也相对较小，且中小企业多处于上升发展期，对其征收罚款时给予适当低的罚款比率，更能够帮助其适应复杂多变的市场经济环境，快速发展；再次，取消罚款比率下限，我国反垄断处罚中没收违法所得和罚款二者是并科的关系，即无论经营者的违法程度有多轻微，都必须在没收违法所得的基础上，至少并处其上一年度销售额1%的罚款，为了保障罚款的适当性，可以考虑取消目前1%的罚款比率下限；最后，设置倍乘加罚规则，可以借鉴日本的制度经验，对部分严重扰乱市场竞争秩序、严重损害消费者权益、屡次实施违法垄断行为的经营者，适用更为严厉的倍乘加罚规则，如处以正常计算处罚金额的2倍或3倍罚款等，充分反映经营者违法的严重程度。如此的制度设计可以更好兼顾罚款的严厉性、确定性和灵活性，对执法实践施以更为科学、高效的指导。

第三，在罚款减免方面，细化各考量因素的减免幅度。日本在罚款制度改革后对申请时间、申请顺序、合作程度不同情况下的申请者规定适用不同的减免比率，废除了申请减免经营者的数量上限，并通过确定比率与浮动比率相结合的模式，兼顾罚款的确定性与灵活性，值得我国借鉴参考。我国可以在目前根据申请顺序确定的减免比率基础上，进一步细化规则：①区分垄断协议达成、实施等不同情况下的减免比率标准；②增加考虑经营者调查配合度（如提供证据的重要程度等）的减免比率标准；③区分申请时间在调查开始日之前或之后的减免比率标准；④取消申请减免经营者的顺序位数限制。如此，便可以有效提高垄断协议参与者对罚款减免率的可预测性，且任何愿意主动提供违法线索的经营者无论申请顺序在前在后都可获得不同程度的罚款减免，这样的制度安排能够极大地调动违法经营者检举揭发的积极性，帮助执法机关及时发现并查处扰乱市场竞争秩序的垄断协议行为。

第四，在配套保障措施方面，摒弃口号式规定，制定具体的、可操作性强的经营者信息保密制度及违法行为证据保密制度。一方面，明确反垄断执法机关在调查中对涉及商业秘密、经营者隐私信息的保管方式、保管对象范围以及执法人员违反保密义务应当承担的责任等；另一方面，对于在反垄断宽免过程中由经营者提交的违法行为证据，反垄断执法机关同样应当负保密义务，不得提供用于该有关违法行为的私人诉讼。只有对违法经营者的商业秘密、隐私信息和违法证据等采取合理的保密措施，才能免除其后顾之忧，真正保障反垄断执法的效率和质量。

我国反垄断法宽恕制度实施条件的问题与完善[*]

赵　鑫^{**}

　　摘　要：宽恕制度是反垄断执法过程中有助于从内部瓦解垄断协议的一项重要制度，其实施条件的具体设计则直接关系到该等制度的实效性。但反思相关的立法现状与执法实践，我国反垄断法宽恕制度的实施条件在减免主体与减免待遇等方面存在着缺陷。为此，应当借鉴域外关于反垄断法宽恕制度立法和执法经验，建立我国的双主体受罚制，在此基础上规定个人宽恕制度，并限定可申请减免的主体数量。同时，调整现有关于减免待遇的规定对于完善我国反垄断法宽恕制度同样具有重要的现实意义。

　　关键词：反垄断法　宽恕制度　实施条件　减免主体　减免待遇

　　基于秘密卡特尔隐蔽性高、侦查难度大、主体协同性强等特点，美国司法部反垄断局于 1978 年创制了"宽

---

　　* 本文系 2018 年国家社科基金后期资助项目（项目编号：18FFX015）的阶段性研究成果。
　　** 赵鑫，中国政法大学民商经济法学院 2020 级博士研究生，《法理》杂志责任编辑（100088）。

恕制度"（leniency program/policy）[1]，旨在从内部及时发现、瓦解卡特尔，提高执法效率，对卡特尔成员起到威慑作用。事实上，"leniency program/policy"的中文翻译在我国学界并未统一，现有的研究成果采用"宽恕制度""宽大制度""宽免政策"等表述用以指称，由于上述语词的含义基本上是等价的，故本文选择统一使用"宽恕制度"一词。

2007 年，《中华人民共和国反垄断法》（以下简称《反垄断法》）发布，宽恕制度被纳入其中，随后相关执法机构也相继出台了细化的执法规定。但制度之借鉴或法律之移植可能存在与既有法律土壤不相适应、相关配套制度尚未健全即进行移植等问题。[2] 而且，目前学界对于宽恕制度的研究仍然主要聚焦于宽恕制度的理论基础[3]以及宽恕制度的比较法视域[4]这两个方面，而对于宽恕制度在我国的实践现状的关注较少。[5] 基于此，本文主要从我国宽恕制度的立法现状切入，结合执法实践的数据反馈与理论研究的发展，拟对我国宽恕制度的运行状态进行观测，找出其在实施条件的设计与应用上所

---

[1]　所谓宽恕制度，是指"通过免除或减轻较早与竞争主管当局合作的垄断协议参加者的法律责任，促使违法者主动向竞争主管机构报告所涉违法垄断行为，以节约执法资源、提高执法效率、增强反垄断法的威慑和预防效应"的制度。洪莹莹：《反垄断法宽恕制度的中国实践及理论反思》，载《政治与法律》2015 年第 5 期，第 92 页。

[2]　参见信春鹰：《法律移植的理论与实践》，载《北方法学》2007 年第 3 期，第 12~13 页。

[3]　关于宽恕制度的理论基础研究，代表性论文有娄丙录：《反垄断法宽恕制度的理论基础与实效保障》，载《法律科学（西北政法大学学报）》2010 年第 5 期；吴汉洪、孙耀祖：《反垄断领域中的宽大政策：实践、理论及中国的对策思考》，载《中国人民大学学报》2010 年第 4 期等。

[4]　从比较法上对宽恕制度现状进行梳理的论文有：王秋良、刘金妩：《反垄断法宽恕制度实施条件比较》，载《东方法学》2010 年第 4 期；王玉辉：《欧盟卡特尔案件宽大制度及启示》，载《河北法学》2010 年第 12 期；王玉辉：《欧盟竞争法宽大制度实施机制及对我国的启示》，载《郑州大学学报（哲学社会科学版）》2012 年第 2 期；岑兆琦：《威慑和分化卡特尔的"利器"：宽大政策——美国与欧盟宽大政策的比较及启示》，载《国际贸易》2010 年第 6 期；刘皆：《韩国反垄断法宽免制度及其借鉴》，载《价格理论与实践》2013 年第 2 期等。

[5]　目前，学者们对于宽恕制度的研究已经逐渐开始朝着国内宽恕制度的完善策略上转向，比如，有学者开始思考我国宽恕制度中执法机关的裁量权规制问题，参见张晓云：《反垄断宽恕制度中执法机关裁量权的规制》，载《价格理论与实践》2015 年第 11 期，第 34~36 页；有学者从我国宽恕制度申请与受理程序的构建上来提出完善建议，参见王博、王玉辉：《我国反垄断法宽大制度申请与受理程序的构建》，载《郑州大学学报（哲学社会科学版）》2018 年第 2 期，第 39~42 页；还有学者关注到了我国宽恕制度的信息保护问题，参见刺森：《我国反垄断宽大制度中的重要信息保护问题研究》，载《法学论坛》2019 年第 2 期。

存在的问题并尝试提出完善建议。[1]

一、我国反垄断法宽恕制度实施条件的立法现状与执法实践

反垄断法宽恕制度作为舶来品，在引入我国时其实施条件作了相应的调整，这一"中国模式"是否能充分发挥自身效用，需要结合宽恕制度实施条件在我国的立法现状与执法实践进行分析。

（一）我国反垄断法宽恕制度实施条件的既有规定

我国的立法与执法"前状"[2]造就了宽恕制度规定散见于法律、部门规章以及地方规范性文件当中，《反垄断法》第46条第2款明文规定："经营者主动向反垄断执法机构报告达成垄断协议的有关情况并提供重要证据的，反垄断执法机构可以酌情减轻或者免除对该经营者的处罚。"在具有最高效力的法律将宽恕制度引入后，各执法机构亦针对自身管辖反垄断案件的范围对上述规定的实施条件进行了具体细化。国家发展和改革委员会（以下简称"国家发展改革委"）于2010年发布《反价格垄断行政执法程序规定》，其中第14条规定了政府价格主管部门可减免处罚，并对减免待遇进行了细化。[3]（原）国家工商行政管理总局（以下简称"工商总局"）在2009年发布的《工商行政管理机关查处垄断协议、滥用市场支配地位案件程序规定》第20条[4]中规定了工商行政管理机构可适用宽恕制度对相关经营者减免处罚，继而在2010年发布的《工商行政管理机关禁止垄断协议行为的规定》中，其第

---

〔1〕 需要说明的是，反垄断法宽恕制度的实施条件涉及申请减免主体资格、顺序条件、数量条件、减免待遇、证明标准、时间条件等一整套机制的精密设计及协调运作，囿于实证数据所限，本文拟重点就宽恕制度减免主体与减免待遇这两个方面的问题进行研究并提出完善对策。

〔2〕 这里的执法"前状"主要指的是2018年国家机构改革以前我国反垄断执法由国家工商局、国家发展改革委、商务部三个机构共同执法，但囿于时间因素，机构改革的相关配套建制尚在进行。具体至反垄断执法领域，截至2019年5月，未见其各自的相关规定进行整合与删改。

〔3〕 《反价格垄断行政执法程序规定》第14条：经营者主动向政府价格主管部门报告达成价格垄断协议的有关情况并提供重要证据的，政府价格主管部门可以酌情减轻或者免除对该经营者的处罚。第一个主动报告达成价格垄断协议的有关情况并提供重要证据的，可以免除处罚；第二个主动报告达成价格垄断协议的有关情况并提供重要证据的，可以按照不低于50%的幅度减轻处罚；其他主动报告达成价格垄断协议的有关情况并提供重要证据的，可以按照不高于50%的幅度减轻处罚。

〔4〕 《工商行政管理机关查处垄断协议、滥用市场支配地位案件程序规定》第20条：工商行政管理机关对主动报告达成垄断协议有关情况并提供重要证据的经营者，可以酌情减轻或者免除处罚。对垄断协议的组织者，不适用前款规定。重要证据应当是能够启动调查或者对认定垄断协议行为起到关键性作用的证据。

11 条[1]、第 12 条[2]进一步细化了减免处罚的依据与减免待遇的内容，但作为前反垄断执法"三驾马车"之一的商务部并无相关细化规定。在地方规范性文件层面，宽恕制度实施条件的细化规定较为鲜见，例如北京市发展改革委 2016 年发布的《价格违法行为行政处罚裁量基准（试行）》第 8 条第 2 款[3]便仅宽泛地提及了宽恕制度。要而言之，地方规范性文件中针对宽恕制度基本上只是复述、强调前述法律及部门规章的有关规定。除上述法律法规外，国家发展改革委价格监督检查与反垄断局曾于 2016 年 2 月起草发布《横向垄断协议案件宽大制度适用指南》（征求意见稿，以下简称《适用指南》），就现有宽恕制度的实施条件做了大量细化与补充，但该指南至今尚未正式出台。

总体而言，我国反垄断法宽恕制度的立法现状形成了以《反垄断法》进行明确规定，国家发展改革委与工商总局部门规章规定进行细化的格局，但有关宽恕制度具体实施条件的相关规定仍然比较粗放，尚处于有待进一步修正与完善的阶段。

（二）我国反垄断法宽恕制度实施条件的执法实践

秘密卡特尔的隐蔽性特征导致各反垄断执法机关对其进行行政规制"力不从心"，国家发展改革委相关负责人在接受采访时就曾坦言，目前我国反垄断执法调查的大部分案件都来源于举报，鲜有主动执法调查。[4] 但在所有垄断协议案件中，运用到宽恕制度的案件比率并不高。在国家市场监督管理总局网站（原工商总局和国家发展改革委网站）搜集到工商总局自 2010 年以来

---

[1] 《工商行政管理机关禁止垄断协议行为的规定》第 11 条：经营者主动向工商行政管理机关报告所达成垄断协议的有关情况并提供重要证据的，工商行政管理机关可以酌情减轻或者免除对该经营者的处罚。工商行政管理机关决定减轻或者免除处罚，应当根据经营者主动报告的时间顺序、提供证据的重要程度、达成、实施垄断协议的有关情况以及配合调查的情况确定。重要证据是指能够对工商行政管理机关启动调查或者对认定垄断协议行为起到关键性作用的证据，包括参与垄断协议的经营者、涉及的产品范围、达成协议的内容和方式、协议的具体实施情况等。

[2] 《工商行政管理机关禁止垄断协议行为的规定》第 12 条：对第一个主动报告所达成垄断协议的有关情况、提供重要证据并全面主动配合调查的经营者，免除处罚。对主动向工商行政管理机关报告所达成垄断协议的有关情况并提供重要证据的其他经营者，酌情减轻处罚。

[3] 《价格违法行为行政处罚裁量基准（试行）》第 8 条第 2 款：价格垄断违法行为经营者主动向反垄断执法机构报告达成垄断协议的有关情况并提供重要证据的，反垄断执法机构可以酌情减轻或者免除对该经营者的处罚。

[4] 《发改委详解浙江保险业价格垄断案六问题》，载 http://www.chinanews.com/gn/2014/09-02/6554957.shtml，最后访问日期：2019 年 4 月 20 日。

的 70 份执法公告[1]和国家发展改革委公布的 72 份反垄断执法行政处罚决定书[2]中，其中工商总局的 70 份执法公告涉及垄断协议的共有 28 份，但无一适用宽恕制度；国家发展改革委公布的 72 份处罚决定书涉及宽恕制度的共有 4 例。[3] 结合未公布行政处罚决定书全文但可以通过其他渠道搜集到的案例，本文针对国家发展改革委反垄断执法实践现状中宽恕制度实施条件的适用情况进行整理（如下表 1）。

表 1　宽恕制度实施条件在国家发展改革委反垄断执法实践中的适用情况

案例名称	减免主体（按报告先后顺序排列）	减免待遇（按报告先后顺序排列）
2013 年液晶面板企业垄断协议案	友达	全免
2013 年奶粉企业垄断协议案	惠氏	全免
	贝因美	全免
	明治	全免
2013 年浙江保险业垄断协议案	中国人财	全免
	中国人寿	按 90%减轻
	平安保险	按 45%减轻
2014 年眼镜企业垄断协议案	豪雅	全免
	卫康	全免

[1]　工商总局官方网站：http://home.saic.gov.cn/，最后访问日期：2019 年 5 月 3 日。
[2]　国家发展改革委行政处罚决定书：http://jjs.ndrc.gov.cn/fjgld/，最后访问日期：2019 年 5 月 3 日。
[3]　部分适用宽恕制度的案件存在国家发展改革委并未公布行政处罚决定书全文的情形，包括 2013 年液晶面板企业垄断协议案、2013 年奶粉企业垄断协议案与 2014 年眼镜企业垄断协议案。

续表

案例名称	减免主体 （按报告先后顺序排列）	减免待遇 （按报告先后顺序排列）
2014 年日本汽车零部件垄断协议案	日立	全免
	株式	按 60%减轻
	矢崎	按 40%减轻
	古河	按 40%减轻
	住友	按 40%减轻
	三叶	按 20%减轻
	三菱	按 20%减轻
	爱三	按 20%减轻
2014 年日本轴承企业垄断协议案	株式会社	全免
	精工株式会社	按 60%减轻
	NTN 株式会社	按 40%减轻
	株式会社捷太格特	按 20%减轻
2015 年国际海运服务垄断协议案	邮船株式	全免
	川崎汽船	按 60%减轻
	株式会社商船三井	按 30%减轻

除了中央反垄断执法机构适用宽恕制度的案例，地方反垄断执法机构也在少量垄断协议案件中适用了宽恕制度。例如在 2015 年混凝土企业垄断协议案中，湖南省工商行政管理局依据宽恕制度对永州市双园建材有限责任公司免除处罚；[1] 在 2017 年增值税发票系统企业垄断协议案中，湖南省工商行政管理局依据宽恕制度对湖南百旺金赋科技有限公司酌情减轻了处罚。[2] 但整体而言，宽恕制度在我国的反垄断案件中适用比例较低、实施力度不高，

---

[1] 参见湖南省工商行政管理局湘工商竞处字〔2015〕5 号行政处罚决定书。
[2] 参见湖南省工商行政管理局湘工商竞处字〔2017〕1 号行政处罚决定书。

其实施条件在个案中的适用情况亦差距悬殊。

二、我国反垄断法宽恕制度实施条件存在的问题

从以上我国反垄断法宽恕制度实施条件的立法现状以及执法实践这两方面来看，该等制度之实施条件目前主要存在以下问题：

（一）宽恕制度实施条件的相关规定过于粗放

1. 关于宽恕制度实施条件中的减免主体问题

现有宽恕制度实施条件的设计中暴露出的有关减免主体的问题，主要包括减免主体资格问题与减免主体数量问题。

一方面，减免主体资格问题。对比既有法律及部门规章的规定，在申请主体上，我国既有规定明确申请宽恕制度的主体仅为经营者，并未规定其他主体具有申请宽恕的资格。对于此问题学界的争议主要集中于是否将个人宽恕制度纳入我国法律体系之中，譬如有学者提出，赋予个人以申请宽恕制度的资格对于及时发现、打击卡特尔更为有利，其主要基于个人是垄断协议的实际提出者、受益者，以及个人隐蔽在所谓经营者的庇护之下，在集体逃避反垄断行政执法的趋利避害本能以及卡尔特内部对于垄断主体施加的压力下，让所谓经营者主动进行报告似乎是一个面临双重矛盾的问题，因而支持个人可以申请宽恕。[1]

然而，许多学者在研究中提出借鉴国外经验、引入个人宽恕制度的对策建议时忽略了个人宽恕制度的前提条件，也即个人宽恕制度之所以能够在相关国家得以执行，是因为其存在于"双罚制"这一法律责任承担模式的涵摄之下。[2] 易言之，法律认可应当对实施垄断行为的个人进行处罚，才有适用个人宽恕制度的可能，否则没有适用该等制度的余地。正如有学者所提及的宽恕制度具有的特征之———"依赖性"，[3] 宽恕制度需要以法律责任为前提，法律责任的设计是其基础。对于是否引入个人宽恕制度，需要结合我国反垄断法的法律责任构建进行深入研究，仅提出借鉴域外经验有助于反垄断执法的设想似乎与现今法律状态下我国的反垄断执法实际不相适应。

---

〔1〕 参见雷琼芳：《我国反垄断法之宽恕制度探析》，载《中国价格监管与反垄断》2018 年第 9 期，第 25 页。

〔2〕 参见王玉辉：《反垄断法宽大制度适用主体之思考》，载《天津师范大学学报（社会科学版）》2012 年第 1 期，第 78 页。

〔3〕 参见娄丙录：《反垄断法宽恕制度的理论基础与实效保障》，载《法律科学（西北政法大学学报）》2010 年第 5 期，第 86 页。

另一方面，减免主体数量问题。既有的法律法规在关于反垄断法宽恕制度的减免主体数量上未作限定，对减免主体数量缺乏必要的限制，一定程度上不适当地扩大了执法机构的自由裁量权。减免主体数量过多不仅会导致卡特尔成员整体上的违法成本降低，亦可能会引起促使卡特尔主体"观望"的反作用。因此，如何确立一个合理的减免主体数量范围，对于提高我国反垄断法宽恕制度的执法效率、激发卡尔特主体申请宽免的积极性具有极为重要的意义和价值。

2. 关于宽恕制度实施条件中的减免待遇问题

现有宽恕制度实施条件在减免待遇方面，其规定仍不具有统一性。国家发展改革委《反价格垄断行政执法程序规定》第 14 条按照经营者主动报告的先后顺序不同，分别规定了其能获得的减免处罚待遇，从第一个经营者可以免除处罚、第二个经营者以不低于 50%的幅度减轻处罚至第三个及其后的经营者以不高于 50%的幅度减轻处罚。与之不同的是，工商总局《工商行政管理机关禁止垄断协议行为的规定》第 12 条的规定则相对模糊，仅规定第一个主动报告的经营者能够免除处罚，在此之后报告的经营者只能减轻处罚，至于具体的减轻幅度，该规定并没有作出进一步的梯度设计。

由此可以看出，国家发展改革委对于主动报告的经营者的减免待遇，作出了三个层级的区分，而工商总局仅仅作出了两个层级的区分。值得注意的是，尽管《反价格垄断行政执法程序规定》和《工商行政管理机关禁止垄断协议行为的规定》对于第一个主动报告的经营者都作出了免除处罚的规定，但是在具体态度的强硬与否上，二者亦有所区别。《工商行政管理机关禁止垄断协议行为的规定》表述的是"免除处罚"，而《反价格垄断行政执法程序规定》表述的却是"可以免除处罚"，这表明，对于第一个主动报告的经营者，工商总局主张应一律免除处罚，而国家发展改革委的执法则有一定的裁量余地。[1]

宽恕制度减免待遇的设计与其功效的发挥之间具有密切联系，减免待遇越好，对于刺激卡特尔成员向执法机构告发所起到的积极性作用就越大。我国目前的规定，在减免待遇标准上存在不一致之处，赋予了执法机关过大的裁量空间，难免会对宽恕制度在我国的实施造成消极的影响。

---

[1] 洪莹莹：《反垄断法宽恕制度的中国实践及理论反思》，载《政治与法律》2015 年第 5 期，第 95 页。

(二) 宽恕制度实施条件的执法实践效果较差

以宽恕制度适用的案件数量来看,在反垄断执法机构公布的大量案件中,适用宽恕制度的并不多,可见宽恕制度在我国的反垄断执法实践中并未得到充分地运用。相比较而言,有统计显示从 1996 年到 2011 年,美国制裁卡特尔案件所获得的 50 亿美元罚金中有 90% 都源于宽恕制度的功劳。[1] 同时,在前文提及的运用宽恕制度的案件中,对于该等制度实施条件的适用结果亦相差悬殊。前述实践案例的直观反馈表明宽恕制度实施条件在我国执法实践中主要存在着以下两方面的问题:

一方面,关于实施条件中的减免主体问题。其一,在减免主体资格上,目前适用宽恕制度的案例中申请宽恕主体均为经营者,基于前文阐述,以一种"结果论过程"的态度,或许可以倾向于认为倘若我国增加个人、行业组织等为宽恕制度的申请主体会更有利于其制度功能的发挥。但这种基于结果的经验假设需要辅以域外经验的借鉴,并结合我国本土的法律环境综合地对其进行理论探讨,才能够达到客观地探索宽恕制度实施条件之逐步完善的效果;其二,在减免主体数量上,部分案件存在减免主体数量过多的问题。例如在日本汽车零部件垄断协议案与日本轴承生产垄断协议案中,执法机构都给予了 3 个以上的申请者以适用宽恕制度的处理结果。尤其是在多达 8 位主体被宽免的日本汽车零部件垄断协议案中,凡是向国家发展改革委进行申请、申报的卡特尔成员最终都获得了宽恕,这样的处理结果不仅仅使得宽恕制度的客观效果大打折扣,还会使得反垄断法设定的法律责任显得似乎有些形同虚设。如何对减免主体资格进行较为科学的确定以及对减免主体数量应否有所限制仍需进一步的探讨。

另一方面,关于实施条件中的减免待遇问题。国家发展改革委在前述 4 个公开行政处罚决定书的案件中对于首位申报者都给予了免除处罚的决定,对于其余顺位的减轻幅度虽然均符合《反价格垄断行政执法程序规定》的规定,但值得注意的是,从上述表格可以看出,浙江保险业垄断协议案中给予第二位申请者 90% 的减轻幅度,与首位申报者仅相差 10%,相对而言差距很小。这种缩小减免处罚待遇差距的执法态度会使宽恕制度刺激卡特尔主体"自首"的效用有所削减,也即既然处罚幅度相差不多,卡特尔主体就有可能

---

〔1〕 See Costanza Nicolosi. *No Good Whistle Goes Unpunished: Can We Protect European Antitrust Leniency Applications From Discovery*, 31 Nw. J. Int'l L. & Bus. 225, 232 (2011).

产生暂时观望的心态。显然，国家发展改革委的这种执法实践应当予以警觉和反思。

三、我国反垄断法宽恕制度实施条件的完善对策

经由前文论述我们不难发现，我国反垄断法宽恕制度实施条件中减免主体与减免待遇方面的缺陷导致宽恕制度难以充分有效地实现自身的制度目的和价值，亟待提出行之有效的对策。

（一）扩大减免主体资格、限定减免主体数量

1. 在双主体受罚制的基础上扩大减免主体资格

前已述及，在借鉴域外反垄断法宽恕制度实施条件的经验时，不能仅根据其制度实施良好的表面现象即断言我国亦需直接引入个人宽恕制度。是否将个人纳入可申请宽恕的主体范围还需考察域外的制度发展境况，特别是要关注到其所具有的与个人宽恕制度相配套的反垄断个人责任制，方可客观审视我国的现实需要。

美国在制定宽恕制度初期亦无关于个人申请宽恕的相关规定，但其后的执法实践迫使美国司法部反托拉斯局将个人宽恕制度纳入到法律体系之中，这与我国目前的现实境况相似，具有一定的借鉴意义。反托拉斯局早在1978年就制定了与宽恕制度相关的政策规定，但其后的执法效果却不尽如人意。据统计，美国司法部从1978年到1993年近20年间，平均每年仅受理一个申请宽恕的案件。[1] 其中一个重要原因就与宽恕制度本身的设计缺陷有关，在1978年的宽恕制度下，只有在开始调查卡特尔前坦白其违法行为的公司和参与卡特尔形成的个人才能被给予"严肃考虑"是否提起指控，如果一旦开启调查，公司再进行坦白即不能获得免除责任的待遇。一方面，"可能给予严肃考虑"对于参与卡特尔的主体来说充满着不确定性；另一方面，以是否开始反垄断调查来对责任免除进行界限划分使得该制度的实行难以具有透明性，导致公司在决定是否申请宽恕时很难准确预测能否获得责任豁免。[2] 在这一情况下，许多公司都对宽恕制度持有怀疑态度，担心反托拉斯局会否认其所作出的许诺。到了1993年，美国司法部为适应形势发展的需要，于当年8月对宽恕制度作出了修正。此次修正内容的一个重要方面就是扩大了宽恕制度

---

〔1〕 参见毕金平：《诱惑、惩罚与威慑——反垄断法中的宽恕制度研究》，法律出版社2014年版，第22页。

〔2〕 参见娄丙录：《论反垄断法之宽恕制度》，载《政法论坛》2009年第3期，第117页。

的适用主体，规定如果一个公司满足自动宽恕条件，那么该公司所有协助调查的董事、高级人员和雇员也都可以获得自动宽恕的待遇。直到1994年颁布了《个人宽恕政策》，美国方才最终正式确立了经营者与个人区分适用的宽恕制度。

在美国，个人宽恕制度能够得以良好施行的前提为《反托拉斯法》规定垄断协议的责任主体包括经营者与经营者的董事长、经理等高管人员，也即双主体受罚制度。[1] 2004年美国通过了《反托拉斯刑事制裁强化和改革法案》，将其中的个人刑事责任中的有期徒刑和罚金都进行提高，通过加强处罚力度的方式来反作用于诱导个人申请宽恕减免，为宽恕制度的实施提供了更为有利的前提条件。同时，美国明确了个人申请宽恕的几项条件：第一，个人申请宽恕时，反垄断执法机构尚未掌握相关违法信息；第二，个人需要完整报告自己掌握的信息，并全程配合执法机构的执法活动；第三，该申请者不是强迫者、领导者与组织者。[2]

我国目前关于宽恕制度减免主体规定的立法现状与美国宽恕制度施行初期的状况类似，上文中我国反垄断执法实践现状也表明，仅将宽恕制度的主体限于企业，确实极大地限缩了宽恕制度在我国的实践效果的发挥。对此，美国宽恕制度的完善过程，能够给予我们一定的启发。首先需要建立类似于美国的经营者与参与个人双罚责任制，在此基础上利用双主体处罚的法律后果诱导相关主体申请宽恕，这对及时发现卡特尔而言不失为一个有效的制度路径。盖因一个企业的运营往往是由该企业的管理层作出决策并予以执行的，管理人员是一个企业真正的"掌舵者"。归根结底，所谓"法人"，亦只不过是法律拟制出的一个主体，其背后作出决定的仍然是作为管理者的自然人。倘若卡特尔的相应法律风险均由企业承担，而作出经营决策的管理人员却可以逃避法律的制裁，则在高额的垄断利润的诱惑下，违法成本较低的企业管理层便更容易为了公司业绩或非法利益铤而走险。因此，严格企业管理人员的法律责任有利于将卡特尔遏制于萌芽阶段。

在规定了企业和相关责任人员双重责任的前提之下，我国反垄断法便可进一步设置个人宽恕制度，将申请减免的主体资格扩展至个人。借此，一方

---

〔1〕　参见金美蓉：《核心卡特尔规制制度研究》，对外经济贸易出版社2009年版，第115页。

〔2〕　*See Department of Justice：Leniency Policy for Individuals*，http：//www.usdoj.gov/atr/public/guidelines/0092.pdf，2019-5-6.

面，企业管理人员在参与卡特尔时，将会相应地权衡自身的风险与收益。与企业不同，管理人员并不能直接获得卡特尔下的巨额垄断收益，倘若面临因卡特尔而随时可能降临的巨大法律风险，个人很可能出于规避法律处罚的考虑而选择申请宽恕，共谋体系内可申请宽恕的成员的增加也使得卡特尔的不稳定性大幅提升；另一方面，企业管理人员作为卡特尔的决策者，掌握着关于卡特尔的大量关键性证据，一旦为反垄断执法机构所获得，便可以更加有力地打击垄断协议。当然，也有学者建议在单罚制的情形下，给予个人报告者奖励，[1] 但此种制度建议可能产生的道德悖论在于，在大部分情况下形成卡特尔的决议由自然人作出，但之后又因主动举报，其反而受到行政主体的奖励，这种制度构建的法理基础可能较为薄弱。在一定程度上，宽恕制度本身即以牺牲部分制度利益为代价来换取更大的社会公共利益，倘若对个人报告者予以奖励，则不仅制度利益的损失无法得到充分填补，还会使卡特尔参与者反过来获得利益上的提升，这显然与宽恕制度的设立初衷背道而驰。相比之下，建立在双罚制下的个人宽恕制度更为妥当，更利于揭发卡特尔。

2. 限定减免主体数量

现行有效的规定并未涉及可适用反垄断法宽恕制度的主体数量上限，有学者通过对多个国家宽恕制度减免主体数量的研究，发现给予 2 个到 3 个主体减免最为适宜。[2] 虽然我国并非判例法系国家，但毋庸置疑的是，先前判例与执法实践或多或少都会对今后的判例产生一种"引导效应"。[3] 管见以为，在逐步完善我国反垄断法宽恕制度的过程中，执法实践不可再出现如 2014 年日本汽车零部件垄断协议案那样给予 8 位申请者减免的处罚结果，如此众多的减免主体数量并不能达到该等制度的预期功能，反而会给某些卡特尔主体提供"法律的空子"以寻求减轻处罚。

针对这一问题，国家发展改革委 2016 年起草的《适用指南》中便尝试提出解决方案，其第 12 条第 2 款规定，"一般情况下，执法机构在同一垄断协议案件中最多给予三个经营者宽大"，同时，《适用指南》还规定了可以增加减免数量的例外情形。笔者认为，上述规定总体而言是比较合宜的，但对于

---

〔1〕 参见张昕竹、黄坤：《"坦白从宽"在反垄断法中的应用——中国垄断协议的宽大政策研究》，载《山东大学学报（哲学社会科学版）》2011 年第 2 期，第 8 页。

〔2〕 参见王秋良、刘金妫：《反垄断法宽恕制度实施条件比较》，载《东方法学》2010 年第 4 期，第 107 页。

〔3〕 沈宗灵：《当代中国的判例——一个比较法研究》，载《中国法学》1992 年第 3 期，第 34 页。

"案件重大复杂、涉及经营者众多，并且申请宽大的经营者确实提供了不同的重要证据材料"的情形认定，需要反垄断执法机构进行审慎考察，应当坚持以限定减免主体数量为原则，以便激发卡特尔成员申请宽恕的动力，维持反垄断法宽恕制度的长久活力。

（二）调整现有减免待遇

关于我国反垄断法宽恕制度的减免待遇问题，既有规定的混乱导致实践操作多有龃龉，我国宽恕制度实施条件的完善也必须对此问题进行回应。

笔者认为，现有的"第二个申请者可以按照不低于50%的幅度减轻处罚"的规定或缺乏理论基础，倘若依此规定，第二个申请者可获得的减轻幅度甚至可以达到99%，这与第一顺位申请者免除处罚的结果相差无几，宽恕制度规定不同顺位的申请者获得不同减免待遇的制度意义就将大打折扣。实践中出现的2013年浙江保险业垄断协议案中，第二位申请者获得减轻90%处罚的结果，与第一位申请者免除处罚的结果差距很小，势必无法起到刺激卡特尔主体争当第一位申请者积极进行揭露的理想效果。2013年奶粉企业垄断协议案、2014年眼镜企业垄断协议案则是更为极端的案例，在这些案件中，有不止一家企业被免除了全部处罚，后申请者并未因为丧失首告的资格而承担更为严重的后果。

管见以为，不同申请顺位的卡特尔成员之间应当形成一个合理的梯度差异，以促使申请者们积极把握申请宽免的顺位利益。例如欧盟2002年修改的《关于免除或减少卡特尔案件罚款的公告》中即规定，给予第二位申请者30%至50%的减免幅度，与第一位申请者的全额免除之间拉开了距离；[1] 日本《禁止垄断法》也规定，对调查开始前符合条件的第二个自首者可减免50%，对第三个自首者可减免30%。[2] 这些梯度化的设计使得欧盟竞争总局与日本公平交易委员会的竞争执法效率大为提升，其背后的机理是利用卡特尔成员趋利避害的本性，使之在囚徒困境的博弈中为将自身的损失控制在最小的范围内而争相告密。从另一个角度而言，由于反垄断执法机构基本上可以通过首告者提供的关键性证据掌握案涉垄断协议的相关信息，尔后申请宽恕的卡特尔成员提供的证据的重要性便会下降，倘若仍给予后者极高幅度的减轻处

---

〔1〕 参见高重迎：《美欧日反垄断宽恕制度比较研究》，载《价格理论与实践》2014年第7期，第27页。

〔2〕 参见刘继峰：《竞争法学》，北京大学出版社2018年版，第252页。

罚，会导致反垄断法的制裁功能落空，法律的威慑作用下降。

由此可见，目前我国反垄断法宽恕制度实施条件的相关规定对于非首告者的待遇略显优厚，处罚减轻幅度过大，且赋予了反垄断执法机关过多的自由裁量权，减轻幅度的梯度设计比较粗糙。笔者建议，当务之急是将规定中的第二顺位与第一顺位的申请者的宽免幅度拉开差距，例如规定"第二个申请者可以按照不高于 50% 的幅度减轻处罚"，以使得宽恕制度发挥其应有的功效。同时可以进一步设计不同宽免顺位的梯度差异，以激励卡特尔成员及早申请宽恕，增加卡特尔的不稳定性以提升宽恕制度的执法效率。

此外，关于减免待遇，或者说是这种待遇适用的范围，仍待澄清的一个可能误解是，有观点认为，《公司法》第 149 条〔1〕规定的"赔偿责任"亦可被纳入减免范围，以提升宽恕制度对潜在申请者的激励程度。〔2〕或者说，此类观点认为，宽恕制度本就应当涵括行政处罚与民事赔偿两个面向，这也与我国现行的垄断制裁体制相适应。〔3〕但笔者认为，该观点存在误区，主要根源于其对垄断赔偿责任性质的错解。从本质上讲，赔偿的目的是填平权利失损，〔4〕也即，当经营者的垄断行为给其他企业或个人造成损失时，这种获得赔偿的权利便自动生成，而非依赖法律授予。换句话说，法律的作用只是将这些已然存在的规范事实表述出来罢了，无论法律是否作出明确规定，受害者获得赔偿的权利、经营者给付赔偿的义务均告成立。〔5〕基于这样的认识，

---

〔1〕 《公司法》第 149 条：董事、监事、高级管理人员执行公司职务时违反法律、行政法规或公司章程的规定，给公司造成损失的，应当承担赔偿责任。

〔2〕 对该观点的更详细阐述，可参见佘玉玲：《论个人宽恕制度的价值及责任减免问题》，载《宿州学院学报》2014 年第 9 期，第 26 页。

〔3〕 有学者将我国反垄断的"制裁"体制概括为"公共执行"与"私人执行"并举的二元执行体制。参见王健、方翔：《威慑理念与我国反垄断制裁的有效协调》，载《经贸法律评论》2019 年第 2 期，第 113 页。与此相对应，有观点认为，"宽恕"便应对应"制裁"，"宽恕制度"既应减免公共执行又应减免私人执行。但在笔者看来，"私人执行"被称作"制裁"（sanction）本就不妥，因制裁系公权力强制性的体现，而不能用来指称外部性的私人解决办法。只有当法律保护的私人方案得不到有效执行时，代表公权力的制裁方可介入以敦促或保障其实施。这一论点亦可见正文的相关阐述。关于"制裁"之本质的论述，可参见汪雄：《法律制裁能证明守法义务吗》，载《政治与法律》2018 年第 2 期，第 79~80 页。

〔4〕 参见徐国栋：《民法哲学》，中国法制出版社 2015 年版，第 154 页。

〔5〕 面对这类法律事实，规范所能承担的任务仅是"明确表述"与"细节调整"。从规范性质上讲，调整这类法律规范的事实被称为"调整性法律规范"，它在概念上与"构成性法律规范"相对应。在后者的情形中，法律规范往往创设新的权利义务。关于调整性法律规范与构成性法律规范的论述，不妨参见雷磊：《法律规则的逻辑结构》，载《法学研究》2013 年第 1 期，第 70 页。

法律显然无法越俎代庖；甚至可以说，如果将免除相应的民事赔偿责任纳入"宽恕"体系，则实质上无异于克减垄断行为受害者的应有权利，显然不合理。职是之故，在笔者看来，无论是实施垄断行为的经营者对受害者应承担的民事赔偿责任，还是卡特尔实际操纵人应对公司承担的民事赔偿责任，均不应被纳入反垄断宽恕制度的考量范畴；所谓其中可能涉及或被引申出的《反垄断法》与《公司法》的规范协调问题，也是一个"稻草人问题"。尤其是后一种情形，可能成为卡特尔实际操纵者或控制人的公司董事、高级管理人员的责任豁免问题，只能在公司法的框架内寻径解决，如诉诸"商业判断规则"（Business Judgement Rules）[1] 等，就己身致以垄断效果的业务决策的合理性进行抗辩，或可成立；但无论如何都无宽恕制度的用武之地。

结　语

数据化时代的到来使得垄断协议更加难以被发现，也给反垄断执法实践带来了极大挑战，因此宽恕制度的功能发挥显得愈发重要。完善宽恕制度实施条件是打击卡特尔、维护市场竞争与活力的前提与基础，只有从源头完善该制度的实施条件才能在实践中更好地发挥其最大效能。在引入双主体受罚制的基础上扩大减免主体资格、限定减免主体数量并调整现有减免待遇，这些对策可以进一步完善我国现有宽恕制度实施条件的内容，更好地发挥该制度的作用，为我国的反垄断执法作出重要贡献。

---

　〔1〕　关于"商业判断规则"的介绍，可参见李燕：《美国公司法上的商业判断规则和董事义务剖析》，载《法学》2006 年第 5 期，第 143~149 页。

以物抵债协议的效力问题研究

——以商业银行不良资产处置为切入点

杨　帆*

　　摘　要： 以物抵债作为不良资产处置的重要方式与途径，对于有效实现商业银行不良贷款率与贷款总额的"双高"压降具有重要意义。在不良资产处置中，如果忽视以物抵债协议的效力及其关联问题的重要性，容易导致商业银行化解不良资产的目标难以实现。在不良资产处置中，以物抵债协议整体上应被认定为诺成契约，经意思合致即可成立。基于类型化区分的思维，以物抵债协议区分为债务履行期届满前与债务履行期届满后两类。债务履行期届满前签订的以物抵债协议在既有法律规范下应归属无效，债务履行期届满后签订的以物抵债协议则根据当事人意思表示的明确与否，分为债的更新和代物清偿两类，其中债的更新为诺成契约，代物清偿则为要物契约。商业银行应避免通过以物抵债陷入虚假诉讼的"泥淖"，严格控制以物抵债规则的适用；也要明确不同类型以物抵债下的物权变动，及时、妥善处置抵债之物，顺利实现不良资产的货币化。

　　关键词： 以物抵债　诺成契约　债的担保　债的更新

---

　　* 杨帆，中国政法大学民商经济法学院 2018 级博士研究生（100088）。

代物清偿

一、问题的提出

商业银行不良资产形成的来源常关涉政府因提供公共产品之需要而融资与民营中小企业为经营发展而融资两类。不良资产处置是指通过破产重组、债务重组、以物抵债、以债转股等方式实现商业银行不良资产快速变现、价值提升。商业银行的不良资产处置，事关商业银行经营风险的化解与供给侧结构改革的实现。自 2008 年金融危机以降，伴随信贷规模的扩大，全球不良资产总量急剧攀升。据中国银保监会称，过去十年中国商业银行的不良贷款率最高点是 2018 年的 1.89%，截至 2018 年底，商贷不良率高达 2 万亿元。[1]以物抵债作为商业银行不良资产处置的重要方式和手段，对于债权人债权的实现和债务人替代履行的完成均具有重要意义，有利于实现商业银行不良贷款"双高"的有效压降，其已成为商业银行快速实现清收的重要途径。不良资产处置常涉及经济法等公法范畴，多从立法、政策角度探讨不良资产处置的应对机制和完善方向，容易忽视对私法制度本身的理解与应用。如在既有的以物抵债作为商业银行处置不良资产的研究中，对以物抵债的法律效力、接受方式、处置路径等基本内容的研究尚付之阙如或多浅尝即止，易致私法理论与公法理论的脱节，导致相关方式在实践中的运用不当，对于解决商业银行健康发展中面临的资产风险极为不利。因此，本文欲以商业银行处理不良资产的重要方式入手，探究在此背景下以物抵债协议的效力及其关联问题。在不良资产处置中，以物抵债协议究竟是要物契约还是诺成契约，关乎以物抵债协议效力的判断。在以物抵债协议效力整体界定的基础上，衍生出许多关联性问题亟待解决。典型如有无必要按照类型区分方法，区分履行期届满前后的以物抵债协议，进而规定不同的法律效果，有针对性地解决相关纠纷。如何通过以物抵债制度，切实保护商业银行的合法利益，又不至于破坏私法固有的逻辑体系，进而达致衡平其他债权人与商业银行的利益的目标。欲解其惑，则需在不良资产处置的宏观背景下，深入剖析私法之以物抵债的具体理论。

二、不良资产处置中以物抵债协议的效力分析

以物抵债作为商业银行处理不良资产的重要方式，在外部环境上面临

---

〔1〕 莫婷：《银行不良资产现状与处置模式研究》，载《现代商业》2019 年第 19 期，第 133 页。

"税费高""倒找差价""管理负担重"等实现困境。但更为重要的是，缺少对不良资产处置中以物抵债协议效力的具体分析，理论上与实践中有诺成性合同与要物性合同的争议，且争议至今尚未消解。而在具体分析以物抵债协议的效力之前，准确把握其抽象概念，对于我们清楚地思考法律问题具有重要的意义，这是研究的逻辑前提。

（一）以物抵债抽象概念的演进

"概念作为解决法律问题所必需的和必不可少的工具，如无限定严格的专门概念，则我们便不能清楚地和理想地思考法律问题。"[1] 故有必要在深入分析以物抵债协议效力之前，对其概念在我国的演变与确立予以梳理与研究。严格来讲，以物抵债本非法律专业术语，乃是学者及实务界对某种既存社会行为的描述与抽象，因此既有法律规范未对其概念予以明确的规定。关于以物抵债的概念，并无统一的学术与实务标准，但在对该社会行为抽象上其内容却大同小异。

以物抵债制度在我国的出现，最早即为了银行等金融机构实现不良资产处置而产生的。如《中国银行以物抵债管理办法（试行）》（1999）第 2 条明确指出："本办法所称以物抵债，是指债务人将事先抵押、质押给债权银行的财产或者其他非货币财产折价归银行（指中国银行，下同）所有，用以偿还银行债务。"中国银行最早将以物抵债与让与担保等同，以物抵债协议亦被视为流质契约，均为在债务人不履行债务时，担保权人对其标的物的相应部分拥有所有权。但这种概念因违背担保法的一般规定与理念，受到许多质疑与批判。随后财政部印发的《银行抵债资产管理办法》（2005）第 3 条第 2 款将以物抵债界定为："本办法所称以物抵债是指银行的债权到期，但债务人无法用货币资金偿还债务，或债权虽未到期，但债务人已出现严重经营问题或其他足以严重影响债务人按时足额用货币资金偿还债务，或当债务人完全丧失清偿能力时，担保人也无力以货币资金代为偿还债务，经银行与债务人、担保人或第三人协商同意，或经人民法院、仲裁机构依法裁决，债务人、担保人或第三人以实物资产或财产权利作价抵偿银行债权的行为。"其将以物抵债分为经银行与债务人、担保人或第三人协商同意，或经人民法院、仲裁机构依法裁决两种模式，且已经改变 1999 年文件中以物抵债协议的性质，而将视为在原债之外，尚签订有以物抵债之契约（实践中以买卖合同为多），乃为

---

[1]　[美] E. 博登海默：《法理学》，邓正来译，中国政法大学出版社 1999 年版，第 486 页。

当事人双方达成之以他种给付替代原定给付之契约。《关于当前商事审判工作中的若干具体问题》（2015）中指出"债权人与债务人之间存在金钱债务，有时双方约定以特定物替代原金钱债务的清偿。实务上将该种替代履行债务的方式称为以物抵债。"

由此看来，我国法律规范与司法实务层面，倾向于将以物抵债视为对原债务进行清偿的一种行为。以物抵债协议因未有法律明确规定而归属无名合同范畴，这为学者从不同角度界定以物抵债提供了可能。但学界对其抽象概念的认知却趋于一致，如崔建远教授认为，"以物抵债协议是当事人间达成的以他种给付代替原定给付的契约。"[1] 夏正芳教授认为，"以物抵债是指债务人与债权人约定以债务人或经第三人同意的第三人所有的财产折价归债权人所有，用以清偿债务的行为。"[2] 就此，以物抵债的概念至少应包含三大核心要素：一则以物抵债是一种法律行为而非违法行为；二则原债务合同须有效存在；三则通过以物抵债达至消灭原债的目的。就此，我们可将其界定为"债权人受领他种给付以代替原定给付，而使债之关系归于消灭的行为。"[3]

（二）以物抵债协议效力的中国选择

在不良资产处置中运用以物抵债制度，银行可否诉请债务人（借款人）履行抵债之义务？关键在于对以物抵债协议的性质界定上，而对以物抵债协议效力的争议主要集中于诺成契约与要物契约两端。诺成契约系基于双方当事人间的同意即可成立或生效之契约，常见于买卖契约、合伙契约、委托契约等。要物契约则系指除当事人间的合意外，尚需有接受标的物的行为的契约，常见于消费借贷、使用借贷、寄托等。关于以物抵债协议的效力，不仅理论上存有较大争议，司法判例关于以物抵债裁判规则亦经历了从要物契约到诺成契约的转变，所以有必要对其性质予以确立。

1. 以物抵债协议作为要物性契约的否定论

所谓要物契约，又称践成契约，系指契约除当事人间意思表示合致外，尚须为物之交付始能成立之契约。[4] 我国法学教科书上多将其称之为实践合同或要物合同，与之相对应的乃为诺成合同。在既有规范中，自然人之间的

〔1〕 崔建远：《以物抵债的理论与实践》，载《河北法学》2012 年第 3 期，第 23 页。

〔2〕 夏正芳：《以物抵债的几个法律问题》，载《人民法治》2015 年第 9 期，第 26 页。

〔3〕 参见史尚宽：《债法总论》，中国政法大学出版社 2000 年版，第 814 页。

〔4〕 林诚二：《民法债编各论》（上），中国人民大学出版社 2007 年版，第 29 页。

借款合同（《民法典》第 667 条）、保管合同（《民法典》第 888 条）、定金合同（《民法典》第 586 条）等明确规定为要物契约。区分要物契约和诺成契约的实意在于物之交付是否为合同成立或生效的要件。在学界争论中，史尚宽先生认为代物清偿[1]，为要物契约，其理由在于，"如不为现实之给付，惟负担将来应为一定之给付，以使债务消灭之债务之契约，则为更改或债务标的之更改。"[2] 这一理论在相当长的时间内，成为学界主流观点，且深刻影响了我国的司法实务裁判。如最高人民法院民一庭在《债务清偿期届满后当事人间达成以物抵债协议但未履行物权转移手续，该契约效力如何确定?》一文中认为以物抵债协议应归属于要物契约[3]，最高人民法院民二庭在其审理的"成都债权人代位权纠纷案"[4] 中亦将以物抵债协议认定为要物契约。[5]

　　但是，不同于自然人之间的借款合同归属于实践合同，金融机构与自然人、法人和其他组织之间的借款合同属于诺成合同。[6] 即商业银行与借款人之间签订借贷合同时起借贷合同即告成立。在借贷合同之外，银行等金融机构与借款人之间签订的以物抵债协议是否为要物契约呢？要物契约存在之根据，可与交易的无偿性及交易的便捷性相关联。交易的无偿性赋予了当事人甘受风险更为严苛的条件与理由，需要交付标的物后始引起合同成立或生效；交易的便捷性则旨在避免当事人一方进行投机行为。根据要物契约理论，在不良资产处置中，如果借款人未将抵债之物交付给商业银行，则以物抵债协议并未成立或生效，因而商业银行要求借款人履行抵债义务就得不到法院支

---

[1]　需要说明的是代物清偿并不能简单地等同于以物抵债，代物清偿与以物抵债的区分主要在于是否以交付为要件，其中代物清偿要求实际交付，而以物抵债并不需要。参见崔建远：《以物抵债的理论与实践》，《河北法学》2012 年第 3 期，第 23~28 页。

[2]　史尚宽：《债法总论》，中国政法大学出版社 2000 年版，第 814 页。

[3]　债务人反悔不履行抵债协议，债权人要求继续履行抵债协议或要求确认所抵之物所有权归自己的，法院应驳回其诉讼请求。但经释明，当事人要求继续履行原债权债务合同的，法院应继续审理。参见 http://blog.sina.com.cn/s/blog_1365a36160102vbi6.html，最后访问日期：2020 年 5 月 20 日。

[4]　"成都市国土资源局武侯分局与招商（蛇口）成都房地产开发有限责任公司、成都港招实业开发有限责任公司、海南民丰科技实业开发总公司债权人代位权纠纷案"，最高人民法院（2011）民提字第 210 号。

[5]　该判决书写道：成都港招公司与招商局公司双方协议以土地作价清偿的约定构成了代物清偿法律关系。依据民法基本原理，代物清偿作为清偿债务的方法之一，是以他种给付代替原定给付的清偿，以债权人等有受领权的人现实地受领给付为生效条件，在新债务未履行前，原债务并不消灭，当新债务履行后，原债务同时消灭。

[6]　参见胡康生：《中华人民共和国合同法释义》，法律出版社 1999 年版，第 324 页。

持。要物契约本身具有极强的警示作用，在标的物交付之前，除书面订立合同外，当事人可任意解除合同（至于缔约过失责任则非本文研究内容）。但金融借贷属诺成合同而非实践合同，银行作为贷款人并不需要交付贷款价金即可成立借贷关系，何谈交付前的谨慎？

除此之外，回溯以物抵债制度的发展史，其并非完全由要物契约向诺成契约的转化，而是在其源头便以诺成契约为开端。罗马法上，其代物清偿包含代物清偿的履行方式与代物清偿简约二类，代物清偿简约又可细分为新旧给付义务并存和新给付替代旧给付两种，代物清偿简约乃是在诺成契约出现后才出现的，而罗马法上之代物清偿简约为诺成契约而非要物契约。[1] 将以物抵债协议视为要物契约，在古代法时期具有极强的伦理概念进步之意义，在以意思自治为基础的近现代法中仅有提醒一方当事人注意的警示作用。在区分负担行为和处分行为的前提下，要物契约属于负担行为，而物之交付系所负债法义务的履行行为，性质与负担行为本身不同，以之为后者的成立要件，混淆了不同性质法律关系的界限。[2] 在金融借贷领域，商业银行与借款人签订的以物抵债协议既不满足无偿性的要求，也与负担行为的基础理论相左，甚至与民法推崇意思自治的理念不相符，故将以物抵债合同视为要物契约绝非明智之选。

2. 以物抵债协议作为诺成性契约的正当性

诺成契约系当事人意思表示合致（要约与承诺一致）时，契约即成立，无需为物之交付之契约。[3] 根据私法之意思自治原则的理念传播，现今立法规范上的契约多为诺成性契约。端视罗马法，诺成契约最初仅在买卖、租赁、合伙和委托四个狭窄领域施行，及至万民法对诺成契约之拓展，深刻影响了诺成契约形式的丰富与完善。罗马法渐从形式主义向意思主义转变，与诺成契约本身之价值意蕴密不可分。诺成契约在契约法上开创了一个新阶段，所有现代契约观念都是从这个阶段发轫的。[4] 其中最为重要的观念，无外乎契约法上的"契约自由"。诺成契约的出现，引发人们对传统要物契约局限性的思考。从发展趋势来看，要物契约的适用空间在不断限缩。

---

〔1〕　参见［意］彼德罗·彭梵得：《罗马法教科书》，黄风译，中国政法大学出版社1992年版，第337页；周枏：《罗马法原论》，商务印书馆1994年版，第817~818页。

〔2〕　参见朱庆育：《民法总论》（第2版），北京大学出版社2016年版，第141页。

〔3〕　林诚二：《民法债编各论》（上），中国人民大学出版社2007年版，第30页。

〔4〕　［英］梅因：《古代法》，沈景一译，商务印书馆1959年版，第189页。

在诺成契约理论的影响下，我国立法规范及实务指引和司法裁判对以物抵债的裁判规则经历了由要物契约到诺成契约的转变。最高人民法院研究室在其发布的《最高人民法院典型案例研究：关于以物抵债调解书是否具有发生物权变动效力的研究意见的解读》中，未将完成抵债行为作为以物抵债协议成立或生效之要件，未履行抵债义务的，仍可向法院申请执行。北京市高级人民法院在其《关于审理房屋买卖合同纠纷案若干疑难问题的会议纪要》中，将以房抵债视为债务变更，同样认为以物抵债协议属诺成契约。在司法实务的探索下，最高院的两次工作会议纪要亦明确将以物抵债协议视为诺成契约。第八次《全国法院民商事审判工作会议纪要》第 17 条将以房抵债契约间接认定为诺成契约。[1] 第九次《全国法院民商事审判工作会议纪要》第 44 条则明确将以物抵债协议规定为诺成契约。[2]

以物抵债协议作为诺成契约，符合契约自由及私法自治的基本理念。在功能分析上，则有利于避免虚假诉讼和恶意侵害他人权益情形的大量出现。在处置不良资产中，如将以物抵债协议认定为要物契约，未为交付则不成立或不生效，借款人极可能通过法律赋予的权利将以物抵债协议约定的资产恶意转让他人，致使商业银行权利遭受巨大损害。在这种情形下，商业银行仅可能通过缔约过失责任挽回部分损失。同时，其也可能引发商业银行与借款人之间为避免巨额的税款负担，通过虚假诉讼的方式，使法院作出错误的判决或裁定。无论从司法实务，还是规范文件的精神，再到学理上的转变和社会利益的考量，以物抵债协议在整体上从要物契约向诺成契约的转变，具有正当性。

三、类型区分下以物抵债协议效力的进一步探讨

在商业银行的不良资产处置中，以物抵债协议在整体上应被视为诺成契约。诺成契约为以物抵债协议的第一层效力问题，在将以物抵债协议予以更为详细的类型区分基础上，其效力仍有第二层级探讨的空间。当抽象——一

---

〔1〕 第八次《全国法院民商事审判工作会议纪要》第 17 条规定："当事人在债务清偿届满后达成以房抵债协议并已经办理了产权转移手续，一方要求确认以房抵债协议无效或者变更、撤销，经审查不属于合同法第五十二条、第五十四条规定情形的，对其主张不予支持。"

〔2〕 第九次《全国法院民商事审判工作会议纪要》第 44 条规定："当事人在债务履行期限届满后达成以物抵债协议，抵债物尚未交付债权人，债权人请求债务人交付的，人民法院要着重审查以物抵债协议是否存在恶意损害第三人合法权益等情形，避免虚假诉讼的发生。经审查，不存在以上情况，且无其他无效事由的，人民法院依法予以支持。"

般概念及其逻辑体系不足以掌握某生活现象或意义脉络的多样性表现形态时，首先会想到的补助思考方式是"类型"。[1] 以物抵债协议的效力与以物抵债协议类型之间的问题，实际上是基础与补充之间的关系。《江苏省高级人民法院关于以物抵债若干法律适用问题的审理纪要》，对以物抵债协议的具体适用具有重要的参考和指引价值。其将以物抵债区分为债务履行期届满前的以物抵债和履行期届满后的以物抵债，并认为前者属于"债的担保"，后者属于"债的履行"。[2] 北京市高级人民法院在其《关于审理房屋买卖合同纠纷案件若干疑难问题的会议纪要》中，亦对以物抵债予以上述区分。司法实务层面的做法是否妥当、有无必要，是我们着力应当解决的第二个问题。

（一）债务履行期届满前达成的以物抵债协议

在不良资产处置中，借款人在借款期限届满之后，既不履行还款义务，亦不按约定履行标的物的所有权移转，往往会对商业银行实现债权造成不利影响。商业银行往往需要通过诉讼的方式维护自身权益，无可避免地支付大量的人力、物力成本。在诉讼过程中，对履行期届满前达成的以物抵债契约的效力认定，关乎贷款人权利的实现与否。司法实务对此有两种裁判思路，在均承认以物抵债协议为"债的担保"的基础上，一种认为贷款人要求借款人履行抵债义务的，不违及《担保法》第 40 条、《物权法》第 186 条有关"禁止流质"的规定。[3] 另一种则认为双方当事人的真实意思乃借贷关系而非房屋买卖，则以物抵债契约为非典型担保，违反了"禁止流质"之规定。[4] 两种裁判思路，前者认为存在两个法律关系，后者仅存在借贷法律关系，因而前者不违法"禁止流质"之规定，出借人可主张借款人履行抵债义务。截然不同的裁判思路，导致司法实务裁判中的无所适从。

在第一种裁判思路中，认为存在借贷和买卖两个法律关系，但当事人之间的真实意思表示为借贷法律关系而非买卖合同关系。实际上买卖合同关系

---

〔1〕 ［德］卡尔·拉伦茨：《法学方法论》，陈爱娥译，商务印书馆 2004 年版，第 337 页。

〔2〕 参见《江苏省高级人民法院关于以物抵债若干法律适用问题的审理纪要》（2014 年 4 月 14 日印发），载 http：//www.360doc.com/content/14/1227/12/12424821_436121191.shtml，最后访问日期：2020 年 5 月 18 日。

〔3〕 参见朱俊芳与山西嘉和泰房地产开发有限公司商品房买卖合同纠纷案（2011）民提字第 344 号，《最高人民法院公报》2014 年第 12 期。

〔4〕 参见广西嘉美房地产开发有限责任公司与杨伟鹏商品房买卖合同纠纷申请案（2013）民提字第 135 号，载《民事审判指导与参考》2014 年总第 58 辑。

构成民法上的虚伪意思表示，而虚伪意思表示原则上是无效的，隐藏的借贷关系则是有效的。在第二种裁判思路中，实际上是"买卖型担保"规则的适用，但在既有的担保法和物权法体系框架下，其既无法涵摄于典型担保范畴，也无法满足担保物权优先受偿的制度要求。[1] 就此而言，其违反了"物权法定"的基本原则。物权法定原则的基本内涵在于，物权为绝对权，其效力及于所有人并且必须得到每个人的遵守，因此，只有当物权的数量明晰化并彼此独立出来，才能有效保护这种权利。[2] 在物权领域，并无契约自由，不允许当事人通过合意创设新的物权种类，故此类"买卖型担保"行为应归属为无效。

相较而言，第二种裁判思路更符合既有法律规范的规定。将债务履行期届满前达成的以物抵债协议视为"债的担保"，其本身具有实现担保债权的目的。但其因无法满足典型担保的制度构成，也违反"禁止流质"的一般法理。需要明确的是，本次《民法典》第 401 条及第 428 条[3]虽未直接以"不得"限制当事人对流质条款的约定，但并不代表司法机关就承认了流质条款的效力。第 401 条与第 428 条的规范意义在于，具备优先受偿权的抵押权与质押权可优先受偿，优先受偿仍是债权法范畴的权利，是一种请求权；而如果承认流质条款效力，则其是物权法范畴的权利，是权利的直接变动。《九民会议纪要》第 71 条第 2 款对此已明确规定："当事人根据上述合同约定，已经完成财产权利变动的公示方式转让至债权人名下，债务人到期没有清偿债务，债权人请求确认财产归其所有的，人民法院不予支持，但债权人请求参照法律关于担保物权的规定对财产拍卖、变卖、折价优先偿还其债权的，人民法院依法予以支持。"由此可见，近年来域外立法关于流质条款的效力有缓和的趋势，[4] 我国对禁止流质（押）规定亦有所缓和，为非典型担保预留了空

---

〔1〕 尽管学界对非典型担保的研究已经如火如荼，要求民法典中规定相关内容的呼声极高。但在既有规范及立法动向来看，目前仍无认可非典型担保之可能。未来可否在司法实务中通过实践发展出相关规则，则仍未可知。

〔2〕 [德] 曼弗雷德·沃尔夫：《物权法》，吴越、李大雪译，法律出版社 2004 年版，第 14 页。

〔3〕 《民法典》第 401 条规定："抵押权人在债务履行期限届满前，与抵押人约定债务人不履行到期债务时抵押财产归债权人所有的，只能依法就抵押财产优先受偿。"《民法典》第 428 条规定："质权人在债务履行期限届满前，与出质人约定债务人不履行到期债务时质押财产归债权人所有的，只能依法就质押财产优先受偿。"

〔4〕 刘保玉：《民法典物权编（草案）担保物权部分的修改建议》，载《法学杂志》2019 年第 3 期，第 12 页。

间，但对其仍抱谨慎态度，至少在以物抵债领域其效力尚未得到支持。所以，对于债务履行期届满前达成的以物抵债协议，无论动产是否交付，不动产是否登记，均不能产生物权变动的效力。这种担保本身不具有物权效力，仅可产生一定的债权效力，而根据合同的相对性原则，债权不能对抗第三人，且具有平等性，无法优先受偿。所以，商业银行在不良资产处置中，应尽量避免与借款人签订债务履行期届满前的以物抵债协议，因为其无法满足典型担保制度的构成，容易归置于流质范畴而归于无效，不利于商业银行债权的实现。

（二）债务履行期届满后达成的以物抵债协议

在司法实务中，存在着商业银行与借款人在债务履行期届满之后签订以物抵债的情形。不同于在债务履行期届满前签订的以物抵债协议的效力，此处的以物抵债协议在司法实践中被认为是债务履行方式的变更，即以"物"之给付替代"金钱"之给付。在理论上，债务履行期届满后达成的以物抵债协议的效力，有债的更新说和新旧债务并存说两类。所谓债的更新，也称债的更改，是指以新的债权替代旧债，从而使旧债归于消灭。[1] 这种通过债权人与债务人就变更债权之标的而达成的合意，常被视为以物抵债的结果实现，常被称为代物清偿。新旧债并存说，则在学界多称之为间接给付或新债清偿。新债清偿，也称间接给付或新债抵旧，指因清偿旧债务而负担新债务，并因新债务之履行，而使旧债务消灭的合同。[2] 前者在达成以物抵债协议时，旧债即归于消灭；而后者只有在履行完毕以物抵债协议后，原债才归于消灭。

受债的更新理论的影响，在"四川盛源建筑安装工程有限公司与黄春凤重庆卓冠投资咨询有限公司民间借贷纠纷案"中，[3] 法院认定当事人之间签订的债务抵偿契约真实有效，并将此种以物抵债协议视为债的更新。而受新旧债并存说的影响，在"通州建总集团有限公司与内蒙古兴华房地产有限责任公司建设工程施工合同纠纷案"中，[4] 法院认为原债务并未消灭，如新债务届满后债务人仍不履行的，债权人仍有权要求债务人履行旧债务。从上述案例中可知，债的更新与代物清偿均是债消灭的原因。不同之处在于，债的

---

〔1〕　王利明：《债法总则研究》，中国人民大学出版社 2015 年版，第 735 页。
〔2〕　朱广新：《合同法总则》（第二版），中国人民大学出版社 2012 年版，第 442 页。
〔3〕　重庆市高级人民法院民事判决书，（2017）渝高法民再字第 162 号。
〔4〕　参见最高人民法院民事判决书（2016）最高法民终字第 484 号。

更新产生了一个新的债权债务关系，并且取代了旧的债权债务关系。而在代物清偿中，两个法律关系并存，只有代物清偿履行完毕后，原债才归于消灭，否则当事人仍可以主张债务人履行原债。这实际上又将债的更新归类于诺成契约，而将代物清偿置于要物契约范畴。

两种路径依赖，均有其利弊。债的更新为诺成合同，符合民法注重当事人意思自治的意蕴。但其有严格的法律构成要件，故在法律案件问题的解决上，具有一定的限制。债的更新，从本质上来说，更有利于新债的实现。如果能从当事人的合意中明确推断出成立新债并且消灭旧债的意思表示，则适用债的更新自无不妥。如果无法推断当事人之间存在上述的意思表示真意，就应该采用第二种路径依赖，即依托新旧债并存理论，采用代物清偿的方式解决以物抵债问题。代物清偿、新债清偿乃至为了担保而给付等构造，充分体现了契约自由的精神。实践中，常常统称为清偿替代方式为"以物抵债"，实际上，应当根据当事人的意思，具体解释构成哪一种清偿替代方式。[1] 在不良资产处置中，如果商业银行根据市场判断，认为所抵之"物"日后可能会价值提升且债务人履行抵债义务的可能性较大，或通过强制执行程序能够获得所抵之"物"，则在以物抵债协议中应明确成立新债的合意内容，债的更新一经实现，旧债即归于消灭，贷款人不得再主张旧债履行。相反，如果所抵之"物"有价值贬损之可能或极难实现，则在以物抵债协议中可不明确产生新债消灭旧债的合意内容，这样在新债不能实现的情形下，仍可主张旧债履行。

四、与以物抵债协议效力相关联问题的思考

（一）以物抵债协议诺成化与虚假诉讼问题

根据严格控制原则，商业银行的债权应首先以货币形式受偿。无货币受偿的可能时，选择以拍卖、变卖非货币资产受偿。最后才选择以物抵债的方式受偿。其中很大原因在于，以物抵债协议有可能引发虚假民事诉讼。虚假民事诉讼（以下简称"虚假诉讼"）是指当事人故意使用虚假的诉讼材料进行诉讼以求获得与真实事实不符的生效的法律文书。[2] 虚假诉讼具有损害司法权威、损害第三方利益、导致资源浪费等重要危害，因而各国立法机关在虚假诉讼的防与治上均很重视。在以物抵债协议由要物契约向诺成契约的转

---

〔1〕 王洪亮：《债法总论》，北京大学出版社 2016 年版，第 151 页。

〔2〕 吴晓静：《整体性法律观的民商法应用：民商事疑难法律问题研究》，法律出版社 2013 年版。

变中，"有些法官认为诺成化后会产生更多的虚假诉讼"[1]。在以物抵债协议中，会存在产生虚假诉讼的可能。当事人通常将这种虚假事实隐藏在原债关系中，至于其动机或目的则在所不论。通过这个虚假的原债关系，当事人之间欲谋求一种非法利益，即指向抵债之物。

将以物抵债协议诺成化，因以物抵债协议无须要物行为即可生效，有可能滋生当事人进行虚假诉讼的"土壤"，但却不能将其视为产生虚假诉讼的"真凶"。虚假诉讼产生的根本原因在于当事人对于非法利益的追求，以及对既有法律规范的规避。我国《民事诉讼法》和《刑法》虽然对虚假诉讼的法律后果予以了明确规定，但在私法领域并不能彻底消灭虚假诉讼的产生。在商业银行的借贷关系中，产生虚假诉讼的可能情形分为两类，一类是商业银行与借款人恶意串通，虚造原债关系，损害第三人的合法权益；另一类是借款人与第三人虚造原债关系，并在诺成性以物抵债协议中利用物权变动规则将所有权转移给第三人，损害商业银行的利益。对于第一类情形，商业银行本身应以身作则，避免通过虚假诉讼损害他人合法权益。如果商业银行作为第三人，其利益遭受虚假诉讼程序的损害时，可依据我国《民事诉讼法》第56条之规定内容，[2] 参与到诉讼中或者提起第三人撤销之诉。或根据《民法典》有关法律行为效力的相关规定，主张撤销权或者法律行为无效。

（二）以物抵债协议诺成化下物权变动的分析

根据及时处置原则，银行在收取抵债物后，应尽快将其进行处置，实现资产的货币化。而在处置之前，判断物权是否移转至商业银行名下则至关重要，这就关涉物权变动规则的适用。所谓物权变动，是指物权的设立、变更、

---

〔1〕 最高人民法院第五巡回法庭法官李玉林博士：第 40 期中国民法成长论坛《以物抵债法律问题探析》中的讲话，载中国民商法律网，http：//www.civillaw.com.cn/zt/t/？id=33574，最后访问日期：2020 年 2 月 26 日。

〔2〕 《中华人民共和国民事诉讼法》第 56 条规定："对当事人双方的诉讼标的，第三人认为有独立请求权的，有权提起诉讼。对当事人双方的诉讼标的，第三人虽然没有独立请求权，但案件处理结果同他有法律上的利害关系的，可以申请参加诉讼，或者由人民法院通知他参加诉讼。人民法院判决承担民事责任的第三人，有当事人的诉讼权利义务。前两款规定的第三人，因不能归责于本人的事由未参加诉讼，但有证据证明发生法律效力的判决、裁定、调解书的部分或者全部内容错误，损害其民事权益的，可以自知道或者应当知道其民事权益受到损害之日起六个月内，向作出该判决、裁定、调解书的人民法院提起诉讼。人民法院经审理，诉讼请求成立的，应当改变或者撤销原判决、裁定、调解书；诉讼请求不成立的，驳回诉讼请求。"

转让和消灭。[1] 在基于法律行为的物权变动中，其规则分为意思主义和形式主义两种模式。其中意思主义以法国、日本为代表，泛指经当事人之间的合意一致（主流观点为债权合意）即可发生物权变动效力，物权公示仅为物权变动的对抗要件而非生效要件；形式主义则以德国、瑞士等为代表，德国为典型的物权形式主义模式（物权变动除需要债权行为这一变动原因外，仍需要物权合意与登记或交付），瑞士、奥地利等为典型的债权形式主义模式（主流观点认为其不承认物权行为，需要债权合意与登记或交付）。我国目前的立法规范较为模糊，司法实务多采债权形式主义的解释路径。因此，在我国，抛开学界争议，物权变动需要债权合意的达成和交付（动产）或登记（不动产）的协力方可完成。除此之外，还有基于事实行为的物权变动，在本文中主要涉及的是基于法律文书的物权变动。

在债务履行期届满前签订的以物抵债协议，本质上是"债的担保"，因其违反物权法定的基本原则，故不能发生物权变动的效力。在此借贷关系中，无论动产是否交付以及不动产是否登记，商业银行向法院起诉要求取得抵债物之所有权的，均得不到支持。在债务履行期届满后签订以物抵债协议，本质上是债的履行方式的变更。在"债的更新"理论适用情形下，因其为诺成契约（债权性质），故借款人只有在抵债物交付或变更登记到银行等金融机构时，才发生物权变动的效力。在此，银行等金融机构面临的风险在于，借款人可能将抵债物转移给第三人，如果符合善意取得的规定，则银行等金融机构无法取得抵债物所有权，而只能向借款人主张不当得利。在"代物清偿"理论适用情形下，以物抵债协议乃以要物契约为通说，如果不承认物权行为理论，则标的物已经转移至商业银行，可以通过简易交付的方式实现所有权的物权变动，但不动产仍需登记实现物权变动。对于基于法律文书引起的物权变动，主要适用情形是当事人之间达成以物抵债协议，法院由此制作调解书是否能引起物权变动？实际上，能够引起物权变动的法律文书，仅限定为"形成判决书"与"形成调解书"，意即只有在原告请求法院变动或消灭其与对方当事人之间现存的民事法律关系的诉中形成的形成判决书，给付判决与确认判决等都不能引起物权变动。[2] 故在法院作出调解书的前提下，如果该

---

[1]　王利明：《民法》，中国人民大学出版社 2015 年版，第 161 页。

[2]　参见陈英：《法律文书导致物权变动的法律问题探析》，载《政法学刊》2017 年第 6 期，第 44~45 页。

调解书非形成性调解书，则物权未发生变动，仍应按物权变动的规则进行，在形成性调解书下，则视为抵债的完成，即物权变动效力发生。

五、结语

财政部印发的《银行抵债资产管理办法》对银行通过以物抵债处置不良资产提出了四项基本原则，即"严格控制、合理定价、妥善保管、及时处置"，为其具体适用提供了指引与方向。其中，"及时处置"即要求商业银行合理规避风险，有效处置不良资产。近年来，为促进金融市场乃至整个国民经济的发展，激发市场活力，国家出台系列新政措施，旨在营造有利于中小企业发展的良好环境，缓解中小企业融资困难。这就需要商业银行放宽贷款限制、增加贷款规模。也基于此，商业银行的不良贷款率与贷款总额出现"双高"的忧患局面。面对此种困境，商业银行须通过"组合拳"的方式避免或合理处置不良资产，这就使得以物抵债的功能得以凸显。银行在运用以物抵债处置不良资产时，除运用现有规范、规则外，要对以物抵债的法律性质、类型区分进行深入理解、掌握，否则极易出现适用不当而遭受不必要的损失。以物抵债协议，除代物清偿仍应归属于要物契约外，一般应归置于诺成契约范畴之下。根据债务履行期是否届满，可在类型上区分为债务履行期届满前的"债的担保"，和债务履行期届满后的"债的更新"与"代物清偿"。债的担保不符合现有物权法的物权法定原则要求，仅具有部分债权效力，不能产生物权变动之效力，亦不能对抗第三人。债的更新属于诺成合同，需要银行与借款人之间达成明确的新债替代旧债的合意。代物清偿属于实践合同，借款人将抵债物交付给银行时以物抵债协议方成立与生效，在代物清偿义务履行完毕后，旧债才归于消灭，否则银行可以依旧主张借款人履行。在以物抵债中，商业银行应避免虚假诉讼的出现，引发"损人不利己"的后果效应。在不良资产的处置上，应准确把握物权变动规则的适用，避免物之价值贬损和流动性风险的出现。

我国养老金第三支柱功能探析

——基于结构功能主义 AGIL 之视角[*]

王　慧[**]

　　摘　要：加快发展养老金第三支柱已经引起政府和社会各界的高度重视，未来第三支柱顶层设计仍需优化，探究其功能成为题中之义。从满足人民群众养老需求的高度，完整认识养老金第三支柱功能，才能更好地推动第三支柱理论和实践的发展。基于 AGIL 模型分析，第三支柱应当具备实现养老资金跨期配置、建立养老金责任共担机制、保护劳动者流动权益以及推动居民养老观念转变四大功能，形成有机结合的"四位一体"格局，统一于构建养老保障系统的宏伟目标。

　　关键词：养老金　养老金第三支柱功能　AGIL 模型

一、问题的提出

　　"第三支柱"概念源于世界银行在 1994 年提出的养老金体系改革的三支柱模式，系指个人主导的自愿建立的完全积累型个人养老金计划。根据我国学术界第三支柱

　　*　本文系 2019 年度教育部哲学社会科学研究后期资助重大项目"全生命周期养老准备的金融理论与实践创新研究"（项目编号：19JHQ007）阶段性成果。

　　**　王慧，中国政法大学法学院 2017 级博士研究生（100088）。

概念探讨的现状，[1] 本文从制度角度分析，养老金第三支柱制度系以养老为目的，以个人为主导并以个人账户为载体，在享受税收优惠政策支持的基础上完全积累型养老金制度。2018 年在财政部、税务总局、人力资源和社会保障部、中国银行保险监督管理委员会、中国证券监督管理委员会联合发布的《关于开展个人税收递延型商业养老保险试点的通知》（财税〔2018〕22 号，以下简称《通知》）中，[2] 明确了为推进我国养老保险体系建设，以个人税收递延型商业养老保险为试点，对养老保险第三支柱进行有益探索。

第三支柱概念在官方文件中首次出现，顺应了政府、单位、个人合理分担养老责任的趋势，标志着我国多层次养老保险制度体系建设进入了崭新阶段。截至 2019 年 6 月底，个人税收递延养老保险累计实现保费约 1.54 亿元，承保件数约 4.45 万件。[3] 保费规模和承保件数均远低于预期，效果不理想固然有其制度设计中税优额度低、手续烦琐等问题，究其根源仍是"多层次养老金体系缺乏统筹规划，导致体系结构与功能定位紊乱"。[4] 因此，在多层次养老保险体系背景下，以全局观、系统观来研究第三支柱功能就成为一大关键问题。

已有的相关理论研究多从政策支持、国内外比较借鉴等角度来研究养老保险第三支柱，但是将第三支柱功能当作独立的学术问题去研究的却很少，抑或只做简单定性判断。例如董克用教授（2020）在探讨第三支柱个人养老金概念界定后，将功能总结为"个人养老金是养老金制度补充和收入补充，能够推动投资养老理念形成并促进资本市场完善"；[5] 郑秉文教授（2018）

---

〔1〕 学术界对于我国第三支柱的概念达成了一定共识，即以个人为主导和享受税收优惠政策，但仍有一些分歧，狭义范围仅包括享受税收递延优惠政策的商业养老保险，如朱俊生《完善税收递延型商业养老保险发展的政策环境》、范堃等《基于目标替代率的税延型商业养老保险扣除限额优化研究》；广义上包括凡是以养老为目的、依托于第三支柱个人账户的所有金融产品，如董克用《建立和发展中国特色第三支柱个人养老金制度》、路锦非和杨燕绥《第三支柱养老金：理论源流、保障力度和发展路径》。本文采取的第三支柱概念更倾向于广义范畴。

〔2〕 《关于开展个人税收递延型商业养老保险试点的通知》，载国家税务总局官网，http://www.chinatax.gov.cn/n810341/n810755/c3389866/content.html，最后访问日期：2018 年 4 月 2 日。

〔3〕 参见王国军、李慧：《我国个税递延型养老保险试点的发展态势与制度优化》，载《中国保险》2019 年第 8 期，第 16 页。

〔4〕 参见郑功成：《中国养老金：制度变革、问题清单与高质量发展》，载《社会保障评论》2020 年第 1 期，第 12 页。

〔5〕 参见董克用、施文凯：《加快建设中国特色第三支柱个人养老金制度：理论探讨与政策选择》，载《社会保障研究》2020 年第 2 期，第 7 页。

在阐述我国构建第三支柱达成的三种共识中指出"第三支柱不仅具有保险功能，还应具备投资功能"；[1] 而路锦非和杨燕绥教授（2019）认为"从社会保障理论源流及世界范围发展规律来看，个人养老金计划彰显国家对个人责任的唤醒与鼓励"。[2] 总体来看，国内理论界对第三支柱功能研究在宏观视野、历史深度和系统性方面仍有欠缺。第三支柱功能在理论研究上缺乏有力支撑，在一定程度上阻碍了第三支柱社会实践向深度和广度的进一步推进。

AGIL 模型是社会学结构功能主义提出的应用于社会经济现象分析的广义模型（如下图 1），[3] A 代表的适应功能，即系统一方面要适应环境，另一方面要能够从环境中获得资源以谋求自身的发展；G 代表的目标达成功能，即确定系统目标的次序并调动资源和引导资源区实现整个系统的主要目标；I 代表的整合功能，即系统必须协调内部各部分之间的关系，以维持稳定、和谐状态；L 代表的模式维持功能，即为了使整体系统顺利运行，必须协调与系统有关的内部要素与外部系统，保持一定文化模式的稳定性和连贯性。运用 AGIL 模型能够较为贴切地解释我国养老金第三支柱功能的界定、现行障碍与构建路径。

因此，本文将从结构功能主义的视角，运用 AGIL 模型对第三支柱功能进行深入、全面和系统的剖析，避免脱离多层次养老保险体系而形成割裂、孤立的分析，以期为多层次养老保险体系下的第三支柱顶层设计提供理论支撑，并对其社会实践提供一定的理论分析意见。

---

〔1〕　参见郑秉文：《"多层次混合型"养老保障体系与第三支柱顶层设计》，载《社会发展研究》2018 年第 2 期，第 88 页。

〔2〕　参见路锦非、杨燕绥：《第三支柱养老金：理论源流、保障力度和发展路径》，载《财经问题研究》2019 年第 10 期，第 93 页。

〔3〕　结构功能主义认为社会系统具备一定的结构或组织，各个组织部分有机联系并对社会整体有相应的功能，社会整体在一定时期内相对稳定，各组成部分之间虽会发生变化但具备自我调节能力并趋于新的平衡。

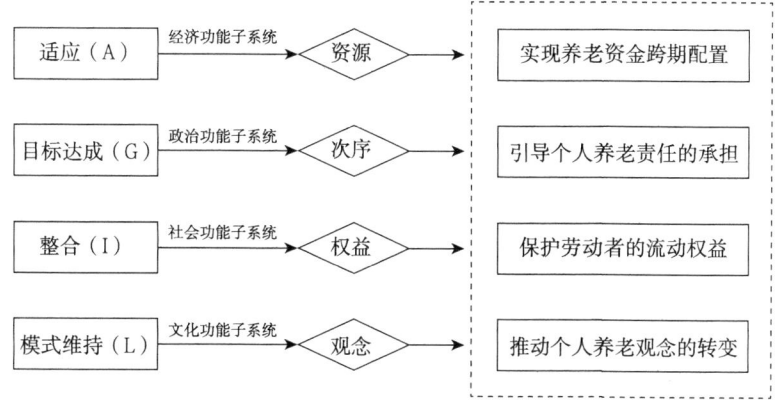

图 1 基于 AGIL 模型的第三支柱功能分析框架

二、AGIL 模型视角下第三支柱的四大功能

根据 AGIL 模型,第三支柱功能系统并非单一系统,其中包含经济、政治、社会、文化等多个功能子系统,即结构功能主义强调互动、联系的功能系统。基于此,将养老金第三支柱功能作为社会系统研究对象,可以分析其对应的适应功能、目标达成功能、整合功能以及模式维持功能。

(一) 第三支柱的适应 (A) 功能:实现养老资金跨期配置

AGIL 模型中的 A 代表的适应功能,即系统一方面要适应环境,另一方面要能够从环境中获得资源以谋求自身的发展。从适应功能所依托的经济子功能系统来看,核心要素是资源。为了整个系统的正常运作,经济子功能系统必须最大化发挥适应功能,通过利用各种手段获取足够系统内部进行分配和运作的资源。那么,从第三支柱的经济子功能系统来看,适应功能的核心要素是养老资金。第三支柱的适应 (A) 功能指的是第三支柱如何获取资金,并且保证个人投资者在生命周期内实现养老资金的跨期配置。金融的配置资源功能与第三支柱个人自愿实现跨期配置、社会资源代际配置,具有逻辑上的内在一致性。

第三支柱的适应功能即养老金资金能够实现跨期配置,其逻辑起点在于生命周期假说。由 1985 年诺贝尔经济学奖得主弗兰科·莫迪利安尼 (Franco

Modigliani）等人创立的生命周期消费假说（Life Cycle Hypothesis）认为,[1]一个理性消费者用于消费的资源仅依赖于他的毕生劳动收入加上继承的遗产（如有），而与他当期收入无关。为追求生命周期中消费效用最大化，人们的消费行为会使个人的收入和储蓄在自己一生中呈"驼峰形状"分布状态：即年轻时消费大于收入（即虽然年轻的时候收入低，但预期未来收入会增加，会使用上一代人的钱甚至举债消费），中年时期收入大于消费（家庭收入的增加使得消费在收入中的占比降低，一部分收入用于偿还年轻时的负债，一部分收入用于养老储备），退休后消费又会大于收入（收入下降而生活费用、医疗支出等增加）。[2] Bodie & Merton（1992）建立包含了个体生命周期中工作、休闲、投资、消费、退休时间等要素均可以自主决策的模型，发现劳动力与投资选择密切相关，年轻人能够比老年人承担更大的投资风险。在生命周期理论的框架下，理性人为实现生命周期内效用最大化，在工作、退休阶段分别做出合理的财富规划。

第三支柱实现养老资金跨期配置的功能在国外养老金市场得到了验证。生命周期模型不断深化并在金融市场中被应用、改进，促进了美国私人养老金市场如生命周期基金、目标日期基金等各类产品发展，随后英国、澳大利亚等国家和我国香港地区在推动私营领域养老金改革时均引入了生命周期基金的制度设计。[3] 美国 2006 年《养老金保护法案》、英国 2008 年养老金改革、澳大利亚 2011 年养老金改革和我国香港地区 2016 年引入预设基金策略，将生命周期基金作为合格默认投资工具。生命周期基金之所以被诸多国家、地区养老金政策制定者重视并被个人投资者广泛接受，原因在于生命周期基金的养老金资产配置，能够使得风险收益更为匹配。从个人投资者来看，能够根据投资者年龄、风险承受程度等因素对账户资产进行动态配置，实现了养老资产合理分散风险、自动再平衡等核心诉求。

自 20 世纪 90 年代起确立构建第三支柱的养老保险体系开始，二十多年

---

〔1〕 See Franco Modigliani , Richard Brumberg. "Utility Analysis and the Consumption Function: An Interpretation of the Cross-section Data ", *Post-Keynesian Economics*, Rutgers University Press, New Brunswick, 1954: 388–436.

〔2〕 See Zvi Bodie, Robert C Merton, William F Samuelson. "Labor Supply Flexibility and Portfolio Choice in a Life-Cycle Model", *NBER Working Papers*, 1992, 16 (3–4): 427–449.

〔3〕 参见龚刚:《论中国企业年金引入生命周期基金投资模式》，中国社会科学院 2017 年博士学位论文，第 134 页。

来政府做出了许多努力，多层次养老保险体系逐步呈现。但是我国养老金体系第一支柱"一家独大"的局面还未改变。随着我国人口老龄化的加剧，退休人员领取基本养老金数额日益增加，第一支柱养老金基金的可持续性将面临严峻挑战。华颖、郑功成教授（2020）粗略估计，现有的商业养老保险的规模约为 6000 亿元。[1] 根据银保监会公布的数据，2019 年 1 月至 9 月养老年金保险为 415 亿元，假设每季度均匀增长，2019 年全年年金保险积累总量为 553 亿元。[2] 与此同时，2019 年全年基本养老保险基金总收入为 5.7 万亿元，[3] 前者仅为后者的不足 1%。

我国第三支柱适应功能的发挥需要借鉴生命周期模型思路，即开发定位明确、简洁且一站式的产品设计思路，创造更多适合我国国情的养老理财工具。个人可根据自身收入、家庭财富积累、风险偏好等因素，合理规划个人收入和消费，实现个人人力资本在不同生命阶段的合理配置。2016 年 3 月中国人民银行等五部委发布了《关于金融支持养老服务业加快发展的指导意见》（银发〔2016〕65 号），鼓励各类金融机构积极开发能够提供长期稳定收益、满足生命周期需求的差异化养老金融产品。2016 年 5 月习近平总书记强调："要适应时代要求创新思路，推动老龄工作向主动应对转变，向统筹协调转变，向加强人们全生命周期养老准备转变"。[4] 这表明我国在应对老龄化的问题上，已经由聚焦老龄人口向全人口全生命周期转变。[5] 第三支柱能够在制度层面，保障居民突破个人的短期局限，通过金融机构来完成个人财富在不同生命周期阶段的合理分配。

---

〔1〕 参见华颖、郑功成：《中国养老保险制度：效果评估与政策建议》，载《山东社会科学》2020 年第 4 期，第 70 页。

〔2〕 《银保监会国新办新闻发布会答问实录》，载中国银行保险监督管理委员会官网，http：//www. cbirc. gov. cn/cn/view/pages/ItemDetail. html? docId＝885078&itemId＝915&generaltype＝0，最后访问日期：2020 年 1 月 13 日。

〔3〕 《2019 年度人力资源和社会保障事业发展统计公报》，载人力资源和社会保障部官网，http：//www. mohrss. gov. cn/SYrlzyhshbzb/zwgk/szrs/tjgb/202006/t20200608_375774. html，最后访问日期：2020 年 6 月 8 日。

〔4〕 《中共中央政治局就我国人口老龄化的形势和对策举行第三十二次集体学习》，载中国政府网，http：//www. gov. cn/xinwen/2016-05/28/content_5077706. htm，最后访问日期：2020 年 7 月 11 日。

〔5〕 参见胡湛、彭希哲：《应对中国人口老龄化的治理选择》，载《中国社会科学》2018 年第 12 期，第 143 页。

（二）第三支柱的目标达成（G）功能：引导个人养老责任的承担

AGIL 模型中的 G 代表的目标达成功能，即确定系统目标的次序并调动资源和引导资源区实现整个系统的主要目标。一个系统只有制定契合实际的发展目标，并且确定目标的次序、重点，才能够稳步前行。从目标达成功能所依托的政治功能子系统来看，核心要素是次序。那么，从第三支柱的政治子功能系统看，目标达成功能的核心要素是个人养老责任的承担。第三支柱的目标达成（G）功能指的是在三支柱体系建设过程中，强调以个人为主导，通过自愿缴费、自主决定缴费额度、自由选择符合第三支柱的产品，拥有个人投资选择权和产品转换权。第三支柱账户内的养老金资产完全积累、运作透明、归属清晰，完全的私有产权属性充分体现个人的养老责任。

从全球范围来看，第三支柱的目标达成功能体现为个人对于养老责任的分担。一项社会福利或政策的产生、发展与变迁，大多是在国家干预和自由市场之间进行权衡，养老金制度作为社会福利的重要组成部分，同样也会涉及政府与市场职责的划分。由于受到自由主义或国家干预主义等不同价值取向影响，各国对于养老金制度中政府、单位和个人等主体的责任划分有不同的认识与定位，并因此分别通过正式制度安排形成了不同的养老金制度责任分担模式。近年来 OECD 国家纷纷推进养老金制度改革，取得显著效果，形成了多支柱养老金制度，仅有少数 OECD 国家还未建立起第三支柱。以澳大利亚、智利、丹麦为代表的国家除了建立起自愿型第三支柱外，还建立起强制性或者准强制性第三支柱（如下表1）。

表1　OECD 国家第三支柱建设情况

国　家	第三支柱类型	
澳大利亚	强制型	自愿型
奥地利	—	自愿型
比利时	—	自愿型
加拿大	—	自愿型
智　利	强制型	自愿型
捷克共和国	—	自愿型

续表

国　家	第三支柱类型	
丹　麦	准强制型	自愿型
爱沙尼亚	—	—
芬　兰	—	自愿型
法　国	—	自愿型
德　国	—	自愿型
希　腊	—	—
匈牙利	—	自愿型
冰　岛	—	自愿型
爱尔兰	—	自愿型
以色列	—	自愿型
意大利	—	自愿型
日　本	—	自愿型
韩　国	—	自愿型
卢森堡	—	自愿型
墨西哥	强制型	自愿型
荷　兰	—	自愿型
新西兰	—	自愿型
挪　威	—	自愿型
波　兰	—	自愿型
葡萄牙	强制型	自愿型
斯洛伐克	—	自愿型
斯洛维尼亚	—	—
西班牙	—	自愿型

续表

国　家	第三支柱类型	
瑞　典	—	自愿型
瑞　士	—	自愿型
土耳其	—	自愿型
英　国	—	自愿型
美　国	—	自愿型
拉脱维亚	—	自愿型

注：目前，OECD 共有 35 个成员。

资料来源：OECD Private Pensions Outlook，Pensions at a glance 2015，OECD pensions outlook 2014、2016，The 2015 pension adequacy report。

从我国来看，第三支柱在发挥个人对养老责任的分担功能上仍有欠缺，根据 2019 年墨尔本美世全球养老金指数显示，我国在全球 37 个主要国家养老金体系中总分排名第 30 位，而完整性指标得分排名第 33 位，[1] 仅排在泰国、阿根廷、墨西哥、菲律宾之前，落后于总体指标得分。完整性指标用于衡量养老金体系中第二、三支柱的完整性以及法治水平，二者得分差距印证了我国养老金体系三支柱发展不均衡的现实。何文炯（2018 年）指出"最近 20 多年来，社会保障领域的补充性保障发展缓慢，其资源集聚量很小，影响了整个社会保障体系的运行效率"。[2] 整个社会保障体系目标是保证职工和普通居民在退休后能够维持基本生活水平不下降，养老金第一支柱的角色应当是保基本、广覆盖，现在却几乎承担了全部养老保障责任。[3] 第二支柱无论企业年金、职业年金主要是以单位为主导，单位缴费占比高，个人缴费占

---

〔1〕　墨尔本美世全球养老金指数作为全球较为广泛使用的一项评价指标，始于 2009 年，使用 40 多项指标对全球 37 个主要国家养老金体系进行评级及比较，指标大致分为三类，分别为充足性、可持续性、完整性指标。

〔2〕　参见何文炯：《论中国社会保障资源优化配置》，载《社会保障评论》2018 年第 4 期，第 12 页。

〔3〕　《2019 年度全国企业年金基金业务数据摘要》，载中华人民共和国人力资源和社会保障部。截至 2019 年底，企业年金计划参加人数为 2548 万人。据市场各大机构估算，职业年金制度刚刚起步从长期来看覆盖人群也仅为 4000 万左右机关事业单位职工。

比低，且覆盖人群十分有限。

但也要看到在 2018 年《通知》颁布之前，我国政府在推动第三支柱建立并发挥养老责任分担功能上也做了诸多探索。早在 1991 年我国提出"逐步建立起基本养老保险与企业补充养老保险和职工个人储蓄性养老保险相结合的制度"，在 1997 年国发 26 号文件《关于建立统一的企业职工基本养老保险制度的决定》中，称为"商业保险"。在地方层面，天津滨海新区（2007 年）和上海市（2009 年）为推行个人税收递延型商业养老保险均进行了试点，但未能得到推行。在 2018 年以前，第三支柱相关政策由原保监会主导，其他部委较少参与。之后，人力资源和社会保障部、财政部等部委纷纷就第三支柱发文，并在国家"十三五"规划中明确体现，凸显了建设第三支柱的重要性。直到《通知》颁布，才标志着真正意义上的第三支柱建设拉开了序幕，一系列的配套政策也相继出台，第三支柱内涵得到了逐步扩大，发展空间也更加广阔。无论是已明确纳入第三支柱的个人税收递延养老保险产品，还是试点期暂未纳入第三支柱的养老目标证券投资基金，[1] 均强调了个人的养老责任。

（三）第三支柱的整合（I）功能：保护劳动者的流动权益

AGIL 模型中的 I 代表的整合功能，即系统必须协调内部各部分之间的关系，以维持稳定、和谐状态。从整合功能所依托的社会子功能系统来看，核心要素是权益保护。整合功能将系统作为一个整体，对系统内部各个组成元素进行规范与协调。那么，从第三支柱的社会子功能系统来看，整合功能的核心要素是流动权益的保护。第三支柱的整合（I）功能指的是第三支柱如何满足劳动者的流动权益，一方面纳入灵活就业人员群体，满足其享受税收优惠、自我主导的养老保障需求；另一方面是劳动者能够在职业转换时，顺利实现养老资金账户的转移续接。

第三支柱整合功能一方面体现在对非正规就业部门人群的覆盖。无论是第一支柱基本养老金还是第二支柱职业养老金，依托单位的缴费特征决定了这类制度很难覆盖所有人群，特别是难以覆盖那些家庭主妇、自雇人员、特殊职业群体和灵活就业人员，因此建立第三支柱以覆盖这些非正规部门人员对保障他们退休生活而言意义重大。很多国家也非常重视对非正规部门人员、

---

〔1〕 证监会公告〔2018〕2 号：《养老目标证券投资基金指引（试行）》，载中国证券监督管理委员会，http：//www.csrc.gov.cn/shanghai/xxfw/gfxwj/201806/t20180604_339081.htm，最后访问日期：2020 年 7 月 1 日。

中小企业雇员的覆盖。英国第三支柱个人养老金计划最早出现于 1986 年英国《社会保障法案》中，该法案明确提出，任何未满 75 周岁的英国国民都可以加入个人养老金计划中，[1] 为灵活就业人员等未参加任何职业养老金计划的群体参加第三支柱个人养老金计划提供便利，个人也可以不通过单位自行选择加入个人养老金计划。美国个人养老金计划主要分为传统 IRA 和罗斯 IRA 两大类，传统 IRA 诞生以 1974 年通过《雇员退休收入保障法》（以下简称"ERI-SA"）为标志，罗斯 IRA 诞生以 1997 年通过《纳税人减税法案》[2] 为标志。SEP IRA 和 SIMPLE IRA 两类新计划是为了鼓励中小企业以及自雇人士建立个人养老金计划，其中 SIMPLE IRA 规定只适用于雇员不足 100 人的小企业。

第三支柱整合功能另一方面体现在保障劳动者在职业转换时养老资金顺利接续。为了更好地保障劳动者权益，美国、英国均打通了第二、第三支柱的资金账户通道，这也是全球第三支柱的一种发展趋势。S. Holden（2005）[3] 等人指出："美国 IRA 制度除去积累养老金资产功能外，最重要的功能就是 flexibility（提供转移便利性）"。董登新（2016）指出："IRA 资产的主体构成来自第二支柱"。[4] Rollover（转入）在美国第三支柱快速发展中扮演了重要角色，在 2017 纳税年度内 Rollover 资金规模是 4780 亿美元，而新增缴费仅有 690 亿美元，前者是后者近 7 倍，截至 2016 年底大约 50% 的投资者都开通了资金转入功能。[5] 2008 年英国议会通过了《2008 年养老金法案》，[6] 以法律形式明确了私人养老金体系的具体改革措施，其中一项重要举措就是第三支柱逐渐向第二支柱靠拢，[7] 即依托国家职业储蓄信托计划（National Employment Savings Trust，以下简称"NEST"）将第三支柱的个人

---

〔1〕 参见孙瑜、彭维瀚：《英国个人养老金制度经验》；中国证券投资基金业协会编著：《个人养老金：理论基础、国际经验与中国探索》，中国金融出版社 2018 年版，第 378 页。

〔2〕 Taxpayer Relief Act of 1997 新增 408A 款，标志着美国罗斯 IRA 账户诞生。

〔3〕 See, S. Holden, K. Ireland, V. Leonard（2005），*The Individual Retirement Account at Age* 30: *a Retrospective*, *Perspective*.

〔4〕 参见董登新：《正确理解美国个人退休账户的双重功能》，载《中国社会保障》2016 年第 9 期，第 40 页。

〔5〕 参见美国 ICI 协会公布的截至 2019 年底投资者报告，第 179 页。

〔6〕 《Pensions Act 2008, Explanatory Notes》，载 http://www.legislation.gov.uk/ukpga/2008/30/notes/division/6/1，最后访问日期：2020 年 5 月 29 日。

〔7〕 参见孙守纪：《认知、协商与共识：英国养老金制度改革的经验借鉴》，载《探索》2018 年第 5 期，第 131 页。

养老金、寿险资金更多与第二支柱进行融合，统一使用 NEST 平台，以降低管理成本。

当前我国正处于经济结构转型期，第三支柱的整合功能更加凸显其重要性。灵活就业规模群体不断增大，这部分群体难以被第二支柱覆盖；而已参加第二支柱的劳动者面临着职业转换过程中账户资金不能随着单位流动的困境。发展第三支柱一方面可以有效地对灵活就业群体形成补充保障，另一方面以账户制为核心的第二支柱个人保留账户资产，可转入同质第三支柱个人养老账户。以区块链、5G、人工智能为代表的新技术革命催生了万众创业、创新的热潮，广大灵活就业人员除去缴纳基本养老金外，还可以建立基于个人的第三支柱账户，通过个人主导、运作灵活的投资组合提高资金运行效率。在经济发展新常态背景下，人员高速流动在相当长一段时间内还会持续，人员流动的方向也具有复杂性。由于第二支柱职业年金、企业年金的设立需要依托单位，很容易出现第二支柱账户资产无法随工作转换而迁移的问题，在很大程度上会影响参与职工的权益。第三支柱应当发挥其重要作用，将第三支柱作为补充养老金的归集账户，能够增强第二支柱职业养老金制度的灵活性，有利于劳动力的自由流动，从而满足经济社会发展需要。

（四）第三支柱的模式维持（L）功能：推动个人养老观念的转变

AGIL 模型中的 L 代表的模式维持功能，即为了使整体的系统顺利运行，必须协调与系统有关的内部要素与外部系统，保持一定文化模式的稳定性和连贯性。从模式维持功能所依托的文化子功能系统来看，核心要素是观念。当整体系统运作过程出现不协调、不适应的状态时，模式维持功能可以对系统进行调整，保障系统的持续运作。从第三支柱功能的功能子系统看，核心要素是养老理念。第三支柱的模式维持功能（L）指的是如何通过投资者教育，扭转长期以来普遍存在将养老金的投资安全等同于"保底""保收益"的观念，唤醒个人养老金投资的意识，逐步实现由储蓄养老向投资养老的转变，树立长期稳健增值的养老金投资理念。

从境外经验来看，OECD 国家私人养老金实际配置中投资选择非常多，不仅包括现金和储蓄、票据和债券、股票、共同基金、保险，甚至还包括土地和建筑，并且在其他投资中包括了私募股权基金和对冲基金，[1] 只有多元化

---

[1]　Pension Markets in Focus 2019，载 OECD 官方网站，http：//www.oecd.org/pensions/pensionmarketsinfocus.htm，最后访问日期：2020 年 7 月 11 日。

的投资选择才可以适应不同偏好的投资者。美国三支柱制度模式充分体现了自由主义对个人财产权利的重视，这一价值取向决定了养老金制度中个人责任的最大化。在 20 世纪 80 年代，美国 IRA 账户大部分投资者选择低风险商业银行和储蓄类产品，随着美国资本市场的发展和 IRA 投资者的成熟，投资类产品占比逐渐升高。截至 2019 年底，在美国 11 万亿美元 IRA 资产规模中共同基金占比达到 44%。[1] 2001 年德国推出李斯特养老金计划，通过直接补贴、税收递延等优惠政策来增强第二、第三支柱养老金资产的积累。在之后的养老金改革中不断扩大产品范围，使资产配置更加多元化。[2] 加拿大第三支柱由注册养老金储蓄账户（RRSP）和免税储蓄账户（TFSA）组成，在两类账户中公募基金比例较高，均超过 1/3，存款中定期存款比重逐年下降。

目前，我国第三支柱模式维持功能的障碍在于养老观念还带有浓重的封建烙印和计划经济的影响。一方面，我国居民受传统养老观念影响较深，例如推崇"孝道"实质上是建立了我国传统文化中基于代际赡养、实质意义上的现收现付制，家庭养老仍是我国居民首选的养老模式。国民整体的金融意识薄弱，个人投资者整体风险偏好较低，相当一部分老龄人口把储蓄存款、国债作为主要投资标的，对其他养老金融产品缺乏了解。《2019 中国养老前景调查报告》数据显示，在不考虑投资增值的基础上，调查对象认为每人应当有至少 154.8 万人民币养老金现金储蓄，达成目标需要 65.6 年。[3] 但仅有不到 1/3 的人表示，他们在选择养老储蓄产品时注重长期回报。另一方面，我国在计划经济时代，国企一定程度上改变了封建社会"养儿防老"传统观念，但将更多的养老责任归于政府。1997 年城镇职工基本养老保险制度建立且覆盖面逐步扩大后，单位、个人缴费的理念得以推广。从养老金第二支柱来看，除了大多数央企建立了企业年金外，中小企业很少自愿建立企业年金，职业年金仅覆盖机关事业单位人员，覆盖面较为有限。按照全球范围内的通行惯例，个人养老观念本应随着第二支柱的建设而逐步转变。但在我国实践中，

---

〔1〕 《德国养老金体系的改革与反思》，载中国证券投资基金业协会官方网站，http://www.amac.org.cn/researchstatistics/publication/cbwxhsy/201803/t20180301_4630.html，最后访问日期：2020 年 7 月 10 日。

〔2〕 参加 Investor Economics，宏利资产整理，内部资料。

〔3〕 《2019 中国养老前景调查报告》，载富达公司官方网站，http://www.fidelity.com.cn/zh-cn/market-insights/china-retirement-readiness-survey-2019/，该报告是由富达集团和蚂蚁财富发起，基于 50 050 位参与者中国居民养老规划意识的调研成果。

第二支柱企业年金未在制度中明确赋予个人投资选择权、职业年金由财政拨款，导致机关事业单位和建立企业年金计划的企业代替职工来进行了投资选择，依靠国家、单位养老的观念仍然占主流。

为使第三支柱更好地发挥其模式维持功能，笔者认为，我国应当实现基于个人账户的第三支柱养老金从传统的"储蓄养老"向"投资养老"的过渡，并通过基于个人账户的税收优惠来鼓励个人进行财富管理，包括购买基金、保险、银行理财等多种养老金产品来实现个人养老资产的保值增值。2018 年 2 月 27 日，全国老龄办等 15 部门联合发布了《关于开展人口老龄化国情教育的通知》，从强化全体国民认知的角度倡导全社会树立积极老龄化的观念，积极做好全生命周期养老准备，为国民养老金融意识的培养提供有效保障。个人自主选择权是第三支柱的最主要特征，个人投资者遵循自身风险偏好做出金融产品的投资选择。随着第三支柱制度建设和完善，各类养老金融产品进入第三支柱账户，将逐步改变我国居民以保本储蓄为主的养老财富管理模式。

三、发挥养老金第三支柱功能的保障路径

综上所述，第三支柱功能应当包括实现养老资金跨期配置、建立养老金责任共担机制、保护劳动者流动权益以及推动居民养老观念转变，四大功能的适配组合能够使得第三支柱功能发挥最优效果。从理论上探讨其功能，并在实践中以此为指引构建共识最大、阻力最小、成效最显著的路径，并从以上四维度分别推进以保障功能实现：

（一）构建养老金第三支柱生态系统

坚持市场化导向，银行、基金公司、保险公司、养老金管理公司等金融机构分工合作，共建第三支柱生态体系。养老金领域是混业竞争，各种金融业态各有所长，银行、保险、基金、证券等都是个人养老金生态不可或缺的一部分。相较于第一、第二支柱，个人养老金直接面向个人，参与人数多，服务形态多样，有必要建立统一监管的监管模式：

1. 开发适合第三支柱的多元化金融产品

第三支柱覆盖的范围自然包括商业养老保险，但不仅限于此，还应覆盖其他适合投资的金融产品。这不仅有利于促进资本市场健康发展，减少资本市场短期波动，为资本市场提供长期稳定资金，也有利于推动金融创新，满足养老金投资长期性和个人养老财富管理多样化的需求。

2. 鼓励多种业态机构参与市场竞争

养老金保值增值离不开一个成熟健康的资产管理市场。第三支柱账户涉及包括基金、保险、银行理财等在内符合监管要求的养老金融产品，参与主体也由单一的保险公司扩展为包括保险公司、基金公司、商业银行和信托公司在内的各类金融机构。充分引入市场参与者，鼓励银行、保险、基金、证券等不同业态良性竞争，能够激发市场活力，有利于养老金保值增值。

3. 建立统一监管的监管模式

我国当前金融监管体制是典型的分业经营、分业监管体制，以第三支柱为主体的私人养老金一旦进入快速发展时期，必将会对我国金融体系产生深远影响。因此，在设计和探索我国养老金监管体系过程中，不但要考虑我国现实的金融监管体系，还应考虑其将来可能的变化。在《关于规范金融机构资产管理业务的指导意见》监管导向下，不同金融行业监管部门要协同制定第三支柱业务管理业务的监管规定，使各类金融机构在统一规则、标准下，发挥各自优势、充分竞争。

（二）建立养老责任共担机制

第三支柱制度建设并非一蹴而就，也非一劳永逸，既要看到国家、单位、个人三方共同承担养老金责任的历史进程，又要看到第三支柱制度需要在实践中不断完善。该机制的建立应当特别关注如下两点：

1. 提高养老金第三支柱的立法层次

长期以来，我国养老金三支柱相关文件立法层次较低，基本上以"决定""通知""办法"等规范性文件出现。[1] 相比之下，美国雇员退休收入保障法案等均为国家法律，为养老金体系的长期发展提供了保障。目前，个人税收递延型商业养老保险的试点期已满，有必要逐步提高立法层次，配套可操作性强的实施细则，例如实施针对养老金的减免税政策。[2]

2. 建立税收递延与补贴相结合的税收优惠方式

不同模式税收优惠是对个人养老金计划的有效激励措施，建议采取 EET 税收模式，允许个人在一定额度内税前列支缴费，并在投资环节免税，在领

---

[1] 以企业年金相关法律为例，其中位阶较高的部门规章《企业年金基金管理办法》《企业年金办法》由人社部与其他部委联合下发，并没有形成部门法。

[2] 参见李心愉、段志明：《税收递延、养老保障与社会福利》，载《保险研究》2017 年第 7 期，第 99 页。

取环节合并其他收入缴税。但对低收入人群而言，税收优惠激励往往无效，直接财政补贴操作简便，是吸引低收入者参加第三支柱个人养老金制度的有效激励机制，可积极探索推出直接补贴式第三支柱个人养老金。

（三）创新第二、三支柱的互通机制

在第三支柱的顶层设计中纳入灵活就业人员群体，在第二、三支柱建立自由转换的通道机制，一方面可以增强企业年金制度吸引力，另一方面可以提高居民建立第三支柱个人账户的积极性，为第三支柱发展提供动力。该机制的建立应当特别关注如下三点：

1. 将全民纳入第三支柱税收优惠覆盖人群

养老金第三支柱目的在于为广大人民群众提供更加多元化的自主养老保障工具，与企业年金、职业年金以单位为主导不同，个人养老金是以本人自主、自愿选择建立，并享受相应的税收优惠政策激励，其设计应保证全体国民均有机会参与到制度中来。尤其是对未能参加第一、第二支柱的灵活就业群体提供享受国家税收优惠的补充养老机会，以发挥第三支柱的整合功能。

2. 打通第二、第三支柱的税收优惠力度

目前我国第二支柱中企业年金计划仍采取自愿加入制度，从减轻第一支柱基本养老金负担的角度出发，可以考虑打通企业年金和个人养老金账户的税收优惠政策。即对于没有享受企业年金计划的个人，允许其在第三支柱账户层面享受企业年金个人缴费4%的税收优惠。

3. 提升第三支柱账户归集资金的便利性

第二支柱个人账户与第三支柱个人养老金账户互转是提升养老金体系灵活化、效率化的重要手段。建设开放、兼容、安全、高效的信息平台，可实现第二、第三支柱参与人身份校验、账户信息查询，并与税务信息系统高效对接，通过数字化、信息化实现产品配置、转换等功能，为个人转换职业时提供便利的转移接续，提升制度的吸引力。

（四）系统推进投资者教育

投资者教育是一项长期工程，在短期内难以扭转国内个人投资者民众风险厌恶的整体倾向。监管机构、自律组织和养老金机构需要多元共治，通过创新投资者教育形式，丰富投资者教育内容以及拓宽投资者教育渠道，逐步引导民众将养老储蓄的观念转变为养老增值的观念，将短期的投资理念转换成长期的养老储备理念。

1. 建立多层次的投资者教育体系

《关于开展人口老龄化国情教育的通知》是我国首次在政府层面进行老龄化教育工作，养老金融教育也是老龄化国情教育的重要组成部分。加强投资者教育是推进第三支柱建设的重中之重，监管机构、自律组织、金融机构等多方主体均应当参与，推动养老金投资者教育事业的发展，形成养老金投资者教育的良好机制。

2. 增强投资者教育的有效性

养老金第三支柱担负着引导国民从储蓄养老到投资养老的使命，需要始终围绕投资理念、资产配置、风险意识以及投资者权益保护等内容长期开展，还需要根据受众特点有针对性地对宣导内容进行筛选、改进。在投资者教育形式上，要坚持传统与创新形式并重，充分利用各种传播平台，以更活泼、直接的方式向大众传达个人养老金投资的重要意义，促进个人投资选择的科学性和合理性。

3. 建立投资者适当性制度

养老金第三支柱资产管理机构在国内开展管理业务活动应当遵循"了解你的客户，了解你的产品"的基本原则，充分了解和掌握我国关于投资者适当性管理的法律法规的规定，在识别投资者风险状况的过程中针对不同投资者进行适当性测评，通过了解客户的职业特点、年龄状况、风险承受能力等，向客户推荐适当的养老金融产品，限制风险承受能力低的人群购买高风险产品，防范金融风险。

四、结语

养老金第三支柱制度的建设是一个持续的过程，其功能不应简单被解读为补充养老的单一功能，而应当放在统筹规划、协同发展的多层次养老保险体系中。实现养老资金跨期配置、建立养老金责任共担机制、保护劳动者流动权益以及推动居民养老观念转变，是养老金第三支柱四位一体的功能。这四大功能的适配组合有利于理顺政府与市场、单位与个人、账户与产品之间的关系，能够起到协同发力、综合施治的最优化效果，为满足人民日益增长的养老需求提供保障。从整体看，通过构建养老金第三支柱生态系统、建立养老责任共担机制、创新第二、三支柱的互通机制、系统推进投资者教育等发展路径，有利于促进第三支柱功能的发挥，提升养老资金的保障效能。从个人看，第三支柱功能的发挥能够激活个人养老保障安排的主动性，提升金融素养，更好地满足养老资金保值增值的需求。

我国公平竞争审查制度的价值逻辑错位问题及厘清

缪　慧*

　　摘　要：我国公平竞争审查制度在价值逻辑上存在将竞争价值与效率价值混同、竞争价值优位等不当抬高竞争价值的逻辑错位问题，由此容易导致公平竞争审查标准的片面化和审查效果的形式化，并造成该制度内在蕴含的多元价值目标的权重失衡。此种价值逻辑的错位源于对竞争与效率关系、市场与政府关系的规律性认识不足，以及将手段逻辑与价值逻辑混同。因此，需要将手段问题与价值问题分离，在明确市场与政府对立统一关系的基础上，促进效率目标在公平竞争审查制度中的回归，明晰公平竞争审查制度所蕴含的价值冲突在本质上是效率与秩序、正义等法律基本价值之间的抵牾，并适用比例原则对基本价值之间的冲突予以协调。

　　关键词：公平竞争审查　价值逻辑　竞争　效率　比例原则

　　* 缪慧，中国政法大学民商经济法学院 2018 级硕士研究生（100088）。

一、问题的提出

我国公平竞争审查制度是由原则规定和例外规定（本质是豁免规定）共同构成的整体系统，此种规范模式蕴含着多元利益的权衡关系以及以具体利益为载体的多元价值的协调关系。从制度规范层面来看，这里的"多元利益"包括原则性规定所保护的竞争利益和豁免条款所保护的国家安全、扶贫开发、救灾救助、节能环保等公共利益。利益冲突的协调关系主要存在于竞争利益与国家安全等公共利益之间。

至于二者之间的关系样态究竟如何，当前我国学界存在很大争议。有学者认为，公平竞争审查制度以竞争保护目标作为优先选择，而豁免规定所指向的公共利益目标则应处于第二位阶。因为竞争是公平竞争审查制度所维护的基本价值。[1] 有学者认为，竞争价值与国家安全等非经济性公共利益并不处在同一层次，国家安全比经济效率具有更高地位，国家安全不应由竞争价值来衡量，因此，有关国家安全的政策措施，不应成为公平竞争审查的对象。[2] 有学者认为，豁免规定中的环境目标优先于竞争保护目标，或者说环保利益的重要性大于经济性利益。[3] "生态原教旨主义"甚至将自然保护置于绝对优先的地位上。[4] 如果关乎一国公民生存与稳定的国家安全利益尚且不应当由竞争价值来衡量，那么事关全人类共同体基本生存需要的环保利益似乎更不应该接受公平竞争的审查。

从当前的学术讨论中，不难发现两个特点：第一，竞争保护目标往往与经济效率、经济增长等经济性利益追求相挂钩，有学者直接将我国公平竞争审查制度蕴含的利益关系归结为经济属性公共利益与非经济属性公共利益之间的冲突与协调。[5] 但从当前我国公平竞争审查制度的文本规范来看，"经济效率""经济增长"等概念似乎并没有体现出来。第二，讨论的核心在于竞

---

〔1〕　参见孙晋、钟原：《竞争政策视角下我国公平竞争审查豁免制度的应然建构》，载《吉首大学学报（社会科学版）》2017 年第 4 期，第 57 页。

〔2〕　参见焦海涛：《公平竞争审查制度的实施激励》，载《河北法学》2019 年第 10 期，第 120 页。

〔3〕　参见翟巍：《公平竞争审查制度框架下环保豁免标准的阐释与重构》，载《竞争政策研究》2019 年第 2 期，第 18 页；焦海涛：《环境保护与反垄断法绿色豁免制度》，载《法律科学（西北政法大学学报）》2019 年第 3 期，第 113 页。

〔4〕　参见〔德〕柯武刚、史漫飞：《制度经济学：社会秩序与公共政策》，韩朝华译，商务印书馆2000 年版，第 106 页。

〔5〕　参见翟巍：《公共利益豁免标准的解释与重构——以公平竞争审查为视角》，载《法律方法》2018 年第 2 期，第 128 页。

争保护目标在我国公平竞争审查制度多元利益目标中的定位。两派学者各执一词，似乎都具有一定的合理性。那么，竞争保护与经济效率或者经济增长这类经济利益之间存在何种关联？其与国家安全等公共利益目标之间的关系又是什么？这是本文所关注的问题。对于这些问题的解决，不仅具有理论价值，而且也有助于指导公平竞争审查制度在我国的实施。

上述问题的产生很大程度上源于制度规范，确切地说，在于规范表述的模糊性和歧义性。例如，何谓"竞争"？"不得严重排除和限制市场竞争"又应当如何理解？对这些问题的解决则必须超越制度规范本身。任何一项法律制度的核心构成要素是体现一定"价值"的"规范"。[1]"价值"是"规范"的灵魂，规范及其所指向的利益形式只是某种价值的具体化。要厘清我国公平竞争审查制度中多元利益目标之间的逻辑关系，需要上升到抽象的价值层面才可能把握该制度内在的深层机理。

二、我国公平竞争审查制度的价值逻辑错位问题及其消极影响

当前我国公平竞争审查制度在利益关系层面表现出的含混与分歧，根本而言，源于该制度在价值理论层面存在逻辑错位。价值层面的逻辑错位会直接影响制度文本的设计以及对制度规范的理解与适用，进而影响制度的实施效果。

（一）我国公平竞争审查制度的价值逻辑错位问题

1. 竞争价值与效率价值混同

包括公平竞争审查制度在内的竞争规范之所以强调竞争保护，本质上是因为竞争机制是市场的核心机制，通过竞争可以实现优胜劣汰，从而优化市场资源配置，提升资源配置效率，促进生产效率和动态（创新）效率，最终提升消费者整体经济福利，包括提高产品或服务质量、降低产品或服务价格、提供更多消费选择等。换言之，公平竞争审查制度保护竞争，出发点和落脚点并不在于竞争本身，而是为了追求有序的市场竞争所能带来的经济效率，实现经济发展与社会进步。

一般而言，效率作为法律的基本价值之一，其价值属性毋庸置疑。[2]竞争虽然被认为是实现效率价值的手段，但这并不能否认竞争本身在公平竞争

---

〔1〕　参见张守文：《经济法中的法理及其类型化》，载《法制与社会发展》2020年第3期，第38页。

〔2〕　参见张文显：《法哲学范畴研究》，中国政法大学出版社2001年版，第195页。

审查制度等竞争法规范的价值体系中占有一席之地。换言之，作为手段的竞争本身亦具有独立的价值地位。这一方面是因为竞争保护是有关竞争法律制度所明文规定的目标追求。例如我国《反垄断法》第1条即明确本法的立法目的之一即在于保护市场公平竞争；《国务院关于在市场体系建设中建立公平竞争审查制度的意见》（以下简称《意见》）亦明确规定"促进和保护市场主体公平竞争"。更为重要的是，肯定竞争在价值层面的独立地位在法理学层面也具有理据支撑。从法理学的角度来说，法律价值是目的性价值和手段性价值的统一。目的性价值是指法律所追求、促进和要实现的价值，体现法的本质和目的；手段性价值是法律自身应具有的价值。例如，惩罚犯罪是手段性价值，而维护正义则是目的性价值。[1] 手段性价值通常是法律制度所直接追求的目标，而目的性价值是通过直接目标的达致进而希望实现的间接目标或者说终极目标即法的本质目的，通常是指法律的基本价值。就公平竞争审查制度而言，维护市场公平竞争只是该制度本身所直接反映和追求的手段性价值，其最终目的是充分发挥市场在资源配置中的决定性作用，提高经济效率，促进经济发展。概言之，法的价值有目的性价值和手段性之分，手段性价值本身亦是一种独立的价值形式，只是兼具手段与（直接）目标的双重属性。

纵观我国公平竞争审查的制度文本，"排除和限制竞争"是贯穿始终的评价标准，竞争保护是该制度的原则性目标。换言之，该制度对竞争价值关注有余，但对效率价值的关注却明显不足，从条文中基本找不到任何能够直接体现效率价值的蛛丝马迹。通过横向对比我国相关制度规范，这一问题则表现得更为鲜明。我国反垄断法同样强调竞争保护，但在反垄断豁免制度中除了公共利益抗辩之外还存在效率抗辩。《欧盟运行条约》第101条第3款垄断协议豁免条款中同样明确，有助于改进产品的生产或分销，或者有助于促进技术进步或经济进步的排除、限制竞争的协议行为可以考虑予以豁免。反观我国公平竞争审查制度，并没有类似的效率抗辩条款，甚至还有学者主张将豁免范围限缩在非经济属性公共利益之内，[2] 由此更加杜绝了将效率目标考虑进豁免规定兜底条款的可能性了。效率目标在我国公平竞争审查制度中的缺失，很大程度上是因为该制度本身存在价值混同问题——竞争价值与效率

〔1〕 参见张文显：《法哲学范畴研究》，中国政法大学出版社2001年版，第194~195页。
〔2〕 参见翟巍：《公共利益豁免标准的解释与重构——以公平竞争审查为视角》，载《法律方法》2018年第2期，第137页。

价值混同。似乎政府出台的政策措施只要排除和限制了市场竞争，干预了市场自我运行，就必然会造成经济效率的流失，阻碍经济发展。事实上，这也是我国学界对公平竞争审查制度价值逻辑认识的通病。

竞争价值与效率价值的混同，所带来的直接后果就是不当抬高了竞争价值在我国公平竞争审查制度价值体系中的地位，使得原本应当作为手段性价值的竞争上升为目的性价值，从而直接与国家安全、扶贫开发、救灾救助和节能环保等公共利益相比较，这实际上是一种价值逻辑错位的表现。因为竞争价值与后者并不处于同一价值层次。"价值"反映的是客体对主体需要的满足关系。[1] 法律的价值体现为法律对作为主体的人之需要的满足。由于人的需要是分层次的，法律的价值也有层次之分。一般而言，法律的基本价值体现的是法律对人生存和发展的本质需要的满足，指向人的终极目的，包括秩序、正义、自由和效率。[2] 国家安全利益实际上就是"秩序"价值在利益层面的具体化。秩序价值表现为一种稳定的状态，意指在自然进程和社会进程中存在的某种程度的一致性、连续性和确定性。[3] 其中，安全是秩序价值的核心。[4] 国家安全作为安全利益的重要形式之一，无疑是秩序价值的重要体现。扶贫开发、救灾救助旨在矫正自然和天赋的初始不平等，实现实质正义的价值目标。节能环保不仅涉及代际公平问题，而且生态成本往往是市场负外部性效应影响的结果，通过适度的政府干预，有助于实现外部成本内部化、社会成本私人化，亦不失为公平之选。概言之，扶贫开发、救灾救助、节能环保等社会公共利益彰显的是以公平为核心的正义价值——形式公平与实质公平的统一[5]。无论是秩序价值，还是正义价值，均为法律的基本价值。而竞争却并非人的本质需求，竞争价值自然不可能成为法律的基本价值。因此，竞争价值本身与彰显秩序价值的国家安全利益、体现正义价值的扶贫救助等社会公共利益并非同一层次的价值目标，规范层面直接将二者相比较，是不

---

〔1〕　参见［德］马克思、恩格斯：《马克思恩格斯全集》（第19卷），中共中央列宁斯大林著作编译局编译，人民出版社1963年版，第406页。

〔2〕　参见张文显：《法哲学范畴研究》，中国政法大学出版社2001年版，第195页；［德］柯武刚、史漫飞：《制度经济学：社会秩序与公共政策》，韩朝华译，商务印书馆2000年版，第83页。

〔3〕　［美］E. 博登海默：《法理学：法律哲学与法律方法》，邓正来译，中国政法大学出版社1999年版，第219页。

〔4〕　参见张文显：《法哲学范畴研究》，中国政法大学出版社2001年版，第197页。

〔5〕　参见［美］约翰·罗尔斯：《正义论》，何怀宏、何包钢、廖申白译，中国社会科学出版社2009年版，第3、12页。

当抬高竞争价值的逻辑错位的表现。

2. 竞争（效率）价值优位

我国公平竞争审查制度不仅存在将竞争价值与效率价值混同，从而直接与秩序、正义等法律的基本价值相比较的逻辑错位问题，而且还存在将竞争价值作为基础性价值目标予以对待的问题。这一点主要体现在"不得严重排除和限制市场竞争"这一豁免条件的设置上。析言之，国家安全等公共利益目标在一定情况下可以作为例外突破竞争保护原则，但当前者严重损害后者时，后者要优先考虑。这其实是将竞争价值作为多元价值目标衡量的标尺，竞争价值居于中心地位，其他价值目标是否值得保护取决于其对竞争的影响程度。这种以竞争价值为准绳的做法实际上是竞争价值优位的表现。如前所述，竞争价值作为过渡性的工具价值尚且不足以与秩序、正义等法律的基本价值"平起平坐"，更遑论将其置于基础性地位排除后者了。竞争价值优位实质上是一种价值逻辑错位的表现。

即使是还原竞争价值背后的目的性价值即效率价值，其亦不具有居于基础性地位的优越性，不能说以效率价值为准绳来衡量秩序或者正义价值，后两者是否值得保护需要取决于其对效率价值的影响程度。按照这一逻辑，假设在极端情况下，追求国家安全这一秩序价值或者环境保护等正义价值会严重损害效率价值，此时是否意味着必须放弃前者以保全后者呢？很难说答案是当然肯定的。同为法律的基本价值，在二者之间权衡，很难单纯地通过"严重"与否一刀切式地判断孰优孰劣。因此，即使是以效率价值为标尺来衡量秩序与正义价值，将前者作为保护后者的前提条件，实际上也是不当抬高效率价值的逻辑错位表现。

（二）我国公平竞争审查制度价值逻辑错位问题的消极影响

价值理念是制度的核心与灵魂，对静态的制度设计与动态的制度运行具有重要的指引作用。价值逻辑错位会直接影响公平竞争审查制度的文本设计，并最终影响制度的实施效果。具体而言，这种影响表现在如下两个方面。

第一，竞争价值与效率价值混同的直接后果就是"效率"评价在公平竞争审查制度中的"缺位"，由此会导致审查标准片面化，最终会造成公平竞争审查浮于表面且流于形式，影响制度运行效果。以政府优惠政策的公平竞争审查为例，《公平竞争审查制度实施细则（暂行）》第 16 条规定，不得违法给予特定经营者优惠政策，包括但不限于：给予特定经营者财政奖励和补贴；减免特定经营者应当缴纳的税款；以优惠价格或者零地价向特定经营者出让土地，或者以划拨、作价出资方式向特定经营者供应土地，等等。这里列举了若干具体的优惠政策表现形式，对核心概念"特定"并没有作出规范性定义。根据字面文义解读，给予特定经营者优惠则意味着不公平地配置市场资源，对其他经营者参与市场竞争造成限制或阻碍，即具有排除和限制竞争效果，除非符合例外规定，否则不予出台或修改后出台。由此可见，对公共政策的审查仅仅关注其是否具有排除或限制竞争的负面效果，而忽略公共政策可能同时兼具的促进竞争的积极方面。这其实是审查标准片面化的表现，从而在排除或限制竞争与抑制经济发展之间简单地画上"等号"，这种片面的形式审查而不是全面的实质性的经济效果评估，无疑会使得审查效果大打折扣。市场主体的经济行为可能同时兼具限制竞争和促进竞争的双重效果，从而需要为其设置"效率抗辩"的豁免事由。事实上，政府行为同样如此。尤其是在一些过于分散的市场结构中，过度的市场竞争不仅无益于效率增进，甚至还会造成效率减损，影响经济发展。此种情况下，政府通过公共政策扶持部分具有发展潜力的企业，形式上看似符合上述审查标准，但结合具体的市场情况，其对于优化相关行业的市场结构，优化竞争，带动相关行业的发展往往具有重要意义。一言以蔽之，片面的审查标准往往会带来形式化审查的风险，不仅无法发挥公平竞争审查制度的理想效果，甚至还可能矫枉过正，破坏市场与政府之间的协调与平衡关系。

第二，竞争（效率）价值优位会导致公平竞争审查制度多元价值目标的权重失衡。公平竞争审查制度不仅是市场与政府关系的协调器，而且是多元价值目标权衡的重要制度工具。该制度内在蕴含着经济、社会、生态环保等多元价值目标的对立统一关系，是效率与公平、稳定与发展的矛盾统一体。一个可持续发展的理想社会，应当是经济、政治、文化、社会、生态全方位协调发展的社会，兼顾效率与公平、稳定与发展，最终实现社会和谐和人的全面发展。如果过度放大竞争价值或者说与此相关的经济目标，以经济目标为基础来衡量其他价值目标的可保护性，很有可能会轻视甚至是忽视其他目标追求的应有价值，造成社会发展的畸重畸轻，不利于促进经济社会的和谐和实现人的全面发展，从而背离公平竞争审查制度的内在精神与理念。

三、我国公平竞争审查制度价值逻辑问题产生的原因

问题表象的背后一定存在某种潜在的更深层次的原因，只有针对"病症"找到"病因"，才能有的放矢，"对症下药"。当前我国公平竞争审查制度在价值层面表现出的逻辑错位问题，很大程度上源于对三组关系的规律性认识不足。

（一）竞争与效率关系认识片面化

竞争作为效率价值的实现手段，其与"效率"之间固然存在千丝万缕的联系，但在逻辑上"竞争"却并非"效率"的充分必要条件。作为两种不同形式的价值目标，二者之间更不具有等价替换关系。在法理学上，法律的手段性价值应当服务于目的性价值，并接受后者的检验。[1] 检验的过程其实是一个"证实"或者"证伪"的过程，检验的结果具有两种可能性——统一或者背离。换言之，作为手段的竞争与效率之间同样可能发生背道而驰的情况，保护竞争未必会带来效率提升的理想结果。我国公平竞争审查制度将竞争与效率相混同，其实是片面认识竞争与效率之间关系的表现。

在市场经济中，竞争（competition）是与垄断（monopoly）相对应的经济形式，[2] 通常是指市场主体处于一种"你追我赶"的相互竞争状态。产业经济学将市场状态分为四种类型——（完全）垄断、寡头垄断、垄断竞争和完全竞争。可见，在经济学理论上，"竞争"并非指向某种单一的市场状态，除了完全垄断，其他三种类型的市场状态或多或少都含有"竞争"的因素。在法学层面，"垄断"是法律拟制的产物，是否构成垄断需要依据法律的规定来判断，不同国家或地区相关法律的规定不尽一致。一般而言，法律上的"垄断"是指通过统一利益、管理或通过协议和联合行动来限制竞争的做法，结果导致只有一家或少数几家企业控制某种商品或服务的生产、供应或销售。可见，法律上的"垄断"是以一定的市场力量为基础的市场控制能力，其对应的一般是经济学中"完全垄断"或"寡头垄断"这两种市场类型，与此相对应的则为"竞争"状态。简言之，"竞争"并非某种抽象的、模糊的、单一的市场样态。事实上，真实的市场竞争形态是动态变化的，它会像一个滑尺，在完全垄断与完全竞争之间来回滑动。然而，并不是每一种市场竞争形态都是有助于实现或增进效率的。

现代竞争理论认为，只有"有效竞争"才能增进效率，带来理想的市场结构或市场绩效。[3] 有效竞争模式突破了传统完全竞争理论的静态均衡模

---

〔1〕 张文显：《法哲学范畴研究》，中国政法大学出版社 2001 年版，第 195 页。

〔2〕 参见《元照英美法词典》，载 http://www.lawdata01.com.cn/anglekmc/lawkm? @ @ 785936 098，最后访问日期：2020 年 5 月 8 日。

〔3〕 参见陈秀山：《现代竞争理论与竞争政策》，商务印书馆 1997 年版，第 61 页。

式，将分析的起点建立在动态竞争的基础上，而动态竞争并不必然排斥市场中一定期限内一定程度的垄断因素，合理的市场结构之于有效竞争模式的形成非常重要。有学者指出，有效竞争就是由"突进行动"和"追踪反应"两个阶段构成的一个无止境的动态过程的竞争，"突进行动"阶段是由先锋企业率先创新，获得"优先利润"，在竞争中占据市场优势地位，而接下来的"追踪反应"阶段是与这些先锋企业处于竞争关系中的现实或潜在的其他企业作出反应，追随先锋企业。[1] 在我国反垄断法学界，亦有学者主张，我国竞争政策和反垄断法的目标模式应为有效竞争，即一方面要适度扩大企业规模，实现规模经济，以促进创新和技术进步，另一方面又要在市场上保持一定数目的竞争者，保护适当的竞争强度和市场结构的竞争性。[2] 当然，市场并非总是处于有效竞争的状态。竞争过度和竞争不足都是竞争失效的表现。当失效的竞争无法实现效率提升的目的，竞争保护便也失去了意义。一言以蔽之，竞争与效率二者之间并非总是处于统一状态，即使统一是一种常态，但并不排除二者相互背离的可能。

（二）市场与政府关系认识扁平化

我国公平竞争审查制度将竞争价值与效率价值混同，不仅源于其对竞争与效率关系认识的片面化，更深层次的原因则是在于对市场与政府关系的认识呈现出扁平化现象。析言之，以竞争为核心的市场即代表效率，而政府则与效率之外的非经济性价值目标相挂钩，市场与政府是各行其道、各得其所的泾渭分明关系。例如，有学者认为，市场在资源配置方面是更有效率的，但不能保障公平和正义，因此需要通过政府配置来矫正市场之不足，以保障公平和正义价值的实现。[3] "政府行为与企业行为的一个重要区别在于目标不同，企业行为的目标主要是经济利益，而政府行为有多重目标，经济利益很多时候不是主要目标"。[4] 这种简单对应关系其实是对市场与政府关系的误读，不仅错误地在市场与政府之间划定了"楚河汉界"，而且也不当地在政府与效率价值之间划上一道难以跨越的鸿沟。由此当然地认定政府通过排除

〔1〕 参见陈秀山：《现代竞争理论与竞争政策》，商务印书馆1997年版，第58页。

〔2〕 参见王晓晔：《有效竞争——我国竞争政策和反垄断法的目标模式》，载《法学家》1998年第2期，第39~40页。

〔3〕 参见张守文：《政府与市场关系的法律调整》，载《中国法学》2014年第5期，第62页。

〔4〕 焦海涛：《非经济性社会政策的反垄断法审查》，载《经济法研究》2018年第2期，第265页。

或限制竞争的方式干预市场自我运行必然有碍效率，从而对政府该类行为保持高度警惕。

诚然，我国社会曾长期呈现出"大政府、小市场"的结构状态。改革开放以来，我国逐渐从政府全面管制的计划经济体制向社会主义市场经济体制转型，但所有的改革都不会是立竿见影、一蹴而就的，实践中，仍然存在大量政府不当侵入市场领地、挤压市场作用空间的干预过度问题，抑制了市场功能的发挥，破坏了市场自身的客观规律，影响了资源配置效率。因此，对政府与市场之间关系认识的扁平化问题是存在一定历史和现实原因的。我们固然要警惕政府之手的不当干预，但却不能因此矫枉过正，更不能因此罔顾事实、违背规律。其实，实践中表现出来的政府与市场之间的对立状态，并非因为二者之间的关系在理论上应然如此，而是因为现实中政府理性的缺陷背离了市场客观规律。因此，需要重构政府与市场之间的关系，在充分尊重市场规律的前提下，充分发挥政府的能动性作用，实现政府行为合目的性与合规律性的统一。

（三）手段与目标混同

我国公平竞争审查制度将竞争价值置于基础性地位，以此衡量秩序和正义价值，这一价值层面的逻辑错位问题很大程度上是因为发生了逻辑混同——手段逻辑与价值逻辑混同，析言之，将作为手段的竞争与作为价值目标的竞争相混同。

如前所述，"竞争"具有手段与目标的双重属性。一方面，"竞争"是市场资源配置的重要手段；另一方面，"竞争"是公平竞争审查制度所保护的价值目标。就前者而言，"竞争"与"政府"相对应，二者都是资源配置的手段。就后者而言，竞争价值、效率价值、秩序价值、正义价值等共同构成我国公平竞争审查制度的价值体系。手段层面的"竞争"与价值层面的"竞争"，二者在各自的逻辑体系中定位并不相同。

公平竞争审查制度一直以来被视为是深化我国经济体制改革、确立竞争政策基础性地位和发挥市场在资源配置中决定性作用的重要举措。该制度之所以如此突出竞争保护目标，基本上也是出于这一考虑。诚然，以竞争为核心的市场机制之于优化资源配置具有无形的天然优势，这一点是有形的政府之手所无法比拟的。因此，理应坚持市场竞争在资源配置中的基础性地位和决定性作用。但这并不意味着作为价值目标的竞争在公平竞争审查制度的价值体系中也应当处于基础性地位。在价值体系中，以竞争价值为标尺衡量秩序和正义价值，很大程度上是因为将作为资源配置手段的竞争与作为价值目标的竞争混为一谈，从而不当抬高竞争价值，引起价值逻辑层面的错位问题。

四、我国公平竞争审查制度的价值逻辑厘清

针对当前我国公平竞争审查制度不当抬高竞争价值的逻辑错位问题，以及由此带来的在制度利益关系层面表现出的理解上的分歧与混乱，追本溯源，亟待从理论层面理顺该制度多元价值目标之间的关系，以更好地指导制度实践。

（一）价值逻辑厘清的前提

1. 手段与目标分离

当前我国公平竞争审查制度不当抬高竞争价值的逻辑错位问题，与竞争自身属性的复杂性存在很大关系。要明晰竞争价值在该制度价值体系中的定位、厘清竞争价值与其他价值目标之间的逻辑关系，首先必须将作为资源配置手段的竞争与作为价值目标的竞争二者分离开来，从而明确相应的坐标系，找准各自的参照物。脱离参照物讲定位，无疑会造成定位失准。析言之，就资源配置手段而言，对竞争地位的认知需要回归到市场与政府之间的逻辑关系上；就价值目标而言，对竞争价值的定位则必须回归到公平竞争审查制度的价值体系中去。

2. 市场与政府关系再认识

市场与效率价值之间、政府与公平正义等非经济性价值目标之间并非简单的一一对应关系。

首先，从主观目的来看，政府行为的目标往往具有多元性，既包括经济性目标，例如促进经济增长，也包括非经济性目标，诸如社会稳定与安全、生态环保等。因此，经济性目标往往也是政府行为目标不可或缺的组成部分。更重要的是，基本价值目标之间的关系不是静态的，它取决于为实现这些目标而采用的手段和追求这些目标时所持有的时间视野（time horizon）——若具有长期的时间视野，冲突往往转化为互补。[1] 从这个层面来说，经济性目标与非经济性目标之间也并非简单的对立关系，二者之间往往具有非常紧密的联系。经济增长目标往往不仅仅是经济问题，还关涉就业、民生、社会保障等社会性问题。一些非经济性目标的促成与实现也可能带来经济性收益。

---

[1] ［德］柯武刚、史漫飞：《制度经济学：社会秩序与公共政策》，韩朝华译，商务印书馆2000年版，第88页。

例如，绿色科技的发展与进步，往往兼具生态效益和经济效益。因此，很难说政府行为不关注或者不主要关注效率目标。

其次，从客观效果来看，正如市场竞争并不会必然增进效率，政府排除或限制竞争也自然不会当然损害效率。当市场处于无效的竞争状态——竞争过度或竞争不足，往往都会造成经济效率的流失。防范政府排除或限制竞争，实际上是为解决市场竞争不足的问题，但却无法回应市场中同样可能存在的竞争过度问题。当相关市场的结构过于分散时，由于缺少规模效益，往往难以促进创新和技术进步，从而实现资源的最佳配置。[1] 换言之，竞争过度同样可能有碍效率目标的实现，必要的限制或扶持可能更有助于带动创新和发展。因此，市场与政府作为两种资源配置手段，之于效率目标的实现或增进具有各自的"用武之地"。

（二）价值逻辑厘清的根本：效率价值归位

针对当前我国公平竞争审查制度的价值逻辑错位问题，回归本质，还原"效率"这一价值目标，是为根本解决之道。具体而言，"效率"目标的归位存在以下两种路径选择：

第一，在豁免规定中考虑"效率"要素，换言之，将效率抗辩纳入公平竞争审查的豁免范围。此种规范模式下，仍以"排除和限制竞争"作为原则性的公平竞争审查标准，意味着在原则性审查阶段，只考察公共政策对竞争的负面效果，而不考察其可能具有的促进竞争的积极效果。这一模式虽然能将竞争价值与效率价值相分离，但仍然无法解决直接以竞争价值这一手段性价值与秩序、正义等目的性价值或者说法律的基本价值相抗衡的逻辑错位问题。因此，并非上上之选。

第二，将"效率"价值纳入原则性规定予以审查，即以"效率"作为公平竞争审查的实质性标准，在对公共政策进行审查时结合具体的市场条件全面考量其可能具有的限制竞争效果和促进竞争效果。所谓"具体的市场条件"，包括相关市场、市场集中度分析、市场进入壁垒等市场要素。在制度设计层面，宜将"有效竞争"概念纳入公平竞争审查制度，明确公平竞争的审查标准为"排除或限制市场有效竞争"。因为"有效竞争"是可以实现效率目标的竞争，"有效竞争"本身即代表着"效率"。虽然目前国内针对"有效竞争"的讨论基本只是停留在理论层面，但前期的理论积淀正是后期制度改

---

〔1〕 参见陈秀山：《现代竞争理论与竞争政策》，商务印书馆 1997 年版，第 19 页。

革的基础，而且在域外也存在将"有效竞争"理论制度化的先例。以欧盟为例，第139/2004号并购条例即明确引入"有效竞争"概念，将企业并购的审查标准确定为"严重妨碍有效竞争"。[1]通过规范层面的语义澄清将原本若隐若现的"效率"价值显化，可以避免由概念的模糊性和歧义性而生发的价值逻辑含糊与错位问题，并进一步指导制度实践。在此基础上，方可将公平竞争审查的豁免范围限定为非经济属性公共利益，该制度原则性规定与例外规定所体现的利益关系即为经济属性公共利益（经济效率）与非经济属性公共利益之间的冲突与协调。

（三）价值逻辑厘清的具体方法：比例原则适用

在我国公平竞争审查制度的价值体系中，竞争价值与效率、秩序、正义价值不在同一价值层次，当手段性价值与目的性价值发生冲突，应以目的性价值为先，这一点自不待言。问题的关键在于，效率与秩序、正义之间的关系应当如何协调，这是该制度在价值层面的本质问题。

有学者曾经提出，以人类的生存关系或者说对人类生存关系的重要性程度为最重要的判断标准以决定诸价值的优先次序。[2]然而，无论是国家安全所体现的秩序价值，还是扶贫救助、节能环保所彰显的正义价值，抑或体现经济增长的效率价值，都与人之生存需要的满足息息相关，三者均不可偏废。虽然有学者认为，环境保护事关人类生存，而经济增长主要是为了人类发展，生存是发展的基础，因此，环境保护相比经济增长更具基础性。[3]但如前文所述，经济性目标与非经济性目标之间并非泾渭分明的关系，二者往往是相互转化、相互交融、密不可分的对立统一体。发展与生存之间的关系亦是如此，生存确实是发展的前提，但发展本质上反映的其实是对人日益增长的物质需要的满足，甚至关乎社会长治久安，从这个意义上来说，发展亦是生存的保障。因此，秩序、正义与效率价值之于人的生存需要而言，在重要性程度上，难说有上下优劣之分。事实上，就法律的基本价值而言，是很难从抽象的逻辑层面确定所谓的"优先次序"的。换言之，要在抽象层面建立一个

---

〔1〕 参见刘和平：《欧美并购控制法实体标准比较研究》，载《法律科学（西北政法大学学报）》2005年第1期，第107页。

〔2〕 参见陈新民：《德国公法学基础理论》（增订新版·上卷），法律出版社2010年版，第255页。

〔3〕 参见焦海涛：《环境保护与反垄断法绿色豁免制度》，载《法律科学（西北政法大学学报）》2019年第3期，第113页。

固定的价值等级体系基本是不可能的。[1] 原因在于，异质利益或者说不同性质的价值目标之间存在"公度性困境"。所谓"公度性困境"，亦称不可公度性，是指利益之间缺少可比性，确切地说，是缺少特定的基本标尺来测量选项之间的具体价值。[2] 就公平竞争审查制度而言，效率与秩序、正义作为有待测量的"选项"，彼此之间是不能互为"基本标尺"的。而且在三者之上也并没有一个更为抽象的更高层次的"基本标尺"来测量其具体价值。因此，试图通过构建价值位阶的方法来解决法律基本价值之间的冲突问题无异于缘木求鱼。

"不可公度"并不意味着"不可衡量"，"公度性"侧重于通过比较构建出不同价值的位次关系，而"衡量"则强调相互冲突的不同价值之间的协调方法。就异质价值或者说异质利益的权衡而言，比例原则是一种相对更为科学合理的方式。

比例原则处于不断演变发展的状态，具体表现为从传统的三阶理论向四阶理论转变。[3] 除传统的适当性、必要性和均衡性三个子原则之外，还新增了目的正当性原则。四个子原则的适用顺序依次是：目的正当性原则——适当性原则——必要性原则——均衡性原则。就公平竞争审查而言，比例原则的适用首先要求审查公共政策出台的目的是否具有正当性基础，即是否出于维护和实现公共利益目的的需要，而非私人利益抑或集团利益。其次，适当性原则审查，即审查政府出台的公共政策是否有助于特定公益目的的实现。再次，必要性原则审查，即审查政府出台的公共政策是否是所有可能采取的手段之中最小损害市场有效竞争的。最后，均衡性审查，即在符合前述三原则的前提下，审查政府出台的公共政策所实现的特定目的性收益与有效竞争损害之间是否达致均衡。

实际上，当前我国公平竞争审查制度中的豁免规定即体现了比例原则的要求，只是在理解上需要进一步梳理明确，在方法上也需要进一步改进。就豁免的具体情形而言，国家安全利益、扶贫开发、救灾救助和节能环保等公

---

[1] 参见卓泽渊：《法的价值论》，法律出版社 2018 年版，第 542 页。

[2] 参见梁上上：《异质利益衡量的公度性难题及其求解——以法律适用为场域展开》，载《政法论坛（中国政法大学学报）》2014 年第 4 期，第 4 页。

[3] 参见王磊：《比例原则下公平竞争的深入审查》，载《西安交通大学学报（社会科学版）》2017 年第 6 期，第 83 页；孟雁北：《产业政策公平竞争审查论》，载《法学家》2018 年第 2 期，第 118 页；焦海涛：《非经济性社会政策的反垄断法审查》，载《经济法研究》2018 年第 2 期，第 258 页。

共利益所体现的是目的正当性要求。"对实现政策目的不可或缺",在理解上可以包含两层含义:一是该政策手段有助于政策目的的实现,即适当性原则;二是比较该政策手段与其他可能运用的手段之于市场竞争的影响,判断该政策措施对"有效竞争"的损害是否最小,即必要性原则。至于"不会严重排除和限制市场竞争"以及"明确实施期限",本质上关注的都是对市场竞争或者说经济效率的影响程度,因此,二者具有内在的关联性和统一性,即统一于前者。对于这一条件,不应当将其理解为是在构建价值目标的优先次序。"严重"其实是该条件的关键词眼,该条件的设置本意应该是为协调不同价值目标之间的冲突提供一种原则或者说方法,即比例原则下的均衡性原则。只是在具体的均衡方法上需要进一步改进,避免单一的定量分析,而应坚持定性分析与定量分析相结合。对"严重"与否的判断,往往容易陷入单纯的"量"上的程度分析,从而极易造成"以量取胜"的问题。在均衡不同价值目标之间的冲突时,需要在个案中下沉到具体的利益表现形式中去,结合具体利益的性质(包括经济性与非经济性;普遍性与特殊性[1]或者说整体性与局部性[2];即期性与远期性等)综合协调。

结 论

我国公平竞争审查制度不仅是关乎市场竞争(行政性垄断)的竞争法制范畴的"小制度",更是整体经济法乃至经济宪法层面的"大制度"。[3] 原因在于,该制度内在蕴含着经济法的核心主题——市场与政府的关系。公平竞争审查制度追求保护竞争目标,本质而言在于尊重和突出市场在资源配置中的基础性手段地位,以优化资源配置,提高经济效率。由于市场自身的局限性和政府职能的多元性,形成了手段性价值即竞争与目的性价值即效率之间以及效率目标与效率之外的秩序、正义等价值目标之间的双重对立统一关

---

〔1〕 德国学者汉斯·朱利耶斯·沃尔夫将公共利益分为普遍性公共利益和特殊性公共利益,前者是指国家共同体的利益,后者是指一国之内特定地区的民众群体或者为实现某种功能而组成的民众群体所具有的共同利益。只是在全球化背景下,这里的"普遍性"可能会超越国界限制。因此,普遍性与特殊性是一组因时而变或者因地而变的相对概念。参见翟巍:《公共利益豁免标准的解释与重构——以公平竞争审查为视角》,载《法律方法》2018 年第 2 期,第 137 页。

〔2〕 德国学者纽曼将公共利益分为客观公益和主观公益,前者是涉及整体性或全局性的利益,后者是涉及社会关系中不特定多数人的利益即局部性的利益。参见刘继峰:《反垄断法益分析方法的建构及其运用》,载《中国法学》2013 年第 6 期,第 26 页。

〔3〕 参见张守文:《公平竞争审查制度的经济法解析》,载《政治与法律》2017 年第 11 期,第 10 页。

系。后者是公平竞争审查制度在价值层面的本质矛盾。协调这一矛盾关系，通过构建抽象的价值位阶或者说优先次序是行不通的，只有在个案中通过适用比例原则在成本与收益之间全面均衡。

不动产善意取得之争议问题研究

——以借名买房为视角

张烜东*

摘　要：不动产善意取得虽然已经形成较为完善的制度体系，但仍然存在适用上的分歧。本文以借名买房为视角，对不动产善意取得中关于无权处分的认定、买受人善意的认定以及是否需要原权利人具有归责性三个方面的问题进行分析。详言之，借名登记使真实权利人与登记名义人一分为二，发生登记错误的法律后果，若登记名义人未经真实权利人的授权或追认而处分不动产的，无权处分即现实发生；买受人在交易中除了对登记信息的信赖之外，仍需根据具体的交易情况负有一定的调查注意义务，否则可能因重大过失而无法善意取得不动产所有权。另外，为了更好地平衡真实权利人与买受人之间的利益，真实权利人之所以丧失权利，不能仅从第三人处寻找依据，尚需来自自身的归责事由。

关键词：借名登记　错误登记　无权处分　重大过失　善意取得

---

　　* 张烜东，中国政法大学民商经济法学院 2019 级博士研究生（100088）。

一、问题的提出

近年来，许多购买者为了规避房屋限购政策、减少税款或者享受优惠等目的，而借用他人的名义购买房屋并办理产权登记手续。[1] 其中，借用他人名义购房之人为借名人，而登记名义人为出名人。[2] 在借名买房的场合，房屋的购置款由借名人实际支付，并且一般由其对房屋进行实际占有、使用和收益。而出名人仅是登记于不动产登记簿之人，并没有实际出资。如此一来，就出现了产权登记与房屋的真实权利人不一致的现象。虽然借名人和出名人之间往往会通过订立借名合同，对房屋的权属作出明确约定，但是实践中出名人违背约定擅自处分房产的现象并不鲜见，进而引发了纠纷。由于借名买房纠纷所涉及的法律关系复杂，司法实践中各法院对此类案件之处理分歧较大。归结起来，主要有两种处理观点：第一种观点认为，出名人处分房产的行为属于无权处分，故只有在满足了善意取得的条件之后，买受人方可取得房屋所有权。例如，在"韩利祥与韩玉娟所有权确认纠纷"一案中，淄博市周村区人民法院认为："不动产登记只具有推定的效力，涉案房屋由原告出资购买，购房手续及产权证亦由原告保管，因此原告应为案涉房产的实际所有权人。被告将房产出售予第三人，属于无权处分。第三人虽出于善意购买该房屋，但因产权转移尚未完成，不能构成善意取得。"[3] 第二种观点则认为，出名人作为登记名义人，其对房屋的处分当然属于有权处分，买受人不必借助善意取得制度即可继受取得房屋的所有权。例如，在"李书俭确认合同效力纠纷"一案中，北京市第一中级人民法院在裁判书中写道："出名人出售的是登记在自己名下的房屋，是有权处分而并非无权处分。借名人应当预见将房产登记在出名人名下的风险。且购房前看房并非买房的必经手续，买受人可以取得房屋的所有权。"[4] 这两种不同的裁判思路最终将会导向不同的裁判结果，进而出现同案不同判之现象，损害司法的公正性。因此，有必要分析分歧其产生的原因，以期在理论上达成共识，并助益于司法实践。具体而

---

〔1〕 借名买房所涉及的情形很多，有的因违背国家政策、损害公共利益等原因导致合同无效。本文所探讨的仅限于不存在脱法行为的借名买房的情形。

〔2〕 为了表述的便利，行文中的借名人常替之以真实权利人，出名人常替之以登记名义人。

〔3〕 参见"韩利祥、李美会等与韩玉娟所有权确认纠纷案"，淄博市周村区人民法院（2017）鲁0306 民初 2750 号民事判决书。

〔4〕 参见"李书俭确认合同效力纠案"，北京市第一中级人民法院（2017）京 01 民再 93 号民事判决书。

言，包括以下几方面的内容：第一，无权处分的认定问题。在不动产交易中，何为无权处分？在不动产以登记作为物权变动的生效要件的情况下，出名人因登记而成为房屋名义上的"所有权人"，那么其是否也享有对房屋的处分权？对此问题之解答，涉及我国对不动产物权变动的模式选择问题以及不动产登记的法律意义。第二，在出名人违背合同约定，擅自处分房屋时，买受人的"善意"标准该如何把握？是单纯以不动产登记簿的公示状态为准，还是需要课以其他注意义务？买受人的善意认定时点与动产交易有何区别？受让不动产应理解为申请登记之时抑或登记完成之时？第三，在善意取得制度中，真实权利人与买受人的利益分属两个不同的阵营。善意的买受人依据登记这一权利外观而获得法律的保护，真实权利人因此丧失标的物所有权，这无疑体现了法律更加青睐于对交易安全的保护。但是买受人取得标的物所有权仅需其自身符合法律规定的相关要件即可，还是另需来自真实权利人的归责性的支持方更具正当性？这涉及财产的静态安全与动态安全的平衡问题，不可谓不重要。下文将围绕这些问题，对借名买房中的善意取得适用问题展开分析。

二、无权处分的认定

没有无权处分，就没有善意取得。因此，无权处分的认定问题，是本文研究的起点。《民法典》第 311 条规定："无处分权人将不动产或者动产转让给受让人的，所有权人有权追回；除法律另有规定外，符合下列情形的，受让人取得该不动产或者动产的所有权：（一）受让人受让该不动产或者动产时是善意；（二）以合理的价格转让；（三）转让的不动产或者动产依照法律规定应当登记的已经登记，不需要登记的已经交付给受让人……"可见，《民法典》延续了《物权法》106 条的规定，维持了不动产可以适用善意取得的规定，且在体例安排上，仍将之与动产善意取得置于同一条文之中。按照法条的文义，不动产善意取得的发生，一般需要满足无处分权人处分不动产、受让人的善意、合理的转让价格以及已经办理了移转登记四个要件。可见，无权处分的认定，是善意取得制度可否适用的前提条件。然而在不动产交易中，如何认定无权处分？以借名买房为例，出名人受借名人之托，成为不动产法律意义上的"所有权人"。若出名人未经借名人同意，擅自处分不动产的，是否构成无权处分？因为我国的不动产物权变动以登记作为生效要件，因此即有学者认为，"在借名登记的情况下，出名人因在登记机构办理了登记手续而取得房屋所有权，其为真实的不动产权利人，对不动产的处分当属有权处分。

借名人与出名人的内部买房约定，不能对抗合同以外的第三人。"〔1〕 此观点显然把登记直接视为所有权的"来源"，在认定登记名义人为所有权人之后，进而肯定其对标的物的处分权，从而否定善意取得的适用空间。笔者认为，此观点值得商榷。若第三人可因登记而取得对不动产的处分权，那么其亦可因占有而取得对动产的处分权，这显然混淆了作为物权变动的原因行为与交付（或登记）的事实行为，不符合物权变动的基本法理。

（一）登记与原因行为

登记作为一种公示手段，主要目的在于保护交易安全而非创设权利。《民法典》第 216 条第 1 款规定，不动产登记簿是物权归属和内容的根据。在民法理论上一般称之称为权利正确性推定原则，〔2〕 其本质是在诉讼中对当事人的证明责任进行分配，与实体权利的归属并无直接关联。从物权变动的角度观之，因为我国采取的是"债权形式主义"，只有"原因行为"（债权合意）配合登记才能发生不动产物权变动的效果。登记作为不动产物权变动中的最后一个步骤，虽为物权变动的生效要件，但其本身并非赋权行为，作为"原因行为"的债权合意才是物权变动效力的来源。〔3〕 最高人民法院关于适用《中华人民共和国物权法》若干问题的解释（一）（法释〔2016〕5 号，以下简称《物权法解释一》）第 2 条规定："当事人有证据证明不动产登记簿的记载与真实权利状态不符、其为该不动产物权的真实权利人，请求确认其享有物权的，应予支持。"此规则即旨在矫正"债权形式主义"之下单纯以不动产登记作为物权确权根据的问题。〔4〕 正因如此，不动产物权变动的原因行为无效或者被撤销的，不动产物权即使办理了登记也会被撤销。相反，如果原因行为有效，登记因程序违法被撤销的，权利人仍可要求对方当事人继续履行

---

〔1〕 参见程啸：《不动产登记簿的权利事项错误与不动产善意取得》，载《法学家》2017 年第 2 期，第 50 页。

〔2〕 黄薇：《中华人民共和国民法典物权编释义》，法律出版社 2020 年版，第 22 页。

〔3〕 参见郭明瑞：《关于物权法公示公信原则诸问题的思考》，载《清华法学》2017 年第 2 期，第 33 页。

〔4〕 孙宪忠：《〈物权法司法解释（一）〉与交易中的物权确认规则》，载《法律适用》2016 年第 11 期，第 54 页。这一思想在执行领域也得到了法院的支持。江苏省高级人民法院于 2015 年 7 月发布的《执行异议之诉案件审理指南》第 19 条规定："人民法院针对登记在被执行人名下的房屋实施强制执行，案外人以其与被执行人存在借名登记关系，其系房屋实际所有权人为由，请求对该标的物停止执行并确认所有权的，原则上不予支持。但是案外人有充分证据证明被执行人只是名义产权人、案外人才是真正产权人，且不违反国家利益、社会公共利益的除外。"

原因行为所设定的义务，协助办理登记手续并获得不动产物权。可见，相对于债权合意的基础地位而言，不动产登记具有从属性。只有当登记的指向与债权合意的指向一致时，才会产生正确的实体法效果。

因为在债权形式主义之下，登记被视为履行合同的事实行为，无需作成独立的物权合意，因此在借名买房中，登记的指向显然为登记簿所载之人，即出名人。那么债权合意的指向为谁呢？在此需要考察达成债权合意的双方当事人。根据房屋买卖合同订立主体的不同，借名买房可以进一步区分为两种情形：一是出名人仅提供购房所需的相关材料，订立合同和办理登记等事宜皆由借名人为之。二是出名人除了提供购房所需材料之外，还受借名人之托办理上述其他事宜，而借名人仅提供购房资金。因此，买卖合同的主体可能为出卖人与借名人，也可能为出卖人与出名人。在第一种情形下，债权合意在出卖人与借名人之间达成当属无疑。在第二种情形下，债权合意是否在出卖人与出名人之间达成呢？此时需要考察双方当事人的意思表示。就出名人而言，其虽作为合同缔约方，但是并无购买房屋的意思表示。对于出卖人而言，其当然有出售房屋的意思表示，但其追求的只是交易结果的达成，一般而言并不会在意合同的缔约方是谁。因此，出卖人让与房屋的意思表示应理解为借助出名人向借名人作出，并与借名人购买房产的意思表示达成合意。[1] 因此，虽然登记的指向为出名人，但是债权合意的指向却为借名人。所以在登记指向与债权合意的指向发生偏差的情况下，出名人因为缺少了原因行为的支持，并不能仅凭借登记而取得不动产所有权。

在比较法上，确有将登记视为权利本身的例子，典型者如《德国民法典》第892条。[2] 但首先，德国的物权变动模式采取的是物权形式主义，登记是一个物权行为，需要一个独立于买卖合同的合意，且不受原因行为无效的影响，从而有别于我国的债权形式主义。其次，不同于《民法典》物权编第

---

[1] 参见扬代雄.《借名购房及借名登记中的物权变动》，载《法学》2016年第8期，第34～35页。

[2] 本条规定："为有利于根据法律行为取得一项权利或者取得该项权利上的权利的人，土地登记簿中所记载的内容应视为是正确的，对其正确性提出的异议已进行登记的或者取得人明知其为不正确的除外。权利人为了特定人的利益而限制其处分已登记于土地登记簿中的权利的，该项限制仅在土地登记簿中有明显记载或为权利取得人所明知时，始对权利取得人发生效力。""取得权利应当登记的，权利取得人知悉前款事实的时间以提出登记申请的时间为准，根据第873条的规定所必需的协议是在以后签订时，以协议成立时间为准。"

216 条的程序性推定功能，第 892 条作为实体法规范，直接将登记的权利视为权利本身，[1] 具有绝对的公信力，登记名义人即为真正的所有权人。而按照我国目前关于不动产登记的规则设计，体现的只能是登记的相对公信力。因为登记公信力的强弱与登记信息能否准确反映不动产的权属状态密切相关。要保证登记具有高度的公信力，登记机构就应当对当事人提交的材料进行实质审查。[2] 而碍于登记机构自身的权限和审查能力的限制，一般认为，对于当事人的申请材料，只能遵循以形式审查为主、实质审查为辅的原则。[3] 这决定了我国的不动产登记所表现的只能是一种不完全的公信力，即相对公信力。[4] 因此，在我国现行法下，无法是从物权的变动模式观之，抑或从登记的公信力观之，都无法将登记名义人等同于真实的所有权人。

（二）无权处分：登记与原因行为的偏离

可见，在借名买房中，正是因为登记与真实的债权合意发生了偏差，使登记名义人与真实权利人一分为二，造成了"登记错误"的结果，[5] 进而导致了无权处分的发生。质言之，登记错误是不动产善意取得制度的适用前提。但登记名义人究竟属于完全无处分权或是处分权受限，应该根据登记错误的类型来决定。[6]

其实，在不动产交易中，导致登记错误的情形很多，并不限于借名买房的情况。有因登记机构的疏漏造成的，也有因登记机构与第三人合谋改变真实登记样态的，也有许多是当事人"自愿"将不动产登记在他人名下。例如真正权利人借用他人名义进行登记、共有的不动产只以一人的名义进行登记

---

〔1〕　鲍尔、施蒂尔纳：《德国物权法》（上册），法律出版社 2004 年版，第 489 页。

〔2〕　即登记机构要审查材料所反映的法律事实是否真实、合法、有效，尤其是要对导致权利变动的法律事实的真实性、合法性加以审查。参见梅瑞琦：《不动产登记公信力制度基础研究——兼论我国登记制度构建》，载《河南财经政法大学学报》2015 年第 4 期，第 89~90 页。

〔3〕　参见尹飞：《不动产登记行为的性质及其展开——兼论民法典编纂中不动产登记制度的完善》，载《清华法学》2018 年第 2 期，第 54 页。

〔4〕　参见刘贵祥：《论无权处分和善意取得的冲突和协调——以私卖夫妻共有房屋时买受人的保护为中心》，载《法学家》2011 年第 5 期，第 104 页。

〔5〕　不动产登记错误包括权利主体错误与权利内容错误，限于本文的主题，此处仅探讨权利主体登记错误。

〔6〕　①A 公司通过拍卖取得了 B 公司被法院强制执行的一套房屋但未办理登记。C 公司与法院执行局法官合谋伪造拍卖成交确认书与法院的协助执行通知书，将房屋登记在了 C 公司名下，此时 C 公司对于房屋完全无处分权；②登记机构将 A、B 共有的房屋登记为 A 单独所有，此时 A 对于共有的房屋的处分权受限。参见程啸：《不动产登记法研究》，法律出版社 2018 年版，第 313~314 页。

等。借名登记即属于其中的一种常见情形，其与夫妻之间的房产登记较为相似，实践中夫妻共有的房产大多只登记在夫妻一方名下。即登记都反映了当事人的真实意愿，但登记簿上所载，却并未正确反映不动产的权利状态。就此有学者认为，夫妻共有房屋登记在一方名下是夫妻意思自治的结果，不属于当事人提供虚假资料导致的登记错误，也不属于登记机构自身的原因所致，但也属于登记瑕疵，发生登记错误的法律后果。[1] 除了当事人的因素之外，就事实层面而言，我国的不动产登记制度虽然趋于完善，但是仍存在其不可克服的缺陷。例如：不动产买卖合同的订立与办理过户登记之间往往存在一定的时间间隔。在此期间，买受人虽已实际占有房屋，但不动产却尚未完成权属变更登记；又如不动产买卖合同被撤销，而登记尚未变更；被继承人死亡，遗产即刻发生物权变动，但继承登记必然滞后于该物权变动，因此在办理变更登记之前，登记错误将持续存在。此时只要登记的权利被处分，无权处分即现实发生。就此有学者将登记错误总结为：登记错误是指登记没有真实表明不动产物权状况，在权利与外观之间出现偏离的现象。真实权利的判断，要从当事人以发生物权变动为目的的实体法意思表示中去寻找，登记状态与该意思表示内容相符的，方为正确。[2] 笔者赞同此观点，即对于登记错误的理解，不应局限于因登记机构的疏漏而导致的登记与实情不一致的情况，而应作扩大解释，凡是登记簿上所载与真实权利状况不一致的，皆为错误。

那么，在错误登记的情况下，究竟谁享有对不动产的处分权？笔者认为，出名人与借名人都是无权处分人。对于出名人而言，其虽为登记名义人，但因登记与原因行为的偏差且受到借名合同的约束，[3] 因此仍没有处分权限。有学者认为，当出名人向第三人转让房产时，对于借名人而言，属于无权处分；但对于第三人而言，是有权处分。有权处分和无权处分，是针对不同的

---

〔1〕 参见孙若军：《论我国不动产善意取得制度的完善——以遏制夫妻共有房屋被一方擅自处分为视角》，载《浙江工商大学学报》2013 年第 3 期，第 48 页。

〔2〕 常鹏翱：《善意取得的中国问题——基于物权法草案的初步分析》，载张双根等主编：《中德私法研究》（第 2 卷），北京大学出版社 2006 年版，第 69 页。

〔3〕 在陈林荣与成都市青白江区普泽小额贷款有限公司案外人执行异议之诉一案一审民事判决书中，成都市青白江区人民法院认为，虽然涉案房产登记在黄磊、芮雪名下，但黄磊、芮雪违反《借名购房合同》的约定将该房屋抵押给普泽公司，构成无权处分。参见"陈林荣与成都市青白江区普泽小额贷款有限公司案外人执行异议案"，成都市青白江区人民法院（2019）川 0113 民初 3579 号民事判决书。

当事人而言的。[1] 笔者认为，第三人因不动产登记而信赖出名人的处分行为为有权处分不能作为出名人是否享有处分权的判断标准。分析善意取得的构成要件可知，处分人究竟是有权处分还是无权处分，是针对真正权利人而言的。第三人依权利外观而产生的对于处分人有权处分的信赖，应该是属于构成要件之"善意"的内容而非构成要件之"无权处分"的内容。即在登记权利人和第三人的交易中，权利推定规则不应适用，应当依据真实的权利状况来判断交易当事人是否构成无权处分。[2] 例如甲将不动产抵押给乙，并办理了抵押登记。但因为工作人员的操作失误，将附着在甲不动产之上的抵押权错误涂销。虽然此时登记簿上的甲的不动产已经没有权利负担，但是甲仅能出让有抵押权负担的不动产，若其出让无抵押权负担的不动产，则同样构成无权处分。[3] 在否认了出名人的处分权后，那么作为实际出资、使用不动产的借名人是否享有处分权呢？笔者认为，借名人同样没有此权利。虽然借名人得以实际控制不动产，但因为其不是登记名义人，所以欠缺对不动产的权利外观。只有在变更登记之后，事实上的物权人与名义上的物权人重新合一之际，才能恢复对不动产的圆满支配。

三、善意的认定

在登记错误的情况下，登记名义人为无权处分，买受人善意的认定对不动产所有权能否终局性移转具有决定性意义。但因为善意作为买受人的心理活动难以为外人所知晓，所以在司法实践中存在认定上的困难并容易产生分歧。因此，必须将善意的认定客观化，[4] 即只有在客观上出现应当由买受人负责的情况时，才能对其提出主观上的问责。《民法典》物权编第 311 条对于买受人所罗列的要求，其实就是要将善意以某种肉眼可见的形式固定下来。在此探讨善意认定过程中争议较大两个方面：一方面是在登记作为公示手段的情况下，能否以重大过失为由否定买受人的善意？换言之，买受人除了对登记信息的信赖之外，是否还被课以其他的注意义务？另一方面是善意认定的时点问题。因为随着交易的进行，买受人对于标的物与出卖人处分权限的

---

〔1〕 参见赵秀梅、尹小鹭：《不动产善意取得中无权处分认定研究》，载《北京理工大学学报（社会科学版）》2018 年第 6 期，第 121 页。

〔2〕 王利明：《不动产善意取得的构成要件研究》，载《政治与法律》2008 年第 10 期，第 4 页。

〔3〕 参见叶金强：《物权法第 106 条解释论之基础》，载《法学研究》2010 年第 6 期，第 63 页。

〔4〕 颜梅林：《不动产善意取得之善意要件认定研究》，载《温州大学学报（社会科学版）》2013 年第 1 期，第 83 页。

认知也可能发生变化，因此善意的界定时点就显得尤为重要，其关乎原权利人与买受人的利益平衡，甚至会影响交易的安全与秩序。

（一）善意与重大过失

在民法上，尚无关于善恶意的统一定义。一般认为，善意是指行为人在从事法律行为时不知道或无法知道其行为缺乏法律根据，而认为其行为合法或其行为的相对人有合法权利的一种主观心理状态。恶意作为与善意相对的概念，一般是指行为人在从事法律行为时，明知其行为缺乏法律根据或其行为相对人缺乏合法权利的一种主观心理状态。[1] 虽然善意系指"不知"、恶意系指"明知"在理论上已属通说，但何谓"不知"以及如何判断"不知"，却未有定论。另外，若仅以知与不知来衡量善恶意，则显然没有过错制度的适用余地。[2] 因为即使是因重大过失而不知，也仍为不知，而不知即为善意。《民法典》第311条关于善意取得的规定中，未对何为善意作进一步的解释。但是《物权法解释一》第15条却规定："受让人受让不动产或者动产时，不知道转让人无处分权，且无重大过失的，应当认定受让人为善意。"即《物权法》司法解释直接在善意的判定中引入了重大过失这一《侵权责任法》领域的概念，并以此来否定买受人的善意。

究其原因，笔者认为主要包括以下两点：第一，若第三人对某一事实不知情，是由重大过失所致，却仍可以照其所欲发生法律效果进而导致真实权利人的权利受损，有违公平原则。因为重大过失表明第三人对自身权利的漠视几乎达到了极致，在比较法上，重大过失很多情形下都被当作故意来对待，因此法律当然可以否定第三人的权利主张。第二，重大过失可以作为当事人之间分摊调查成本与控制交易风险的要素，进而使交易的安全与效率处于动态平衡之中。因为在第三人明知的情形下，当然无需花费成本核实权利与其外观是否一致，因此第三人明知出卖人无所有权或处分权仍选择与其进行交易，属于自甘风险的行为，则当然由第三人承担不利后果；若第三人对权利与外观不一致的情况并非明知，而是仅存疑惑，则需要付出相应的调查核实成本，若其应该采取相应的调查措施却没有为之，此时的风险分担问题，取

---

[1] 马开轩：《论善意、恶意在民法上的体现》，载《学习论坛》2009年第6期，第78页。
[2] 过错分为故意与过失，过失根据其程度不同，又可进一步分为重大过失、一般过失与具体过失。参见程啸的《侵权责任法》一书第269页。

决于第三人的注意义务的大小。[1] 若第三人负有的较高的注意义务而没有为之，则法律认为其应当知道却不知道，即存在重大过失而无法善意取得。若第三人负有的注意义务较低，则法律并不会对其提出问责，这也是一般的过失并不会否认第三人善意的原因，此时仍由真实权利人承担不利后果。这在《民法典》第 313 条善意取得的法律效果上已有体现。照其规定，善意取得动产后将导致动产之上的原有权利消灭，但是受让人在受让时知道或者应当知道该权利的除外。[2] 即法律以应当知道为由剥夺了受让人本可以享受的利益。在比较法上，同样有例可循。例如《德国民法典》第 122 条即将"应当知悉"与"因过失而不知"等同。因此，综合以上的分析，我们可以得出如下结论：虽然善意本身并不包括过失，但过失可以作为判断主观善恶意的考量因素。若行为人违反交易中所负的注意义务，达到了重大过失（应当知道却不知道）的程度，则可能丧失法律给予的有利待遇。[3]

对于动产而言，因其流动性远高于不动产，其占有人可能是动产的保管人、承租人、质权人等，所以权利与外观相互分离也成为常态。正因如此，除了出卖人对标的物的占有之外，买受人还负有结合具体的交易环境、交易对象等一系列因素并排除合理怀疑之后，方能善意取得动产所有权。若买受人存在重大过失，则排除善意取得的适用。学界对此已经达成较为统一的意见。相较于以占有作为公示手段的动产而言，以登记作为公示手段的不动产非经登记无法发生物权的变动，加之行政手段的支持，权利与外观分离的情况较少，登记因此得以享有较高的公信力。就此有学者认为买受人因登记的存在而豁免了探知物权真相的义务。即登记之外的因素，并不能构成不动产交易中所必需的审慎状况。[4] 即使受让人对于登记簿不正确的原因事实有所

---

〔1〕 石一峰：《私法中善意认定的规则体系》，载《法学研究》2020 年第 4 期，第 137 页。

〔2〕 虽然此条是关于动产善意取得的规定，但其同样准用于不动产善意取得。参见崔建远：《物权法》，中国人民大学出版社 2017 年版，第 91 页。

〔3〕 参见曾江波：《民事善意制度研究》，《北大法律评论》2004 年第 4 期，第 495 页。

〔4〕 参见常鹏翱：《善意取得的中国问题——基于物权法草案的初步分析》，载《中德私法研究》，北京大学出版社 2007 年版，第 15~16 页。

认识，但怠于由此推知其不正确者仍为善意。[1] 甚至有学者借鉴比较法，认为只要第三人取得的物权是在不动产登记簿中登记的物权，即可认定第三人为善意，第三人是否查阅了登记簿在所不问。[2]

笔者认为，虽然不动产登记有国家权力机关为之背书，但是如前所述，登记机构对不动产登记并不负有完全的实质审查义务，且现实中的交易状况远非法律之预设所能及，所以我们不能为了强化登记的公信力，而人为限制买受人的注意义务，将登记的内容作为买受人善意的全部来源。诚然，登记所载可以弥补买受人在交易中的信息劣势地位，但这并不意味着完全免除了买受人自身对交易信息的探知义务。强调降低获取信息的成本并非意味着要厚待那些对自身权利漠不关心的人。[3] 否则未免有鼓励买受人忽视正常交易中应负的注意义务之嫌疑。可是，登记毕竟不同于占有，对第三人的注意义务要求越高，对登记簿的公信力削弱就越大，甚至会否认不动产物权登记簿存在的意义。在"庄勤惠、陈科武、中国工商银行股份有限公司广州第一支行金融借款合同纠纷案"中，广东省高级人民法院即认为，银行已对抵押房产是否存在共有人进行了核实，陈科武、周友明作为按份共有人亦均签字确认。故在陈科武、周友明未披露存在其他未登记的共有人的情况下，苛求银行审查抵押权的设立是否经过其他未登记共有人的同意，势必影响不动产登记的公信力，亦不合理地加重了银行的审查责任。因此，应认定银行已经尽到审慎注意义务，并无重大过失。[4] 所以，为了平衡登记之公信力与第三人注意义务的关系，应将第三人的注意义务限定在"能推导出登记簿不正确的事实"的范围内较为适宜。[5] 然而何谓"登记簿不正确的事实"则需要结合

---

〔1〕 戴永盛：《论不动产冒名处分的法律适用》，载《法学》2014 年第 7 期，第 129 页。但是，在具体适用中，排除故意的善意标准仍有一定的扩大解释空间。比如，取得人知道标的物正处于诉讼之中，或知道此为可撤销的登记，则视为知道登记簿不正确。如果取得人固执己见，坚持认为土地登记簿正确，则不会照其主观认识认定其为"不知道"，而应视为其知道。Westermannetal., Sachenrecht, 2011, S.711.

〔2〕 常鹏翱：《物权法典型判例研究》，人民法院出版社 2002 年版，第 199 页；申惠文：《不动产善意取得与登记公信力之比较》，载《广西大学学报（哲学社会科学版）》2008 年第 4 期，第 66 页。

〔3〕 参见刘保玉、郭栋：《权利外观保护理论及其在我国民法典中的设计》，载《法律科学（西北政法大学学报）》2012 年第 5 期，第 66 页。

〔4〕 参见"庄勤惠、陈科武、中国工商银行股份有限公司广州第一支行金融借款合同纠纷案"，广东省高级人民法院（2019）粤民再 231 号民事判决书。

〔5〕 王洪亮：《论登记公信力的相对化》，载《比较法研究》2009 年第 5 期，第 38 页。

具体案情进行认定。因为不动产具有较高的价值，所以当事人在交易之时一般都持较为审慎的态度，若无特殊事由，买受人一般会对不动产进行实地考察，若买受人发现不动产由他人实际占有的情况下，理应引发警惕和关注。司法实践即有法院认为，虽然房屋登记在出名人名下，但在房屋由借名人实际占有使用的情况下，买受人没有对房屋的实际情况进行考查，对房屋地理位置、房屋面积、屋内构造等相关情况均不了解，不符合市场交易习惯，有违于常理，应认定买受人未尽审查注意的义务，其购房行为存在重大过失，不能善意取得房屋所有权。[1] 若不动产不是由借名人实际占有，但买受人在交易过程中获取的信息已经和登记的内容出现明显冲突可能性的，同样应该引起买受人对不动产转让人处分权的合理怀疑。此时买受人就应当谨慎交易，进一步调查或要求对方提供更多的证据，如购房的合同、发票等相关文件资料。[2] 若买受人仍"一厢情愿"地以登记的信息为准而进行交易，应认为其存在重大过失而非为善意第三人。[3] 另外，交易的当事人之间是否存在亲密关系，往往也会成为认定重大过失的关键。例如，甲与乙是夫妻关系，丙为二人的共同好友。在甲或乙单方向丙处分共有房屋时，丙基于与甲乙亲密关系，应询问另一方。且因为丙与甲乙是共同好友的缘故，往往对两人所有的不动产有所了解，出现夫妻一方单独处分不动产时应引发受让人的合理怀疑，基于此种怀疑，丙应尽合理和必要的询问义务。若未加询问而直接受让不动产的，应认定其构成重大过失。[4] 而在"向可文与孙艳、陈秀英及中国工商银行股份有限公司深圳湾支行、中原地产代理（深圳）有限公司确认合同无效纠纷"一案中，法院认为，如果出卖人与买受人为初次交易，买受人在不认识出卖人及其配偶的情况下，买受人一般难以有确切渠道了解出卖人的基本情况，更无法了解出卖人及其配偶之间是否存在夫妻内部矛盾，基于对不动产登记簿的信赖，买受人一般不会"高度怀疑"出卖人处分不动产的权利，

〔1〕 参见"张福猛与汪娟、聂超所有权确认纠纷案"，白城市中级人民法院（2018）吉 08 民终 713 号；"蔡鸿与练广华确认合同无效纠纷案"，清远市中级人民法院（2016）粤 18 民终 565 号。
〔2〕 参见叶金强：《论善意取得构成中的善意且无重大过失要件》，载《法律科学》2004 年第 5 期，第 84 页。
〔3〕 因为在买受人知道不动产由他人占有的情况下，并不能直接得出买受人"明知权利主体错误"的结论，所以解释为买受人存在重大过失较为合适。
〔4〕 参见杜万华：《物权法司法解释（一）理解与适用》，人民法院出版社 2016 年版，第 387 页；肖大明：《不动产无权处分中善意的认定》，载《人民司法》2018 年第 17 期，第 53 页。

也不应苛责买受人应尽到调查询问的义务。因此，以一般的普通人的知识、经验为基础，买受人已尽到了相关审查义务，并不存在其知道或者应当知道出卖人处分房产时未经其他共有人同意的权利瑕疵，并无重大过失。[1] 因此总而言之，在登记公信力的支持下，仍存在重大过失的适用空间，但是应该结合具体的交易情况和举证责任的分配规则谨慎认定。一般而言，不能课以第三人"主动调查"的义务，而只能在交易信息已经与登记信息产生强烈冲突之后，要求第三人应尽一定的"求证"义务。

（二）善意认定的时点

因为交易是一个持续的过程，所以法律必须对买受人善意持续的时间即认定的时点问题做出规定。按照《民法典》第311条之规定，无处分权人将不动产或者动产转让给受让人的，受让人欲善意取得，其条件之一必须满足在受让不动产或者动产时是善意的。在不动产交易中，对于"受让时"作何理解主要存在三种观点：交付标的物时；申请登记时；登记完毕时。持第一种观点的学者认为，第311条并未区分动产和不动产，且在同一条款中对二者进行规定，因此受让均以标的物交付时为准。持第二种观点的学者认为，因为登记的过程以及登记的时耗并非当事人所能左右，所以以申请登记时作为善意的时点更为合理，同时于受让人而言也更为有利。[2] 且善意认定的时点一般以行为时为准，法律评价的对象是当事人行为之时而非行为结束之后。因此只要受让人申请登记时为善意，就足以表明其行为的正当性。所以即使此后买受人知悉出卖人无权处分，也不妨碍善意取得的构成。[3] 持第三种观点的学者认为，一个完整的受让过程应当完成所有权的转移，不动产所有权的转移在登记后始为发生，因此只有在登记完毕时仍为善意者才适用善意取得。[4]

笔者认为，第三种观点较为合理，且最有利于平衡真实权利人与买受人之间的利益。《民法典》第214、224条区分了动产与不动产的转让，动产的转让自标的物交付时生效，不动产的转让自登记时生效，不能以二者规定于

---

〔1〕 参见"向可文与孙艳、陈秀英及中国工商银行股份有限公司深圳湾支行、中原地产代理（深圳）有限公司确认合同无效纠纷案"，深圳市中级人民法院（2018）粤03民终23059号民事判决书。

〔2〕 参见王泽鉴：《民法物权》，中国政法大学出版社2001年版，第124页。

〔3〕 王利明：《善意取得制度的构成——以我国物权法草案第111条为分析对象》，载《中国法学》2006年第4期，第85页。

〔4〕 崔建远等：《物权法》，清华大学出版社2008年版，第128页。

同一条文中而曲解立法原意，因此第一种观点明显不可取。后两种观点皆以登记作为善意的认定时点，但一种主张为申请登记之时，另一种主张为登记完毕之时。按照 311 条之规定，转让作为移转标的物的始点，是对于出卖人而言的，而受让作为转移标的物的终点，是对于买受人而言的。因为除了即时交易外，出卖人转让标的物与买受人受让标的物，往往并不处于同一时点，因此转让与受让的时点并不会重合。对于不动产而言，移转占有并不会发生所有权变动的效力，因此在申请登记之时，为"转让"（即标的物移转的始点），而登记完成之时，方为"受让"完成（即标的物移转的终点）。另外，结合《民法典》第 214 条之规定，"不动产物权的设立、变更、转让和消灭，依照法律规定应当登记的，自记载于不动产登记簿时发生效力"，即权利记载于登记簿时方才受让完成，同时发生效力。因此，善意的时点应该延续至完成登记之时，买受人才能取得不动产所有权。从另一角度而言，若在登记完成之前，出名人发现了借名人私自出售房产的事实，其当然可以请求借名人与买受人撤回登记申请。[1] 若认为买受人在申请登记之时就已经取得不动产所有权，则借名人只能请求出名人承担违约责任，显然有违公平。

四、归责事由的认定

买受人善意取得不动产所有权的同时，原权利人的权利归于消灭。法律之所以创设善意取得制度，是因为买受人所代表的交易安全与公共利益具有同质性，遂成为优先保护的对象。[2] 但是对于原权利人而言权利的丧失毕竟是一种不利益的承担，因此除了买受人方面的要件外，是否需要来自其自身的归责事由方更具正当性？

在动产交易中要发生善意取得，动产占有的形成必须基于原权利人的意思，[3] 即原权利人导致了权利外观的产生。动产占有根据其发生的原因不同，可以分为"占有委托物"和"占有脱离物"两类。占有委托物，是指占有人基于真实权利人的意思（如租赁、保管等合同关系）而占有标的物；占有脱离物，是指占有人非基于真实权利人的意思而占有标的物（如对赃物、遗失物、遗忘物的占有）。占有脱离物有条件地适用善意取得或根本不适用善

---

〔1〕 《不动产登记暂行条例》第 15 条第 2 款规定："不动产登记机构将申请登记事项记载于不动产登记簿前，申请人第十六条可以撤回登记申请。"

〔2〕 参见耿林：《不动产善意取得制度的法政策研究》，载《清华法学》2017 年第 6 期，第 111 页。

〔3〕 参见程啸：《不动产登记法研究》，法律出版社 2018 年版，第 326 页。

意取得，而占有委托物原则上都可以发生善意取得。[1] 可见，"无归责性即不应承担不利益"作为一项普遍的法律原则，在动产善意取得中已经有所体现。参照动产善意取得，可以得出，不动产善意取得中，原权利人的归责性应表现为登记的发生系基于其自由的意思表示。但有学者对之持相反意见，其认为买受人最终能否取得标的物的所有权，无须考虑原权利人的意思，也无须考虑原权利人与登记错误的形成之间是否存在因果联系。无论促成登记错误的原因如何，都不影响不动产善意取得的适用。即第三人的善意保护仅仅建立在权利外观之上，不动产善意取得中并没有一个像动产善意取得那样同时存在权利外观与诱因原则的平行制度。[2] 笔者认为，无论是动产或是不动产，真实权利人丧失权利的原因都要从自身发掘，而不能从第三人处寻找依据。真实权利人之所以蒙受损失，是因为其对权利外观的形成具有可归责性。[3] 如果真正权利人没有可归责事由，也会被剥夺权利，财产的静态安全便失去了保障。[4] 既然在动产善意取得中，归责事由考虑的是动产占有之发生是否基于原权利人的意思，那么与之相应，对于以登记作为公示手段的不动产而言，就应该考虑不动产登记之发生是否基于原权利人的意思。

在借名买房中，真实权利人往往择其信任的亲友作为登记名义人，而正是此借名登记给登记名义人日后处分房产提供了便利，为其埋下了安全隐患。或者说，借名登记的行为正是真实权利人丧失权利的归责事由。对此，可以参照占有委托物作进一步说明。因为无论是借名登记或是委托物的占有（即权利外观的形成），都是当事人协商一致的结果，其中都体现了真实权利人的意思。因此真实权利人也应该预见标的物可能面临被占有人或登记名义人处

---

[1] 梁慧星、陈华彬：《物权法》，法律出版社 2016 年版，第 192 页。

[2] 参见耿林：《不动产善意取得制度的法政策研究》，载《清华法学》2017 年第 6 期，第 112 页；冉克平：《论冒名处分不动产的私法效果》，载《中国法学（文摘）》2015 年第 1 期，第 176 页。

[3] 参见刘晓华：《权利外观责任的司法实现——以善意取得为视角》，载《法学论坛》2013 年第 4 期，第 115 页。但是应予注意的是，可归责性的判断不等于有无过错的判断。过错是归责性的一种形式，但过错原则并非权利表象责任框架内唯一的归责标准。在没有过错的情况下，也可以有其他的归责基础，只是该归责性基础系基于其他归责原则而确定。例如本人引起了权利的表象，或该表象是在他的控制领域和风险范围内产生的。参见叶金强：《表见代理构成中的本人归责性要件——方法论角度的再思考》，载《法律科学（西北政法大学学报）》2010 年第 5 期，第 40 页。

[4] 参见李国强：《论不动产善意取得的构成与法律效果——评"连某诉臧某排除妨害纠纷案"》，载《山东社会科学》2016 年第 11 期，第 97~98 页。

分的风险。[1] 与之相对，若标的物之处分不可归因于真实权利人，则法律也不应让其背负丧失权利的风险。例如，行为人冒名处分不动产的（在动产中表现为对脱离物的处分），一般不能适用善意取得制度，因为处分之发生并没有可归咎于真实权利人的直接原因，所以善意取得的适用也应受到限制。因此，在不动产交易中，欲发生善意取得，除了满足法律规定的基本条件之外，还应该考虑处分人是否基于真实权利人的原因而成为不动产的登记权利人，方更具合理性。

　　除了善意取得之外，在其他因权利外观导致真实权利人的利益受损的例子中，往往也存在着对本人的可归责性要求，表见代理即为一例。在最高人民法院适用《关于在审理经济纠纷案件中涉及经济犯罪嫌疑若干问题的规定》判定表见代理的案件中即体现了这一立场："私刻印章或者伪造代理权凭证的，本人不具可归责性，亦无须承受代理行为的法律效果"。[2] 因此，因权利外观而导致本人利益受损、相对人获得优待的案件中，除了相对人对权利外观的信赖之外，尚需与本人相关的因素才获得更大程度的正当性，即本人须以可资谴责的方式诱发了权利外观，本人才应承受与自己意愿相悖的负担。[3]

余论：无权处分与合同效力的关系

　　《民法典》合同编第 597 条是关于"无权处分合同效力"的规定："因出卖人未取得处分权致使标的物所有权不能转移的，买受人可以解除合同并请求出卖人承担违约责任。""法律、行政法规禁止或者限制转让的标的物，依照其规定"。其承继的是《最高人民法院关于适用〈中华人民共和国合同法〉若干问题的解释（二）》第 15 条以及《最高人民法院关于审理买卖合同纠纷案件适用法律问题的解释》第 3 条第 1 款的规定，采纳了无处分权不影响买

---

〔1〕　德国学者沃尔夫认为，只有当所有权人至少是自愿地将占有转让给进行出让的非所有权人时，法律才承认这种不利后果。因为所有权人如果将自己的占有托付给第三人，而第三人通过处分所有权滥用了这种信任，所有权人必须自己承担这种风险。如果所有权人非自愿地丧失物的占有，这使得所有权丧失没有更多的合理根据。[德] 曼弗雷德·沃尔夫：《物权法》，吴越、李大雪译，法律出版社 2002 年版，第 284、292 页。

〔2〕　参见"兴业银行广州分行与深圳市机场股份有限公司借款合同纠纷案"，最高人民法院（2008）民二终字第 124 号民事判决书。

〔3〕　参见杨芳：《〈合同法〉第 49 条（表见代理规则）评注》，载《法学家》2017 年第 6 期，第 165 页。

卖合同的效力之说。[1] 按照本条的规定，若出卖人只是单纯欠缺对标的物的处分权，其并不足以影响买卖合同的效力。因为按照《民法典》第 143 条民事法律行为有效要件之规定，处分权并不在其中。就此有学者认为，由于无权处分合同一概有效，故而无权处分合同下的物权变动依照一般物权变动规则足矣，而无需适用作为特别规则的善意取得。如此，善意取得制度将被"架空"。[2] 笔者认为，虽然按照一般的权利转移规则，只要合同生效外加移转登记，房屋的所有权就会发生变更，照此买受人似乎已经不需要在满足善意取得的条件之后方能取得标的物的所有权，但是此所有权的取得只是暂时性的，买受人能否最终保有标的物还需要依赖于其他条件是否满足。详言之，在无权处分的买卖合同有效的情况下，出卖人负有转移标的物所有权的义务。此时可以分为三种情况：其一，若订立合同后出卖人从真正所有权人处取得了所有权或处分权，则移转登记将使得标的物的所有权得以终局性转移。其二，若买受人明知或因重大过失而不知道出卖人没有处分权，且订立合同后出卖人仍没有取得处分权，此时虽然无法适用善意取得制度，但买受人可以解除合同并请求出卖人承担违约责任。[3] 其三，出卖人虽然没有取得处分权，但是买受人符合善意取得构成要件的，此时买受人的善意将弥补出卖人处分权的欠缺，标的物的所有权同样得以移转。

---

[1]　崔建远:《无权处分再辨》，载《中外法学》2020 年第 4 期，第 2 页。

[2]　参见沈健州:《无权处分再研究》，载《社会科学家》2015 年第 11 期，第 117 页。

[3]　在出卖人没有取得处分权，买受人恶意（明知）的情况下（此时合同无效），即使办理了产权转移登记，原所有权人也可以恶意串通损害第三人利益为由，主张撤销登记。

论技术标准增强《网络安全法》适用效能

郗　蕊*

　　摘　要：作为具有高度专业性的技术规范，网络安全标准在《网络安全法》授权条款的援引下，从法律之外进入到法律之内，进而在不改变属性的情况下获得了法律效力。在这个过程中，网络安全标准在法律制定层面弥补了《网络安全法》专业性、概括性、滞后性等立法局限，在法律实施方面通过对网络运营者、行政机关、司法机关等规范效应支撑《网络安全法》的实施，提升了《网络安全法》的适用效能。从效果上看，《网络安全法》的法治水平与网络安全标准的发展水平正相关，呈现齿轮效应。因此，加强网络安全标准与《网络安全法》的配套衔接，对于推进我国网络安全领域良法善治具有重要现实意义。

　　关键词：网络安全法　网络安全标准　法律适用有效性

一、问题的提出

　　随着网络信息技术的发展和网络安全形势的需要，我国网络安全法治历经多次变革，从零散的、低位阶的

---

　　* 郗蕊，中国政法大学司法文明协同创新中心 2017 级博士研究生（100088）。

《计算机信息系统安全保护条例》等行政法规和《计算机信息系统安全专用产品检测和销售许可证管理办法》等部门规章，逐渐走向统一的、高位阶的专门法律，以《网络安全法》为基本法的网络安全法律法规体系已经初具规模。〔1〕 同时，在国家网信部门负责领导统筹协调下，国务院电信主管部门、公安部门和其他有关机关依照《网络安全法》等法律法规之规定分工负责的网络安全管理体系也已在运行之中。然而，面对具有技术属性的网络安全领域，当前立法还存在立法者专业知识不足、立法规范可操作性较低、立法更新相对滞后等局限性；实践中，网络安全监管"九龙治水"现象仍然存在，行政执法过程中还存在不同执法部门对同一单位、同一事项重复检查且检查标准不一等问题。〔2〕 这导致了《网络安全法》适用的有效性降低，法律治理的效能不高。〔3〕 立法的实施还需要其他规范作为补充，而网络安全标准正是《网络安全法》实施中发挥重要作用的规范之一。

我国《标准化法》规定，标准（含标准样品）〔4〕 是指农业、工业、服务业以及社会事业等领域需要统一的技术要求。网络安全标准是网络安全领域需要统一的技术要求。例如，《网络安全法》实施以来，国家从立法层面相继发布了一系列与个人信息保护有关的法律法规、规范性文件及司法解释；由全国信息安全标准化技术委员会牵头制定的《信息安全技术 个人信息安全规范》（GB/T 35273-2017，以下简称《个人信息安全规范》），从国家标准层面明确了企业收集、使用、分享个人信息的合规要求，为企业制定隐私政策及个人信息管理规范指明了方向；APP 违法违规收集使用个人信息专项治理中，网信、工信、公安等监管部门在执法中参考了《个人信息安全规范》

〔1〕 参见黄道丽主编：《中国网络安全法治 40 年》，华中科技大学出版社 2020 年版，第 1 页。

〔2〕 《全国人民代表大会常务委员会执法检查组关于检查〈中华人民共和国网络安全法〉〈全国人民代表大会常务委员会关于加强网络信息保护的决定〉实施情况的报告》，载中国人大网，http：//www. npc. gov. cn/npc/c30834/201712/73685f79f8014eceadd9354bc48d1bc9. shtml，最后访问日期：2017 年 12 月 24 日。

〔3〕 何治乐：《〈网络安全法〉有效性评估及提升路径》，载《中国信息安全》2018 年第 7 期，第 67~70 页。

〔4〕 本文所指标准是标准化工作中的"标准"（standard）二字。根据国家质检总局和国家标准委 2014 年发布的中华人民共和国国家标准《标准化工作指南第 1 部分：标准化和相关活动的通用术语》（GB /T20001. 1-2014），标准是指"通过标准化活动，按照规定的程序经协商一致制定，为各种活动或其结果提供规则、指南或特性，供共同使用的和重复使用的文件"，同时注明"标准宜以科学、技术和经验的综合成果为基础，以促进最佳的共同效益为目的。"

等技术文件；互联网协会、网络空间安全协会等社会组织以及各大互联网应用平台在工作中引用、参考相关技术文件；各类技术文件已经逐步成为各行业、各领域开展 APP 个人信息保护工作的"统一标尺"。

上述表明，这些本不具有法律属性的技术标准却在法治领域发挥着类似"法"统一调整的功能。标准化在网络安全治理中的作用早已为学界和实务界所认识[1]，主要观点是模糊地把标准当成"法"的一种而作为互联网企业合规和行政监管执法的依据，却没有真正厘清标准与法律的关系，也没有阐释标准发挥作用的机制原理。这样的观点还是比较浅显的。为此，本文以《网络安全法》为样本，分析网络安全标准进入法治领域而获得合法效力的授权根据，从弥补立法局限和支撑法律实施两个方面阐释标准增强法治效能的作用原理，尝试提出我国网络安全法律援引技术标准法制化的完善建议，以期有益于该领域企业合规、行政执法等法务实践，并以专业研究进一步推进"标准支撑法律"等标准化法基础理论研究。

二、进入《网络安全法》的技术标准

网络安全标准能够增强法治效能的前提是技术标准在与《网络安全法》规范领域和对象重叠基础上，因法律引用而进入到《网络安全法》法条文本，获得合法的效力授权。

（一）技术标准与《网络安全法》的关系

网络安全标准与法律之间存在区别，又密切联系。网络安全标准是关于网络安全技术术语、技术参数、技术措施和管理要求等的一类技术文件，其本质是不同于法律规范、存在于网络安全法律法规体系之外可自行运转的一类社会规范系统。但是，现代治理背景下，标准已然成为治理的工具；自2010 年以来，治理理论正从"传统治理"走向"新治理"；新治理理论一致强调标准的重要性。[2]《网络安全法》以法律形式认可技术标准作为网络安

---

〔1〕 参见王智江主编的《网络安全法概论》、张楚主编的《网络法学》以及朱明编著的《公安机关信息网络安全管理及法律适用研究》等书籍都提到技术标准，其中，《网络安全法概论》将标准放入法律体系中进行论述；《公安机关信息网络安全管理及法律适用研究》认为标准对法律法规的执行具有支撑性的作用，指出标准提供了网络安全等级保护的依据和内容，并将标准作为公安机关执法的依据；张楚主编的《网络法学》将技术标准纳入网络技术规范范畴，与网络技术性法律规范相区别。

〔2〕 李容华、刘瑾、徐海宁：《标准作为治理工具及其立法观察》，载《中国标准化》2020 年第11 期，第 59~66 页。

全治理工具的一种。第 7 条明确规定了网络安全标准在网络治理体系中的作用，对于构建和平、安全、开放、合作的网络空间而言，网络安全标准制定和打击网络违法犯罪一样，是有效的治理工具之一。这为技术标准"进入"网络安全法治领域提供了可能。具体而言，由于法律与标准把网络的运行安全和信息安全作为同一规范对象，把维护网络安全与秩序作为同一追求目标，《网络安全法》与技术标准的规范领域发生重叠。这些领域的问题既是法律治理的问题，也是标准治理的问题。

网络安全标准进入法律，是指《网络安全法》以法律援引标准的方式，使标准成为法条中的一部分内容，并赋予相应法律效力。所谓"进入"是指两个不同的事物，在某种途径下，由一个事物嵌入另一个事物内部。标准的实施有三种基本方式：一是法律引用（也称法律援引）；二是当事人约定；三是合格评定（认证认可）[1]。法律援引指把与标准有关的内容作为法律条款的构成部分。它既是技术标准自身得以实施的方式之一，也是技术标准进入法治系统[2]的方式之一。这种援引就像是一条传送带，把法律的齿轮与标准的齿轮环环相扣。这种援引方式并不改变标准的属性，只是让标准从法律之外进入到法治领域，成为法律规范的技术工具，标准的法律效力依赖于法律的规定。

（二）《网络安全法》关于标准的条款

《网络安全法》为鼓励政府、社会、企业和个人共同参与治理，以达到预防、控制、合理分配安全风险的目的，在法律条文中设置涉及技术标准的专门条款，以授予网络安全标准合法地位和法律效力。关于标准制定的条款，涉及标准制定的主体和参与标准制定主体，还涉及标准的类型。关于标准效力的条款，一方面涉及网络运营者应遵守强制性标准的要求，另一方面涉及违反强制性标准要求应当承担相应的法律责任。

1. 关于标准制定的条款

《网络安全法》第一章、第二章中对标准的网络安全治理工具地位、标准的制定主体与参与主体、标准体系以及标准类型一一进行了规定，其目的在于赋予网络安全标准合法地位，授予政府部门主导网络安全标准化活动的相

---

〔1〕 参见柳经纬：《论标准替代法律的可能及限度》，载《比较法研究》2020 年第 6 期，第 174~184 页。

〔2〕 参见柳经纬：《论标准的私法效力》，载《中国高校社会科学》2019 年第 6 期，第 76~79 页。

关权限。

《网络安全法》第15条规定"国家建立和完善网络安全标准体系。国务院标准化行政主管部门和国务院其他有关部门根据各自的职责，组织制定并适时修订有关网络安全管理以及网络产品、服务和运行安全的国家标准、行业标准"。网络安全标准体系建立和完善的主责部门在于政府。《网络安全法》将标准制定主体以组织规范意义上的空白授权方式赋予国务院标准化行政主管部门和国务院其他有关部门如公安部、工信部等，国务院各相关部门根据自己的职责，制定国家标准或行业标准。

《网络安全法》第15条第2款规定"国家支持企业、研究机构、高等学校、网络相关行业组织参与网络安全国家标准、行业标准的制定"，以法律形式认可标准治理的民主性，以提升履行含有合标要求之义务的自愿性。按照现代治理理论，标准化活动的主体是多元化的，包括政府机构、社会中间组织和企业。[1] 在标准制定过程中，可以通过众多利益相关方的充分讨论来影响标准制定的最终结果[2]，体现了网络安全治理工具的民主性，也使标准更容易得到权威与遵从。

根据适用范围，网络安全标准可以分为国家标准、行业标准和企业标准等。标准类型与《关于加强国家网络安全标准化工作的若干意见》中"原则上不制定地方标准"相一致，以确保标准的高度统一性。在国家标准方面，截至2020年12月，全国信息安全标准化技术委员会共归口国家标准320项[3]，其中强制性国家标准不到10条，其余均为推荐性国家标准。在行业标准方面，国务院承担网络安全监管职能的部门还制定大量行业标准。如工信部制定的《YD/T 3212-2017 内容分发网络服务信息安全管理系统接口规范》、公安部制定的《GA/T 404-2002 信息技术 网络安全漏洞扫描产品技术要求》。

2. 关于标准效力的条款

《网络安全法》通过配置网络安全义务以达到调整网络安全行为的目的。

---

〔1〕 于连超：《作为治理工具的自愿性标准：理论、现状与未来——兼论中国标准化法制的革新》，载《宏观质量研究》2015年第4期，第92~99页。

〔2〕 于连超：《标准支撑法律实施：比较分析与政策建议》，载《求是学刊》2017年第4期，第91~97页。

〔3〕 参见《已发布网络安全国家标准清单》，https://www.tc260.org.cn/front/bzcx/yfgbqd.html，最后访问日期：2020年12月21日。

将标准援引入法律则是为了明确网络安全义务的具体操作要求，表现为将合标要求作为义务的构成元素，多以"应当""必须"等表述为主。网络监管部门开展网络安全管理，监督网络运营者提供网络产品、服务和开展网络运行，均需按照法律法规的规定，符合网络安全领域国家标准和行业标准的要求。如第 15 条。网络运营者建设、运营网络或者通过网络提供服务应当依照法律、行政法规的规定和国家标准的强制性要求，采取相关技术措施，保障网络运行安全和数据安全。如第 10 条。网络运营者提供的网络产品与服务要符合相关国家标准的强制性要求。如第 22 条。特别是网络关键设备和网络安全专用产品应当按照相关国家标准的强制性要求，经检测认证或符合要求后，才可以对外销售或者向社会提供。如第 23 条。总之，网络安全产品的生产、服务的提供、措施的组织需遵守有关标准和认证要求成为网络运营者网络安全义务的一部分。

既然合标属于义务的部分要求，那么违标也应承当相应法律责任，以保障标准与法律之共同目的的实现。《网络安全法》设置了相对应的法律责任条款，指出违反涉及相关标准和认证的义务条款时须承担的法律责任。网络运营者违反标准，可能被有关主管部门处以责令改正、警告等处罚；拒不改正或者导致危害网络安全等后果的，对单位和直接负责人处以罚款等处罚。如第 60 条。网络安全认证、检测机构违反标准开展认证、检测，可能被有关主管部门处以责令改正、警告等处罚；拒不改正或者情节严重的，既处以罚款，并处以暂停相关业务、停业整顿、关闭网站、吊销相关业务许可证或者吊销营业执照等处罚，同时还对直接负责的主管人员和其他直接责任人员处以罚款。如第 62 条。

由于法律规范是一种包含条件的命令，包括事实要件和法律后果两个层面；一旦事实要件具备，法律后果就产生。[1] 标准效力条款表明，按照法律规范"假定条件+行为模式+法律后果"的形式，当网络运营者提供网络产品、服务时，要依照合标条款履行义务，否则将受到违标责任条款的惩罚。这样的合标要求条款与违标责任条款恰好构成一条完整的法律规范，标准的技术规范转换为法律的行为规范。这是网络安全标准的法律效力来源，也是标准能够发挥"法"作用的根源。

---

〔1〕 参见［德］哈特穆特·毛雷尔:《行政法学总论》，高家伟译，法律出版社 2000 年版，第 122 页。

三、技术标准弥补《网络安全法》立法局限

网络安全标准增强法治效能的首要表现是标准可以弥补法律漏洞、提升立法质量、节约立法资源，使《网络安全法》科学、明确、先进以更符合良法品质，从而为法律适用提供基础依据。

同作为规范系统，《网络安全法》与网络安全标准不仅规范领域重叠、规范对象一致，而且两者具有相同的价值追求，都强调民主与程序，即通过利益相关方的充分参与，按照一定的程序协商制定共同遵守的规则。这使两者在文本形式上可以相互引用、实现融合互通。面对技术密集型的网络安全领域，在调整以技术对象为基础的网络安全法律关系时，《网络安全法》保持开放性和包容性并与标准规范互动才得以取标准之长补法律之短。

（一）弥补立法者专业知识的不足：标准的专业性

《网络安全法》是由全国人民代表大会常务委员会于 2016 年 11 月 7 日表决通过。作为一部网络安全领域的基本法，其功能在于调整网络安全法律关系和设置权力与责任、权利与义务等，其定位本身就不在于解决具体技术问题。但是对于什么样的操作流程、技术措施是可以抵御网络安全威胁的，需要有一定的客观衡量尺度，根据当前科技发达水平来度量在当前一段时间内至少应达到什么程度的防范水平。由于全国人民代表大会常务委员会的审议委员多为人大代表、法律专家等，并非精专于网络安全的技术专家，难以在法律中规定具体的技术要求和技术措施。

与之相对的，技术标准是由网络安全领域的专家起草，在科学论证的基础上，依据一定的程序经协商一致而制定的技术规范文件。在我国，全国信息安全标准化技术委员会（以下简称"信安标委"），是专门从事信息安全标准化的工作组织，委员会分别由国内相关部门、研究所、企事业单位及高等院校等代表组成，如中国电子技术标准化研究院、中国科学院计算技术研究所、清华大学、华为技术有限公司，等等。且委员多为网络与计算机专业的高级工程师、研究员。

具体到某一个标准的起草单位，也具有很强的专业性。如《信息安全技术　网络安全漏洞标识与描述规范》（GB/T 28458-2020）起草单位包括国家信息技术安全研究中心、国家计算机网络应急技术处理协调中心、中国信息安全测评中心、中国电子技术标准化研究院、中国科学院信息工程研究所等研究机构，中国科学院大学国家计算机网络入侵防范中心等大学，启明星辰信息技术集团股份有限公司、北京百度网讯科技有限公司、奇安信科技集团

股份有限公司等企业……可以看出，技术专家比一般立法者更有技术话语权，这使技术标准在规范的科学性、客观性上更有专业权威。

（二）弥补立法的概括性：标准的具体性

"网络安全首先是一个技术问题。从技术上讲，网络安全是一个立体的、多方位、多层次的系统，覆盖了信息网络中的物理环境、通信平台、网络平台、主机平台和应用平台等多个系统单元。"[1] 网络安全与否是一门专门学科研究领域，有专门的语言代码、运算法则、发展规律和管理规则。而法律条文记录不了技术语言。以网络安全等级保护为例，《网络安全法》第 21 条规定"国家实行网络安全等级保护制度。网络运营者应当按照网络安全等级保护制度的要求，履行下列安全保护义务：……采取防范……危害网络安全行为的技术措施"。该条文可以看出《网络安全法》没有也不能把具体技术措施穷举在法条中，只能使用界定内涵的描述性语言进行概括。实践中，网络安全等级保护制度则配套有《计算机信息系统安全保护等级划分准则》（GB 17859-1999）、《信息安全技术 信息系统通用安全技术要求》（GB/T 20271-2006）、《信息安全技术 网络安全等级保护基本要求》（GB/T 22239-2019）、《信息安全技术 网络安全等级保护安全设计技术要求》（GB/T 25070-2019）、《网络安全等级保护测试评估技术指南》（GB/T 36627-2018）等一系列国家标准。

网络安全等级保护包括定级、备案、安全建设、等级测评、监督检查等五个阶段，具体而言：网络运营单位第一步确认定级对象，参考《信息安全技术 网络安全等级保护定级指南》（GB/T 22240-2020）等初步确认等级，组织专家评审，主管单位审核；第二步，持定级报告和备案表等材料到公安机关网安部门进行备案；第三步，以《信息安全技术网络安全等级保护基本要求》（GB/T 22239-2019）中对应等级的要求为标准，对定级对象当前不满足要求的进行建设整改；第四步，委托具备测评资质的测评机构对定级对象进行等级测评，形成正式的测评报告，测评机构依照《信息安全技术网络安全等级保护测评要求》（CB/T 28448-2019）开展测评；第五步，向当地公安机关网安部门提交测评报告，配合完成对网络安全等级保护实施情况的检查。公安机关的监督检查是对依照技术标准采用技术措施后的网络安全秩序给予一种法律上的审核，这种网络安全秩序实质上是网络运营者遵循技术标准的

---

[1]　张楚：《网络法学》，高等教育出版社 2008 年版，第 95 页。

结果。

上述可见，技术标准提供了明晰而易操作的工作规范和管理规则，以保障用户使用的便捷性。相较于法律规范，标准规范更具备实施上的可操作性。网络安全标准能够为网络运营者履行网络安全义务提供操作指南，指出如何保障网络安全的具体做法，细化《网络安全法》中的不确定法律概念。

（三）弥补立法的滞后性：标准的先进性

网络安全是相对的，会随着时代技术发展而不断变化。网络攻防技术的发展总是"道高一尺魔高一丈"。要想保障安全，必须时刻保持在技术的前沿。法律规范具有稳定性，即制定出来后在一段时间内保持稳定，不可朝令夕改。面对日新月异的互联网技术，法律的稳定性容易随时代与技术的发展表现为不适应性。与之相对，技术标准通常随公认技术发展而不断修订，这种相对灵活性使其更容易适应社会对技术安全的要求。《标准化法》规定了我国技术标准的复审制度，复审周期不超过 5 年。经过复审，对不适应经济社会发展需要和技术进步的标准应当及时修订或废止。网络安全标准往往在当前科学技术研究成果和实践经验的基础上，经专家深入调查论证和向社会广泛征求意见，不断更新，以保障网络产品、服务的安全性、通用性和先进性。[1] 例如，针对个人信息安全问题，为规范个人信息控制者在收集、保存、使用信息环节中的相关行为，《信息安全技术 个人信息安全规范》（GB/T 35273-2017）于 2017 年 12 月 29 日发布、2018 年 5 月 1 日实施。但随着我国个人信息应用实践的迅速推广和执法活动的深入开展，原规范的修订很快纳上日程，以应对新技术和商业模式，2019 年一年之内，2 月、6 月、10 月先后三次分别发布了原规范的修订草案和修订征求意见稿。最终 2020 年 3 月6 日，国家市场监督管理总局、国家标准化管理委员会正式发布了《信息安全技术个人信息安全规范》（GB/T 35273-2020），实施后将替代《信息安全技术 个人信息安全规范》（GB/T35273-2017）。因此，技术标准在适应技术进步上更具优势。

综上，《网络安全法》引入网络安全标准，可以弥补纯粹法律条文在专业性、原则性、滞后性等方面的局限，打破具体适用上的技术壁垒，借以将法律规范效应延伸至技术领域，以完成《网络安全法》对网络安全法律关系的实质性规制。就援引效果而言，从表面看，《网络安全法》通过援引技术标准

---

[1] 参见《标准化法》第 4 条、第 22 条、第 29 条。

解决了法律规范在技术领域的规制困境。当法律遇到网络安全技术问题时，立法部门不必另行寻找解决技术问题的办法，而是充分吸纳符合立法目标的标准规范。这不仅使网络安全立法更加科学合理，还节约了立法资源，提升了立法效益。从更深层次看，《网络安全法》通过援引技术标准使法律规范在保持形式上稳定性的同时，又在实质上保持"与时俱进"。面对技术问题，网络安全立法不再解决技术细节，而把实现网络安全的具体技术问题交给标准化组织完成，不需要再启动法律修订程序对法律条款进行调整，通过升级其所援引的标准即可实现对网络安全法律关系调整规范。加之，通常情况下标准应在五年之内被修订一次，以保证标准反映最新技术发展现状，因而《网络安全法》援引最新标准有利于推动立法水平实质上的进步。

四、技术标准支撑《网络安全法》的实施

网络安全标准增强法治效能的表现除了弥补立法局限提升立法品质外，更主要体现在支撑《网络安全法》的实施，使法律真正成为可具操作性的"活"法而发挥善治作用。

网络安全标准的技术规范效力主要作用于产品、服务、措施等事务对象，以规制产品的质量、服务的功能、系统运行的状态、数据的完整保密属性等性能，主要依靠市场主体基于经济效益的考量而自愿执行，不具有强制性。《网络安全法》通过援引标准，使标准在本身技术规范效力基础上，获得了法律意义上的规范效力，即一旦被援引则具有一定的法律拘束力。依据《标准化法》《网络安全法》的规定，强制性标准必须执行；推荐性标准和行业标准经法律引用后，应具备强制实施效力[1]；标准经企业自我声明公开后，必须遵守。在《网络安全法》实施的不同阶段，针对不同的实施主体，这些被援引的标准表现出的法律规范效应大不相同：对于网络运营者而言，网络安全标准是网络安全义务规定的具体化；对行政机关而言，网络安全标准则是具体行政行为事实认定的判断依据；对司法机关而言，网络安全标准则是审判中事实认定和法律适用的重要参考。

（一）对网络运营者的规范效应

《网络安全法》通过设置网络安全义务对网络安全行为进行调整规范。《网络安全法》关注网络运营者"应当为"的问题，而该义务履行的判断在于网络运行的状态。当网络运行达到风险防控标准要求时，运营者义务履行

---

〔1〕 参见柳经纬：《标准的类型划分及其私法效力》，载《现代法学》2020年第2期，第165页。

落实到位；反之，则没有。标准通过网络安全义务具体化产生作用，解答网络运营者"如何为"的问题，为网络运营者履行网络安全义务提供技术规范指引，提升网络运营者对《网络安全法》的遵从性。

1. 衡量产品、服务安全与否的标尺

这种表面看似以产品服务为调整对象，实则对网络运营者产生规范效应，构成网络产品服务提供者的安全义务之一。《网络安全法》第 9 条创设了网络安全保护义务，而第 10 条指明了第九条义务的总体要求与相关依据，即网络运营者采取技术措施维护网络安全时，除了应当依照法律和行政法规的规定，还要依照国家标准的强制性要求。《网络安全法》第 22 条、第 23 条规定网络产品、服务特别是网络关键设备和网络安全专用产品应当符合相关国家标准的强制性要求，如强制性国家标准《网络关键设备安全通用要求》（GB 40050-2021）。《网络安全法》明确了网络产品、服务提供者的安全义务，其中规定"国家标准的强制性要求"是网络产品服务的准入性"门槛"。除了强制性标准，推荐性标准、行业标准经法律援引或经企业自我声明或作为第三方检测认证依据后，也成为网络安全义务的构成部分，对网络运营者产生拘束力。此效力主要来源于《标准化法》第 27 条"国家实行团体标准、企业标准自我声明公开和监督制度。企业应当公开其执行的强制性标准、推荐性标准、团体标准或者企业标准的编号和名称；企业执行自行制定的企业标准的，还应当公开产品、服务的功能指标和产品的性能指标。"网络安全产品、服务不符合标准要求的，应承担相应的民事、行政甚至刑事责任。如《网络安全法》第 60 条、第 62 条，《标准化法》第 25 条、第 36 条、第 37 条、第 38 条。

2. 第三方机构检测认证的依据

标准是认证的依据，认证是标准的实施。《网络安全法》第 23 条规定网络关键设备的销售，除了符合强制性国家标准，还需要通过安全检测或认证，方可对外销售。网络关键设备的安全检测需要由具备资格的机构按照网络关键设备安全检测依据的标准实施检测。《网络关键设备安全检测实施办法（征求意见稿）》规定检测机构应按照检测标准执行检测任务，检测机构不按照检测标准要求执行检测任务，工业和信息化部采取暂停采信其检测结果等处理措施；还规定网络关键设备安全检测依据的标准另行发布。[1] 又如，为规

---

〔1〕 参见《网络关键设备安全检测实施办法（征求意见稿）》第 7 条、第 11 条、第 14 条。

范移动互联网应用程序收集、使用个人信息的行为，市场监管总局、中央网信办于 2019 年 3 月 15 日决定开展 App 安全认证工作并发布了《移动互联网应用程序（App）安全认证实施规则》。根据该规则，App 数据安全认证的依据为最新版本《信息安全技术 个人信息安全规范》（GB/T 35273）及相关标准、规范。[1]

3. 网络安全措施的技术指南

《网络安全法》第 41 条规定网络运营者收集、使用个人信息，应当遵循合法、正当、必要的原则，公开收集、使用规则，明示收集、使用信息的目的、方式和范围，并经被收集者同意。《信息安全技术个人信息安全规范》（GB/T 35273-2020）对如何开展收集、保存、使用、共享、转让、公开披露等个人信息处理活动提出了具体要求和操作规范，并以附录形式给出个人信息示例、个人敏感信息判定、实现个人信息主体自主意愿的方法、个人信息保护政策模板。虽然该网络安全标准为推荐性国家标准，不具有强制实施效力，但是行政执法机关常以媒体曝光、产品下架等方式查处违反标准的企业，从而影响到企业名声和股价等市场价值。这在一定程度上对网络运营者产生震慑效应，迫使其依照标准组织网络运营，履行企业网络安全义务。如 2020 年 12 月，广东省公安机关发布新闻称，在超范围收集用户信息 App 清理整治专项行动中，直接点名共监测发现"万联 e 万通""微信电话本""中国移动""百度地图（iOS）"等 38 款移动互联网应用程序（APP）存在超范围收集用户信息违规行为。[2] 公安机关认定这 38 款 APP 存在超范围采集个人信息行为即参照《信息安全技术个人信息安全规范》（GB/T 35273-2020），特别是个人信息保护政策（也称隐私政策）模板。

（二）对行政机关的规范效应

《网络安全法》授予行政监管机关监督管理网络安全义务履行的职权，依法采取行政许可、检查、处罚等具体行政行为。具体行政行为是行政机关适用法律的过程。法律适用依次包括四个阶段：①调查和认定案件事实；②解释和确定法定事实要件；③函摄：案件事实与法定事实是否相符；④确定法

---

〔1〕 《〈个人信息安全规范〉（2020 版）简要解读和合规建议》，载 https：//www. sohu. com/a/41754 7927_672137，最后访问日期：2021 年 3 月 7 日。

〔2〕 《这 38 款 APP 违规收集用户信息！广东警方曝光》，载 https：//www. sohu. com/a/441049255_118392，最后访问日期：2021 年 3 月 7 日。

律后果。[1] 前三个阶段都是在进行事实认定，是确定法律后果的必要条件。标准发挥作用的环节也是在事实认定阶段，一方面，对法律原则性规定和不确定概念给予具体化解释，构成法定事实要件；另一方面，对案件事实与法定事实之间的相符性进行专业认知判断。在此基础上，才是适用包含标准的法律条款作出许可、处罚等处置后果。总体而言，标准对行政机关的规范效应主要是作为事实认定环节的判断依据。

1. 行政检查的技术依据

根据《网络安全法》的规定，网络安全监管内容包括技术监管与非技术监管两部分。技术执法需要技术标准来认定违法事实，例如备案风险等级与重要性是否相符，收集个人信息是否超出范围；非技术执法一般运用日常检查和逻辑判断，例如：是否符合强制性要求，是否通过认证，是否备案，是否留存日志等。在此意义上，网络安全监管中的行政检查更多时候是一种技术执法。技术执法要以标准等为依据，采用检验检测仪器和设备，运用各种技术方法认定违法事实，用科学的数据说话。以公安机关监督检查网络安全等级保护为例，《网络安全法》第 21 条规定"国家实行网络安全等级保护制度"，《公安机关互联网安全监督检查规定》第 10 条规定公安机关应当依照国家有关规定和标准，监督检查互联网服务提供者和联网使用单位是否履行网络安全等级保护等义务。具体而言，公安机关依据《信息安全技术 网络安全等级保护基本要求》（GB/T 22239-2019）、《信息安全技术 网络安全等级保护安全设计技术要求》（GB/T 25070-2019）、《网络安全等级保护测试评估技术指南》（GB/T 36627-2018）等一系列国家标准，采取现场监督检查或者远程检测的方式检查网络运营者是否落实了网络安全措施。

2. 行政违法事实认定的客观依据

网络安全义务基本逻辑为："由政府主导至上而下施加义务，并通过国家、行业标准规定非常具体的措施性要求作为义务的主要内容，然后通过行政处罚等手段强制性要求管理对象合规"[2]。行政检查发现有违法行为的，网络安全监管机关则需立即作出行政处罚的判断。网络安全标准为判定行为

---

〔1〕 参见［德］哈特穆特・毛雷尔：《行政法学总论》，高家伟译，法律出版社 2000 年版，第 123 页。

〔2〕 洪延青：《"以管理为基础的规制"——对网络运营者安全保护义务的重构》，载《环球法律评论》2016 年第 4 期，第 28 页。

合法性与违法性提供事实证据，而非直接作为违法处罚的依据；行政执法的具体罚则依据是《网络安全法》。例如，2017 年 7 月 22 日，宜宾市翠屏区"教师发展平台"网站因网络安全防护工作落实不到位，导致网站存在高危漏洞，造成网站发生被黑客攻击入侵的网络安全事件[1]。宜宾市公安机关网安部门调查发现，该网站自上线运行以来，始终未进行网络安全等级保护的定级备案、等级测评等工作，未落实网络安全等级保护制度。我国实行网络安全等级保护制度，要求网络运营者首先要依据强制性国家标准《计算机信息系统安全保护等级划分准则》（GB 17859-1999）进行定级，而该案中涉事单位未开展定级工作，且后续的备案、测评等工作也无从谈起。根据《网络安全法》第 21 条、第 59 条第 1 款的规定：决定给予翠屏区教师培训与教育研究中心和直接负责的主管人员法定代表唐某某行政处罚决定，对翠屏区教师培训与教育研究中心处一万元罚款，对法人代表唐某某处五千元罚款。

3. 行政处罚裁量基准

网络安全标准是裁量适用不同档次行政处罚的基准，是行政裁量选择的客观参照。《网络安全法》通过设定网络安全法律责任规定了不同处罚类型，而网络安全标准为行政裁量或免于处罚提供客观证据。《网络安全法》在行政处罚中设定了不同的法律责任，如责令改正、警告、罚款等。作为证明客观事实的证据材料，网络安全标准不仅关系到违法事实认定，又关系到违法行为处罚裁量认定。由于国家标准一般是最低要求，即使严格按照网络安全标准落实防护措施，网络信息系统还是有被攻击的可能。标准只是一个便于操作的判断违法行为成立的方法，符合标准并不能成为行为正当性的抗辩事由[2]。虽说遵守网络安全标准并不是遵守网络安全义务的唯一途径，符合标准也并不能完全对抗法律责任，但网络安全标准是网络安全义务履行与否的重要判定"标尺"，是网络安全保护与否这一法律事实认定的关键证据。"合规达标"可以是行政机关在行政处罚时选择不同档次裁量基准的事实证据。当发生意外或轻微网络安全事件时，更甚者"合规达标"也可以成为免于行政处罚的一个裁量情节。网络安全标准为《网络安全法》在平衡法与情、法律效益与社会效益的法律适用过程中搭建了一座桥梁。

---

〔1〕 《〈网络安全法〉实施后处罚案例盘点》，载 https://www.sohu.com/a/166415789_713041，最后访问日期：2021 年 3 月 7 日。

〔2〕 蒋怡琴：《论标准在民事裁判中的适用》，载《行政与法》2018 年第 7 期，第 120 页。

（三）对司法机关的规范效应

在网络安全法治领域，标准作为一种涉及技术规范从而指引规范安全行为，对网络运营者和行政监管部门产生事实上的法律拘束力，是相对容易论证的命题。然而，标准可否作为法院的审判规范，则是一个比较复杂的问题。这既涉及行政机关制定的非法律性文件是否具有审判依据地位问题，又涉及对于不同的法律责任法院审理行政、民事、刑事案件时如何事实认定和法律适用等问题。如前所述，标准不是一种法律渊源，自然不能直接作为审判依据，但是标准还是法律责任的构成要件、事实认定的客观证据、法律适用的技术参照。事实上对司法机关审判起到一定的规范效应。

1. 追究违标责任的依据

面对网络安全风险，不仅要依照标准治理做好风险预防，还要通过法律强制后盾对违标行为做好违标惩处，以起到安全警戒作用。立法机关在《网络安全法》通过违标责任条款把标准作为法律责任构成要件之一。这也是司法机关在审理涉及网络安全标准案件时给予适用的法律依据。对此，《网络安全法》第六章设定了专门的法律责任，大部分以行政责任为主，如第 60 条、第 62 条；本法在制度设计上进行了责任之间的衔接，特别是行刑衔接，第 71 条和第 74 条明确了违法本法，依照法律法规，亦可承担相应的民事、治安和刑事责任。这与《标准化法》第 36 条、第 37 条的规定相一致。此外，《刑法》第 146 条还专门规定"生产、销售不符合安全标准的产品罪"，以严厉的法律惩罚要求网络产品、服务提供者履行合标义务。

2. 事实认定的客观证据

在事实认定环节，网络安全标准是网络安全义务履行与否的重要判定"标尺"，是网络安全保护与否这一法律事实认定的关键证据。依照标准做出的事实认定结论主要体现为鉴定报告、鉴别报告、检验检测报告等。例如，是否采取了网络等级保护措施由网络安全等级保护检测报告呈现，是否采取了个人信息保护措施可由个人信息安全影响评估（PIA）报告呈现。这种检测数据分析报告形成鉴定意见，作为事实认定的证据材料，具有更强证明力。鉴于网络安全技术的专业性，只要鉴定程序合法，法院往往会采纳鉴定意见。毕竟法官是法律专家不是技术专家，依据技术标准进行事实认定则更具有科学性和客观性。例如，被告人韩某某自 2019 年 2 月起，在任深圳市某某有限公司（以下简称"某某公司"）经理期间，设立网站域名为某某公司的"某某网"，为他人进行包括公民个人信息在内的数据交易提供平台，牟取非法利益。上海市公安局宝山分局网安支队制作的《远程勘验工作记录》、上海弘连网络科技有限公司计算机司法鉴定所出具的《司法鉴定意见书》，证实经对本案涉案 IP "某某"服务器内涉案文件进行远程勘验，涉案"某某网"服务器上存有数据条数总计为 5421 万条，含数据的文件有 162 件，经人工梳理去重，其中含公民个人信息的文件共 39 件，合计为 38 万条。[1]

3. 法律适用的技术参照

在法律适用环节，基于网络安全技术的专业性，法院在适用法律时通过参照网络安全标准进行法律解释厘清相关技术概念和内涵。以浙江省绍兴市越城区人民法院审判的张某、陈某明、张某荣等提供侵入、非法控制计算机信息系统程序、工具罪一案中，2015 年平某始，被告人陈某明将编写的"思华"软件接入"快啊答题"平台，并上传至平台供他人使用软件进行批量识别验证码服务（即批量扫号）等违法活动，从中收取返利。该软件绕过腾讯QQ 登录验证码保护措施，批量验证 QQ 账号密码是否一致。审理过程中，辩护人提出"根据《网络安全法》第 23 条以及《网络关键设备和网络安全专用产品目录》的规定，验证码并不属于网络关键设备和网络安全专用产品，因此认定图文识别技术为非法，并将识别腾讯公司验证码视为非法侵入计算机信息系统没有法律依据。"法院审理认为，《网络关键设备和网络安全专用产品目录》公布的目的在于加强对网络关键设备和网络安全专用产品的安全管理，该目录项下的网络关键设备、网络安全专用产品类别须经过具有相关资质的认定机构按照国家标准的强制性要求进行安全认证后方可对外提供、销售，该目录的公布不具有规定"网络关键设备和网络安全专用产品是什么"或"目录之外均不属于网络关键设备和网络安全专用产品"的内在意旨，更非对"计算机信息系统安全保护措施"作出定义式限定，辩护人以验证码不在该目录中而否定其安全保护属性的意见，故不予采纳[2]。

五、网络安全法治与标准化科学结合的建议

网络安全标准之所以能够增强法治效能是其对《网络安全法》的补充与支撑作用。而该作用的发挥又依赖《网络安全法》及其配套法规对标准援引

---

[1] 暨附带民事公益诉讼被告人韩某某、暨附带民事公益诉讼被告人杨某某等侵犯公民个人信息案，上海市宝山区人民法院刑事判决书（2019）沪 0113 刑初 2482 号。

[2] 张鑫、陈天明、张朝荣等提供侵入、非法控制计算机信息系统程序、工具罪案，浙江省绍兴市越城区人民法院（2018）浙 0602 刑初 101 号。

规定的完善程度。《网络安全法》对如何援引标准及标准怎样发挥规范效力等问题规定得越细，标准条款适用得越规范，标准对法治效能的作用越明显。由中央网信办、国家质检总局、国家标准委三部门联合发布《关于加强国家网络安全标准化工作的若干意见》明确要求"推动网络安全标准与国家相关法律法规的配套衔接"。两者就像一对相互咬合的齿轮相互带动也相互制约。我国应该重视规范网络安全法律规范与标准规范之间的衔接，建立健全《网络安全法》与网络安全标准的良好协调机制。对此，可以从以下三方面加以完善，防止标准"异化"法治：

（一）设立更新机制，标准要符合立法目的

可以借鉴国外技术法规的先进经验，完善网络安全标准的引入和退出机制。在欧美日等国家，技术法规是按法律规范的程序由政府制定和发布并由政府强制实施的一系列行政法规，其规定的范围都是涉及人类健康安全、动植物安全、环境保护、国家安全等目标[1]。对于技术中立的自愿性标准，各国立法者可根据立法意图来决定采用与否；一旦不符合立法目的，又回归到自愿性标准[2]。相比于我国《网络安全法》以全国人大审议通过的法律来援引网络安全标准，国外技术法规对标准的吸纳更加形式多样、方式灵活。我国《网络安全法》援引技术标准既不改变标准属性，也不是立法权任意扩张，主动权仍掌握在立法者手中。因此，可以借鉴国外技术法规吸纳标准的方式，除了通过"标准条款"明确规定外，对虽没有明确规定但符合立法目的且在实践中被默认适用的标准，明示给予纳入援引范围；对于不符合立法目的的标准，及时给予退出援引范围。这样，让网络安全标准在符合立法需要时被援引以完成法律规范的使命任务，在不符合立法需要时被退出以回归到技术规范的职责范畴。

（二）明确授权范围，援引要符合程序规则

有针对性明确援引标准类别和范围，明确网络安全标准的规范效力和适用规则。当前，我国网络安全领域初步建立了网络安全标准和认证认可的体系规范。随着 5G、物联网等互联网技术的快速发展，金融、工控、教育等各

---

〔1〕 参见刘春青：《美欧日技术法规体系共性研究及其对我国的启示》，载《标准科学》2010 年第 2 期，第 69~77 页。

〔2〕 刘春青、于婷婷：《论国外强制性标准与技术法规的关系》，载《科技与法律》2010 年第 5 期，第 42 页。

个专业领域的网络安全标准将更加丰富。面对日益庞大的网络安全标准体系，我国《网络安全法》目前援引标准的模式，对于谁有权力决定是否适用标准、适用哪个标准以及适用标准的法律后果如何等并没有具体适用规则，就很导致网络运营者、执法机关和司法机关在适用法律条款时选择参照的标准不明确、不统一。特别是网络安全监管者在执行涉及标准法律条款时，可自由裁量选择适用标准，选择不同的鉴定测评机构进行合标检测，选择的不同将影响合标与违标的公正判断。因此，对于网络安全中涉及国家安全、社会安全、公民基本权益等基础领域，法律应该具体明确援引标准的类别和范围，尽快出台《网络安全法》援引标准的程序规定，以法的形式明确援引网络安全标准的类别范围、适用规则及其规范效力，为行政执法和司法裁判适用标准提供具体参照。

（三）建立救济途径，合标要经过司法审查

欧盟《网络安全法案》规定了申述权与处罚。我国法律也需借鉴欧盟《网络安全法案》建立认证、合标相关的救济渠道。同时，民事、行政、刑事司法审判中要对标准进行审核。网络安全标准虽然具有较强的科技专业性，大多数法官并不是网络技术领域的专家，不擅长对涉及网络技术领域的标准进行分析，但这并不必然说明法院不可能对标准进行审查。究其本质而言，标准并不是一种法律渊源，只是一种技术文件，法院完全可以对其进行审查。例如，当公安机关依照《公安机关互联网安全监督检查规定》（公安部令第151号）第十条依照有关标准进行监督检查时，法院就可以对行政行为所依照的有关标准进行审查，包括对标准文件合法性的实体性审查和对依标行政行为的程序性审查。具体而言，其一，对标准的实体内容进行审查，从标准制定的必要性和可行性的角度，对行政机关执法过程中适用标准的合法性进行审查，主要是审查执法依据是否符合上位的法律、行政法规的规定，然后将审查的过程与结果作为法院判决说理的组成部分。其二，对标准的适用程序进行审查，一方面审查行政机关在运用标准实施行政管理行为的程序是否合法，另一方面也可审查标准本身的制定程序是否合法。

结　语

在网络安全领域，《网络安全法》与网络安全标准是不同规范。为了维护网络安全秩序，法律本身并不直接规定所涉及的技术问题，而是以援引方式将其交予标准解决，标准由此成为法律在网络空间安全治理中不可缺少的工具。从作用上看，网络安全标准可以弥补立法局限，为《网络安全法》实施提供技术支撑作用；从效果上看，网络安全标准影响着《网络安全法》的可适用性和实施效能。可见，网络安全标准与法治之间呈正相关关系，标准质量高，则法治水平高；反之，亦然。"随着新的标准的采纳，技术将继续推动法律产生变化，从这个意义上看，掌控了互联网的新技术标准也就掌控了未来法律的方向。"[1] 因此，我国在加强网络安全法治化的同时，要注重援引网络安全标准，积极采纳最新标准化成果，使技术规范与法律规范相得益彰共同发挥治理作用，以提升我国网络安全总体保障能力。同时，加强标准与法律融合的理论研究，从网络安全标准作为标准化的专门领域看，可为"标准对法律具有支撑作用"提供理论经验；从网络安全标准作为法律系统之外的规范看，则为"社会规范如何与法融合发挥作用"提供例证示范。

---

[1] 张平：《互联网法律规制的若干问题探讨》，载《知识产权》2012 年第 8 期，第 16 页。

论食品安全标准在民事裁判中的适用

郭　琳*

　　摘　要：绝大多数关于食品安全的民事诉讼都涉及食品安全标准的适用。但是司法实践中普遍存在对于食品安全标准相关概念的混淆，对食品安全标准的法律性质认识不清、举证责任分配不均、对食品安全标准证明力的认证不够严密等现象。因此，应当加强食品标准的体系性理解，由原告就涉及的食品安全标准进行举证并在真伪不明时承担败诉的风险，严格按照食品安全标准的内容进行符合性审查，注意食品安全标准与食品标准的衔接以及法律与标准之间的联系，逐步建立起一套关于食品安全标准的适用规则，推动食品安全标准的规范适用与食品安全法治水平的进一步提高。

　　关键词：食品安全标准　食品安全法　证据　举证责任　适用规则

　　食品安全事关人民群众的身体健康和生命安全，是重大的民生问题。一般认为，食品安全标准是指为了保证食品安全，对食品生产经营过程中影响食品安全的各种要素以及各关键环节所规定的统一技术要求，亦为经协

　　* 郭琳，中国政法大学司法文明协同创新中心 2018 级博士研究生（100088）。

商一致制定并由规定机构批准、共同使用和重复使用的一种规范性文件。[1]食品安全标准本身不是法律，但其内容解答了法律无法具体规定的"如何为"的问题。以欧盟、美国和日本为代表的发达国家和地区已经形成了较为完整的食品安全标准体系。而许多发展中国家由于难以遵守食品安全标准的要求而缺乏参与国际贸易的机会。[2] 我国 2009 年颁布的《食品安全法》在将食品质量标准、食品卫生标准、食品质量安全标准等予以整合的基础上首次将"食品安全标准"作为法律概念加以规定，并明确了生产者、销售者在生产、销售不符合食品安全标准的情形下应承担的行政和民事责任。

目前法学界关于食品安全标准的研究多集中在制度沿革与建构[3]、法律效力[4]等方面，而关于食品安全民事诉讼方面的研究又多关注法律适用，对于食品安全标准的体系性理解、法律属性、证明责任分配、推理论证等问题鲜有探讨。本文拟将标准化理论与审判实践相结合，以食品安全标准在民事案件司法适用中存在的主要问题为出发点，初步构建起关于食品安全标准的适用规则，推动食品安全标准的规范适用与食品安全法治水平的进一步提高。

一、食品安全标准在民事裁判中的不当适用

在涉及食品安全标准的民事诉讼中，多数当事人之间为合同关系，原告提起诉讼的请求权基础主要有两种类型：一种是依据《食品安全法》第 148 条第 2 款[5]主张涉案食品不符合食品安全标准，要求生产者或经营者退货退

---

〔1〕 阮赞林：《食品安全法原理》，华东理工大学出版社 2016 年版，第 127 页。

〔2〕 Suharni Rahmat, Chew Boon Cheong, Mohd Syaiful Rizal Bin Abd Hamid. Challenges of Developing Countries in Complying Quality and Enhancing Standards in Food Industries. 5 Procedia – Social and Behavioral Sciences. 445, 445（2016）.

〔3〕 宋华琳：《中国食品安全标准法律制度研究》，载《公共行政评论》2011 年第 2 期，第 30～50 页；宋华琳：《中国食品安全地方标准法律制度研究》，载《北京行政学院学报》2012 年第 6 期，第 14～19 页；刘云：《论我国食品安全标准的法律制度及其改革》，载《法治社会》2018 年第 3 期，第 71～78 页。

〔4〕 宋亚辉：《食品安全标准的私法效力及其矫正》，载《清华法学》2017 年第 2 期，第 155～175 页；高秦伟：《私人主体与食品安全标准制定 基于合作规制的法理》，载《中外法学》2012 年第 4 期，第 721～741 页；汪江连：《行走于破解与重构之间——我国食品安全标准"强制性"的规范法学解读》，载《行政与法》2009 年第 8 期，第 71～74 页。

〔5〕 《食品安全法》第 148 条第 2 款规定："生产不符合食品安全标准的食品或者经营明知是不符合食品安全标准的食品，消费者除要求赔偿损失外，还可以向生产者或者经营者要求支付价款十倍或者损失三倍的赔偿金；增加赔偿的金额不足一千元的，为一千元。但是，食品的标签、说明书存在不影响食品安全且不会对消费者造成误导的瑕疵的除外。"

款并向其支付价款十倍的赔偿金，增加赔偿的金额不足一千元的，要求支付一千元；另一种是当事人通过合同约定执行的食品安全标准或在合同内容不明的情况下依据《民法典》第 511 条[1]第 1 项（注：原为《合同法》第 62 条第 1 项[2]，《民法典》在此基础上有修改）将食品安全标准作为确定食品质量的最重要依据，进行索赔。其中第一种案件类型最为常见。根据《食品安全法》第 148 条第 2 款的规定，认定生产者或经营者承担惩罚性赔偿，需要同时满足几个条件：①主体资格：生产者或经营者；②不符合食品安全标准；③经营者"明知"；④不存在但书的除外情形，即"食品的标签、说明书存在不影响食品安全且不会对消费者造成误导的瑕疵的除外"。满足前三个条件是适用但书的前提。由于主体资格取决于商事主体的客观行为，因此往往不会有争议。《最高人民法院关于审理食品安全民事纠纷案件适用法律若干问题的解释（一）》亦作出了对于"明知"此一主观要件进行客观化认定的尝试。唯独对于食品安全标准的符合性认定，审判实践中因缺乏对于食品安全标准的统一适用规则而暴露出一些问题，甚至造成了许多类案不同判的尴尬案例。对于食品安全标准的适用主要存在以下几个方面的问题：

（一）将食品安全标准与其他相近概念混淆

在食品安全民事纠纷案件的司法实践中，法院经常将食品安全标准与一些相近的基本概念混淆，其中最为常见的错误就是将食品标准等同于食品安全标准。食品标准是指一定范围内为达到食品质量、安全、营养等要求，以及为保障人体健康，对食品及其生产加工销售过程中的各种相关因素所作的管理性规定或技术性规定，[3] 属于食品安全标准的上位概念。按照《食品安全法》第 25 条的规定，"食品安全标准"亦是"食品强制性标准"的代名词。除食品安全标准外，食品标准还包括食品行业标准、食品团体标准等内容。食品安全标准是食品生产经营者必须遵守的最低要求，是食品能够合法

---

[1]　《民法典》第 511 条规定："当事人就有关合同内容约定不明确，依据前条规定仍不能确定的，适用下列规定：（一）质量要求不明确的，按照强制性国家标准履行；没有强制性国家标准的，按照推荐性国家标准履行；没有推荐性国家标准的，按照行业标准履行；没有国家标准、行业标准的，按照通常标准或者符合合同目的的特定标准履行。……"

[2]　《合同法》第 62 条规定："当事人就有关合同内容约定不明确，依照本法第六十一条的规定仍不能确定的，适用下列规定：（一）质量要求不明确的，按照国家标准、行业标准履行；没有国家标准、行业标准的，按照通常标准或者符合合同目的的特定标准履行。……"

[3]　国家标准化管理委员会农轻和地方部编：《食品标准化》，中国标准出版社 2006 年版，第 13 页。

生产、进入消费市场的门槛。其他非食品安全方面的食品标准为食品生产经营者自愿遵守的，可以为组织生产、提高产品品质提供指导。因此，一些判决认为 GB/T23968 - 2009《肉松》"属于认定食品安全的强制性标准之一",[1] 显然理解错误。

另一个常见的错误，就是混淆企业标准与食品安全标准之间的关系。《食品安全法》虽然在其第三章"食品安全标准"项下明确了国家对于企业制定严于食品安全国家标准或者地方标准的企业标准的鼓励态度,[2] 但是对于未违反食品安全国家标准但违反了企业标准的行为是否属于《食品安全法》第148 条第 2 款规定的"不符合食品安全标准的食品"，并未作出明确规定。在审判实践中对于企业标准与食品安全标准之关系的认识并不一致。例如，有的判决[3]将涉案食品违反企业标准作为不符合食品安全标准的理由之一，而有的判决[4]含糊其辞，认为符合国家标准但不符合企业标准的情况系"消费性误导，不涉及食品安全"，故并不直接由此推导出不符合食品安全标准。

（二）举证责任分配不均

举证责任，是指当事人对其在诉讼中所主张的案件事实，应当提供证据加以证明，并在案件事实真伪不明时应当由该当事人承担不利诉讼后果的责任。在诉讼开始阶段或者在每一次证据调查过程中几乎都会涉及该问题。[5]在食品安全民事纠纷案件中，对于当事人关于食品安全标准的举证责任分配不均的现象，主要体现在如下两个方面：

一是有的法院并未要求原告完成初步的食品安全标准的举证责任。这是法院对于食品安全标准的概念及法律属性的理解不同所导致的结果。根据《最高人民法院关于审理食品药品纠纷案件适用法律若干问题的规定》第 6 条规定，"食品的生产者与销售者应当对于食品符合质量标准承担举证责任"。就其内容而言，可以说，对于原告认为涉案食品不符合食品安全标准故而主张惩罚性赔偿的案件中，上述规定并未免除原告的初步证明责任，因此原告

---

〔1〕 如北京市顺义区人民法院（2017）京 0113 民初 17838 号民事判决书、北京市第三中级人民法院（2017）京 03 民终 9251 号民事判决书。

〔2〕 《食品安全法》第 30 条规定："国家鼓励食品生产企业制定严于食品安全国家标准或者地方标准的企业标准，在本企业适用，并报省、自治区、直辖市人民政府卫生行政部门备案。"

〔3〕 重庆市第一中级人民法院（2017）渝 01 民终 7648 号民事判决书。

〔4〕 湖北省荆州市中级人民法院（2019）鄂 10 民终 1852 号民事判决书。

〔5〕 ［德］普维庭：《现代证明责任问题》，吴越译，法律出版社 2006 年版，第 10 页。

仍然应该就其所主张的涉案食品究竟不符合哪一项食品安全标准进行举证。然而，在一些食品安全民事案件尤其是涉及食品标签的诉讼中，原告仅依据《食品安全法》对未标生产日期、中英文标签不一致或存在漏标项等进行举证，而没有指出其所主张的涉案食品违反的食品安全标准的具体名称与条款，同时法官也未予以释明，而是径自作出判断。这在一定程度上助长了滥诉行为的发生，亦不利于诉讼利益的平衡。

二是在同案或类案中法院分配给当事人的具体的举证责任不一致。由于对于食品安全标准具体内容的理解不同，导致了裁判者对于既有证据证明力大小的判断不同，进而影响了接下来的举证责任分配。以关于宝蓝吉柠檬汁的纠纷为例，该品牌柠檬汁在外包装上标注了"配料：100%浓缩柠檬汁、抗氧化剂：焦亚硫酸钾"，自 2014 年至 2019 年，共有 8 个案件[1]的购买者以上述食品违法添加焦亚硫酸钾从而违反 GB2760-2014《食品安全标准 食品添加剂使用标准》（以下为行文方便，省略标准名称中的"食品安全标准"内容）为由起诉要求十倍赔偿价款。其中 5 个案件的生效判决[2]认为在浓缩果蔬汁（浆）中添加焦亚硫酸钾的行为构成违法添加，若经营者无法提供证据证明其具备免责事由，则须承担退款并十倍赔偿的责任；其余 3 篇生效判决[3]则认为上述行为并不是标准中明确禁止的行为，在原告未提供其他证据的情况下，无法证明涉案食品违反食品安全标准。值得注意的是，裁判者们所依据的标准均为 GB2760-2014《食品添加剂使用标准》与 GB/T31121-2014《果蔬汁类及其饮料》。[4] 不难看出，由于对前述两个食品安全标准的理解不同，法官对于举证责任是否转移至另一方当事人作出了不同的判断，

〔1〕 案号分别为北京市第一中级人民法院（2018）京 01 民终 4524 号，北京市第二中级人民法院（2018）京 02 民终 6625 号、（2018）京 02 民终 7998 号、（2018）京 02 民终 9800 号、（2019）京 02 民终 10283 号、（2019）京 02 民终 10285 号，北京市第三中级人民法院（2018）京 03 民终 9579 号、北京市丰台区人民法院（2019）京 0106 民初 20622 号。

〔2〕 案号分别为本页脚注［1］中 6625、7998、9800、10283、10285 号案件民事判决书。

〔3〕 案号分别为本页脚注［1］中 4524、9579、20622 号案件民事判决书。

〔4〕 根据 GB/T31121-2014《果蔬汁类及其饮料》，浓缩果蔬汁（浆）与果蔬汁（浆）、果蔬汁（将）类饮料属于不同的类别。而 GB2760-2014《食品添加剂使用标准》中在允许使用的食品名称处写有果蔬汁（浆）、果蔬汁（将）类饮料，同时果蔬汁（将）类饮料一栏后的备注中规定"最大使用量以二氧化硫残留量计，浓缩果蔬汁（浆）按浓缩倍数折算……"。上述内容既可能被理解为，允许使用的食品名称无浓缩果蔬汁（浆）即为不允许添加该类食品，又可能因备注中出现了浓缩果蔬汁（浆）而被理解为未禁止添加该食品。

进而产生了不同的判决结果。

（三）对食品安全标准之认证缺乏严密性

认证是指审判人员在当事人双方质证、辩论后，对庭审中出示的证据材料的客观性、关联性、合法性进行分析判断，从而确认其能否成为案件定案根据的诉讼活动。[1] 在实践中，法院对食品安全标准之认证缺乏严密性，主要是在逻辑推理方面上有所忽视，具体而言，表现在如下两个方面：

一方面，法院对于食品安全标准与食品推荐性标准的关联性的忽视。食品安全标准作为一种技术要求，通过《标准化法》与《食品安全法》的规定具有了强制执行力，并通过引致条款的设置规定了违反食品安全标准所要承担的法律责任。但是食品推荐性标准并不具备强制性。推荐性标准的某些条款在一些情况下被纳入食品安全标准的范畴是来源于后者的援引。一些判决在未阐明二者联系的情况下径自援引食品推荐性标准，属于忽略证据之间关联性的不当做法。仍以涉及宝蓝吉柠檬汁的纠纷为例，前文所述 8 篇判决均引用了 GB/T31121-2014《果蔬汁类及其饮料》，但对于为何要适用该推荐性标准中的食品分类，却无一判决进行阐述。

另一方面，法院以追求实质正义为名省略了推理过程。最高人民法院指导案例 23 号"孙银山诉南京欧尚超市有限公司江宁店买卖合同纠纷案"并未对超出保质期的食品违反了何种食品安全标准的哪一条进行审查认证，而是直接认定此类食品不符合食品安全标准。查阅中国裁判文书网，全国法院2016 年至 2019 年审结的因所买食品超过保质期而要求惩罚性赔偿的二审案中，多数判决同上述指导性案例一样直接断定超过保质期的食品不符合食品安全标准。虽然超过保质期的食品可能为食用者带来健康隐患，且《食品安全法》第 34 条规定了经营超过保质期的食品应当被处以行政处罚，[2] 但是在判断民事赔偿责任时，仍需要在现行法框架下严格按照《食品安全法》第

---

〔1〕 宋朝武主编：《民事诉讼法学》，中国政法大学出版社 2011 年版，第 223 页。

〔2〕 《食品安全法》第 34 条规定："禁止生产经营下列食品、食品添加剂、食品相关产品：……（十）标注虚假生产日期、保质期或者超过保质期的食品、食品添加剂。"第 124 条规定："违反本法规定，有下列情形之一，尚不构成犯罪的，由县级以上人民政府食品安全监督管理部门没收违法所得和违法生产经营的食品、食品添加剂，并可以没收用于违法生产经营的工具、设备、原料等物品；违法生产经营的食品、食品添加剂货值金额不足一万元的，并处五万元以上十万元以下罚款；货值金额一万元以上的，并处货值金额十倍以上二十倍以下罚款；情节严重的，吊销许可证：……（五）生产经营标注虚假生产日期、保质期或者超过保质期的食品、食品添加剂……"

148 条第 2 款〔1〕的规定进行认定。

综上所述，食品安全标准在民事裁判中的不当适用主要体现为法院将食品安全标准与其他相近的概念混淆、对食品安全标准在当事人之间的举证分配失当，以及对食品安全标准认证过程的粗放与判决说理的不充分。而这些问题之所以存在，表面上是由于法院对食品安全标准的概念和性质不熟悉，实则源于标准与法律两类规范的融合与碰撞。因此，欲要解决食品安全标准在司法实践中的适用乱象，就有必要深入分析食品安全标准司法适用问题产生的理论根源。

二、食品安全标准司法适用问题产生之因由

食品安全标准作为食品领域的与食品安全有关的强制性标准，既是标准作用于私法领域的一个缩影，具有标准与法律相互作用的共性，又存在区别于其他领域标准及其他食品标准的个性问题。食品安全标准虽然通过法律的引致条款进入法的系统，产生私法效力，但是我国食品安全标准本身为外在于法的规范系统，由此导致精通法律的裁判者对此并不精通。同时，食品安全标准与法律也有诸多相似之处，致使食品安全标准的法律属性难以分辨。

（一）食品安全标准通过概括指示的方式进入法律

所谓"标准"，是指通过标准化活动，按照规定的程序经协商一致制定，为各种活动或其结果提供规则、指南或特性，供共同使用和重复使用的文件，〔2〕亦指农业、工业、服务业以及社会事业等领域需要统一的技术要求。〔3〕标准并不会自动调整人们的权利义务，除了被当事人约定遵守以外，只有通过被法律援引才能对社会产生普遍的约束力与法律效力。法律引进标准主要有逐字并入、直接援引标准的具体名称、概括指示某一类标准等模式。

在立法中构建食品安全制度体系是世界上主要国家和地区的通行做法，但将标准引入法律的方式各不相同。《澳新食品标准法典》（Food Standards Australia New Zealand Act）为适用于澳大利亚和新西兰两国的食品标准法典，

---

〔1〕 《食品安全法》第 148 条第 2 款规定："生产不符合食品安全标准的食品或者经营明知是不符合食品安全标准的食品，消费者除要求赔偿损失外，还可以向生产者或者经营者要求支付价款十倍或者损失三倍的赔偿金；增加赔偿的金额不足一千元的，为一千元。但是，食品的标签、说明书存在不影响食品安全且不会对消费者造成误导的瑕疵的除外。"

〔2〕 GB/T20000.1-2014《标准化工作指南 第 1 部分：标准化和相关活动的通用术语》。

〔3〕 此为《标准化法》第 2 条规定。

该法典是单个食品标准的汇总，属于将标准文本直接引入法律；[1] 加拿大《食品药品法》（Food and Drug Act）为概括提及标准，加拿大《食品药品条例》（Food and Drug Regulations）则是对《食品药品法》的细化，是具体的执行要求，属于对于标准的逐字引入；[2] 作为美国食品安全法律的核心，《食品、药品和化妆品法》对于食品中有毒成分的法定计量、农产品中杀虫剂和其他化学品的残留量和管理进行了具体规定；[3] 欧盟的《通用食品法》引用了欧盟指令的具体名称；[4] 日本《食品卫生法》亦直接规定了标准的具体内容。[5]

我国的食品安全标准作为标准大家庭中的一个"子目"，除了系统地出现在《食品安全法》（46次）以外，还散见于我国《刑法》（1次）、《食品安全法实施条例》（10次）、《最高人民法院关于审理食品安全民事纠纷案件适用法律若干问题的解释（一）》（24次）、《最高人民法院、最高人民检察院关于办理危害食品安全刑事案件适用法律若干问题的解释》（20次）等法律法规和司法解释。

由于我国的法律与标准属于两个不同的体系，食品安全标准均是通过概括指示设置引致条款的方式被前述法律规范引用。也就是说，法律只是笼统地规定了相关权利义务的适用条件为遵守或违反食品安全标准，但并未指明具体的食品安全标准名称，更没有明确具体的食品安全标准的详细内容。这一方面有利于食品安全标准在食品安全法规范社会行为中发挥积极作用，将法律的稳定性与食品安全标准可随经济社会发展随时调整的灵活性相结合；但另一方面也客观上造成了在适用法律相关条款时由于对食品安全标准不够

---

〔1〕 刘少伟：《国际食品法典研读》，华东理工大学出版社2016年版，第300页。

〔2〕 如加拿大《食品药品法》6.1（1）"必要时，总督有权依法指定针对某种食品规定的标准，以防止对该食品的消费者或购买者的健康造成损害。"摘自国家质检总局标准法规中心编译：《加拿大食品标签法规》，中国质检出版社2013年版，第9页。

〔3〕 刘少伟：《国际食品法典研读》，华东理工大学出版社2016年版，第176页。

〔4〕 如欧盟《通用食品法》"鉴于"部分（6）规定："水同其他食品一样被直接或间接摄取，因此也可能引起对消费者的化学和微生物的污染。人类的饮用水质量标准已在EEC指令80/778和EC98/83中规定，参考EC指令98/83第6条已足够。"

〔5〕 如根据日本《食品卫生法》第19条："卫生、劳动和福利部长从公共卫生的角度出发，可在听取制药事务和食品卫生理事会的意见后，制定必要的标准，对拟出售的食品或食品添加剂，或根据前一条第1款的规定制定规格或标准的器具或容器/包装进行标识）。任何人不得出售、展示意图出售或在商业中使用根据前款规定已制定标签标准的任何食品、食品添加剂、器具或容器/包装，除非其标签符合既定标准。"

熟悉而出现适用错误与理解偏差。

（二）食品安全标准与其他标准"和而不同"

与主要发达国家在法律法规中通过吸纳民间机构制定的标准而赋予标准强制执行力的"自下而上"的做法不同，[1] 我国的标准化法治是从中央行政机关制定标准并通过法律赋予其法律效力，从而使标准"自上而下"发挥作用开始的。

包括食品安全标准在内的我国标准自成体系，客观上对于非标准化领域的人士理解标准造成障碍。标准化有一套相对独立的话语体系，其中标准引用的层级关系即为标准规范表达[2]的一个特点。根据 GB/T1.1-2020《标准化工作导则 第1部分：标准化文件的结构和起草原则》，"规范性引用的文件内容构成了引用它的文件中必不可少的条款"。换句话说，为了避免重复规定，标准与被引用的标准构成了适用于特定标准化对象的标准体系。在通过引用方式形成的标准体系里，存在着标准引用的"俄罗斯套娃"式层级关系。例如，GB14963-2011《蜂蜜》第3.4"污染物限量"规定，"污染物限量应符合 GB2762 的规定"。而 GB2762-2017《食品中污染物限量》第4.1.2 对于包括蜂蜜在内的食品中的铅限量指标规定"按 GB5009.12 规定的方法测定"。查阅 GB5009.12-2017《食品中铅的测定》规定，在用石墨炉原子吸收光谱法测定食品中的铅含量时，所用试剂"均为优级纯，水为 GB/T6682 规定的二级水"。GB/T6682-2008《分析实验室用水规格和试验方法》为国家推荐性标准，并非食品安全标准。可见，食品安全标准与其他标准互相衔接，统一于我国的标准化体系之中。科学领域的专业词汇以及标准化领域的复杂体系，对于法律人来讲难免生疏。

同时，食品安全标准自成严密体系，涵盖内容广泛，横跨食品化学、食品检验、微生物学、毒理学、食品安全学等多个学科，理解时有一定的专业

---

[1] 关于美国、欧盟、加拿大和日本食品安全标准的制定机构及程序，可参见纪新：《中外国际贸易食品安全标准的比较研究》，大连海事大学出版社 2015 年版，第1~32 页。

[2] 柳经纬：《论标准对法律发挥作用的规范基础》，载《行政法学研究》2021 年第1 期。

壁垒。《食品安全法》通过列举的方式规定了食品安全标准应当包括的内容，[1] 涵盖食品的生产、加工、运输、销售、检测等各个环节。现行有效的食品安全国家标准有 13 个类别，共 1311 项。[2] 根据国家卫生健康委员会2020 年公布的《食品安全国家标准目录》，我国食品安全国家标准的类型包括：通用标准 12 项、食品产品标准 70 项、营养与特殊膳食食品标准 9 项、食品添加剂质量规格标准 604 项、食品营养强化剂质量规格标准 50 项、食品相关产品标准 15 项、生产经营规范标准 30 项、理化检验方法与规程标准 229项、微生物检验方法与规程标准 32 项、毒理学检验方法与规程标准 28 项、农药残留检测方法标准 116 项、兽药残留检测方法标准 38 项、（拟）被替代标准 78 项等。每一项标准都是科学技术研究和生产经验总结的产物，食品安全标准的制定过程大量地应用了与各项技术要求相关的学科知识与技术条件。[3]

法律的抽象规定一定程度上对于部分法律界人士错误识别食品安全标准起了推波助澜的作用。根据《标准化法》第 10 条规定，"对保障人身健康和生命财产安全、国家安全、生态环境安全以及满足经济社会管理基本需要的技术要求，应当制定强制性国家标准"。《食品安全法》除上文提到规定了食品安全标准应当包含的内容外，还于第 25 条规定，"食品安全标准是强制执行的标准。"仅根据上述法律规定，部分不了解标准的人将食品安全标准理解为涉及食品安全的标准。虽然《食品安全法》对于食品安全进行了定义，[4]但仍为以一般人的视角对于食品安全作出有差别的理解留下了空间。

准确识别食品安全标准，不能仅根据法律法规及相关规范性文件，而是

---

〔1〕 《食品安全法》第 26 条规定："食品安全标准应当包括下列内容：（一）食品、食品添加剂、食品相关产品中的致病性微生物，农药残留、兽药残留、生物毒素、重金属等污染物质以及其他危害人体健康物质的限量规定；（二）食品添加剂的品种、使用范围、用量；（三）专供婴幼儿和其他特定人群的主辅食品的营养成分要求；（四）对与卫生、营养等食品安全要求有关的标签、标志、说明书的要求；（五）食品生产经营过程的卫生要求；（六）与食品安全有关的质量要求；（七）与食品安全有关的食品检验方法与规程；（八）其他需要制定为食品安全标准的内容。"

〔2〕 此为食品安全标准监测与评估司公布的截至 2020 年 10 月的数据，载 http：//www.nhc.gov.cn/sps/spaqmu/202010/0aea1b6b127e474bac6de760e8c7c3f7.shtml，最后访问日期：2021 年 2 月 27日。

〔3〕 纵伟、郑坚强主编：《食品卫生学》（第二版），中国轻工业出版社 2019 年版，第 314 页。

〔4〕 《食品安全法》第 150 条规定："……食品安全，指食品无毒、无害，符合应当有的营养要求，对人体健康不造成任何急性、亚急性或者慢性危害……"

还需要结合标准化的知识。最直接的识别方法是根据标准的名称及编号。每一项食品安全标准都标明了"食品安全国家标准"或"食品安全地方标准"字样，并且如同自然人的身份证号、法人的统一社会信用代码一样具有唯一的编号。食品安全国家标准的编号均为"GB"+"顺序号"+连接号"-"字线+"发布年份"的形式，如 GB2760-2014《食品安全国家标准 食品添加剂使用标准》、GB7718-2011《食品安全国家标准 预包装食品标签通则》。与之类似，食品安全地方标准由代号、顺序号和年代号三部分组成。所不同的是，食品安全地方标准的代号是由字母"DBS"加上省、自治区、直辖市行政区划代码前两位数加斜线组成。[1] 此外，还可以查阅国家卫生健康委员会和省级地方卫生健康委员会公布的食品安全标准目录。

（三）食品安全标准的性质分歧

在诉讼过程中，由当事人负责就其主张的事实提供证据加以证明，法律的检索和适用属于法院职权的范畴。证据在诉讼中属于具有法定形式的能够证明案件事实的一切材料。[2] 由于食品安全标准与法律具有强制性、规范性、体系性等诸多相同点，因此认为食品安全标准属于法律规范的大有人在。食品安全标准在法律性质上究竟属于证据还是法律，对于法院在民事裁判中对食品安全标准的选择适用及对当事人的举证责任分配有很大影响。

食品安全标准是众多标准中的一种类型。尽管如前文所述，标准与法律在形式与规范性方面具有差异，但标准究竟属于证据材料抑或法律规范，在司法实践中一直存在争议。多数最高院判决[3]认为标准是证据，具有证据的效力，但是亦有个别地方法院将标准直接作为法律予以援引。[4]《国家版权局版权管理司关于标准著作权纠纷给最高人民法院的答复》（权司〔1999〕50 号）与《最高人民法院知识产权审判庭关于中国标准出版社与中国劳动出版社著作权侵权纠纷案的答复》（1999 年 11 月 22 日〔1998〕知他字第 6 号

---

〔1〕 参见《国家卫生健康委办公厅关于进一步加强食品安全地方标准管理工作的通知》（国卫办食品函〔2019〕556 号）。

〔2〕 陈光中主编：《证据法学》（第三版），法律出版社 2011 年版，第 143 页。

〔3〕 如中华人民共和国最高人民法院（2015）民提字第 58 号民事判决书、（2015）民申字第 386 号民事裁定书、（2014）民申字第 1782 号民事裁定书。

〔4〕 （2016）辽 0105 民初 2855 号民事判决书载明："根据《中华人民共和国合同法》第六十条、第四十四条、第一百零七条，《社会生活环境噪声排放标准》《GB22337-2008》第 4.2.1 条之规定，判决如下……"

函）也都明确指出"强制性标准是具有法规性质的技术性规范，推荐性标准不属于法规性质的技术性规范"。[1]

具体到食品安全领域，《食品安全法》对于食品安全标准的性质并没有进行明确，司法实践中法院的处理也未尽一致。多数案件中，国家标准和行业标准均作为证据材料参与庭审举证质证程序，法官在生效判决中结合当事人所提交标准的具体内容对于涉案食品是否符合食品安全标准进行实质审查。个别案件中，法院将食品安全标准作为类似于法律法规的规范性文件进行适用。如北京法院参阅案例第32号"上诉人沈凯与被上诉人北京物美大卖场商业管理有限公司、北京物美大卖场商业管理有限公司惠新西街店买卖合同纠纷"[2] 一案中，行业标准并非当事人提交的证据，而是法官主动查明，认为涉案蜂蜜未标注其实际执行的行业标准，并不违反食品安全标准。该案中，法院引用了当事人主张之外的标准论证涉案食品是否符合食品安全标准，其实质是将食品安全标准当成了法律一类的规范，认可了法律属性论。上文提到的一些案件中的法官在原告并未指出其所主张的涉案食品违反的食品安全标准的具体名称与条款的情形下，径直作出判断，亦是食品安全标准法律属性论的体现。

笔者认为，食品安全标准的法律性质究竟为何，应从标准与法律两者的相互比较中获得。具体来说，笔者将从法的形式、标准的效力来源以及标准之间的内在联系这三大方面来论证食品安全标准应属于证据的范畴。标准并非当代中国法的形式。所谓法的形式，是指法的具体的外部表现形态。它是经特定的国家机关依照法定职权和程序制定或认可的具有不同法律效力和地位的法的不同表现形式。根据现代法治原理，只有法才可以对公民设定强制性义务。我国《民事诉讼法》第2条规定，"中华人民共和国民事诉讼法的任务，是……分清是非，正确适用法律"。那么，哪些属于"法"？根据《立法法》的规定，我国法的形式主要有宪法、法律、行政法规、地方性法规、自治条例、单行条例、部门规章、地方政府规章等。总体而言，当代中国法是一套以宪法为金字塔顶端的效力等级系统。《标准化法》第2条第1款规定，标准是指"农业、工业、服务业以及社会事业等领域需要统一的技术要求"。

---

〔1〕 《国家版权局版权管理司关于标准著作权纠纷给最高人民法院的答复》，载 http://pku-law.cn/fulltext_form.aspx? Gid=76309&Db=chl，最后访问日期：2019年8月11日。

〔2〕 北京市第三中级人民法院（2015）三中民终字第16206号民事判决书。

也就是说，标准属于技术要求，并非我国法的形式，不属于法律的范畴。其次，标准的规范效力来自法律的赋予。"法律是一个社会规则体系"，[1] 但并非所有的规则都能够被纳入法律的范畴。法与标准在规范属性、制定主体、制定程序以及实施和监督检查等方面均存在明显的区别。法由国家强制力保证实施，而标准只有融合进法律，才能具有法律效力。食品安全标准尽管具有科学和技术层面的意义，但其本身"只具有作为案件事实认定依据的意义，而不具有判定当事人行为违法性的法律依据的意义"，[2] 是《标准化法》[3] 和《食品安全法》等法律的规定赋予了食品安全标准约束力和强制力。最后，将包括食品安全标准在内的强制性标准与推荐性标准割裂开谈性质并不妥当。强制性标准与推荐性标准在内容上互相引用，统一于我国的标准体系。出于制定标准的经济性与便捷性的考虑，食品安全标准引用其他食品标准、行业标准是比较常见的现象。如 GB14963-2011《蜂蜜》3.2 规定，蜂蜜色泽项目感官要求的检验方法"按 SN/T0852（即《进出口蜂蜜检验规程》）的相应方法检验"。而推荐性的食品标准也常引用食品安全标准作为其内容的一部分，如 GB/T22291-2017《白茶》5.4.1 规定： "污染物限量指标应符合GB2762 的规定。"若单独将强制性标准列为法的范畴，而将推荐性标准视为证据材料，必然割裂了强制性标准与推荐性标准的内在联系，破坏其整体性，在适用中造成麻烦。因此，食品安全标准应属于证据的范畴。而且，根据我国民事诉讼法对于证据形式的分类，食品安全标准作为一类技术要求，以其内容来证明案件事实，应当属于书证。

三、食品安全标准的适用规则

经过新中国成立后不断的积累、整合与修订，我国已经形成了门类比较齐全、结构相对合理、具有一定配套性和系统完整性的食品安全标准体系。尤其是食品安全标准亦通过引致条款进入《食品安全法》后，成为民事案件中进行法律评价、确定当事人权利义务的重要的技术支撑与事实依据。然而，正如前文所述，食品安全标准在司法裁判中存在适用不当的乱象，因此，探索并建立起 套行之有效的适用规则，对丁推动食品安全民事案件的规范审理、类案裁判尺度统一具有重要意义。

---

〔1〕 ［英］哈特：《法律的概念》，许家馨、李冠宜译，法律出版社 2018 年版，第 XV 页。

〔2〕 柳经纬：《合同中的标准问题》，载《法商研究》2018 年第 1 期，第 127~136 页。

〔3〕 《标准化法》第 2 条第 3 款规定："强制性标准必须执行。国家鼓励采用推荐性标准。"

如前文所论证的，食品安全标准可以理解为以保证食品安全的统一技术要求为内容的规范性文件，其本质上为一种证据。在建构食品安全标准之司法适用规则之时，应立基于食品安全标准的内涵和法律性质，从以下方面着手：

（一）加强食品标准的体系性理解

食品安全标准是一个抽象的概念，具体指代共 1311 项具体的标准。强制性标准与推荐性标准在内容上互相引用、渗透，稍不注意即会引起混淆。而且，不论强制性的食品安全标准，还是推荐性的行业标准、团体标准，都可能被企业选定为其声明自愿执行的企业标准，进而可能在当事人之间产生争议。因此，在食品安全标准的适用中仅了解食品安全标准远远不够。加强食品标准的体系性理解是审理涉食品安全标准民事诉讼案件的前提条件。

首先，应当明确食品标准与包括食品安全标准在内的下辖概念之间的区别与联系。食品标准的内涵远比食品安全标准更为广泛。从其规范的对象性质来看，食品标准可分为食品技术标准和食品管理标准。按实施效力，食品标准分为强制性食品标准即食品安全标准与推荐性的食品标准。推荐性的食品标准绝大多数与食品安全关系不大，或者标准的制定者出于经济、技术等方面的综合考虑未将其纳入食品安全标准的范畴。如供销合作行业标准 GH/T18796-2012《蜂蜜》就经历了由行业标准成为国家标准 GB18796-2005，后来由于食品安全国家标准 GB14963-2011《蜂蜜》的发布，被修订为现在的行业标准。根据《标准化法》并结合我国目前的实际情况，推荐性的食品标准主要有食品推荐性国家标准、食品行业标准、食品推荐性地方标准。[1] 例如，GB/T22291-2017《白茶》为食品推荐性国家标准，前述 GH/T18796-2012《蜂蜜》为食品行业标准，中国水产流通与加工协会会同三文鱼分会成员单位共同起草的《生食三文鱼》则属于食品团体标准。根据《标准化法》和国家市场监督管理总局发布的《地方标准管理办法》的相关规定，亦可以制定推荐性的食品地方标准。

其次，应当明确企业标准与食品安全标准之间的关系。在美国、日本等

---

〔1〕 根据《标准化法》的立法本意，标准按照实施效力进行分类只适用于政府制定的标准。而团体标准、企业标准属于市场主体自主制定的标准，故没有在此列出。参考《标准化法》第 2 条第 2 款："标准包括国家标准、行业标准、地方标准和团体标准、企业标准。国家标准分为强制性标准、推荐性标准，行业标准、地方标准是推荐性标准。"同时参考甘藏春、田世宏主编：《中华人民共和国标准化法释义》，中国法制出版社 2017 年版，第 29~30 页。

发达国家，企业标准除为其本单位所需外，还有助于积累大量为较高级别标准所必需的实际资料和经验。[1] 企业标准、商业联盟标准作为私人标准，通过第三方认证实施，是农业企业价值链的主要食品安全治理工具之一。[2] 对于我国来说，鼓励企业制定严于食品安全国家标准或者地方标准的企业标准，对于培育市场主体自觉性、形成健康向上的市场环境的积极意义不言而喻。若对于生产、经营符合食品安全标准但违反了自身企业标准的行为进行惩罚性赔偿，显然会挫伤市场主体自我提升的积极性。我国司法机关在以往的著述中曾有"食品安全企业标准"的表述[3]，对于审判实践存在一定程度的误导。但这种状况在 2019 年以来得到改善。最新的《食品安全法实施条例》第74 条有"符合食品安全标准但不符合食品所标注的企业标准"的表述。2020年 12 月 8 日发布的《最高人民法院关于审理食品安全民事纠纷案件适用法律若干问题的解释（一）》亦将食品安全标准与生产者或者销售者承诺的质量标准予以区分。因此，食品符合食品安全标准但未达到企业标准，生产者或者销售者无须按照《食品安全法》第 148 条的规定承担赔偿责任，但可能要在《消费者权益保护法》及《民法典》合同编的框架下承担相应的责任。

（二）合理分配对食品安全标准的举证责任

我国学界目前普遍认为，应当从行为与结果两个角度理解证明责任：一是"谁主张谁举证"，即"行为责任"；二是若不尽到举证责任，则应当在案件事实处于真伪不明的状态下承担败诉的风险，即"结果责任"。由于涉及食品安全标准的民事诉讼绝大多数为当事人依据《食品安全法》第 148 条第 2款主张惩罚性赔偿，故此处仅讨论该类案件中关于食品安全标准的举证责任分配。

其一，原告应就涉及的食品安全标准进行举证。此为行为意义上的举证责任，是由证明责任分配的基本原则与食品安全标准的法律属性决定的。《民事诉讼法》第 64 条第 1 款规定："当事人对自己提出的主张，有责任提供证据。"食品安全标准属于一种证据材料，理应由原告对于涉及的食品安全标

---

〔1〕 ［印］魏尔曼博士：《标准化是一门新学科》，中国科学技术情报研究所编辑，科学技术文献出版社 1980 年版，第 83 页。

〔2〕 Elena Fagotto, Private roles in food safety provision: the law and economics of private food safety, 37 European Journal of Law and Economics. 83, 83 (2014).

〔3〕 最高人民法院民事审判第一庭编著：《最高人民法院关于食品药品纠纷司法解释理解与适用》，人民法院出版社 2015 年版，第 96 页。

具体条文进行举证。比如，在原告依据《食品安全法》第148条第2款向经营者主张赔偿责任的案件中，就"不符合食品安全标准"此一要件，其需要初步证明：①食品的某一方面特征不合格；②该特征不符合的食品安全标准的名称及条款。如果原告提供的证据能够初步证明以上两点，行为意义上的证明责任就由作为经营者的被告承担。假设被告提供卫健委的文件证明原告对于前述标准的理解错误，涉案食品符合该标准，此证据就会使原告方证据的证明力受到削弱，原告需要进一步提供证据证明其主张。至此行为意义上的举证责任又转移到原告。

其二，原告应在真伪不明时承担败诉的风险。"行为责任"是一种动态的责任，随着证明过程的推进会在原、被告之间转移。而这种证明责任是否由一方转移至另一方当事人，主要取决于在对某一当事人提供证据进行质证的过程中，是否能够促使法官满足确信其心证的要求。[1]"结果责任"则不会发生转移，在诉讼开始时即作为一种潜在的可能性存在于原告方，诉讼终结时，一旦事实出现真伪不明的状态，依然由原告承担。如前文提到的关于宝蓝吉柠檬汁的案例，相关食品安全标准本身规定模糊，则不宜径直做有利于原告的解释。被诉销售者若能够证明涉案食品各项资质齐全，则应由原告承担不利的后果。

需要说明的是，由原告承担结果意义上的举证责任，与《最高人民法院关于审理食品药品纠纷案件适用法律若干问题的规定》第6条"食品的生产者与销售者应当对于食品符合质量标准承担举证责任"的规定并不矛盾。上述规定从保护消费者利益、证明距离的远近出发，将关于食品质量的举证责任分配给了生产者和经营者。在原告因食用涉案食品遭受损害故而提起侵权之诉的情况下，由食品的生产者与销售者依据上述规定承担证明责任并无不妥。但是鉴于《食品安全法》第148条第2款规定的惩罚性赔偿责任的承担不以原告受到实际损害为前提，作为被告的生产者或经营者在食品"是否符合食品安全标准"真伪不明时不具有可归责的正当理由，因此仍应由原告承担结果意义上的证明责任，这在一定程度上也可以抑制滥诉行为的发生。

其三，关于标准的举证形式，《食品安全法》第31条规定："省级以上人民政府卫生行政部门应当在其网站上公布制定和备案的食品安全国家标准、

---

[1] 毕玉谦：《证明责任与证明责任分配规则——〈最高人民法院关于民事诉讼证据的若干规定〉主要问题透视之一》，载《法律适用》2002年第4期，第24~28页。

地方标准和企业标准，供公众免费查阅、下载。"食品安全标准作为法律规定的具有强制执行力的技术要求，具有公共属性，企业标准亦相当于企业在生产经营方面作出的承诺，因此法律规定上述内容可通过公开渠道以免费的方式为公众获知。目前国家食品安全风险评估中心建立了"食品安全国家标准数据检索平台"（http：//bz. cfsa. net. cn/db）与"食品安全地方标准数据检索平台"（http：//bz. cfsa. net. cn/db），国家标准化管理委员会建立了"企业标准信息公共服务平台"（http：//www. qybz. org. cn）供公众查阅。因此，法官具备核对、查验的条件。故在一般情况下，应当由当事人对于标准的名称、内容进行举证。特殊情况下，可以将食品安全标准与企业标准作为司法认知中"众所周知"的内容进行处理，由法院根据公开信息平台获取后进行核实。[1]

（三）强化对食品安全标准认证的严密性

认证的过程，其实就是对于不同证据的证明力进行审查与判断的过程。《最高人民法院关于民事诉讼证据的若干规定》第88条规定了综合认证规则："审判人员对案件的全部证据，应当从各证据与案件事实的关联程度、各证据之间的联系等方面进行综合审查判断。"关于当事人提供的用以证明涉案食品是否符合食品安全标准的证据，法官的审查判断通常分为"三步走"：一是审查食品的参数或特性，二是审查适用的食品安全标准，三是对涉案食品是否符合食品安全标准进行事实判断。在认证的过程中，必须"囿于"标准且"深入"标准，不能脱离标准的框架随意适用，亦不可浮于表面想当然地推断。具体来说，法院在对食品安全标准进行认证时应注意以下方面：

首先，应严格按照食品安全标准的内容进行符合性审查。书证要想作为证据使用，首先必须进行确证，确保其为原件，这是最佳证据规则的内在要求。[2] 食品安全标准作为一类书证，法院应当对其真实性进行核对，并全面理解标准的内容与效力。食品安全标准是强制执行的标准，但也并非每条标准都具有强制执行的效力。如 GB28050-2011《预包装食品营养标签通则》虽然属于强制性标准，但条文中有"强制标示内容"与"可选择标示内容"，其中"5.1 除上述强制表示内容外，营养成分表中还可选择表示表1中的其他

---

〔1〕 根据《最高人民法院关于适用〈中华人民共和国民事诉讼法〉的解释》第93条规定，众所周知的事实，当事人无须举证证明，当事人有相反证据足以反驳的除外。

〔2〕 刘静坤：《证据审查规则与分析方法》，法律出版社2018年版，第115页。

成分"，即表明该条款系生产经营者可选择适用的，并不具有强制性。故在审查标准时切不可浅尝辄止，而应严格按照食品安全标准的内容判断。

其次，应注意食品安全标准与食品标准的衔接。在判断涉案食品是否符合食品安全标准的过程中，推荐性的食品标准并不当然具有证明力。只有当其被食品安全标准援引，才能成为判断涉案食品是否符合食品安全标准的依据。如关于食品的名称，GB7718-2011《预包装食品标签通则》4.1.2.1.1 规定："当国家标准、行业标准或地方标准中已规定了某食品的一个或几个名称时，应选用其中的一个，或等效的名称。"一些食品的类别规定在食品推荐性国家标准中，如 GB/T31121-2014《果蔬汁类及其饮料》，故此标准便成为判断前述宝蓝吉柠檬汁所属食品类别的依据，如此一来，该推荐性标准中的食品名称部分便具有事实上强制执行的效力。

最后，应注意法律与标准之间的联系。法律与标准并不相同，但二者之间也并非毫无关联。标准通过法律牵线搭桥具有了法律效力，而包括食品安全标准在内的标准也存在"吸收"法律的现象，主要是将法律的原则和具体规范转换为标准的内容。[1] 例如，关于过期食品是否符合食品安全标准的问题，GB7718-2011《预包装食品标签通则》4.1.7.1 规定"应清晰标示预包装食品的生产日期和保质期"，但并未对超过保质期的食品明确作出禁止售卖的规定。但是上述标准 3.1 规定："应符合法律、法规的规定，并符合相应食品安全标准的规定"，相当于用标准化的语言强调了法律法规的相应内容。至此，结合《食品安全法》第 34 条第 10 项的规定，"禁止生产经营标注虚假生产日期、保质期或者超过保质期的食品、食品添加剂"，就足以认定生产经营过期食品不符合食品安全标准。

四、结语

《食品安全法》第 148 条第 2 款通过引致条款，将违反食品安全标准的行为纳入食品安全法的约束范畴。但是，法律精英与食品行业、标准化领域之间难以避免地存在专业壁垒，食品安全标准的结构体系与科学论述亦难以短时间内被精准理解。民事裁判中，食品安全标准绝非"口袋式"名词，不应被随意解释和套用。审判人员应当竭力避免"重法律轻标准"的做法，关注食品标准的体系性，严格区分关于食品安全标准的行为责任与结果责任，深入标准本身进行符合性审查，逐渐形成一套成熟的裁判规则，规范食品安全

---

〔1〕 柳经纬：《标准与法律的融合》，载《政法论坛》2016 年第 6 期，第 20 页。

标准在民事裁判中的适用。

　　"处于不同社会经济水平的国家在粮食生产和消费方面将有不同的优先事项",[1] 飞速发展的中国对于食品安全的要求必然也会不断提升。在大力倡导发挥标准化在推进国家治理体系和治理能力现代化中的基础性与战略性作用的大背景下，食品安全标准作为最底线的食品标准，对于建立与维护我国"从农田到餐桌"的食品安全保障体系意义重大。食品安全标准的规范适用是推动我国食品安全法治化水平提升的关键环节。司法实践中应注重对于食品安全标准进行深入地学习与分析，如此才能更好地发挥司法对于食品行业健康发展的匡正、指引作用。

---

　　[1]　Kim, Yi Seul, Encouraging Food Safety Standard Negotiations in the One-Belt-One-Road Initiative, 2 Int'l Comp., Policy & Ethics L. Rev. 475, 479 (2018-2019).

关于中国法典评注写作的若干思考

李　昊*

随着《中华人民共和国民法典》于 2021 年 1 月 1 日起施行，中国正式步入了"民法典时代"，而新近发布的《法治中国建设规划（2020—2025 年）》也提出"对某一领域有多部法律的，条件成熟时进行法典编纂"。可以说，中国很快也将进入"法典化时代"。法典可以说是立法体系化的典范，而与之相配的学理的典范则是被称为"法教义学巅峰"的法典评注。法典评注不仅是德国法系下法教义学衍生的集成作品，在其他有着成文法典的大陆法系国家，如意大利、法国、日本等也存在着体例不一的法典评注作品，甚至以普通法为根基的美国和英国也存在着体系化的法律重述。可以说，法典评注及类似的体系化的作品是法学理论和法律实践高度发展的产物和表征。

以德国民法典评注为例，其主要特征在于，基于现行法的体系呈现法学理论和司法实践融合发展而形成的通说。因此，随着立法的更改以及法学理论和司法实践的发展，法典评注也将随之进行频度不等的变动。以德国最大型的 Staudinger 民法典评注为例，近年来随着《德国民法典》的频繁修订，也不断加快了修订的进度。因

＊　李昊，北京航空航天大学高研院暨法学院教授、博士生导师。

此，评注的内容需要及时更新，反映最新的立法、司法和学说。在某种程度上，这种更新也表明评注并不仅仅是呈现通说，还起到了在没有成熟的理论和实践支撑时，对新颁布或修订的内容进行学理构建和规范指引的功能。这也是法典颁布之初法典评注需要发挥的主要功能，即总结以往理论和实践经验，促进通说的形成，法典评注所提出的观点如果为高层级法院的典型案例所采纳，即可能成为之后的通说。中国民法典评注目前阶段所要发挥的功能即在于此。在通说形成前，则应避免采用通说这种表达，而应对各种代表性的学说观点进行总结，并以观点持有者的学术地位和支持者的数量进行大体的分类，不妨采用多数说、少数说、有力说、新近观点等表达；对于新设制度，还需要提出适用的方向，凝练共识，而这也为撰写者个人思想发挥提供了较大的空间，尤其是单篇评注作品，但对于集合性的整体的法典评注，撰写者的个性则需要与整个法典评注的理论基调相协调，在一定程度上需要收敛。

与法典原创国家不同，中国作为典型的法律多元继受的国家，在法典评注中还需要注重发掘法律条文和制度的来源，尝试探究法律继受的路径，为体系化的梳理提供历史的视角。当然，我们无需像德国的 HKK（德国民法典历史评注）那样都追溯到古罗马法。虽然新中国的立法资料大多隐而不彰，但立法机关的法律释义、参与立法者的著述中仍可以爬梳出法律继受的蛛丝马迹，并为法典条文的体系化解释和司法适用提供方向，但法典评注并不一定要受到继受来源的拘束，在一定意义上，甚至需要反思纠偏，避免多元继受所带来的解释适用上的体系矛盾。

在中国，法典评注所面临的主要障碍并不仅仅是继受来源的不确定和不明晰，更为棘手的是对既往司法实践的梳理，也即对海量的司法案例的分类归纳整理。目前虽然已经有诸多案例数据库提供了大量的司法案例数据，但中国的案例公开在一定时期内缺乏制度保障，判决的写作缺乏整体框架，尤其是缺乏学理的展开；相应地，案例研究起步晚，缺乏体系化的梳理，没有对大量的同类司法案例进行总结归纳，因此也直接影响了评注写作的精度，加大了评注写作的难度。这也和中国法教义学和法学方法论不够发达有着内在的关联。在这一背景下，中国的法典评注在一定程度上也承担了以法典条文为纲，总结司法实践中出现的类案的功能。目前，考虑到海量数据尚缺乏有效的同案择选技术，根据案例的来源进行分类梳理可以适当减轻评注的工作难度，其中指导案例、《最高人民法院公报》、《民事审判指导与参考》、

《人民法院案例选》、《审判案例要览》、各地方高级法院公布的典型案例等可以作为重点的案例选择来源，而对于尚缺乏高层级案例引用的法条，则可以摘选具有典型示范意义的低层级法院公开的案例。

现阶段，中国的法典化程度低，尤其在民法典中存在着部分的宣示性法条、重复规定法条，有学者甚至将之称为僵尸法条，而且部分法条的结构不完全、参引技术不规范、条文之间存在矛盾，也没有充分考虑证明责任的分配，使得法典评注的写作需要对法条的体系功能加以阐述，区分请求和抗辩规范以及相应的辅助性规范并指明证明责任的分配。对于具有重要适用意义的法条，评注可以分为条文宗旨、条文性质（请求规范还是抗辩规范或者辅助性规范）、条文的比较法和历史考察、条文的体系关联、条文结构（构成要件和法律效果）、证明责任等几个主要部分，并需要充分运用法教义学和法学方法论对条文进行体系化和解剖式的阐明。而对于用益不大的法条则可以简略评注，甚至多条联合评注。

法典评注除了可以对学理发展加以总结，为司法实践提供指引，呈现或逐步形成通说外，也有重要的教学意义。对于高校的法学教育而言，重要的即是教授学习活法（living law），并引导学生形成体系思维，而法典评注的功能和特点恰恰使其适合作为主要的教学资料。对于国内目前风头正盛的鉴定式案例研习而言，评注所凝练或提出的观点也是案例写作中重要的引证来源，并可以逐步推动案例分析结论的稳定化。当然，更为妥适的做法是为学生专门编写小型的适于学习的评注。鉴定式案例写作形成的体系化思维也有助于对司法案例的深入研究，形成较为稳定的研究路径和结构。在法科生将来进入实务领域后，这又可以进一步推动司法判决写作的规范化，注重和学理观点的互动，推进通说的形成，为评注提供滋养。可以说，鉴定式案例研习、判例研究、司法裁判和学理研究是相辅相成、互为促进的一套完整的机制，法典评注则是可以将数者勾连起来的良器，最终促进法律人共同体的形成。

对于中国的法典评注来说，这个时代提供了机遇，提供了对法学理论和司法审判进行整合和反思的机会，但同时也存在着重大的挑战，目前，无论是法教义学的研究、法学方法论的运用还是司法审判的技术都尚不足以支撑理想的法典评注的实现。我们所做的就是以同情的和学习的眼光，逐步探究中国法典评注应有的姿态和路径，或许在不远的一天能够形成自己的风格和丰韵！

《民法典》第979条（适法无因管理）评注

王益强[*]

　　摘　要：《民法典》第979条为适法无因管理规定，明定了构成要件与法律后果。适法无因管理的规范意旨在于平衡管理人与本人之间的利益，肯定利他主义下的互助行为。适法无因管理须满足事务管理行为、管理意思、没有法定的或者约定的义务、具备适法性事由四项构成要件。除第979条规定的必要费用偿还请求权和损失适当补偿请求权，还应肯定债务偿还请求权和职业人员的报酬请求权。见义勇为与无因管理既有区别又有联系，所以应做到第979条与第183条在请求权基础上的协调。

　　关键词：适法无因管理　构成要件　法律效果　利益

一、规范意旨

　　《中华人民共和国民法典》（以下简称《民法典》）第979条是适法无因管理的规定。适法无因管理，也称正当无因管理，谓管理人无法定或约定的义务，具备适法

　　* 王益强，中国政法大学民商经济法学院 2018 级博士研究生（100088）。

性事由时管理他人事务，在管理人与本人之间产生债之关系。从条文内容来看，它显然沿袭了《中华人民共和国民法通则》（已失效，以下简称《民法通则》）第 93 条和《中华人民共和国民法总则》（已失效，以下简称《民法总则》）第 121 条的规定，但是与这两个法条相比，《民法典》第 979 条新增了"适法事由"和"损失适当补偿请求权"两方面的内容。第 979 条为完全性法条，规定了适法性无因管理的构成要件及法律效果，明确赋予管理人必要费用偿还请求权和损失适当补偿请求权。在理解适法无因管理的法效果时，应结合《民法典》第 980~983 条之规定。

《民法典》第 121 条亦对无因管理进行了规定，其是对第 118 条（债权产生原因）的具体展开。但应该明确，第 979 条为第 121 条的具体化，两者分别规定于总则编与合同编，其规定目的并不一致：第 121 条主要明确管理人因无因管理享有债权，第 979 条则主要是对无因管理这一准合同所产生的债权债务关系予以确定。所以，从体系上来说第 979 条并非重复性规定。第 121 条规定了完整的构成要件和法律效果，其可以作为独立的法律适用规范，但在第 979 条进行细化规定的情形下，作为特殊规范的第 979 条应当被优先适用。此外，基于第 979 条已完全涵盖第 121 条的内容，故第 121 条并不存在适用的余地。

适法无因管理的制度目的，主要体现为两个方面：一是调整管理人与本人之间的利益，以实现利益的平衡。管理人为管理本人事务，支出必要费用、遭受收入损失或自身损害，而本人因该管理行为避免了利益上的损失，造成了管理人与本人在利益上的失衡。此时，偿还请求权的作用便得以凸显——对失衡的利益进行调整。二是对人类互助行为的肯认。民法为了充分尊重民事主体处理自己事务的自由意思，确立了"干涉他人之事务为违法"的基本准则，但无因管理行为毕竟是符合人类共同利益和社会道德的互助行为，并不可予以否定。第 979 条在确定适法无因管理构成要件的同时赋予管理人偿还请求权，便是对此种互助行为的肯定。

所以，对无因管理制度的解释与适用应坚持这样的准则，在防止未经同意而干涉他人事务的同时肯定管理人的无私帮助行为，[1] 并进而实现本人与管理人的利益平衡。

---

[1] [德] 马克斯·卡泽尔、罗尔夫·克努特尔：《罗马私法》，田士永译，法律出版社 2018 年版，第 493~496 页。

二、构成要件

管理人的管理行为构成《民法典》第 979 条的适法无因管理，须满足以下四个要件：事务管理行为、管理意思、没有法定的或者约定的义务、具备适法性事由。

（一）事务管理行为

第 979 条规定的"管理他人事务"，包含两个基本点——"他人事务"与"管理行为"。他人事务，乃管理行为所欲完成的他人利益范围内的具体事项。管理行为，乃用以完成他人事务的具体活动形态。

1. 他人事务

（1）他人事务的内涵。事务，为足以满足生活需要，适于为债务目的之事项。他人事务，有观点认为其为他人利益与关心范围（fremde Interesse und Sorgenkreis）[1] 内的事项，亦有观点认为其为权利与利益范围（Rechts und Interessenkreis）[2] 内的事项，但两观点在核心内涵上并不存在争议，均肯定"利益"这一核心概念。所以，《民法典》规定的"他人事务"，应被理解为"他人利益范围内的具体事项"。

异于《德国民法典》的规定，我国《民法典》对"他人事务"进行了明确规定，所以不必如前者在"为他人"的主观要素中理解"他人事务"这一要件。[3]"他人事务"宜被认定为适法无因管理构成要件，而非系为他人管理意思的体现，但该要件的主要功能系认定需有利益归属本人，所以具体类型的认定宜在主观要件中讨论。

（2）他人事务的范围。通说认为，无因管理中的"他人事务"与委托合同中的事务（第 919 条）意义相当，即凡任何适于为债之客体的一切事项均属之。[4] 若基于情谊行为而管理事务，则排除无因管理，故管理事项小于委任事务范围。[5] 亦有观点认为，无因管理之管理事务，较之委任契约之处理

---

〔1〕 Brox/Walker, Besonderes Schuldrecht, 43. Aufl. München 2019, § 36, Rn. 2, S. 499.

〔2〕 Dirk Looschelders, Schulrecht Besonderer Teil, 14. Aufl., München 2019, § 43, Rn. 3.

〔3〕 Vgl. Karl-Heinz Gursky, Der Tatbestand der Geschäftsführung ohne Auftrag, AcP 185（1985）, S. 19ff; 黄茂荣：《债法通则之四：无因管理与不当得利》，厦门大学出版社 2014 年版，第 9 页。

〔4〕 Brox/Walker, Besonderes Schuldrecht, 43. Aufl. München 2019, § 36, Rn. 2; Dirk Looschelders, Schulrecht Besonderer Teil, 14. Aufl., München 2019, § 43, Rn. 2.

〔5〕 Vgl. BGH NJW 2015, 2880.

事务范围更广。[1] 但在无因管理事务与委托事务范围上的比较仅仅是法律史的不自觉影响，只有在对无因管理进行追认时才有考察的价值。

基于第979条"为避免他人利益受损失"的管理意思的要求，可管理的事务被予以限制，限于避免受损失之事务，不包括增进其利益的事务。法律规定或者物理法则无法管理的事务，不得成为他人事务的范围，前者如订立遗嘱等人身专属事务，后者如无法代为的饮食娱乐行为。无因管理的事务适用于债务之目的，所以情谊行为被排除于他人事务的范围。单纯之不作为、违法行为及须经本人之授权始得为之者亦应被排除在事务的范围外。[2] 在司法实践中，事务管理行为多样，可表现为代为付款[3]、代为照顾[4]、义务帮工[5]等。

（3）他人事务的类型。就类型而言，他人事务可被区分为主观、客观及混合事务。[6] 首先，主观事务是指未涉他人利益，须依据管理人主观意思认定的事务。依外部可识别标准难断归属何人之事务（中性事务）的管理人具有管理意思，方成为主观事务。其次，客观事务为依据外观标准，归属本人利益范围的客观性事务，如拯救他人生命、照看他人财产之行为。最后，事务并非单纯归属于管理人的利益范围，而亦归属于本人利益范围时，即同时归属于本人与管理人的范围时属混合事务，如为避免自己受损而救火。他人事务的类型区分，主要助于管理意思之认定。

2. 管理行为

管理行为，是用以完成他人事务的具体活动形态，可为法律行为、准法律行为、事实行为，也可为非法律事实。管理行为为法律行为时，可以本人名义（因本人之承认而生代理行为之效力）或以管理人名义为之。管理行为，得为作为，亦得为不作为。

---

〔1〕 史尚宽：《债法总论》，中国政法大学出版社2000年版，第60页。

〔2〕 郑玉波：《民法债编总论》（修订二版），中国政法大学出版社2004年版，第75页；史尚宽：《债法总论》，中国政法大学出版社2000年版，第59页。

〔3〕 参见"某开发公司与某科贸公司等合作开发房地产合同纠纷案"，载《民事审判指导与参考·最高人民法院案件解析》2013年第1期；（2014）邛崃民初字第435号，（2018）绍中民二终字第567号。

〔4〕 （2017）京03民终201号。

〔5〕 （2003）中中法民一终字第948号，（2002）沪高民四（海）终字第89号，（2001）绍民终字第225号。

〔6〕 Schäfer, Münchener Kommentar zum BGB, 8. Aufl. 2020, § 677, Rn. 39-42.

一般情形下，他人事务与管理行为的具体形态会有所不同，但也存在重合的可能。在主观他人事务中，因具备管理意思，使得他人事务与管理行为的具体形态存在重合。若管理行为必在他人利益范围内，则属于必然联结型客观他人事务，他人事务与管理行为的具体形态便存在重合。若管理行为通常无涉于他人利益，只是在特定场合方有利于他人，即非必然联结型情况下，他人事务与管理行为的具体形态不会发生重合。

（二）管理意思

1. 管理意思的内涵

鉴于管理他人事务终究是介入他人私法自治权的行为，所以无因管理应以管理意思为其成立要件。[1] 所谓"管理意思"，即为他人管理的意思，包括意识（Bewusstsein）和意愿（Wille）两个要素。[2] 意识为认知（kognitiv）要素，[3] 要求管理人认识到其管理的事务为他人事务，并不需要明确本人是谁。[4] 当某人在管理事务时认为其管理的是自己的事务，便不具备事务管理的意识。[5] 意愿为主观要素，要求管理人在管理事务时具有使他人获得利益的主观想法。[6] 只有同时具备两要素，管理人的管理行为才可被认为具有管理意思，所以"管理意思仅为行为所生利益归属于他人的意愿"的观点[7]便不应被肯定。

管理意思，为事实上的意思，而非效力意思，故不适用《民法典》总则编关于意思表示的相关规定。其成立虽以为管理人管理事务的意思为要件，

---

〔1〕 黄茂荣：《债法通则之四：无因管理与不当得利》，厦门大学出版社 2014 年版，第 4 页。

〔2〕 Schäfer, Münchener Kommentar zum BGB, 8. Aufl. 2020, § 677, Rn. 49–50.

〔3〕 Andreas Bergmann, Die Geschäftsführung ohne Auftrag als Subordinationsverhältnis, Mohr Siebeck 2009, S. 156.

〔4〕 Brox/Walker, Besonders Schuldrecht, 43. Auf. , München 2019, § 36, Rn. 5.

〔5〕 Andreas Bergmann, Die Geschäftsführung ohne Auftrag als Subordinationsverhältnis, Mohr Siebeck 2009, S. 156.

〔6〕 Karl-Heinz Gursky, Der Tatbestand der Geschäftsführung ohne Auftrag, AcP185 (1985), S. 28–29.

〔7〕 史尚宽：《债法总论》，中国政法大学出版社 2000 年版，第 61 页；孙森焱：《民法债编总论》（上），法律出版社 2006 年版，第 101 页；郑玉波：《民法债编总论》，中国政法大学出版社 2004 年版，第 76 页。

但管理人无须表示。[1] 管理意思亦与代理意思不同，前者为法律效果的直接归属，后者则为利益的归属。

管理意思之于无因管理制度的重要，首先在于相互扶助的性质要求管理人为管理行为必须具备管理意思，否则便不构成无因管理，如《德国民法典》第 687 条第 2 款之不法管理便被视为侵权行为；[2] 其次，无因管理为奖励人类义举的制度，没有管理意思的管理行为不具有此种利他性，便不必予以保护。

2. 管理意思的认定

在认定管理意思时，需要区分不同的事务管理类型。客观事务，外观观之显属他人事务，依该事务的性质与管理人的行为，自客观上较易认定具有管理意思，此时便可推定管理人有管理他人事务的意思，且该意思无需对外显现。[3] 在事务为客观中性时，自外观观之不属于他人事务，要成为他人事务则要求管理人具有管理意思，认定标准便为管理人外观可识别的管理意思。所以，主观性事务的管理人应举证证明其有为他人管理事务的意思。在混合事务中，管理人兼有为自己和他人利益的意思，通说及司法裁判多认为其具有管理意思，如有的裁判认为"为他人管理的意思与为自己管理的意思可以并存，管理人同时为自己利益和本人利益管理同样符合无因管理的主观要件"。[4] 但在混合性事务管理的管理意思认定中，应当对其中意思的主次进行分析，若管理人的主要意旨在于实现自己的利益，附带顾及他人之利益，便不宜认定管理意思的存在，此时为管理他人事务的意愿要像单独他人事务一般判断，即进行个案判断。

（三）没有法定的或者约定的义务

无因管理具有辅助性角色，对于法律后果的发生具有补充（subsidiär）作用，仅在不存在契约关系（约定义务）或法律有特别规定（法定义务）时，

---

[1] 史尚宽：《债法总论》，中国政法大学出版社 2000 年版，第 61~62 页；郑玉波：《民法债编总论》，中国政法大学出版社 2003 年版，第 73 页；孙森焱：《民法债编总论》（上），法律出版社 2006 年版，第 98 页；黄茂荣：《债法通则之四：无因管理与不当得利》，厦门大学出版社 2014 年版，第 9~10 页。

[2] Habil Manfred Wenckstern, Die Geschäftsanmaßung als Delikt—Eine Rück und Neubesinnung, AcP200 (2000).

[3] ［德］德迪特尔·梅迪库斯：《德国债法分论》，杜景林、卢谌译，法律出版社 2007 年版，第 505 页。

[4] 参见（2018）湘 10 民终 2390 号民事判决，（2009）浙甬商终字第 1054 号等。

才可产生法律后果。[1]

1. 含义

《民法典》第979条规定适法无因管理要求管理人没有法定的或者约定的义务。异于第979条的规定，学说有以"无权利"[2]或"无排他规则"[3]为无因管理的构成要件的观点。以"无权利"为要件，是区别于基于合同的事务管理的关键。[4]如正因为有职权（Berechtigung）的存在，父母对子女的管理行为不构成无因管理。[5]"无权利"的观点虽可将很多本属于无因管理之情形纳入其中，但仍具制度缺陷。"无排他规则"的观点认为，该要件的本质不在于管理义务或事务管理权限的有无，而在于有无规制当事人法律关系的法定或意定特别规则。此观点虽较全面，但亦有过于宽泛之嫌。所以，第979条的法律规范为通说观点，[6]应坚持"没有法定的或者约定的义务"要件。

2. 范围

第979条所谓"没有法定的或者约定的义务"而管理他人事务，包含两方面内容：所谓"没有约定的义务"，乃多为无契约上的义务，多表现为并不存在委托等关系；所谓"没有法定的义务"，乃法律并未规定管理人的管理义务。值得注意，此处意指管理人既没有法定的义务，也没有约定的义务，而非二者居其一。

依法对被管理人负有义务时，管理行为不能构成无因管理。首先，在管理人基于私法上的义务，如父母对于未成年子女的扶养义务、监护人对于被监护人的监护义务，虽管理事务，但管理行为不成立无因管理。所谓无法定

---

〔1〕 Vgl. Dieter Medicus/Stephan Lorenz, Schuldrecht II Besonderer Teil, 17. Aufl. , München 2014, Rn. 1114.

〔2〕 李永军：《论我国民法典中无因管理的规范空间》，载《中国法学》2020年第6期；［日］我妻荣：《债权各论》（下卷一），冷罗生、陶芸、江涛译，中国法制出版社2008年版，第2页。此外，在立法例上，《德国民法典》第677条使用"...oder ihm gegenueber sonst dazu berechtigt zu sein...", 亦为"无权利"之要件。

〔3〕 谢鸿飞、朱广新主编：《民法典评注·合同编：典型合同与准合同4》，中国法制出版社2020年版，第573页。

〔4〕 Schäfer, Münchener Kommentar zum BGB, 8. Aufl. 2020, § 677, Rn. 75.

〔5〕 Dirk Looschelders, Schulrecht Besonderer Teil, 14. Aufl. , München 2019, § 43, Rn. 17.

〔6〕 王泽鉴：《债法原理》，北京大学出版社2013年版，第318页；孙森焱：《民法债编总论》（上册），法律出版社2006年版，第100页；郑玉波：《民法债编总论》，中国政法大学出版社2004年版，第77页。

的义务，是指对本人无义务，即使对他人有义务，亦成立无因管理，如在连带责任中，债务人之一承担了全部责任后，对于超出其本应承担的部分，亦构成无因管理。[1] 其次，对于公法上的义务，需要区分管理人的身份：个人履行公法上的义务，构成无因管理；公职人员履行公法上负有的义务，如警察救人，则不应构成无因管理。

依约对被管理人负有义务时，管理行为亦不能构成无因管理。此处的约定义务，包含两种情形：一是在本人与管理人存在契约关系，管理人负担管理义务的情形下，管理行为不成立无因管理。例如被管理人依照委托、承揽或者雇佣等契约管理被管理人的事务时，管理人与本人之间的法律关系便应当依照管理义务来源的基础法律关系处理，而无无因管理的适用余地，此为应有之义。在未受委任而为保证情形下，保证人（管理人）对债务人（本人）之无因管理的判断存在不同：①无约定的义务，所以成立无因管理;[2] ②对第三人负担债务即系对于本人管理事务，管理人系以对第三人负担给付义务，作为管理本人事务之方法，所以此时仍成立无因管理。[3] 二是在管理人与第三人之间存有契约关系时，管理人管理本人之事务系履行其义务，该义务来自管理人与第三人之契约，其对于第三人之义务系以对于本人之给付为内容，故管理人的管理行为并不成立无因管理。

法定或约定义务的有无，以管理事务开始时观之，即管理承担之时。管理人虽负法定或约定义务，若其事务管理超出义务范围时，就其超出部分，仍属于无义务，故构成无因管理。[4] 即使是对本人负有义务，若多人负同一义务，且多人之间有先后顺序的，顺序在后的人履行了义务时，对于顺序在先的人亦构成无因管理。

（四）具备适法性事由

事务管理行为要构成适法无因管理，仍须三项适法事由：第一，符合本

---

[1] 郑玉波：《民法债编总论》，中国政法大学出版社 2004 年版，第 77 页。（2017）皖 0202 民初 4778 号民事判决书。

[2] 郑玉波：《民法债编总论》，中国政法大学出版社 2004 年版，第 78 页。

[3] 孙森焱：《民法债编总论》（上册），法律出版社 2006 年版，第 100 页。

[4] 史尚宽：《债法总论》，中国政法大学出版社 2000 年版，第 61 页；王泽鉴：《债法原理》，北京大学出版社 2009 年版，第 264 页；孙森焱：《民法债编总论》（上册），法律出版社 2006 年版，第 101 页；史尚宽：《债法总论》，中国政法大学出版社 2000 年版，第 61 页；郑玉波：《民法债编总论》，中国政法大学出版社 2004 年版，第 77 页。

人（即受益人）真实意思；第二，虽违反本人真实意思，但本人真实意思违
反法律或违背公序良俗；第三，本人的追认。[1] 第979条对前两者进行了
规定。

1. 管理事务符合受益人真实意思

从我国的立法史来看，《民法通则》第93条对无因管理的规定并没有将
符合受益人真实意思作为无因管理的构成要件，2017年《民法总则》第121
条继承了《民法通则》的规定，也没有强调符合受益人的真实意思这一要件。
与前两者规定不同的是，《民法典》第979条不仅明确将"符合受益人真实意
思"作为判断管理人的管理行为是否适法的标准，同时也将其作为构成无因
管理关系后对管理人与本人的权利义务进行分配的标准。《民法通则》及《民
法总则》并未对无因管理的类型进行细致划分，故未对符合本人真实意思这
一要件进行规定，而在《民法典》中，作为适法无因管理的构成要件，其便
应被明确规定，这也正是该立法转变的原因所在。

首先，适法无因管理的成立，要求事务管理行为符合受益人的真实意思。
该真实意思异于内心真意，主要指客观性意思。事务管理应符合本人明示的
意思。所谓本人明示的意思，乃指对于事务的管理，本人自经明示希望为此
行为的意思。该真实意思是本人表示于外的意思，[2] 是管理人不需要辨别表
达的意思，[3] 管理人知道或者应当知道无关紧要。[4] 本人的实际意思系事
实上客观表达的意思，[5] 其是否为受益人之内心真意，也在所不问。此时，
即使为受益人的戏谑表示，管理人的管理行为仍符合受益人真实意思。

其次，若无法查明受益人实际的真实意思，则在对此进行判断时要依照
受益人可推知意思。所谓本人可得推知的意思，指依管理事务在客观上加以
判断之本人的意思，[6] 本人虽未明示，唯依当时的客观情势，可以推测本人
具有的意思。在个案情境下，假定受益人有表达其意思表示的机会，若受益

---

[1] 德国民法理论亦支持此观点，但就"是否需要符合本人利益"存在争议。Vgl Brox/Walker, Schuldrecht BT, 43 Aufl. , 2019, § 36, Rn. 36.

[2] 孙森焱：《民法债编总论》（上册），法律出版社2006年版，第106页；郑玉波：《民法债编总论》，中国政法大学出版社2004年版，第79页。

[3] Brox/Walker, Besonderes Schuldrecht, 43. Aufl. München 2019, § 36, Rn. 26.

[4] Dirk Looschelders, Schulrecht Besonderer Teil, 14. Aufl. , München 2019, § 43, Rn. 21.

[5] Brox/Walker, Besonderes Schuldrecht, 43. Aufl. , München 2019, § 36, Rn. 1.

[6] 王泽鉴：《债法原理》，北京大学出版社2009年版，第267页。

人会同意事务的管理，便认为其符合受益人的真实意思。对于客观推定的本人意思，本人是否认可，涉及的是利益和意思的关系问题。异于《德国民法典》第 683 条第 1 句"符合本人的利益和本人真实或可推知的意思"规定，《民法典》并未对"可推知的意思"予以规定，但将《民法典》"受益人的真实意思"解释包括可推知的意思为应有之义。当然，"可推知的意思"受"管理之必要"的限制，即管理行为应属于紧迫情形下的行为，管理人无法通知或征求被管理人之意见。在可通知、征求被管理人意见之时，管理人径行管理或为不符管理人真实意思的管理不应被认定为适法无因管理，但此处的通知与听候指示，异于《民法典》第 982 条规定的通知义务，前者为无因管理适法性的判断因素，后者为无因管理债之关系。

再次，适法无因管理行为除依本人明示或可得推知的意思，亦应以有利于本人的方法为之。[1] 符合受益人真实意思的管理行为，一般也利于本人。利于本人，即依交易上观察，客观的利益有利于本人。本人主观上是否认为有利，非决定的标准。利于本人，指管理事务的承担本身，而非指履行义务的结果有利。事务管理采何种方法有利于本人，应由管理人加以适当的注意。如管理人已尽相当之注意，以有利之方法为之，其结果仍属不利，则管理人无须担责。换句话说，管理人仅负一定的注意义务，并不担保管理的结果，本人应承担管理行为的危险性。

最后，构成适法无因管理，是否需要同时满足"符合管理人的意思"与"利于本人的利益"双重要件？《德国民法典》第 683 条第 1 句在"事务之承担符合本人的利益"与"真实或可推知的意思"中间使用了"und"（和）的表述，似有持肯定之观点，但学理上对是否需要同时满足存在争议。[2]《民法典》第 979 条适法无因管理的规定并未对这一问题进行回答。在本人客观利益与本人真实意思不一致，即符合意思、但不符合利益或不符合意思、但

---

[1] 孙森焱：《民法债编总论》（上册），法律出版社 2006 年版，第 106 页；郑玉波：《民法债编总论》，中国政法大学出版社 2004 年版，第 79 页；史尚宽：《债法总论》，中国政法大学出版社 2000 年版，第 63 页；黄茂荣：《债法通则之四：无因管理与不当得利》，厦门大学出版社 2014 年版，第 19~20 页；

[2] 依照布洛克斯的观点，根据法律文义，当管理符合本人实际或者可以推知的意思时，管理行为才适法。参见 Brox/Walker, Besonderes Schuldrecht, 43. Aufl. München 2019, § 36, Rn. 28；与之相异，罗歇尔德斯认为，依据第 683 条第 1 句"und"的文义，事务管理不仅符合本人的利益，而且要符合本人真实或可推知的意思，参见 Dirk Looschelders, Schulrecht Besonderer Teil, 14. Aufl., München 2019, § 43, Rn. 22.

符合利益的情形下，学术界存在"本人的意思优先"[1] 和"利益优先"[2] 的分歧。此时，应坚持在利益和意思关系上，以本人的真实意思为准；同时，在涉及公共利益的情形下，首先认可利益，即使最后证实违背本人的意思也符合适法性的要件。

2. 真实意思违反法律或违背公序良俗

依照第 979 条第 2 款之规定，事务之管理，虽然不符受益人的真实意思，但受益人的真实意思违反法律或者违背公序良俗，则该悖于受益人真实意思的事务管理行为仍具有适法性。本人意思若与法律或公序良俗相冲突时，则法律上宁舍本人之意思，而重法律或公序良俗。该款适用的前提在于本人负有的义务是法律或公共利益的要求，并且该义务若不及时履行，嗣后仍需履行。在本人负有此项法律或涉公序良俗的义务时，其不予履行的真实意思及行为明显违法或悖俗，此时管理人之管理行为虽然违背本人之真实意思，但亦应认为具备适法事由。

此处所谓的"违反法律或者违背公序良俗"，可参照《德国民法典》第 679 条"本人公益上之义务或本人之法定扶养义务"的规定，我国《民法典》第 979 条的规定亦可做此解释。首先，该法律或公序良俗的义务应与公共利益相关，但仅是履行一般的公共利益是不够的，确切地说第 979 条所涉及的应是更高层次的公共利益。就公序良俗而言，区别于德国民法理论，道德义务应被包含入其中。其次，该为了公共利益的义务可为私法义务或公法义务。履行利于公共利益的私法义务，如修缮危楼的安全保障义务、[3] 旨在维稳的支付工资义务；[4] 履行利于公共利益的公法义务，如代缴税款等。[5] 最后，法定扶养义务亦被包含其中，如在司法实践，妇幼保健院垫付扶养费用等情形亦被认定为适用无因管理。[6]

〔1〕　孙森焱：《民法债编总论》（上册），法律出版社 2006 年版，第 110 页；〔德〕迪特尔·梅迪库斯：《德国债法分论》，杜景林、卢谌译，法律出版社 2007 年版，第 507 页。

〔2〕　史尚宽：《债法总论》，中国政法大学出版社 2000 年版，第 61~62 页。

〔3〕　参见（2014）新都民初字第 1119 号民事判决书，（2013）东中法民一终字第 1131 号民事判决书。

〔4〕　参见（2014）东二法厚民一初字第 631 号民事判决书，（2012）东中法民一终字第 1433 号民事判决书。

〔5〕　参见（2014）昆民二终字第 1120 号民事判决书，（2014）邛崃民初字第 435 号，（2018）绍中民二终字第 567 号等。

〔6〕　参见（2014）闽民申字第 1019 号民事裁定书。

三、法律后果：偿还请求权

未经授权或同意却管理他人事务的行为，本应属于侵权行为，但无因管理乃人类义举，有利于社会公益，故法律使其具有违法阻却性，从而转为适法行为。《民法典》第 979 条至第 984 条虽未明文规定，但就对无因管理为债之原因这一点观之，阻却违法性不言而喻。[1] 此外，适法管理乃本人受有利益的法律上原因，故亦不成立不当得利。

无因管理一经成立，即在管理人和本人之间产生法定的债权债务关系。[2] 在这种法定之债中，管理人对于本人承担着第 980 条至第 983 条规定的具体义务，同时也被法律赋予一定的权利——主要体现为管理人的偿还请求权。

（一）偿还请求权的价值

首先，偿还请求权的价值之一，在于利益的衡量与统筹。就利益而言，未受委任，或者无义务而管理他人事务时，涉及两个利益：本人利益和管理人利益。本人利益，即受管理事务者之利益。管理人利益，即社会利益。危难相助的行为，不但为道德所赞许，且为人类社会共同生活之要求，故特殊情形下干预他人事务的行为，亦有被容许的必要。[3] 所以无因管理制度之基本任务，即在于权衡、规制上述两种利益。易言之，即在区别类型时创设一定的条件，适当规范当事人之间的权利义务关系。建构无因管理偿还请求权的制度价值在于平衡各方利益，实现一个法律制度的协调。对立法者言，如何实现此项立法目的，实非易事。

其次，设置偿还请求权是基于道德和公平的考量。无因管理是助人为乐等社会所倡导的道德精神的法律化，对于受损失的管理人进行补偿也是为了实现公平的基本原则。

（二）偿还请求权的范围

1. 必要费用

（1）必要费用的内涵。必要费用，为管理人所为管理时所支出的必不可少的费用。费用，可为金钱或其他财产。若管理人支出了金钱，则偿还请求权涉及的是这种形式的"费用"。与之相对，"表现为其他财产的费用"包括

---

〔1〕 郑玉波：《民法债编总论》，中国政法大学出版社 2004 年版，第 78 页。

〔2〕 Vgl. Wolfgang Fikentscher/Andreas Heinemann, Schuldrecht, 10. Aufl. 2006, Rn. 1259.

〔3〕 王泽鉴：《民法学说与判例研究》（第二册），北京大学出版社 2009 年版，第 54 页。

所有自愿接受但没有表现为金钱支出的财产不利益。"费用"的概念包括所发生的债务、支出与其他付出。出于实现管理人偿还请求权的目的，"费用"所包括的不仅仅是已经支出的开销，也包括为维护本人利益而进行管理的一部分，管理人故意舍弃或者主动损坏财物从而给自己造成的财产损失。

在费用的范围上，第一，应当明确不包括劳动力的投入，从事职业或营业活动的管理人，可对其劳动力投入提起报酬请求权。对于非专业管理人，若能够证明其劳动使本人获得了利益，且对本人的该得利产生了不当得利请求权，则管理人可主张收入的损失。第二，费用不包括管理人因维护本人的利益而遭受的收入损失。这是管理人损失偿还请求权的问题，而不是支出或付出意义上的费用问题。[1]

必要费用产生于管理人的适当管理行为。无因管理本系无法律上的义务而为他人管理事务，但不管理则已，如欲管理则有适当管理义务。于此点，管理人的管理行为应以善良管理人之注意为之。

对于必要费用的利息请求权，司法实践中存在争议。[2] 《民法典》第979 条并未对费用的利息规定独立的请求权。其原因在于，管理人应当仅就其在管理他人事务过程中所实际遭受的不利益获得偿还，而此处的文义已经涵盖了这些不利益，因而也就没有必要就利息的这种"抽象的"金额作出规定。很显然，只有那些支出合理、管理人因而享有偿还请求权的费用，管理人才有权主张利息。当然，若本人在费用偿还请求权到期后迟延付款，对于未支付的金额，可以根据一般规则（迟延支付时的利息）要求支付利息。

（2）必要性的判断。支出的费用是否为必要，应依照支出时的客观标准决定，即必须事实上为必要，仅是管理人信以为必要尚不足够。[3] 根据在管理行为从事之时假定处于管理人位置上的谨慎第三人将会具有的看法，来进

---

[1] 欧洲民法典研究组、欧盟现行私法研究组编著，[德] 克里斯蒂安·冯·巴尔、[英] 埃里克·克莱夫主编：《欧洲私法的原则、定义与示范规则：欧洲示范民法典草案（全译本）：第 8 卷》，朱文龙等译，法律出版社 2014 年版，第 137~138 页。

[2] 对于利息究竟应否获得赔偿，司法实践中存在各异的观点，反对的案例如"付某某诉天津浩地集团有限公司无因管理案"，法院认为"法律并未规定无因管理人必要费用利息的请求权"，故不予支持，参见（2018）津 0117 民初 513 号。支持的案例如"聂某某诉张家金等公司无因管理纠纷案"，法院认为根据法律规定构成无因管理，应酌定按中国人民银行同期同类贷款利率计算利息，参见（2017）赣 0723 民初 807 号。支持利息的判决亦可参见（2013）东二法民一初字第 138 号民事判决书、（2013）东中法民一终字第 1131 号民事判决书。

[3] 史尚宽：《债法总论》，中国政法大学出版社 2000 年版，第 67 页。

行客观判断。[1] 此处"以支出时为标准"，意味着在其后依情事变更或其他原因而导致利益消灭或减少时，偿还请求权的范围并不因此而缩减。[2]

对于管理人须偿还的费用，我国民法上的表述为"必要费用"，即该费用应当是必须的。比较法理论上以必要性（即"为避免他人即将发生的损害"）为准区分"必要的无因管理"与单纯为了增加他人收益的"有益的无因管理"。在规定费用偿还请求权的无因管理制度中，均未对"必要性"做出界定，根据司法实践和比较法的经验，可以将必要性的考察因素界定为"为管理目的而合理发生"。若费用是用于"维持事务的现状"，则属于必要费用。[3] 此时的维持事务的现状，便可以认为是一种管理目的。至于"合理"，则要求管理人所支出的费用在一个正常的范围，按照社会常识是可被接受的。

（3）必要费用与有益费用的区别。在无因管理支出的费用中，与"必要"相关的一个概念是"有益"，考察比较法上，在很多国家的民法典中，对于无因管理费用偿还中，均区分"必要"与"有益"。《民法典》并未对有益费用进行规定，应认为有益费用不应在司法实践中获得偿还。所以，对此应明确必要费用和有益费用的区别和界限。若费用是用于"维持事务的现状"，则属于必要费用，为管理上必不可少之费用；[4] 若用于事务的"改善"，则属于有益费用，为于本人增加利益的费用。[5]

2. 损失

（1）对损失予以补偿的必要性。对损失进行补偿，是基于对公正的简单考虑。若某人为保护他人的人身或财产免受损害而从事管理行为，但在这一过程中自己遭受了损失，那么必须判断由谁来承担这种损失，即究竟是由管理人还是由本人来承担。本文认为，应该由本人承担这种损害，因为只有这

---

〔1〕 欧洲民法典研究组、欧盟现行私法研究组编著，[德] 克里斯蒂安·冯·巴尔、[英] 埃里克·克莱夫主编：《欧洲私法的原则、定义与示范规则：欧洲示范民法典草案（全译本）：第 8 卷》，朱文龙等译，法律出版社 2014 年版，第 141~142 页。

〔2〕 邱聪智：《新订民法债编通则》，中国人民大学出版社 2004 年版，第 63 页。

〔3〕 欧洲民法典研究组、欧盟现行私法研究组编著，[德] 克里斯蒂安·冯·巴尔、[英] 埃里克·克莱夫主编：《欧洲私法的原则、定义与示范规则：欧洲示范民法典草案（全译本）：第 8 卷》，朱文龙等译，法律出版社 2014 年版，第 142 页。

〔4〕 郑玉波：《民法债编总论》，中国政法大学出版社 2004 年版，第 83~84 页。

〔5〕 欧洲民法典研究组、欧盟现行私法研究组编著，[德] 克里斯蒂安·冯·巴尔、[英] 埃里克·克莱夫主编：《欧洲私法的原则、定义与示范规则：欧洲示范民法典草案（全译本）：第 8 卷》，朱文龙等译，法律出版社 2014 年版，第 142 页。

样才能符合无因管理的一个主要目的：对适法的管理人进行保护。

无因管理制度中规定管理人的损失补偿请求权是必要的。原因在于，法律规定的必要费用偿还请求权仅仅确保本人清偿管理人所产生的费用，而对于非自愿的损失则不属于必要费用偿还请求权的对象，所以必须对管理人所造成的损失予以补偿，以平衡本人与管理人之间的利益。当然，出来对本人利益的考虑，系争的损失必须是管理行为所产生的风险按照一般规律变成现实，生活中的一般风险变为现实并不导致损失补偿请求权的发生。[1]

（2）费用与损失的区分。在司法实践中，费用与损失易被混淆，但因两者分别具有不同的偿还（补偿）规则，[2] 故应对其予以区分。应以是否自愿为标准界分某一财产性支出为费用还是损失，费用是自愿的财产性支出，[3]是自由给付的财产性损害，而损失则是非自愿的财产性支出。但在例外情况下，即使是自愿支出的费用，该项费用也有可能成为损失：①费用的支出带有一定的目的，在目的丧失时该费用成为无益费用，那么费用便成为损失。②如果费用的支出是为了排除对权益的妨碍，则该费用就是损失。最为常见的便是所有权被妨碍而支出费用予以排除时的情形，此时支出的排除妨碍的费用便是损失。[4]

（3）应补偿损失的范围。损失的范围，即管理人在管理活动中所造成的自身损失。该损失包括财产上的损失和人身损害。财产上的损失，指的是对所有权或合法占有的侵害所致的损失。与之不同，所谓的纯粹经济损失并不使管理人根据无因管理而享有补偿请求权，这与此种经济损失的特殊性质有关。为了避免有关"此种损失是否可归因于无因管理所带来的风险"的争论，从一开始就应当将纯粹经济损失排除在补偿请求权所保护的范围之外。[5] 在

---

〔1〕 欧洲民法典研究组、欧盟现行私法研究组编著，[德]克里斯蒂安·冯·巴尔、[英]埃里克·克莱夫主编：《欧洲私法的原则、定义与示范规则：欧洲示范民法典草案（全译本）：第 8 卷》，朱文龙等译，法律出版社 2014 年版，第 151 页。

〔2〕 对于因管理而支出的必要费用，以完全偿还而原则；但对于所造成的损失，则依适当补偿为原则。

〔3〕 程啸：《侵权责任法》，法律出版社 2015 年版，第 216 页。

〔4〕 程啸：《侵权责任法》，法律出版社 2015 年版，第 215～216 页。

〔5〕 欧洲民法典研究组、欧盟现行私法研究组编著，[德]克里斯蒂安·冯·巴尔、[英]埃里克·克莱夫主编：《欧洲私法的原则、定义与示范规则：欧洲示范民法典草案（全译本）：第 8 卷》，朱文龙等译，法律出版社 2014 年版，第 152 页。

人身损害中，争议点在于精神抚慰金是否属于损失？[1] 死亡赔偿金、被扶养人生活费是否属于直接损失？[2]

对于管理人可否向无过错的本人主张人身损害赔偿，采肯定说可以很好地保护本人的利益，但却给无辜的被救助人施加了过于严重的压力；若采否定说，虽然对本人有利，但对于付出巨大牺牲的救助人而言却又是不公正的。折中方案是在肯定对救助人的人身损害进行赔偿的基础上对赔偿数额加以限制，而且多数方案还将限制扩及至救助人的财产损害赔偿。因此，限制性赔偿应该是解决这一争议的正确方向。[3]

《民法典》施行之前，对于管理人因管理行为而遭受的损害，根据《最高人民法院关于贯彻执行〈中华人民共和国民法通则〉若干问题的意见（试行）》第 132 条的规定，应当纳入必要费用的范畴，进行偿还。但随着《民法典》的施行，《民法通则》同时废止，同样上述司法解释因缺乏存在的基础，也被废止。此时，对于因管理事务而受到的损失，不再被纳入必要费用而获得全部赔偿，而是由管理人向本人主张适当补偿。所谓适当补偿，即对其损失，管理人并非能获得全部偿还，而是参照外部因素进行"适当"地偿还。

3. 报酬

（1）关于"报酬应否被支持"的争议。主流理论和实践不支持无因管理人的报酬请求权，[4] 这样的原因是把无因管理行为看作是一种体现了利他主义的助人为乐的举动，所以它无法与利益挂钩。如果允许无因管理人请求报

---

〔1〕 如"唐某诉中山市明城电业有限公司无因管理纠纷案"，一审依据《民法通则》第 109 条，未支持精神损失费，对其余损失予以适当补偿；二审依据《民法通则》第 93 条亦未支持精神损失费，对其余损失全部补偿。参见（2003）中石民一初字第 329 号、（2003）中中法民一终字第 948 号。

〔2〕 如"杨某某与徐某某等人无因管理纠纷案"，一审适用《民法通则》第 93 条，支持了死亡赔偿金和被扶养人生活费；二审亦适用《民法通则》第 93 条，不将不属于因管理行为而支出的死亡赔偿金和被扶养人生活费作为实际损失。参见（2000）虞民初字第 1620 号、（2001）绍民终字第 225 号。

〔3〕 李中原：《论无因管理的偿还请求权—基于解释论的视角》，载《法学》2017 年第 12 期，第 67~68 页。

〔4〕 王泽鉴：《民法学说与判例研究》，北京大学出版社 2009 年版，第 63 页；王利明：《债法总则研究》，中国人民大学出版社 2015 年版，第 553 页；梁慧星主编：《中国民法典草案建议稿附理由·债权总则编》，法律出版社 2006 年版，第 33、770 页。

酬，被认为与无因管理制度的本旨相违背，[1] 同时容易导致乱干涉权利和事务的情况发生，所以除了法律的特别规定，不得支持管理人的报酬请求权。[2] 由此可见，无因管理人是否享有报酬请求权与无因管理制度的价值追求存在关联。当然，司法实践中对待管理人报酬请求权的观点各异。[3]《民法典》第 979 条并未对无因管理权利人的报酬请求权作出规定，在一定层面上也反映出立法者并不支持无因管理人的报酬请求权的态度。

关于无因管理，罗马法的规则自被后世继受时起到法典化基本上得到了支持。在面对无因管理问题时，要面对两种价值剧烈冲突——既包含了不得随意干涉他人事务的法律要求，又融合了推进人类社会互助互爱的精神内涵。[4] 无因管理制度从罗马法至今，均坚持其道义性，或者说其实为利他主义的产物，在这样的指导思想下，不支持无因管理人的报酬请求权也是站得住脚的。

（2）主流观点的困境。主流观点认为不应支持管理人的报酬请求权，但从法政策的角度考察，支持无因管理人的报酬请求权并不是对无因管理制度价值的破坏，也并不是对无因管理道德本质的僭越。无因管理制度，既一方面保护本人利益，另一方面复谋取社会利益，若对于管理人赋予报酬请求权予以奖励，岂不更具有重要意义。[5] 从人性预设的角度考察，由于坚持了某种抽象的人性预设，使得我国民法理论上认为，进行无因管理的人是本着助人为乐的精神而行事，因此无因管理者是一个以"义"为根本取向的人，面对着这样一个高尚的人，如果还去谈论"利"不啻是对无因管理者崇高人格的贬损。[6] 但这样的标准过于严苛，不能以"完全圣人"的标准对管理人进行要求，故这样的"人性预设"对于无因管理制度的建构与适用也是有困境的。

---

〔1〕 张虹：《无因管理人的报酬请求权问题研究——兼论民法制度设计中的"人性预设"问题》，载《法律科学（西北政法大学学报）》2010 年第 5 期，第 47 页。

〔2〕 林诚二：《民法债编总论体系化解说》，中国人民大学出版社 2003 年版，第 114 页。

〔3〕 有的判决不支持管理人的报酬请求权，如杜某某、吴某某诉杜某某等无因管理纠纷案，参见（2005）洛民初字第 150 号；但有的判决予以支持，如固始县盐业管理局与穆某某无因管理纠纷案、白某某诉刘某某偿付必要费用案，参见（2016）豫 1525 民初 1861 号、（2017）豫 15 民终 1157 号。

〔4〕 徐同远：《无因管理价值证成的追寻》，载《国家检察官学院学报》2011 年第 3 期，第 143 页。

〔5〕 郑玉波：《民法债编总论》，中国政法大学出版社 2004 年版，第 71~72 页。

〔6〕 张虹：《无因管理人的报酬请求权问题研究——兼论民法制度设计中的"人性预设"问题》，载《法律科学（西北政法大学学报）》2010 年第 5 期，第 47 页。

由此可见，完全否定管理人的报酬请求权并非明智之选，适当予以承认才能使无因管理制度获得更大的价值。

（3）报酬请求权的部分肯定。职业人士从事职业范围内的管理行为，或者从事营业活动的人，从事的无因管理行为属于其营业范围内的活动的时候，可以获得报酬。这是对无因管理人的报酬请求权的一种有限的承认。

既然支持报酬请求权可以实现双方利益的最大化，那为什么只支持职业人员的报酬请求权呢？首先，这是由无因管理制度的本质决定的，如前所述，无因管理仍是一种为了践行人之互助道德要求的制度，其本质还是利他，并不是像合同那样与利益完全挂钩的制度。职业人员的报酬请求权仅是在为了实现社会利益最大化基础上而进行的突破。此外，这也是基于权利义务的均衡。不支持普通人的报酬请求权，并非承认报酬请求权与无因管理制度的宗旨相矛盾，而是考虑到普通人在进行无因管理行为时，其投入，如技术投入、时间投入等，相较于职业人员较少。比如在遇到有人病倒，需要紧急救治的情况，限于自身能力的限制，普通人的管理行为便是紧急将病人送医，但对于专业的医生，其进行的复杂的诊疗和救治便是其能力的体现。则此时，从权利义务配置的角度考察，赋予职业人员的报酬请求权是合理的。

（4）报酬请求权的请求权基础。既然要赋予职业管理人报酬请求权，便须考虑其请求权基础，但第 979 条并不可作为报酬请求权的明确请求权基础。《德国民法典》无因管理部分并未直接规定管理人的报酬请求权，而是通过类推适用《德国民法典》第 1835 条第 3 款来实现的。在第 1835 条第 3 款的规定中，请求偿还之费用亦包括监护人或监督监护人对于营业或职业所提供之劳务。[1] 将监护人的营业（Gewerbe）或者职业（Beruf）的劳务视为一种必要之费用，其实是对费用的一种扩张解释，把劳务报酬也解释进费用的范畴内。在我国《民法典》中，在解释论上可考虑通过对《民法典》第 979 条第 1 款所规定的"补偿"进行解释，来达到认可专业人员为无因管理时的报酬请求权的效果。[2]

管理人因为从事管理行为而耗费的时间等，可以看作是管理人在管理活动中的损失，从而获得补偿。这一思路的核心是：坚持无因管理人不能获得

---

〔1〕 Andreas Bergmann, Staudinger Kommentar zum BGB, 2015, § 683, Rn. 54—56.

〔2〕 易军：《论中国法上"无因管理制度"与"委托合同制度"的体系关联》，载《法学评论》2020 年第 6 期，第 49 页。

报酬这一原则，即使是职业人员或者从事营业活动，也不得获得报酬，而只能获得其支出的必要费用的补偿。但对于从事职业活动的人或者从事经营活动的人，因为其进行了管理活动，从而导致自己收入的减少，这也就可以认为是因为进行无因管理活动而导致的损失，这便可以获得赔偿。通过这样的路径，便可以使职业人员和经营活动中的报酬请求权获得支持。这其实是对"损失"的扩大解释。在这样的解释路径下，需要考虑两个基本点：一为这样解释是否超越"损失"的文义，二为这样解释是否符合立法目的。第一，"损失"的文义为失去东西，其包括积极的损失和消极的损失。所谓积极的损失，又称直接损失，指现有财产利益的减少；所谓消极损失，又称简称损失，指财产利益应得而未得。无因管理制度中的损失，一般是指现有财产利益的减少，比如说管理人为进行管理活动而支出的金钱等，但为管理行为而应获得报酬，即财产利益应得而未得也是在"损失"的文义射程内。第二，从立法目的的角度考察，无因管理制度中要求本人赔偿管理人因管理行为而受之损失，其目的在于平衡管理人和本人的利益，出于公平的考量，而在支持职业人员和营业活动中的报酬请求权并不违反该立法目的。所以，通过"损失"的扩大解释来理解管理人的报酬请求权是可行的。

4. 债务

《民法典》第 979 条并无债务偿还请求的规定，制定过程中的各草案也未对该问题进行回答，既未回答该债务应当由谁承担，也未明确该债务如何承担。

管理人的必要费用偿还请求权和负债偿还请求权指向的是如何由本人负担生产资料的问题。管理人劳动消耗的生产资料，除管理人已实际给付的部分外，还包括管理人尚未给付的对第三人的负债。管理人因管理他人事务而负担的债务，包括管理人与第三人缔结的合同之债、因管理行为所导致损害第三人的利益时产生的赔偿责任，即无因管理导致的对第三人的债务，为对第三人的合同债务和损害赔偿责任。

对于管理人债务的偿还，有两种路径可以选择：①于法律规范中明确规定管理人可就此种债务要求本人承担。在解释上，此项债务应以必要或有益者为限。[1] 管理人因管理事务而负担的债务得请求本人代为清偿时，此系本人对于管理人所负债务，并非直接对于第三人（管理人之债权人）负有债务，本人在为清偿时，债权人不得拒绝。[2]②未在法律规范中对该请求权予以规定，而是通过法律解释等一系列方法予以支持。《德国民法典》第 683 条和第 670 条虽只规定管理人的费用偿还请求权，但在解释上，"费用"应当包括管理人因管理所负债务，债务与费用适用相同的规则，都以"必要"为限。

管理人因事务管理所负的债务，虽然在形式上与因事务管理所支出的费用有所区别，但两者本质上都是管理人劳动的生产资料消耗，在制度设计上的基本考量都在于由本人负担生产资料，故而两者在规则上具有同质性，管理人的债务清偿请求权原则上可适用费用偿还请求权的规则。此便与德国模式相一致。

管理人的债务清偿请求权不以本人实际受益为限，应受"必要"或"有益"的限制。需要特别指出的是，管理人的债务清偿请求权仅限于管理人以自己名义对第三人所负债务，而不包括管理人以本人名义对第三人所负债务，后者实质上是代理的问题。管理人未经本人授权，以本人名义与第三人为法律行为，构成无权代理，应依据《民法典》第 171 条的无权代理规则处理，特别情形下构成表见代理的依据《民法典》第 172 条的表见代理规则处理。当本人不追认管理人实施的法律行为时，管理人对第三人负有履行或损害赔偿的债务，此时这一债务转化为管理人以自己名义对第三人负有的债务，可依债务清偿请求权请求管理人清偿。

适法无因管理中管理人的费用清偿请求权和债务偿还请求权，偿还范围原则上遵循完全性规则，不受本人实际所受利益的影响，但须以费用或债务对事务管理"必要"或"有益"为限。"必要"或"有益"与否，依事务管理时的客观标准认定。

（三）偿还请求权的限制

管理人偿还请求权受到两方面的限制，一为得利，二为公平原则。

所谓得利的限制，即本人偿付给管理人的数额，应以本人因管理行为的

---

[1] 王泽鉴：《民法学说与判例研究》，北京大学出版社 2009 年版，第 62 页；孙森焱：《民法债编总论》（上），法律出版社 2006 年版，第 110~111 页；郑玉波：《民法债编总论》，中国政法大学出版社 2004 年版，第 84 页。

[2] 孙森焱：《民法债编总论》（上），法律出版社 2006 年版，第 110~111 页。

得利为限。以得利为限的理论基础在于无因管理制度是社会道德和道义的产物，管理人不能因自己的管理行为而获利。主要大陆法系国家的民法典在传统上对无因管理中的偿还请求权采取的是"全部赔偿"原则，并未对此设置限额。但在德国，曾有这样的观点，即主张无因管理返还的费用应与不当得利相一致。[1]

基于公平原则，法官通过自由裁量对管理人的偿还请求权进行裁减。首先，该裁减针对的是管理人的损失补偿请求权。例如《瑞士债法典》第 422 条第 1 款规定，遭受损害的管理人对本人享有损害赔偿请求权，但该赔偿请求权取决于法官在个案中的具体裁量。法条的表述为"to compensate him at the court's discretion for any other damage incurred"。就绝对权益损害而言，不论是财产损害还是非财产损害，管理人并非必然能获得全部赔偿。法官需要考虑的因素一般包括：危险的程度、法益的价值、当事人的财产状况、危险和事务风险的比例关系、事务管理的效果、管理人是否具有专业身份、当事人的过错、可归责于当事人的行为方式和情节等。[2] 其次，需要考虑进行裁减所应考虑的因素。《欧洲民法典草案》做出了突破，在第 104 条第 2 款中规定了基于公平的原因而减少管理人请求权的金额，在诉讼中这赋予了法官的自由裁量权。同时第 2 款还以不完全列举的方式规定了可能导致请求权金额减少的最为重要的几项原因。根据其第 2 款第 2 句的规定，所应考虑的因素包括，管理人是否在面临共同危险时进行管理并通过进行管理以保护本人的利益，本人的责任是否过重，以及是否可以合理地期待管理人从他处获得适当的赔偿等。具体细化来说便是面临的危险是否为共同危险、本人的经济能力、管理人能否可以合理地从他处获得补偿、对保险人的权利等。[3]

具体到我国民事法律规范中，《民法总则》第 121 条和第 183 条及《民法典》的规定沿袭了《民法通则》第 93 条和第 109 条的规定，未对管理人的偿还请求权做数额上的限制，但对于见义勇为情形下的行为人所遭受的损害则

---

〔1〕 李中原：《论无因管理的偿还请求权——基于解释论的视角》，载《法学》2017 年第 12 期，第 67 页。

〔2〕 缪宇：《论被救助者对见义勇为者所受损害的赔偿义务》，载《法学家》2016 年第 2 期，第 84 页。

〔3〕 欧洲民法典研究组、欧盟现行私法研究组编著，〔德〕克里斯蒂安·冯·巴尔、〔英〕埃里克·克莱夫主编：《欧洲私法的原则、定义与示范规则：欧洲示范民法典草案（全译本）：第 8 卷》，朱文龙等译，法律出版社 2014 年版，第 159~160 页。

设定了衡平限制，即规定"受害人可以给予适当补偿"。2003 年《最高人民法院关于审理人身损害赔偿案件适用法律若干问题的解释》（已被修改）第15 条规定："为维护国家、集体或者他人的合法权益而使自己受到人身损害，因没有侵权人、不能确定侵权人或者侵权人没有赔偿能力，赔偿权利人请求受益人在受益范围内予以适当补偿的，人民法院应予支持。"该条规定将适当补偿的范围限定在受益范围内。《中华人民共和国侵权责任法》（已失效，以下简称《侵权责任法》）第 23 条采用的表述是"受益人应当给予适当补偿"。根据学界的解释，《民法通则》第 109 条和《侵权责任法》第 23 条的"适当补偿"属于特定条件下对损失的分担，属于公平责任的范畴。而对于2003 年《最高人民法院关于审理人身损害赔偿案件适用法律若干问题的解释》第 15 条的规定，因见义勇为遭受人身损害的受害人与受益人属于利益共同体，共同面对危险，由受益人适当分担损害，符合公平原则。所以，该条属于得利限制下的公平原则。

不同的方式在限制管理人的偿还请求权时均有优缺点。通过得利的限制，在本人的受益范围内偿还必要费用，较为客观实用，但有的情况下对管理人不公平，且无法适用于人身救助案件；法官通过公平原则进行的裁减虽然可以避免前述的情况，但却随意性较强，标准不一。综合两种限制方式，应当确定这样的标准：保留得利限制作为大多数情况下的偿还上限的做法，管理人的偿还请求在此范围内的须裁减；对于管理人的偿还请求超过本人得利的部分或者本人的得利无法以金钱计算的，可以借鉴衡平裁减的思路。考虑到衡平裁减的性质与我国现行法律框架下的公平责任规则（《民法典》第 1186条）以及救助行为的"适当补偿"规则（《民法典》第 183 条）较为契合，在解释上完全可以通过类推后两者实现衡平裁减的功能。[1]

四、第 979 条与第 183 条的关系

见义勇为与无因管理既存在联系，又存在区别。《民法典》第 183 条是关于见义勇为的规定，其与第 979 条在请求权基础的协调适用上存在争议。[2]

---

[1] 李中原：《论无因管理的偿还请求权——基于解释论的视角》，载《法学》2017 年第 12 期，第 67 页。

[2] 主要争议点在于：①见义勇为是否属于无因管理的范畴？②见义勇为人偿还请求权的请求权基础为何？参见（2000）启和民初第 503 号、（2001）通中民终字第 1521 号、（2003）浙法民初字第316 号、（2004）南民一终字第 75 号、参见（2009）安曲民一初字第 0333 号等。

（一）见义勇为与无因管理的联系

应当明确，见义勇为行为属于无因管理行为，两者具有内在的重合性，具体而言属于紧急无因管理。[1]

从法律实用主义的角度看，见义勇为如果不涉及任何损害事实或者费用支出，法律对此可不必干涉，而很大程度上可以将其归于"法外空间"。至于危难救助之后被救者的感激酬谢行为等则完全属于伦理道德范畴，是纯粹的情谊行为。现实生活中，进入法律调整视野的见义勇为行为往往涉及损害承担、费用支出乃至行政确认、行政奖励、社会保障等问题，属于法律事实，其法律性质的讨论就很显必要。[2]

通说认为，见义勇为行为属于民法上的无因管理，[3] 而且基于其常有一定程度危险性等特征，见义勇为属于高层次的无因管理行为，[4] 体现了更高程度的道德觉悟。比较法学说上也多有将见义勇为明确归到无因管理之类型中的主张。[5] 没有义务情况下管理他人事务即属于干涉他人事务的范畴，然而社会共同体成员间的互助互爱是社会存在的必要道德之一，无因管理制度就是要调和"禁止干预他人事务"和"奖励人类互助精神"之间的矛盾，通过规定管理人和本人之间的权利义务来进行利益的平衡。无因管理具有"没有法定的或者约定的义务"，"有为他人谋利益的意思"和"为他人管理事务"等构成要件，见义勇为行为的构成要件完全符合无因管理的基本要件要求，也便属于事实行为中的无因管理。[6]

（二）见义勇为与无因管理的区别

第一，见义勇为与无因管理在构成要件方面存在区别。一是见义勇为的主体只能是自然人，而无因管理的主体既可以是自然人也可以是法人；二是见义勇为具有危险性，而无因管理不具有危险性；三是见义勇为不可能为了加害人的利益，而无因管理在特殊情况下可以是为了加害人的利益；四是见

〔1〕 王雷：《见义勇为行为中受益人补偿义务的体系效应》，载《华东政法大学学报》2014 年第 4 期，第 82 页。

〔2〕 王雷：《见义勇为行为中的民法学问题研究》，载《法学家》2012 年第 5 期，第 71 页。

〔3〕 王家福主编：《中国民法学·民法债权》，法律出版社 1999 年版，第 585、587 页；徐武生、何秋莲：《见义勇为立法与无因管理制度》，载《中国人民大学学报》1999 年第 4 期，第 76 页。

〔4〕 周辉：《见义勇为行为的民法思考》，载《人民法院报》2000 年 5 月 27 日。

〔5〕 王泽鉴：《债法原理》，北京大学出版社 2009 年版，第 257、262、266、270、272 页。

〔6〕 王雷：《见义勇为行为中的民法学问题研究》，载《法学家》2012 年第 5 期，第 71 页。

义勇为可以中途停止，而无因管理一般不能中途停止；五是见义勇为可以违背被救助者的意思，而无因管理则不能违反被管理人的意思。[1]

第二，见义勇为与无因管理在请求权方面存在区别。如前所述，无因管理的管理人享有费用偿还请求权、损失补偿请求权等偿还请求权，但在见义勇为情形下，救助人就其损害对侵权人享有侵权损害赔偿请求权，对受益人享有适当补偿请求权，但请求权行使上具有先后顺序。不同的请求权具有不同的法律效果，且不同请求权存在行使上的先后顺序，这会导致了对于救助人保护力度的不一致。所以，需要在法律适用上协调无因管理与见义勇为的规定。

（三）见义勇为与无因管理在法律适用上的协调

在协调适用见义勇为与无因管理的法律规范时，主要是协调救助人的请求权基础，并在此基础上明确适当补偿的本质。

1. 请求权基础的协调

如前所述，见义勇为属于特殊无因管理，所以其可以适用《民法典》第979条的规定，这不存在疑问。

受益人适当补偿义务可救济的损害范围限于在见义勇为行为中救助者直接遭受的人身或者财产损害，救助者因时间付出所遭受的纯粹经济损失则不在此救济范围，救助者从事见义勇为行为过程中支付的必要费用或者以自己的名义对外负担的必要债务等也都不属于《民法典》第183条所支持的救济范围。可见，受益人法定补偿义务对应的请求权规范基础并不解决见义勇为行为作为无因管理的全部法律后果，其无法完全取代传统无因管理之债的内容。救助者所遭受的无法通过受益人法定补偿义务予以救济的不利益仍可通过无因管理制度予以解决。受益人在承担适当补偿义务后，可以就此补偿取得向侵权人追偿的权利，以实现救助者、受益人和侵权人之间的利益平衡。

对于管理人和本人之间的内部利益冲突，涉及的是偿还请求权的问题，即对于必要费用，可以依据《民法典》第979条的规定要求予以偿还。而对于损失，《民法典》 改之前的立法，将其改为"适当补偿"，与见义勇为行为的规范相类似，实现了法律规范上的协调。所以，为了更好地保护管理人的利益，可以根据《民法典》第979条的规定请求损失的适当补偿。见义勇为行为中，救助人的不利益主要是损失，而在一般无因管理类型中将损失的

---

[1] 曾大鹏：《见义勇为立法与学说之反思》，载《法学论坛》2007年第2期，第78页。

赔偿方式改为"适当补偿"，暂不论保护是否全面，但至少实现了与见义勇为行为的相关规定的协调。所以，对于见义勇为行为中的损失，救助人以《民法典》第 979 条或者第 183 条为请求权基础均是可以的。但基于第 979 条位于分编，第 183 条位于总则编，适用第 979 条更为妥当。

但第 183 条的规定无法解决侵权人和无因管理当事人之间的外部利益冲突问题，管理人基于管理行为所享有的偿还请求权不能完全解决见义勇为行为中的所有问题，此时见义勇为规定中的适当补偿义务便可以体现其价值。管理人应当要求侵权人承担民事责任，也可以要求受益人给予适当补偿，同样的，此时的管理人也还享有偿还请求权，可以要求偿还必要费用和适当补偿损失；在侵权人逃逸或者无力承担民事责任时，管理人可要求给予适当补偿。作为特殊的无因管理之债，《民法典》第 183 条所规定的见义勇为行为中受益人"应当给予适当补偿"义务仅涉及相对于侵权人所承担损害赔偿责任的补充地位，对救助者是否存在与有过失、受益人补偿是否会导致其负担过重等问题未明确列举为裁判公平权衡的因素。[1]

2. 适当补偿的本质

我国《民法典》第 183 条和第 979 条均规定了对于损害的适当补偿，对于《民法典》规定的适当补偿义务的性质，主要的争议为：

第一，公平责任说。该说主张受益人之所以应当给予适当补偿，是公平责任原则的要求。见义勇为行为中，救助者是为了受益人的利益进行活动并遭受了损害，受益人和救助者对造成损害均无过错，受益人应当依公平原则予以适当补偿。

第二，特殊的无因管理之债说。见义勇为，实质上为无因管理，是无因管理的特殊情形。当请求权基础发生竞合的时候，应当依据特别法优先于普通法的原则，优先适用见义勇为的相关规定。[2]

第三，特定条件下的损失分担说。见义勇为情形下的适当补偿，是对损失的分担安排。[3]

第四，独立类型之债说。适当补偿作为私法上独立类型之债，与合同之

---

〔1〕 王雷：《见义勇为行为中受益人补偿义务的体系效应》，载《华东政法大学学报》2014 年第 4 期，第 88 页。

〔2〕 张新宝：《侵权责任法》，中国人民大学出版社 2010 年版，第 86 页。

〔3〕 王利明：《侵权责任法研究》（上卷），中国人民大学出版社 2010 年版，第 287~289 页。

债、侵权之债、不当得利之债、无因管理之债等并身而立。[1]

上述争议仅属于对同一法律规范在民法学理论体系上究竟用哪个民法术语进行概括的体系化问题，是纯粹民法学问题中的解释、选择问题，而非法律适用中的解释论争议。如前所述认为见义勇为属于紧急无因管理，所以受益人的适当补偿义务应当被认为特殊的无因管理之债。《民法典》第 979 条规定的无因管理之债未完全解释第 183 条规定的见义勇为受益人的适当补偿补偿义务，是因为第 979 条主要调整的是管理人与被管理人之间在内部的利益冲突，并未对涉及侵权人的外部利益冲突进行一并解决。[2] 当然，涉及侵权人的外部利益冲突为传统侵权损害赔偿之债的问题，第 183 条并不可能基于法律实用主义的目的一并予以解决。

五、举证责任

管理人应就适法无因管理的成立负举证责任，证明具备适法无因管理的构成要件：管理行为、无法定或约定的义务、管理意思、具备适法事由。但在管理意思方面，客观性他人事务中可予以推定管理人具有管理意思，管理人享有举证责任的便利，但中性他人事务则反之。

管理人若行使偿还请求权，则应就偿还请求权的构成负举证责任。如行使必要费用偿还请求权时举证必要费用的支出，行使损失偿还请求权时举证损失的存在等。

---

[1] 王轶：《作为债之独立类型的法定补偿义务》，载《法学研究》2014 年第 2 期，第 116 页。

[2] 王雷：《见义勇为行为中受益人补偿义务的体系效应》，载《华东政法大学学报》2014 年第 4 期，第 87 页。

司法与社会

我国"两结合"司法鉴定管理模式探究

卢衍诚*

摘　要：司法鉴定的科学性与中立性决定着其作为证据的可信度，而司法鉴定管理体制决定着能否切实保障鉴定机构与鉴定人在诉讼中的独立地位与鉴定技术的科学水平。"两结合"司法鉴定管理模式借力行业协会的专业性与自律性应是根除鉴定领域乱象的利器，然而实践中由于司法鉴定行业协会自身的局限性、管理能力的孱弱、具体配套法律的缺位，制约了"两结合"管理模式发挥其制度优势。因此应在充分理解司法鉴定本质与当前司法环境的基础上，重点关注行业协会应如何走出困境，提出有效对策。

关键词：司法鉴定管理制度　"两结合"管理模式　司法鉴定行业协会

一、"两结合"司法鉴定管理制度诠释

党的十八届四中全会通过的《中共中央关于全面推进依法治国若干重大问题的决定》就司法鉴定工作提出健全统一司法鉴定管理体制、完善鉴定人出庭制度等改革任务。随着依法治国方略深入推进，司法鉴定行业迎来

---

*　卢衍诚，中国政法大学人文学院 2017 级博士研究生（100088）。

了重大发展机遇。[1] 2017 年，时任司法部部长张军提出，针对司法鉴定管理模式问题，要建立司法鉴定人行业协会，并要求其加强自律管理；全国政协委员汤维建对司法鉴定行业协会的改革提出了诸多议案。一方面是实务界针对"两结合"管理模式不断提出新要求、新思路，另一方面是学术界缺乏对"两结合"管理模式问题的系统化理论研究，这就导致了当前司法鉴定管理体制改革之路并非一帆风顺。

（一）"两结合"管理模式的概念阐述

依据司法部《司法鉴定机构登记管理办法》第 4 条与《司法鉴定人登记管理办法》第 4 条的规定："司法鉴定管理实行行政管理与行业管理相结合的管理制度。其中司法行政机关对司法鉴定人及其执业活动进行指导、管理和监督、检查，司法鉴定行业协会依法进行自律管理。"由此观之，目前我国的司法鉴定管理模式是由司法鉴定行政机关与司法鉴定行业协会分工共同管理（俗称"两结合"管理模式），且是一种以司法鉴定行政机关管理为主，行业协会自律管理为辅的"两结合"管理模式。这种"两结合"管理模式要求司法行政机关与司法鉴定行业协会发挥各自管理优势，互相配合，相互协作。

政法部门分散管理的司法鉴定体制，曾在"文革"结束后的较长时间内具有相对的合理性。但从 20 世纪 90 年代开始，随着司法制度与庭审方式的改革，以及过度分散管理所造成的种种弊端，最终促使国家在 2005 年启动了司法鉴定管理体制改革——原则上由司法行政机关进行统一管理。然而，政法部门的权力纠葛和司法行政机关管理社会鉴定机构、鉴定人所遭遇的困境，削弱了《全国人民代表大会常务委员会关于司法鉴定管理问题的决定》所意欲形塑的统一管理预期。[2] 当前司法行政机关的管理范围仍然不包括内设于侦查机关并只对其履行职能服务的司法鉴定机构，而司法鉴定协会的管理实际上已经打破各司法鉴定机构了隶属不同机关的壁垒，各行业协会以从事相同鉴定门类的鉴定人、鉴定机构组成，这种不问出身只问专业的结合方式有利于加快司法鉴定行业的统一管理。

---

[1] 俞世裕：《司法鉴定管理困境及改革路径——以浙江省为视角》，载《中国司法鉴定》2016 年第 4 期，第 73~78 页。

[2] 陈如超：《司法鉴定管理体制改革的方向与逻辑》，载《法学研究》2016 年第 1 期，第 187~208 页。

（二）国外管理模式的对比分析

世界各国因其政治体制、社会权力发育程度、现行司法制度等方面的不同，其司法鉴定管理模式差异也较大。司法鉴定管理模式依据管理主体的不同可以分为：①行业协会主导型：协会与政府共同管理，且协会负责具体、主要的管理职能。这种管理模式多出现于民主程度比较发达的国家，其社会自我管理和社会团体的自治组织——行业协会相对成熟。如在英国，内政部实际是鉴定机构、鉴定专家与警方、检察署等各方的利益协调人。[1] 执业注册委员会（CRFP）主要负责鉴定人的注册，司法鉴定协会（SFID）主要负责鉴定人资质的考核与学术交流，专家证人研究所（EWI）主要负责疑难司法鉴定案件的调解、仲裁以及对鉴定人的培训。②行政管理型：在日本，主要的司法鉴定机构分散在各个系统中，如科学警察体系与监察、警察医务体系，各体系的主管部门负责本鉴定机构的管理工作；除此之外还有一些散布于各学会、协会的司法鉴定工作者，其管理主体便是从属的协会与学会。[2] ③单独由行政机关或司法机关管理的管理模式：以法国为例，鉴定人群体的资质获取与鉴定工作统一由法国法院系统管理，具体是法国最高法院和上诉法院进行分管。[3]

我国目前的管理模式与分散型管理模式相似，这与我国的社会背景有关。因为，我国实行"简政放权"的时间不久，在行业协会自律管理发展的成熟度方面还有所欠缺，致使司法鉴定行业协会能发挥的作用有限，例如司法鉴定协会资金短缺，管理制度尚未成熟等，司法行政机关在当前适当参与司法鉴定行业的管理工作有其合理性。但是，这种"行政管理"应当是暂时性的，而且在"两结合"管理体制中应当是"非主流"性的，在不久的将来，司法行政机关可以逐步脱离对司法鉴定行业的管理。

二、"两结合"管理模式的现状与存在问题分析

目前"两结合"管理模式的司法鉴定管理制度仍保持行政管理的特质，司法行政机关依旧掌握着司法鉴定管理的绝大部分权力，然而笔者认为"两结合"管理模式的精髓应在于充分发挥司法鉴定行业协会的作用，应认清司

---

〔1〕 霍宪丹主编：《司法鉴定管理模式比较研究》，中国政法大学出版社2014年版，第27页。
〔2〕 霍宪丹主编：《司法鉴定管理模式比较研究》，中国政法大学出版社2014年版，第28页。
〔3〕 刘新魁：《法国司法鉴定制度及启示》，载陈光中、江伟主编：《诉讼法论丛》（第七卷），法律出版社2002年版，第207~219页。

法鉴定行业协会才是"两结合"管理模式的创新点与该模式未来发展潜力的主要迸发点。

（一）"两结合"模式的发展现状

总的来说，现行的鉴定制度不仅存在着改革不到位、不完善、不协调、不配套的现象，其本身还存在滞后于诉讼改革步伐的问题，这些问题叠加在一起会影响和制约维护社会公平正义目标的实现。[1] 具体而言，依据司法部司法鉴定管理局发布的各年度全国司法鉴定情况统计分析的数据[2]，自黑龙江省于 2003 年 2 月成立我国历史上第一个黑龙江省司法鉴定人协会以来，我国各省级行政区相继成立司法鉴定人行业协会，截至 2014 年 9 月 17 日江苏省成立江苏省司法鉴定协会，我国共 29 个省份成立了省一级的司法鉴定行业协会（除港、澳、台外）。各省份行业协会命名方式混乱，如司法鉴定协会、司法鉴定行业协会、司法鉴定人行业协会、司法鉴定业协会等，甚至西藏与甘肃仍未成立省一级的司法鉴定行业协会；司法鉴定行业协会的会员构成混杂，准入门槛高低不一；各地行业协会管理职能范围与工作机制未形成统一有效的模式；各地行业协会管理运行机制与内设机构差异明显。从发展时间看，我国沿海地区的省级司法鉴定行业协会普遍成立于 2010 年后，发展历史较短，而华中、华北一带司法鉴定行业协会的成立较早，普遍于 2010 年之前，发展相对成熟，黑龙江省是发展历程最长的省份，至今已有近 20 年，江苏省司法鉴定协会则最短。正是由于这种不同地域间司法鉴定行业协会发展时间的不同造就部分行业协会积累了较为丰富的经验从而工作机制相对完善，发展情况相对成熟，部分地区发展相对滞后。导致"两结合"管理模式在我国的区域间不平衡性。

（二）"两结合"两翼发展失衡

"两结合"管理模式实质上是司法鉴定行业协会与司法行政机关各自依据其自身的管理优势分工协作的模式，"管理"可以理解为具有不同层次的两种

---

〔1〕 郭华：《健全统一司法鉴定管理体制的创新思路》，载《中国司法鉴定》2015 年第 4 期，第 24~31 页。

〔2〕 参见李禹、党凌云：《2012 年度全国司法鉴定情况统计分析》，载《中国司法鉴定》2013 年第 4 期，第 115 页；李禹、党凌云：《2013 年度全国司法鉴定情况统计分析》，载《中国司法鉴定》2014 年第 4 期，第 109 页；党凌云、郑振玉：《2014 度全国司法鉴定情况统计分析》，载《中国司法鉴定》2015 年第 4 期，第 118 页；党凌云、郑振玉：《2015 年度全国司法鉴定情况统计分析》，载《中国司法鉴定》2016 年第 3 期，第 82 页。

行为——"管"+"理",其中:①"管"是高层行为,指管辖、掌控、强调的是对被管理的系统或组织拥有的社会权力;②"理"是以"管"为前提的行为,指调理、理顺,强调的是遵循和运用科学规律对被管理的系统(或组织)进行相关的活动,以实现特定的目的。[1]"两结合"管理模式要以坚持共产党的领导为核心,以司法行政机关为主导,司法鉴定行业协会以培训为主,两者互相协作,以保障司法鉴定质量为目标。[2]"两结合"管理模式需要司法行政机关与司法鉴定行业协会能够形成层次化的管理,而当前作为中国司法鉴定管理的两翼之一的司法鉴定行业协会羸弱,主要是因为司法鉴定行业协会行使管理职能的有关法律法规的缺位,司法鉴定行业协会缺乏实际管理的手段与硬措施,司法鉴定行业协会难以确立管理权威。这种对"两结合"管理机制只表示"应然"的发展状态而缺少"实然"的规定使得行业协会逐渐沦为附庸。[3]实践中,一方面各省市陆续不断地建立司法鉴定行业协会以响应对司法鉴定管理制度改革的号召;另一方面由于缺乏司法鉴定行业协会参与管理的实践经验,发展历史短暂,司法鉴定行业协会作为管理主体其所承担的管理职能,其如何发挥功能的机制等都处于摸索阶段。

两者管理范围的模糊致使两者难以形成管理的层次,在司法鉴定管理实践中,司法行政机关依旧掌握着绝大部分"管"的内容,司法行政机关依据法律法规在宏观层面上制定与调控有关司法鉴定行业发展的政策,微观上对司法鉴定行业的各项管理工作一并包揽,包括司法鉴定行业准入制度的制定与执行;对司法鉴定执业人员的全方位的监督;对有违法行为的司法鉴定人与鉴定机构进行行政处罚;司法鉴定所依据的技术规范的制定等。而司法鉴定行业协会目前主要负责"理"的管理内容,如给予某些技术性的指导,处理司法行政机关委派的司法鉴定投诉,而在司法鉴定活动的监督与指导、司法鉴定人的准入管理、行业标准的统一与完善等方面产生的作用微乎其微。在合作领域更是司法行政机关将难管的、麻烦的、不懂的全部抛给司法鉴定行业协会处理。在实践中仍然是由司法行政机关占据强势主导地位,行业协会处于被支配的地位。

---

[1] 霍宪丹主编:《司法鉴定管理概论》,中国政法大学出版社 2014 年版,第 32 页。

[2] 胡锡庆、朱淳良:《论司法鉴定"两结合"管理模式的精髓》,载《中国司法鉴定》2010 年第 5 期,第 1~7 页。

[3] 蔡杰、肖伟:《论司法鉴定人混合型管理模式之完善》,载《中国司法鉴定》2007 年第 1 期,第 57~60 页。

（三）司法鉴定行业协会的自身局限性

司法鉴定行业协会与行政机关两个管理主体之间最为显著的差别是司法鉴定行业协会代表着全部司法鉴定行业的整体利益，是一种超越各司法鉴定机构的共同利益，通过维护司法鉴定行业协会的这种利益而达到实现其社会利益的基本目的。而司法行政机关作为权力机关其代表的是国家层面的根本利益，如在司法管理实践中，出现司法鉴定行业利益与某种国家利益或社会利益的冲突时，司法行政机关将以国家利益作为首要选择。这种区别致使两个主体天然有着不同的管理诉求。这使得司法鉴定行业协会在行使职权时具有两面性，一方面司法鉴定行业协会在行使管理权时将最大程度从司法鉴定行业的利益出发；另一方面这种以行业协会会员利益为首的情况容易导致出现将协会会员利益置于司法鉴定行业的利益之上。因此如果缺失对行业协会的合理监督，制约的中空或将导致严重的协会自我堕落。

在对司法鉴定行业的管理问题进行重大决策时，司法鉴定行业协会采取的是民主科学的决策机制，所有重大事项均需要由理事会全体成员经过商议、核审、表决、才能最终产生效力，常设的秘书处仅是行业协会的日常办事机构，不享有独立的重大事项处理权力。其中行业协会的会员作为基本单位，每人在参与会议中只享有单一投票权，且所有会员的表决权均完全平等。其次在行业协会日常行使管理权力时的程序上也要求遵守法定人数原则和少数服从多数原则。这种决策机制使得司法鉴定行业协会能够充分听取所有会员的意见，但另一方面也为部分对自我要求过低的协会降低自律标准提供了空间。我国当前司法鉴定行业协会除常务工作人员外均为兼职制，这种决策机制意味着协会成员在进行例如制定行业标准、监督决策时将更多地从个体利益角度出发而非司法鉴定行业协会整体利益出发。

我国司法鉴定行业协会履行监督职责的工作方式总体上还处于探索阶段，虽然方式较多，但实际效果不佳。有的司法鉴定行业协会以诚信积分的方式进行事中的监督，具体的机制是每一个司法鉴定行业协会的会员都有一定数量的诚信积分，且在一定时期内该积分不会增长。如果司法鉴定行业协会的会员违反了协会章程、虚假鉴定、超出鉴定许可范围鉴定等将被扣掉积分，当积分被扣光时，便会被取消会员资格。还有一些司法鉴定行业协会通过专门工作委员会行使监督职能，依据其拟定的协会章程对违规行为进行惩戒，如合肥市司法鉴定人协会制定出台了《合肥市司法鉴定违规行为惩戒办法（试行）》，惩戒种类有训诫、责令书面检讨、通报批评、责令限期整改、取消会员资格,工作机制依靠会员之间的检举,政府机关的告诫,有关部门的揭发。然而实践中这种工作机制的有效程度低,管理力度小,司法鉴定行业协会的监督管理职能多呈现架空状态。

（四）"两结合"管理模式行政干预问题

1. 司法鉴定行业协会的领导不应由司法行政官员担任

受"官本位"文化影响,我国司法鉴定行业协会领导层存在一定的"官僚化"现象,29 个省级司法鉴定行业协会中超过 70% 的省级司法鉴定行业协会（共计 20 个）的会长均为当地司法行政机关官员担任,如司法厅分管司法鉴定的副厅长、司法厅巡视员等;管理日常事务的秘书长也多由当地司法行政机关的官员担任。依据各地司法鉴定行业协会的章程,司法鉴定行业协会的会长具有召集大会、管理行业协会各内设机构等权力;秘书长负责协会财务、执行决议等协会日常工作,司法鉴定行业协会的领导层掌握着最核心的权力。因此,如果由司法行政机关官员担任领导,其自我管理的属性将被极大削减,独立性也将不复存在,司法鉴定行业协会实则成为司法行政机关的傀儡。

2. 司法行政机关不应插手司法鉴定行业协会的具体工作

司法行政机关在行使管理权力时有"天然膨胀"与强势的特性,且司法鉴定行业协会处于弱小的地位,致使司法行政机关对于司法鉴定行业协会的指导时常发展成干预。而司法鉴定的本质又决定了鉴定人群体需要具有高度的法定性、专业性、中立性,在司法鉴定行业相对发达的美国,以法医鉴定为例,鉴定人首先要按照美国医学会的规定取得病理医师资格,经行业协会考试合格后再经过培训获得法医病理医师资格。[1] 为了避免出现外行人管内行人的局面,必然要求限制行政机关越权管理,保障司法鉴定行业协会独立发挥管理职能。一旦行业协会失去其独立自主的地位,那么在司法鉴定行业协会开展准入、监督等工作时,其中立地位必将受到影响。司法行政机关与司法鉴定行业协会之间的关系应是监督与指导而不是直接的干预,这种直接的干预会影响司法鉴定行业协会发挥其自律功能以及对于协会成员的服务功能。

司法鉴定行业协会与司法行政机关的独立性是法定的。依据法律规定,

---

〔1〕 常林:《谁是司法鉴定的"守门人"？——〈关于司法鉴定管理问题的决定〉实施五周年成效评析》,载《证据科学》2010 年第 5 期,第 618~632 页。

司法鉴定行业协会与司法行政机关共同享有对司法鉴定行业的管理权，意味着司法鉴定行业协会与行政机关均具有独立的法律地位，二者是分工管理，互相协作，相辅相成的关系，这就要求两者之间互不隶属，互相独立，而我国司法行政机关在"两结合"管理模式中对于司法鉴定行业协会的运营插手过多，有过度渗透与行政化的趋势。这种设置一方面是由于司法鉴定行业协会的初期组建需要依靠行政机关发挥主导作用，另一方面随着司法鉴定行业协会自身的发展，浓厚的"行政色彩"将影响司法鉴定行业的自律性、自主性的管理，也使得司法鉴定行业的社会化程度不足。

三、完善"两结合"管理模式的设想与建议

对于"两结合"管理模式的改革方向应始终坚持以保障司法鉴定的科学性、合法性、中立性为目标，以维护司法公正、伸张公平正义为己任。由于"两结合"管理模式在我国目前仍是以行政权力为主导，司法鉴定行业协会的社会管理基础薄弱，手段有限，稳定发展将是司法鉴定行业协会一定时期内的主要工作。至此笔者从完善"两结合"合理运行机制与帮助司法鉴定行业稳步发展的角度建议：

（一）建立全国司法鉴定行业协会

1. 有利于统一司法鉴定行业协会的管理，并促进其发展

目前我国司法鉴定行业协会最高级别是省一级，各省级司法行政机关各自规定司法鉴定行业协会的功能，造成实际上我国有多种"两结合"管理模式。而全国性的司法鉴定行业协会尚未成立，造成了行业协会体系在国家层面上的空白。因此应由代表国家行使司法行政权力的司法部牵头，吸收全国范围内各领域司法鉴定专家，统一制定"两结合"管理模式中行业协会的各项基本制度。

2. 有助于统筹分配，合理利用全国范围内的司法鉴定资源

由于我国目前成立的司法鉴定行业协会主要集中于各省份的省会城市与主要城市，各地方司法鉴定行业发展不均衡，布局不合理，致使一些地区司法鉴定机构扎堆导致恶性竞争，而另一些地区缺乏司法鉴定资源致使无法满足该地区基本的司法鉴定需求。建立全国层面的行业协会有利于打破我国各地方司法鉴定资源不平衡的现状，带动落后地区司法鉴定行业协会的发展，还可以从宏观上科学调控我国各省级司法鉴定行业协会之间的交流互动。

（二）建立健全"两结合"管理模式配套法律体系

首先，我国现阶段有关司法鉴定管理制度的法律法规散见于行政法、民事诉讼法、刑事诉讼法等相关法律文件中,并未制定以司法鉴定活动的性质与实践经验总结为基础的统一的法律法规,这在某些程度上制约了司法鉴定管理体制的发展。其次,已有的法律规范中对于"两结合"管理模式的规定也仅是宏观层面的,原则上指明了司法鉴定管理体制中加入行业协会的自律性、自主性管理,由司法鉴定行业协会与司法行政机关合作管理我国司法鉴定事业。但是对于司法行政机关与司法鉴定行业协会各自的职能范围与协作管理的范围划分并未作具体规定,这使得司法行政机关与司法鉴定行业协会的管理机制完全是依照各地的实践经验与司法鉴定管理工作者的摸索中形成。即便有再合理科学的职能划分,如果没有法律法规作为依据,其也将会成为一纸空谈,还会造成各地方各自为政、管理机制不统一的局面,也使得司法鉴定行业协会无法真正发挥功能,甚至朝着司法行政机关的延伸方向发展。因此细化相关配套法律法规迫在眉睫,正如对于哪些司法鉴定客体应纳入法律规定的管理范畴一样,"两结合"管理模式的细则的制定应结合我国当前的"鉴定需求",依照其发展趋势是否适宜应采取规范化的管理手段,是否有利于统一的司法鉴定管理体制的建立。[1]

(三)丰富司法鉴定行业协会的自律手段

由于现阶段行业协会并不具有对于司法鉴定人与鉴定机构的准入进行管理的权力,因此传统的监督方式如批评教育、谈话等手段难以实现司法鉴定行业实行其监督职能的目的。同时由于司法行政管理能力有限,仅依靠司法行政机关监督司法鉴定人的诚信执业是不现实的。在信息化时代的今天,网络资源已普及千家万户,人人都能便捷地利用网络去搜寻信息资源。构建全国范围内的司法鉴定人诚信执业系统,可以使需要司法鉴定服务的当事人快速及时地查询到所需信息并合理判断司法鉴定人与机构的资质进而进行选择。司法鉴定管理主体也可借用此系统对司法鉴定从业人员进行有效的监督管理。其管理机制是司法鉴定行业协会将我国所有在册的鉴定人与鉴定机构的基本信息包括奖惩状况、执业种类等录入该平台,通过此系统征集社会对于我国司法鉴定人与司法鉴定机构的评价与建议,并及时与司法行政机关核实情况并据此做出处理。同时将有关情况及时更新至全国统一的监督管理平台。这样一来,在收费标准相差不大的情况下,司法鉴定服务需求者自然会选择资

---

〔1〕 霍宪丹:《关于司法鉴定体制改革的实践与探索》,载《证据科学》2007年第C1期,第84~89页。

质较高，诚信度良好的鉴定机构与鉴定人，水平低劣的鉴定机构，执业道德不良的司法鉴定人逐渐被淘汰。这种监督手段也将逐渐提升司法鉴定行业协会的管理地位，加强司法行政机关与行业协会的合作，充分利用社会资源帮助司法鉴定行业协会进行自律管理。

（四）去行政干预

1. 行政机关领导人员不再担任协会领导职务

行政机关的领导人员担任司法鉴定行业协会的领导人员问题，司法行政机关干涉司法鉴定行业协会的工作问题，行政机关的工作人员，尤其是担任司法鉴定协会领导人员的司法行政机关的工作人员，应当逐渐地脱离行业协会的领导岗位，由司法鉴定业不具有行政色彩的人员来担任，真正地实现司法鉴定协会这个自治组织的自律功能。

2. 明确司法鉴定协会的职能

《司法鉴定机构登记管理办法》第 4 条规定：司法鉴定管理实行行政管理与行业管理相结合的管理制度。司法行政机关对司法鉴定机构及其司法鉴定活动依法进行指导、管理和监督、检查；司法鉴定行业协会依法进行自律管理。第 9 条、第 10 条规定了司法部以及省级司法行政机关的职能。《全国人民代表大会常务委员会关于司法鉴定管理问题的决定》第 3 条规定：国务院司法行政部门主管全国鉴定人和鉴定机构的登记管理工作；省级人民政府司法行政部门依照本决定的规定，负责对鉴定人和鉴定机构的登记、名册编制和公告。当前"两结合"管理模式中司法行政机关与司法鉴定行业协会管理角色不明，在设想"两结合"管理模式的理想分工的基础上，应由司法行政机关管理为主过渡至司法鉴定行业管理为主。[1] 当前有关法律法规仅规定司法鉴定协会实行行业自律，但是并没有就其具体具有何种职能作出明确的条文规定，使得司法鉴定行业协会的管理无具体法可依，致使各地行业协会的管理出现真空。

（五）逐步转型为行业主导型"两结合"管理模式

随着我国执政理念的转变，社会经济与法律制度的不断完善，个人文化素质的不断提高，本着充分利用社会管理资源，减少行政管理成本，节约行政管理资源的发展理念，"两结合"管理模式中的分权管理机制也将从现在以

---

〔1〕 李廷鹤：《对"司法鉴定"两结合管理模式的几点思考》，载《中国司法鉴定》2008 年第 A2 期，第 58~60 页。

司法行政机关占据主导地位，通过司法行政机关的逐步让权，与我国社会自我管理的氛围形成，司法鉴定行业协会的发展渐趋成熟，过渡至由司法鉴定行业协会发挥主要管理作用。这是因为，在司法鉴定统一化下，司法行政部门代表国家负责行政管理，其只能在法定范围内行使管理权，主要是一些重大的管理事项，而之外的大量的微观事项，则不应也不能通过行政管理来解决，应由代表社会的主体来管理，行业协会就是适应这一职能的组织。[1] 具体而言，即司法行政机关在总结我国司法鉴定管理经验的基础上指明司法鉴定行业的发展方向，制定合理合法的有关政策；与司法鉴定行业协会共同在司法鉴定行业的准入管理上发挥行政许可与撤销的基础作用，加强名册登记管理工作；在技术规范制定方面逐步让渡其主体地位与司法鉴定行业协会；在司法鉴定监督管理方面配合司法鉴定行业协会充实多层次的监督机制，协助提高司法鉴定行业协会的监督管理积极性与有效性；司法鉴定行业协会则应在司法鉴定的管理中发挥其自身优势，依据其自我管理自律管理的性质，逐步参与准入管理；依靠其专门知识人员与司法鉴定实践工作者的经验，在技术规范的制定，确立技术标准的统一使用等方面加大作用；在对司法鉴定执业活动的事前、事中以及事后监督机制中不断创新管理模式，加强行业纪律管理手段；充分利用专家集群资源，以司法鉴定行业协会特有的工作机制促进各行业协会与成员之间的学术交流，不断提高各专业司法鉴定人的能力素养。

四、结论

司法鉴定行业协会自然地拥有中立、自律、协调、公益、服务等管理属性，其性质与当前司法鉴定管理的迫切需求与未来趋势不谋而合，而传统的仅由各行政机关统管的管理模式将面临极大的挑战。"两结合"管理模式正是因此应运而生，如果能够完善配套法律规范、夯实司法鉴定行业协会管理基础，将能够创造权威公正的中国司法鉴定、井井有条的司法鉴定行业秩序、诚信团结的鉴定人群体的新局面。"两结合"管理模式与我国过去的司法鉴定管理模式最大的不同体现在管理的主体增加了司法鉴定行业协会，如何充分发挥司法鉴定行业协会的管理作用，有机结合其与司法行政机关的管理是我国当前司法鉴定管理体制改革的重大议题。需要注意的是，但凡摆错司法鉴

---

〔1〕 汤维建、王德良：《我国司法鉴定体制改革研究》，载《中国司法鉴定》2015 年第 5 期，第 1~12 页。

定行业协会的管理地位或未对其与司法行政机关的职能进行科学合理的划分，不仅会浪费我国司法鉴定管理资源，甚会加剧司法鉴定管理主体不统一的混乱局面。司法鉴定管理模式的成型因国而异，行政机关、司法鉴定行业协会、司法鉴定人、司法鉴定机构相互间的关系仍需更加明确的定义。

在中国法治建设大背景下，新的执政理念与管理方式将不断冲击司法鉴定管理体制既有的基础。服务型政府与社会本位新常态的意识转变是司法鉴定管理体制改革的难得契机。当前我国无论是"两结合"管理模式抑或司法鉴定行业协会的发展都处于孵化期，深刻理解司法鉴定本质特征，站在全国各省市各种类司法鉴定资源合理布局、均衡发展的视角上，借助网络时代的创新力量，化繁为简，综合考量，打造符合司法鉴定行业健康持续发展诉求的司法鉴定管理体制。以"两结合"管理模式为前提，提高司法鉴定管理能力，打破司法鉴定行业壁垒，整顿鱼龙混杂的鉴定人队伍，减轻当前司法鉴定多头重复鉴定症状，树立司法鉴定权威，使司法鉴定真正成为我国公平正义、自由民主诉讼制度的法治基石。

论新冠肺炎疫情视域下"基础"课教学中的案例教学法*

李亚兰　金　璐　付赵震**

　　摘　要："基础"课是最贴近大学生生活的思想政治理论课。在新冠肺炎疫情视域下，将案例教学法应用于"基础"课，能够增强育人效果，是对学生的人文关怀，可以帮助学生更好地调整状态应对疫情。案例教学模式的主要特点表现为教学主体是学生、教学情境真实、教学展示生动、教学过程合作共享、教学评价多维。案例教学模式由课前准备、课堂实施、课后反思三个教学阶段构成。案例教学法的实践原则，一是坚持先进多媒体技术的应用和理论教学相结合，二是坚持时效性和复杂性相结合。案例教学法在效率、简单化、争议性、网络监管和管理以及开放性的问题上需要反思。在深化"基础"

---

　　* 基金项目：本文系①2020 年北京高等教育"本科教学改革创新项目"思政课课堂教学与思想咨询协同模式的建构（项目编号：202010018003）阶段性研究成果。②基于团队自主学习模式的新时代高校思政课改革实践与探索阶段性研究成果。③"思想道德修养与法律基础"北京高校"优质本科教材课件"建设项目阶段性研究成果。

　　** 李亚兰，中国政法大学马克思主义学院思想政治教育专业博士研究生（100088），北京电子科技学院思政部德育教研室主任、讲师。金璐，中国政法大学马克思主义学院助理研究员。付赵震，北京电子科技学院思政部讲师。

课教学理论的基础上，创新了案例教学法在网络授课环境中的实践探索。

关键词：新冠肺炎疫情　"基础"课　案例教学法

高校思想政治理论课是对大学生开展思想政治教育工作的重要载体。"思想道德修养与法律基础"课（简称"基础"课），是最贴近大学生生活的思想政治理论课。2020 年的春天，新型冠状肺炎病毒肆虐全国。在停课不停学的战疫斗争中，思政教师上好"基础"课，把课堂教学和战"疫"专题教育相结合，可以帮助大学生在这个春天拥有更多的思想引领和更多的成长。思政课案例教学区别于其他课程案例教学的首要特点就是"体现社会主流意识形态的内在要求，具有政治导向性"[1] 在抗击疫情的过程中，涌现了很多感人的事迹，如何通过思政课德育主渠道将动人的故事开发为价值引领叙事是思政课的重要任务。因而，在思政课中运用案例教学法，是实现特殊时期思政小课堂与社会大课堂育人作用的有效方法。

关于案例教学法的界定，学术界目前尚无统一认识，《教育大辞典》认为，它是"高等学校社会科学某些科类的专业教学中的一种教学方法。即通过组织学生讨论一系列案例，提出解决问题的方案，使学生掌握有关的专业技能、知识和理论"。[2] 张学敏与侯佛钢认为，从马克思主义来看，案例教学是连接理论与实践的桥梁。[3] 黄锦章认为，就精神实质而言，案例教学与启蒙运动之后盛行于欧美思想界的经验主义哲学有更为直接的血缘关系。经验主义哲学强调知识的实践性和经验性，主张以学生为中心，案例教学在教学思想和方法上与经验主义哲学不谋而合。以杜威实用主义思想为代表的进步主义教学改革运动也为案例教学的应用提供了哲学基础。[4] 吴义昌认为，胡塞尔现象学中的"直观"理论能够为案例教学强调案例提供基础，现象学中的"面向事实本身"能为案例教学重视批评提供思想基础，其中"悬置"和"加括号"的批判方法值得案例教学借鉴。现象学的"交互主体性"理论能为案例教学推崇讨论提供理论基础，现象学中的"生活世界"理论为案例

---

〔1〕　杨慧民：《高校思想政治理论课案例教学操作模式探析——以"一切从实际出发"教学内容为课例》，载《思想理论教育导刊》2010 年第 11 期，第 63~67 页。

〔2〕　顾明远主编：《教育大辞典》（第 3 卷），上海教育出版社 1991 年版，第 42 页。

〔3〕　张学敏、侯佛钢：《全日制教育硕士研究生案例教学的桥梁作用》，载《学位与研究生教育》2016 年第 8 期，第 43~47 页。

〔4〕　黄锦章：《关于案例教学的若干理论思考》，载《汉语学习》2011 年第 2 期，第 68~74 页。

教学中以学生为本提供理论基础。[1] 在新冠肺炎疫情视域下对"基础"课教学中的案例教学法的运用研究是对案例教学法更加深入的探索。

一、案例教学法的发展概述

（一）西方的启蒙和发展

西方案例教学法的启蒙思想最早能够追溯到两千多年前。古希腊时期的哲学家苏格拉底开创了"启发式问答法"。案例教学法发展的初期是师生在教学过程中探讨问题的一种形式。教师经过一系列的发问，逐渐地指出学生所回应问题中的矛盾，进而不断地引导学生形成对真理的表述。苏格拉底的学生柏拉图将这种一问一答的教学方式编撰成书，并以一个一个的故事来说明道理，从而开拓了西方案例教学的先河。现代案例教学法兴起于美国哈佛大学，又称"哈佛教学法"，于1870年由哈佛大学法学院院长朗道尔教授所创立，后来被广泛地应用于该校法学和工商管理硕士等专业教育领域的教学。

（二）中国古代的教学理念

案例教学的理念在中国古已有之。春秋时期伟大的思想家、教育家孔子在长期的教育教学实践中提出并践行了启发式教学法。《论语·述而》中记载了孔子"不愤不启，不悱不发，举一隅不以三隅反，则不复也"的教育思想。朱熹是这样注解的："愤者，心求通而未得之意；悱者，口欲言而未能之貌。启，谓开其意；发，谓达其辞。"这就是说只有当学生进入积极思考的状态时教师才适时地点拨、指导，进而帮助学生"开其意""达其辞"。《论语·子罕》中记载："夫子循循然善诱人，博我以文，约我以礼，欲罢不能。既竭吾才，如有所立卓尔。虽欲从之，未由也已。"颜渊高度称赞了孔子的启发式教学。孔子启发诱导的教学思想注重学生自主构建知识体系的学习过程，把学生的主体性和教师的主导性相结合。《学记》是中国最早的教育著作，它记载了"道而弗牵，强而弗抑，开而弗达"的教学思想。这强调在教学过程中要注重启发学生对问题的思考，而不是和盘托出结论。案例教学法其实就是在描述了一定的事件或情境之后抛出问题、指明思考方向、启发学生分析把握问题，从而提高学生思维水平，再给出一定的知识道理帮助学生完善对问题的认识，这无疑与孔子和《学记》的理念不谋而合。

---

[1] 吴义昌：《案例教学模式的现象学基础探析》，载《徐州师范大学学报（哲学社会科学版）》2005年第5期，第113~116页。

（三）中国现代教育中的发展和应用

我国教育界对案例教学法的探索得益于邓小平在 1979 年签署的中美合作协议，此协议中包含了引入哈佛案例教学法的内容，由此形成了中美双方专家组成的案例开发小组，中国对案例教学法的探索从此迈开了步伐。[1] 现代社会是一个信息大爆炸的时代，随着互联网的发展、网络的普及，教师和青年学生每天都被海量的信息流所冲击着，每个人都难以置身事外，以前那种依靠单一的传统媒介如报纸、电视、广播等信息单向传输途径进行价值观传递的方式受到挑战，个体不再处于被动接受地位，网络参与、表达、转发、评论成为虚拟世界的常规操作，形成了"人人皆记者"的信息互动模式，人们对于各种事物的认识不断拓宽，思想也在发生着变化。甚至可以说这些纷至沓来的信息时时刻刻都在影响着我们对世界、人生的看法与观念。"我们生活在一个比以往任何时代都更具有'反思性'的时代。原则上说，任何人都可以从相关的数据库里轻易地得到自己想要的信息。这意味着我们被迫对我们自身的生活进行反思，并且不断根据新的信息调整自己的生活。这种情况造成了个人认同的改变。"[2] 这既带来了价值观教育的挑战，也给教育活动带来了契机。从机遇视角来看，立足于新型冠状肺炎疫情有很多与学生切身相关的案例，授课教师可以采用这样的案例进入"基础"课堂。"基础"课教师通过聚焦学生生活的授课载体进行价值观引导，对大学生思想政治教育的引导愈加有利，进而增强"基础"课的育人效果。此外，这也是思想政治教育中以人为本教育理念的重要表现，是对学生的人文关怀，授课教师将课堂的理论学习与实际困境的解决相结合，帮助大学生更好地调整自己的状态来应对这场突如其来的严峻疫情。

二、案例教学模式的特点

（一）教学的主体是学生

在教育教学活动中教师作为主导者、组织者、帮助者、促进者在教学中发挥着引领学生价值观念的作用，学生为教学活动的主体，通过自己的主观能动性思考、接纳教学内容。案例式教学方法有助于发挥学生的主体建构作

---

〔1〕 刘惠、王安平：《试析思想政治理论课教学方法中的案例教学法》，载《思想理论教育导刊》2012 年第 11 期，第 82 页。

〔2〕 [英] 安东尼·吉登斯、郭忠华编：《全球时代的民族国家：吉登斯讲演录》，江苏人民出版社 2012 年版，第 25 页。

用。建构主义认为，学习者的主动性在教学活动中是非常重要的，学习活动是学习者在给定的情境中基于自身的经历主动建构的过程。案例教学能够提供这种学习情境，带给学生一定的价值认知、选择。这一教学方法充分尊重学生生活体验与认知方式，能够调动学生的积极性、参与性，为引导学生达到预设价值提供有效方案，但是，这一方法体现的认知逻辑并不是行为主义式的，行为主义主张的学习方式是刺激——反应的模式，而案例提供了具体情境，在一个具体的叙事演绎过程中引导学生进行价值判断，充分尊重了学生的主体地位。案例教学法模式一直秉承以人为本的教育理念，课堂教学以学生为主体，用学生的学习成效来检验授课教师的教学效果。

（二）教学的情境真实

教育要面向生活，是基于现实生活又超越现实生活的活动。现实生活是开展教育活动的现实起点，超越现实生活是对现实进行批判继承的价值诉求，是对青年学生理想人格的塑造。案例教学是这两个维度的统一体，这种教学方法既再现了承载价值观念的事实情景，又创造了价值引领的可能场域，这是案例教学法的一个重要优势。在案例教学法运用的过程中，使用真实发生且关乎社会民生的资料作为教学资源，更容易使学生进入具体情境，学生在直观层面能够调动已有经验在这一具有现实要素的叙事中去感知、代入，进而通过理性去判断、选择、内化。"在德性伦理方面，我们要进一步强调世界以人为本，人以德为本，德以善为本，善以诚为本，诚以真为本，注重实践养成，把价值诉求融入日常工作生活之中。"[1] 基于案例生成的真实教育情境更能够引导学生的价值观念，反过来，也能够引导学生在现实中坚持正确的价值倾向。此次疫情呈现给我们大量可歌可泣的医护人员主动请缨成为"最美逆行者"的事迹，他们在最该与亲人团聚的时候却去了人民最需要的地方，也展现出普通人的微薄力量同样能够将善良传递，无论国内还是国外，无论个体还是企业都有为疫情而出钱出力捐款捐物的举动，他们不愿留下姓名只称自己为中国人，将自己与国家、民族、人民唇齿相依，在人们的记忆里将瞬间变为永恒。这些鲜活真实的例子体现的精神是真实的，是纯粹的，他们就发生在我们身边，老师、学生、案例主人公共处于真实的时空中。真实性更符合"贴近生活、贴近学生、贴近实际"的思政课三贴近原则，因而

---

〔1〕 曾建平、代峰：《公民道德建设与核心价值认同》，载《道德与文明》2010 年第 6 期，第 100 页。

更能够使青年学生感同身受，更具有现实性参考价值，促使学生在抗击疫情这一特殊时期将英勇与奉献的价值观念内化于心，在他们的感召下形成理想信念，将价值观念外化于行。

（三）教学的展示生动

案例教学的一大特点就是具体性，它能够将教学活动所需要的场景完整地呈现出来，其展示形式更加生动形象，往往能够调动学生的感情、吸引学生的兴趣、激发学生的参与热情，在音频、视频素材的辅助下，更能够产生栩栩如生的效果。在网络的可获得性极度便捷的背景下，案例的立体性与丰富性得到最大展现，将案例发生的来龙去脉与起承转合尽可能全貌复现，学生的关注点也会随着案例的线索逐渐展开。在置身案例的情感投射中，体验其中蕴含着的价值冲突、价值选择。案例教学在网络时代具有鲜明的信息化特点。在新冠肺炎疫情期间的网络教学中，案例教学要使用便捷且学生擅长的媒体工具。如腾讯课堂、雨课堂弹幕发言等、设计学生喜闻乐见的资源呈现形式，如视音频、PPT 数字故事等。总之，要注重理清案例中所蕴藏的可用内容，借助案例的生动具体性来演绎价值观念的内在逻辑性，通过生动的案例让学生内心产生情感钦佩、充分感受案例中的人格魅力、产生共情与情感共鸣，最终愿意内化相应美德并效仿行为。

（四）教学的过程合作共享

案例教学模式中授课教师与学生的合作共享体现在多个环节。在课前阶段，授课教师将案例的开发和学生的课前预习作业相结合。在课堂实施阶段，学生是课程的主体，教师是课程的主导，全程参与引导学生学习。在自主探究中，学习小组内的同学合作，讨论和分享彼此的观点；在成果展示中，学习小组之间讨论分析学习成果。在此教学过程中，授课教师注重培养学生们形成资源共享、协作交流、共创共赢的能力和思维。在课后反思阶段，教师的反思和学生的反馈相结合。鼓励学生将所学、所感进行网络媒体传播，实现学习成果的网络共享，也有利于良好学习风气的形成。

（五）教学的评价多维

案例教学中我们采用多维的教学评价方式，将过程性评价与总结性评价相结合。在课前作业环节、课堂实施阶段都有评价因素。改变过去简单地将学生出勤的情况作为平时成绩的评价方式，全面调动学生的积极性，避免了出勤不出工的课堂现象。评价的主体由教师、同学和自身组成，提高了学生的参与感，评价更加全面、客观、公正。当前，疫情致使高校教学结合慕课学习与直播授课讨论答疑相结合，在非面对面的教学情境下，学生更愿意通过讨论区留言和弹幕实时互动发表自己的观点，将对于案例的不同看法呈现出来，老师可以根据学生的看法作出相应的及时回应或课后回应，学生在教师观点的回应中可以进一步澄清自己所持的价值观念，教师根据学生的互动过程记录学生的表现，进而生成过程性评价。这一过程建立在对案例的深入剖析基础之上，又能关注同学们的实际思考，将案例教学的优势充分发挥了出来。

三、案例教学模式的构建

"基础"课案例教学因所属学科特点而具有其政治性、真实性、现实性的本质，应根据不同教学内容选择恰当的案例类型。案例教学模式由课前准备阶段、课堂实施阶段和课后反思阶段三个阶段构成，以科学的方式组织大学生开展案例分析，使参与学习的大学生能够自主地进行推导，进而顺利完成教学内容的学习。授课教师应以是否有利于呈现教学要点、是否有利于展开教学设想和是否有利于实现教学目的为标准反思案例教学的课程设计。授课教师可以通过不停地反思完善教学设计，进而实现案例教学的科学性和实效性。

（一）课前准备阶段

在课前准备环节中，教师是教学活动的主体。学生在教师的组织安排下完成课前的预习作业。在课前准备阶段可以细化为"组建团队→收集作业→开发案例→凝练问题→选择媒体"五个主要的步骤。

第一步，组建团队。"基础"课的学习小组综合考虑学生的专业、所在寝室、性别等因素进行分组，采用"同组异质，异组同质"的组建原则，这样有利于小组之间公平竞争，有利于教学活动的开展，更有利于教学目的的实现。学习小组形成后还要进行必要的小组建设，包括确定团队的队长、名称、队歌、口号、徽标等，并通过适当时机、场景进行团队特色展示，在组建团队过程中使得团队内的每个成员互相了解，在展示团队环节使团队间互相认识，发挥团队自身的内在价值与外在价值，内在价值指的是团队成员之间的情感培育、团队意识、集体荣誉，外在价值指的是"基础"课的相关任务能够依托团队完成，提升教学效率与效果，改进教学和学习方式。总之，在案例教学前，进行团队建设为课程开展重构了课程单位，学生在学习活动中不仅以单个人的身份参与课程，还以团队的成员身份融入团队与课程，进而充分调动小组内成员参与的积极性，在团队内部进行分工并明确各自的责任，在充分研讨的基础上实现案例的价值展现、价值冲突、价值选择，实现团队内部成员的优势互补。

第二步，收集作业。授课教师可以通过网络教学平台向学生布置课前预习作业，要求学生结合本节课的内容搜集相关的资料并撰写出自己的观点。授课教师收集学生的课前预习作业后整合归纳，选择具有代表性的作业内容融入课堂教学案例中。在收集和整理学生的作业的过程中可以评价学生的作业质量，作为课程综合评价的一部分。举例来说，在实际的课程教学中，根据"基础"课第三章第一节"中国精神是兴国强国之魂"，可以给学生布置具体探究任务——疫情中的中国精神，充分调动学生的生活经验与背景知识去挖掘疫情中的中国精神。通过实践，学生主要将疫情中体现的"自强不息""团结奋斗"等中国精神内涵进行展示，素材形式包括新闻视频、新闻稿件、自制视频、数据统计等，内容包括中国传统名言警句、古训典故、古诗词等，逻辑上遵循概念梳理、历史渊源、疫情案例呈现、分析升华。展示过程中，主要涉及全国各个省份包括军医在内的四万两千多名医生对湖北省的支援、快递小哥义务接送医护人员、河南、四川等省份农民给湖北捐赠蔬菜、钟南山院士、张定宇院长带头奋战在一线等案例。通过学生们搜集的素材能够看到学生们对感恩与奉献的领悟，领悟到中华民族在历史与现实的重重困境中从未放弃，总是有英雄的人们带领大家共同奋斗克服困难，体会到了中国精神的具体内涵与时代特色，感受到了团结的中国精神所体现的中国力量，有效地促进了"基础"课相应章节的课程目标达成。

第三步，开发案例。网络案例教学的关键是开发作为教学信息载体的案例。选择的案例应真实可靠具有代表性，符合教学目标和教学内容，并与学生的生活密切相关。疫情当前，与疫情相关的方方面面都构成学生的实际生活，如何在纷繁复杂的信息面前选择合适的案例进行分析，需要"基础"课教师精心思考与设计。授课教师在精心地开发案例后，可以选择将案例以学生喜欢的短视频形式呈现在网络课堂上。也可以组织学生录制剪辑视频材料，并将学生自己收集的视频材料融入课堂案例，在提高同学们的学习兴趣的同时也有助于锻炼学生的组织材料和表达思想的能力。比如，最近中国的抗击疫情成果被西方媒体质疑、中国对其他国家援助物资被扭曲成"口罩外交"这些每天见诸报端的新闻，需要"基础"课老师结合课程内容予以分析，从而有理有据回击部分国外媒体的居心叵测。结合"做忠诚爱国者"这一内容，在增强国家安全意识这一话题上，我们要重视文化安全，前述的部分西方媒体对中国的抹黑与妄加揣测，就是对中国形象的损害，目的是削弱中国的努力与人道主义援助所体现的制度优势与道义力量，遏制中国在国际上的影响力，这也是文化安全所要重视的重要方面。类似问题在"基础"课中得到适当讨论与说明，有助于提升课程对学生生活的价值，培育课程亲和力，更重要的是有助于学生从国家安全视角去看待相关问题，而非简单的一个新闻报道，意识到西方对中国的偏见与傲慢，要时刻保持"斗争"精神迎接来自其他国家的挑战。

第四步，凝练问题。案例所承载的价值观需要教师进行研究与分析设置相应的问题，在问题探究中共同发现价值观念。开发案例后，"基础"课教师要根据教学目标凝练出本节课要引导学生探讨的具体问题。设置好的问题这一重要环节对学生的知识掌握与思考深度都有着极大的影响。例如，在"正确评价人生价值"这一部分，提出问题"疫情中，类似于钟南山、李兰娟以及众多医护人员都能够在疫情中贡献力量，仿佛历史永远铭记那些伟人、那些能力突出的人，众多平凡的个体人生价值是不是就很渺小不值得关注了呢?"可以列举这次疫情中，冒着风雪坚守在进出口的门卫、在武汉医院里清理有毒废弃防护用具的工作人员、众多没有留下姓名的捐款、捐物者的影像资料，引导同学们分析平凡不意味着普通，他们都在通过自己的能力在为伟大的抗击疫情贡献自己的力量。"平凡孕育着伟大"，评价人生价值要遵循"坚持能力有大小与贡献需尽力相统一"的方法。例如，在进行"爱国主义及其时代要求"讲授时，设计问题"为什么说爱国要与爱党爱社会主义相统一?"除了历史的维度，思政教师可以通过展示疫情中，国家将人民生命安全放在第一位的工作原则与国家对于国民检测、治疗费用的完全承担视角加以理解，通过列举数据表明党和国家的工作优先原则：截至 2020 年 3 月 15 日，我国新冠肺炎确诊和疑似患者发生医保结算 44 189 人次，每人平均治疗费用为 1.7 万，其中财政补贴支付的比例约为 35%，医保支付的比例约为 65%。使学生在思考与案例分析中深刻体会国家的强大。爱国是具体的，在我国新时代的爱国主义就是要做到爱国与爱社会主义相统一。发挥"基础"课培养学生对国家的热爱、对党的忠诚与认同的实效性。

第五步，选择媒体。媒体技术在案例教学法模式中扮演着重要的角色。案例教学模式采用过程性和多元化的评价方式，学生通过手机端或电脑端作为学习工具，根据课程内容的设计组合利用超星学习平台、腾讯课堂、雨课堂、钉钉、微信群等简单易操作的媒体工具，进行课堂互动以及实时教学数据的收集和掌握学生自主探究、协作探究的情况。选择教学媒体坚持追求直观效果和尊重学生认知规律相结合，以促进学生的思维发展。

（二）课堂实施阶段

在课堂实施阶段中，授课教师在教学活动中发挥的主导性的积极作用，参与教学活动的学生是主体。课堂实施阶段可以分为"自主探究→成果展示→多维评价→教师总结"四个主要的步骤。

第一步，自主探究。授课教师通过网络教学平台选用 PPT 和音视频结合的方式展示教学案例。学生学习小组是课堂的主体：以教学案例和教师凝练的案例问题开展自主探究式的讨论；结合自己生活的情境，将理论与实践相结合思考如何解决问题；以弹幕、讨论板等形式表达自己的观点。授课教师是课堂的主导：及时给予学生关键词提示，以督促学生专注课程内容、积极思考；积极反馈学生学习小组在学习过程中发现的问题，对学习小组成员通过弹幕、讨论板发表的感想给予积极关注，必要时进行适度的干预和指导，以避免出现跑题偏题、言语不当的现象发生；组织学习小组的同学对案例问题展开深入的交流和探究，以避免出现发言学生集中、冷场等问题，引导学习小组的学生完善讨论结果，提出自己的解决方案；根据各个学习小组的自我探究情况，记录和评价学习小组内成员的在本环节的表现。

第二步，成果展示。各学习小组的代表在网络课堂上进行自己小组的成果展示。展示结束后，该学习小组进入答辩的环节，其他学习小组的学生可以进一步提出问题。学习小组间的展示、提问以及答辩，一方面有利于帮助展示组的同学进行反思，提高同学们解决问题、协同应急的能力；另一方面也有利于帮助提问组的学生培养批判、辩证的思维和发现问题的能力。

第三步，多维评价。网络教学中案例教学模式的评价是多维评价。外部评价维度：教师和其他组的学生对展示学习小组的内容进行匿名的评价。组内评价维度：学习小组内的学生根据本小组成员的合作交流情况进行匿名的互评。自我评价维度：学生经过组内探究、组间讨论等，需要进行自我评价。学生讨论的参与情况、小组成员之间的合作情况、知识的掌握情况、技能的应用情况、展示和答辩的情况等可以作为评价的观测点。

第四步，教师总结。教师将各个学习小组的讨论成果提炼、穿插在教学案例中对教学案例复盘，再结合教材中的知识要点内容，进而帮助学生在案例的讨论分析中获得理论知识。教师运用语言符号的能力和水平在一定程度上影响着教学效果。教师在课堂上的讲话，"一方面，要讲求语言的精炼，这是对语言的真理性要求;另一方面,要有独特的风格,或幽默或朴实或精致,这是对语言的艺术性要求"[1]。

(三)课后反思阶段

在课后反思阶段中,教师和学生都是反思活动的主体。课后反思阶段可以分为"学生反思→教师反思→布置作业"三个主要的步骤。

第一步,学生反思。"基础"课的教学目标不仅仅是让学生掌握理论知识和法律知识,更重要的是学生在掌握知识后能够内化于心、外化于行。学生们在课堂的学习后,通过在社交平台的反思可以传播正能量、潜移默化地改善校园风气。授课教师鼓励学生将所学到的知识和感受分享到课程微信群、朋友圈、公众号、QQ空间或微博等网络社交平台。授课教师也鼓励学生对课堂的教学资源、设计和教学效果等方面提出好的建议,师生同心、同力建设课程。

第二步,教师反思。授课教师可以通过三个维度进行教学反思。第一,对比课堂的预期效果和实际效果之间的偏差;第二,综合考虑学生们的课程意见和反馈中的不足;第三,分析教学模式与教学内容的矛盾点。教学反思后授课教师根据具体的教学章节改进。接下来是选取课前学生提交的优秀作业和课堂教学案例资源等进行汇总整理。教学资料的汇总整理是非常重要的,一方面可以帮助授课教师积累教学资源,另一方面将材料发布到教学平台上方便学生有需要时查看和学习。

第三步,布置作业。授课教师在教学平台上发布下节课教学内容的相关作业,设置截止时间,并在讨论板发布话题,便于学生们在线交流讨论以及指导其完成作业。

四、案例教学法的实践原则

(一)坚持先进多媒体技术的应用和理论教学相结合的原则

在疫情期间,"基础"课通过网络平台开展案例教学的过程中需要选择先进的多媒体技术以实现良好的教学效果。综合考虑对教学平台的便利性、交互性的要求,授课教师可以根据课程设计的需要有机组合选用腾讯课堂、雨课堂、蓝墨云班课、腾讯会议以及中国大学慕课和超星学习通等教学平台和资源。生活在数字时代的"00后"大学生喜欢通过网络多媒体进行知识的学

---

[1] 张秋菊:《探索思想政治理论课真理性与艺术性相结合的教学方法》,载《思想理论教育导刊》2013年第1期,第86~88页。

习、思想的表达和情感的交流。授课教师选用便捷且学生擅长的媒体工具，设计学生喜闻乐见的资源呈现形式，如视频、音频、PPT 数字故事等，有利于实现更好的课堂效果。在坚持先进多媒体技术的应用同时要与理论教学相结合。时刻牢记案例教学的目的，通过网络的案例教学，最终实现大学生能够运用"基础"课的相关知识、观点来进行理论分析、思考问题。因此，授课教师在案例开发的时候，要紧扣教材，同时强调将所学知识与生活实际相联系，让学生能够运用相关知识去思考、分析、解决问题，知行合一。

（二）坚持共性与个性相结合的原则

"基础"课要帮助大学生全面提高思想道德素质，增强社会主义法治观念，解决年轻人在成长成才过程中遇到的世界观、人生观、价值观、道德观和法治观方面的理论问题和现实问题。一方面，年轻人面临的问题具有普遍性，这个是共性的方面。另一方面，要根据不同的专业定位和人才培养目标。例如，北京电子科技学院以培养国家机要工作人员为培养目标，在教学设计中就要帮助学生树立公务员和机要人员的职业道德规范和法治观念与法律意识，体现个性。教学实践表明，学生在听到关于公务员工作、机要工作实践的相关案例时，更感兴趣，参与性更强，因为这与他们未来的生活和工作结合紧密。在新冠肺炎疫情下，无数公务员战斗在抗击疫情的第一线，取得了巨大的成就。通过这类案例的开发在引导学生树立正确的三观的基础上还增加了学生对未来职业的向往感和荣誉感。另外，在"基础"课中"人生价值的实现条件"这一目内容提到，要实现人生价值，需要"不断增强实现人生价值的能力和本领"。通过展示疫情中工作人员不同的工作方法，可以激发学生的多项工作能力培养意识。例如，有的小区利用无人机测查居民体温，有的小区利用多国语言向外国居民宣讲隔离防护举措，有的病人开口说话困难，医护人员制作图画板来询问患者需求、症状，卫健干部自主研发疫情直报系统提高报告速度，集齐一定数量的出入证可以换取生活用品减少居民外出等具体防疫具体措施。在疫情中，高效做好群众工作是很关键的，这些案例的共同的特点就是面对疫情出现的挑战，不断开动脑筋，发挥工作中的积极主动性、创造性，结合具体情境想出解决办法，给抗击疫情带来了良好效果，得到了人民群众的认可与好评。如此，引导学生在不同工作岗位上要发挥工作的创新性与主动性，培养斗争意识，增强自身本领，更好地发挥自身优势、实现人生价值。

（三）坚持时效性和复杂性相结合的原则

案例教学在案例开发时，最好采取最新的案例，趁热打铁，将教材内容与事实案例相结合，会给学生较深的印象与体会。最新的案例，对学生来说也更具有探究的意愿，"基础"课与学生联系极为紧密，有时甚至需要在上课前一秒更换成最新案例，因而，教师要具备相应的敏感度，时刻思考案例与教材内容的贴合性，例如，在国际妇女节到来之际，"基础"课的内容正好涉及"人生价值的评价与实现"这一章节，可以安排一系列相关最新素材。中宣部、全国妇联、国家卫生健康委、中央军委政治工作部联合发布"一线医务人员抗疫巾帼英雄谱"彰显国家与人民对一线抗疫人员的崇高敬意；张伟丽作为综合格斗选手也在此时获得草量级冠军，为疫情中的人们增添了信心，更重要的是面对乔安娜的对中国疫情的不当言行，张伟丽用行动给予了回击，并在获胜之后，在国际场合为祖国人民加油打气，能够将自己的实际行动与祖国的命运结合起来，都是引导个体将价值评价与祖国联系起来的观念。同时案例在与教材内容高度契合的基础上也应该具有一定的复杂性，应是包含冲突矛盾问题的、内涵丰富的。这样有助于大学生对教材内容的理解把握或升华认识。案例是需要深入认识，反复思考，比较分析才能得出结论的。

五、案例教学法的反思

（一）效率的问题

"基础"是一门具有政治性、思想性、科学性、理论性和实践性的思想政治理论课。抽象性是存在的，课堂的封闭性也是难以避免的。而案例教学法，就是通过对具体教育情景的描述引导学生对其进行讨论的教学方法。让学生通过案例置身于现实、具体的社会生活情景中，面对冲突和矛盾，面对选择与抉择，可以深化对教学知识点的理解，可以引发思考和反思，可以提高分析问题、反思问题的能力。一句话有助于教学目标的实现。同时也要看到，由于案例开发需要花费大量时间、案例教学的效率不高、学生由于缺乏对原理及概念的把握，会在讨论中缺乏对概括化知识的批判分析能力及培养。

（二）简单化的问题

在以往的案例教学实践中也会存在简单化的问题。大部分教师仅把案例教学当"示例教学"，仅停留在对案例教学程序的简单模仿，并没理解案例教学的基本原理，也达不到案例教学的根本目的。[1] 比较常见的情况主要有：第一，授课教师把举例子当案例教学。一张图片，一个小故事，一个小新闻等。这是"基础"课教学中的例子，而不是案例教学；第二，案例平面化。教师选取的案例无冲突、无问题、无矛盾，非黑即白，不需要学生思考，更不用反思；第三，案例体现的价值互相排斥，主张了一种价值，却忽略了另一种价值。而被忽略的，可能还是重要的、需要坚持的价值。比如强调了工作价值而忽略了生命价值，缺乏对生命的尊重；第四，案例信息和内容不完整。这既不利于深入讨论，也可能随着后续过程的开展导致对所用案例的否定。

（三）争议性的问题

不同的案例承载的作用不同，需要认真挖掘。对于没有定论或者尚未有定论的案例，也可以在课堂中加以运用，引发学生思考，培养客观理性的精神。"基础"课和学生息息相关，要引导学生关注生活，让学生在课堂上对生活有更深刻的体验，不能脱离生活。实际生活是纷繁复杂、场景多变的，尤其是个体性事件，往往案例展示的是其中一个侧面，对于事件的全貌外界不一定完全掌握，这样，我们在运用具有一定价值的个性化典型案例时，要就事论事，分多个维度引导学生进行认知，避免走向道德相对主义，在感性层面看似都正确的相关方，容易让局外人通过情感给予同情，从而失去理性判断，尤其是在自媒体发达的网络背景下，每个人都可能捕获事件的蛛丝马迹引导事件走向，如果学生不用理性精神去判断案例就容易被带节奏。采用谨慎的态度，坚持科学的立场去接纳价值观才有助于认清事实，特别适用于那些未有定论、悬而未决的案例中。例如，有关新冠病毒是从武汉病毒研究所传播开来的消息一度甚嚣尘上，在社会上掀起很大的舆论风浪，后来事实证明是境外的微博 ID 发布的不实消息。此时，一方面需要国家正面予以调查、澄清，另一方面需要个体擦亮眼睛、头脑清明、理性判断。

（四）网络监督和管理的问题

在网络教学中，师生都处于网络平台上，如何通过网络进行监督和管理也是一个难题。案例教学法成功的关键在于课堂上学生主动参与课堂的讨论。在以往的"基础"课教学中，很多思政课教师还是沿袭着传统教学教师主讲，

---

〔1〕 钱明辉等：《教学案例开发框架模型的构建及其应用》，载《管理案例研究与评论》2018 年第 2 期，第 210~220 页。

学生被动听讲的模式。这样的授课模式会退化学生的思考能力、提问功能和批判精神。在新冠肺炎疫情下,"基础"课授课教师需要掌握在网络教学平台上组织学生对案例进行分析讨论的监督技术和管理能力。在课堂实施过程中,授课教师则需要把控课堂的整体氛围,通过交流讨论和多元评价相结合、相制约的互促机制来鼓励全员参与、机会均等,以实现教学效果最优化。

(五)开发性的问题

一些高校的商学院、政府管理学院设有案例中心,教学案例需要教师甚至教师团队持续开发。在新冠肺炎疫情期间的案例开发上需要注意的是,目前疫情还在进行当中,有些事件的过程还不完整,信息还有欠缺,但仍然有些事例是可以开发成案例的。比如,武汉金银潭医院院长张定宇身患绝症积极参与疫情防控的案例;武汉学院会计专业大三学生郭岳回沧州老家,确诊后自我隔离 38 天,40 名密切接触者无一例感染的教科书式硬核防疫操作的案例;湖北省司法厅前副厅长陈北洋拒绝隔离医治的案例等。疫情期间的案例开发也不一定局限于跟疫情防控相关,有的案例虽然和疫情的防控没有关系,但是很有意义,也是值得开发的。比如体现中国价值、中国精神、中国力量的综合案例;南医大 20 多年前凶杀案告破的案例;反映我国福耀玻璃工厂的《美国工厂》获奥斯卡奖等。这些都是可以开发的很有意义的案例,可以在"基础"课的有关章节中使用。案例教学的案例开发一直在路上。

北京市外商直接投资对产业结构影响研究

——基于函数型数据的实证检验

王乾宇*

摘　要： 随着经济全球化的不断深入发展，外商直接投资成为各个国家尤其是发展中国家参与全球产业链分工，获取外部资源的重要路径。外商直接投资不仅为东道国带去经济建设需要的充裕资金，还能在一定范围内进行技术转移，促进东道国内生产效率的提高，推动东道国产业结构的逐步调整、优化和升级。北京作为全国政治、经济中心，在实现城市高速发展和对外开放水平不断提升的同时也日益面临着人口过度稠密，交通拥堵以及公共资源分配失衡等"特大城市病"现象。无论从近期还是远期来看，通过外商直接投资推进北京地区经济、产业结构调整与升级，加强京内地区人口调控，缓解人口压力，推进非首都功能疏解成为解决北京地区"特大城市病"的重要路径。本文以北京地区为研究对象，选取北京地区 2004—2016 年外资行业就业人数、规模结构等相关数据，结合统计学中的函数型数据法检验并探究了北京市外商投资对行业结构的具体影响，尝试性地考察北京市通过外资结构调整来推动经济结构升级以

---

* 王乾宇，中国政法大学商学院世界经济专业 2020 级博士研究生（100088）。

及缓解"特大城市病"的现实可行性。研究结果显示，北京市外商直接投资受到地区 GDP 规模、对外开放水平、产业结构水平等因素，对行业结构产生显著正向影响，通过外资行业就业人数、行业产值规模、利润总额、外企行业数量以及行业总就业人数等途径来达到影响北京市行业结构调整与升级的作用。

关键词：北京 外商直接投资 产业结构 函数型数据

引 言

近 10 年来，伴随我国对外开放水平的不断提高和招商引资工作的逐步深化，国内营商环境日渐成熟、优化，外商直接投资（FDI）发展势头良好，2003 年外商直接投资流量规模达 561.4 亿美元，超越美国成为世界最大外商引资国。国家统计局数据显示，中国利用外资的金额已经从 2007 年的 783.39 亿美元增加到了 2017 年的 1310.4 亿美元，比 2007 年增长了将近 70%。2017 年，我国外商企业注册数为 35 652 家，同比增长 27.8%；来源于"一带一路"沿线国家和地区的外商投资规模达 71 亿美元，同比增长 34.1%，占比 5.41%。按产业内部结构分析，2016 年我国利用外商直接投资主要集中在制造业，房地产业，批发和零售业，租赁和商务服务业，其中制造业占总投资金额的 28.16%，房地产业占总投资金额的 15.59%，外商投资行业结构的集中化特征比较明显。

从北京市的外资发展情况来看，近些年，北京地区外商投资规模和外资企业设立数目上升速度显著，投资行业分布呈现多元化和集中化特征，招商引资"引力"不断增强。依据北京市统计局数据显示，北京市外商投资规模已由 2003 年的 21.46 亿美元上涨至 2016 年的 130.2858 亿美元，企业数目由 1360 家增加至 3764 家，分别增长约 5 倍和 2 倍。截至 2017 年，北京地区实际利用外资金额达 243.3 亿美元，同比增长 86.7%，新设立外资企业数目达 1309 家，同比上升 22%，投资领域涵盖农林牧副渔、建筑业、制造业、信息传输、批发零售、住宿餐饮和房地产等行业，其中制造业和商务服务业分别占比 33% 和 25%，成为北京地区吸引外资最多的两个行业。在北京地区外资投资不断成熟和优化的过程中，产业结构变迁也在逐步产生，呈现出第一产业比重下降、第二产业比重保持平稳、第三产业比重稳步提升的发展趋势，其中信息产业、文化创意产业、现代制造业和服务业等新兴业态发展势头迅猛，北京市统计局数据显示，2016 年北京市地区三次产业比重分别为 0.5%、

19.3%和80.2%，文化创意产业、高技术产业、信息产业和现代服务业比重达 13.95%、22.72%、14.7% 和 59.85%，同比上升 10.05%、11.88%、6.53%和10.85%，北京地区的产业变迁和行业结构升级工作稳步展开。在新的经济形势下，北京地区要进一步改善外资企业营商环境，统筹协调优化对外开放格局与供给侧结构性改革，抓住机遇，合理利用外商直接投资进行产业结构的升级，充分释放外商投资对北京地区行业结构优化的潜在能量，并以此来带动周边经济转型升级，推进京津冀地区协同发展和经济结构升级，进一步缓解"特大城市病"的不良影响，保障社会经济稳健运行。

一、国内外研究成果回顾

（一）国外研究成果综述

赫伯特-G. 格鲁伯，迈克尔·A. 沃克（1993）经过研究发现 FDI 对东道国产业结构的调整和优化主要通过两个途径：FDI 的资本效应和技术溢出效应；东道国国家政策导向和国内企业的自身特点有利于东道国的生产资源通过引入 FDI 而进入国际市场，走向国家化。Barry（1999）将引入英国、爱尔兰、西班牙、葡萄牙四国的 FDI 与其相应的产业结构进行比较研究，结果发现 FDI 在这些国家发展经济过程中都发挥着非常重要的作用，能促进东道国产业结构的合理调整。Edward M. 和 Graham（2001）利用相关数据研究了 FDI 对中国经济的影响，结果显示 FDI 对中国的产业结构调整没有明显的作用，不能发挥 FDI 的产业关联效应。Markusen 和 Venables（2013）通过对跨国企业和东道国国内企业的研究发现，跨国公司可以给国内企业提供先进技术和管理经验的指导，也能带动国内相关产业的发展，实现 FDI 的关联效应，促进东道国国内产业的发展。Camiila（2012）利用 1989—1996 年波兰的出口数据进行 FDI 与波兰产业结构关系的研究，实证表明 FDI 对波兰的技术密集型产品出口有显著的促进作用，即 FDI 能促进波兰产业结构优化升级。Hunya（2012）通过研究流入罗马尼亚制造业的外商直接投资发现，跨国公司投资的行业与该国出口行业一致，外资主要集中于劳动密集型、技术含量低的出口产业。FDI 并不影响该国的传统优势产业，而是对其起到了促进发展的作用。

Choong C.、Yusop Z. 和 Soo S.（2014）加入金融因素研究 FDI 对东道国产业结构的影响。结果显示东道国的金融体系的完善程度影响其 FDI 的吸收能力，进而影响 FDI 的技术效应以及关联产业效应。Zhou、Li 和 Tse（2012）从外商直接投资对东道国国内企业的影响进行研究，结果表明外商直接投资对国内有竞争关系的同行业企业具有抑制作用，会占用国内的一部分市场和资本,但对不同行业的企业有促进作用。Akbar 和 Bride（2014）以匈牙利银行为研究对象,分析了 FDI 对东道国企业的经济影响。研究表明在市场导向下的外商直接投资能够引导国家产业结构合理调整,促进经济发展,而在资源导向下的外商直接投资会阻碍国内企业技术吸收,不利于经济的健康发展。Paitoon 和 Kraipomsak 以泰国为研究样本,发现 FDI 的流入提高了泰国的劳动生产率,改善了该国的经济发展现状,促进了其产业结构的升级。

（二）国内研究成果综述

国内学者对 FDI 与我国产业结构之间的关系也进行了大量的研究和分析,从不同角度考察 FDI 对我国经济结构的调整、技术创新等方面的影响。郭克莎（2010）分析了 FDI 对我国产业结构的影响,他通过研究 FDI 在我国三次产业中的分布特点,总结出由于 FDI 的结构性倾斜,进一步加大了我国产业的结构性偏差,扩大了不同产业之间的发展水平。FDI 能促进我国产业结构的调整,但是在引入过程中应该合理引导和利用。王洛林、张小娟等（2015）选取在华投资的 500 家最大跨国公司为主要研究对象,通过分析这些大型外资企业在我国投资的特点和影响得出,外商直接投资能够有利于国内的技术创新,提高生产效率,增加资本,从而促进三次产业的发展。赵晋平（2011）利用最小二乘法研究 FDI 对我国产业结构调整的影响,选取我国外商直接投资的合同金额和三次产业的工业增加值为变量进行分析,结果表明 FDI 对我国不同产业具有不同程度的影响,其中对第一产业的影响最小,对第三产业影响最大。李雪（2005）通过中国 1983—2003 年的时间序列数据,运用格兰杰（Granger）因果检验和恩格尔-格兰杰（Engle-Granger）协整关系检验,研究认为中国外商直接投资存在着产业结构效应,但外商直接投资与产业结构之间的变动关系并不是长期存在。陈丽籍（2016）以东北为研究样本,发现外商直接投资扩大了当地制造业的集群效应,加快了东北老工业的工业化进程,促进当地的产业结构的优化。但是拉大了产业间的发展水平,扩大了不同产业的结构偏差。因此,他提出在引进外资过程中应该合理引导,保证三次产业的平衡发展。蒋靓波（2016）利用浙江和上海 1985—2004 年的相关数据进行计量研究,结果得出 FDI 对上海市产业结构调整有显著的作用,能引导产业结构向第三产业发展。但 FDI 不能促进浙江省产业结构升级优化。黄志勇、许承明（2008）以 1999—2006 年的数据为基础研究了 FDI 对上海三大产业贡献的影响。分析指出外商直接投资对上海市产业结构调整影响显著,而且从外商直接投资的流量观察,其对三次产业的作用大小相同。但是从存量看，对不同产业作用不一致，FDI 和第二、三产业间存在正相关关系，和第一产业呈现负相关关系。王湘君（2014）在产业经济学、国际直接投资学等理论基础上，分析四川省利用外资和产业结构现状，并模仿产业结构偏离度公式，通过计算外商直接投资偏离度分析 FDI 对四川省产业结构的影响。通过计算得出外商直接投资对第三产业的投资远离最佳边际投资水平，即投资过度，而对第一、二产业投资不足。这主要是由于外资过多投入房地产所引起。赖艳丽（2015）采用定性和定量相结合的方法，描述了广东 FDI 和产业结构的现状，运用格兰杰因果检验和恩格尔-格兰杰协整关系检验进行实证分析。结果显示外商直接投资有效地促进了广东产业结构的升级。引进 FDI 后，广东省的产业结构比例发生了转变，由原来的"一二三"结构转变为现在的"二三一"结构，尤其是第二产业发展速度迅速，符合产业结构演变规律。李慧（2016）以中东欧为研究样本，将制造业附加值占社会总附加值的比重和服务业附加值占社会总附加值的比重两个为研究指标，对外商直接投资与中东欧之间的关系进行了实证分析，结果说明，FDI 的流入提高了第三产业的产出比重，同时降低了第二产业制造业的相应比重。外商直接投资推动了该地区的产业结构合理化和高度化。姜倩情（2018）选取 1985—2015 年时间序列数据研究外商直接投资对我国产业结构的影响，结果表明，FDI 能有利于我国三次产业结构的升级调整，同时从 FDI 在三次产业中的分布以及在不同地区的分布阐述了第三产业引入 FDI 能拉动我国经济的发展。邢新（2019）选取 1990—2014 年的数据建立分布滞后模型（DLM），研究外商直接投资对广西产业结构所带来的不同调整效应，结果表明由于 FDI 在三大产业间的结构性偏差，导致其对不同产业间的作用影响不同，但是它总体上促进了第二、三产业的发展，对第一产业的影响为负效应，因此扩大了不同产业间的差距。

（三）研究成果综述

从已有研究成果来看，先验研究主要存在以下几个方面的特征：一是从研究数据选取方面来讲，已有研究基本上是以时间序列数据或面板数据研究为主，考察全国视角下的外商投资对于国内产业结构的影响，在研究数据选取与运用方面缺乏突破。二是在研究视角和研究方法方面，已有研究将视角定位于省域范畴，即考察全国或省份外商投资的情况，缺乏基于直辖市或是地市级单位的考察，此外从研究方法方面来讲，VAR 模型估计、格兰杰因果检验、面板数据模型以及一般回归模型成为研究本选题的传统方法，在机理辨析、定性分析等方面的研究还不多，研究方法和手段的创新性不足，仅仅是切换了研究数据和对象，并没有实质的创新。三是从研究的系统性来讲，已有成果将研究直接定位于外商投资对于产业或行业结构的影响，对于影响因子、作用机理以及现实状况缺乏具体的阐述，造成整体研究的系统性不足。四是指标变量选取方面，已有研究多数将三次产业结构作为因变量纳入分析框架之中，但从实际情况来看，三次产业内部还可以进行具体的行业划分，如以三次产业来替代行业，未免有欠合理与科学。

综上所述，本文拟尝试在如下几个方面展开创新：第一，从研究视角方面，本报告将研究对象定位于北京市外商投资，增强研究的具体性和针对性，突破先验研究以全国和省份为研究视角的传统方法。第二，从研究方法方面来看，本文将突破原有研究方法的限制，从统计学分析方法出发，运用主成分分析、函数型数据分析方法来讲综合考察北京市外商直接投资的基本情况以及对具体行业结构产生的不同影响。第三，从研究内容来看，本研究报告涵盖现状解读、机理辨析、影响程度检验以及因素考察等几个关键部分，从整体和系统性方面来考察北京市外商投资对于具体行业结构的影响程度。第四，从数据选取与指标变量构建方面，本研究报告一改以往研究以三次产业结构为因变量的研究方面，选取北京地区三次产业所涵盖的 8 个具体行业为研究对象，考察北京外商投资对于每个具体行业的影响，而不将研究视角仅仅停留在三次产业方面。

二、北京市外资发展水平与影响因素分析

鉴于研究分析数据的可获得性和完整性，本部分样本选取全国各省市（港澳台除外）2005—2016 年外资实际利用金额数据作为主要考察指标，单位统一为亿美元，同时选取产业结构层次系数、区域生产总值、对外开放程度等指标作为辅助研究指标，其中，产业结构层次系数公式为：

$$INDUS = \sum_{i=1}^{n} \sum_{j=1}^{i} g_j$$

其中，g_j 代表地区第 j 个产业增加值占同期生产总值的比重；各省份对外开放程度指标由公式 $OPEN_i = \dfrac{Trade_i + OFDI_i + IFDI_i}{GDP_i}$ 获取，其中，$Trade_i$、$OFDI_i$、$IFDI_i$ 和 GDP_i 分别代表同期 i 地区的贸易总值、对外直接投资流量规模、外商投资额与国内生产总值。上述基础数据来源于历年《中国统计年鉴》和相关各省份历年《统计年鉴》。

（一）北京市外资发展水平与影响因素概述

1. 北京市外资发展水平变迁

从时间演变范畴来看，北京市外商投资发展呈现出规模不断提升，投资行业日趋优化的演变历程，北京市外商投资存在以下几点主要的演变发展态势：第一，北京市外商投资规模在 2005 年、2010 年以及 2016 年间呈现出上升的发展态势，三个年度投资规模分布达 35.26 亿美元、63.63 亿美元和 130.3 亿美元，这与北京市不断提升对外开放水平、优化营商环境和加强招商引资力度密不可分。第二，从全国各省市阶梯分布来看，三个考察期中北京均位于第二阶梯，处于东部沿海省份和西部内陆省份的中间地带，由此可在一定程度上表面，尽管北京市外商投资发展势头显著，但与沿海省份还是存有差异和发展空间。第三，外商投资在我国存在明显的地区差异特征，主要表现为东部、沿海地区外资规模较大，发展成熟，西部内陆地区规模小，发展相对滞后，对于北京地区来讲，位于东部非沿海地区，凭借政治中心、成熟的金融体系、优越的营商环境、开放的发展理念以及坚实的外资发展基础，其外商投资发展水平始终较为平稳，长期发展态势良好，这一点在上述图中也得以体现。

2. 北京市外资发展影响因素探析

上文主要阐述了北京市外商投资的演变态势情况，从中得知，北京市外商投资发展态势良好，在全国属于外商投资发展成熟区域，但与沿海省份相比还存在一定差距和发展空间，据此，本部分将分析进一步深入，从经济总量、产业结构发展水平和对外开放程度三个视角来考察外商投资的发展影响因素问题。

（1）经济总量。在经济总量方面，呈现出由东部、中部向西部的逐步递减的态势，东部沿海地区，如山东、福建、上海、江苏等地区的经济总量在 2005 年和 2016 年位于第一阶梯，北京、河北、河南以及辽宁等省份居于第二阶梯，新疆、西藏、青海、甘肃等西部地区的经济总量较低，位于第三阶梯区域，这与全国外商投资规模布局较为一致，这也说明省际经济总量差异是影响外商投资发展水平的一大因素。具体到北京地区，长期以来，北京市经济总量规模位于全国中上游水平，与北京地区外商投资规模发展态势相吻合，由此可推知，经济总量规模是影响北京市外商投资发展的因素。

（2）产业结构发展水平。上文分析得知，经济总量是影响北京市外商投资发展的一大因素，此外，产业结构发展水平也是衡量一个地区经济发展质量的重要指标，在此，本部分从产业结构层次系数的视角来检验北京市外商投资的影响因素问题。从理论上讲，产业结构层次系数取值位于 1 和 3 之间，取值越大代表产业发展水平越高，据此来看，从整体方面来看，从 2005—2016 年间，我国全国整体产业结构趋于优化，西部地区产业结构优化态势显著，由 2005 年的 2.0 至 2.24 提升至 2016 年的 2.23 至 2.42。

从具体地区情况来看，北京地区、沿海地区的产业结构层次水平较高，明显优于西部内陆地区，这也与全国乃至北京市外商投资发展水平密切相关，间接地印证了产业结构发展水平是北京市外商投资的重要影响因素。

（3）对外开放程度。经济总量和产业结构水平从内向型因素的角度考察了北京市外商投资发展影响因素问题，为了使分析更为全面和完善，本部分从地区对外开放程度的外向型因素切入，分析其与全国和北京市外商投资发展的内在关联。

一方面，相比基期的 2005 年，2016 年北京市的对外开放程度产生了一定的变化，由第二阶梯升至第一阶梯，由此说明长期以来，北京市外贸发展的重点由注重"量"转向"质"的升级，对外开放程度绝对值有所上升，整体的经贸质量在不断提升，有效契合了国内的经济转型和供给侧结构性改革。此外，北京市对外开放程度在两个考察期内均处于全国领先位势，这与北京市外商投资在全国所处水平相吻合，且演变的态势也较为一致，表明对外开放程度是影响北京市外商投资发展的主要因素。另一方面，我国对外开放程度的全国分布情况基本上反映了实际情况，即东部沿海地区，如广东、上海、山东、辽宁以及浙江等省份的对外开放程度较高，同时中西部地区的对外开放程度则呈现出逐步下降的态势，存在明显的地区差异，但这一趋势正在趋弱。

（二）主成分分析

1. 指标体系构建

北京市外商直接投资的发展受到国内外诸多因素的综合影响，一般来看，主要包括以下几个方面。一是宏观经济运行状况，北京地区经济增长率稳升、CPI 指数温和将减低外商投资企业的经营成本，充实投资本金，同时，产业结构调整，转移落后产能也将影响到北京市外商投资企业的行业选择与投资效益。二是北京市对外经贸发展情况，伴随北京市对外开放程度的不断提升，双向投资发展和贸易规模逐步攀升，外贸依存度抬高，为北京招商引资工作创造了外部条件。三是世界经济走势，全球经济形势低迷或高涨将影响国际投资活动的未来走势与企业投资预期，进而对北京市外商投资整体发展情况产生一定的影响。据此，本文构建宏观经济指标、对外经济指标和世界经济指标等评价体系来考察影响北京市外商直接投资发展的经济性因素。指标说明和变量来源如下表 1 所示：

表 1 指标体系构建与说明

变量	变量名称	变量释义	数据来源
Y	外商投资额	衡量北京吸引海外企业的投资规模与经验借鉴	《北京统计年鉴》
X_1	地区生产总值	衡量北京经济规模与经济发展形势	《北京统计年鉴》
X_2	物价指数	衡量北京地区外资企业经营成本与生产成本	《北京统计年鉴》
X_3	产业结构水平	衡量北京地区产业结构发展水平	《北京统计年鉴》与笔者测算
X_4	贸易依存度	衡量北京的对外开放水平与程度	《北京统计年鉴》
X_5	贸易总额	衡量北京吸引外资的外贸基础	《北京统计年鉴》
X_6	对外直接规模	衡量北京地区企业国际化水平	《北京统计年鉴》
X_7	全球经济增长率	衡量世界经济形势与外部投资环境	世界银行，IMF 数据库
X_8	世界外商投资增长率	衡量全球资本流动态势与对外投资发展状况	UNCTAD 数据库与笔者测算

根据原始数据的完整性和可得性，本文被解释变量选择北京市外商直接投资流量，解释变量包含三个指标体系，宏观经济指标选取地区国内生产总值、产业结构层次水平和物价指数作为区域经济发展的衡量指标，代表北京市外商直接投资企业的宏观经济大环境。对外经济指标方面，本文构建包含贸易依存度、商品进出口贸易总额、对外直接投资规模等变量的指标体系，表示北京地区影响外资企业来京投资的开放条件与企业国际化水平。世界经济指标方面，共包含全球经济增长率和国际直接投资增长率两个变量，用以衡量北京市外资企业进行直接投资的外部条件与国际环境。需要进一步说明的是，本部分统计分析所运用数据年限为 2003—2016 年，由于指标间计价货

币和单位不同（美元或人民币），为此，本部分依据各年中美汇率中间价将数据单位统一折算为亿美元。

2. 相关系数分析与多重共线性检验

本文主成分分析部分所需的各指标原始数据，指标间衡量单位各不相同，有以美元作为衡量单位，还包含百分比以及产业结构层次系数的数值衡量方法，如此来看，研究原始数据存在量纲问题，而量纲问题将对统计分析结果产生有偏影响，导致预测结果有失准确性。为了避免原始数据的量纲问题和统计误差，本文引入数据标准化公式来对原始数据进行标准化处理，以消除量纲差异的不利因素，标准化公式如公式（1）所示。

$$Z_{ij} = \frac{(X_{ij} - \overline{X_j})}{\sigma_j} \tag{1}$$

有关数据标准化处理方法很多，大致包括 Min-Max 标准化法、z-score 标准化法以及 Decimal scaling 小数定标标准化法，出于本文研究数据的特征性和研究目标的考虑，笔者在此引入 z-score 法来展开数据的标准化处理，公式（1）为 z-score 数据标准化表达式，其中 X_{ij}、$\overline{X_j}$ 和 σ_j 分别表示原始数据数量值、平均值与标准差，该方法运用原始数据均值与标准差对数据进行标准化处理，是当前使用较为普遍的数据标准化处理方式。本文所用统计软件为SPSS19.0。

在进行主成分分析前，出于研究严谨性考虑，本文首先对主成分分析的必要性与可行性进行常规检验，所采用的方法包括两种，即指标变量的相关性分析法、KMO 统计量与 Bartlett 球形检验，检验结果分别显示在表 2 和表3 中。

表 2　相关系数结果分析

变量	X_1	X_2	X_3	X_4	X_5	X_6	X_7	X_8
X_1	1	0.246	0.784*	0.822*	0.312	0.868*	-0.202	-0.377
X_2	0.246	1	0.283	0.561*	0.832*	-0.104	0.832*	-0.055
X_3	0.784*	0.283	1	0.783*	0.495	0.432	-0.326	-0.547
X_4	0.822*	0.561*	0.783*	1	0.710*	0.159	-0.122	-0.388
X_5	0.312	0.832*	0.495	0.710*	1	-0.228	0.055	-0.203

续表

变量	X_1	X_2	X_3	X_4	X_5	X_6	X_7	X_8
X_6	0.868*	−0.104	0.432	0.159	−0.228	1	−0.118	−0.137
X_7	−0.202	0.832*	−0.326	−0.122	0.055	−0.118	1	0.738*
X_8	−0.377	−0.055	−0.547	−0.388	−0.203	−0.137	0.738*	1

表 3   KMO 统计量与 Bartlett 球形检验结果

KMO 统计量	Kaiser−Meyer−Olkin statistics	0.735
Bartlett 球形检验	卡方统计量 Approx. Chi−square	152.868
Bartlett's test	自由度 Df	28
of sphericity	显著性概率 Sig.	0.000

从分析结果中可以得知，一方面，在相关系数表中，部分变量间存在较高的相关程度（高相关度见文中星号），最高达 0.868，由此可以判定 8 个指标变量间存在相关关系，具备进行主成分分析的前提。另一方面，由 KMO 统计量与 Bartlett 球形检验结果可知，KMO 统计量值为 0.735，Bartlett 球形检验伴随概率达 0.000。根据 KMO 统计检验与 Bartlett 球形检验结果判别法则（Kaiser，1974；唐义和李新然，2009），如果 KMO 统计量值大于 0.7，则较为合适运用主成分分析法，此外，Bartlett 球形检验结果小于 0.05 的显著性水平，拒绝原假设，说明主成分分析模型整体构建良好，可以据此展开下一步的统计分析。

3. 主成分分析过程

（1）方差贡献度分析与公因子提取。在主成分分析模型适用性检验的基础上，本文采用 SPSS19.0 软件对 8 个指标变量进行方差贡献度分析与主成分分析公共因子的选取，分析结果显示在表 4 中和图 1 中。依据主成分分析公因子提取法则，变量 1、变量 2 和变量 3 的特征值均大于 1，因此本研究共选取 3 个公因子来解读影响北京市外商投资发展的主要因素。此外，从方差贡献度和累积贡献度结果中能够看出，三个公因子的方差贡献度分别达 46.325%、26.008% 和 16.575%，累积贡献度为 88.907%，符合主成分分析公因子提取要求，同时也说明上述三个公因子基本反映了原始数据所涵盖的大部分信息。

表4　方差分解与主成分提取

主成分	初始特征值			被提取因子的载荷平方和		
	特征值	方差贡献率	累计贡献率	特征值	方差贡献率	累计贡献率
1	3.706	46.325%	58.265%	3.706	46.325%	58.265%
2	2.081	26.008%	72.333%	2.081	26.008%	72.333%
3	1.326	16.575%	88.907%	1.326	16.575%	88.907%
4	0.385	4.814%	93.722%			
5	0.241	3.007%	96.728%			
6	0.209	2.612%	99.341%			
7	0.050	0.619%	99.960%			
8	0.003	0.040%	100%			

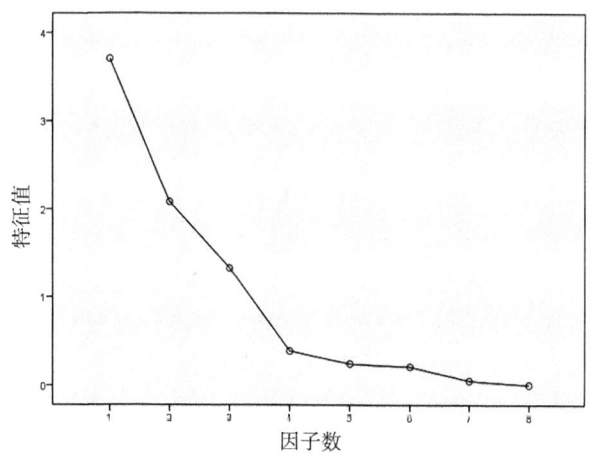

图1　主成分分析碎石图

（2）因子载荷矩阵分析。延续前文主成分分析过程，在得到三个公因子后，本文采用方差最大化方法来获取旋转后的因子载荷矩阵结果。表5显示了初始与旋转后的因子载荷矩阵结果，一般来说，因子载荷越高，说明该因子所包含的信息量越大，对北京市外商投资发展影响因素的解读力越强，为了便于辨认，笔者将高因子载荷值在表 5 中标出。

表 5　因子载荷矩阵分析结果

变量	初始因子载荷矩阵			旋转后因子载荷矩阵		
	F1	F2	F3	F1	F2	F3
X_1	0.862*	−0.212	0.404	0.647*	−0.137	−0.209
X_2	0.327	0.756*	−0.031	0.199	0.615*	0.204
X_3	0.895*	−0.168	0.065	0.668*	−0.055	−0.432
X_4	0.613*	0.215	0.024	0.562*	0.493	−0.240
X_5	0.672*	0.441	−0.269	0.463*	−0.019	−0.089
X_6	0.776*	−0.510	0.299	0.652*	−0.209	0.021
X_7	−0.314	0.306	0.857*	0.180	−0.070	0.733*
X_8	−0.598	0.469	0.735*	−0.175	−0.169	0.697*

依据表 5 中结果，初始因子载荷矩阵与旋转后的因子载荷矩阵分析结果比较一致，第一因子 F1 方面，地区生产总值、产业结构水平、北京地区贸易总额、对外开放水平、对外直接投资规模的载荷值相对较大，均达到 0.60 以上，这些因素主要反映了影响北京市外商直接投资开展的国内外经济因素，据此将 F1 命名为"基础经济因子"。第二因子 F2 方面，变量北京地区物价指数的因子载荷值在旋转前后分别达 0.756 与 0.615，由于 CPI 指数是国内价格水平的衡量标准，也间接地体现了外资企业的国内生产经营成本，是北京地区外资企业开展海外投资并以此来降低成本的诱因所在，据此将 F2 取名为"经营成本因子"。第三因子 F3 方面，变量全球经济增长率和世界外商投资增长率的因子载荷值分别达 0.875、0.735 与 0.733、0.697，从结果可以看出上述两个变量与 F3 的相关度较高，体现的是外部经济环境对北京市外商投资的影响，因此定名为"投资环境因子"。至此，本研究通过主成分分析将可能影响北京市外商投资发展的 8 个因素降维至"基础经济因子""投资环境因子"

和"经营成本因子"等三个主成分，据此来考察影响北京市外商投资发展的经济性因素问题。这与前文 ArcGIS 分析部分所得地区经济总量、产业结构发展水平和对外开放程度影响北京地区外商投资发展的结论较为契合。

（3）因子载荷矩阵分析。如前文表 5 所示，本文得到了影响北京市外商直接投资发展的三个经济型公因子，即"基础经济因子""经营成本因子"和"投资环境因子"，在此基础上，本文将主成分分析结果的数学模型表达式表现如下：

$$F_1 = 0.647Z_{X1} + 0.199Z_{X2} + 0.668Z_{X3} + 0.562Z_{X4} + 0.463Z_{X5} + \\ 0.652Z_{X6} + 0.180Z_{X7} - 0.175Z_{X8} \tag{1}$$

$$F_2 = -0.137Z_{X1} + 0.615Z_{X2} - 0.055Z_{X3} + 0.493Z_{X4} - 0.019Z_{X5} - \\ 0.209Z_{X6} - 0.070Z_{X7} - 0.169Z_{X8} \tag{2}$$

$$F_3 = -0.209Z_{X1} + 0.204Z_{X2} - 0.432Z_{X3} - 0.240Z_{X4} - 0.089Z_{X5} + \\ 0.021Z_{X6} + 0.733Z_{X7} + 0.697Z_{X8} \tag{3}$$

$$F = \left(\frac{\gamma_1}{\gamma_1 + \gamma_2 + \gamma_3}\right)F_1 + \left(\frac{\gamma_2}{\gamma_1 + \gamma_2 + \gamma_3}\right)F_2 + \left(\frac{\gamma_3}{\gamma_1 + \gamma_2 + \gamma_3}\right)F_3 \tag{4}$$

表6　主成分时间序列分析结果

年份	F1	F2	F3	F
2003	−3.723 288 45	−1.008 323 05	0.900 191 15	−2.066 489 272
2004	−4.668 777 32	−0.945 772 17	3.610 952 79	−2.052 066 634
2005	−2.151 859 98	−0.387 146 7	0.698 438 54	−1.105 520 795
2006	−1.810 781 47	−0.915 389 36	2.174 155 18	−0.815 721 346
2007	−1.095 685 4	−0.304 248 48	2.009 982 28	−0.296 191 657
2008	0.773 635 8	1.362 642 11	−1.054 114 08	0.607 716 294
2009	−1.407 621 22	−0.803 874 2	−3.488 492 47	−1.593 015 197
2010	0.502 206 09	0.175 897 19	0.867 715 81	0.468 346 198
2011	1.897 678 67	1.648 051 13	−0.024 262 87	1.460 360 42
2012	1.866 886 67	1.093 540 63	−1.205 068 68	1.070 995 489

续表

年份	F1	F2	F3	F
2013	1. 988 006 54	1. 057 608 41	−1. 069 250 6	1. 148 004 732
2014	1. 700 934 49	0. 383 209 7	−1. 103 758 85	0. 796 940 155
2015	3. 126 934 29	−0. 556 470 75	−0. 821 440 06	1. 316 770 103
2016	3. 001 716 83	−0. 799 717 04	−1. 495 050 81	1. 059 865 664

公式（1）至（4）和表 6 显示了根据经旋转的因子载荷矩阵结果得出的主成分分析表达式和时间序列分析结果，其中 F 值由公式推算而得。其中，F_i 和 γ_i 分别代表第 i 个主成分值和相应的特征值。从中能够推论出以下结论：首先，在"基础经济因子"（F1）中，地区生产总值、产业结构水平、北京地区贸易总额、对外开放水平、对外直接投资规模等因素均对北京市外商投资发展产生显著的正向影响，成为影响北京市吸引外资的第一因子。其次，"经营成本因子"（F2）中，物价指数变量的影响系数为 0. 615，表明物价水平或国内生产经营成本的下降将引致外资企业来京投资经营，与国内企业争夺市场份额，说明外商企业来京投资将受到国内物价水平的一定影响。再次，"投资环境因子"（F3）方面，全球经济增长率与世界对外直接投资增长速度对北京市外资企业投资行为影响较为显著，均达 0. 6 以上，说明外部投资环境和国际经贸走势的改善将有力推动在京外资企业的投资活动。最后，分析结果表 6 说明在 2003—2016 年的考察期内三因子对北京市外商投资行为产生明显影响，所构建的主成分分析模型较为合理。由此来看，北京地区外商投资的发展和优化需以国内经贸发展态势为根本条件，稳定的外部投资环境提供外部保障，这样北京市外商投资规模和质量才能够得到不断提升，实现拉动北京地区经济发展和外资企业盈利的"双赢"模式，从而带动国内各项经济事业的稳步推进，助力国内供给侧结构性改革和社会主义现代化建设的全面展开。

三、北京外资企业对行业结构影响的经济学机理分析

（一）基于行业供给层面的影响

1. 资本存量供给

FDI 改变了北京的资本供给状况。促进资本形成历来被认为是外商直接投资对东道国，特别是发展中东道国，经济增长的最大贡献。跨国公司凭借其巨大的平均规模和其他特殊资产优势，通过各种途径促成了东道国资本存量的增加。资本要素的增加使本国资本密集型产品的产量以及该产品在全社会产品中的比重都增加。由此，东道国的行业结构得以调整和升级。其中在合作、合资、独资或外商投资股份制四种方式中，独资经营的外商直接投资企业对东道国增加资本存量的贡献最大，因为独资方式既可以增加当地的储蓄，也可以增加其投资。除了直接由外商直接投资所形成的资本之外，跨国公司的海外直接投资也会引发东道国的国内投资。随着资本要素的增加，东道国要素丰裕度转变，从而使东道国资本密集型产品的产量绝对值以及其在全社会产品中的比重都增加，行业结构得以调整和升级。

2. 劳动力供给

根据图 2 中的供给层面机制图，劳动力对于行业结构调整与升级的贡献主要来自其自身劳动生产率的提高以及管理能力的改进。外商直接投资对于劳动力供给的影响主要表现在劳动力的数量以及质量上。从数量上而言，由跨国公司在北京成立的子公司直接雇佣的劳动力比那些在北京内资企业就业的劳动力享有更高的报酬和更好的工作条件，因此外资企业会产生一种人才聚集效应，吸引具有高素质的人才，从而增加当地劳动力的数量。根据北京市商务委公布的数据，目前北京共有约 70 家全球 500 强外资企业，仅次于东京和巴黎，位列第三。这些世界著名的企业吸引了国内其他地区甚至其他国家优秀的人才。外商直接投资对于劳动力质量的影响主要是通过人员流动以及外资企业对东道国在职培训产生的。首先，在其他条件不变时，高素质劳动力数量的增加，使得当地劳动力整体素质上升；其次，跨国公司往往更加注重员工的培训与再教育，通过直接对其子公司的员工进行培训，以推动技能提升，除了可以促进该企业内部人员素质的提升，还对内资企业具有影响、引导作用；最后，由于存在技术外溢以及行业传递机制，外商直接投资企业通过对上游供应商提供培训提高上游产业的劳动力技术水平以及管理能力。

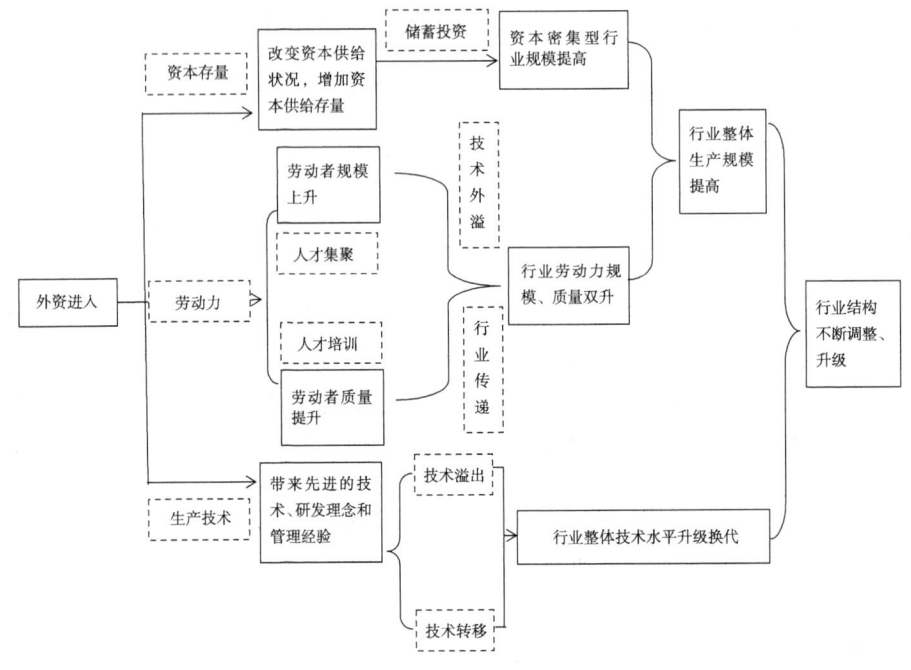

图 2　行业供给机制图

3. 生产技术供给

行业或产业结构升级往往伴随着技术进步和生产社会化程度的提高，并不断通过优化行业结构提高资源转换效益。自然资源优势、劳动力价格等要素供给的变化都会对行业结构产生影响，但产业发展的历史表明，技术进步对行业结构升级具有相当大的推动作用，唯有技术进步，才能使行业结构发生重大的质的变化。技术转让和技术的有效利用是发展中国家试图从国外直接投资中获得的最大收益。可以通过直接或者间接方式获得技术。直接转移，通常出现在合资或者合作经营方式，比如在合资经营中，允许外商以技术、设备作价出资，或者是在合作经营中，由外商直接提供技术。技术的间接转移主要是通过技术服务、咨询、职工培训、人员流动以及国内企业的学习、观摩和模仿等途径实现。具体来看，由于存在行业竞争传递机制，外商直接投资的进入使得东道国企业认识到更加先进技术的存在以及更加直接地感触到其使用效益，并迫使和激励东道国的内资企业采用更为有效的生产方法，提高研究、开发支出。此外，技术溢出效应对东道国企业技术改进和劳动生产率的提高具有积极的影响。由于市场上最先进的技术总是控制在先进工业化国家企业手中，因此如果依靠自主研发而进行技术创新成本高、风险大、花费时间长，但是通过外商直接投资方式获得技术的成本相对较低，花费时间也较少，这也是为什么在我国许多专家提出要用"市场换技术"的原因。技术要素的提高，使得北京从劳动密集低附加值产业逐步转向技术密集、高附加值产业，产业结构不断升级。

（二）基于行业需求层面的影响

外商直接投资的进入在影响东道国供给结构的同时，也影响着该国的需求结构。需求变化，一方面是需求总量的增长，另一方面是需求结构的变化。这既体现在生活消费需求的变化，也体现在生产消费结构的变化。需求总量、结构的变化都会引起相应行业部门的扩张或缩小，也会引起新行业部门的产生以及旧行业部门的衰落，通过消费结构的变化促进生产结构相应变化，从而导致行业结构的相应变化。如下图3显示了需求层面的机制图。

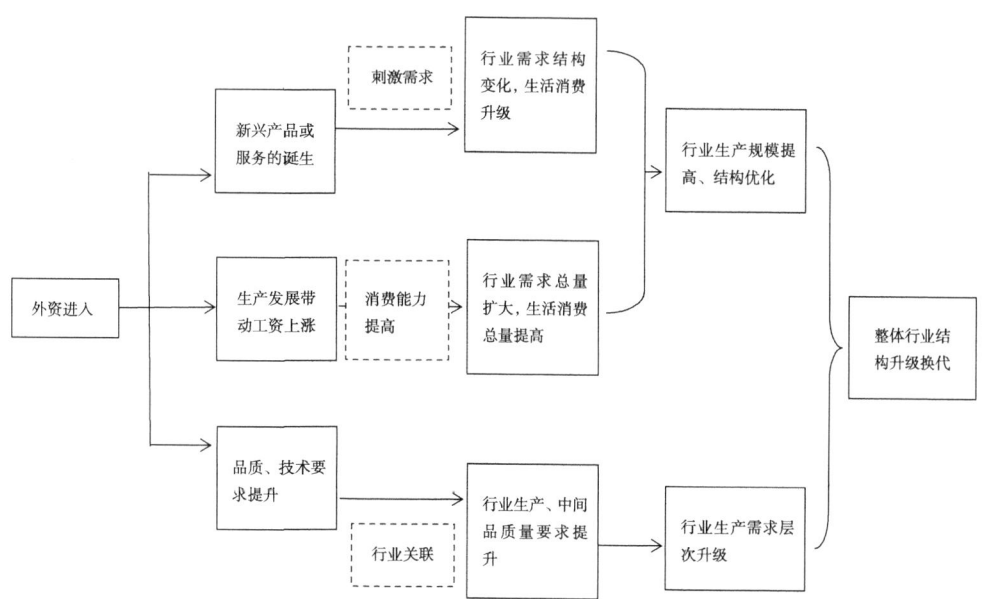

图3 行业需求机制图

第一，外商直接投资企业进入北京，特别是高科技行业或者新兴行业，会生产出许多新兴产品或者服务，这些产品或者服务往往更能满足消费者的需求，具有更高的性价比，更容易被消费者接受，因此新兴产品或服务的出现提升了北京的生活消费需求结构。此外，随着市场经济发展、经济增长和人均工资的不断提高，居民消费能力增强，消费需求总量扩大，居民对于消费品有了更高的要求，消费需求趋向多层次和多样化，生活消费结构升级。特别是外资企业员工的工资和对于消费品的需求往往高于当地其他企业，在其他条件不变时，会带动当地整体消费水平和结构的提高。在需求结构中，对行业结构变动影响最大的是个人生活消费结构，因为个人消费结构不仅直接影响最终产品的生产结构和生产规模，也间接影响中间产品的需求，从而影响中间产品的行业结构。

第二，外商直接投资的进入会通过行业关联机制改变东道国生产消费需求结构。在向后联系中，外资企业作为市场中的需求者，对产品的性能、质量、技术含量以及服务的种类、更新速度等都提出了更高的要求，改变了原有状态下的生产消费需求。

四、北京外商投资影响行业结构调整的函数型数据分析

（一）函数型数据分析法引入

1. 函数型数据介绍

现实生活中有很多数据类型属于函数型数据，或者说可以从函数的视角来解释和分析的数据，它的表现形式有很多种，比如人的身高随年龄增长的数据、不同地区多个观测点的温度和降雨量数据、人在走路时胯骨和髋骨角度变化的数据、经济领域中某些经济指标的数据等。这些数据可以是单独的，也可以是成对出现的。用术语表述就是，包含有表现为函数形式的自变量的数据。如果把这些数据放在坐标里，它们的表现形式为各种曲线，这些曲线形状各异，光滑程度也不尽相同。

函数型数据关系式不同于一般的线性关系式，一般的线性关系式中自变量和因变量之间的关系为：

$$y_i = \beta x_i + \varepsilon \qquad\qquad (1)$$

那么，函数型数据不再是一些个体观测数据，而是看作一个整体 $x(t)$，t=1，2，3，4，…，n，通过拟合可以做出一条光滑的曲线，它的自变量和因变量之间的线性关系式为：

$$y_i = x(t_i) + \varepsilon_i \tag{2}$$

其中，t 是自变量，$x(t)$ 是协变量，y 是因变量（离散观测值）。

从传统研究方法来看，关于外商直接投资影响行业结构调整的研究主要集中于静态比较分析，即通过构建计量经济模型来检验外商直接投资对于行业结构的数值影响以及影响因子的作用效果，这些方法能够在一定程度和范畴内考察外商直接投资的行业结构调整效应，但所得的分析结果是对应于静态状况下的效果，缺乏对动态效果的分析。本报告所运用的函数型数据分析则很好地克服了传统研究的这一缺陷，从静态和动态相结合的角度来全面、系统检验北京市外商直接投资的行业结构调整效果，弥补了传统计量模型研究方法上的不足，同时也进行了尝试性的方法创新。

2. 数据平滑与函数拟合原理

现实生活中经常遇到体现为函数型特征的数据，但是这些数据往往是离散点的形式，并且这些数据是有限多个，为顺利使用函数型数据的计算和分析方法、挖掘出数据包含的内部特征，首先需要对观测值（离散数据）进平滑化处理，那么对这些原始的离散数据怎么进行拟合，即对 $x(t)$ 进行估计，在函数型数据分析中使用基函数法对 $x(t)$ 估计，采用一组基函数的线性组合，公式为：

$$x(t) = \sum_{i=1}^{k} c_i \varphi_i(t) = c'\varphi \tag{3}$$

其中，$\varphi_1(t)$，$\varphi_2(t)$，…，$\varphi_k(t)$ 是一组基函数。常用的基函数主要有：正弦基函数（Sine basis function）、傅里叶基函数（Fourier basis function）、样条基函数（Spline basis function）、多项式基函数（Polynomial basis function）等。一般的函数型数据问题都可以用以上 4 个基函数来拟合，其中最常用的是多项式基函数，正弦基函数、傅里叶基函数较适合处理周期性函数型数据，多项式基函数、样条基函数较适合处理非周期性函数型数据。

根据实际问题的需要选择基函数之后，另一个问题是确定系数向量 $c_i = (c_1, …, c_k)'$，那么接下来用最小二乘法或广义最小二乘法确定系数向量，即 $SMSSE(y/c) = \min\{(y - \varphi c)'(y - \varphi c)\}$ 或 $SMSSE(y/c) = \min\{(y - \varphi c)'W(y - \varphi c)\}$：

其中：$y = (y_1, \ldots, y_n)'$, $\varphi = (\varphi_K(t_j)) = \begin{pmatrix} \varphi_1(t_1), & \ldots, & \varphi_K(t_1) \\ \vdots & \ddots & \vdots \\ \varphi_1(t_n), & \ldots, & \varphi_K(t_n) \end{pmatrix}$ 表示一

$$c = (c_1, \cdots, c_K)'$$

个用来加权的对称正定矩阵。

如果单纯追求拟合的函数曲线尽可能接近离散的观测数据点，求出的 $x(t)$ 曲线可能出现波动、震荡。

为避免上述情况，一是可以通过控制基函数的数量调节拟合曲线的光滑程度，二是可以通过增加惩罚函数项，后者优于前者，增加惩罚函数既保证了函数光滑的连续性，又可以较好地兼顾拟合的接近程度。

惩罚函数定义为对拟合函数二阶导数的平方再积分，即

$$PEN_2(x) = \int [D^2 x(t)]^2 dt \tag{4}$$

拟合函数二阶导数的绝对值越小，它的曲率就越小，那么曲线的波动和震荡就越小，反之亦然。知道了惩罚函数项，就得到带惩罚函数项的公式

$$PENSSE_\lambda(y/c) = \min\{(y - \varphi c)'W(y - \varphi c) + \lambda PEN_2(x)\} \tag{5}$$

这里的 λ 是惩罚项的平滑调整参数，起调整惩罚力度的作用，估量拟合函数与观测数据之间的转换率。当 λ 变大时，非线性函数将受到惩罚项也随之增大的惩罚力度，那么复合标准的 $PENSSE_\lambda(x)$ 要更多地重视 x 的光滑度，减少对数据的过度拟合。因为，当 λ 趋向于正无穷时，拟合曲线 x 必须接近观测数据的标准线性回归，这时 $PEN_2(x) = 0$。当 λ 变小时，对变量的惩罚力度变小，曲线 x 就会变得"粗糙"，当趋向于 0 时，曲线 x 接近于数据的插值。

得到待估曲线 $x(t)$ 后，可通过求函数的导数来分析数据的变化特征，比如用一阶导数 $\dfrac{dx(t)}{dt}$ 来研究曲率的变化特征，用二阶导数 $\dfrac{d^2x(t)}{dt^2}$ 来研究曲线的加速度。

3. 函数型数据相关性分析原理

假定 $x_i(t)$ 为一组样本曲线，$y_i(t)$ 为另一组样本曲线，$i = 1, 2, \ldots, N$，则均值曲线分别为：

$$\bar{x}(t) = N^{-1} \sum_{i=1}^{N} x_i(t) \quad \bar{y}(t) = N^{-1} \sum_{i=1}^{N} y_i(t) \tag{6}$$

方差函数可表示为：

$$Var_X(t) = (N-1)^{-1} \sum_{i=1}^{N} [x_i(t) - \bar{x}(t)]^2 \tag{7}$$

自协方差函数为：

$$Cov_X(t_1, t_2) = (N-1)^{-1} \sum_{i=1}^{N} [x_i(t_1) - \bar{x}(t_1)][x_i(t_2) - \bar{x}(t_2)] \tag{8}$$

据此可得自相关函数表达式如下：

$$Corr_X(t_1, t_2) = \frac{Cov_X(t_1, t_2)}{\sqrt{Var_X(t_1)Var_X(t_2)}} \tag{9}$$

两组曲线间的交叉协方差函数是：

$$Cov_{X,Y}(t_1, t_2) = (N-1)^{-1} \sum_{i=1}^{N} [x_i(t_1) - \bar{x}(t_1)][y_i(t_2) - \bar{y}(t_2)] \tag{10}$$

由此可知两组曲线间的交叉相关函数表达式为：

$$Corr_{X,Y}(t_1, t_2) = \frac{Cov_{X,Y}(t_1, t_2)}{\sqrt{Var_X(t_1)Var_Y(t_2)}} \tag{11}$$

（二）函数型数据来源与实证分析

1. 样本数据来源

根据研究样本的可获得性、完整性与研究主体，选取 2004—2014 年北京地区农林牧副渔业、制造业、建筑业、信息传输业、批发零售业、住宿餐饮业、房地产业和租赁与商务服务业等 8 个具体行业的外资就业人数、外商投资额、外资企业数量、外资企业利润以及北京市上述 8 个行业的增加值和就业总人数等数据，全面考察北京市外商投资对于行业结构的影响。以上数据均来源于历年《中国统计年鉴》和《北京市统计年鉴》，统计计量工具选取 Matlab 和 R 软件来实现。

2. 实证分析

（1）自相关分析。上述内容介绍了函数型数据相关分析的基本机理和主要数据来源，在此基础上，本报告将研究内容进一步深化和丰富，从自相关分析和交叉相关分析两个视角来考察北京市外商直接投资具体行业相关问题以及北京市外商投资所引致的行业结构调整效应。下图 4 至图 7 分别显示了2004—2014 年北京市外商投资分行业就业人数、投资规模、行业利润和企业数量自相关函数的等高线图和三维透视图，图 8 和图 9 显示了 2004—2014 年北京市不同行业增加值与从业人数的自相关函数等高线图和三维透视图。

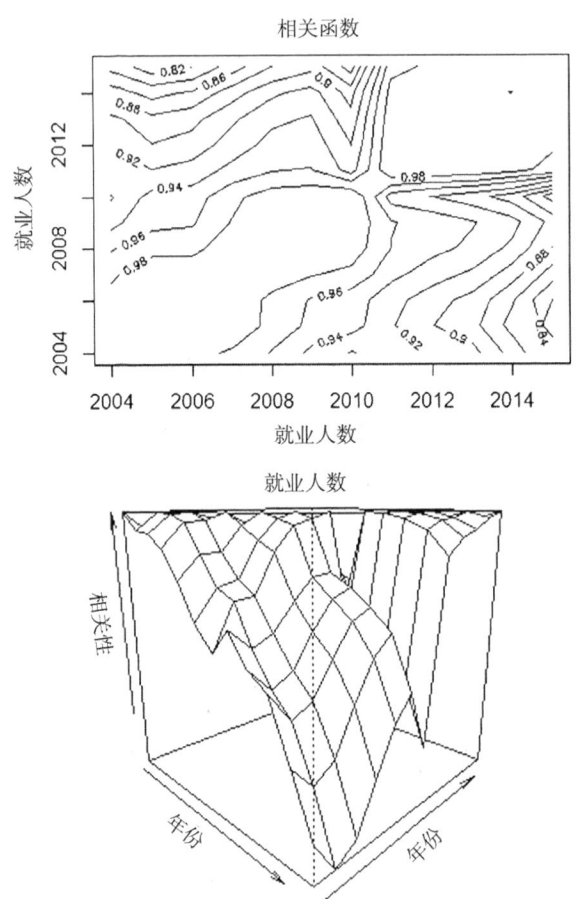

图 4　北京市不同行业外商投资就业人数自相关函数等高线图与三维透视图

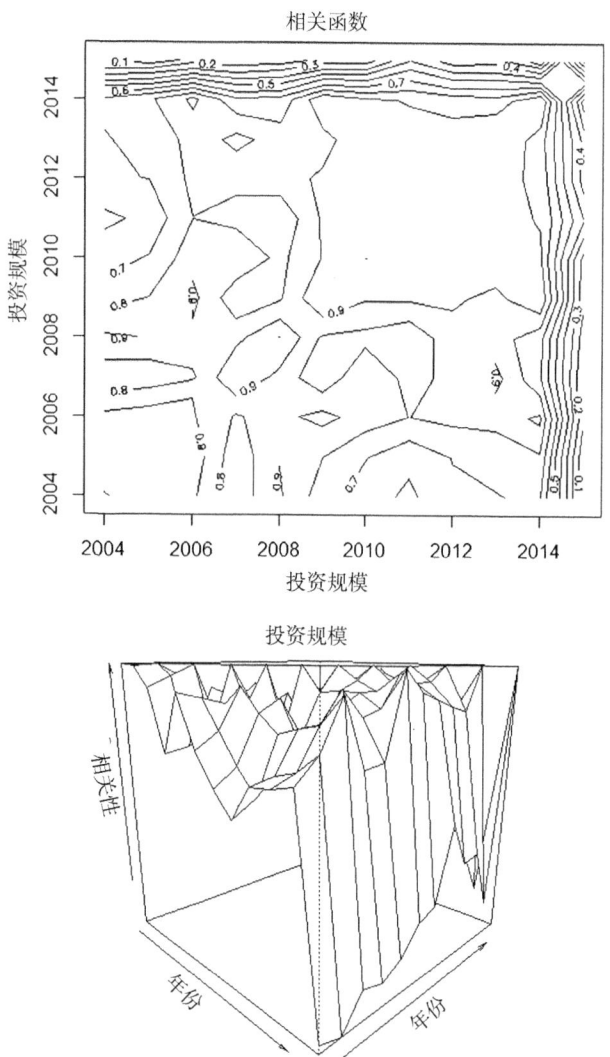

图 5　北京市不同行业外商投资规模自相关函数等高线图与三维透视图

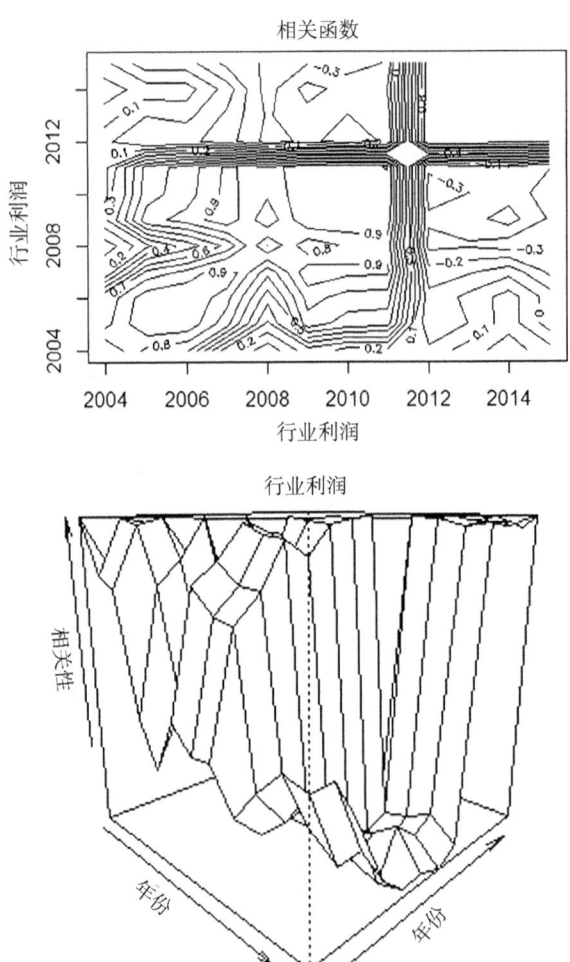

图 6　北京市不同行业外商投资行业利润自相关函数等高线图与三维透视图

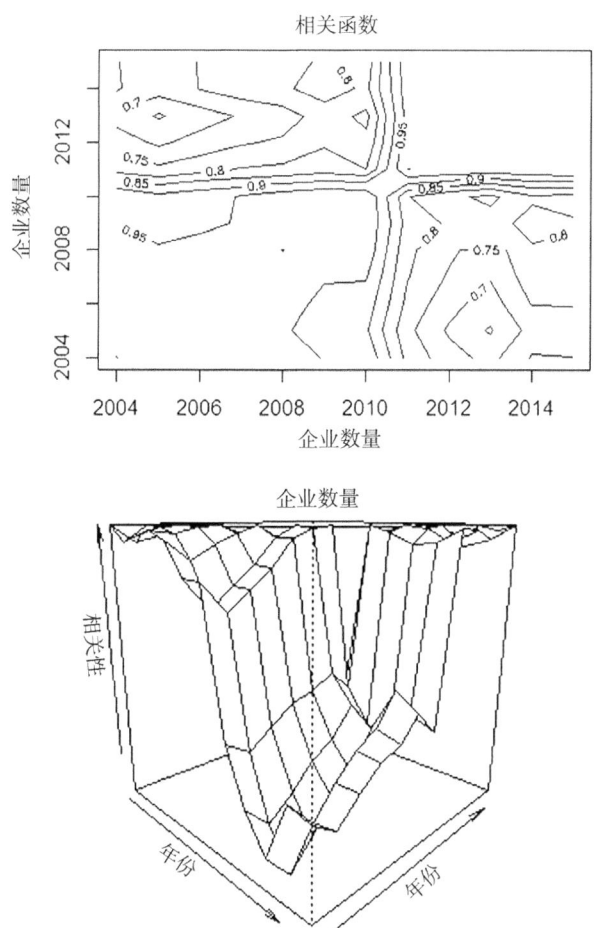

图7　北京市不同行业外商投资企业数量自相关函数等高线图与三维透视图

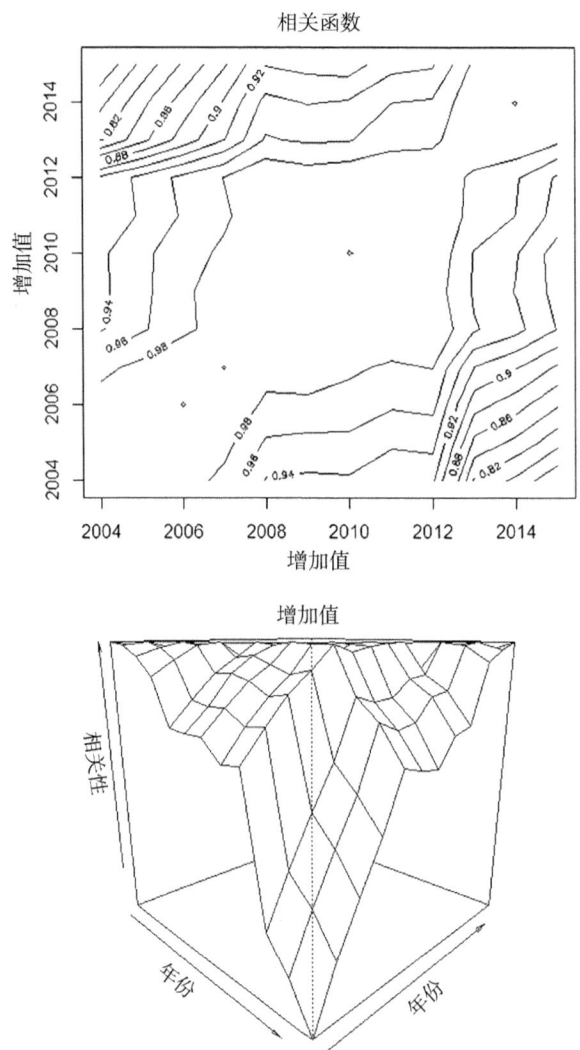

图 8　北京市不同行业增加值自相关函数等高线图与三维透视图

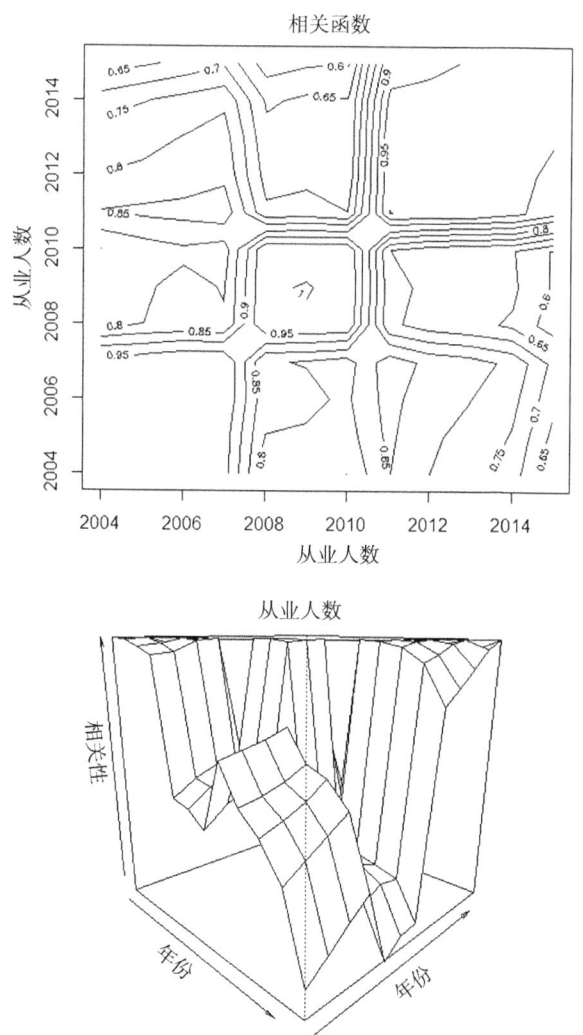

图9　北京市不同行业从业人数自相关函数等高线图与三维透视图

从上述统计分析结果中，能够获得如下几点研究结论：第一，从北京外商投资分行业情况角度来看，就业人数方面，北京不同行业外资企业间在就业人数方面存在高度的相关性，相关程度高达0.8以上，并且在2004—2014年的不同时间点上，相关系数呈现出上升的态势，这说明在京不同行业（涵盖三次产业）外资企业就业人数间存在滞后效应和相关效应，外资行业就业人数的增加将吸引更多的劳动者参与到外资行业中工作，同时说明通过调整行业从业人数可以间接地实现人力资源在行业间的优化配置，间接地促进行业结构优化。外资投资规模方面，从图 5 中的结果中可以得知，北京外资企业在不同行业投资规模上具有正相关关系，但相关系数差异较大，分布范围处于 0.1~0.9 之间，并随着时间的推进有所降低，这说明外资企业来京投资经营将在一定程度上带动相关行业外商投资规模的增加，但具体影响程度，要依据行业间在生产、经营等方面的紧密程度而定，此外，外资投资规模的时间变动具有一定的滞后效果，前期投资规模大幅提升，在此基础上，一些行业的投资可行性和盈利性并不乐观，呈现饱和态势，因此在后期自相关系数有所变小。在行业外资企业数量方面，类似于从业就业人数，不同行业外资企业数量间存在较高的相关程度，在考察期内保持在 0.7 以上的水平，从横向时间节点来看，从 2004—2014 年，北京市不同行业外资企业数量的相关系数保持平稳，由此说明这一时期，北京市不同行业外商投资发展比较平稳，企业数量规模稳步提升，随着外资企业在京投资规模和数量的增加，北京外资营商环境逐步改善，越来越多的外企看好北京市这个大市场，并陆续将落脚北京，开展跨国经营。第二，图 6 显示了 2004—2014 年北京市不同行业外资企业利润水平的自相关情况，与前者分析结果不同的是，在考察期内，相关系数呈现出先增后减的逐年波动趋势，2004—2006 年间保持在 0.5 左右的水平，在 2007—2011 年升至 0.7 左右，并在 2012—2014 年降至 -0.2 左右的水平，由此可推知，北京市不同行业外资企业在经营利润方面虽存在一定的程度的相关性，但这种相关关系并不稳定，前期盈利的行业将吸引越来越多的外资企业进入，并展开激烈的市场经济，由此引起外企行业利润的降低甚至亏损，出现退出市场与新兴崛起相交替的现象，如此通过税收手段来实现外资企业的行业分布甚至优化目标有待谨慎。第三，从北京市行业发展角度来看，图 8 和图 9 显示了北京市不同行业增加值和从业人数的自相关情况，从中可以看出，两组图示均显示出来高度的自相关系数，均值达到 0.75 以上，且在整个考察期的不同时刻保持稳定的态势，这说明北京市不同行业在增加值和从业人数方面存在高度正相关关系，优化行业结构可以从调整行业分布和从业人数规模两条路径来着手。

（2）交叉相关分析。上述内容具体分析和考察了北京市不同行业外资企业数量、投资规模、就业人数、行业利润以及北京市不同行业增加值和从业人数的自相关函数问题，在此，本报告将研究深化，探讨北京市外商投资与行业增加值、从业人数的交叉相关分析问题，分析结果如下图 10 至图 14 所示。

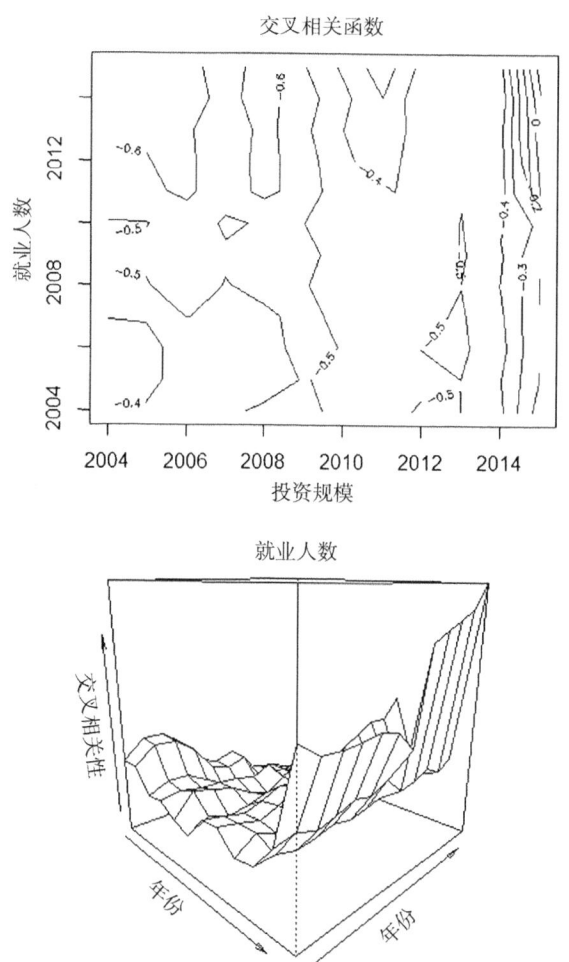

图 10　北京市不同行业外商投资规模与就业人数交叉相关函数等高线图与三维透视图

从图 10 中可以清晰地看出如下信息：第一，北京市不同行业外商投资规模与从业人数呈现负相关关系，从 2004—2014 年的整个考察期内，相关系数始终保持在-0.3~0.6 的数值范围，由此可以在侧面反映出北京市不同行业外商投资对于不同行业的就业情况来讲具有一定程度的调整效应。第二，从时间横向坐标轴来看，从 2004—2014 年，不同行业外商投资规模与就业人数间的相关系数大小并没有发生显著变化，说明北京市不同行业外商投资规模与行业从业人数间的负向关系是较为稳定的。伴随不同行业外商投资规模的不断扩大，在京外资企业的数量与用人需求将进行调整，促进劳动力资源的行业流动与配置，将引致本行业和相关行业外资企业就业人数的上升。

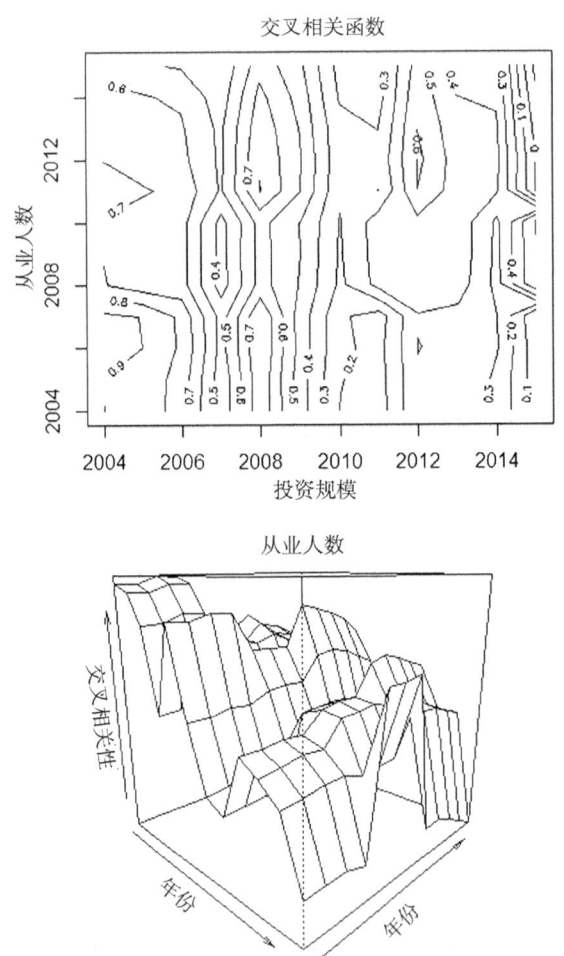

图 11　北京市不同行业外商投资规模与从业人数交叉相关函数等高线图与三维透视图

上图 11 反应的是 2004—2014 年间北京市不同行业外商投资与在京从业人数间的交叉函数图示，从中能够得知，北京市不同行业外商投资与总体行业从业人数间存在正相关关系，这说明随着北京市对外开放程度的不断提升，以及"一带一路"倡议、供给侧结构性改革等一系列国家发展战略规划的贯彻执行，北京市营商环境以及对于外企的吸引力不断提升，客观上带动了北京市不同行业外商投资的发展，外资企业数量的增加，行业不断拓展，都将进一步增加对不同行业、技能水平劳动者的需求，从而促进行业产值规模的提升和调整。此外，在 2004—2014 年间，北京市不同行业外商投资规模与行业从业人数间的交叉系数呈现下降的趋势，在 2004—2006 年间、2007—2009 年间与 2010—2014 年间，交叉系数由 0.7 左右降至 0.3 左右水平，相关系数的下降表明北京市不同行业外商投资规模对于整体从业人数的影响不及外资行业从业人数显著，但也不失为影响北京市行业就业规模和产值的重要因素。

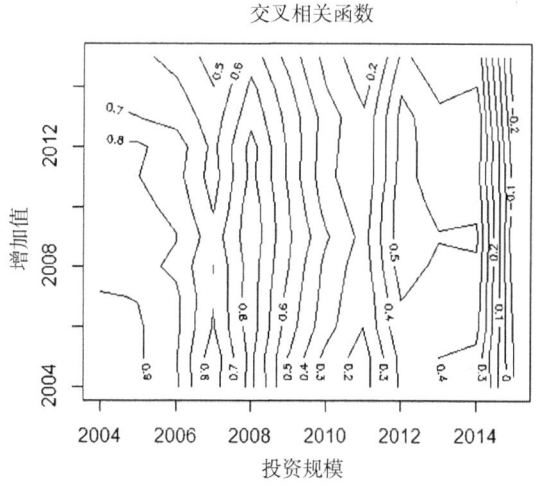

交叉相关函数

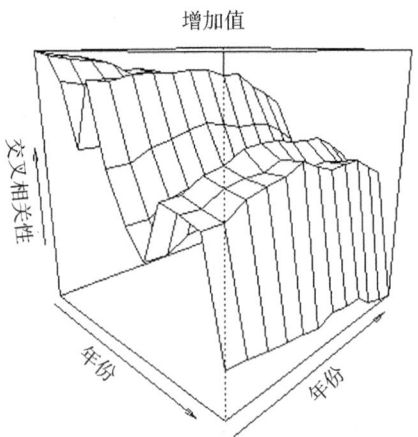

图 12　北京市不同行业外商投资规模与行业增加值交叉相关函数等高线图与三维透视图

图 12 中显示了 2004—2014 年间北京市不同行业外商投资规模与各行业增加值的交叉相关系数情况，具体来讲，存在如下几点特征：第一，从影响效果来看，能够清晰地看出在整个考察期内，北京市不同行业外商投资规模曲线与行业增加值曲线的交叉相关系数为正值，分布在 0.1~0.8 的范围内，由此可以说明两点，一方面，北京市不同行业外商投资的发展促进了外资行业生产规模的提升和行业调整，随着北京市外商投资的不断发展，这一增加值递增效果将更为显著。另一方面，北京市行业规模、增加值规模的上升和营商环境的改善将对外资企业产生强烈"引力"，纷纷来京进行经营，在实际中促进了北京市各行业外商投资的发展和行业优化。第二，从相关系数的变动趋势来看，随着时间的推移，两者间的交叉相关系数呈现出逐年递减的趋势，相关程度降低，由 2004 年 0.6 左右水平降至 2014 年 0.1 左右，由此可以看出北京市外商投资带动行业规模增加的效应在减弱，这主要是近几年北京市将经济发展目标放在质量方面而非规模指标，为此，北京市外商投资发展应与行业结构调整目标紧密契合，实现共同良性发展。

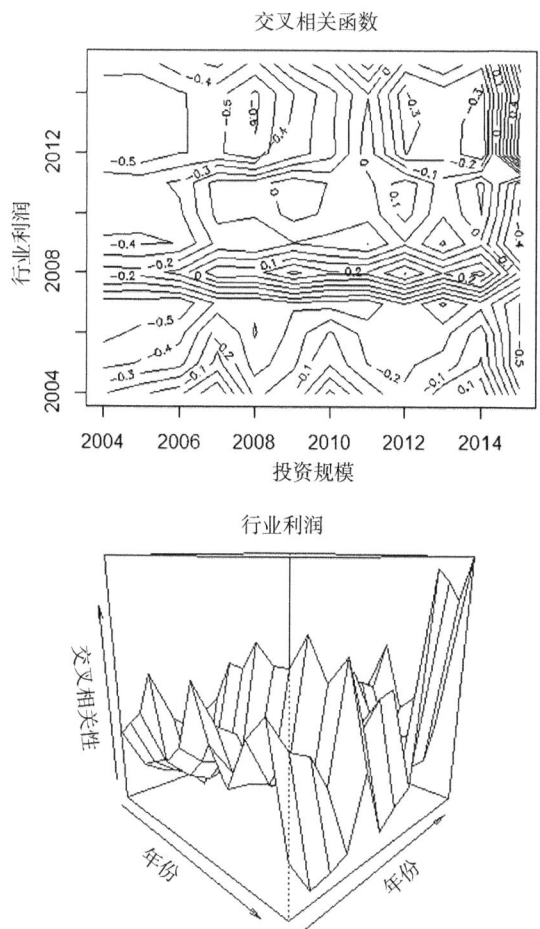

图 13　北京市不同行业外商投资与行业利润交叉相关函数等高线图与三维透视图

上图 13 展现了在考察期内，北京市不同行业外商投资规模与相应外资行业利润水平间的交叉相关系数走势，利润水平是衡量在京外资企业经营状况的重要指标，从交叉相关系数的走势来看，整体上呈现出倒"U"字型态势，即在 2004—2012 年左右表现出逐年上升的态势，由 2004 年 -0.3 左右的平均水平升至 2012 年 -0.1 左右的平均水平，而后呈现出一个下降的状态，在 2013 年和 2014 年的两个时期内，北京市不同行业外商投资规模与外资行业利润水平间的交叉相关系数下降到 -0.4 左右的水平，从整个时期来看，经历了一个先递增后递减的倒"U"型动态，这表明随着北京地区不同行业外资企业投资规模的增加，其在东道国所获得利润水平将同步提升，并对行业增加值规模产生间接的促进作用，但存在年份和行业间的差异，获益低的企业或行业将被兼并或资源重组，实现了行业资源配置优化和结构调整。之所以存在下降态势则与国内经济形势、外资行业政策与全球经济环境的低迷与高涨存有一定关系。

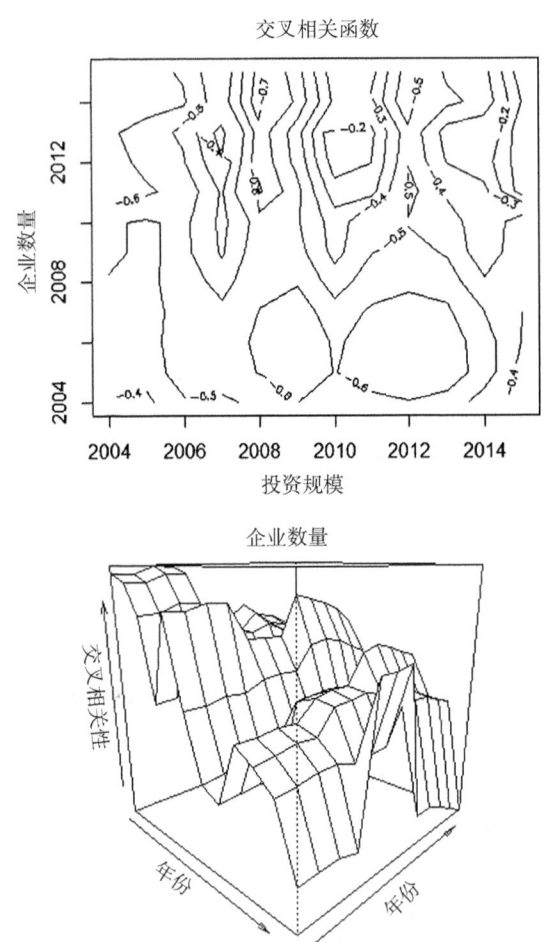

图14　北京市不同行业外商投资与企业数量交叉相关函数等高线图与三维透视图

图 14 显示的是从不同行业外资企业数量角度来展现的北京市外商投资对于行业结构调整的影响，从图中可以获知以下几点结论：第一，北京市不同行业外商直接投资规模与行业外资企业数量间交叉相关系数为负，由此说明北京地区行业外商投资规模的提升将有力调整各行业外资企业的数量，实现外资企业的优胜劣汰。这种效果包含三种形式，一是通过新行业外资的引入来实现，即外资企业进入新的投资行业，突破原有行业经营的范畴。二是外资企业进入所属行业或相关的上游或下游行业。三是通过兼并或重组来实现对其他行业以及本行业企业的收购。以上三种路径在增加北京地区外资企业行业绝对数量的同时，也在一定程度上带来了先进生产技术、管理经营以及人力资源等要素，促进了行业资源优化和行业结构调整升级。第二，从整个时间轴来讲，北京市不同行业外商直接投资规模与行业外资企业数间交叉相关系数值表现出稳步递增的态势，该相关系数由 2004 年 -0.6 左右的水平升至 2014 年 -0.2 左右的水平，数据背后所反映的是北京市行业外商投资对于行业外资企业数量的影响力逐步增加，充分彰显了我国以及北京市所倡导的以提升经济发展质量为核心的战略思想，尽管如此，北京市外商投资对于行业结构调整的影响和作用是显著存在的。

五、结论与政策启示

（一）主要研究结论

综合上述研究过程，本研究获得如下几点研究结论：一方面，北京市外商直接投资通过供给和需求两个路径来共同作用于北京市行业结构的调整。外资企业的进入对北京市内资企业产生技术外溢效应，在市场竞争中国内企业不断提升技术效率、创新生产方式，对外资企业所属行业的技术水平产生一定的带动效果。外资的流入不仅使北京市获得了建设资金和先进技术、劳动力资源，同时，行业间的关联效应使得上游行业和下游行业的技术发展水平得到协调和系统的提升，逐步摒弃了行业内部落后的生产方式和技术水平，促进行业内部结构不断升级。同时，外商直接投资企业进入北京，会生产出许多新兴产品或者服务，这些产品或者服务往往更能满足消费者的需求，加之市场规模扩大、人均收入水平提升、消费能力增强等因素影响，引致外资企业生产结构发生变化，通过行业关联机制引起对上下游产业需求的变化，对原材料的性能、质量、技术含量以及服务的种类、更新速度等都提出了更高的要求，带动同行业企业变革技术、创新产品种类，行业结构随之发生渐进调整。另一方面，函数型数据分析结果显示，从函数自相关分析角度来讲，外资行业就业人数、外资行业投资规模、外资行业利润、外资行业企业数量以及行业就业人数和增加值等均存在正向自相关关系和显著的滞后效应，这说明北京市不同行业外资规模的提升不仅仅带动了行业投资规模的后期增加，同时间接地对于外资行业就业人数、外资数量、外资行业利润以及行业增加值和从业人数也起到了一定的促进效果。从函数交叉分析中可知：行业外商投资与行业就业人数与增加值呈正相关关系，这说明伴随外商投资规模的不断提升，北京市行业增加值与行业就业人数将不断进行调整和优化，有助于北京市行业结构优化升级。此外，北京市外商投资与外资行业就业人数、外资行业利润、外企数量间存在负相关，并且在整个考察期内相关系数呈现出波动、正负交替的态势，表明伴随外商投资的进一步发展，外资数量、利润、就业人数等将相应地做出调整，并客观上促进行业结构调整和升级。

（二）政策启示

基于如上研究结论，本研究提出如下三点政策启示：一是积极改善投资环境。加快体制改革，完善市场制度，建立一个公平的市场竞争机制。北京应该进一步修改和淘汰与现在市场不符合的一些经济制度，进一步开放国内垄断的一些行业，如金融服务，水利服务、居民服务等，让外资适当的参股，使市场多元化。政府要提高服务效率，简化外商投资的行政审批手续。对于高新技术企业，要设立绿色通道，给他们提供人员培训等方面的方便，创造和谐的投资环境，让跨国公司感受到尊重和便捷。二是扩大外资来源和外资投资方式。当前北京市的主要外商投资来源比较单一，因此，在继续增加港澳台资金的基础上，也要吸引更多其他国家和地区的投资，尤其是欧美发达国家技术密集型和资本密集型企业的投资，不断提高外资的质量和水平，促进外资的多元化发展。积极鼓励发展独资经营为主的投资方式的同时鼓励外资进入国有传统企业，鼓励外商参股，发挥产业关联效应，实现外资投资方式的多元化。三是加强国内区域合作。北京应发挥政治中心、文化中心的优势，利用丰富的人力资源，发展新兴产业和现代服务业，同时进行技术研发，成为技术、营销和管理中心，发挥经济辐射效应，为周围其他城市的发展提供资金、技术保障，加强京津冀区域外资企业的协同发展和成果共享，释放区域外资吸引力，完善京津冀区域的产业链合作，充分发挥京津冀城市群的优势，吸引更多外资的流入，助力全市经济结构调整和升级换代。

参考文献：

［1］Camiila. Foreign Direct Investment industrial restructuring and the upgrading of Polish export ［J］. Applied Economics, 2002（34）：207-217.

［2］Caves, Richard E. Multinational firms competition and productivity in host-country markets ［J］. Economics, 1974, 41（5）：176-193.

［3］Chenery H B, Sturout A M. Foreign assistance and economic development ［J］. The American Economic Review, 1966, 9（56）：697-733.

［4］Choong C, Yusop Z, Soo S. Foreign Direct Investment、Economic Growth and Financial Sector Development：A Comparative Analysis ［J］. Asian Economic Bulletin, 2004（21）：278-289.

［5］Dong Sheng Zhou, Shao min li, Daivd K. The impact of FDI on the productivity of domestic firms：the case of China ［J］. International Business Review, 2002,（11）：465-484.

［6］Eduardo Borensztein, Jose De Gregorio, Jong-Wha Lee. How Does Foreign Direct Investment Affect Economic Growth？ ［J］. N. BER Working Paper, 1995（3）：57-98.

［7］Edward M, Graham, Erika Wada. Foreign Direct Investment in China：Effects on Growth and Economic Performance ［M］. Peter University Press, 2001（21）：118-131.

［8］Joef Konings. The Effects of Foreign Direct Investment on Domestic Firms：evidence from firm level panel data in emerging economies ［J］. CEPR discussion papers, 2000, 2（20）115-138.

［9］Kiyoshi Kojima. Foreign Direct Investment：A Japanese Model of Multinational Business Operations ［M］. London：Croom Helm, 1978.

［10］陈和智. 外商直接投资对我国 GDP 贡献的实证研究 ［J］. 统计观察, 2007（3）：102-104.

［11］陈丽蔷. 外资对东北老工业基地产业结构演进的影响 ［J］. 经济地理, 2005（5）：624-628.

［12］付娟. 中国外商直接投资的服务贸易发展效应研究 ［M］. 经济科学出版社, 2009：89-110.

［13］高新亭. 外商直接投资对辽宁产业结构影响效应分析：与江苏比较 ［D］. 辽宁：辽宁大学, 2011.

［14］郭克莎．外商直接投资对我国产业结构的影响研究［J］．经济参考研究，2000（21）：2-19.

［15］何洁，许罗丹．中国工业部门引进外国直接投资外溢效应的实证研究［J］．工业经济，1999（8）：16-19.

［16］贺秀峰．外商直接投资对产业结构升级的影响-基于江苏、广东两省的比较分析［D］．江苏：江苏大学．2010.

［17］侯巧凤．FDI 对我国产业结构优化的影响分析［D］．上海：上海师范大学，2012.

［18］胡春燕．利用外商直接投资优化我国产业结构分析［D］．湖南：湘潭大学，2002［64］黄先海，张云帆．我国外贸外资的技术溢出效应分析［J］．国际贸易问题，2005（1）：27-32.

［19］黄志勇，许承明．FDI 对上海产业结构影响的实证分析——基于面板数据模型的研究［J］．产业经济研究，2008（4）：60-65.

［20］姜倩倩．我国产业结构优化与 FDI 关系的实证研究［D］．浙江：宁波大学，2011.

［21］蒋兰陵．江苏省外商直接投资对配套产业链升级的技术溢出研究——来自 12 个城市的调查统计［J］．华东经济管理．2010（2）：9-13.

打赢疫情防控阻击战的不竭动力源泉

—— 以人民为中心

田庆玥　苏巴提·艾尔肯*

　　摘　要：面对突如其来的疫情，以习近平同志为核心的党中央迅速作出部署，始终坚持以人民为中心，把人民群众的生命安全和健康放在首位，充分体现党对人民生命安全和健康负责的情怀与担当。在中国共产党的带领下，我国公共卫生防疫系统越来越完善，人民的生命安全越来越有保障。在此次疫情中，党领导人民群众，举国上下共同抗"疫"，也极大地彰显了我们的制度优势。

　　关键词：人民为中心　疫情防控　生命安全

　　庚子鼠年的伊始，一场规模空前的遭遇战不期而至，无论是西欧北美的发达国家，还是南亚东非的发展中国家，都无一幸免。由于这次疫情暴发恰逢我国春运时期，人口流动量巨大，再加上病毒具有一定的潜伏隐秘期，因此此次新冠病毒的传播速度、传染范围和防控难度都大大增加了，这是中华人民共和国成立之后突发公共卫生

　　* 田庆玥，中国政法大学马克思主义学院马克思主义基本原理专业2019 级硕士研究生。苏巴提·艾尔肯，中国政法大学马克思主义学院思想政治教育专业 2019 级硕士研究生（100088）。

事件中最严峻的一次。中国作为世界上第一个大规模抗击疫情的国家，所面临的挑战和艰难困苦都是前所未有的和无比巨大的。"当断不断，反受其乱。"以习近平同志为核心的党中央以巨大的政治勇气，结合各类专家对疫情形势的科学研析，果断出手，与全国各族人民一道，在全国范围内发起了一场各族人民齐参与、共战斗的疫情防控的人民战争。

一、打赢疫情防控阻击战

"沧海横流，方显英雄本色。"在这场疫情防控的人民战争中，中国共产党、中国人民表现出色，能够迅速且有效的控制疫情，并且在逐步恢复生产生活的基础上主动伸出援手，给予其他国家医疗防疫物资援助、分享疫情防控经验，究其原因是人民始终为中国共产党抗击疫情的出发点和中心，是中国共产党始终坚持的"人民立场"。

（一）群众观点：党领导下的人民群众是战"疫"的力量源泉

在此次疫情防控阻击战中，"人民群众"与"党的领导"二者相互作用。"人民群众"是"党的领导"的重要基础，"党的领导"是"人民群众"发挥最大效用的根本保障。在中华人民共和国成立之前，类似的传染性极强的疾病也曾肆虐中华大地，虽然当时人们也积极与病毒作斗争，但是防疫和抗疫效果都微乎其微。究其原因，表面上是医疗设施设备的欠缺以及相关理论的不足，但更深层次的原因就是缺乏一个人民政党的领导与动员。

20 世纪初东北三省暴发了传染性极强的鼠疫。此次疫情从 1910 年 10 月一直持续到 1911 年 4 月，持续时间长达半年，疫情从东北一直蔓延到了华北的山东、直隶等地。当时由于政府的贪污腐败以及有限的财政预算，疫情的防控主要是以民间的自救为主，一些个人和民间团体出钱捐物，自行建立隔离点和自治筹办处来缓解疫情和帮助政府抗击鼠疫，这也在一定的程度上缓解了"官民上下不通，隔膜尤深"的状况。但当时出现更多的是政府对于疫情长时间的忽视以及直接焚毁患疫者居所等这类暴力抗疫行为；加之由于缺乏对民众的有效科普与引导，导致大多数民众被误导，引起民间和社会恐慌之事多有发生，加剧了疫情的传染力度。由于疫情未能及时得到有效控制，最终导致了六万余人在此次鼠疫中失去了生命。

中华人民共和国成立后，中国共产党团结带领人民群众开辟并逐步完善了卫生防疫系统，有能力充分应对各种突发的重大卫生事件，保障人民群众的生命财产安全。在中华人民共和国成立初期，我国的卫生防疫系统并不完善，一种血吸虫病从南方暴发，蔓延到了南方的大部分地区，病毒传染性强，感染人数众多。党和政府高度重视此次疫情，迅速作出反应。在毛主席发出的"一定要消灭血吸虫病"的伟大号召下，许多人民群众都自发参与到这场疫情战中。[1] 预防和消灭血吸虫最重要的是发挥群众力量。自从 1955 年底中共中央防治血吸虫病领导小组成立后，每年中共中央、国务院和中央血防领导小组几乎都有相关文件下发，同时人民群众的力量也在此次防疫过程中得到了充分体现。大多数感染者都是通过钉螺而受到感染，钉螺暴发于野外，数亿农民劳作也必定是在野外，所以防疫的关键就在于如何消灭钉螺。正如毛主席多次强调的方针路线："放手发动群众，壮大人民力量。"[2] 全国人民积极响应通过人工消灭病虫害，很快便取得了显著的成果，血吸虫病在全国范围内被陆续消灭了。在中国共产党的带领之下，加之人民群众的高度配合和艰辛付出，在较短的时间内控制并消灭了血吸虫病的疫情。毛主席在看到疫情相关的报道后赋诗两首，写下"六亿神州尽舜尧"等诗句，也表明并肯定了人民群众的作用和地位。21 世纪初，"非典"暴发时，面对复杂且狡猾的病毒，中国共产党不惧艰难险阻，带领各族群众科学对抗疫情，果断采取建立隔离医院等各项措施抗击非典。在中国共产党的坚强领导下，全国人民群众团结一心，科学防疫，稳步复工复产，最终战胜了疫情，取得了抗击非典的胜利。同时也促进了国家疾病预防控制体系的建设和完善，并且为其他国家和地区应对公共突发卫生事件提供了可借鉴的经验。

（二）人民立场：在特殊"大考"中交出让人民满意的答卷

十九大报告已经明确指出："中国特色社会主义进入新时代，我国社会主要矛盾已经转化为人民日益增长的美好生活需要和不平衡不充分的发展之间的矛盾。"[3] 现如今人民更加迫切的需求是安全和健康，习近平总书记站在"以人民为中心"的高度回答了健康中国建设为了谁、依靠谁的根本问题。

新冠疫情暴发后，以习近平同志为核心的党中央明确要求必须把人民群众生命安全和身体健康放在第一位。党和国家安排最高水平的医院、医生和护理标准来救治重症患者，且治疗费用完全由国家承担。上到百岁老人，下到出生不久的婴儿都享受到了最好的医疗资源，最大限度地降低了死亡率，

〔1〕 中央档案馆、中共中央文献研究室编：《中共中央文件选集（1949 年 10 月—1966 年 5 月）》（第 48 册·1965 年 1 月—6 月），人民出版社 2013 年版，第 419 页。

〔2〕 中共中央文献研究室编：《毛泽东文集》（第三卷），人民出版社 1996 年版，第 309~310 页。

〔3〕 习近平：《决胜全面建成小康社会 夺取新时代中国特色社会主义伟大胜利——在中国共产党第十九次全国代表大会上的报告》（2017 年 10 月 18 日），人民出版社 2017 年版，第 11 页。

提高了治愈率。一切为生命让路，尽全力挽救每一个生命，这是人民至上、生命至上理念的生动写照。对于轻症患者，依据早发现、早报告、早隔离、早治疗的原则，具有任何一个症状的轻症患者都应收尽收、应检尽检，通过建立方舱医院等隔离医疗点，确保了每一位患者都能够得到及时的治疗。全国各省都派出了高水平的精英医疗队提供援助，通过先进的治疗和康复手段，控制了病情加剧，保障了人民的生命安全。对于其他群众，党和政府也牵挂在心，积极保障好群众的日常用品，以保证群众的日常生活尽可能不受影响，强化对困难群众的救助保障，关心关爱一线人员，为在境外的留学生等群体提供了健康包等必要防护物资并且派专机接回了滞留在外的中国公民。

人民至上、生命至上，是中国抗击疫情阻击战最醒目的价值导向，对人民群众生命安全和健康的关心关爱、对弱势群体的帮扶和帮助，恰是习近平坚持以人民健康为中心的价值取向的体现。正是因为党坚持人民至上，在抗击疫情的斗争中坚持人民生命安全高于一切，才得到了人民群众的大力支持和积极响应，才在疫情大考面前交出让人民满意的答卷。

（三）制度优势：与西方资本主义制度下疫情防控的鲜明对比

与中国举国上下一心，积极对抗病毒形成鲜明对照的是，美英澳加等一些西方发达国家面对突如其来危及人们生命安全的卫生事件，却仍然坚持资本至上的价值立场，即使人们的生命和健康受到损害，也不愿意为了民众的生命和健康提供应有的保障。有的国家甚至提出了"群体免疫"策略，妄想通过病毒的大流行来达到防疫和免疫的效果，并美化称之为"更高级的人道主义"，殊不知该做法只能造成更多感染病例和死亡数，根本无法有效控制疫情。与此同时，有些发达国家或者发展中国家的政府和领导人在主观上麻痹大意，认为新冠肺炎病毒与普通流感病毒相差无几，无需特别防范和恐慌，正是主观上的麻痹轻视给民众和社会造成了不可估量的损失；有些国家让民众自我隔离防范，拒绝对疑似感染的患者进行检测，并且提高检测费用使普通的民众无法进行核酸检测。西方世界的医疗体系本质上是资本主义医疗方式的缩影，本质是把医疗卫生当作一种商品，一个人能否得到治疗取决于他财富的多少，保险也是资本主义性质的，没有金钱和资本便无法真正地享受到医疗保障。正是这种制度和性质，使得数百万民众因得不到有效的治疗而失去了生命，这也与中国特色社会主义人民利益至上、发展成果为了人民形成了鲜明对比。

习近平总书记告诉我们："历史只会眷顾坚定者、奋进者、搏击者，而不会等待犹豫者、懈怠者、畏难者。"〔1〕只要我们全体中国人民，尤其是我们青年大学生，紧紧团结在以习近平同志为核心的党中央周围，增强"四个意识"、坚定"四个自信"、做到"两个维护"，撸起袖子加油干，疫情就一定能够战胜，中华民族伟大复兴的"百年梦想"就一定能够早日实现。

二、以人民为中心的理论的产生依据

自十八大以来，我国的形势发生了巨大的变化，当前最紧迫的任务是创新和发展，并且我国的社会主要矛盾也发生了变化。〔2〕当前社会阶层分化日益明显，贫富差距也在不断扩大，所以关注民生问题迫在眉睫。

（一）以人民为中心理论产生的社会背景

中国共产党始终坚持的根本理念是为人民谋利益，不断地满足人民需要。面对新的发展情况，以习近平同志为核心的党中央告诉每个人，当前我国仍处于社会主义初级阶段，仍旧面临严峻的挑战与难得的机遇。我国的经济要想持续健康地发展，就需要制定符合人民群众当下需要的发展理念。于是在探索和发展新理念的过程中，以人民为中心的发展思想在十八届五中全会上被正式提出。

习近平总书记在新时代继承了人民主体的思想，提出以人民为中心的发展理念，提出不仅要尊重人民群众的创新精神，更要把以人民为重心作为发展工作的核心。人民的主体地位体现在社会发展、社会改革和社会创新中，当前社会主义改革的主体是群众，只有依靠群众力量，调动人民的积极性才能解决和应对改革过程中的问题与挑战。

毛泽东在1957年社会主义建设时期对"人民"概念作了界定，其中毛泽东同志反复强调的一点是："人民，只有人民，才是创造世界历史的动力。"〔3〕从此中国共产党便把人民利益放在首位，奠定了人民观的思想根基。随后邓小平同志准确地把握了毛泽东思想的核心，在此基础上继承和超越了毛泽东的人民主体观，在实践和探索中，邓小平同志的人民观提出了社会主义道路需要结合中国实际情况，注重实践的同时要关注人民的愿望和利益。

---

〔1〕 习近平：《决胜全面建成小康社会　夺取新时代中国特色社会主义伟大胜利——在中国共产党第十九次全国代表大会上的报告》（2017年10月18日），人民出版社2017年版，第69页。

〔2〕 当前我国社会主要矛盾已经转化为人民日益增长的美好生活需要和不平衡不充分的发展之间的矛盾。

〔3〕 赵云献主编：《毛泽东建党学说论》（上），人民出版社2003年版，第274页。

"办什么事也得走群众路线。"〔1〕 以邓小平为代表的中国共产党人顺应时代潮流进行了改革开放，满足了人民的意愿和提高了生活水平。随后江泽民同志和胡锦涛同志在现代化建设过程中丰富了人民主体观思想，坚持全心全意为人民服务的宗旨，倡导执政为民。十八大以后，以习近平同志为核心的党中央结合当代中国实际情况，继承和发展了共产党人的人民观，提出"以人民为中心。"

（二）以人民为中心理论的理论来源

马克思和恩格斯强调和肯定了人民群众在历史上的作用和地位，可以说，人的活动及其活动的结果创造了历史，马克思主义历史唯物主义的核心观点便是，人民群众是历史的创造者。毫无疑问，通过学习马克思和恩格斯的唯物史观，可以有效地处理人民群众和党之间的关系。但是如果只是教条式地应用马克思、恩格斯的观点或者总结之前的历史经验都解决不了中国当前关于人民群众的问题，时代在不断进步，解决中国人民群众问题首先要适应的就是中国当代的国情，因此，习总书记在继承马克思关于人民的论断上提出了符合当代中国实际情况的"以人民为中心"这一重要论述。以人民为中心是从时代内涵、工作理念、实践形式这三个方面对马克思主义群众观的创新与发展。

马克思曾在《黑格尔法哲学批判》中指出："人民主权不是凭借君王产生的，君王倒是凭借人民主权产生的。"〔2〕 由此可见人民群众的重要性，人民的主体地位是在物质生产活动中产生的，在实践活动中人是主体，自然只是客体，不管是物质材料、社会财富还是生产力的发展都是人民群众在物质生产活动中产生的。同时人与人之间的社会关系也随着物质生产而产生，在社会生产中，人不仅生产了物质产品，更多的是生产了文化艺术等精神产品。在马克思看来，正是人通过实践创造了物质和精神材料，从而促进社会的进步。而人对物质和精神材料的改造是建立在生产力和生产关系的基础上，无中生有是不可能做到的，同时不仅人在改造环境，环境也在改造人。马克思认为分工是导致人的主体性片面发展的原因，而阶级斗争就是无产阶级想要恢复人民群众主体地位的表现形式，实现人的全面而自由的发展是马克思的

---

〔1〕 马京波编著：《重读邓小平》（上卷），人民出版社 2004 年版，第 355 页。

〔2〕 《马克思恩格斯全集》（第三卷），中共中央马克思恩格斯列宁斯大林著作编译局编译，人民出版社 2002 年版，第 37 页。

理想追求。在马克思关于人民群众的论述中体现了人民在历史发展过程中不可缺失的地位和作用，同时也为中国的革命、建设和改革提供了理论来源。

新时代中，以习近平同志为核心的党中央继承了人民至上的政治理念，在此基础上创新，提出了以人民为中心的思想理念，并在《习近平谈治国理政》中对以人民为中心进行了详细的阐述。坚持以人民为中心就是坚持将人民利益作为改革创新等措施的有效衡量标准，只有把人民的幸福作为国家进步的标准才可以做到并实现中华民族伟大复兴的中国梦。同时，以人民为中心体现了马克思唯物史观中的人民主体地位，也表明中国特色社会主义是在不断调整和创新的科学社会主义。

三、以人民为中心打赢疫情防控阻击战的现实启示

新冠疫情的防控阻击战再次印证了中国共产党领导的以人民为中心的发展理念是科学的、正确的。在疫情期间，中国共产党采取各项措施积极保障了人民群众的生命安全和健康，体现了中国共产党全心全意为人民服务的宗旨，同时疫情当中所体现的人民群众的自觉性和政府的执行力也给世界其他国家各地区提供了抗击疫情的"中国经验"。但是，在突如其来的疫情之下也存在着一些问题。如个别民众的大局意识薄弱、个别党员领导干部工作能力和服务意识欠缺和相关机制体制尚未成熟等。为早日实现社会主义现代化，就需要进一步凝聚最广泛的人民群众的力量，同时也需要不断地去完善中国特色社会制度。

（一）加强精神文明建设，凝聚精神文明力量

在整个疫情防控期间，绝大多数全国各族人民群众都能以疫情防控工作为重，自觉遵守各项疫情防控政策，有效地巩固了抗击疫情阻击战的成果，对疫情防控工作贡献出了自己的一份力量。但与此同时，殴打抗疫志愿者和基层民警，干扰社会防疫工作；哄抬防疫物资和日常生活用品价格，扰乱市场秩序；瞒报、虚报个人行程信息，破坏防疫成果；利用互联网故意编造传播虚假信息，制造社会恐慌等现在仍时有发生。因此，为了更深层次的凝聚和团结群众的力量，在抓经济发展的同时，进一步加强精神文明建设，强化社会主义核心价值观的普及，坚定文化自信就显得尤为重要。

首先，加强抗疫模范示例的宣传，发挥发扬精神力量。此次抗击疫情的人民战争中，在中华大地涌现了一批又一批舍小家为大家的英雄，一个又一个感人事迹。例如，本该走入婚姻殿堂的武汉市江夏区第一人民医院医生银淑华，为了抗击疫情拒绝了同事让他回家休息的提议，两天接诊 300 多名病人，却因感染了新冠肺炎在29岁的年纪不幸牺牲。不顾自身病痛，在妻子感染新冠肺炎的情况下，在抗击疫情的最前线30余天，与死神的病毒殊死斗争，保护了人民的生命安全。他们只是无数个感人事迹的缩影，他们在最平凡的岗位上书写着不平凡。因此，各大主流媒体应该加大对这类抗击疫情感人事迹的宣传力度，不仅通过电视，还要利用好百姓日常生活中常用的抖音、快手等媒体渠道，以民众容易接受的方式，大力弘扬他们身上集中体现的爱国情怀和民族精神。其次，通过教育系统，利用教育力量营造良好的舆论环境。"一方有难，八方支援"全国各族人民在此次疫情中，不畏艰险挺身而出，为抗击疫情贡献着自己的一份力量，在抗疫一线的基层志愿者、工作人员、人民警察等先进个人，体现了人民群众的责任担当与民族精神和爱国主义精神。在经济全球化的今天，求合作、谋发展是当今世界的主题。在中国共产党和全国各族人民的一道努力下，中国取得了抗击疫情的阶段性胜利，并积极帮助世界其他国家，分享"中国经验"。这也是大国责任担当和构建人类命运共同体思想的具体体现。学校教育应当紧抓疫情防控所体现和留下的教育资源，为包括大学生青年在内的学生群体树立榜样，积极培育和培养社会主义核心价值观，为人民群众精神素养的提高、精神文明的建设凝聚社会精神力量。最后，对干扰疫情防控和社会秩序的行为要予以惩罚。法律是最低的道德，对于个别个体无法用道德约束时，就需要用法律来规范其行为。针对疫情期间哄抬物价以及私自囤货等不法行为的打击和约束，有效凝聚起广大人民群众团结对抗疫情的共识。

（二）健全相关机制体制，保障人民安居乐业

新冠肺炎疫情的防控期间，在以习近平同志为核心的党中央的坚强领导下，全国上下迅速驰援，优质医疗资源快速集结在了疫情暴发最严重的湖北省。但是，疫情暴发之迅速，病毒之狡猾，导致无法对病毒有全面和科学的认识，所以未能对形势做到较好的预判和相关防疫措施不到位，导致医疗资源未能得到合理有效的利用，医院内部出现相互传染的病例，也侧面反映了应对突发公共卫生事件的能力和医疗卫生条件有待提高和完善。因此，为了确保人民的生命健康和安全，一是要优化医疗卫生结构。疫情初期各类大医院一号难求、小城市的医院人满为患的现象较为普遍，这也间接导致了医院内部患者与患者之间、患者与医生之间的交叉感染。为了解决这一问题，首先要提高医疗资源的平衡程度，加大先进医疗设备的装备率，尤其是在偏远地区；提高医护人员的待遇以及确保行医安全、促进医护人员的学习交流，

使优质医疗资源得到更均匀的分配；推动和完善社区医生和家庭医生制度，培养更多的社区医生，在家中和社区就能享受相关医疗服务保障；积极利用在线咨询和就诊的手段，拓宽人民群众咨询渠道。随着互联网技术的升级，网上问诊和就诊也逐步成为人民群众看病的选择之一，极大地方便了人民群众，在此次疫情期间也避免了交叉感染病毒的风险。二是要健全和完善应对突发重大疫情的救助政策和医疗保险制度。我国在疫情期间针对确诊患者实施免费治疗，一方面有效阻止了疫情的传播，另一方面在很大程度上缓解了患者的经济压力。与此同时，还要清晰地认识到当前一些偏远地区仍然存在看病难、看病贵等问题。所以通过基本医疗险和重大疾病险二者的相互结合，使更多治疗药品纳入医保体系，最终通过医疗领域的改革，确保人民群众的生命安全和身体健康。

（三）加强干部队伍管理，提高干部队伍素质

疫情防控期间，广大各族党员干部带头冲锋，通过自己的实际行动体现了共产党员的担当与责任，在他们的带领下各界群众纷纷加入到抗击疫情的阻击战中，可以说共产党员给全国人民树立了好榜样。但不管是在疫情初期，还是在局部的疫情当中，个别党员干部瞒报和谎报自己管辖范围的疫情状况、对辖区基本情况未能掌握透彻，对疫情防控工作散漫懈怠等现象仍时有发生。这些行为不仅未能履行好党员干部最基本的义务，而且损害党的形象，违背了为人民服务的宗旨。所以，打造一支素质过硬，紧密联系群众的干部队伍就显得尤为重要。

建设干部队伍，首先坚持纪律为先。坚持一套浮动的体系，为政治素质过硬、业务能力突出、密切联系群众、为人民服务的党员建设平台。新冠肺炎疫情是对党员干部的一次大考。只有为人民服务，维护并捍卫人民利益和舍小家为大家的干部才能收获人民群众的爱戴和认可。一方面对于在疫情期间表现优异的党员干部给予肯定和物质奖励，另一方面要规范相关党规和法规，坚决打击并遏制脱离群众以及"一问三不知"等现象，同时进一步完善干部离任审查机制，切实建立一套终身制的责任追究制度，杜绝部分干部存在的侥幸心理。其次加强监督问责。通过拓宽人民群众监督的渠道，确保人民群众能对领导干部行为行使广泛的监督权。对在疫情期间未能做到以人民群众为重、遵守党纪党规和法律法规的领导干部从严处理，进一步凝聚全党全国抗击疫情的共识。最后对领导干部的学习教育要常态化。杜绝风走过场、走马观花式的教育，要坚持勤劳俭朴的作风建设以及反腐倡廉永远在路上。

培养党员干部一切为了人民群众，全心全意为人民服务的思想自觉和行动自觉。

参考文献：

［1］习近平：《决胜全面建成小康社会　夺取新时代中国特色社会主义伟大胜利——在中国共产党第十九次全国代表大会上的报告》（2017年10月18日），人民出版社2017年版。

［2］孙统达：《突发公共卫生事件引起的反思及对策研究》，浙江大学2004年博士学位论文。

［3］习近平：《携手抗疫　共克时艰——在二十国集团领导人特别峰会上的讲话》，载《人民日报》2020年3月27日，第2版。

［4］中共中央文献研究室编：《毛泽东文集》（第三卷），人民出版社1996年版。

［5］中央档案馆、中共中央文献研究室编：《中共中央文件选集（1949年10月—1966年5月）》（第48册·1965年1月—6月），人民出版社2013年版。

［6］［德］马克思：《1844年经济学哲学手稿》，中共中央马克思恩格斯列宁斯大林著作编译局编译，人民出版社2000年版。

［7］《马克思恩格斯全集》（第三卷），中共中央马克思恩格斯列宁斯大林著作编译局编译，人民出版社2002年版。

［8］赵云献主编：《毛泽东建党学说论》（上），人民出版社2003年版。

［9］马京波编著：《重读邓小平》（上卷），人民出版社2004年版。

"新社会因素"研究中的三个争议性问题

杨　晴*

　　摘　要："新社会因素"研究在 20 世纪四五十年代和 20 世纪末至 21 世纪初得到发展，直到现在仍然有很多争议性问题没有得到解决。核心问题围绕"新社会因素"的含义、性质、作用展开，即"新社会因素"是否包括精神因素和物质因素，"新社会因素"在当代发达资本主义社会中有哪些具体表现，不同的"新社会因素"之间有什么关系；"新社会因素"是否是社会主义因素，资本主义内部能否孕育和生长出社会主义因素；"新社会因素"的生长能否导致资本主义自行长入社会主义。用马克思主义的视角审视"新社会因素"能够部分解决上述争议性问题，但随着时代的新发展，我们仍需根据新情况和新需要进一步研究和阐释"新社会因素"。

　　关键词：新社会因素　资本主义　社会主义　争议性问题

---

　　*　杨晴，中国政法大学硕士研究生，研究方向为国外马克思主义研究。

一、"新社会因素"的研究缘起

"新社会因素"研究是伴随着对资本主义发展趋势的研究而产生的，即在研究资本主义发展趋势的过程中发现了其中的"新社会因素"。严格说来，对于资本主义发展趋势的研究，在资本主义出现时就已经开始了，在马克思、恩格斯那里已经有了成熟的研究。但是，社会主义并没有像马克思、恩格斯预示的那样迅速到来，资本主义依然存在并且有了新的发展。因此，国内外学者对于资本主义发展趋势的研究一直没有停止。尤其是在 20 世纪四五十年代和 20 世纪末到 21 世纪初，关于资本主义发展趋势的研究得到进一步的发展，研究者从中发现了"新社会因素"。

（一）20 世纪四五十年代，生产力的发展推动生产关系的变革引发对"新社会因素"的研究

第三次科技革命给生产力的发展带来了极大的变革，在推动资本主义迅速发展的同时拉大了贫富差距，同时加剧了资本主义之间发展的不平衡，加强了社会主义国家对资本主义国家的抗衡，资产阶级不得不着手解决阶级对立的问题，同时，社会主义国家自身的制度优势得以实现，当代发达资本主义社会中的"新社会因素"或主动或被动地出现了。杨作权认为，20 世纪 50 年代之后，发达资本主义国家的生产社会化程度的提高使得资本主义社会"在许多方面它都消除了过去那种残酷和不人道；在解决阶级对立，克服生产的无政府状态，从人的主体地位出发调动人们的积极性等方面，它都付出了努力并取得了成效"，[1] 正是因为资本主义社会的这些调整使当代发达资本主义和传统资本主义相比发生巨大的变化，并且"这种变化的基本标志就是新社会的诸种因素作为资本主义社会的内在否定力量正日益发展壮大"。[2] 杨作权所阐述的只是资本主义主动调整促使"新社会因素"产生，并没有揭示资本主义在危机时不得不学习社会主义的优势从而使"新社会因素"发生。不论是哪种动力推动"新社会因素"的产生，其根本的原因在于科技革命使生产力的发展推动生产关系的变革。

---

〔1〕 杨作权：《内在否定：当代发达资本主义社会中新社会因素的生长》，载《中国特色社会主义研究》1998 年第 2 期，第 51 页。

〔2〕 杨作权：《内在否定：当代发达资本主义社会中新社会因素的生长》，载《中国特色社会主义研究》1998 年第 2 期，第 51~52 页。

（二）20 世纪末到 21 世纪初，新千年的研究热潮

旧千年到新千年，是讨论各种重大问题发展趋势的一个重要时间段，也是不同立场交锋的关键时间段，资本主义和社会主义发展趋势无疑是一个必争的命题，也正是因为处于新千年这个关键时间点上，对于社会主义发展趋势的研究具有重要的政治意义。西方资本主义国家借助强大的媒体力量宣传资本主义的优越性，似乎资本主义制度是永存的。正如卢之超在《世纪之交谈共产主义理想》中提到的："在世纪、千年之交，人们对新世纪、新千年有许多乐观的预测和展望，从科学技术、生产力的迅猛发展，到全球化的各个方面，但是对于人类发展的社会方面，特别是社会制度的发展和更替方面的预测则很少，似乎现有的资本主义制度是永存的。这是以美国为首的西方资本主义通过各种宣传工具用以误导世人、掩盖矛盾本质的片面的渲染。"[1]世纪之交的国际国内形势发生纷繁复杂的变化，也引发了国内人们对社会主义的前途命运、资本主义的现状及未来等一系列重大问题的重新思考。2000年 6 月 28 日，在中共中央思想政治工作会议上，江泽民发表了重要讲话，提出了对国际国内形势如何认识的四个问题。正是在这样的背景下，国内学者纷纷研究起资本主义发展趋势，尤其是其中的"新社会因素"问题。因此，从 2000 年到 2003 年，国内集中出现一批研究"新社会因素"的学者，并有不少理论成果。

2003 年之后，学界对于"新社会因素"的研究减少，国内学者对于当代发达资本主义社会中的"新社会因素"研究一直存在比较大的争议。尽管如此，对于这些争议性问题的梳理和进一步研究对于我们找到新时代的历史坐标有着重要意义。

二、关于"新社会因素"的三个争议性问题

学术界对于资本主义社会中的"新社会因素"研究一直存在比较大的分歧。吴海山认为，主要的有争议性的问题有三个：一是马克思和恩格斯所说的"新社会因素"是否是"社会主义因素"，资本主义社会内部是否可以自发地孕育和形成社会主义因素；二是当代资本主义社会实行的种种社会化新举措是否等同于"社会主义因素"；三是"新社会因素"的不断积累能否使

---

〔1〕 卢之超：《世纪之交谈共产主义理想》，载《高校理论战线》2000 年第 8 期，第 4 页。

资本主义自行长入社会主义。[1] 通过对吴海山与其他学者文献的梳理，笔者重新总结了学术界对于资本主义社会中"新社会因素"研究的争议性问题：一是"新社会因素"是否包括精神因素和物质因素，"新社会因素"在当代发达资本主义社会中有哪些具体表现，不同的"新社会因素"之间有什么关系；二是"新社会因素"是否是社会主义因素，资本主义内部能否孕育和生长出社会主义因素；三是"新社会因素"的生长能否导致资本主义自行长入社会主义。

（一）内涵之争——"新社会因素"是否包括精神因素和物质因素

关于这个问题，学术界有三种主要的观点。第一种观点认为"新社会因素"只包括精神因素而不包括物质因素。例如，钟哲民认为马克思和恩格斯在《共产党宣言》中写道："当人们谈到使整个社会革命化的思想时，他们只是表明了一个事实：在旧社会内部已经形成了新社会的因素，旧思想的瓦解是同旧生活条件的瓦解步调一致的。"[2] 这里的"新社会的因素"不是泛指，而是特指"使整个社会革命化的思想"。[3] 也就是说"新社会的因素"仅仅指精神因素，而不是物质因素。第二种观点认为"新社会因素"不仅包括精神因素，而且包括物质因素，并且主要是指物质因素。吴海山认为这里提出的"新社会的因素"既指"使整个社会革命化的思想"这样的精神因素，也指产生这种精神因素的各种物质基础和物质条件，没有这样的物质基础就不可能产生这样的思想。同时他认为马克思虽然认为"新社会因素"包括精神因素和物质因素，但是更加强调物质因素。第三种观点以赵家祥为代表，他认为"新社会因素"既不是指"使整个社会革命化的思想"，也不单纯指未来社会主义社会的"物质准备"或"物质条件"，也不是指"社会主义的经济制度本身"，而是指社会主义生产方式的因素。[4]

还有一些学者没有明确讨论"新社会因素"是否包括精神因素和物质因素，但是对于第二个小问题——"新社会因素"在当代发达资本主义社会中

---

〔1〕 参见吴海山：《马克思"新社会因素"论解析》，载《马克思主义与现实（双月刊）》2011年第5期，第43~44页。

〔2〕 《马克思恩格斯文集》第2卷，人民出版社2009年版，第50~51页。

〔3〕 钟哲明：《要准确理解马克思恩格斯说的"新社会的因素"》，载《马克思主义理论研究》2008年第6期，第10页。

〔4〕 参见赵家祥：《再论资本主义社会内部可以形成"新社会的因素"》，载《马克思主义与现实》2012年第2期，第43页。

有哪些具体表现有所论述。郭伟伟认为"新社会因素"包括五点：国有企业得到较大发展；"合作经济"（即合作社所有制）有较大规模的发展；企业职工持股，法人持股等扬弃资本主义私有制的新现象；国民经济计划调节的推行；劳动者的工资不再是由资本家单方决定，而必须遵守国家规定的最低工资制等。[1] 隋成竹、宁德业认为新社会因素主要有以下五方面：合作经济；福利扩大化；资本社会化；对社会经济的计划调节；三大差别逐渐缩小。[2] 胡连生认为"新社会因素"是指欧洲发达资本主义国家从摇篮到墓地的社会福利制度得到广泛推行；合作经济、国有经济、职工股份所有制经济；工人参与企业管理；民主制度的实行。[3] 高放认为"新社会因素"主要包括：各国共产党人利用合法斗争筹办的工农商贸企业和文教单位；工人自己集资、自己管理的合作企业或职工持股公司；农民自己组织的各类生产、供销、信贷合作社、城乡居民的消费合作社；职工参会企业民主管理、共同决策；资本主义国家政府加强对国民经济的宏观计划调控；各种福利措施，比如医疗保健、社会保险、失业救济、最低工资限额、低收入补贴、带薪休假、教育免费等。[4] 徐崇温认为"新社会因素"主要包括：股票职工化或雇员持股；雇员参与企业的管理和决策；社会福利制度；资本主义的计划化。[5] 吴海山认为"新社会因素"主要有以下表现：资本的社会化；经济的计划化或国民经济的计划调节和宏观调控；社会福利制度和社会保障制度的实施；合作经济的发展；企业管理的民主化趋势；三大差别的消失；政治制度的民主化和法制化；社会主义思想道德的孕育和发展。[6] 杨作权认为"新社会因素"就是社会主义因素，主要包括：资本和管理日趋社会化；经济发展出现"计划

〔1〕 参见郭伟伟：《关于当代资本主义新变化及其历史发展总趋势的研究评述》，载《当代世界与社会主义》（双月刊）2005年第2期，第43页。

〔2〕 参见隋成竹、宁德业：《新社会因素——未来社会的曙光》，载《中国社会科学院研究生院学报》2005年第2期，第119~120页。

〔3〕 参见胡连生：《论当代资本主义的双重发展趋向》，载《中共中央党校学报》2002年第2期，第81页。

〔4〕 参见高放：《社会资本主义是资本主义的最高阶段》，载《江汉论坛》2001年第8期，第30页。

〔5〕 参见徐崇温：《如何理解资本主义社会中"新社会的因素"》，载《马克思主义研究》2006年第1期，第91~94页。

〔6〕 参见吴海山：《理论界关于资本主义社会内部"新社会因素"研究综述》，载《当代世界与社会主义》（双月刊）2010年第2期，第200~201页。

化"；社会福利制度化；国家政制趋向民主化；"三大差别"日渐弱化。[1] 姜素勤认为"新社会因素"的内容主要包括几点：合作经济；社会保障制度的广泛推行；职工参与企业管理的制度；三大差别的逐渐消失；征收高额累进税；资本社会化。[2] 刘昀献认为当代资本主义在生产力、生产关系和上层建筑上均出现了新变化：在生产力方面，新科技革命的发展使资本主义生产力诸要素发生质的飞跃，经济形态开始从工业经济向知识经济过渡；在生产关系方面，所有制形式出现了多元化趋势，经济运行出现了政府宏观调控的趋势，收入分配关系出现兼顾公平的趋势；在上层建筑方面，发达资本主义国家的阶级结构多层次化，政治制度民主化，主流意识形态发生变革。[3] 陈剑认为当代资本主义新变化中的社会主义因素（在本文中即指"新社会因素"）主要包括以下几个方面：生产组织形式的社会化，如股份公司、股份制集团、国家垄断资本主义和跨国公司等；混合经济的出现；较为完善的社会制衡体制；较为成熟的新闻舆论监督体制；社会保障体系；对收入分配的调节。[4] 徐春平认为当代资本主义社会中的社会主义因素（即"新社会因素"）主要有：资本的社会化；国民经济的计划管理和宏观调控；福利制度的社会化；在社会关系方面，劳资关系缓和，所有权和经营权分离，阶级、阶层、利益集团多元化；职工民主化管理；三大差别的缩小和消失；社区服务机构的发展。[5]

（二）性质之争——"新社会因素"是否是社会主义因素

第二个争议性问题是"新社会因素"是否是社会主义因素，资本主义内部是否能够孕育和生长出社会主义因素。社会主义因素是指社会主义生产方式以及与之相适应的社会主义生产关系和交换关系。对于这个问题，学界也存在两种不同的观点。一种观点认为"新社会因素"就是社会主义因素，承

---

[1] 参见杨作权：《内在否定：当代发达资本主义社会中新社会因素的生长》，载《中国特色社会主义研究》1998 年第 2 期，第 52~55 页。

[2] 参见姜素勤：《论当代发达资本主义国家中的社会主义因素》，载《理论探讨》2007 年第 2 期，第 14~15 页。

[3] 参见刘昀献：《论当代资本主义基本矛盾的新表现及发展趋势》，载《中国浦东干部学院学报》2008 年第 1 期，第 17~19 页。

[4] 参见陈剑：《现代化对社会主义因素的影响和推动》，载《中央社会主义学院学报》2002 年第 6 期，第 68 页。

[5] 参见徐春平：《重读马克思关于资本主义孕育新社会因素现实意义》，载《法制与社会》2007 年第 4 期，第 753 页。

认这一观点的学者认为资本主义社会内部能够孕育和成长出社会主义因素，这一观点是学术界的主流观点。赵家祥、杨作权、高放、隋成竹、宁德业等学者认为，马克思、恩格斯在《共产党宣言》《资本论》《法兰西内战》《给〈祖国纪事〉杂志编辑部的信》中，都包括或直接指出了资本主义社会内部能够自发地孕育和形成社会主义经济关系的因素、社会主义因素或社会主义经济制度因素的思想。另一种观点则认为"新社会因素"不是社会主义因素，持这一观点的学者认为资本主义社会内部不能孕育出社会主义因素。资本主义社会内部不能自发地孕育和形成社会主义因素的观点是列宁首先提出的，经过斯大林的强化、苏联理论界的系统化，最后经过毛泽东更加强烈的意识形态化，成为一种普遍流行的观点。有学者认为马克思谈到的"新社会的因素"当中的"新社会"固然指社会主义社会，但"新社会的因素"却不等于"社会主义因素"。这是两个既有联系又有区别的概念。一方面，从马克思、恩格斯一生的奋斗经历和马克思主义经典作家使用"社会主义"一词的时间、背景来看，"马克思、恩格斯不止一次地讲过资本主义社会可以自发地孕育和形成社会主义因素"[1] 的说法不仅从马克思、恩格斯的著作中找不到任何出处，而且同他们的革命实践和思想全然相反；另一方面，从马克思所论述的"普照的光""资本主义本身范围内的扬弃"等思想来看，资本主义社会内部的"新社会的因素"仍然属于资本主义性质而绝非社会主义。因此，将"新社会的因素"笼统地说成"社会主义因素"，显然缺乏具体的历史分析，是难以使人信服的。《共产党宣言》中的"新社会的因素"，并不包括新的社会关系（尤其是生产关系）的因素，《资本论》中的暴力"助产婆"论，没有自发孕育和形成社会主义因素的观点，《法兰西内战》中的合作社，不是社会主义因素或未来社会的经济组织。持这一观点的代表学者有孙峰、徐崇温、钟哲明。

（三）作用之争——"新社会因素"的生长能否导致资本主义自行长入社会主义

第三个争议性问题是"新社会因素"的生长是否能够导致资本主义自行长入社会主义。这个问题涉及资本主义发展到社会主义的途径是和平的还是暴力的问题。对于这一分歧存在三种不同的观点。第一种观点认为由资本主

---

〔1〕　赵家祥：《资本主义社会内部是否能够孕育和形成社会主义因素？（上）——马克思恩格斯思想与列宁思想的比较》，载《北京行政学院学报》2005 年第 1 期，第 47 页。

义社会向社会主义社会的过渡，既有可能采取暴力革命的形式，也有可能采取渐进的和平发展的形式。一个国家资本主义的发展水平越高，它内部所孕育和形成的社会主义因素也就越多，它离科学社会主义理论意义上的社会主义社会也就越近。因此，我们应该把二战以后资本主义的发展看作是人类历史的进步，看作是为社会主义社会的实现准备条件，看作是向社会主义社会的趋归和接近。也因为如此，由资本主义社会向社会主义社会的过渡，既有可能采取暴力革命的形式，也有可能采取渐进的和平发展的形式。从当代发达资本主义国家的实际情况看，暴力革命形式的可能性在缩小，渐进的和平发展的可能性在增长。究竟采取什么形式向社会主义过渡，要在革命的主客观条件具备时根据各个国家的具体情况来确定，而不应该在不具备革命形势时，主观地加以推测。例如吕薇洲认为马克思的论述中认为暴力是助产婆，但是也并没有完全否定和平过渡。资本主义向社会主义过渡并没有单一的方式、固定的途径。[1] 资本主义向社会主义过渡的方式，应当由完成这一过渡的主体力量来作出选择。第二种观点认为当社会主义因素积累到一定规模时，就会通过较长期的自然发展过程，通过部分质变的不断积累逐渐转向社会主义。持这一观点的学者认为，资本主义的历史趋势是：随着社会生产力的进一步发展，社会主义的因素会不断发展与扩大，并将不断扬弃和削弱资本主义私有制本身。这一历史趋势是不以人的意志为转移的，也是历史发展的必然规律。例如，李丽娜认为，西方发达国家战后发展证明，国有化并非只有通过暴力革命才能建立起来，渐进性的改良同样可以。为此，她以经典作家关于社会历史发展规律的论述为依据推论指出，资本主义在发展过程中逐步积累社会主义因素，向社会主义质变，不仅是合乎逻辑的变化，也与马克思主义对社会发展规律的预测一致。隋成竹则比较委婉地表达出了资本主义社会内部可以和平长出社会主义的观点："当资本主义因素被代表未来社会要求的社会主义因素完全取代时，原来在资本主义内部属于社会主义的因素，就完全成为社会主义的构成要素。"[2] 李海青认为："按照辩证唯物主义的观点，新事物代替旧事物要有一个量的积累的过程，而这种积累就是在旧事物

---

〔1〕 参见吕薇洲：《资本主义向社会主义过渡方式的历史争论与当代思考》，载《科学社会主义》2005 年第 5 期，第 23～24 页。

〔2〕 隋成竹、宁德业：《新社会因素——未来社会的曙光》，载《中国社会科学院研究生院学报》2005 年第 2 期，第 118 页。

内部进行的，社会主义的产生同样如此。从资本主义社会向社会主义社会的转变不是一蹴而就的，社会主义因素有一个在资本主义社会内部从少到多逐步积累的过程，随着新社会因素的不断积累，从量变到部分质变再到彻底质变，资本主义社会最终被社会主义社会所代替。只有这样解释才符合辩证法，也才能够客观合理地解释现实。"[1] 曹天禄认为："当代发达国家已经孕育出了一些'新社会因素'，为建立社会主义新体制提供了有益的'新线索'。发达国家共产党在通往社会主义道路的路径选择上，将会采取与'暴力革命'不同的方式取得政权，使'新社会因素'成为社会主义因素本身。"[2] 第三种观点认为"新社会的因素"只是资本主义范围内的，它并没有改变资本主义的根本性质，资本主义不可能因这些"新社会的因素"的积累而自行长入社会主义。例如，徐崇温认为，"新社会的因素""新的经济制度要素"，意味着资本主义在其发展进程中正在为向社会主义过渡做好日益完备的物质准备，出现了向社会主义过渡的过渡点或过渡形式，而并不意味着资本主义正经由这些"新社会的因素""新的经济制度要素"的不断积累，不断地发生部分质变而自行长入社会主义。[3] 张一兵、林德山、孙峰等学者也认为渐变式的改革无法使资本主义和平过渡到社会主义，而必须经过暴力革命的方式才能够实现资本主义社会到社会主义社会的转化。

三、对"新社会因素"的马克思主义审视

首先，从马克思本人的论述以及持各种不同观点的学者对于当代资本主义社会中"新社会因素"的列举中可以得出初步的结论："新社会因素"既包括精神因素，也包括物质因素；既包括生产方式部分，也包括上层建筑部分，生产方式是其中最重要的部分。马克思和恩格斯在《共产党宣言》中所指的"使整个社会革命化的思想"是旧社会内部已经形成的"新社会因素"，但是不能简单说"新社会因素"就是"使整个社会革命化的思想"，因为"使整个社会革命化的思想"只是"新社会因素"的一部分，也就是上层建筑中的社会意识形态部分。但从马克思的历史辩证法的角度看，社会意识的

〔1〕 李海青：《马克思恩格斯社会主义思想再认识》，载《中国特色社会主义研究》2013年第6期，第16页。

〔2〕 曹天禄：《日共对资本主义内部"新社会因素"的认识及其启示》，载《当代世界社会主义问题》2010年第2期，第109页。

〔3〕 徐崇温：《如何理解资本主义社会中"新社会的因素"》，载《马克思主义研究》2006年第1期，第91页。

变革必然以社会存在的变革为基础，既然上层建筑的新变化是"新社会因素"的一部分，那么生产方式的新变化就是"新社会因素"的应有之义。在《1857—1858 年经济学手稿》中，马克思谈道："在以交换价值为基础的资产阶级社会内部，产生出一些交往关系和生产关系，它们同时又是炸毁这个社会的地雷……如果我们在现在这样的社会中没有发现隐蔽地存在着无产阶级社会所必需的物质生产条件和与之相适应的交往关系，那么一切炸毁的尝试都是唐·吉诃德的荒唐行为。"[1] 马克思此处的论述说明"新社会因素"是无产阶级社会所必需的物质生产条件和与之相适应的交往关系，即无产阶级社会所必需的生产方式。这种生产方式在旧的生产力和生产关系的条件中孕育产生，并最终会破坏原有的社会形态。"新社会因素"在当代发达资本主义社会中的具体表现主要包括以下几点：①新科技革命推动生产力的发展；②资本社会化（以股份制为代表）；③合作经济；④社会福利制度；⑤经济的计划化；⑥企业管理民主化；⑦三大区别的消失；⑧政治民主化；⑨资产阶级异己力量的发展；⑩主流意识形态的变化。新科技革命推动生产力的发展属于"新社会因素"中的生产力部分；资本的社会化、合作工厂、社会福利制度、经济的计划化、企业管理民主化、三大区别的消失都是"新社会因素"中生产关系的部分；政治民主化、资产阶级异己力量的发展、主流意识形态都是"新社会因素"中上层建筑的部分。正如马克思的历史唯物主义中生产力决定生产关系、经济基础决定上层建筑规律所揭示的那样："新社会因素"不仅包括新的更高的生产关系的物质存在条件，而且还包括新的更高的生产关系本身，同时包括由更高的经济基础决定的上层建筑，"新社会因素"中的生产方式尤其是生产关系部分起着决定性作用，推动着"新社会因素"中上层建筑部分的形成；同时"新社会因素"中上层建筑的部分反作用于其生产方式部分，其中资产阶级异己力量的发展是使"新社会因素"得到彻底解放的主体。

其次，学术界之所以对于这一问题存在争议是因为不同学者对于马克思本身论述的理解有分歧，因此，以马克思主义的立场、观点和方法分析马克思的论述才能得出符合马克思原意的结论。一切从实际出发；具体问题具体分析；联系地、全面地、变化地看问题，不是孤立静止片面地看问题；逻辑

---

[1] 《马克思恩格斯全集》（第 46 卷·上册），中共中央马克思恩格斯列宁斯大林著作编译局译，人民出版社 1979 年版，第 106 页。

和历史一致，这四点是马克思主义立场、观点、方法中最一般的部分，以这样的立场、观点和方法看"新社会因素"的问题，将发现"新社会因素"是社会主义因素，资本主义内部能够孕育和生长出社会主义因素。马克思认为对于所有的社会形态来说，社会内部都孕育着否定它自身的力量。资本主义社会中也孕育着否定它自身的力量，即"新社会因素"，"新社会因素"就是社会主义因素。马克思在《〈政治经济学批判〉序言》中提出："无论哪一个社会形态，在它所能容纳的全部生产力发挥出来以前，是决不会灭亡的；而新的更高的生产关系，在它的物质存在条件在旧社会的胎胞里成熟以前，是决不会出现的。所以人类始终只提出自己能够解决的任务，因为只要仔细考察就可以发现，任务本身，只有在解决它的物质条件已经存在或者至少是在生成过程中的时候，才会产生。"[1] 社会形态是与生产力在一定发展阶段相适应的经济基础和上层建筑的具体的历史的统一体，马克思的两个"决不会"的论述说明，对于所有的社会形态来说，其本身就孕育着新的更高的生产关系的物质存在条件，一旦新的更高的生产关系的物质存在条件孕育成熟，就会产生新的更高的生产关系，基于更高的经济基础就会产生与之相适应的上层建筑，从而产生新的更高的社会形态，最终否定了旧的社会形态。马克思指出："新的生产力和生产关系不是从无发展起来的，也不是从空中，又不是从自己产生自己的那种观念的母胎中发展起来的，而是在现有的生产发展内部和流传下来的、传统的所有制关系内部，并且与他们相对立而发展起来的。"[2] 马克思在本处阐发的"新的生产力和生产关系"说明"新社会因素"包括新的生产力和生产关系，这些"新社会因素"不是凭空产生，也不是从人的观念中产生，而是在原有的生产发展和所有制内部相对立地发展起来，即在资本主义条件下孕育出来的"新社会因素"就是社会主义性质的生产力和生产关系，也即"社会主义因素"。

最后，资本主义走向社会主义的途径要根据不同国家的具体情况而定，可以是暴力方式也可以是非暴力方式，但是不论是哪种方式，实现解放的主体都是资产阶级的异己力量。从哲学的角度说，当维持资本主义生存发展的

---

〔1〕 《马克思恩格斯文集》（第 2 卷），中共中央马克思恩格斯列宁斯大林著作编译局编译，人民出版社 2009 年版，第 592 页。

〔2〕 《马克思恩格斯全集》（第 46 卷·上册），中共中央马克思恩格斯列宁斯大林著作编译局译，人民出版社 1979 年版，第 235 页。

肯定因素依然得到发展时，孕育在其中的否定因素，也就是"新社会因素"也在同时发展，这个时候资本主义有可能和平长入社会主义。但是当资本主义的肯定因素衰败，而"新社会因素"得到不断的发展时，"新社会因素"带来的部分质变就会与社会的旧质发生冲突，这个时候必须通过暴力的方式才有可能实现新质战胜旧质，从而新事物取代旧事物。在马克思的论述中也可以找到相关的依据。马克思在《资本论》第一卷中写道："暴力是每一个孕育着新社会的旧社会的助产婆。"[1] 当"新社会因素"在旧社会内部孕育成熟时，无论有没有"助产婆"，新社会必然要从旧社会中脱胎，而暴力的作用只在于加快这一过程。马克思不仅仅强调暴力的作用，他曾提出："在我们有可能用和平方式的地方，我们将用和平方式反对你们，在必须用武器的地方，则用武器。"[2] "工人总有一天必须夺取政权，以便建立一个新的劳动组织；……但是，我们从来没有断言，为了达到这一目的，到处都应该采取同样的手段。我们知道，必须考虑到各国的制度、风俗和传统。"[3]

我们虽然从马克思主义的视角出发能够部分解决学界关于"新社会因素"的三个主要的分歧，但仍没有达成统一的共识，这使得在新时代研究当代发达资本主义的发展趋势缺乏一个强有力的、有普遍共识的基础，因此仍需要进一步明晰和探讨"新社会因素"研究中的三个争议性问题。

---

〔1〕 《马克思恩格斯文集》（第 5 卷），中共中央马克思恩格斯列宁斯大林著作编译局编译，人民出版社 2009 年版，第 861 页。

〔2〕 《马克思恩格斯全集》（第 17 卷），人民出版社 1963 年版，第 700 页。

〔3〕 《马克思恩格斯全集》（第 18 卷），人民出版社 1964 年版，第 179 页。

构建和优化社区矫正风险评估体系

刘　磊[*]

　　摘　要：为提高社区矫正效果，实现社区矫正目的，构建社区矫正风险评估体系能够有效地控制矫正对象的人身危险性，为施行分类管理、个性化矫正提供依据，促进矫正对象顺利回归社会，预防和减少犯罪。社区矫正风险评估体系根据社区矫正活动在各阶段的目的，将风险评估分为入矫前的调查评估、入矫后的分类评估、矫正中的需求评估、解矫前的回归评估和解矫后的跟踪评估。评估活动的开展应秉持科学性、客观性和系统性的原则，注重主观与客观相结合、静态与动态相辅助的评估方法。目前，我国社区矫正风险评估体系仍处于发展中，应向着法制化、专业化、信息化的方向发展。

　　关键词：社区矫正　风险评估　指标体系

引　言

　　2020年7月1日，《中华人民共和国社区矫正法》（以下简称《社区矫正法》）和与其配套的《中华人民共和国社区矫正法实施办法》（以下简称《社区矫正法实施办法》）正式开始实施。新出台的法律法规总结了我国16年来社区矫正在改革、发展、创新中取得的成果和

　　* 刘磊，中国政法大学刑事司法学院博士研究生（100088）。

经验，进一步确立了社区矫正制度的法律地位和基本框架，并为后续社区矫正具体工作的深入开展打下了良好的基础。社区矫正的立法落实了宽严相济的刑事政策、实现了惩罚与教育的刑罚目的。作为可以控制社区矫正对象人身危险性，降低犯罪率的社区矫正风险评估制度在社区矫正执行中具有重要地位，既是指导社区矫正活动的科学依据，还是提高社区矫正效果的必要手段。

社区矫正风险评估是指社区矫正机构，对拟矫正对象或矫正对象的基本情况、犯罪行为、现实表现及思想变化等方面进行调查，对其再犯罪的可能性、危险性进行预测和评价，并以此为依据，决定适合社区矫正或确定矫正方案并跟进调整，以达到矫正目的的动态执行过程。

社区矫正风险评估不同于效果评估。效果评估一般发生在社区矫正完成之际，是对整体社区矫正工作的梳理和总结，既要对社区矫正对象的改造效果进行评估，也要对社区矫正工作人员的工作质量进行检验。而社区矫正风险评估是一个长期的、持续的、动态的、贯穿社区矫正全部环节的执行活动，从入矫前后，到矫正中，再到解矫前后，始终需要风险评估衡量矫正对象的人身危险性，这是矫正对象能否顺利回归社会的关键依据。根据矫正活动各阶段的矫正目的，风险评估可分为入矫前的调查评估、入矫后的分类评估、矫正中的需求评估、解矫前的回归评估和解矫后的跟踪评估，共五个评估。

社区矫正风险评估的工作早在 2003 年就已经开始，随着非监禁式刑罚和教育刑理念的逐渐兴起，国内学者逐渐开始关注这一领域。陈伟（2010）在《人身危险性研究》中提出要从方法设立、宏观架构、微观创设和机构保证四个方面解决人身危险性评估的实践操作问题。利子平和辛波（2006）在《论保安处分之人身危险性评估标准及方法》中指出人身危险性的评估应遵循行为标准和人格标准。廖劲敏（2009）在《我国社区矫正对象人身危险性评估探究》中指出我国社区矫正风险评估存在着评估标准不明确、评估机构不专业、评估方法不全面以及评估程序不规范等方面的缺陷。翟中东（2003）在《刑法中的人格问题研究》主张在刑法中引入人格问题便于更好把握人身危险性，从而减少重新犯罪，提高刑罚特别预防水平。

理论的发展带动了实践的前进，但我国社区矫正风险评估体系仍在规范性、系统性、可持续性等方面存在不足。本文在众多学者的研究上，结合我国现实情况，对如何构建和优化社区矫正风险评估体系进行分析和总结，力图对风险评估的实践探索提供指导性参考。

一、社区矫正风险评估体系的价值与作用

根据《社区矫正法》第1条，社区矫正的目的是提高教育矫正质量，促进社区矫正对象顺利融入社会，预防和减少犯罪。社区矫正风险评估体系是为实现社区矫正目的存在的。人身危险性是判断罪犯是否适合社区矫正的关键因素，是进入社区矫正的门槛指标；再社会化是社区矫正的初衷和终极目标，是检验社区矫正效果的重要标准。所以，针对社区矫正不同阶段应设定不同的评估目标，实行不同的评估标准，建立动态的评估体系，即从入矫前的调查评估到入矫后的分类评估，再到矫正中的需求评估，再到解矫前的回归评估，和最后的解矫后的跟踪评估，评估标准由人身危险性的大小逐渐过渡到再社会化能力的强弱。这一评估标准是比较切合社区矫正活动特点和目的的，也是非监禁式刑罚执行方式价值理念的体现。除此之外，作为社区矫正工作的关键一环，社区矫正风险评估在具体执行活动中还有以下作用和意义。

第一，制定个性方案，实现特殊预防。风险评估的结果是社区矫正机构为矫正对象制定和调整针对性矫正方案的基础和依据。针对性的矫正方案从矫正对象的犯罪原因出发，试图从根源上降低矫正对象再次犯罪的可能性。

第二，提高矫正效率，优化资源配置。入矫后的分类评估是社区矫正机构实施分类管理的重要前提。社区矫正机构在矫正对象入矫后根据其危险性和需要性进行分类分级评估，不同级别和不同类别的矫正对象分配专门的工作人员。入矫后的分类评估能在一定程度上弥补我国社区矫正力量不足的缺陷，并将现有资源实现最大利用和最优配置。

第三，端正认罪态度，提升改造信心。在社区矫正中，矫正对象的服从意愿和认罪态度深刻影响其人身危险性。专门专业的风险评估是一种制度激励，能让矫正对象感受到重视，从而减弱内心的抵抗情绪。矫正对象可通过定期的风险评估更直观清晰地了解到自身的改造情况，认识到所取得的进步和仍需改正的不足，有利于增强其改造信心和激发其矫正动力。风险评估能提升矫正对象的主动改造意愿，加强自我监督和防范，达到更好的矫正效果，实现矫正对象再社会化。

第四，保障社区安全，增强公众认知。人身危险性的衡量始终是风险评估的重点。定期的风险评估既是一种评价机制，也是预警手段。通过定期风险评估，工作人员可及时检测到矫正对象人身危险性的异常，情形较轻时可对其进行心理疏导或提供帮助；情形严重的，可对其进行警告甚至向法院提

请逮捕，以保证社区环境的安全。此外，在开展风险评估时，与周边社区的沟通和交流必不可少，在此过程中，潜移默化地让民众了解社区矫正工作，增强其认同感和理解程度。

二、社区矫正风险评估体系的原则与方法

（一）评估原则

从技术操作角度而言，社区矫正风险评估是一项非常复杂、非常专业的非线性系统，涉及法学、社会学、精神病学、心理学、数理统计等多个学科，包含数据分析、心理辅导、模型建立等多个方面。评估程序步骤多、耗时长，一般分为六步。第一步是制定评估计划，确定社区矫正评估小组成员及评估对象；第二步是收集、分析和提交评估资料；第三步是社区矫正实地调研和考察；第四步是实施风险评估并撰写评估报告；第五步是公示和通知评估结果；第六步则是将所有评估文件留痕存档并跟踪监测。纵向的评估阶段，横向的评估流程，构成了动态的社区矫正风险评估体系。评估体系的建立和完善需要遵循科学性、客观性和系统性三个原则。

第一，科学性主要体现在评估指标的设定和评估方法的应用上。评估指标是衡量风险评估的标尺，是实行量化分析的基础。动态的评估体系要求评估指标的灵活适应性，针对不同类型、不同年龄、不同性别、不同阶段的矫正对象应建立侧重点不同的评估指标体系以及采用不同的评估方法。而评估指标体系内各指标设定应规范明确，权重分配要科学合理；自身结构应遵从一定的内在逻辑，否则会影响风险评估的整体效益。科学的评估方法要求更先进、更全面、更有效的综合分析法，而非停留在百分制等单一的计算方法。

第二，客观性要求评估时减少主观因素影响，尽可能地保留客观评价，主要体现在评估主体、评估对象和评估方法三个方面。评估主体应经过专业培训和具备一定临床经验，有排除主观因素干扰的能力。必要时，可由第三方专业评估机构做评估主体，独立进行数据获取和分析。评估对象内心的抵抗消极情绪会使其掩饰内心真实想法，从而导致评估结果失之偏颇。社区矫正机构或其他评估主体应重视矫正对象的心理建设，用科学技巧加以引导，增强其配合程度，促使其反映真实情况。评估方法要求定量等统计式评估法，采用科学的评估量表或软件系统作为工具，能有效降低评估结果的主观性，还具有较强的操作性。

第三，系统性要求社区矫正风险评估实现在空间上和时间上各资源的有机整合和有效衔接。风险评估是在开放的社会中，有多个主体共同参与、时

间跨度较长的执行活动。空间上，一次评估活动的开展，需要多个政府部门以及社会组织协同配合，有序地、高效地运行启动评估、告知情况、运作评估、通知结果等评估程序。时间上，评估结果的应用是指导下一次风险评估的重要依据，各阶段风险评估的无缝衔接能让信息更加顺畅无碍地传递分享。各部门工作的周密配合、各评估单元的积极响应、各评估阶段的有效衔接，构成动态评估体系的重要部分，是风险评估系统性的具体表现。

（二）评估方法

评估方法是风险评估科学性和客观性的表现，具体要求定性方法与定量方法相结合，静态指标与动态指标相结合，以便全面客观地衡量矫正对象的人身危险性。定性方法包括资料法、数据分析法和心理测试法；定量方法包括直觉法和心理访谈法。资料法和数据分析法均是矫正对象基本情况的罗列和矫正活动的记录，二者的区别在于因记录形式的不同带来的分析方法的不同。心理测试法是通过填写测评量表检验智力、人格和心理的方法。目前常用的工具有艾格森人格问卷、SCL-90通用量表等。直觉法即根据评估人员的经验和直觉判断矫正对象的人身危险性，主观性极强，操作性不高。心理访谈法即通过面对面谈话了解相关情况，这对访谈者的专业素养和临床经验有较高要求，需要在访谈前做好充足的准备。以上评估方法各有利弊，只有将定性和定量方法有机结合起来，才能充分发挥方法优势，得到更准确有效的评估结果，更具针对性地应用结果。

评估指标体系要注重静态指标和动态指标相结合。静态指标是无法随外界因素变化而改变的，一般指矫正对象的基本情况，包括受教育程度、家庭关系、工作情况等。静态指标无法确切地反映出矫正对象人身危险性的变化趋势，只能在一定程度上显示矫正对象初始的人身危险性。动态指标是随着矫正实际情况的发展而发生改变的，包括矫正对象的心理状态、婚姻动态、健康状况、经济收入、人际交往等。动态指标的变化暗示着人身危险性的变化。例如，矫正对象在矫正期间经济条件得到了改善，解决了负债问题，基本生活得到了保障，这表明该矫正对象在经济犯罪方面基本无再犯可能性。值得注意的是，由于犯罪者有在动态指标上主观虚报的可能性，因此在分析动态指标时要结合真实可靠的静态指标综合考量。

三、社区矫正风险评估体系的构建与内容

社区矫正风险评估专业化的阶段划分将社区矫正目的进行阶段性拆解，能够提高社区矫正工作的风险预见性和针对性，准确地实施监督管理和教育帮扶。各阶段风险评估为服务于各评估目标，有不尽相同的评估内容和评估特点，现将逐个介绍。

（一）入矫前的调查评估

入矫前的调查评估也被称为审前调查评估。《社区矫正法》第 18 条规定，社区矫正决定机关根据需要，可以委托社区矫正机构或者有关社会组织对被告人或者罪犯的社会危险性和对所居住的社区的影响，进行调查评估，提出意见，供决定社区矫正时参考。所以说审前调查评估的目的是判断拟矫正对象是否适合社区矫正。根据调查结果出具的评估意见书，能为法院或监狱等机关在决定是否判处社区矫正或变更刑罚执行措施提供较为科学准确的依据，也为被告人或罪犯进入社区矫正后进行分类管理和矫正改造打下基础。

入矫前的调查评估要求全面充分，以准确地预测被告人或罪犯的不易监管、危害社会和再次犯罪的可能性。调查内容包括基本情况和犯罪情况。基本情况包括被告人或罪犯的心理情况、居所情况、家庭情况、社会关系等，犯罪情况包括被告人或罪犯的犯罪动因、犯罪手法、犯罪行为的后果和影响、社区和被害人意见等。社区矫正评估主体依照法定程序，在各机关交流配合下深入社区，收集上述评估所需信息，完成情况调查和核实后，对被告人或罪犯的人身危险性进行预测，做出其是否适合社区矫正的评估意见。法院或监狱等机关根据该评估意见，结合案件实际情况，用专业素质做出最终判决。

入矫前的调查评估有效甄别社区矫正对象，严格把握社区矫正入口，是动态风险评估体系中的决定性一步，既确保了决定机关判罚的客观性和公正性，又为后续减刑、假释等工作提供了标准。同时，该项评估是入矫后分类评估的预备程序，前置了社区矫正工作的信息沟通渠道，加强了入矫前后风险评估的工作衔接，为后续矫正对象的分类管理分担工作压力、打下坚实基础。

（二）入矫后的分类评估

入矫后的分类评估是针对矫正对象刚进入社区矫正时所做的关于其人身危害性的个性化评估。根据评估结果，对矫正对象实行分类管理、分级处遇，采取不同强度的监管措施，制定量身定做的矫正方案。《社区矫正法》第 24 规定，社区矫正机构应当根据裁判内容和社区矫正对象的性别、年龄、心理特点、健康状况、犯罪原因、犯罪类型、犯罪情节、悔罪表现等情况，制定有针对性的矫正方案，实现分类管理、个别化矫正。

由于社区矫正还未正式开展，入矫后的分类评估与入矫前的调查评估在评估内容上相差无几，主要差异体现在评估方法上。入矫后的分类评估更强调量化评估，注重实证手段，借助心理测试、风险评估量表等工具，获得更加精确细致的评估结果，即把适合社区矫正的人身危险性的范围进行进一步细分，实现数据式的分类划档，从而准确地将矫正对象进行分类分级。将人身危险性较小的矫正对象纳入宽松管理类，人身危险性中等的纳入普通管理类，人身危险性较大的纳入严格管理类，实现社区矫正监管资源的力量集中和合理配置。针对同一类别的矫正对象，社区矫正机构在结合矫正对象实际情况和犯罪情节的基础上，分析其犯罪原因，制定有针对性的矫正方案，正式开展针对该矫正对象的矫正工作。

入矫后的分类评估是矫正对象正式接受社区矫正的起点，是后续动态风险评估的参考基准，提升了矫正工作的规范性和准确性，有利于实现特殊预防。同时，评估主体应注重于矫正对象的良性互动，有利于增强其接受程度和配合程度，提高改造和学习的积极性，以便更好地实现社区矫正目的。

（三）矫正中的需求评估

根据《社区矫正法》第24条规定，矫正方案应当根据社区矫正对象的表现等情况相应调整。实现这一要求的前提是开展矫正中的需求评估。矫正中的需求评估是在矫正期间，定期地围绕矫正对象人身危险性展开评估，了解矫正对象需求，调整矫正方案，促进其再社会化的过程。此项评估的评估频率一般为一个月到两个月一次，以便及时掌握矫正对象的行为变化和心理状态，以及对再犯罪可能性的趋势进行分析，为预防再犯罪提供依据，保证矫正活动在安全范围内开展。同时，从矫正方案角度来说，每一次的风险评估还具备承上启下的功能，既能检验上一阶段矫正方案的效果，还能为下一阶段矫正方案的调整提供依据。

矫正中的需求评估相较于前两个阶段的风险评估，在评估内容上需要增加矫正对象在矫正期间的表现，例如有无悔改表现、是否遵守管理规定、参与法制教育或公益活动的情况、是否定期做思想汇报等，这些内容均是实施奖惩活动的依据。通过量化打分，对有突出表现、重大立功的矫正对象进行表扬嘉奖；对表现较差恶劣的对象，提出警告，进行重点观察，情节严重者可向法院提请收监。

矫正方案的调整体现在监督管理和教育帮扶两个方面。随着矫正教育的深入，矫正对象的人身危险性应逐步降低，监督管理等级应从严格、普通、宽松的标准逐步下调。教育帮扶的调整要观察矫正对象的再社会化需求。前文提到，随着矫正活动推进，动态风险评估体系的评估标准从人身危险性逐渐过渡到再社会化，而矫正中的需求评估是实现这一过渡的阶段。因此，该阶段的评估指标体系要求既能考察矫正对象人身危害性的变化，还能及时发现矫正对象为实现再社会化的改造需求。需求指标包括住房要求、婚姻状态、人身健康情况等。例如，某矫正对象的住房问题迟迟无法解决，在指标选取上加入住房方面的需求指标，借此观察矫正对象的心理变化，一方面可以在一定程度上体现其人身危险性，另一方面还能针对需求调整矫正策略，提前改善矫正对象回归社会后可能面临的困境，促进矫正对象再社会化。日本的"专门监督官"就是个良好的先例，他们一对一建立起"专门需求解决队伍"，在监督管理矫正对象的同时，尽量解决其需求并改变引导教育方法，针对需求设立测评因子，如此才能更加全面深入地了解矫正对象的变化趋势。

矫正中的需求评估是整个社区矫正风险评估时间跨度最长、影响最为深刻的评估活动。动态的、多次的、长期的风险评估给了矫正机构和矫正对象多次调整改进的机会，每一次机会都在向降低人身危险性，提升再社会化能力的方向前进。该阶段风险评估体系一个双向互动程度加深的过程。工作人员在履行工作职责的同时，要注意矫正对象的反馈，要通过宣传教育唤起矫正对象的主体意识，促进矫正对象积极配合评估工作，加强其主观能动性，以便达到更好的矫正效果。

（四）解矫前的回归评估

解矫前的回归评估是对矫正对象完成矫正改造、即将回归社会时的基本情况、心理素质、家庭社会的接纳程度等方面进行调查和分析，评价其人身危险性，预测其能否顺利融入社会的评估活动，是对矫正对象矫正效果的验收工作。

评估内容上，要注重矫正对象基本情况和心理素质的动态变化和前后对比，如是否能妥善处理人际关系、是否拥有较好的生活条件、是否能掌握生存技能、家庭情况是否良好、心理素质是否提高、是否能积极独立面对社会等指标，以便考察矫正对象的社会适应能力。社会适应能力越强，犯罪的可能性就越小。同时，通过比较各阶段风险评估的结果，总结发现矫正对象在社区矫正过程中取得的进步和存在的问题，为矫正对象解除矫正后的进一步帮扶或监管提供依据，实现解矫前工作和安置帮教工作的无缝衔接，让矫正对象更自信地回归社会。

值得注意的是，解矫前的回归评估强调的是解矫人员能否顺利融入社会，是否存在再次犯罪的可能性，虽然其能在一定程度上反映社区矫正工作的质量和效果，但并不等同于质量或效果评估。解矫前的回归评估把握着社区矫正的出口，相当于矫正对象的结业考试，是实现社区矫正目的、矫正工作阶段性胜利的具体表现。

（五）解矫后的跟踪评估

解矫后的跟踪评估并非风险评估体系的必需程序。目前，我国社区矫正风险评估体系发展较为落后，在前四个阶段评估发展仍不完善的前提下，跟踪评估更是少有关注。跟踪评估的开展与否要结合解矫前回归评估的实际情况。如果解矫人员的人身危险性很低，且具备较强的社会适应能力，那跟踪评估大可不必。跟踪评估可在有条件的情况下开展，以观察解矫人员回归社会后的状态，在安置帮教下的行为活动，预测其是否有重新犯罪的可能，判断其是否需要指导和救济，必要时可伸出援手。

四、社区矫正风险评估体系的优化与改进

目前，我国社区矫正实践中的风险评估尚未进入系统化、规范化的运行阶段。虽然一些地区在实践中已经摸索出一套是适合地方特色的评估模式，但是仍然存在着科学性、完整性、准确性不足的缺陷，未能对我国社区矫正评估工作的实施提供有效指导。以下将从法制化、专业化和信息化三个角度阐述如何对我国社区矫正风险评估体系进行优化和改进。

（一）完善风险评估立法，增强评估结果效力

社区矫正风险评估在我国社区矫正体系中占有非常重要的地位，其有效地控制了罪犯的人身危险性，体现了刑罚中特殊预防的价值；其为分类管理、个性化矫正，实现了教育矫正的目的。如此重要且严肃的执行活动应该在法律框架下开展才能发挥其最大的作用。然而，我国最新出台的《社区矫正法》和《社区矫正法实施办法》均没有对社区矫正风险评估做出明确规定和强制要求。目前，仅有地方性文件中涉及风险评估，但内容简单随意，不成体系。评估的混乱状态不仅会导致实际矫正效果大打折扣，还会影响司法的公信力。所以说，完善社区矫正风险评估立法工作刻不容缓。

根据我国现有问题，立法工作中应明确规定评估的启动主体和执行主体、完整的评估程序、社会力量参与的地位、评估结果的法律效力、评估工作的法律监督等方面，避免出现责权不明、互相推诿的情况。最鲜明的例子是审前调查评估结果的应用，由于缺少法律约束，社区矫正机构作出的是否适合社区矫正的评估意见没有强制的法定效力，法官有时会做出与评估意见相悖

的决定，影响了后续矫正工作的衔接，导致审前调查评估制度流于形式。

我们应认真梳理国内外社区矫正风险评估的立法成果，总结不同刑罚执行制度的优缺点，研究我国社区矫正风险评估当前发展的问题，先形成国家层面上的纲领性法律文件；再充分考虑各省市间的经济、政治、文化发展的不平衡以及城乡间的历史、习俗等方面的差异，允许地方制定体现地方特色的规章制度，从而形成一个规范化、统一化、制度化的社区矫正风险评估法律体系。

（二）加强风险评估队伍专业化建设

专业风险评估队伍的建设主要体现在队伍构成和队伍发展两方面。队伍构成主要包含三类：从原本参与社区矫正工作的人员中分离出来的人员、社会中第三方专业的风险评估机构和来自不同学科的具备较高素质的社会志愿者。由于社区矫正工作人员工作量大且数量较少，专业队伍在构成比例上应偏重评估机构和社会志愿者，这样能进一步提升队伍整体的专业性，还能在一定程度上减轻工作压力。社区矫正机构可在有关政府购买社会工作服务的政策下，与资质合格的评估机构建立契约关系，推动风险评估队伍专业化。社会志愿者一般是来自法学、心理学、医学、统计学等学科的研究人员或高校学生，社区矫正机构应加强研究所或高校的紧密合作，设定适当的奖励机制，以便邀请更多的高素质志愿者认真参与社区矫正风险评估工作。

队伍发展是指对评估队伍进行一定的培训工作，增强内部协同配合和专业性认知。协同配合能够为风险评估的工作模式形成一定范式，在动态体系中能够做到评估人员更替的无缝衔接，大大地提高了队伍的工作效率。专业认知要求真正了解到风险评估的具体内容（例如测评因子的选择、指标体系的构建、统计学的应用、实践测评的操作等），以便充分发挥其在社区矫正风险评估体系中的独立作用。定期地开展培训工作，邀请具有实践经验和科研能力的专家演讲，可促进评估队伍之间的交流沟通和内部查缺补漏，这样既能提升风险评估队伍的专业水平，还能完善风险评估制度的不足之处。

（三）推进信息化建设，实现智慧矫正

社区矫正风险评估的信息化建设是将现代信息技术与风险评估工作有机整合，促进风险评估工作向规范化、智能化、高效化方向发展，对加强矫正对象的安全管理、节约司法管理成本、提高社区矫正工作效率等具有重要意义。

信息化建设是借助电子的社区矫正风险评估系统来完成所有的风险评估

工作，并跟踪留痕。它在完成了线下所有评估工作的同时，还极大地优化了评估程序，减少了评估工作的工作量，增加了工作的可操作性，提高了工作效率和工作质量。现阶段，我国已出现"打开心墙""心岸"等智慧矫正系统，其普遍应用能促进风险评估的规范化和统一化，还便于专家实施远程矫正辅导，在一定程度上弥补部分地区矫正力量不足的问题。

信息化建设的另一大工程是建立社区矫正风险评估案例库，这是长远发展风险评估体系的重要前提工作。将庞大的评估信息进行集中管理，实现矫正信息的共享和交流。利用大数据、云计算等工具，还能借助数据库中积累的丰富的矫正案例和评估经验不断优化评估工作模式，提高评估结果准确率。

总体来说，我国社区矫正风险评估的体系需要多个部门协同配合，多种社会力量共同参与，在遵循风险评估体系一般规律的前提下，与时俱进地、科学可持续地优化风险评估模式，促进更多的矫正对象实现矫正目标，减少重新犯罪率，体现刑罚执行的人性化，强化社区矫正的刑罚地位，为社区矫正工作长远发展做出贡献。

参考文献：

［1］陈伟、谢可君：《社区矫正中人身危险性理论适用探究》，载《山东警察学院学报》2016 年第 2 期。

［2］林瑀：《我国社区矫正风险评估问题研究》，西南政法大学 2016 年硕士学位论文。

［3］连春亮：《社区矫正的风险认知与管控体系构建》，载《宜宾学院学报》2020 年第 3 期。

［4］刘丹福、李芳：《社区矫正人员心理矫正》，中国政法大学出版社2015 年版。

［5］刘泽照、朱正威：《掣肘与矫正：中国社会稳定风险评估制度十年发展省思》，载《政治学研究》2015 年第 4 期。

［6］孟伟涛、唐方恒：《论社区矫正风险评估的内涵及目的》，载《法制与社会》2013 年第 25 期。

［7］孙文红：《我国社区矫正效果评估体系的评价与重构》，载《社会科学辑刊》2015 年第 5 期。

［8］王立新：《实行社区矫正动态评估》，载《检察日报》2014 年 6 月29 日。

［9］武玉红、刘强：《社区矫正典型案例与矫正指要》，中国法制出版社2015 年版。

［10］吴宗宪：《罪犯改造论》，中国人民公安大学出版社 2007 年版。

［11］于阳、刘晓梅：《完善我国社区矫正风险评估体系的思考——基于再犯危险的分析》，载《江苏警官学院学报》2011 年第 2 期。

［12］张二军、寇艳丽：《社区矫正风险评估的依据及价值取向》，载《河南司法警官职业学院学报》2016 年第 4 期。

［13］张昱、施洪深：《上海购买社区矫正社会工作服务十年实践与探索》，华东理工大学出版社 2015 年版。

［14］Grant T. Harris, Christopher T. Lowenkamp, N. Zoe Hilton, "Evidence for Risk Estimate Precision：Implications for Individual Risk Communication", *Behavioral Sciences & the Law*, vol. 33, no. 1, 2015.

［15］D. M. Robert , G. K. Daryl , F. M. Jeremy , et al. , "Dynamic risk assessment：A validation study", *Journal of Criminal Justice*, vol. 41, no. 2, 2013.